A Anistia na Era da Responsabilização

A Anistia na Era da Responsabilização:

O Brasil em Perspectiva Internacional e Comparada

REALIZAÇÃO

Latin American Centre
Brazilian Studies Programme
Oxford Transitional Justice Research
John Fell Oxford University Press Research Fund

Comissão de **Anistia**   Ministério da **Justiça**

GOVERNO FEDERAL
BRASIL
PAÍS RICO É PAÍS SEM POBREZA

Brasília e Oxford
2011
1ª Reimpressão – julho de 2013

GOVERNO FEDERAL
MINISTÉRIO DA JUSTIÇA
COMISSÃO DE ANISTIA

Presidente da República
DILMA ROUSSEFF

Ministro de Estado da Justiça
JOSÉ EDUARDO MARTINS CARDOZO

Presidente da Comissão de Anistia
PAULO ABRÃO

Vice-Presidentes da Comissão de Anistia
EGMAR JOSÉ DE OLIVEIRA
SUELI APARECIDA BELLATO

Secretário-Executivo da Comissão de Anistia
MULLER BORGES

Coordenador-Geral de Memória Histórica
MARCELO D. TORELLY

Realização
UNIVERSIDADE DE OXFORD
ST. ANTHONY'S COLLEGE
PROGRAMA DAS NAÇÕES UNIDAS PARA O DESENVOLVIMENTO
COMISSÃO DE ANISTIA DO MINISTÉRIO DA JUSTIÇA

Organizadores
LEIGH A. PAYNE
PAULO ABRÃO
MARCELO D. TORELLY

A599e
   A anistia na era da responsabilização : o Brasil em perspectiva internacional e comparada.
      Brasília : Ministério da Justiça, Comissão de Anistia; Oxford : Oxford University, Latin
      American Centre, 2011 (1ª Reimpressão – julho de 2013).
      571 p. il.

   ISBN 978-85-85820-07-7

   Esta edição é resultado dos debates realizados na Conferência Internacional A Anistia na Era da
   Responsabilização: o Brasil em Perspectiva Internacional e Comparada, com a participação do
   Centro de Estudos Latino Americanos da Universidade de Oxford, do Programa das Nações
   Unidas para o Desenvolvimento e da Comissão de Anistia do Ministério da Justiça.

      1. Anistia 2. Anistia política 3. Justiça 4. Direito Comparado. 5. Direitos Humanos.
   I. Ministério da Justiça. Comissão de Anistia II. Oxford University. Latin American Centre.

                                                           CDD 341.5462

Ficha Catalográfica elaborada pela Biblioteca do Ministério da Justiça

Projeto Gráfico e capa
RIBAMAR FONSECA

Revisão Final
ALESSANDRO MENDES

As traduções do inglês foram providenciadas pelo Ministério da Justiça, salvo quando
expresso em contrário.

Atuaram como revisores deste volume:
ALINE AGNES VIEIRA MACABEU
KELEN MEREGALI MODEL FERREIRA
MARCELO D. TORELLY
MARCIO P. B. N. CAMBRAIA
ROBERTO FLORES REIS
RUANNA LARISSA NUNES LEMOS

Os textos contidos nesta edição são produto dos debates realizados na Conferência
Internacional *A Anistia na Era da Responsabilização: O Brasil em Perspectiva Internacional
e Comparada*, realizada em outubro de 2010, em Oxford (Reino Unido), e não traduzem
opiniões institucionais do Ministério da Justiça. Sua publicação integral objetiva a difusão
democrática e plural do conhecimento lá produzido, sem significar a aceitação do mesmo
como parte de uma política de Estado ou de Governo. Os textos puderam ser atualizados
até abril de 2011.

As opiniões, datas, citações, fontes e informações contidas nos textos desta publicação são
de responsabilidade exclusiva de seus autores.

Organizadores
LEIGH A. PAYNE
PAULO ABRÃO
MARCELO D. TORELLY

Autores
ANDREW REITER
BEATRIZ AFFONSO
DEISY VENTURA
ELIN SKAAR
JESSIE JANE VIEIRA DE SOUSA
JOSÉ CARLOS MOREIRA DA SILVA FILHO
KATHRYN SIKKINK
LEIGH A. PAYNE
LESLIE VINJAMURI
LOUISE MALLINDER
MARCELO D. TORELLY
MAX PENSKY
NAOMI ROHT ARRIAZA
PALOMA AGUILAR
PAR ENGSTROM
PAULO ABRÃO
PHIL CLARK
ROBERTA CAMINEIRO BAGGIO
TRICIA OLSEN
VIVIANA KRSTICEVIC

anistia

Sumário

PARTE III

Apresentação

JOSÉ EDUARDO MARTINS CARDOZO

Ministro de Estado da Justiça

FONTE: ARQUIVO NACIONAL E SECRETARIA
DE DIREITOS HUMANOS DA PRESIDÊNCIA DA
REPÚBLICA

Em outubro de 2010, a Universidade de Oxford e o Ministério da Justiça brasileiro promoveram o Seminário Internacional *A Anistia na Era da Responsabilização: O Brasil em Perspectiva Internacional e Comparada*, reunindo acadêmicos e agentes públicos de diferentes partes do mundo para discutir um conjunto de questões-chave que agora apresentam-se ao grande público por meio desta obra coletiva.

A realização da conferência objetivava, a um só tempo, divulgar a variedade de processos exitosos empreendidos pelo Estado brasileiro na reparação às vítimas, na promoção da memória histórica e na reforma dos aparelhos de segurança, pautada por diversos governos desde a transição, e, igualmente, colocar em intercâmbio diferentes intelectuais e agentes públicos, responsáveis por dar continuidade a esses processos, derrubando fronteiras linguísticas e geográficas impostas ao conhecimento. Nesse sentido, a divulgação da presente obra é motivo de grande alegria, pois torna acessível a centenas de estudiosos, pesquisadores, gestores públicos e interessados em geral o conteúdo de uma atividade originalmente fechada, reservada a um pequeno conjunto de especialistas, tornando realidade aquele que é o principal objetivo da justiça de transição: a democratização efetiva.

O programa de cooperação internacional da Comissão de Anistia vem, desde sua criação, em 2008, viabilizando diversos encontros dessa natureza, sendo importante – embora não suficiente – destacar o estabelecimento de atividades de cooperação com África do Sul, Angola, Argentina, Chile, Colômbia, El Salvador, Espanha, Estados Unidos da América, França, Guiné Bissau, Inglaterra, Itália, México, Moçambique, Paraguai, Peru, Portugal, Timor Leste, Uruguai e Venezuela. Em todos esses países, a Comissão atuou com o mesmo propósito: buscar, mas também transferir conhecimentos. Priorizando o eixo de cooperação Sul-Sul, buscou caminhos integradores para a formulação de ações conjuntas na América Latina e na África de língua portuguesa, de modo a concretizar a vocação brasileira de exercer uma liderança solidária.

Os 16 textos aqui contidos avançam nessa direção, oferecendo pontos de vista variados, recolhidos entre especialistas do mais alto quilate, viabilizando a publicação em língua portuguesa de estudos inéditos e relevantes que, nos próximos anos, integrarão a reflexão daqueles atores responsáveis por desenhar novas políticas públicas, prestar cooperação internacional ou, ainda, estudar o fenômeno das transições para a democracia.

Esperamos que esta obra possa chegar as mãos de muitos, ser de grande valia e, sobremaneira, permitir um amplo desenvolvimento de ações vocacionadas à realização dos quatro pilares da justiça de transição, quais sejam: (i) a reforma das instituições de segurança para a democracia, (ii) a reparação às vítimas de atos de exceção, (iii) o esclarecimento histórico e as políticas de memória e, (iv) a normalização das funções de Justiça e do Estado de Direito. A promoção destes quatro pilares integram as atribuições institucionais deste Ministério da Justiça, que entende potencializar sua missão constitucional com o fomento intelectual de alto nível ao seu desenvolvimento.

Brasília, junho de 2011.

A Anistia na Era da Responsabilização: contexto global, comparativo e introdução ao caso brasileiro

LEIGH A. PAYNE

Professora de Sociologia e de Estudos Latino-Americanos
St. Anthony's College, Universidade de Oxford (Reino Unido)

PAULO ABRÃO

Secretário Nacional de Justiça
Presidente da Comissão de Anistia do Ministério da Justiça
Professor do Curso de Mestrado em Direito da Universidade
Católica de Brasília

MARCELO D. TORELLY

Coordenador-Geral de Memória Histórica da Comissão de Anistia
do Ministério da Justiça
Professor do Curso de Direito da Universidade Católica de Brasília

PROCURADOS

Eles foram presos, sequestrados e torturados.
Eram pais de família.
Encontram-se desaparecidos e talvez mortos.

Jana Moreno Barroso

Orlando Bonfim

Mario Alves de Souza

Stuart Angel Jones

Rui Frazão

José Roman

Rubens Paiva

Heleni Teles Guariba

Walter de Souza Ribeiro

Jorge Leal Pereira

Luis Ignácio Maranhão Filho

Fernando A. de Santa Cruz

Hiram de Lima Pereira

Marcos Antonio Dias Batista

Isis Dias de Oliveira

Ana Rosa Kucinski

Itair José Veloso

Luis Eurico Tejera Lisboa

Honestino Monteiro Guimarães

Paulo de T. Celestino da Silva

José Montenegro de Lima

Eduardo Collier Filho

Wilson Silva

Paulo Stuart Wright

Carlos Alberto S. de Freitas

David Capistrano

Virgílio Gomes da Silva

Edgar Aquino Duarte

ou julgadas[27]. Além disso, as leis de anistia buscam distinguir entre categorias de ofensores com o resultado que uma lei pode oferecer uma gama de diferentes formas de leniência, tais como anistia, liberdade condicional e redução de pena[28].

Além dos problemas conceituais na definição das leis de anistia, identificar as leis de anistia para a inclusão em um estudo comparativo pode ser problemático quando os governos nacionais relutam em reconhecer que estão concedendo anistias. Nesses casos, os Estados podem tentar adotar 'pseudoanistias', que Freeman descreveu como 'medidas legais que têm o mesmo efeito jurídico que as anistias, mas são elaboradas de forma disfarçada e recebem títulos que explicitamente omitem o termo anistia'[29]. Em vez disso, os Estados podem usar outra terminologia, como 'Lei de Validade'[30] ou 'Lei de Obediência Devida'[31]. Além disso, mesmo quando os Estados reconhecem que estão concedendo leis de anistia, buscam ofuscar o alcance dessas leis. Por exemplo, onde os crimes sob o Direito Internacional tenham sido perpetrados durante um conflito, os Estados, muitas vezes, moldam leis de anistia em termos de crimes domésticos, tais como homicídio, estupro e assalto, em vez de descrevê-los como crimes de guerra ou crimes contra a humanidade. Em outros casos, Estados concedem frequentemente anistia a todos os crimes cometidos durante um conflito, antes de uma data fixada, sem precisar os crimes que se inserem ou não na anistia.

Para acomodar essas dificuldades conceituais, o Banco de Dados da Lei de Anistia adotou uma abordagem abrangente que incorpora todas as formas *de jure* das leis de anistia[32] que foram aprovadas por leis promulgadas, acordos de paz ou políticas do Executivo[33], e que pretendem remover sanções criminais e/ou civis a partir de determinada categoria de delinquentes ou ofensas. Seguindo o modelo delineado no relatório Joinet de 1985, o Banco de Dados da Lei de Anistia não se restringe apenas a anistias decretadas durante as transições políticas, mas reúne dados sobre anistias provenientes de todas as formas de crise política, incluindo distúrbios civis, golpes

---

27 **Ex Parte Garland**, 71 U.S. 333 (1866).

28 Ver, por exemplo, **Loi relative au rétablissement de la Concorde civile**, Loi Nº 98-08 1999.

29 Freeman (n 13) 13.

30 Ver, por exemplo, *Ley de Caducidad de la Pretensión Punitiva del Estado*, Nº 15.848 1986.

31 Ver, por exemplo, *Ley de Obedencia Debida* 1987 23.521.

32 O Banco de Dados da Lei de Anistia não contém dados sobre a 'anistia de fato', um termo que descreve as falhas de processar por qualquer razão, em vez de adotar políticas para evitar a acusação.

33 O bando de dados também exclui anistias proclamadas por atores não estatais, em vez de instituições governamentais.

militares, conflitos internacionais e internos, governos autoritaristas ou países que estão em transição de tais crises. As anistias introduzidas nesses contextos podem cobrir uma vasta gama de beneficiários, incluindo membros das Forças Armadas e funcionários públicos, rebeldes e combatentes da resistência, presos políticos e refugiados. Dessa forma, os dados no Banco de Dados da Lei de Anistia ampliam a análise de leis de anistia para além de simples lei de anistia para perpetradores de violações de direitos humanos.

Entre a variedade de fontes documentais utilizadas, foram encontrados, ocasionalmente, problemas relacionados à confiança no material. Por exemplo, existiam diferentes traduções para os processos jurídicos ou legislações

Seguir essa abordagem mais ampla é significativo por várias razões. Em primeiro lugar, inclui a análise de leis de anistia introduzidas em contextos em que crimes sob o Direito Internacional não podem ter sido cometidos, ou em que as leis de anistia são projetadas para remediar as violações dos direitos humanos, tais como detenção arbitrária e deslocamento forçado, em vez de promover a impunidade. Ao incluir essas formas de anistia, a pesquisa pode lançar luz sobre como as leis de anistia podem ser usadas de modo que não entrem em conflito com o Direito Internacional. Em segundo lugar, em muitos contextos transicionais, as questões sobre se crimes internacionais foram ou não cometidos são discutidas com frequência. Por exemplo, na Irlanda do Norte, durante o período de "*Troubles*", o governo britânico resistiu aos esforços para caracterizar a violência como um conflito, o que cairía no quadro do Direito Internacional Humanitário, e, em vez disso, preferiu aplicar o Direito Penal Nacional. Ao ampliar o escopo do banco de dados para além de situações nas quais crimes internacionais têm sido amplamente reconhecidos como tendo sido cometidos, o Banco de Dados da Lei de Anistia pode incorporar tais contextos duvidosos. Em terceiro lugar, ao incluir leis de anistia introduzidas em períodos de "pré-transição", o banco de dados pode capturar a informação nas leis de anistia que são usadas como ferramentas para conter insurgências ou para facilitar as negociações de paz. Embora tais contextos não sejam, estritamente falando, "transições", em que anistias são concedidas antes de uma transição, eles podem influenciar a escolha de políticas de justiça de transição adotadas ao restringir o alcance da responsabilidade que pode ser alcançada.

O Banco de dados da Lei de Anistia também possui uma abordagem abrangente, deta-lhando informações sobre as medidas de anistia que são combinadas com outras formas de imunidade, como liberdade condicional, indulto ou redução de pena. Embora esses processos não sejam, estritamente falando, anistias, foi decidido que, se forem introdu-zidos como parte de um processo de anistia, devem ser incorporados ao banco de dados, pois permitem evitar sanções penais e podem ilustrar algumas abordagens inovadoras para a questão da anistia.

Apesar das anistias políticas terem sido usadas há milênios, o âmbito temporal do Banco de Dados da Lei de Anistia é restrito para anistias que foram introduzidas após o fim da Segunda Guerra Mundial. Essa data-limite foi selecionada pois foi a partir de 1945 que o Direito Internacional dos Direitos Humanos e o Direito Penal Internacional começaram a se desenvolver. Para anistias que ocorrem após essa data, o banco de dados, ao invés de usar amostragens, procura incluir todas as leis de anistia introduzidas pelos Estados que preencham esses critérios, a fim de facilitar uma comparação extensa e atualizada. No entanto, devido às dificuldades na identificação e coleta de informações sobre leis de anistia, será impossível determinar se o banco de dados irá fornecer uma solução 'com-pleta' para todas as leis de anistia desde 1945.

Na compilação de dados sobre os processos de anistia individual, a autora empregou uma série de fontes documentais, incluindo legislação interna, tratados internacionais e acordos de paz, trabalhos acadêmicos, a jurisprudência dos tribunais nacionais e internacionais e pareceres emitidos, organismos de monitoramento de tratados, declarações e relatórios de organizações intergovernamentais (particularmente as instituições das Nações Unidas), re-latórios de Estado (em particular Relatórios Nacionais sobre Práticas de Direitos Humanos do Departamento de Estado do Governo dos EUA), relatórios de ONGs (particularmente da Anistia Internacional, Human Rights Watch e o International Crisis Group) e artigos de jor-nais[34]. Entre a variedade de fontes documentais utilizadas, foram encontrados, ocasional-mente, problemas relacionados à confiança no material. Por exemplo, existiam diferentes traduções para os processos jurídicos ou legislações. Além disso, o termo "anistia" pode produzir respostas emocionais, teológicas ou políticas em alguns países, e diferentes interes-sados reportando o mesmo processo de anistia podem interpretar o alcance da lei ou seus efeitos de modo diferente. Como resultado, a autora conclui que houve uma direção oblí-qua e imprecisão em algumas fontes documentais, especialmente artigos de jornais e publi-

---

34   Para cada perfil de anistia no banco de dados, a escala das fontes utilizadas para compilar as informações são listadas no final do perfil.

cações governamentais. Para tentar combater esses problemas, esforços foram feitos para basear a descrição de cada processo de anistia na mais ampla variedade de fontes possível.

No entanto, a riqueza dos dados disponíveis sobre o processo de anistia varia consideravelmente. Para algumas anistias de alto nível, particularmente aqueles na África do Sul e nas Américas, houve uma relativa abundância de informações, enquanto em outros casos era muito mais difícil obter informações detalhadas sobre a anistia. Isso ocorreu devido a fatores como dificuldades de linguagem, o tempo decorrido desde que a anistia foi introduzida, a falta de transparência do país envolvido ou uma relativa falta de pesquisa acadêmica relevante sobre o estado de transição. Para a minoria dos perfis, em que a escassez de dados sobre uma anistia em especial fez com que seu perfil fosse menos desenvolvido do que os outros no bando de dados, a autora espera que tornar o banco de dados disponível on-line encoraje os especialistas nacionais a fazerem sugestões para alterar ou ampliar os dados. Apesar dessas limitações discretas para perfis específicos, tendências claramente identificáveis são evidentes a partir dos dados do Bando de Dados da Lei de Anistia.

4. | ANÁLISE DE DADOS

Como o Banco de Dados da Lei de Anistia foi destinado principalmente para compilar perfis qualitativos de processos individuais de anistia, ele não foi criado em planilha ou em software estatístico. Em vez disso, o banco de dados foi desenvolvido utilizando tabelas relacionais no Microsoft Access, já que isso facilitava a inclusão de texto descritivo amplo, em vez de simples dados codificados. Na construção desse banco de dados, durante o processo de coleta de dados, as questões fundamentais relacionadas com o alcance e os efeitos das leis de anistia foram identificadas a partir da literatura. Essas questões incluíram por que e como a anistia foi introduzida, quais os crimes abrangidos, quem se beneficiou da anistia, se havia condições vinculantes, que efeitos teve a anistia, e como a anistia foi implementada. As tabelas no banco de dados relacional correspondiam a cada uma dessas questões[35].

Depois que as tabelas relacionais foram identificadas, cada uma daquelas questões foi, então, dividida em áreas específicas com base nas normas jurídicas internacionais, nas questões que surgiram a partir de análises secundárias das anistias, e a partir de elemen-

---

35   A versão completa do Banco de Dados da Lei da Anistia é mais extensa do que a versão atualmente preparada para ir *on-line* e também contém tabelas adicionais relativas à jurisprudência dos tribunais nacionais e internacionais, a relação de leis de anistia a outros mecanismos de justiça de transição e as reações de diferentes grupos de interessados em processo de anistia. Os dados relativos a essas tabelas adicionais são explorados em Mallinder (n 1).

tos que ocorreram com frequência no âmbito da legislação de anistia. Por exemplo, a tabela relativa aos crimes abrangidos pela anistia continha campos que apontavam se crimes sob o Direito Internacional, crimes políticos, crimes econômicos ou outros crimes contra indivíduos foram incluídos ou excluídos da anistia. Também incluía campos para saber se existiam restrições temporais ou geográficas relativas a esses crimes. Para cada um desses campos, onde apropriado, o banco de dados contém informação relativa ao âmbito de aplicação da lei de anistia extraída da própria lei. Além disso, informações recolhidas a partir de interpretações jurídicas do alcance da lei ou de análises secundárias da lei também foram utilizadas nesses campos, sobretudo quando, como descrito acima, o texto da lei de anistia pode ter sido deliberadamente ofuscante. Compilar os dados dentro desse quadro de campos e tabelas fornece um mecanismo para comparar como questões semelhantes são tratadas por meio de um elevado número de leis de anistia.

Uma vez que os dados foram compilados para cada um desses campos, as tendências podem ser identificadas pela execução de consultas no software Access para ver o número total de anistias com dados em um campo particular, para examinar as tendências dentro de um campo particular ao longo do tempo ou entre regiões, e identificar relações entre diferentes campos, como, por exemplo, se é mais provável que a anistia para crimes contra o Direito Internacional seja concedida a atores não estatais. Além disso, ao manter dados descritivos, ao invés de informação codificada, a natureza das convergências e divergências dentro de uma tendência pode ser facilmente explorada.

No momento da escrita deste, o Banco de Dados da Lei da Anistia contém informações sobre 529 leis de anistia em 138 países que foram introduzidas entre 1945 e julho de 2010. Como este seminário se concentra na evolução das leis de anistia em termos de Direito Internacional desde a década de 1970, este documento irá limitar sua análise às leis de anistia introduzidas entre os anos de 1979 e 2010. Isso significa que as tendências globais e regionais serão exploradas em um total de 389 leis de anistia promulgadas em 117 países.

5.	TENDÊNCIAS GLOBAIS E REGIONAIS NA ADOÇÃO DA ANISTIA, 1979-2010

Com a expansão do Direito Penal Internacional e da justiça de transição, acadêmicos e profissionais têm, frequentemente, proclamado "a morte iminente de anistia"[36]. Esta se-

---

36   Ver, por exemplo, Laplante (n 5) 932.

ção irá explorar se essas afirmações são prematuras, analisando as tendências globais e regionais na adoção de anistia ao longo dos últimos trinta anos. Em particular, irá avaliar se o crescimento da "cascata de justiça" tem contribuído para uma queda no número de leis de anistia promulgadas por crimes de Direito Internacional.

5.1. Tendências anuais da anistia

No contexto da Guerra Fria, muitos países experimentaram ditaduras ou conflitos durante os anos setenta. Por exemplo, segundo a Freedom House, em 1978, 41% dos países do mundo eram 'não livres' e outros 31% eram apenas "parcialmente livres"[37]. Além disso, o Programa Uppsala Conflict Data revelou que o número de conflitos ativos ao redor do mundo aumentou na década de 1970[38]. Como resultado dessa dinâmica, o número de leis de anistia em todo o mundo também aumentou acentuadamente durante a década[39]. A Lei de Anistia no Brasil, que foi promulgada em 1979 pela junta militar, fazia parte desse aumento. Como este artigo incidirá sobre o período de 1979, a tendência global de aumento nos anos seguintes é mostrada na Figura 1:

Figura 1: Número global de anistias por intervalos de dois anos, 1979-2009.

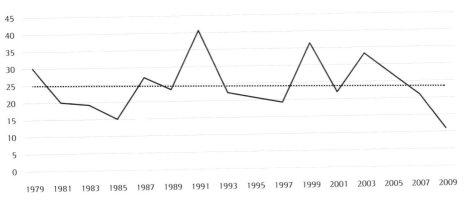

Entre janeiro de 1979 e dezembro de 2009, em média 13 leis de anistia foram promulgadas a cada ano em todo o mundo, e entre janeiro e julho de 2010, mais sete leis de anistia

---

37   Freedom House, **Freedom in the World Country Ratings** disponível on-line em http://www.freedomhouse.org/uploads/fiw09/CompHistData/CountryStatus&RatingsOverview1973-2009.pdf (acesso em 11 de julho de 2010). Em comparação, as avaliações de Freedom House para 2009 indicam que a proporção de países 'livres' passou de 28% em 1978 para 46%, e que apenas 22% dos países se mantiveram 'não livres'.

38   Uppsala Conflict Data Program, '**Active Conflicts by Region**', disponível em http://www.pcr.uu.se/research/UCDP/graphs/conflict_region_2008.pdf (acesso em 11 julho de 2010).

39   Para uma discussão sobre as tendências de longo prazo na promulgação da anistia, consulte Mallinder (n 1) 19.

foram introduzidas[40]. No entanto, como ilustra a figura 1, entre 1979 e 2009, a taxa global de leis de anistia passou por uma série de altos e baixos. Por exemplo, após o fim da Guerra Fria, em 1989, o número de leis de anistia cresceu notadamente. Esse aumento pode ser atribuído, em primeiro lugar, às transições políticas que tiveram lugar nos antigos países comunistas da Europa Oriental, o que resultou em uma série de leis de anistia, principalmente para beneficiar os dissidentes, cujas ações tinham sido criminalizados pelo antigo regime. O fim da Guerra Fria significou também que as superpotências pararam de apoiar regimes ditatoriais ou intervir em guerras civis para prolongar a violência. O fim dessas intervenções significou que muitos países mudaram para acordos de paz negociados ou transições pactuadas, o que incluiu medidas de anistia. Por outro lado, o colapso da União Soviética e da ex-Iugoslávia causou tensão em alguns novos países recém-independentes, e a espiral da guerra civil, com as tensões étnicas que haviam sido reprimidas sob o regime autoritário, vieram à tona. Esses conflitos contribuíram para uma série de anistias no final da década de 1990. O impacto do fim da Guerra Fria sobre as taxas de anistia será observado em outros estudos comparativos. Por exemplo, em 2005, Binningsbø et al. escreveram que "a probabilidade de anistia depois da Guerra Fria é... maior do que a probabilidade de um conflito vir seguido anistia nas décadas logo após a Segunda Guerra Mundial"[41]. Apesar da frequência com que foram decretadas, as anistias variaram consideravelmente durante essas três décadas, e a tendência global, como mostrado pela linha pontilhada na Figura 1, indica que a taxa de leis de anistia introduzidas entre 1979 e 2009 manteve-se constante. Essa tendência também foi encontrada por Olsen et al., que argumentam que seu banco de dados da Justiça Transicional ilustra "uma persistência estável de anistias"[42]. Da mesma forma, Mark Freeman argumentou que as anistias são hoje tão prevalentes quanto em qualquer momento na história moderna... não estamos mais no fim das anistias do que estamos no "fim da história"[43].

A última década viu muitos desenvolvimentos no Direito Penal Internacional, incluindo a criação do TPI, instância de jurisdição universal para violações dos direitos humanos em diversos países, e a decisão da ONU de 1999 de abster-se de reconhecer as leis de anistia para graves crimes do Direito Internacional. A expectativa entre os defensores dos direitos

---

40   O número de leis de anistia de 2010 é já superior ao do conjunto de 2009, quando apenas cinco leis de anistia foram introduzidas.

41   Helga Malmin Binningsbø, Jon Elster and Scott Gates, **'Civil War and Transitional Justice, 1946-2003: A Dataset'** (Estudo preparado para apresentação no workshop 'Transitional Justice and Civil War Settlements', Bogotá, Colômbia 18-19 outubro 2005) 17-18.

42   Olsen et al. (n 20).

43   Freeman (n 13) 4.

humanos tem sido a de que esses desenvolvimentos farão as leis de anistia menos atraentes para os agressores, o que conduz, gradualmente, a redução da sua utilização. Para analisar se tal declínio começou a se desenvolver, a Figura 2 isola as tendências globais de 1999:

Figura 2: Tendências globais de anistia, janeiro/1999 – julho/2010.

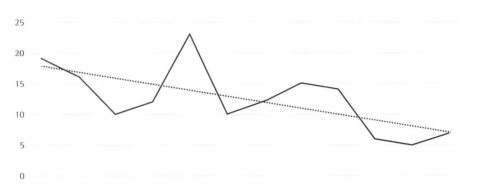

De janeiro de 1999 a dezembro de 2009, uma média de 13 leis de anistia foram promulgadas por ano, mas com o longo período de tempo, a Figura 2 indica que, ao longo da última década, tem havido uma considerável variação no número total de anistias implementadas em todo o mundo a cada ano. Em particular, menos leis de anistia foram promulgadas em 2008 e 2009 do que no resto do período. Como resultado, a tendência global, como ilustrada pela linha pontilhada, indica uma queda significativa da taxa de anistia na década passada. No entanto, dado que nos últimos 30 anos o número de anistias promulgadas em todo o mundo passou por picos e depressões consideráveis, ainda é muito cedo para determinar se essa tendência global reflete uma mudança substancial na prática do Estado ou se é apenas uma redução temporária do número. Na verdade, como o número total de anistias promulgadas no primeiro semestre de 2010 já ultrapassa o número total em cada um dos anos nos dois processos, parece que o cuidado se justifica quando se olha para essas tendências contemporâneas. Além disso, a taxa de mudança não ocorreu de maneira uniforme em todas as regiões do mundo.

5.2. Leis de anistia por região

Dentro do Banco de Dados da Lei de Anistia, os países são classificados em cada uma das cinco regiões seguintes: Américas; Ásia; Europa e Ásia Central; Oriente Médio e Norte da África; e África subsaariana. Conforme mostrado na Figura 3, as anistias foram aprovadas em todas as regiões do mundo desde 1979:

Figura 3: Leis de anistia por região, 1979-2010.

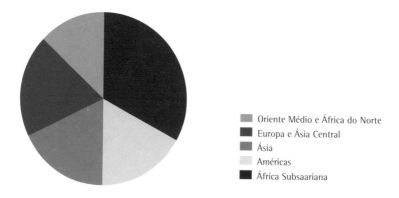

■ Oriente Médio e África do Norte
■ Europa e Ásia Central
■ Ásia
■ Américas
■ África Subsaariana

Talvez seja surpreendente que a maior parte das leis de anistia promulgadas entre 1979-2010 foram introduzidas na África Subsaariana (33%), devido à região ter grande número de Estados e alta incidência de conflitos. No entanto, é bastante notório que há muito pouca diferença entre as proporções das leis de anistia promulgadas nas Américas (17%), Ásia (18%) e na Europa e Ásia Central (19%) durante esse período. É particularmente notável como a Europa e as Américas têm mecanismos de controle regionais de direitos humanos mais desenvolvidos do que a Ásia. No entanto, entre essas regiões, há variações consideráveis ao longo do tempo, como mostra a Figura 4:

Figura 4: Tendências regionais com o passar dos anos, 1979-2009.

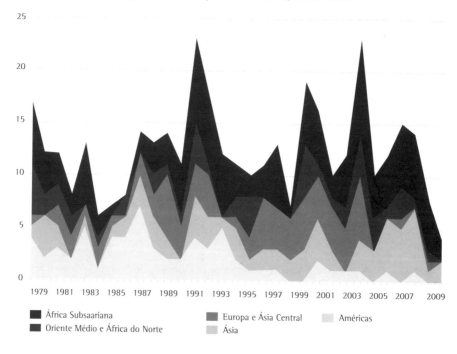

■ África Subsaariana   ■ Europa e Ásia Central   ■ Américas
■ Oriente Médio e África do Norte   ■ Ásia

Ao olhar para as tendências regionais ao longo do tempo, alguns padrões interessantes emergem. Por exemplo, durante a década de 1980, as Américas tinham taxas mais elevadas de leis de anistia, o que pode ser atribuído às ditaduras militares e às guerras civis que ocorreram na região durante essa década. Entretanto, a taxa de anistia da região diminuiu acentuadamente a partir de meados de 1990, altura em que teve a menor taxa de leis de anistia introduzidas (embora a maioria das suas leis de anistia pré-existentes manteve-se em vigor). A tendência geral para as Américas entre 1979 e 2009 é uma diminuição do número de leis de anistia. Essa constatação reflete as condições de mudança política na região desde a década de 1980, em especial a criação de um governo democrático em muitos países[44]. O Oriente Médio e a África do Norte também mostram um ligeiro declínio em leis de anistia durante esse período. No entanto, três anistias foram introduzidas nessa região em 2010, o que poderia indicar uma mudança nessa tendência, especialmente desde que a taxa de anistias nessa região tem sido historicamente baixa[45]. Em contraste, as tendências de anistia para as três regiões restantes apresentaram uma dependência crescente de anistias entre 1979 e 2010. O maior aumento na taxa de anistia ocorreu na Ásia, embora o número de anistias nessa região continue a ser inferior à África Subsaariana. Se as tendências regionais são analisadas para os anos 1999-2009, sem surpresa, dada a tendência global para a década, o número de regiões onde há taxa de declínio das leis de anistia tem aumentado. A Ásia continua a ser a única região com uma taxa crescente de leis de anistia, enquanto que a Europa e a Ásia Central têm testemunhado queda mais acentuada. O aumento na Ásia poderia, talvez, refletir que, durante a última década, a região teve as maiores taxas de conflito[46]. O impacto das diversas crises políticas sobre as taxas de introdução de lei de anistia será explorado abaixo.

5.3. Leis de anistia por crises políticas

Como mencionado acima, o Banco de Dados da Lei de Anistia compila dados sobre leis de anistia introduzidas em resposta a uma série de crises políticas. Dentro do

---

44   Kathryn Sikkink and Carrie Booth Walling, **The Impact of Human Rights Trials in Latin America** (2007) 44(4) J Peace Res 427.

45   Entre 1979 e 2009 apenas 51 anistias foram introduzidas, o que dá uma média de 1,6 leis de anistia por ano.

46   Uppsala Conflict Data Program, **Active Conflicts by Region**, disponível online em http://www.pcr.uu.se/research/UCDP/graphs/conflict_region_2008.pdf (acesso em 11 de julho de 2010).

banco de dados, essas crises foram divididas em sete áreas[47]: democracia em conflito[48], tentativa de golpe, o conflito em curso, a repressão em curso, a transição da
ditadura, transição de um conflito interno e transição de um conflito internacional.
A distribuição para cada um desses tipos de transição para os anos de 1979-2009
pode ser vista na Figura 5:

Figura 5: Percentual de leis de anistia por tipo de transição, 1979-2009.

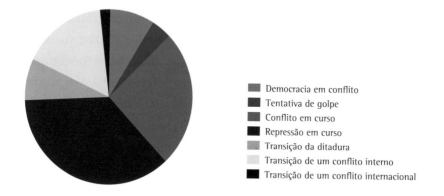

- Democracia em conflito
- Tentativa de golpe
- Conflito em curso
- Repressão em curso
- Transição da ditadura
- Transição de um conflito interno
- Transição de um conflito internacional

Esse gráfico ilustra que, nos últimos trinta anos, quase metade de todas as anistias decretadas estavam relacionadas a conflitos, ou quando o conflito estava ainda em curso
ou como resultado de negociações de paz. Se os dados são restritos aos anos de 1999 a
2009, a proporção de anistias relativas ao aumento de conflitos é de mais de 50%. Como
mencionado acima, a relação de anistias com resolução de conflitos tem sido explorada

---

47   Há sobreposição entre algumas destas categorias, por exemplo, um país pode estar em transição da ditadura, mas os militares ainda podem exercer uma influência considerável, resultando em algumas das políticas de repressão. Além disso, a distinção entre conflitos domésticos e internacionais pode ser problemática. Por exemplo, as anistias
em toda a América Central decorrentes do Plano Arias estão listadas aqui como conflitos internos, apesar da natureza
do acordo internacional e os altos níveis de envolvimento internacional na região. Além disso, deve ser conhecido que
estas categorizações simplificam o que, em muitos Estados, podem ser várias transições, por exemplo, tanto do conflito
para a paz, mas também de um regime autoritário para a democracia. Este foi o caso na antiga Iugoslávia, onde os
Estados viveram simultaneamente a transição do comunismo e do conflito. Além disso, o *timing* destas classificações
pode ser subjetivo. Por exemplo, se a anistia é introduzida por uma junta militar em seus últimos dias no poder, ela é
listada aqui como "repressão contínua" porque o regime autocrático está ainda em vigor, mesmo que a transição já
tenha começado. Por fim, as transições são classificadas de acordo com o momento em que a anistia foi introduzida.
Por exemplo, a transição "prazo de um conflito" é utilizada quando houve eleições ou o acordo de paz foi assinado etc,
mesmo quando a violência se reacende.

48   A frase 'democracia em conflito' foi retirada de Fionnuala Ní Aoláin e Colm Campbell, 'The Paradox of
Transition in Conflicted Democracies' (2005) 27(1) Hum Rts Q 172. Usando a sua definição de uma "democracia em
conflito", como aquela que tem "experiência prolongada, estruturada, violências políticas, comunais, mesmo quando
as estruturas políticas poderiam ser amplamente consideradas democráticas ". Dentro desse estudo, a democracia em
conflito denota diversos contextos, incluindo protestos generalizados contra o governo, a violência irrompendo das
eleições ou a violência terrorista dentro dos Estados democráticos.

em estudos comparativos sobre acordos de paz, em que se descobriu que acordos de paz têm mais probabilidade de incluírem leis de anistia que outras formas de justiça transicional. Por exemplo, em um levantamento dos acordos de paz realizados entre 1980 e 2006, Vinjamuri e Boesenecker descobriram que, enquanto as "provisões para processos judiciais e as comissões da verdade são raras em acordos de paz,... o uso de anistia é relativamente comum"[49]. Eles também descobriram que as taxas de anistia nos acordos permaneceram "relativamente estáveis durante o período analisado"[50], embora, a partir de 2000, o número de acordos de paz celebrados diminuiu[51]. Dentre as medidas de anistia identificadas por Vinjamuri e Boesenecker, descobriu-se que apenas 27% excluíam crimes de guerra, crimes contra a humanidade e genocídio[52]. Além disso, 21% dos acordos não continham "nenhum mecanismo da justiça, oferta de anistia ou referência a lei sequer"[53]. Esse achado tem sido interpretado pelo Centro para o Diálogo Humanitário como ilustrativo de "que os mais ativos defensores e perpetradores da guerra são relativamente intocados pela legislação na maioria dos acordos de paz. Quando mecanismos de justiça são adotados, há tendência esmagadora de estratégias de coexistência, perdão e reconciliação em detrimento da responsabilidade legal"[54]. A prevalência das leis de anistia em acordos de paz reflete talvez o fato de que, para boa parte da literatura, as anistias que foram introduzidas para trazer a violência em massa a um fim são vistas como mais aceitáveis do que as autoanistias introduzidas pelos governantes ditatoriais, ou a anistia decretada por políticos democráticos algum tempo depois de uma transferência de poder. Por exemplo, os Princípios de Chicago sobre Justiça Pós-Conflito asseveram que "os Estados devem limitar a concessão de anistia aos casos em que tais medidas são necessárias para negociar o fim do conflito, sem prejuízo das obrigações decorrentes do Direito Internacional'[55].

Além das anistias relacionadas ao conflito, 40% das anistias resultaram de um regime ditatorial, quer introduzidas pelo regime repressivo em si (38%), quer pelos seus sucessores (8%). Curiosamente, durante 1979, ano em que a anistia brasileira foi introduzi-

---

49   Vinjamuri & Boesenecker (n 19) 5.

50   ibid 9.

51   ibid 13.

52   ibid 9.

53   ibid 9.

54   Centre for Humanitarian Dialogue, 'Charting the roads to peace: Facts, figures and trends in conflict resolution', **Mediation Data Trends Report** (Centre for Humanitarian Dialogue, Geneva 2007) 15.

55   M. Cherif Bassiouni (ed), **The Chicago Principles on Post-Conflict Justice** (International Human Rights Law Institute, Chicago 2007) princ. 1.8.

da, 11 outras anistias foram promulgadas no contexto da repressão em curso. Esse foi o maior número de anistias para esse tipo de transição, tendo sido equiparado somente uma vez durante os últimos trinta anos, em 1991. Como mencionado acima, o número de regimes repressivos no mundo tem declinado desde 1979 e, consequentemente, o número de anistias que resultam de tal contexto tem diminuído ao longo das últimas três décadas.

Se essas tendências mundiais sobre a crise política são analisadas por regiões, consideráveis divergências são aparentes, como ilustrado na Figura 6:

Figura 6: Tendências regionais por crises políticas, 1979-2010.

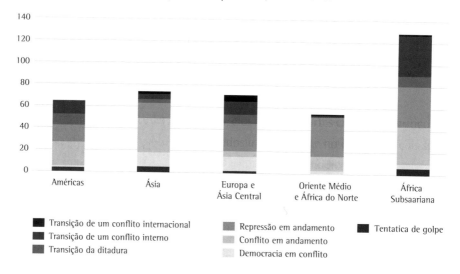

Esse gráfico mostra que, durante os últimos trinta anos, as anistias resultantes de conflitos em curso foram caracterizadas mais fortemente na África Subsaariana, seguida pela Ásia e pelas Américas. Se os dados forem analisados apenas durante a última década, os conflitos em curso continuam a ser um fator significativo, tanto na África e na Ásia, e em particular as anistias, como parte das transferências dos conflitos internos, são mais prevalentes na África Subsariana. Em contrapartida, desde 1979, anistias relativas aos regimes ditatoriais foram introduzidas na maioria das vezes no Oriente Médio e África do Norte, apesar das diferenças no tipo de crise política que desencadearam as leis de anistia, em muitas dessas graves violações de direitos humanos cometidas pelas forças governamentais e atores não estatais.

5.5. Anistias e crimes sob o Direito Internacional

Crimes sob o Direito Internacional não são um fator para todas as anistias no Banco de Dados da Lei de Anistia. Por exemplo, para os processos de anistia mais históricos, os Estados que promulgaram a legislação de anistia podem não ter ratificado convenções internacionais relevantes e, portanto, podem não ter se sujeitado aos deveres de investigar e processar no momento da promulgação das leis. Além disso, quando são concedidas anistias por inquietação civil ou golpes militares, graves violações dos direitos humanos podem não ter sido cometidas durante esses eventos. No entanto, como mencionado acima, mesmo quando violações de direitos humanos de fato ocorrem, alguns países podem preferir, por razões políticas, enquadrá-las dentro do Direito Penal Nacional, ao invés de caracterizá-las como crimes de Direito Internacional. Semelhantemente, quando um conflito está em andamento e existem dimensões internacionais consideráveis, alguns protagonistas podem preferir retratar a violência como um conflito interno, em vez de um conflito individual, de modo a evitar obrigações mais extensivas perante leis humanitárias internacionais. Quando o texto das leis de anistia não diz explicitamente que os crimes estão incluídos ou excluídos na anistia, determinar se os crimes internacionais são um fator é problemático. Além disso, alguns processos de anistia individual, quer incluam ou excluam os crimes sob o Direito Internacional, por meio, por exemplo, da exclusão dos crimes contra a humanidade da anistia, permitem que os torturadores escapem à repressão. Ao construir o Banco de Dados da Lei de Anistia, a autora assumiu uma abordagem cautelosa e inseriu os dados relacionados aos crimes internacionais apenas quando (1) os seguintes crimes estavam explicitamente mencionados nos texto da anistia: crimes de guerra, genocídio, crimes contra a humanidade, tortura e desaparecimentos; (2) a jurisprudência indicava que a anistia incluía ou excluía crimes sob o Direito Internacional; e/ou (3) quando havia evidência substancial em relatórios da ONU ou instituições regionais de direitos humanos ou de organizações respeitáveis de direitos humanos, como a Anistia Internacional ou Human Rights Watch, de que crimes sob o Direito Internacional foram perpetrados. Como resultado, é provável que o Banco de Dados da Lei de Anistia represente o número de processos que concedem anistia e impunidade aos crimes sob o Direito Internacional. No entanto, a Figura 7 ilustra como a evolução no relacionamento entre as anistias e os crimes internacionais pode ser identificada.

Figura 7: Tendências de anistias e crimes internacionais por intervalos de dois anos, 1979-2009.

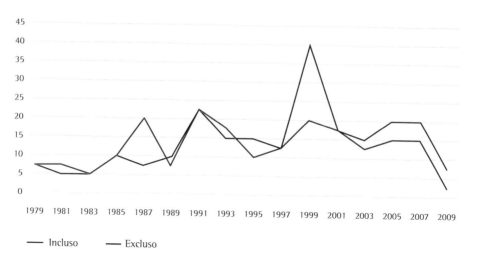

— Incluso   — Excluso

Quando os padrões relativos ao perdão dos crimes sob o Direito Internacional são vistos ao longo do tempo, torna-se evidente que nos últimos trinta anos ambas as abordagens têm sido uma característica das leis de anistia em todo o mundo. As taxas de anistia para os crimes sob o Direito Internacional têm aumentado ao longo dos últimos trinta anos, mas, desde o início de 1990, mais as anistias têm excluído crimes sob o Direito Internacional. Contudo, é interessante notar que, após o pico por volta de 1999, o número de anistias excluindo explicitamente os crimes sob o Direito Internacional tem caído.

A década passada é, provavelmente, o período mais significante no relacionamento entre os crimes sob a jurisdição do Direito Internacional e as anistias devido à criação do TPI e à mudança na posição da ONU em relação às anistias para violações graves dos direitos humanos. A evolução anual para esta década está ilustrada na Figura 8:

Figura 8: Tendências de anistias e crimes internacionais, 1999-2009.

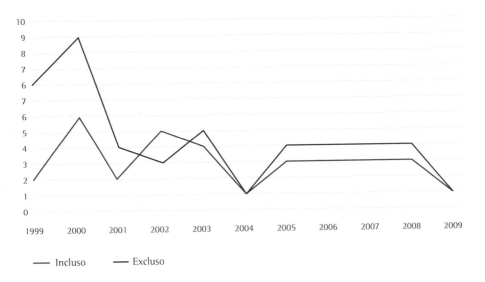

— Incluso   — Excluso

Esse gráfico mostra que o número de anistias, incluindo ou excluindo crimes sob o Direito Internacional, tem caído na última década. No entanto, nos casos em que Estados ainda optam por promulgar leis de anistia, esse quadro não indica que os Estados sejam cada vez mais capazes de excluir graves violações dos direitos humanos de sua lei de anistia.

Durante o período de 1979-2009, houve diferenças regionais na abordagem em relação à concessão de anistias para crimes sob o Direito Internacional, conforme ilustrado na Figura 9:

Figura 9: Anistias e crimes internacionais por região, 1979-2009.

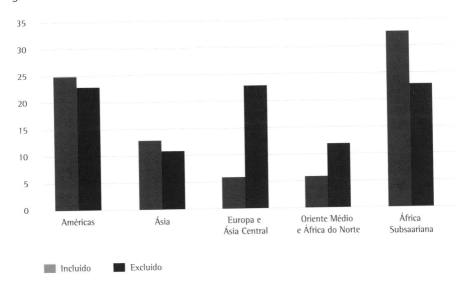

■ Incluído   ■ Excluído

A partir da Figura 9, podemos ver que as únicas regiões onde o número de anistias excluindo crimes sob o Direito Internacional excedeu o número de anistias que incluíam tais crimes são Europa e Ásia Central e Oriente Médio e África do Norte. Em todas as outras partes do mundo, durante os últimos trinta anos, Estados têm sido mais propensos a anistiar crimes sob o Direito Internacional do que a excluí-los da legislação de anistia. Essas tendências têm mudado durante a última década, particularmente em relação às Américas, como mostrado na figura 10:

Figura 10: Anistias e crimes internacionais por região, 1999-2009.

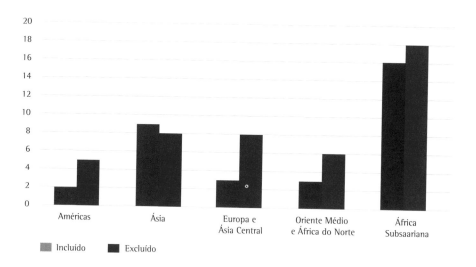

Incluído   Excluído

A partir desse gráfico podemos ver que a América é agora a região menos propensa à concessão de anistias para crimes sob o Direito Internacional. Além disso, a Ásia é hoje a única região onde esses crimes são mais suscetíveis de serem anistiados. As implicações dessas tendências sobre o *status* da lei de anistia no Brasil na "Era da Responsabilidade" serão exploradas a seguir.

6.	AS TENDÊNCIAS DA ANISTIA E A NORMA DE RESPONSABILIDADE GLOBAL

O surgimento de uma norma de responsabilidade global em que os processos substituiriam a impunidade como presuntiva resposta às atrocidades foi objeto de amplo debate entre pesquisadores, juristas e ativistas dos direitos humanos[56]. Os defensores dessa norma desta-

56   Ver, por exemplo, Decision on challenge to jurisdiction: Lomé Accord Amnesty in Prosecutor v Morris Kallon, Brima Bazzy Kamara, SCSL-2004-15-PT-060-I, SCSL-2004-15-PT-060-II, Appeal (13 mar 2004), p. 73; Prosecu-

Leis de anistia para os presos políticos ou para facilitar o regresso dos refugiados continuam a ter forte apoio internacional

cam vários "eventos de norma de afirmação"[57] para apoiar sua existência. Esses eventos incluem a promulgação de convenções internacionais, como o Estatuto de Roma de 1998, as sentenças dos tribunais internacionais e tribunais híbridos de Direito Internacional consuetudinário relativos a violações dos Direitos Humanos, os discursos de autoridades de governos nacionais e organismos intergovernamentais reconhecendo a norma e a promulgação de legislação nacional[58]. Desde o fim da Guerra Fria, há ampla evidência desses tipos de evento em apoio ao desenvolvimento de uma norma de responsabilidade global. Entretanto, como os dados das seções anteriores indicam, leis de anistia continuam a ser promulgadas por Estados ao redor do mundo quando enfrentam crises políticas. Isso sugere que a norma de responsabilidade global ainda não atingiu o ponto em que ela seja "tão amplamente aceita" que seja "internalizada pelos atores" e tenha alcançado a qualidade da "pressuposição" que torna a conformidade a ela quase automática[59]. No entanto, seu surgimento pode ser impactante sobre as tendências da anistia.

Quando as tendências globais em promulgação de leis de anistia foram analisadas entre os anos de 1979 e 2010, os dados indicaram que a taxa de leis de anistia havia permanecido constante ao longo do período, apesar da evolução na responsabilidade. Pelo valor de face, esses achados parecem minar a existência de uma "cascata de justiça" na qual, segundo Sunstein, "sociedades deparam-se com deslocamentos rápidos para novas normas"[60]. No entanto, como a autora alegou em outro trecho[61], o aumento acentuado da taxa de leis de anistia na década de 1970 e sua resistência ao longo dos últimos trinta anos podem indicar um distanciamento da impunidade *de facto*, em que Estados simplesmente não conseguem caminhar rumo a um maior reconhecimento do Estado de Direito, em que elites abusivas deixam de ser foras da lei para se tornarem cada vez mais

---

tor v Anto Furundzija, Case No. IT-95-17/1-T, Judgement (10 Dec. 1998); Prosecutor v Radovan Karadži, Decision on the Accused's Second Motion for Inspection and Disclosure: Immunity Issue, Case Nº IT-95-5/18-PT (17 December 2008) p. 17.

57   Martha Finnemore and Kathryn Sikkink, **International Norm Dynamics and Political Change** (1998) 52(4) Int'l Org 887 4.

58   Lutz & Sikkink (n 4) 655-6.

59   Finnemore & Sikkink (n 57) 204.

60   Cass R. Sunstein, **Free Markets and Social Justice** (Oxford University Press, Oxford 1997) 38.

61   Mallinder (n 1).

legalistas. Prossivelmente, essas mudanças poderiam indicar o reconhecimento crescente de obrigações legais internacionais relativas ao dever de investigar e processar, tanto entre os violadores dos direitos humanos, levando-os a buscar anistias para proteger-se da responsabilidade, quanto entre os governos de transição. Se esse fosse o caso, esperar-se-ia que, eventualmente, causasse uma queda no número de leis de anistia.

Quando as tendências globais na introdução de anistias foram analisadas apenas para a última década, a pesquisa constatou que, em contraste com o período mais longo de tempo, a taxa de leis de anistia, de fato, diminuiu. Ademais, leis de anistia propostas ou aprovadas hoje muitas vezes se deparam com a "censura social" da sociedade civil internacional[62], de organismos intergovernamentais de direitos humanos[63] e mesmo de governos de outros países[64]. Essa reprovação pode ser expressa em declaração escrita ou oral ou, em alguns casos, ameaças de suspensão do apoio a projetos de justiça transicional. Por exemplo, a ONU se recusou a cooperar com a Comissão de Verdade e Amizade que foi estabelecida conjuntamente pela Indonésia e Timor-Leste porquanto a Comissão tinha poderes para "recomendar a anistia para os envolvidos em violações dos direitos humanos que cooperarem plenamente para a revelação da verdade"[65]. Sunstein alegou que a produção de desaprovação social indica que um "ponto de inflexão" foi atingido, e que os custos de gerar novas normas tornaram-se mais baixos do que a adesão à norma antiga[66]. Há, contudo, muitas razões para ser cauteloso em anunciar que alcançamos o "ponto de inflexão" na norma da responsabilidade global.

Em primeiro lugar, embora a taxa de leis de anistia tenha diminuído na última década, isso se deve, principalmente, a uma queda no número de leis de anistia em 2007 e 2008. Se os anos de 1999-2006 são considerados, o declínio não é nítido. Além disso, durante

---

62   Amnesty International, **Uganda: Agreement and Annex on Accountability and Reconciliation falls short of a Comprehensive Plan to End Impunity** Amnesty International (London March 2008) AI Index AFR 59/001/2008; Amnesty International, **Kenya: Concerns about the Truth, Justice and Reconciliation Commission Bill** (May 2008) AI Index: AFR 32/009/2008; Sara Darehshori, **Selling Justice Short: Why Accountability Matters for Peace** Human Rights Watch (New York, NY July 2009); International Center for Transitional Justice, **Impunity Prolonged: Burma and its 2008 Constitution** (September 2009).

63   UN High Commission on Human Rights, **Report from OHCHR Fact-finding Mission to Kenya, 6–28 February 2008**; Diane F. Orentlicher, **Rule-of-Law Tools for Post-Conflict States: Amnesties** (Office of the United Nations High Commissioner for Human Rights, Geneva 2009) HR/PUB/09/1.

64   Mallinder (n 1) ch 8.

65   Commission for Truth and Friendship, Terms of Reference (9 de março de 2005), para 14. Ver, por exemplo, 'Indonesia, East Timor Seal Deal on Atrocities Despite UN Opposition' **Agence France Presse** (9 March 2005); 'UN Demands Indonesia Re-try Military Officers East Timor Killings' **ABC Radio Australia** (30 June 2005).

66   Sunstein (n 60) 38.

os primeiros sete meses de 2010, o número de leis de anistia promulgadas já excedeu o número total ao ano para 2007 e 2008. Isso revela que as leis de anistia continuam sendo adotadas pelos países que enfrentam crises políticas e, como resultado, é muito cedo para determinar se o declínio na taxa de anistia representa uma mudança na adesão da norma entre os países.

Em segundo lugar, como a norma de responsabilidade global deveria incentivar o aumento no apoio aos julgamentos por violações graves dos direitos humanos, seria esperado que a sua existência fizesse com que todos esses crimes fossem cada vez mais excluídos das legislações de anistia. Como indicam os dados acima, a taxa de leis de anistia que excluem esses crimes tem, de fato, aumentado, mas também aumentou a taxa de anistias incluindo graves violações dos direitos humanos. Em geral, há pouca diferença entre as taxas para incluir ou excluir esses crimes.

Em terceiro lugar, a desaprovação social de leis de anistia expressa pelos governos e organismos intergovernamentais não representa a condenação de todas as formas de anistia em transições políticas. Por exemplo, leis de anistia para os presos políticos ou para facilitar o regresso dos refugiados continuam a ter forte apoio internacional[67]. A desaprovação social é provocada principalmente em relação à anistia para violações graves dos direitos humanos. No entanto, mesmo esse tipo de desaprovação é raramente consistente. Por exemplo, alguns Estados em transição, como Quênia e Nepal, têm enfrentado pressão internacional substancial para investigar e processar, enquanto que a anistia decretada em outros Estados tem sido largamente ignorada, mesmo que tenha sido concedida por crimes graves[68]. Além disso, Estados doadores que repreendem países em desenvolvimento por proporem legislação de anistia para violações graves de direitos humanos em geral o fazem sem aplicar a mesma condenação à sua própria legislação de anistia pré-existente[69].

---

67   Ver, por exemplo, UNHCR, Legal Safety Issues in the Context of Voluntary Reparation, UN Doc EC/54/SC/CRP.12 (7 June 2004) para 12.

68   Por exemplo, uma medida de anistia contida no parágrafo 445 da Constituição da República da União de Myanmar, 2008, que previne eventuais processos judiciais contra "qualquer membro do governo, em relação a qualquer ato praticado no exercício das respectivas funções", teve pouca condenação internacional, apesar da ameaça aos direitos humanos.

69   Por exemplo, nos debates do Conselho de Segurança das Nações Unidas em matéria de justiça pós-conflito, países como França, Espanha e Argélia, enfatizaram a importância dos processos por violações graves dos direitos humanos. Contudo, a França e a Espanha têm leis de anistia relativas ao passado de violações graves dos direitos humanos que permanecem em vigor, e a Argélia introduziu duas leis de anistia na década passada, embora com algumas restrições limitadas sobre os crimes aos quais se aplicam. UNSC, 'Conselho de Segurança, "Na declaração do Presidente, o Conselho de Segurança reafirma a "importância vital "das Nações Unidas", no papel de reconciliação pós-conflito" (27 de janeiro de 2004) Press release SC/7990.

Nos últimos anos, houve também casos de forte apoio internacional para processos de anistia. Por exemplo, durante os estágios finais do conflito entre os Tamil Tigers e o governo do Sri Lanka, em 2009, atores internacionais aprovaram verbalmente uma anistia para os insurgentes se renderem[70]. Essas declarações de apoio não fizeram referência à necessidade de processar violações graves dos direitos humanos que haviam sido cometidas durante o conflito. Além de demonstrações de apoio, alguns processos de anistia recebem apoio financeiro. Por exemplo, a Lei de Anistia de Uganda de 2000, que concede anistia para todos os crimes relacionados ao conflito cometido por insurgentes que combatem contra o governo, incluindo as atrocidades cometidas pelo Lord's Resistance Army, tem constantemente recebido apoio financeiro de doadores internacionais para a sua execução. Mais recentemente, em janeiro de 2008, a Comissão de Anistia de Uganda recebeu financiamento de US$ 10.055.278 dólares do Banco Mundial Multi-Donor Trust Fund para apoiar o seu trabalho. Os doadores para esse fundo incluem o TPI e países como Dinamarca, Noruega, Países Baixos, Suécia e Reino Unido[71]. Esses endossos de anistias para crimes graves não parecem ter sido motivados por um desejo de impunidade, mas sim por um reconhecimento do papel que a anistia pode desempenhar para combatentes se renderem e se desarmarem.

Em quarto lugar, os Estados têm fracassado consistentemente em proibir leis de anistia em convenções internacionais. Por exemplo, durante a Conferência de Roma, delegados debateram uma série de propostas relativas a leis de anistia, mas acabaram por não conseguir chegar a um consenso sobre a proibição no Estatuto do TPI. Como resultado, o Estatuto não contém nenhuma referência à legislação de anistia. Com efeito, até o presente, a única convenção que explicitamente discute leis de anistia é o Protocolo Adicional II às Convenções de Genebra, o qual, em seu artigo 6 (5), incentiva os Estados-Parte a promulgarem "a anistia mais ampla possível às pessoas que tenham participado" em conflitos internacionais não armados[72]. O Comentário ao Protocolo Adicional afirma que o sentido dessa disposição é o de promover gestos de reconciliação que possam contribuir para o restabelecimento de relações normais na vida de uma nação dividida"[73].

---

70   Por exemplo 'Co-Chairs Of Sri Lanka Peace Process Urge Tamil Tigers To End Hostilities', **RTT News** (3 de fevereiro de 2009); 'Lay down arms, surrender - European Parliament tells LTTE', **The Colombo Times** (6 de fevereiro de 2009); 'U.N. Security Council Asks LTTE To Surrender', **RTT News** (22 de abril de 2009).

71   World Bank, **Project Information Document: Uganda Emergency Demobilization and Reintegration Project** (23 de janeiro de 2008); **World Bank offers over sh3 billion to resettle former ADF, LRA Rebels** New Vision (Kampala 19 de agosto de 2008).

72   Protocol Additional to the Geneva Conventions of 12 August 1949, and relating to the Protection of Victims of Non-International Armed Conflicts (Protocol II) 1977, Art 6(5).

73   Y. Sandoz, C. Swinarski and B. Zimmerman (eds), **Commentary on the Additional Protocols of 8 June 1977 to the Geneva Conventions of 12 August 1949** (ICRC, Geneva 1987) para 4618.

Finalmente, pressão internacional em favor de processos penais pode levar a que graves violações dos direitos humanos sejam excluídas do âmbito de aplicação da legislação de anistia, mas isso não significa automaticamente que esses crimes serão punidos. Além disso, mesmo que uma política penal seja aprovada, ela é, geralmente, restrita aos julgamentos de um número relativamente pequeno de criminosos notórios ou de alta patente, enquanto criminosos de médio e baixo escalão e seus seguidores escapam da responsabilidade legal. Esse fenômeno foi reconhecido pelo secretário-geral da ONU, em 2004, quando ele observou que "no final, nos países em situação de pós-conflito, a grande maioria dos autores de violações graves dos direitos humanos e do Direito Humanitário Internacional nunca serão julgados, seja a nível internacional ou nacional"[74]. A incapacidade de processar pode ser resultado de vários fatores, incluindo a falta de capacidade judiciária e penal, recursos financeiros limitados, a força política e militar dos infratores ou uma decisão do governo de priorizar outras políticas, como o desenvolvimento e segurança, acima da busca da justiça. Governos que enfrentam essas condições podem querer julgar crimes do passado e, portanto, decidir excluir crimes internacionais da legislação de anistia para assegurar que os julgamentos possam ocorrer no futuro, nos casos em que não possam ser realizados imediatamente. No entanto, outros países podem excluir crimes internacionais da legislação de anistia devido à pressão internacional e não à aceitação de uma norma de responsabilidade global. Essa adesão retórica à norma pode ser particularmente evidente quando exclusões por crimes internacionais não são aplicadas durante a implementação da legislação de anistia[75].

A existência de uma norma não depende da adesão de pessoas ou países. Na verdade, Lutz e Sikkink argumentam que "justificar a quebra da norma pode ser... um fator de afirmação da norma se, ao se justificar o ator reconhece a existência da norma e explica por que razão não foi possível cumprir a norma nas circunstâncias particulares"[76]. No entanto, quando os Estados promulgam leis de anistia para violações graves dos direitos humanos, hoje, raramente reconhecem a existência de uma

74   UNSC, **Report of the Secretary-General on The Rule of Law and Transitional Justice in Conflict and Post-Conflict Societies** (23 de agosto de 2004) S/2004/616 p. 46.

75   Por exemplo, na lei de anistia argelina, de 1999, os infratores que cometeram crimes envolvendo "a morte ou a desativação definitiva de uma pessoa, estupro ou o uso de explosivos em lugares públicos foram excluídos da anistia. No entanto, grupos de direitos das vítimas afirmaram que as comissões de estágio, que administravam os processos de anistia, tendem a inocentar 'arrependidos' após um exame superficial. Como resultado, os assassinos suspeitos teriam sido liberados para voltar para casa sem punição. Ver Amnesty International, 2000. **Algeria: Truth and Justice Obscured by the Shadow of Impunity**. MDE 28/11/00.

76   Lutz & Sikkink (n 4) 655-6.

norma de responsabilidade global. Em vez disso, argumentam que a anistia é necessária para trazer a paz e promover a reconciliação. Essas justificativas são, muitas vezes, reproduzidas por atores internacionais que apoiam e patrocinam processos de anistia. Isso, por consequência, nos leva a questionar até que ponto uma norma de responsabilidade global emergiu.

Como os dados acima ilustram, há divergências regionais em tendências de anistia. Em particular, a América sofreu a queda mais acentuada da taxa de leis de anistia e, durante a última década, menos leis de anistia foram promulgadas nessa região do que no resto do mundo. Além disso, ao contrário das leis de anistia promulgadas no continente americano durante os anos 1970 e 1980, anistias nessa região são agora menos propensas a incluírem violações graves dos direitos humanos do que a excluírem-nas[77]. Esses dados permitem concluir que uma "cascata de justiça" tem-se desenvolvido nessa região. Lutz e Sikkink têm sugerido que isso pode se dever à tradição da região "de compromisso com o Direito Internacional e normas de direitos humanos". Alegam ainda que, "devido a esse quadro normativo pré-existente e bem consolidado, pressões internacionais para sua aplicação tiveram ressonância a nível nacional porquanto pressões externas reforçaram valores nacionais[78]. Os dados apresentados acima também indicam que, embora tendências semelhantes estejam ocorrendo na Europa e na Ásia Central, devido aos conflitos em curso e à repressão política nos novos Estados independentes e na região do Cáucaso na Rússia, essas tendências não são ainda tão acentuadas quanto nas Américas. Em contraste, a existência de uma "cascata de justiça" é menos pronunciada na Ásia e na África Sub-Saariana do que nessas regiões, as taxas de Leis de Anistia permaneceram elevadas e muitas das leis de anistia promulgadas concederam imunidade aos autores de crimes sob o Direito Internacional.

À luz dessas tendências globais e regionais, como se deve interpretar a sobrevivência da lei de anistia de 1979 no Brasil? Quando a lei de anistia no Brasil foi promulgada, ela era coerente com as tendências regionais em que os regimes militares ou seus su-

---

77   Além disso, as únicas anistias nas Américas que têm abordado as violações graves dos direitos humanos na última década foram as leis aprovadas na Colômbia para reintegrar os membros das Autodefesas Unidas de Colombia (AUC), organização paramilitar de direita. Essas leis condicionam os criminosos a se desarmarem e a divulgarem sua verdade sobre suas ações criminosas. Contudo, a legislação estabelece distinção entre crimes, e perpetradores de graves violações dos direitos humanos recebem penas alternativas ao invés de anistia. Ver Inter-Am. C.H.R., Report on the Implementation of the Justice and Peace Law: Initial Stages in the Demobilization of the AUC and First Judicial Proceedings, OEA/Ser.L/V/II (2007).

78   Lutz & Sikkink (n 4) 659.

cessores garantiram anistia incondicional para graves violações de direitos humanos. No entanto, nos anos desde que a anistia foi aprovada, os vizinhos do Brasil na região, gradualmente, começaram a minar suas leis de anistia por meio de comissões de verdade, processos de crimes que foram isentos pela anistia, reinterpretações da legislação de anistia e, na Argentina e no Peru, da anulação das leis de anistia. Essa evolução reflete a "cascata de justiça" que teve lugar nas Américas. Em contraste, a Lei de Anistia no Brasil sobreviveu ilesa por esses desenvolvimentos, o que criou a percepção de que o Brasil é uma anomalia em uma região rumo à responsabilidade cada vez maior de violações passadas dos direitos humanos. Esse estado de anomalia não representa, contudo, contraste tão claro, já que a maioria das leis de anistia aprovadas anteriormente na região permanece em vigor, e agora simplesmente convive com julgamentos limitados e comissões de verdade. Se a proposta comissão da verdade começar a operar no Brasil, o país se adequará melhor às tendências regionais. Se a experiência do Brasil situa-se dentro das novas tendências mundiais, a resistência de sua anistia parece menos incongruente, uma vez que anistias continuam a ser decretadas em todo o mundo e as anistias anteriores raramente são revogadas. No entanto, quando novas leis de anistia são promulgadas hoje, elas são muitas vezes diferentes da legislação brasileira de anistia de 1979, condicionando a concessão de anistia a que os infratores executem determinadas ações, como a de dizer a verdade.

7. | CONCLUSÃO

O apoio a uma norma de responsabilidade global entre ativistas dos direitos humanos e estudiosos fez com que leis de anistia para violações graves dos direitos humanos se tornassem cada vez mais controversas nas últimas décadas. No entanto, grande parte do apoio a essa norma tem-se centrado no aumento do número de processos por autores de atrocidades em massa, mas não conseguiu ter em conta as tendências globais e regionais na promulgação da lei de anistia. Na verdade, como esse estudo defende, até anos recentes, tem havido um número surpreendentemente pequeno de estudos comparativos de leis de anistia. Nos casos em que essas tendências são exploradas utilizando o Banco de Dados Lei de Anistia, elas indicam que a promulgação da lei de anistia nos últimos trinta anos têm prosseguido a um ritmo constante. Além disso, ao passo que aumentou o número de anistias que excluem crimes internacionais, aumentou também a quantidade de anistias que incluem tais crimes.

Esse artigo defende que essas tendências colocam em dúvida a existência da norma de responsabilidade global, especialmente quando a promulgação de leis de anistia recebe

apoio diplomático e financeiro dos doadores internacionais. Esse apoio parece ser particularmente bem-vindo nos casos em que a anistia é aprovada em meio a um conflito em curso, para encorajar os combatentes a se renderem e a se desarmarem. Isso sugere que, apesar da evolução do Direito Penal Internacional e da justiça de transição, uma crença persiste no interior dos Estados e da comunidade internacional de que, em tempos de extrema violência, a anistia pode ser um compromisso necessário para atingir a paz.

Riachos de justiça: debatendo a responsabilidade pós-atrocidade em Ruanda e Uganda

PHIL CLARK

Professor da Universidade de Londres (Reino Unido)
Coordenador da Pesquisa em Justiça de Transição da Universidade
de Oxford (Reino Unido)
Doutor em Ciência Política pela Universidade de Oxford
(Reino Unido)

FONTE: ARQUIVO NACIONAL E SECRETARIA
DE DIREITOS HUMANOS DA PRESIDÊNCIA DA
REPÚBLICA

| 1. | INTRODUÇÃO |

Nos últimos 20 anos, Ruanda e Uganda experimentaram alguns dos conflitos mais violentos e destrutivos do mundo. A sobreposição da escala e natureza desses conflitos – que envolvem dezenas de milhares de criminosos civis e vítimas – inevitavelmente molda a Justiça internacional e nacional nos processos destinados a lidar com os crimes em massa. Desde 1986, a guerra civil, no norte de Uganda, entre o governo ugandês e o LRA (*Lord's Resistance Army, Exército de Resistência do Senhor*), uma força rebelde famosa pelo sequestro e alistamento de crianças, já matou dezenas de milhares de civis. Em resposta, uma política de "proteção" do governo para deslocamento forçado levou um número estimado de 1,7 milhões de pessoas, quase 90% da população total do norte de Uganda, a 200 campos miseráveis feitos para os refugiados internos (PDIs - *internally displaced persons, pessoas deslocadas internamente*)[1]. Em 1994, em Ruanda, entre 500.000 e 1 milhão de tutsis e seus simpatizantes declarados, kutus e twa, foram assassinados siste-

---

1   Nações Unidas, **Consolidated Appeal for Uganda 2006**, Escritório das Nações Unidas para a Coordenação dos Assuntos Humanitários, 30 de novembro de 2005, http://ochaonline.un.org/cap2005/webpage.asp?MenuID=7341&Page=1330.

maticamente em um genocídio que durou pouco mais de três meses[2]. Os genocidas, muitos dos quais conheciam suas vítimas, mataram-nas pessoalmente, com armas toscas, tais como facões, enxadas e porretes com pontas, conhecido como "panga", e, geralmente, perto das casas das vítimas[3].

Este artigo enfoca as medidas de responsabilização que foram tomadas em resposta às atrocidades em Ruanda e Uganda e as cita especificamente nos debates em curso sobre a pertinência e a legalidade da anistia para os perpetradores de violações graves dos direitos humanos. Em particular, este trabalho analisa as tendências de responsabilização nesses países, à luz da teoria de "cascata de justiça" (*cascade justice*) de Sikkink e Lutz, representada pela "mudança drástica na legitimidade das normas de responsabilidade penal individual por violações dos direitos humanos e por um aumento nas ações (processos) em nome dessas normas"[4]. Em um artigo recente, Sikkink enfatiza a importância dos empreendedores de norma internacional, principalmente organizações internacionais de direitos humanos, ativistas e acadêmicos, para promover a "difusão internacional" das normas de responsabilidade penal individual, que culminou no Estatuto de Roma em 1998 e no início do trabalho do Tribunal Penal Internacional (TPI) em 2002[5].

Este trabalho tem como base cerca de 700 entrevistas que realizei em Ruanda, Uganda, Tanzânia e Holanda, entre 2003 e 2010, com autoridades internacionais, nacionais e autoridades da comunidade política e judicial, advogados, representantes da sociedade civil e com a população em geral, e observações em primeira mão de audiências sobre crimes graves em tribunais internacionais, nacionais e comunitários. A análise do presente trabalho enfoca o envolvimento de políticos nacionais e internacionais e das pessoas afetadas nas decisões políticas sobre a melhor forma de tratar as atrocidades em massa e na aplicação prática dessas decisões.

---

2   A maioria dos escritores estima que o número de mortes tutsis durante o genocídio esteja na faixa de 500.000 a 1 milhão. Em sua análise detalhada do genocídio de Ruanda, Alison Des Forges estima que 500 mil tutsis foram assassinados: A.Des Forges, **Leave None to Tell the Story: Genocide in Rwanda**, New York: Human Rights Watch, 1999, pp.15-16. O historiador Gérard Prunier, entretanto, calcula que o "possível menos pior" número de mortos seja de 850.000: G. Prunier, **The Rwanda Crisis: History of a Genocide**, London: Hurst and Co., 1998, p.265.

3   Vide Des Forges, pp.209-212; **African Rights, Rwanda: Death, Despair and Defiance** (Revised edition), London: African Rights, 1995, ch.9; R. Dallaire, **Shake Hands with the Devil: The Failure of Humanity in Rwanda**, Toronto: Random House Canada, 2003, ch. 11.

4   Ver artigo de Sikkink nesta obra.

5   Sikkink e Lutz, Justice Cascade.

O presente trabalho argumenta que a interpretação da "cascata de justiça" da difusão da norma internacional não explica adequadamente por que Ruanda e Uganda desenvolveram estratégias inovadoras para responsabilizar os autores de atrocidades durante os últimos 20 anos. A "cascata de justiça" implica uma trajetória linear, até mesmo teleológica, de difusão, na qual os Estados passam inexoravelmente – geralmente sob pressão internacional – a empregar anistias aos processos. A experiência de Ruanda e Uganda vai contra a interpretação da "cascata de justiça" em três aspectos fundamentais. Primeiro, as decisões de política interna referentes à responsabilização têm oscilado muito, com processos de anistia sendo aceitos, modificados, rejeitados e reintegrados em momentos diferentes, dependendo de circunstâncias políticas, jurídicas e sociais. Em segundo lugar, os empreendedores de norma internacional têm exercido influência mínima nas decisões da prestação de contas interna, que têm sido feitas, frequentemente, em oposição explícita às prescrições dos defensores da responsabilidade penal internacional. Por fim, a defesa e a crítica por parte dos empreendedores de norma internacional têm servido, com frequência, para tentativas cruciais de bloqueio da responsabilização interna, prejudicando, assim, os esforços de justiça de longo prazo.

Em suma, a justiça não teve o movimento cascata em Ruanda e Uganda, da forma descrita por Sikkink e Lutz, mas diminuiu, fluiu, às vezes secou completamente e reiniciou rapidamente – e geralmente originou-se de fontes nacionais ou regionais, em vez das internacionais. Justiça nesses países se manifestou como uma série de sinuosos riachos e afluentes, em vez de uma cascata, previsível e unidirecional. Este artigo sustenta que, apesar desse processo desigual, esses países perseguiram, muitas vezes, estratégias de responsabilização interna que são mais apropriadas para o contexto local e que estavam mais susceptíveis a produzir maiores benefícios em longo prazo do que os modos de responsabilização propostos por empreendedores da norma internacional. Essa descoberta é relevante para o nosso entendimento das formas como as normas se desenvolvem nacionalmente e as políticas de responsabilização evoluem dentro dos países afetados. Também ressalta que os defensores internacionais bem-intencionados podem, às vezes, prestar um grande desserviço à causa da justiça quando abrem caminho para uma visão estreita de responsabilidade penal.

Este trabalho está estruturado da seguinte forma. A parte I apresenta um breve histórico do conflito em Ruanda e Uganda, destacando importantes sobreposições regionais de violência. As partes II e III analisam as respostas da justiça transicional ao conflito em cada um dos países, focando em debates sobre a anistia e formas de responsabilização.

A parte IV, por sua vez, reúne as análises a partir dessas seções para destacar as tendências regionais em termos de tomada de decisão de justiça transicional e da relevância desses resultados para uma difusão mais ampla de debates teóricos sobre a norma internacional e da adequação da anistia como uma reparação de pós-conflito.

2. | HISTÓRICO DOS CONFLITOS DOS GRANDES LAGOS

Esta seção apresenta um breve panorama dos conflitos em cada um dos países em análise, criando uma base para a discussão dos processos de justiça de transição nas seções subsequentes.

Ruanda

Entre abril e julho de 1994, Ruanda experimentou uma das ondas mais devastadoras de assassinato em massa da história moderna. Em torno de 100 dias, quase três quartos da população total de tutsis (que constituía cerca de 11% do total da população de Ruanda em 1994, enquanto os hutus constituíam quase 84%) foram assassinados e outras centenas de milhares de pessoas foram exiladas para os países vizinhos[6]. O que distingue o genocídio de Ruanda de outros casos de assassinato em massa no século XX e, particularmente, do genocídio dos judeus durante a Segunda Guerra Mundial é o uso de armas de baixa tecnologia, a participação em massa da população hutu nos assassinatos, as semelhanças sociais e culturais dos agressores e das vítimas e a velocidade espantosa do genocídio.

Um contexto mais amplo da guerra civil no início da década de 1990 é fundamental para explicar por que o genocídio ocorreu[7]. Em 01 de outubro de 1990, a Frente Patriótica Ruandesa (FPR), que reúne muitos descendentes de refugiados tutsis que fugiram da violência dos hutus na década de 1960, invadiu Ruanda desde Uganda[8]. As forças do governo repeliram a FPR e uma guerra de guerrilha eclodiu no nordeste do país. Depois de quase três anos de combates, o governo e a FPR assinaram os Acordos de Paz de Arusha, mediados pelas Nações Unidas, em agosto de 1993.

---

6   Prunier, pp.264-268.

7   Para uma descrição útil do turbilhão de acontecimentos importantes em1990, vide P. Uvin, **Aiding Violen-ce: The Development Enterprise in Rwanda**, West Hartford, Connecticut: Kumarian Press, 1998, pp. 60-65.

8   Prunier, p. 72 and ch. 3.

Na noite de 6 de abril de 1994, os então presidentes de Ruanda, Juvenal Habyarimana, e do Burundi, Cyprien Ntaryamira, estavam retornando de negociações regionais na Tanzânia. Por volta das 20h30, quando o avião em que estavam se aproximava do aeroporto de Kayibanda, em Kigali, dois mísseis disparados de perto do perímetro do aeroporto atingiram a aeronave, que caiu no jardim do palácio presidencial, matando todos a bordo. Em uma hora a partir do acidente, bloqueios de estradas do governo foram criados em Kigali e tropas e milícias Interahamwe começaram a parar os veículos e verificar os documentos de identidade. Foram disparados tiros do outro lado da cidade enquanto começaram os assassinatos nas barreiras e guardas presidenciais e os milicianos foram de casa em casa matar tutsis e hutus acusados de colaborar com os tutsis[9]. A matança espalhou-se rapidamente para além de Kigali, se alastrando por cidades e vilas em Ruanda. Nas semanas seguintes, os líderes do governo se espalharam pela capital para incitar toda a população hutu a assassinar os tutsis, apoiada por mensagens de ódio na RTLM (estação de rádio de Ruanda). De acordo com a maioria das estimativas, cerca de 250 mil tutsis foram assassinados nas primeiras duas semanas do genocídio[10].

Uganda

Desde 1986, o norte de Uganda passou por uma das maiores e mais destrutivas guerras civis da África. A população civil sofreu assassinatos generalizados, estupros, torturas, sequestros, roubos e deslocamentos em massa para campos de refugiados internos, resultando na imensa fragmentação social e cultural entre as comunidades do norte, especialmente na região Acholiland. Um estudo de percepções entre os ugandenses do norte, realizado em 2007 pela ONU, mostra que a maioria da população afetada considera tanto o governo quanto o LRA responsáveis pelos danos que sofreram[11]. Negociações de paz recentes entre o governo e os rebeldes em Juba, sul do Sudão, que levou à assinatura de um acordo de cessação das hostilidades, em agosto de 2006, representam a melhor oportunidade de assegurar a paz duradoura no norte de Uganda.

---

9   Dallaire, ch. 10.

10   African Rights, **Death, Despair and Defiance**, p.258; Des Forges, p.770.; A. Kuperman, **The Limits of Humanitarian Intervention: Genocide in Rwanda**, Washington: Brookings Institution Press, 2001, p.16.

11   Escritório das Nações Unidas do Alto Comissariado para os Direitos Humanos, "Making Peace Our Own: Victims' Perceptions of Accountability, Transitional Justice and Reconciliation in Northern Uganda", Geneva: UNO-HCHR, 2007, p.3, http://www.ohchr.org/english/docs/northern_Uganda_august2007.pdf.

Tem-se como crucial para as motivações e táticas do LRA a personalidade de seu líder Joseph Kony, a quem Douglas Johnson e David Anderson descrevem como "mântica"[12], pertencentes aos *manti*, videntes ou curandeiros, que muitas vezes se opõem abertamente ao núcleo das estruturas sociais e políticas. Kony, proclamando-se mensageiro de Deus e um mediador entre a população e o mundo espiritual, sempre alegou que os acholi exigem purificação por causa de seu fracasso em combater diretamente as forças do presidente Yoweri Museveni no norte de Uganda. Há muito debate sobre os objetivos políticos e militares exatos de Kony e do LRA[13]. Alguns autores julgam o LRA como uma coleção de manias espirituais, sem agenda política coerente[14]. No entanto, no âmago dos discursos públicos de Kony e de outros líderes do LRA, há uma mensagem política coerente em relação à necessidade de reconhecer as reclamações antigas dos acholi, uma maior integração dos acholi na vida nacional de Uganda, o desmantelamento dos campos de refugiados internos, bem como mais reclamações espirituais sobre a necessidade de limpeza e purificação dos acholi[15]. Complicar as interpretações dos objetivos do LRA foi o que aconteceu na busca por maior integração dos acholi à vida nacional, porque o LRA usou de violência contra a população acholi como uma tática militar e sequestrou milhares de crianças ugandesas e de outras comunidades do norte, enfraquecendo, assim, a sua capacidade de conquistar o apoio popular.

Ruanda: justiça de transição pós-genocídio

Esta seção sobre os processos de justiça de transição em Ruanda segue uma estrutura que é replicada na seção subsequente, em Uganda. Primeiro, descreve resumidamente a natureza dos desafios que formam a adoção de medidas de justiça transicional. Em segundo lugar, descreve a trajetória da elaboração de políticas de justiça de transição no país, enfocando questões de anistia e de responsabilização. Em terceiro lugar, explora as respostas dos empreendedores de norma internacional na formulação de políticas nacionais de justiça de transição. Em quarto lugar, analisa a experiência de justiça de transição do país à luz das questões teóricas identificadas no início deste trabalho.

---

12   D. Johnson e D. Anderson, "Revealing Prophets" in D. Johnson e D. Anderson (eds.), **Revealing Prophets: Prophecy in Eastern African Studies**, London: James Currey, 1995, p.14.

13   Para uma visão mais abrangente das interpretações de vários críticos sobre a agenda política do LRA, vide A. Branch, "Neither Peace nor Justice: Political Violence and the Peasantry in Northern Uganda, 1986-1998", **African Studies Quarterly**, 8, 2, Spring 2005, pp.4-9.

14   Vide, por exemplo, British Broadcasting Corporation, **"Girls Escape Ugandan Rebels"**, 25 June 2003, http://news.bbc.co.uk/2/hi/africa/3018810.stm.

15   S. Finnström, "In and Out of Culture: Fieldwork in War-Torn Uganda", **Critique of Anthropology**, 21, 3, 2001, pp.247-248.

Desafios pós-genocídio

Os principais elementos que determinam as decisões de justiça de transição em Ruanda são a magnitude do genocídio em termos do número de vítimas e agressores e as limitações severas de recursos de uma nação empobrecida, que enfraqueceu ainda mais com a violência em massa. Nos meses que seguiram o genocídio em Ruanda, cerca de 120 mil suspeitos de genocídio, a maioria hutus, foram caçados e transportados para prisões em todo o país, construídas para abrigar apenas 45 mil presos[16]. A maioria dos presos nunca foi formalmente acusada de qualquer crime e foi forçada a viver em condições infernais: subnutridos, bebendo água suja e amontoados em pequenos quartos onde dormiam em formações de treliça por falta de espaço[17].

Durante o genocídio, o Sistema Judicial ruandês – que manifestava sinais de colapso antes de 1994 – foi quase completamente destruído, uma vez que a infraestrutura dos tribunais nacionais foi dizimada e muitos juízes e advogados foram mortos ou fugiram do país[18]. Com o atual Sistema Judicial incapaz de lidar com grandes números de suspeitos, o governo procurou novos mecanismos para ouvir dezenas de milhares de casos de genocídio.

Trajetória da formulação de políticas da justiça de transição em Ruanda

O governo ruandês levou quase sete anos para definir a abordagem de justiça em três frentes que, desde então, foi utilizada para tratar de crimes de genocídio, baseada no Tribunal Penal Internacional da ONU para Ruanda (TPIR), criado em novembro de 1994, nos tribunais nacionais ruandeses e nas jurisdições *gacaca* em nível de comunidade. Em uma conferência internacional, em Kigali, em outubro de 1995, o governo considerou a anistia geral e a versão tradicional dos tribunais *gacaca* (que tinha sido usada por séculos como uma ferramenta de resolução de litígios) como possíveis métodos para lidar com suspeitos de genocídio. Rejeitou-se a anistia com base no argumento de que seria inflamar o desejo percebido de vingança dos sobreviventes do genocídio. O procurador-geral Martin Ngoga também argumenta que o governo de domínio FPR se opôs à anistia por-

---

16   Centro Internacional de Estudos Penitenciários (King's College), **Prison Brief for Rwanda**, London: ICPS, 2002, www.kcl.ac.uk/depsta/rel/icps/worldbrief/africa_records.php?code=39.

17   Anotações de campo do autor, Butare Central Prison, 4 de fevereiro de 2003.

18   Anistia Internacional, **Rwanda – Gacaca: A Question of Justice**, AI Doc. AFR 47/007/2002, Dezembro de 2002, pp.12-13.

que ela tinha sido amplamente utilizada pelo regime de Habyarimana para proteger os autores de violações graves durante os períodos de violência em massa, como, por exemplo, por meio das leis de anistia de agosto de 1962, maio de 1963, fevereiro de 1979 e novembro de 1991[19]. O governo rejeitou os tribunais *gacaca* tradicionais, alegando que eles violaram a legislação existente em Ruanda quanto à necessidade de julgar formalmente crimes graves, especialmente assassinatos[20].

Em 1996 e 1997, o governo, com o grande apoio de ONGs internacionais, como a organização belga Avocats Sans Frontières (ASF) e o Centro Dinamarquês de Direitos Humanos (DCHR - *Danish Centre for Human Rights*), começou uma grande inspeção dos tribunais nacionais. As péssimas condições do Sistema Jurídico pós-genocídio obrigou o governo e os doadores internacionais a embarcar em uma campanha nacional de formação dos novos juízes e advogados. O Sistema Judiciário nacional também sofreu uma longa história de corrupção e de repressão, porque antes do genocídio, os tribunais eram altamente politizados e, invariavelmente, uma ferramenta de um Executivo autoritário. Esses fatores exigiram a avaliação e o treinamento pós-genocídio dos funcionários judiciais. Na tentativa de acelerar o julgamento dos casos de genocídio nos tribunais nacionais, o governo aprovou a Lei Orgânica de agosto de 1996, que dividiu suspeitos de genocídio em quatro categorias, de acordo com a gravidade de seus crimes, e estabeleceu um regime de acordo judicial, que ofereceu penas reduzidas em troca de confissões de suspeitos[21].

Os tribunais nacionais foram inicialmente lentos para ouvir os casos de suspeitos de genocídio. Em 2000, os tribunais tinham ouvido apenas 2500 casos, menos de 3% do total de genocídios. Desses casos, cerca de 500 acusados foram absolvidos e 400 receberam pena de morte. Acordos judiciais nesses casos eram extremamente raros, com menos de 20% dos réus declarados culpados. Ficou claro que, nesse ritmo, a grande maioria dos casos de genocídio não seria ouvida, sendo necessária a busca de mecanismos alternativos para processar o imenso acúmulo de casos[22].

---

19   Ngoga, pp.321-332.

20   República de Ruanda, 'Minutes of the Symposium on Gacaca', Hotel Umubano, Kigali, 6-7 de março de 2000, p.13.

21   República de Ruanda, 'Loi Organique Nº. 8196 du 30/8/96 sur l'Organisation des Poursuites des Infractions Constitutives du Crime de Genocide ou de Crimes contre l'Humanité, Commises à Partir de 1er Octobre 1990', **Official Gazette of the Republic of Rwanda**, 1 September 1996, Articles 2-9. (Doaravante, referida como "Lei Orgânica").

22   Anistia Internacional, **Rwanda: The Troubled Course of Justice**, AI Index: AFR 47/10/00, Abril de 2000, pp.2-3.

As discussões políticas voltaram-se para a possibilidade de empregar uma comissão de verdade ao estilo sul-africano. Conforme destaca Jeremy Sarkin, existe um precedente de implementação desse tipo em Ruanda. Após a assinatura dos Acordos de Arusha, em 1993, uma comissão de verdade foi estabelecida em Ruanda para investigar as violações dos direitos humanos cometidas entre 1990 e 1993. Seu trabalho foi severamente prejudicado pela violência em curso em Ruanda no final de 1993, mas ainda produziu um relatório final que detalhou os crimes contra a humanidade cometidos durante o período da guerra civil[23]. Em 1997, o governo considerou a ideia, até então rejeitada, de usar uma comissão de verdade para tratar crimes de genocídio, alegando que isso não bastaria para punir os genocidas[24].

O ano de 1998 marcou o ressurgimento no discurso público do uso potencial dos tribunais *gacaca* para ouvirem e julgarem casos de genocídio. Entre maio de 1998 e março de 1999, o presidente Pasteur Bizimungu realizou "reuniões de interpretação" todos os sábados em Urugwiro Village, Kigali[25]. O objetivo dessas reuniões foi reunir autoridades políticas, sociais, jurídicas e religiosas para discutir as questões mais prementes em matéria de reconstrução nacional[26]. Questões de justiça e reconciliação apareceram fortemente nas conversações, e em junho de 1998 a possibilidade de revitalizar os tribunais *gacaca* foi novamente levantada, principalmente por um grupo de prefeitos provinciais, mais notavelmente Protais Musoni, então prefeito de Kibungo e agora ministro da Administração Local, da Boa Governança e da Comunidade de Desenvolvimento e dos Assuntos Sociais. Fatuma Ndangiza, secretário executivo da Comissão de Unidade Nacional e Reconciliação (NURC - *National Unity and Reconciliation Commission*), descreve Musoni como o "pai dos tribunais *gacac*"[27] e o principal responsável por convencer o governo a reformar os *gacaca* para lidar com casos de genocídio.

Em 17 de outubro de 1998, Bizimungu criou uma comissão para investigar a possibilidade de reestruturação dos tribunais *gacaca* em um sistema adequado de tratamento de

---

23   J. Sarkin, **Necessity and Challenges**, pp.777-778.

24   Para a análise desses debates sobre uma comissão de verdade em Ruanda, vide Sarkin, ibid.; e M. Drumbl, 'Sclerosis: Retributive Justice and the Rwandan Genocide', **Punishment and Society**, 2, 3, 2000, p.296.

25   Para uma síntese detalhada dessas reuniões, vide República de Ruanda, **Report on the Reflection Meetings Held in the Office of the President of the Republic from May 1998 to March 1999**, Kigali: Office of the President of the Republic, Agosto de 1999.

26   Para um resumo dessas reuniões, vide Murigande, pp.22-34.

27   Entrevista do autor com o governo, Fatuma Ndangiza, secretária executiva, Comissão da Unidade Nacional e Reconciliação, Kigali, 10 de junho de 2006.

casos de genocídio[28]. Musoni descreve os debates em Urugwiro durante esse período como prolongados e frequentemente acalorados, um fato não prontamente expresso por muitas fontes estatais que tendem a caracterizar a decisão do governo de transformar a prática tradicional dos *gacaca* como mais rápida e quase inevitável[29]. Minhas entrevistas com o presidente Kagame, Musoni e outros membros do governo indicam que havia quatro divisões principais aparentes durante as discussões em Urugwiro: entre advogados e não advogados, elites urbanas e rurais, militares do FPR e hierarquia política, e entre os membros do FPR que lutaram ou estavam presentes em Uganda ou Ruanda durante a guerra civil e durante o genocídio e figuras diaspóricas que retornaram a Ruanda depois do genocídio.

Advogados, elites urbanas e líderes do FPR (especialmente os militares) que viveram o conflito em primeira mão favoreceram, em geral, formas de justiça "mais fortes" para os suspeitos do genocídio do que as percebidas na proposta de utilização dos *gacaca*. Esses grupos se opuseram aos tribunais *gacaca* por razões ligeiramente diferentes. Os advogados favoreceram respostas judiciais mais convencionais aos crimes de genocídio porque isso reflete sua própria formação jurídica. As elites urbanas favoreceram medidas legais similares, porque isso centralizaria os processos de responsabilização em Kigali, enquanto os advogados e as elites urbanas convergiram em suas representações dos *gacaca* como uma prática primitiva e rural apropriada apenas para as infrações comunitárias de baixo nível e em sua desconfiança da capacidade da população para resolver crimes graves logo após o genocídio[30]. Os líderes do FPR, particularmente os miliares com experiência antecipada quanto ao genocídio, defenderam justiça rígida pelos crimes que haviam testemunhado diretamente e invocaram demandas de sobrevivência na comunidade para tais medidas.

Por outro lado, os não advogados, as elites rurais, alguns funcionários políticos do FPR e figuras diaspóricas que haviam retornado argumentaram que os processos nos tribunais convencionais por crimes de genocídio se mostrariam inadequados quanto às centenas de milhares de suspeitos ainda na prisão e não conseguiriam resolver questões sociais fundamentais de cura e reconciliação no campo. Alguns líderes políticos do LRA defenderam o uso dos *gacaca* invocando princípios de "justiça popular" de seus dias em Uganda, apoiando o Movimento de Resistência Nacional de Yoweri Museveni (NRM) e a his-

---

28   República de Ruanda, **Report on the Reflection Meetings**, p.9.

29   Entrevista do autor com o governo, Protais Musoni, Ministro da Administração Local, da Boa Governança e da Comunidade de Desenvolvimento e dos Assuntos Sociais, Kigali, 13 de junho de 2006.

30   V. também, República de Ruanda, **Report on the Reflection Meetings**, p.60.

tória de Uganda de utilizar os Conselhos Locais (CLs) para combater crimes na comunidade. Concebidos inicialmente como instâncias de tomadas de decisões comunais sobre questões diárias da comunidade, os CLs evoluíram para a instituição política e judicial de nível local primário em toda Uganda. Os CLs, como ficaram conhecidos após a vitória de Museveni nas eleições de 1996, cresceram a partir dos Conselhos de Resistência (CRs), criados por suas forças durante a guerra de Bush em Uganda para manter a lei e a ordem nas regiões controladas pelos rebeldes e para reunir informações e mobilizar o recrutamento em áreas dominadas pelo exército de Milton Obote. Logo após a ascensão ao poder da NRM, Museveni declarou que a "justiça popular" poderia ajudar a superar a corrupção desenfreada das estruturas políticas e judiciais herdadas de Amin e Obote e revigorar a vida da comunidade de Uganda[31]. Em 1987, os Conselhos de Resistência e o Estatuto de Comitês ofereceram aos CRs o papel de julgar processos civis de baixo nível como forma de superar o congestionamento dos Tribunais de Magistrados e de tornar a justiça mais acessível - física e culturalmente - para as populações locais[32]. No Urugwiro, vários líderes políticos do FPR alegaram que os tribunais *gacaca* poderiam similarmente ajudar nas tentativas de Ruanda de descongestionar os tribunais nacionais dos seus excessos de casos de genocídio, ao mesmo tempo em que também ajudariam na busca pela cura e reconciliação no nível da comunidade[33].

Enquanto isso, as elites diaspóricas, sobretudo os tutsis que haviam retornado da Europa e dos EUA, argumentavam que o Estado precisava considerar a opinião pública internacional em relação às políticas pós-genocídio de Ruanda, porque a ajuda externa e o apoio diplomático foram essenciais para o processo de reconstrução[34]. Um funcionário do governo que tinha participado nas reuniões em Urugwiro e conversou comigo, anonimamente, destacou uma importante área de preocupação internacional:

> "Houve uma grande pressão sobre o governo por causa das execuções públicas de genocidas, como as no Amahoro [estádio]. Havia raiva de sobreviventes por causa da falta de justiça e raiva da comunidade internacional por causa de como conduzíamos

---

31   Y. Museveni, **Sowing the Mustard Seed: The Struggle for Freedom and Democracy in Uganda**, London: MacMillan, 1997, p.30.

32   B. Baker, 'Popular Justice and Policing from Bush War to Democracy: Uganda, 1981-2004', **International Journal of the Sociology of Law**, 32, 4, p.336.

33   República de Ruanda, **Report on the Reflection Meetings**, p. 60.

34   Sobre esse tema, v. também B. Oomen, 'Donor-Driven Justice and its Discontents: The Case of Rwanda', **Development and Change**, 36, 5, pp.887-910. Em 2002, Richard Sezibera, o embaixador de Ruanda para os EUA, disse: "Nós modificamos o processo [do tribunal *gacaca* tradicional] para atender aos padrões internacionais tanto quanto possível e colocamos os tribunais gacaca sob o controle de nossa corte suprema." (R. Sezibera, 'The Only Way to Bring Justice to Rwanda', **The Washington Post**, 7 de abril de 2002).

[inicialmente] a justiça, por isso era muito difícil. O mundo simpatizava conosco depois do genocídio por causa do que tínhamos passado, mas algumas pessoas [em Urugwiro] estavam dizendo que precisavam aderir a uma linha mais moderada. Tivemos que agir com calma e de forma razoável. Não podíamos nos dar ao luxo de perder o apoio internacional, porque isso significaria perder a ajuda e ser novamente isolado"[35].

Esse funcionário afirmou que o elemento chave que eventualmente convenceu Kagame e outras pessoas sobre as virtudes dos tribunais *gacaca* foi a preocupação com a percepção internacional da abordagem de Ruanda à responsabilização pós-genocídio[36]. O momento das discussões em Urugwiro foi especialmente importante nesse sentido, tendo início em maio de 1998, várias semanas após uma série amplamente divulgada de execuções públicas de genocidas condenados, que ocorreram em estádios ao redor de Ruanda durante as comemorações oficiais do genocídio em abril[37]. Os partidos em Urugwiro decidiram eventualmente que a apreensão internacional sobre execuções públicas de genocidas superava qualquer inquietação sobre reviver os tribunais *gacaca*. Essa última preocupação poderia ser resolvida com o estabelecimento de garantias suficientes ao devido processo à medida que os *gacaca* fossem reformados para lidar com casos de genocídio. Essas descrições das reuniões em Urugwiro destacam as principais divisões dentro do governo ruandês e as diversas preocupações que foram levantadas durante os debates sobre as medidas de justiça e de conciliação adequadas.

Em fevereiro de 1999, após o Escritório do Alto Comissário das Nações Unidas para os Direitos Humanos (EACDH) ter ajudado em um estudo pós-Urugwiro dos *gacaca*, o relator especial da ONU afirmou: "os tribunais *gacaca* não são competentes para julgar crimes contra a humanidade, mas poderiam ser utilizados para fins de depoimento em conexão com a reconciliação"[38]. Ignorando o conselho da ONU, a comissão de Bizimungu produziu um projeto de proposta em junho de 1999, detalhando como os tribunais *gacaca* poderiam ser divididos entre os vários níveis da administração local – celular, setorial, distrital, provincial – com cada nível de audiência e julgamento de casos de acordo

---

35   Entrevista do autor com o governo, oficial ruandês anônimo, Kigali, 14 de junho de 2006.

36   Ibid.

37   V., por exemplo, British Broadcasting Corporation, **From Butchery to Executions in Rwanda**, 27 de abril de 1998, news.bbc.co.uk/1/hi/programmes/from_our_own_correspondent/84120.stm.

38   Escritório das Nações Unidas do Alto Comissariado para os Direitos Humanos, **Report on the Situation of Human Rights in Rwanda**, UN Doc. E/CN.4/1999/33, 8 de fevereiro de 1999, p.12. Um membro da equipe do EACDH responsável pelo relatório de 1999 publicou uma crítica extensa sobre o processo gacaca proposto. Vide, L. Werchick, 'Prospects for Justice in Rwanda's Citizen Tribunals', **Human Rights Brief**, 8, 3, 2001, pp.15-18.

com as categorias de crime descritas na Lei Orgânica[39]. Após o debate sobre esse projeto de lei, a Lei *Gacaca* foi aprovada em janeiro de 2001[40].

"Eles não cumprem os padrões internacionais de julgamento justo e carecem de independência, imparcialidade e transparência"

Durante nove anos, os tribunais *gacaca*, supervisionados por juízes eleitos locais, julgaram cerca de 400 mil suspeitos de genocídio em mais de 1 milhão de julgamentos. Esses julgamentos tiveram um forte impacto, mas altamente variável, na população de Ruanda, como já mencionado em outros lugares[41]. No entanto, os tribunais *gacaca* provaram ter muito sucesso no julgamento de uma base enorme de casos de genocídio, individualizando a culpabilidade pela conexão de crimes específicos com os perpetradores específicos, e desenterrando verdades sobre os genocídios, enquanto custava para o Estado ruandês apenas cerca de 40 milhões de dólares.

Contudo, ao longo do tempo, setores do governo, incluindo o gabinete do presidente, cresceram frustrados com a lentidão dos *gacaca*, acreditando que eles consumiam recursos valiosos e desviavam-se das tentativas de buscar o desenvolvimento nacional. Tais eram as preocupações do governo que, em 2006, eles novamente consideraram anistia para alguns autores de genocídio, a fim de acelerar o processo de justiça. O presidente Kagame declarou:

"Enfrentamos muitas dificuldades na tentativa de acelerar os tribunais *gacaca*... Precisamos enfatizar que os *gacaca* não são abertos, pois, como uma nação, temos outros objetivos, como o desenvolvimento de nossa economia e a construção da base de habilidades do país. Hoje, o número de casos de genocídio é ainda enorme, então, quanto aos *gacaca*, talvez tenhamos que pensar em novas maneiras para lidar com isso... Mesmo uma anistia é possível, principalmente para os perpetradores de baixo nível. Tudo é possível, mesmo para os casos mais graves. O que tentamos aqui é a justiça em grande escala, mas os custos têm sido imensos"[42].

---

39   Vandeginste, **Justice, Reconciliation and Reparation**, pp.17-20.

40   República de Ruanda, 'Organic Law 40/2000 of 26/01/2001 Setting Up Gacaca Jurisdictions and Organising Prosecutions for Offences Constituting the Crime of Genocide or Crimes against Humanity Committed Between 1 de outubro de 1993 e 31 de dezembro de 1994', **Official Gazette of the Republic of Rwanda**, Outubro de 2000, Artigo 13.

41   P. Clark, **The Gacaca Courts, Post-Genocide Justice and Reconciliation in Rwanda: Justice without Lawyers**, Cambridge University Press, 2010.

42   Entrevista do autor com o governo, Kagame, 2006.

O governo acabou por rejeitar a opção de anistia e escolheu, em vez disso, simplificar os aspectos do procedimento dos tribunais *gacaca*. Ele revisou a Lei *Gacaca* para diminuir as penas dos condenados genocidas e promoveu o uso de serviços comunitários como punição em vez de penas de prisão. Espera-se que os *gacaca* concluam os trabalhos até o final de 2010, após o qual não haverá mais processos de qualquer suspeita de genocídio ignorada durante o processo dos tribunais *gacaca*.

Respostas dos especialistas de norma nacional e internacional à justiça de transição em Ruanda:

> "Desde o início, os especialistas de norma internacional – principalmente organizações de direitos humanos como a Anistia Internacional (AI) e Human Rights Watch (HRW), as quais o Sikkink identifica como estando entre os atores mais importantes no surgimento da "Era da Responsabilização" global[43] – se opuseram às abordagens nacionais de Ruanda relacionadas à responsabilização pós-genocídio enquanto apoiavam globalmente os esforços do TPIR. Um pequeno grupo de atores internacionais, como ASF, DCHR e Reforma Penal Internacional (RPI), adotaram um papel mais silencioso, mais técnico, criticando os métodos de Ruanda pelos bastidores e colaborando com o governo na resolução dos problemas percebidos. Entretanto, a maioria dos principais grupos dos direitos humanos se opôs com veemência ao uso dos tribunais *gacaca* para julgar suspeitos de genocídio, repetindo algumas das preocupações expressas pelo EACDH no seu estudo de 1999 sobre os tribunais *gacaca*.

Em um relatório publicado em dezembro de 2002, a AI argumenta:

> "... que a legislação que estabelece as Jurisdições *Gacaca* não garante padrões mínimos de um julgamento justo, que são garantidos em tratados internacionais ratificados pelo governo ruandês... Os julgamentos nos tribunais *gacaca* precisam obedecer às normas internacionais de justiça para que os esforços do governo com o intuito de acabar com a impunidade... sejam eficazes. Se a justiça não for vista como algo a ser feito, a confiança pública no sistema judicial não será restaurada, e o governo terá perdido uma oportunidade para mostrar sua determinação de respeitar os direitos humanos"[44].

---

43   Sikkink, nesta obra.

44   AI, **Gacaca: A Question of Justice**, p.2.

Em outra parte, a AI afirma que está:

"... principalmente preocupada com a natureza extrajudicial dos tribunais *gacaca*. A legislação *gacaca* não incorpora padrões internacionais de julgamento justo. Os réus que comparecem perante os tribunais não recebem garantias judiciais aplicáveis de modo a garantir que o processo seja justo, mesmo que alguns pudessem enfrentar penas máximas de prisão perpétua"[45].

Cinco anos depois, a AI repetiu críticas semelhantes aos tribunais *gacaca*, a saber, que "eles não cumprem os padrões internacionais de julgamento justo e carecem de independência, imparcialidade e transparência"[46]. A HRW repetiu essa visão em 2009, igualando os tribunais *gacaca* a comissões militares do governo dos EUA em Guantánamo: "Human Rights Watch não conhece nenhum sistema de justiça criminal com exceção dos tribunais *gacaca* altamente desacreditados de Ruanda nos quais boatos são admitidos perante um júri de não advogados, como seria o caso com as comissões militares revistas"[47].

Especialistas em norma internacional, tais como a AI e HRW, também criticaram, cada vez mais, o trabalho dos tribunais nacionais de Ruanda, especialmente à luz da possível transferência e extradição de suspeitos do genocídio do TPIR ou de Estados terceiros para Ruanda. Um *amicus curiae* da HRW foi particularmente influente nas decisões recentes do TPIR e do Supremo Tribunal do Reino Unido em não transferir suspeitos de alto nível para Ruanda, afirmando que os réus não receberiam um julgamento justo em Ruanda[48].

Como argumentei antes, essas críticas internacionais das abordagens nacionais de Ruanda à justiça de transição são inadequadas por vários motivos[49]. Quanto aos tribunais *gacaca*, atores internacionais, como a AI e HRW, não conseguiram conduzir os *gacaca* em seus próprios termos e os criticaram com base em uma concepção de justiça de impedimento e formal, algo que nunca foi o objetivo dela. Esses críticos – que baseiam seus argumentos em pouca ou nenhuma evidência empírica das audiências realizadas nos

---

45   Anistia Internacional, **Rwanda: Gacaca – Gambling with Justice**, press release, AI Index: AFR 47/003/2002, 19 June 2002, p.1. Para uma exploração detalhada da abordagem da AI quanto aos tribunais *gacaca* e como, por exemplo, eles diferem do RPI, vide A. Meyerstein, 'Between Law and Culture: Rwanda's Gacaca and Postcolonial Legacy', **Law and Social Inquiry**, 32, 2, inverno de 2007, pp.467-508.

46   Anistia Internacional, **Rwanda: Fear for Safety/Legal Concern: François-Xavier Byuma** (m)\n\n, AI Index: AFR 47/007/2007, 9 de maio de 2007, p.1.

47   Human Rights Watch, **US: Revival of Guantanamo Military Commissions a Blow to Justice**, New York: HRW, 15 de maio de 2009.

48   ICTR transfer cases, HRM amicus brief.

49   Clark, **Justice without Lawyers**; Clark e Palmer, OTJR Working Paper, 2009.

gacaca – ignoram muitos outros benefícios não punitivos em termos de recuperação da verdade e da participação popular generalizada nos julgamentos. Assim, os críticos internacionais adotam um quadro legal estreito e falham em reconhecer os grandes desafios (especialmente o número enorme de casos de genocídio e as limitações de recursos de Ruanda) que dificultaram a ação dos *gacaca*.

No que diz respeito aos tribunais nacionais, as críticas feitas pela AI e HRW constituem generalizações sobre a natureza do espaço político sob o governo do FPR, em vez de as especificidades do processo judicial. A oposição desses grupos para com a transferência de suspeitos de genocídio para Ruanda negou ao Judiciário ruandês – que, em nível nacional e comunitário, já realizou centenas de milhares de julgamentos por genocídio – a possibilidade de processar os suspeitos de alto nível em território nacional. No caso do processo do Tribunal Superior do Reino Unido, os empreendedores de norma internacional defenderam a liberação dos suspeitos de genocídio no Reino Unido em vez de seu julgamento em Ruanda.

Análise: relevância de Ruanda para debates sobre anistia e responsabilização

O exemplo de Ruanda é importante para os debates teóricos sobre anistia e responsabilização descritos no início deste artigo. Primeiro, a formulação de políticas de Ruanda em questões de justiça de transição está longe de ser linear ou previsível. O imediatismo e a mudança de circunstâncias políticas influenciam enormemente, assim como a força relativa dos atores políticos e facções com diferentes pontos de vista sobre o que a justiça de transição deveria envolver. Como destacado pelas negociações em Urugwiro, o governo ruandês ficou profundamente dividido sobre a questão de como lidar com crimes de genocídio. Os tribunais *gacaca*, como a peça central da estratégia da justiça de transição em Ruanda, foram o resultado de um compromisso político entre as facções influentes dentro da FPR.

Quanto à questão da anistia, Ruanda adotou uma posição mutável. Os tomadores de decisão de Ruanda rejeitaram inicialmente a anistia para os responsáveis por genocídios, reconsiderando tal decisão somente alguns anos mais tarde, quando a carga completa de proporcionar justiça para tantos perpetradores tornou-se evidente, antes de escolher formas mais brandas de responsabilização (especialmente por meio de serviços comunitários). Considerando que a raiva e os motivos de vingança dos sobreviventes de genocídio e do FPR direcionaram as decisões políticas logo após o genocídio e explicam por que a anistia foi inicialmente rejeitada, o pragmatismo judicial constituiu uma forte motivação, muitos anos mais tarde, quando a anistia foi reconsiderada.

Em segundo lugar, os defensores internacionais de responsabilização desempenharam um papel flutuante na formulação de políticas de transição de Ruanda. Em geral, os debates sobre a responsabilização pelos crimes de genocídio têm sido profundamente nacionais, com atores internacionais desempenhando um papel periférico (e muitas vezes totalmente ignorado). Os elementos regionais também se mostraram fundamentais, especialmente a adoção de Ruanda dos princípios e práticas de "justiça local" feita a partir de Uganda (que, como veremos, deu uma volta completa no uso feito por Uganda dos tribunais *gacaca* como um marco para o debate sobre a responsabilização local no norte deste país). As preocupações internacionais sobre o uso feito por Ruanda da pena de morte logo após o genocídio motivaram alguns formuladores de políticas a buscar medidas de justiça mais moderadas, destacando alguma influência internacional sobre a eventual criação das jurisdições *gacaca*. No entanto, esse elemento teve aparição tardia na discussão do governo sobre a justiça transicional e representou o último fator que convenceu alguns dos atores principais, tais como Kagame, a adotar tribunais *gacaca*.

Como os tribunais *gacaca* eram funcionais, eles atraíram fortes críticas dos críticos internacionais – que em essência foram ignorados internamente no país, porque as suas críticas não conseguiram se unir para pressionar interesses jurídicos e políticos. Os únicos atores internacionais que influenciaram os processos de transição em Ruanda foram aqueles que, como DCHR, ASF e RPI, adotaram um papel de assistência técnica. Isso ressalta que os próprios especialistas de norma internacional podem estar profundamente divididos a respeito de como a responsabilização deve ser direcionada e como eles devem se posicionar pessoalmente perante o mandato do Estado de supervisionar a transição.

Em contraste com a descrição de Sikkink para grupos como AI e HRW (feita principalmente sobre a experiência da América Latina), essas organizações na verdade não chegam a responsabilizar-se por crimes de genocídio em Ruanda. Enquanto a AI e a HRW criticaram os tribunais *gacaca* e os tribunais nacionais de Ruanda – que tentaram processar todos os casos de genocídio –, elas foram menos claras sobre alternativas viáveis para proporcionar justiça. Enquanto esses especialistas de norma apoiaram amplamente o trabalho do TPIR, que tem ordem de julgar apenas uma parcela dos autores de genocídio mais experientes, eles negligenciaram a questão do que fazer com as centenas de milhares de cidadãos comuns que participaram nos genocídios. Assim, os atores internacionais tiveram pouca influência nos debates sobre responsabilização em Ruanda, e a justiça nacional tem buscado na direção oposta às prescrições dos defensores da Justiça Penal Internacional.

Desafios para a justiça de transição

Semelhante ao caso de Ruanda, o de Uganda destaca desafios críticos para processos destinados a abordar as atrocidades em massa. Dezenas de milhares de civis de Uganda cometeram violência contra outros civis, que são muitas vezes seus próprios vizinhos e familiares. Para complicar ainda mais as questões de justiça de transição, muitos perpetradores são crianças que foram raptadas e forçadas a participar de grupos rebeldes para cometer crimes contra suas próprias comunidades. Enquanto isso, o governo ugandês está fortemente envolvido em violações maciças contra os direitos humanos, incluindo tortura e deslocamento forçado.

Os processos de transição em Uganda devem, portanto, enfrentar a escala do conflito em termos do número de vítimas e agressores, assim como enfrentar as relações íntimas entre as partes envolvidas e a culpabilidade do mesmo governo que está encarregado de supervisionar as principais instituições de transição. Além disso, a guerra civil de 24 anos no norte de Uganda indubitavelmente ainda não acabou, o que significa que a justiça de transição ocorre em um contexto de conflito e instabilidade[50]. Enquanto o LRA cessou as operações militares no norte de Uganda, continua-se tendo padrões semelhantes de violência em toda a região a partir de bases no Parque Nacional de Garamba, no nordeste da República Democrática do Congo.

Trajetória da formulação de políticas da justiça de transição em Uganda

O cenário da justiça de transição em Uganda tem sido definido por discussões de paz e os processos de anistia objetivaram incentivar o desarmamento e a reintegração dos grupos rebeldes e uma vasta gama de medidas de responsabilização. Uganda empregou a anistia de uma forma muito mais sustentada e sistemática do que Ruanda. O processo de anistia de Uganda, que persiste até hoje, começou com uma captação de apoio por um grupo de proteção da sociedade civil, o ARLPI (*Acholi Religious Leaders Peace Initiative, Iniciativa de Paz dos Líderes Religiosos Acholi*), durante as discussões de paz de 1999 entre o governo e o LRA. Após a declaração do presidente Museveni, em julho de 1998, de que ele aceitaria um cessar-fogo com o LRA, o ARLPI – juntamente com o Grupo Parlamentar

---

50   Vide, por exemplo, Waddell and Clark (eds.), **Courting Conflict? Peace, Justice and the ICC in Africa**, London: Royal African Society, 2008.

Acholi e Acholi na diáspora – fez campanha por uma anistia para todos os rebeldes no norte de Uganda para por fim permanente à violência. O ARLPI realizou uma ampla consulta com os grupos de vítimas do norte e concluiu que havia um forte desejo da população para a conciliação pessoal e coletiva e para a reconciliação com os rebeldes[51].

Existem vários precedentes para o emprego de anistias em Uganda. Em 1987, a NRM ofereceu uma anistia ao UPDA (*Uganda People's Democratic Army, Exército Democrático Popular de Uganda*) e ao UPA (*Uganda People's Army, Exército Popular de Uganda*) em troca de uma cessação de suas revoltas contra o governo[52]. Depois disso, vários comandantes do Exército, trabalhando com líderes tradicionais e culturais, usaram anistias não oficiais para ajudar a finalizar o conflito. Por exemplo, no início de 1996, o major-general Katumba Wamala conseguiu incentivar com sucesso um grande número de rebeldes do oeste do West Nile Bank Front (WNBF), que haviam regularmente atacado o oeste de Uganda a partir de bases no sul do Sudão e no leste do Zaire, para que baixassem suas armas e retornassem do seus esconderijos. Assegurando que os rebeldes que não retornassem enfrentariam retaliação e que o Exército facilitaria a reintegração em suas comunidades natais, Wamala conseguiu acabar com a insurgência da WNBF em 1998[53].

Seguindo as consultas públicas do ARLPI, o governo iniciou suas próprias pesquisas públicas e debateu as melhores opções de transição. Como o governo de Ruanda, o governo ugandês explorou as virtudes da adoção de uma Comissão de Verdade e Reconciliação ao estilo sul-africano, mas acabou rejeitando tal abordagem (em grande parte por razões técnicas, uma vez que Uganda não tinha os recursos para executar um processo de verdade em todo o país como a África do Sul). Em contraste com Ruanda, o governo ugandês concluiu que uma anistia para os autores de crimes em massa era preferível à punição, argumentando que seria mais efetivo reintegrar os ex-combatentes e promover a reconciliação[54].

---

51   G. Khadiagala, **The Role of the Acholi Religious Leaders Peace Initiative (ARLPI) in Peace Building in Northern Uganda**, Apêndice do Sistema Internacional de Gestão/USAID, **The Effectiveness of Civil Society Initiatives in Controlling Violent Conflicts and Building Peace: A Study of Three Approaches in the Greater Horn of Africa**, Washington DC: USAID/MSI, March 2001, pp.4-6.

52   B. Afako, "Reconciliation and Justice: 'Mato Oput' and the Amnesty Act" in O. Lucima (ed.), **Protracted Conflict, Elusive Peace: Initiatives to End the Violence in Northern Uganda**, London: Conciliation Resources/ Accord, London 2002, p.65.

53   Projeto de Lei para Refugiados, "Negotiating Peace: Resolution of Conflicts in Uganda's West Nile Region", **Working Paper Nº 12**, Kampala: RLP, Junho de 2004, pp.18-21.

54   Entrevista do autor, Onega, op. cit.

Em janeiro de 2000, o parlamento ugandês aprovou a Lei da Anistia. Rara entre a legislação de anistia em todo o mundo, foi explicitamente concebida como uma expressão da população em geral e, especialmente, das preocupações das vítimas. O preâmbulo da Lei de Anistia alega que a legislação reflete "a vontade expressa do povo de Uganda com o objetivo de pôr fim às hostilidades armadas, reconciliar-se com aqueles que têm causado sofrimento e reconstruir suas comunidades"[55]. A lei estabelece a Comissão de Anistia para supervisionar o processo de anistia, conferindo-lhe duas responsabilidades primárias, que destacam a importância de reintegração e reconciliação: em primeiro lugar, "persuadir [os rebeldes] para tirar proveito da anistia e encorajar comunidades a se reconciliarem com aqueles que cometeram as agressões" e, segundo, "consolidar os progressos até agora alcançados na aplicação da anistia e garantir que mais insurgentes respondam à anistia e que a comunidade esteja pronta para recebê-los"[56]. A Comissão de Anistia é uma instituição temporária, com o seu mandato renovado a cada seis meses até que o Parlamento considere que ela tenha conseguido atingir seu objetivo ou que tenha deixado de ser útil na ajuda com o término do conflito[57]. A lei também estabelece uma Equipe de Desmobilização e Reassentamento (EDR) para desativar as armas dos combatentes, buscando por anistia e para desmobilizar, reassentar e reintegrar essas pessoas a suas comunidades de origem[58].

A Lei de Anistia é ao mesmo tempo mais ampla e mais restrita do que a proposta pelo ARLPI. Considerando que a captação de apoio do ARLPI para uma anistia abrangeu apenas os rebeldes no norte do Uganda, a lei refere-se a combatentes em todo o país. Essa disposição seguiu as consultas nacionais do governo – construindo pesquisas mais focadas do ARLPI no norte – que mostraram apoio nacional para algumas formas de anistia para ajudar a pôr fim no conflito. Enquanto isso, a Lei de Anistia não oferece o tipo de anistia geral para o qual o ARLPI fez captação de apoio, mas sim uma anistia individualizada, em que cada um dos rebeldes que quer se beneficiar dessa disposição deve retornar voluntariamente do mato, registrar-se com um funcionário público designado (normalmente um oficial do Exército, policial ou um magistrado local), assinar uma declaração de renúncia de conflito e entregar quaisquer armas em sua posse. O relator (como fica conhecido um ex-combatente que procura anistia) não tem de admitir ter cometido qualquer crime em

---

55   Lei de Anistia, Preâmbulo.

56   Comissão de Anistia de Uganda, **A Handbook for Implementation of the Amnesty Act 2000: Procedures and Principles of Operation**, 2001, Seção 3.11.

57   Entrevista do autor, Lucian Tibarahu, Procurador-Geral, República de Uganda, Kampala, 2 de março de 2006.

58   Lei de Anistia, Seção 12.

particular, tem apenas que "renunciar ou abandonar a participação na guerra ou rebelião"[59]. Após essas etapas, o arquivo do relator é transferido para a Comissão de Anistia. A Comissão não pode cruzar informações, verificar por meio de investigação direta, mas pode solicitar mais informações ao relator. Uma vez satisfeita com o caso de um relator, a Comissão emite um certificado de anistia, que confere ao relator o direito a um pacote de reassentamento que contém 263 mil xelins ugandeses em dinheiro, um colchão, cobertores, panelas, pratos, copos, sementes de milho e farinha[60]. A maior parte do financiamento para os pacotes vem de um fundo de 4,2 milhões de dólares americanos do Programa de Reintegração e Desmobilização de Diversos Países do Banco Mundial (MDRP - *Multi-country Demobilisation and Reintegration Program*), disponibilizado em março de 2005[61].

O governo alterou a Lei de Anistia em maio de 2006 para excluir os comandantes do LRA indiciados pelo Tribunal Penal Internacional (TPI). Contudo, o presidente da Comissão de Anistia, o juiz Peter Onega, argumentou que os comandantes podem ainda conseguir ganhar anistia por meio de uma brecha na lei. "A alteração somente concede poderes ao ministro dos Assuntos Internos para transmitir ao Parlamento os nomes das pessoas que deveriam ser excluídas do benefício da anistia", disse ele. "Até onde sei, chegou ao ponto de nenhum nome ter sido enviado até hoje"[62].

Até o momento, entre 17.000 e 20.000 rebeldes vieram da mata sob a disposição da anistia, embora menos da metade deles tenha recebido seu pacote de reassentamento[63]. Cerca de metade dos refugiados é combatente do LRA – inclusive altos comandantes do LRA, como Brig. Kenneth Banya e Brig. Sam Kolo – a maioria dos quais reassentada nos distritos de Gulu e Kitgum. Vários milhares de pessoas que retornaram são vários grupos rebeldes no oeste do Nilo, onde o juiz Onega foi o principal mediador entre o governo e os grupos rebeldes mais importantes. No distrito de Gulu, Banya, a quem o UPDF considera "o principal cérebro militar e técnico por trás da rebelião [LRA]"[64], supervisiona

---

59   Lei de Anistia, Seção 4.1.c.

60   Entrevista do autor, Onega, op. cit. A quantia em dinheiro fornecida é equivalente a três meses de salário de um policial ou de um professor, ao aprovar a Lei de Anistia, mais 20.000 xelins ugandeses para custos de transporte.

61   Ibid.

62   Citado em Radio Rhino International Afrika, **Uganda News Summary**, 5 de julho de 2006, http://www.radiorhino.org/htm_material/archiv/text/press/monitor/Rria%20060706%20ICC%20Reacts%20to%20Amnesty%20for%20JK.htm.

63   Entrevista do autor, Onega, op. cit.

64   Citado em **IRIN News**, "Uganda: Senior LRA Commander Captured by the Army", 15 de julho de 2004, http://www.irinnews.org/report.aspx?reportid=50811.

agora uma fazenda do governo em Labora, onde cerca de 600 repatriados do LRA trabalham como parte de sua repatriação. Fundada em 2004 em conjunto pelo governo, UPDF e LC5 do distrito de Gulu, o projeto *Labora Farm* foi concebido para facilitar o empoderamento e a reintegração dos ex-rebeldes na sociedade"[65].

Com o tempo, a população do norte de Uganda expressou cada vez mais o descontentamento com o processo de anistia. Um estudo de 2007, feito pelo EACDH, mostrou que hoje a maioria da população considera que faltam na Lei de Anistia dois aspectos fundamentais: a capacidade de convencer os repatriados a dizer a verdade sobre seus crimes e a reparação para as vítimas de violência[66]. Muitas vítimas questionam por que os responsáveis por atrocidades em massa foram "premiados" com esses pacotes de reintegração, enquanto aqueles que mais sofreram durante o conflito continuam vivendo em pobreza extrema. "Nós vemos o que essas pessoas recebem", disse uma mulher idosa na cidade de Gulu, "e isso nos deixa irritados. Essas pessoas mataram outras pessoas – mataram mulheres e crianças. E, agora, elas conseguem comida e dinheiro do governo, enquanto o governo nos ignora"[67]. Um funcionário sênior da ONU em Gulu disse: "os pacotes de reintegração causam frequentemente mais problema do que o que eles valem. Eles deveriam fornecer algum incentivo aos rebeldes para voltar para casa, mas produzem principalmente grande ciúme, especialmente para aqueles nos campos de refugiados internos, que contam com pequenas doações de alimentos e se sentem ignorados pelo governo e órgãos internacionais"[68].

Problemas semelhantes envolvem o estabelecimento do projeto *Labora Farm*, que é um componente central do processo de anistia e reintegração no distrito de Gulu. Algumas das vitimas alegam que esse projeto oferece aos repatriados um tipo de formação na área agrícola e acesso à produção de terra e ao cultivo, que são negados aos refugiados. "Nós esperamos 20 anos para voltar à nossa terra", disse um homem no campo de refugiados internos do Bobi:

> "Quando o LRA e o governo começaram a lutar, todos nós fugimos de nossa terra. Neste campo, somos todos agricultores, mas ninguém cultiva agora. Nossa comida

---

65   Documento interno da ONU, em arquivo com o autor. Os responsáveis pela criação do **Labora Farm** foram Grace Akello, ministro de Estado para o Norte de Uganda, Ochora Walter, presidente do LC5 do Distrito de Gulu, Omeda Max, comissionário residente no Distrito de Gulu, e Brig. Nathan Mugisha, Comandante da 4 ª Divisão da UPDF.

66   OHCHR 2007.

67   Entrevista do autor, General Population, Gulu, 9 de março de 2006.

68   Entrevista do autor, Oficial da ONU, Gulu, 8 de março de 2006.

vem do Programa Mundial de Alimentação. Nossos homens não podem cultivar. Nossos filhos não sabem viver na terra. No entanto, Banya e esses outros recebem aquela terra [em Labora] e todos os benefícios"[69].

Grande parte da população vê *Labora Farm* como um meio pelo qual os combatentes que retornaram se beneficiam materialmente ao mesmo tempo em que evitam o envolvimento direto com suas vítimas e com a população em geral. "Um senso de comunidade não pode ser restabelecido com os combatentes do LRA que retornam e trabalham em uma fazenda estatal", disse Norbert Mao, presidente do LC5 do distrito de Gulu. "Eles têm de ser aceitos de volta por aqueles que os enganaram. Isso vai levar um longo tempo e o processo deve basear-se em contato direto. Que tipo de conexão genuína é possível entre aqueles na fazenda e aqueles nos campos de refugiados internos?"[70].

Enfraquecendo ainda mais o uso do *Labora Farm* no processo de reintegração pós-anistia, diversos funcionários da ONU e de ONGs em Gulu alegaram que Kenneth Banya e outros ex-líderes do LRA usaram o projeto *Labora Farm* para recriar as estruturas de poder do LRA, supervisionando repatriados jovens cujo rapto e inserção no LRA foi originalmente ordenados por eles próprios. "Banya é um estuprador conhecido e torturador de crianças raptadas, que são recrutadas à força para o LRA", disse um funcionário das Nações Unidas. "Que ele agora esteja no comando das mesmas crianças em Labora, em nome da reintegração e da reconciliação, é simplesmente um escândalo"[71].

Juntamente com os debates sobre anistia no norte de Uganda, setores da sociedade civil e da população do norte defenderam o uso de rituais locais para limpar e reintegrar ex-combatentes em suas comunidades. O interesse crescente no uso dos rituais para lidar com aspectos do conflito atual coincide com as tentativas de revitalizar a tradicional liderança. A dimensão internacional crucial colide com as considerações de rituais locais do conflito ugandense. Várias ONGs ocidentais, principalmente a NUPI (*Northern Ugandan Peace Initiative, Iniciativa de Paz no Norte de Uganda*), uma iniciativa de agência internacional do governo norte-americano, apoiou ativamente a revitalização dos rituais locais, particularmente no distrito de Gulu. Isso levou alguns observadores a afirmar que

---

69   Entrevista do autor, População Geral, Bobi, 13 de março de 2006.

70   Entrevista do autor, Mao, op. cit.

71   Entrevista do autor, Oficial da ONU, Gulu, 8 de março de 2006.

uma "indústria" surgiu, em que os rituais têm mais significado para seus proponentes estrangeiros e agências doadoras do que para as comunidades locais a partir das quais eles supostamente derivam[72].

Entre o início do século XIX e o início da era colonial britânica, cerca de 70 chefias (que inclui mais de 350 clãs) já existiam nas regiões centrais e norte de Uganda, hoje afetadas pela guerra[73]. A política colonial enfraqueceu os chefes, especialmente por meio da instalação de chefes substitutos que foram colocados uns contra os outros politicamente. Os regimes de Milton Obote e Idi Amin quase destruíram as estruturas habituais por completo. Em 1995, a nova Constituição de Uganda restabeleceu a liderança acholi tradicional conhecida como Ker Kwaro Acholi (KKA). Um relatório influente de 1997, feito por Dennis Pain, intitulado "The Bending of the Spears", apelou a uma abordagem baseada na comunidade para resolver os conflitos no norte de Uganda[74]. Estimulado pelos resultados do relatório, o governo belga, em 1999, financiou uma pesquisa conduzida pela organização com base em Gulu chamada Acord em lideranças acholi tradicionais. Posteriormente, em 2000, os chefes acholi tradicionais, conhecidos como *rwodi*, foram eleitos e o Rwot de Payira no distrito de Gulu foi nomeado o Chefe Superior Acholi, líder do KKA, uma posição que Tim Allen afirma nunca ter existido antes[75]. O Nupi e outras ONGs ajudaram a identificar os líderes tradicionais e a executar programas de "apresentação deles" à população, principalmente para grupos de jovens acholi e comunidades de refugiados internos[76].

Logo, os líderes tradicionais, especialmente no momento o chefe superior acholi eleito, Rwot David Acana II, começaram a defender o uso de rituais locais, em especial o *mato oput*, para responsabilizar Joseph Kony e outros comandantes do LRA por seus crimes e

---

72   Entrevista do autor, Oficial da ONU, Kampala, 3 de março de 2006; Colaborador Humanitário Internacional, Gulu, 13 de março de 2006.

73   R. Atkinson, **The Roots of Ethnicity: The Origins of the Acholi of Uganda**, Kampala: Fountain Publishers, 1999, p.261.

74   D. Pain, **The Bending of the Spears: Producing Consensus for Peace and Development in Northern Uganda**, London: International Alert and Kacoke Madit, 1997. Para críticas detalhdas sobre esse relatório, vide C.Dolan, "Inventing Traditional Leadership? A Critical Assessment of Dennis Pain's 'The Bending of the Spears'", **COPE Working Paper 31**, Abril de 2000.; e M. Bradbury, "An Overview of Initiatives for Peace in Acholi, Northern Uganda", **Reflecting on Peace Practice Project**, Outubro de 1999, www.cdainc.com/publications/rpp/casestudies/rppCase02Uganda.pdf.

75   Ker Kwaro Acholi e a Northern Uganda Peace Inititiave, **Report on Acholi Youth and Chiefs Addressing Practices of the Acholi Culture of Reconciliation**, USAID, Junho de 2005, http://www.nupi.or.ug/pdf/Youth_ChiefConferenceReport15-6-05.pdf.

76   Entrevista do autor, Rwot David Acana II, Chefe Superior Acholi, Gulu, 27 de fevereiro de 2007.

para ajudar a reconciliá-los com as comunidades afetadas[77]. Os membros do ARLPI, fundado no ano anterior ao da pesquisa da Acord sobre lideranças tradicionais, também apoiaram fortemente o uso de rituais locais, enfatizando a importância das suas noções incorporadas de perdão, expiação e misericórdia. O aparecimento simultâneo de líderes tradicionais e religiosos organizados no norte de Uganda e o apoio a esse processo vindo de governos estrangeiros e ONGs são fundamentais para qualquer análise do uso legítimo e eficaz dos rituais locais.

Debates sobre rituais locais assumiram novas formas como resultado de dois importantes desenvolvimentos de justiça de transição em Uganda: a intervenção do TPI e as discussões de paz de Juba entre o governo e o LRA, em 2006-2008. Como já relatado em outros lugares, por quase um ano antes de o presidente Museveni ter se referido à situação em Uganda ao procurador do TPI, houve negociações substanciais entre Haia e Kampala sobre a natureza e as ramificações de um *referendum* nacional[78]. Minhas entrevistas com funcionários do governo de Uganda indicam que o procurador Ocampo abordou o presidente Museveni em 2003 e, apesar da relutância inicial do presidente, convenceu-o a informar a situação no norte de Uganda ao TPI. O *referendum* foi bom para ambas as partes: para o TPI, com o seu primeiro sufrágio de um processo, e para o governo de Uganda, com outro instrumento político e jurídico para combater o LRA[79].

O TPI recebeu seu primeiro *referendum* nacional quando o presidente Museseni denunciou a situação em Uganda, ao promotor público, em dezembro de 2003. Na sua comunicação, o governo ugandês ressaltou crimes cometidos pelo LRA, mas o procurador notificou o presidente Museveni de que o TPI interpretaria a referência como dizendo respeito a todos os crimes no Estatuto de Roma cometidos no norte de Uganda, deixando em aberto a possibilidade de investigar as atrocidades cometidas pelas forças do governo. A decisão do TPI em iniciar investigações sobre a situação de Uganda teve como base a gravidade dos crimes denunciados e a incapacidade das autoridades de Uganda em capturar e prender os comandantes do LRA considerados responsáveis por atrocidades

---

77   P. Clark, 'Law, Politics and Pragmatism: The ICC and Case Selection in the Democratic Republic of Congo and Uganda', in N. Waddell e P. Clark (eds.), **Courting Conflict? Justice, Peace and the ICC in Africa** (Março 2008), 37-45; P. Clark, 'Grappling in the Great Lakes: The Challenges of International Justice in Rwanda, the Democratic Republic of Congo and Uganda', in B. Bowden, H. Charlesworth e J. Farrall (eds.), **The Role of International in Rebuilding Societies after Conflict: Great Expectations** (2009), 244-269.

78   Entrevista do autor, **Oficiais do governo ugandês**, Kampala, 2-4 de março de 2006.

79   P. Apps, 'ICC Hopes for Uganda Trial in 6 Months, Then Congo', **Reuters**, 26 de janeiro de 2005, disponível em http://www.globalpolicy.org/intljustice/icc/2005/0126ugandatrial.htm.

> Há prós e contras no uso de práticas tradicionais e temos que ponderar qual é a melhor abordagem. Mas, certamente, acreditamos que os métodos tradicionais podem nos ensinar muito sobre como lidar com a situação atual

em massa no norte de Uganda, que nessa fase foram localizados no sul do Sudão. Realçando o ambiente volátil em que o TPI operaria em Uganda, uma semana após o TPI ter anunciado a sua abertura de inquéritos, o LRA atacou um campo de refugiados internos em Abia, no distrito de Lira, matando 50 civis. Em agosto de 2004, o procurador afirmou que esperava iniciar o julgamento de suspeitos do LRA no prazo de seis meses e que isso iria ajudar a trazer um fim rápido para o conflito no norte de Uganda.

Em outubro de 2005, o TPI emitiu mandados de prisão para cinco comandantes do LRA: Joseph Kony, Vincent Otti, Raska Lukwiya, Okot Odhiambo e Dominic Ongwen. As acusações contra os cinco comandantes compreenderam uma série de crimes de guerra e crimes contra a humanidade durante os ataques do LRA, entre julho de 2002 e julho de 2004. O mandado de prisão de Kony apresenta 33 acusações separadas (12 por crimes contra a humanidade e 21 por crimes de guerra), provenientes de seis ataques separados, nos quais ele é acusado de ter sido responsável por assassinato, estupro, escravidão, escravidão sexual e alistamento forçado de crianças.

Ao anunciar a emissão de mandados de prisão, o procurador justifica a seleção dos casos do LRA em vez dos casos do governo de Uganda, com base na sua gravidade relativa, mas ele não descartou a possibilidade de investigar os crimes do governo no futuro. Em um seminário realizado em Londres, em março de 2007, o procurador disse: "os assassinatos cometidos pelo LRA foram 100 vezes piores do que os do UPDF. Não há dúvida de que tínhamos de começar pela investigação dos crimes do LRA"[80]. Entretanto, desde a emissão dos mandados de prisão, alguns comandantes do LRA indiciados morreram, enquanto outros continuam foragidos[81]. Durante e após as negociações de paz de Juba, o LRA tem repetidamente afirmado que não vai assinar as seções restantes do acordo de paz

---

80   L. Moreno Ocampo, **The Lord's Resistance Army: War, Peace and Reconciliation workshop**, London School of Economics, 3 de março de 2007, anotações em arquivo com o autor.

81   Lukwyia foi baleado perto de Kitgum em agosto de 2006, durante uma luta entre o LRA e as forças do governo ugandês. Em outubro de 2007, Otti foi morto pelos elementos do LRA próximo a Kony depois dos principais impasses entre os dois líderes, principalmente sobre a estratégia do LRA nas discussões de paz do Juba.

com o governo, nem a sanção que derruba seus exércitos e desmobiliza suas forças, até que as acusações do TPI sejam retiradas[82].

Para complicar ainda mais as discussões de justiça de transição em Uganda, as questões da responsabilização e da reconciliação tornaram-se fundamentais para as negociações de paz de Juba. A delegação do LRA às negociações de Juba, juntamente com vários líderes da sociedade civil do norte de Uganda, por exemplo, defendeu a utilização das práticas locais para tratar de crimes cometidos durante o conflito. Essas partes alegaram que os rituais locais (especialmente a Acholi) constituem uma alternativa importante para os processos contra os perpetradores de atrocidades comandadas pelo TPI, que se caracteriza como uma imposição neocolonialista por atores externos e uma forma de justiça punitiva, que impediria o LRA de futuras negociações e, em última instância, de colocar a paz em risco[83].

Na tentativa de manter o LRA na mesa de negociação, o governo examinou se os rituais do norte de Uganda poderiam ser codificados para produzir um sistema capaz de lidar com os crimes do LRA. Uma genealogia cíclica das ideias manifestadas foi como o governo ugandense considerou a versão pós-genocídio dos tribunais *gacaca* (que foi inspirada em parte pela transferência de conceitos a partir de experiências de líderes do FPR lutando contra o NRM em Uganda) como sendo um modelo para suas próprias considerações dos processos baseados na comunidade. Em 2006, uma comissão parlamentar de Uganda foi estabelecida para examinar se os rituais locais (particularmente os acholi) poderiam ser codificados e nacionalizados, semelhantes à reforma de Ruanda e à formalização dos tribunais *gacaca*. "Estamos considerando se algo como os tribunais *gacaca* em Ruanda fornece um modelo para nós aqui em Uganda", disse uma autoridade governamental. "Há prós e contras no uso de práticas tradicionais e temos que ponderar qual é a melhor abordagem. Mas, certamente, acreditamos que os métodos tradicionais podem nos ensinar muito sobre como lidar com a situação atual"[84]. A linguagem dos *gacaca* ganhou também um curso significativo nas discussões públicas em Uganda. Em um artigo no jornal estatal ugandês New Vision, um crítico caracterizou as eleições "livres e justas" em Uganda, em 1989, a qual ele descreveu como

---

82   Daily Monitor, **LRA Leader Kony Reportedly Willing to Face Trial in Uganda, Not The Hague**, 20 de dezembro de 2006, disponível em http://www.ugandacan.org/archive/1/2006-12.

83   Delegação do LRA para as Discussões do Juba, **LRA Position Paper on Accountability and Reconciliation in the Context of Alternative Justice System for Resolving the Northern Ugandan and Southern Sudan Conflicts**, Juba, agosto de 2006, p.1.

84   Entrevista do autor, oficial do governo ugandês, Kampala, 3 de março de 2006.

apresentando pouca interferência do Executivo e como um "exercício (comunitário) *gacaca* desprovido de discurso cívico vertical"[85].

Debates polarizados: respostas dos empreendedores de norma nacional e internacional à justiça de transição em Uganda

Antes e durante o processo de Juba, a ligação de rituais locais ugandeses com as noções de anistia e perdão demonstrou ser altamente controversa, porque alguns críticos alegaram que os rituais não produzem o tipo de punição para os perpetradores que a população de Uganda espera e que a justiça exige[86]. Posteriormente, surgiu um debate polarizado entre os críticos apoiando a "paz", que alegaram que ela só poderia ser alcançada por meio do aliciamento de combatentes da selva com uma anistia e cerimônias locais de reintegração, e aqueles que apoiam a "justiça" por meio do TPI ou de algum outro mecanismo de punição formal. Um corolário ao debate da "paz versus justiça" no contexto ugandês tem sido um argumento a mais sobre o "tradicional/informal/restaurativo" versus uma justiça "ocidental/formal/retributiva"[87].

A consideração dos rituais locais para solucionar crimes em massa no norte de Uganda é um desenvolvimento coerente na longa história de Uganda de reformar as práticas costumeiras para atender às necessidades atuais – como exemplificado pela discussão anterior sobre os CLs e CRs. No entanto, devemos reconhecer também que o contexto politizado das negociações de Juba formatou os debates sobre rituais locais. Em particular, diferentes partidos apoiaram ou se opuseram à virada para as práticas locais por razões muito diferentes. A maioria das opiniões manifestou-se entre os adversários dessa evolução, principalmente grupos de direitos humanos, como a AI e HRW, e críticos legais que afirmaram que os rituais comunitários não poderiam proporcionar o grau de responsabilização necessário para os autores de crimes hediondos; uma tarefa, eles argumentaram, que deveria ser da alçada exclusiva do TPI ou de outra forma de tribunal convencional[88].

---

85   A. Bisika, 'Otunnu is Not Obama Because Uganda is Not USA', **The New Vision**, 2 September 2009.

86   Vide, por exemplo, Anistia Internacional, **Uganda: Proposed National Framework to Address Impunity Does Not Remove Government's Obligation to Arrest and Surrender LRA Leaders to the International Criminal Court**, AI Index: AFR 59/002/2007, 15 de agosto de 2007.

87   Vide, por exemplo, T. McConnell, "Uganda: Peace versus Justice?", **openDemocracy**, 13 de setembro de 2006, http://www.opendemocracy.net/democracy-africa_democracy/uganda_peace_3903.jsp; L. Parrott, "The Role of the International Criminal Court in Uganda: Ensuring that the Pursuit of Justice Does Not Come at the Price of Peace", **Australian Journal of Peace Studies**, 1, 2006, pp. 8-29; **The Economist**, "Hunting Uganda's Child-Killers: Justice versus Reconciliation", 7 de maio de 2007, p. 57. A. Branch, "Uganda's Civil War and the Politics of ICC Intervention", **Ethics and International Affairs**, 21, 2, 2007, pp.179-198.

88   Vide, por exemplo, AI, **Proposed National Framework**, op. cit.; Human Rights Watch, **Trading Justice for Peace Won't Work**, New York: HRW, 2 de maio de 2007.

Por outro lado, o apoio geral ao uso de rituais locais entre a delegação do LRA em Juba, a maioria pertencente à sociedade civil acholi e outros atores de Uganda, deriva de uma confluência de fatores. Conforme salientado na seção anterior, já houvera uma discussão substancial de rituais, como o *mato oput* e *gomo tong* em Acholiland, quase uma década antes das negociações de Juba. Para os atores, como o ARLPI, rituais locais eram vistos como um apoio crucial ao processo de anistia em todo o país (que teve início com a aprovação da Lei de Anistia, em 2000) e um meio para a reintegração e reconciliação de um vasto leque de grupos rebeldes. O início das investigações do TPI no norte do Uganda, em 2004, catalisou a defesa nacional dos rituais locais. ARLPI e outros grupos da sociedade civil do norte criticaram o TPI como um ator internacional ilegítimo, que arriscou a renúncia ao frágil processo de paz conduzido por Betty Bigombe (que precedeu as negociações de Juba), em que a anistia para os combatentes do LRA foi um elemento fundamental. A sociedade civil do norte de Uganda – juntamente com os relatórios de várias ONGs internacionais – foi instrumental na promoção do discurso polarizado da paz contra a justiça e da justiça ocidental contra a justiça tradicional, vendo o TPI como uma ameaça direta para a anistia e para a agenda de ritual local, que ganhou impulso desde o final da década de 1990.

Alguns atores do norte de Uganda também viam o apoio local para os rituais como uma réplica importante para a relação acolhedora percebida entre o presidente Museveni e o TPI. Nessa visão, o TPI estava fazendo a composição pelo governo indicando somente os suspeitos do LRA e continuando a subjugação de Museveni para com os grupos étnicos do norte, principalmente os acholi. Alguns políticos acholi em Kampala repetiram essa visão, incluindo um deputado que disse que "o TPI passou a ser instrumento político de Museveni"[89].

Finalmente, quando as negociações de Juba começaram, o LRA – conforme destacado nas referências feitas anteriormente – pressionou as reclamações para que os rituais locais fossem elementos centrais de qualquer acordo sobre a responsabilização e a reconciliação. O LRA via os rituais locais como "mecanismos de alternativa" para o TPI, cujos mandados de prisão contra seus comandantes queriam que fossem retirados[90]. Isso reforçou novamente o discurso de polarização da Justiça internacional contra a Justiça local. Assim, como destacam todos esses argumentos diferentes, um amplo espectro de atores

---

89   Entrevista do autor com um membro do parlamento ugandês, Kampala, 2 de março de 2006.

90   LRA, **Position Paper on Accountability and Reconciliation**, op. cit.

defendeu a centralização dos rituais locais, por razões múltiplas, que vão desde declarações filosóficas acerca da soberania do norte de Uganda e da necessidade de apropriação nacional de qualquer processo de justiça transicional destinado a resolver o conflito a enfrentar as preocupações egoístas sobre a ameaça de processo do TPI e um desejo de salvaguardar o processo de anistia nacional e buscar a paz.

Análise: relevância de Uganda para debates de anistia e responsabilização

Tal como acontece com Ruanda, o caso de Uganda é importante para os debates teóricos sobre anistia e responsabilização levantados por Sikkink, Lutz e outros. Primeiro, semelhante ao caso de Ruanda, os debates sobre justiça de transição e formulação de políticas em Uganda têm sido altamente variáveis, refletindo mudanças políticas e preocupações populares. Na década de 1980 e 1990, houve um apoio considerável para os processos de anistia por causa do sucesso de tais medidas em matéria de desarmamento e reintegração dos WNBF, UPA e de outros grupos armados. Esse recorde de anistias com sucesso explica, em grande parte, por que a população apoiou a aprovação da Lei de Anistia, em 2000. Além disso, deve-se reconhecer – como o EACDH relata em 2007 – que um apoio considerável aos processos de anistia, perdão e reconciliação (que a maioria dos entrevistados definiu discretamente) emerge porque muitos ugandenses consideram os autores da violência como seus próprios filhos que devem ser tratados com indulgência. O apoio à anistia, portanto, baseia-se não só no uso positivo dessas medidas no passado, mas também na intimidade das relações entre vítimas e agressores.

O caso de Uganda, portanto, representa um grande desafio para os adversários da anistia, que muitas vezes argumentam que o uso de anistia dificulta uma transição de longo prazo em direção à democracia. Semelhante ao caso do Uruguai, discutido por Elin Skaar e outros[91], Uganda representa um exemplo de uma anistia democrática, com ampla consulta popular realizada pelo governo ugandês e pela sociedade civil, indicando apoio em nível nacional à anistia pelas razões supracitadas. Indiscutivelmente, a oposição internacional à anistia democrática pode minar a democracia em longo prazo.

Ao longo do tempo, no entanto, a preocupação nacional com a utilização de anistia cresceu. Isso teve pouco a ver com a oposição às medidas de anistia por empreendedores de norma internacional, como a AI e HRW. Em vez disso, reflete as preocupações mais

---

91   Ver artigo de Skaar nesta obra.

localizadas, como a frustração com a falta de apuração da verdade e compensações por meio do processo de anistia, problemas práticos com a entrega de pacotes de reintegração, bem como a utilização de *Labora Farm* como um instrumento para a reintegração de combatentes que retornaram. Essas frustrações, em parte, explicam o apoio aos rituais locais entre muitos ugandenses do norte, como as práticas *mato oput* e *gomo tong* em Acholiland, que exigem que os repatriados confessem seus crimes antes que possam ser reintegrados e que os clãs dos perpetradores compense o clã das vitimas.

A crítica dos rituais locais feitas por grupos como AI e HRW – equiparando-os com a anistia e a impunidade – ignorou o contexto local, ou seja, que as preocupações populares sobre anistia eram um dos fatores-chave para motivar o apoio popular para os rituais. Além disso, estudos realizados pelo EACDH e pelo Centro Internacional de Justiça de Transição mostram que a população possui pontos de vista muito diferentes sobre a justiça de transição, o que permite uma combinação de estudos internacionais e nacionais, bem como rituais locais. Na visão do TPI como a única e legítima resposta da justiça de transição para o conflito de Uganda, a AI e HRW ignoraram esses debates mais complexos que ocorrem no seio da sociedade ugandense. Fundamentalmente, eles ignoraram o fato de que grande parte do impulso para rituais locais vem de um desejo maior – não menor – de responsabilização do que de processo de anistia anterior. Apresenta-se igualmente problemático o apoio fervoroso de rituais locais e de oposição ao TPI por autoridades de norma internacional, tais como o Nupi e o Instituto Liu. Ao ver a responsabilização em nível comunitário como resposta singular ao conflito no norte de Uganda, essas organizações também interpretaram mal as motivações por trás dos debates de responsabilização interna e, consequentemente, distorceram essas discussões. Como no caso de Ruanda, a influência de autoridades de norma internacional sobre as discussões nacionais de justiça de transição foram geralmente insignificante, mas, se causou algum impacto, esse tende a ser negativo.

4. CONSIDERAÇÕES FINAIS

Similaridades importantes emergem dos debates sobre anistia e responsabilização em Ruanda e Uganda e levantam questões importantes para discussões teóricas mais generalizadas desses problemas. Em primeiro lugar, em ambos os países, as políticas de justiça transicional têm sido um processo orgânico, muitas vezes envolvendo uma reversão para abordagens anteriormente rejeitadas (incluindo a anistia). Isso destaca a importância de determinados líderes políticos e mudança das condições políticas, jurídicas e sociais para determinar as decisões da justiça de transição. As circunstâncias políticas e as necessidades nacionais alteram na dinâmica o ambiente de conflito e

pós-conflito, e a justiça de transição tende a seguir – em vez de formar – essas dimensões locais. Na experiência de Ruanda e Uganda, a justiça de transição não foi teleológica ou mesmo linear, mas altamente contingente e variável, por vezes mesmo circular. A anistia, por exemplo, mostrou-se politicamente útil em alguns momentos e não em outros, incentivou o desarmamento e uma cessação das hostilidades em alguns períodos e, por vezes, teve pouco efeito sobre o conflito, que gerou um apoio popular em alguns momentos e em outros não. Nessa região, a justiça não aconteceu em cascata, mas constantemente de forma contorcida e revirada.

Em segundo lugar, os empreendedores de norma internacional (não um grupo monolítico) tiveram pouco impacto sobre a elaboração de políticas internas de justiça de transição. O "empréstimo" regional de princípios e práticas de transição, especialmente em relação aos mecanismos de responsabilização localizados, mostrou-se mais influente nesse aspecto. As organizações internacionais, como a AI e HRW, interpretaram a responsabilização criminal unicamente como competência do TPIR, TPI e de outros mecanismos internacionais. Essa perspectiva estreita levou a uma forma de alojamento ideológico, em vez de análise diferenciada das condições e limitações locais, que os atores domésticos tendem a ignorar. Enquanto Sikkink e outros sugerem que a AI e HRW desempenharam um papel importante na promoção da responsabilização na América Latina, o impacto das organizações de direitos humanos na África central é significativamente menor. Isso pode decorrer da vontade maior de os atores internacionais se envolverem com atores domésticos na América Latina e maior possibilidade de construção de coalizões. Em Ruanda e Uganda, esses empreendedores de norma tendem a isolar-se e, assim, a diminuir o seu impacto.

Finalmente, a oposição dos atores internacionais às medidas internas de responsabilização inovadoras – como os tribunais *gacaca* em Ruanda ou os rituais locais no norte do Uganda – pode enfraquecer a causa maior da justiça por atrocidade. Organizações como a AI e HRW surgiram preocupadas principalmente com a promoção de uma concepção particular da Justiça Penal Internacional, que pode ser adequada para processar um pequeno grupo de suspeitos mais graves, mas está mal equipada para lidar com a culpa de grandes porções de cidadãos comuns que participaram de crimes. Assim, as autoridades de norma lutaram suficientemente com a questão fundamental de como abordar a participação da população em atrocidades em massa. Em vez de promover a difusão das normas de responsabilização, esses atores se opuseram às tentativas nacionais orientadas de oferecer uma forma de justiça que é ainda mais abrangente do que o modelo preferido internacionalmente. Em Ruanda e Uganda, o impulso para a responsabilização vem de dentro, muitas vezes de forma imprevisível e em oposição à defesa internacional.

As implicações políticas dos processos de anistia

TRICIA D. OLSEN

Doutora em Ciência Política, Universidade de Winsconsin-Madison
(Estados Unidos)

LEIGH A. PAYNE

Professora de Sociologia e Estudos Latino-Americanos
da Universidade de Oxford (Reino Unido)
Doutora em Ciência Política pela Universidade de Yale
(Estados Unidos)

ANDREW G. REITER

Doutor em Ciência Política, Universidade de Winsconsin-Madison
(Estados Unidos)

Anistia ampla, geral
e irrestrita.

Núcleo Puc.

ANISTIA

FONTE: CENTRO DE DOCUMENTAÇÃO E
MEMÓRIA DA UNIVERSIDADE ESTADUAL
PAULISTA (CEDEM/UNESP)

Qual o impacto que a anistia tem para a violência estatal passada sobre os objetivos de melhorar a democracia e os direitos humanos? Essa pergunta vem atormentando o campo da justiça de transição. Para um conjunto de estudiosos e praticantes, as discussões sobre justiça transicional deveriam excluir a anistia. Na opinião daqueles, as anistias criam uma cultura de impunidade anátema para as próprias noções de justiça transicional, democracia e direitos humanos. Em contraste, outros consideram tal noção ingênua ou idealista e alegam, em contrapartida, que os alicerces da democracia e o futuro dos direitos humanos dependem de apaziguar os infratores do passado com anistias que permitam que os processos de mudança comecem. Um terceiro grupo de estudiosos e profissionais sugere que a dicotomia "ou / ou" é falsa e propõe, como alternativa, que as anistias desempenhem um papel construtivo na promoção de objetivos políticos, enquanto acompanham a apuração da verdade para promover a conscientização da sociedade sobre os crimes do passado.

Este estudo apresenta os resultados da Base de Dados de Justiça de Transição (TJDB), os esforços do projeto para chamar a atenção para essas suposições. Nossa análise mostra que as anistias não causam, necessariamente, dano; não intimidam ou impedem o progresso em direção à democracia e a proteção dos direitos humanos. No entanto,

tampouco constatamos que promovam esses objetivos políticos por si mesmas. Em vez disso, nossos resultados indicam que as anistias são suscetíveis de trazer melhorias para a democracia e as medidas de direitos humanos quando os Estados as combinam com julgamentos ou com julgamentos e comissões de verdade. A partir dessas constatações, desenvolvemos uma abordagem alternativa – o "equilíbrio de justiça" – para a justiça transicional, na qual as anistias e os julgamentos, juntos, desempenham um papel integral.

Neste trabalho, apresentamos o debate na literatura existente sobre anistias. Em seguida, discutimos o TJDB e nossos resultados. Na próxima seção, vamos mostrar como esses achados levam à abordagem do equilíbrio de justiça. Ilustramos a abordagem com estudo de casos da América Latina. Concluímos este estudo com uma discussão sobre as implicações desses resultados para a anistia na Era da Responsabilização.

1. DEBATE TEÓRICO SOBRE ANISTIA

O debate sobre a anistia divide-se em três abordagens principais. Estudiosos e profissionais veem as anistias como mecanismos a serem contestados (abordagem contestadora), aprovados (abordagem proponente) ou parcialmente apoiados (abordagem contingente). Desenvolvemos cada um dos argumentos abaixo, extraídos da literatura sobre justiça de transição.

1.1. Abordagem contestadora

A abordagem contestadora vê as anistias como barreiras para a democracia e os direitos humanos. Estudiosos e profissionais desafiam a visão de que as anistias oferecem um mecanismo eficaz para tratar de abusos passados dos direitos humanos. Seus desafios resultam do imperativo moral, político e legal para processar os perpetradores da violência estatal passada.

Os países, afirma essa abordagem, têm a obrigação moral de promover a justiça para as vítimas e sobreviventes dos crimes estatais passados[1]. Juan Méndez afirma que "as vítimas têm direito a um processo que as restaure plenamente no desfrute dos seus

---

1   Kathleen D. Moore, **Pardons: Justice, Mercy, and the Public Interest** (New York: Oxford University Press, 1989); John J. Moore Jr., "Problems with Forgiveness: Granting Amnesty under the Arias Plan in Nicaragua and El Salvador", **Stanford Law Review** 43, nº 3 (1991).

direitos e na dignidade e valor que a sociedade está obrigada a oferecer aos seus membros"[2]. A anistia para crimes deveria ocorrer apenas depois que esse processo ocorresse. Os Estados devem também buscar a responsabilização de modo a separar culpa individual de culpa coletiva. Em outras palavras, os Estados têm o dever de reter os perpetradores individuais responsáveis de forma a remover o estigma de culpa que paira sobre membros inocentes de organizações que são coletivamente culpadas por atrocidades cometidas no passado.

Considerações políticas e estratégicas não podem justificar as decisões do Estado de conceder anistias. Pelo contrário, uma obrigação política requer que democracias mantenham forças autoritárias sob controle e lancem as bases para o Estado de Direito[3]. A abordagem contestadora argumentaria que, pela adoção de anistias, um país fracassa em lidar com o passado por meio de julgamentos, o que, por sua vez, leva a ciclos de violência retributiva[4] ou justiça vigilante[5].

O Direito Internacional, aliás, impõe o dever de processar os autores de atrocidades no passado como o único remédio eficaz para as vítimas de violações dos direitos humanos[6]. O CPPCG (Convention on the Prevention and Punishment of the Crime of Genocide, Convenção para a Prevenção e Punição do Crime de Genocídio); a ICAT (International Convention Against Torture and Other Cruel, Inhuman or Degrading Treatment or Punishment, Convenção Internacional contra a Tortura e Outros Tratamentos Cruéis, Desumanos ou Tratamentos Degradantes ou Punição); e o Direito Internacional Consuetudinário estabelecem as responsabilidades dos países em fornecer remédio jurídico para os abusos. A CPPCG afirma explicitamente o direito dos países de adotarem legislação interna para punir os autores de genocídio e sua responsabilidade para

---

2   Juan E. Méndez, "Accountability for Past Abuses", **Human Rights Quarterly** *19*, nº 2 (1997), 277.

3   Payam Akhaven, "Justice in The Hague, Peace in the Former Yugoslavia? A Commentary on the United Nations War Crimes Tribunal", **Human Rights Quarterly** *20*, nº 4 (1998).

4   John Borneman, **Settling Accounts: Violence, Justice, and Accountability in Postsocialist Europe** (Princeton, NJ: Princeton University Press, 1997); Richard J. Goldstone, "Exposing Human Rights Abuses—A Help or Hindrance to Reconciliation?". **Hastings Constitutional Law Quarterly** 22, nº 3 (1995).

5   Gary J. Bass, **Stay the Hand of Vengeance: The Politics of War Crimes Tribunals** (Princeton, NJ: Princeton University Press, 2000).

6   Diane F. Orentlicher, "Settling Accounts: The Duty to Prosecute Human Rights Violations of a Prior Regime", **Yale Law Journal** 100, nº 8 (1991).; Naomi Roht-Arriaza, "State Responsibility to Investigate and Prosecute Grave Human Rights Violations in International Law", **California Law Review** 78, nº 2 (1990); Naomi Roht-Arriaza, ed., **Impunity and Human Rights in International Law and Practice** (New York: Oxford University Press, 1995); M. Cherif Bassiouni, "International Crimes: Jus Cogens and Obligatio Erga Omnes", **Law and Contemporary Problems** 59, nº 4 (1996); Michael P. Scharf, "The Letter of the Law: The Scope of the International Legal Obligation to Prosecute Human Rights Crimes", **Law and Contemporary Problems** 59, nº 4 (1996).

estabelecer sanções penais eficazes para os culpados. Da mesma forma, o ICAT compele os países a tornarem todos os atos de tortura em delitos previstos em sua legislação e exige que os Estados-parte processem ou extraditem supostos torturadores. Além disso, outros acordos internacionais que proíbem e punem o sequestro, a sabotagem de aeronaves, a tomada de reféns e o terrorismo incluem extradição explícita ou disposições para punição[7].

Interpretações jurídicas de outros tratados internacionais, incluindo o ICCPR (International Covenant on Civil and Political Rights, Pacto Internacional sobre Direitos Civis e Políticos), a ECPHR (European Convention for the Protection of Human Rights and Fundamental Freedoms, Convenção Europeia para a Proteção dos Direitos do Homem e das Liberdades Fundamentais) e a ACHR (American Convention on Human Rights, Convenção Americana Sobre Direitos Humanos) também sugerem que os processos e as punições são o único meio de assegurar a proteção dos direitos enunciados nos tratados. A ECHR (European Court of Human Rights, Tribunal Europeu dos Direitos Humanos) e o IACHR (Inter-American Court of Human Rights, Tribunal Inter-Americano de Direitos Humanos), também decidiram que só a responsabilização criminal é um remédio eficaz para as violações das Convenções europeia e americana[8].

A abordagem contestadora argumenta que os processos de anistia bloqueiam os objetivos da democracia e dos direitos humanos pela perpetuação de uma cultura de impunidade. Essa abordagem defende o julgamento dos direitos humanos para levantar os custos futuros de se cometer atrocidades, estabelece instituições judiciais eficazes e atende às obrigações estatais para com vítimas e sobreviventes. Juntas, as características específicas de julgamentos de direitos humanos – custos para os autores individuais, uma mudança normativa da impunidade e a criação de instituições – impedem a violação dos direitos humanos e fortalecem os mecanismos democráticos. A abordagem contestadora acredita que, em situações em que anistias prevalecem sem julgamentos, medidas de direitos humanos e democracia provavelmente se deteriorarão ou permanecerão as mesmas. Onde os julgamentos de direitos humanos superam os efeitos negativos das anistias esses valores devem melhorar.

---

7   Roht-Arriaza, **State Responsibility to Investigate**, 464 65.

8   Ibid., 471 72; Orentlicher, **Settling Accounts**, 2580.

1.2. Abordagem proponente

Em nítido contraste, uma segunda abordagem promove a anistia como mecanismo para neutralizar a ameaça das forças autoritárias do regime anterior, salvaguardar a democracia e permitir que mecanismos de proteção dos direitos humanos floresçam. O fracasso na promoção de anistias prejudicaria o processo de transição, possivelmente até mesmo provocando uma inversão autoritária com graves consequências para os direitos humanos.

A abordagem proponente vê a anistia como essencial para atingir as barganhas políticas que promovem o reforço das instituições e o Estado de Direito viável[9]. Embora muitos considerem as anistias injustas para as vítimas de violações dos direitos humanos, elas podem ser justificadas na medida em que podem reduzir injustiças futuras ou evitar outros graves prejuízos sociais. As anistias fornecem "uma base muito mais forte para a democracia do que os esforços para processar um lado ou outro, ou ambos"[10].

Historicamente, os países têm empregado anistias em cenários de conflito como um incentivo para obter uma paz provisória diante da possibilidade de uma transição ocorrer[11]. Regimes que terminam também iniciam anistias para garantir sua retirada segura do poder. As anistias tranquilizam as forças do antigo anterior e aqueles que o apoiam, no sentido de que podem continuar a desempenhar um papel político dentro do novo sistema e não precisam derrubá-lo[12]. Por exemplo, no caso da Argentina, muitos estudiosos afirmam que as anistias profissionalizaram e despolitizaram com sucesso as Forças Armadas[13].

Segundo Jon Elster, a decisão de buscar a justiça nas novas democracias é limitada por restrições duras e brandas[14]. Restrições duras, originadas na própria dinâmica de

---

9   Tonya Putnam, "Human Rights and Sustainable Peace", in **Ending Civil Wars: The Implementation of Peace Agreements**, ed. Stephen J. Stedman, Donald Rothchild, e Elizabeth M. Cousens (Boulder, CO: Lynne Rienner, 2002).

10   Samuel P. Huntington, **The Third Wave: Democratization in the Late Twentieth Century** (Norman, OK: University of Oklahoma Press, 1999).

11   Para uma abordagem histórica do uso de anistias, consulte Andreas O'Shea, **Amnesty for Crime in International Law and Practice** (The Hague, Netherlands: Kluwer Law International, 2002).

12   Jack Snyder and Leslie Vinjamuri. "Trials and Errors: Principle and Pragmatism in Strategies of International Justice", **International Security** 28, nº 3 (2003).

13   Paul Zagorski, "Civil-Military Relations and Argentine Democracy: The Armed Forces Under the Menem Government", **Armed Forces and Society** 20, nº 3 (1994).

14   Elster, **Closing the Books**; Jon Elster, **Retribution and Reparation in the Transition to Democracy** (Cambridge, UK: Cambridge University Press, 2006), 188 215.

transição, tornam algumas opções "absolutamente inviáveis"[15]. Pode haver um compromisso entre a justiça e a própria sobrevivência do novo regime. Restrições brandas, tais como a necessidade de reconstrução econômica ou a transição para uma economia de mercado, limitam a viabilidade das reparações e procedimentos penais aos olhos do novo regime. Assim, mesmo sem a presença de uma restrição dura que torne a justiça impossível, uma série de outras questões pode ter precedência. Essa lógica está em concordância com a abordagem proponente, na medida em que vê a anistia como meio mais eficaz para lidar com o passado, reduzindo a violência, protegendo o processo de transição e concentrando-se em questões prospectivas para o sucesso do novo regime.

Os proponentes dessa abordagem não veem as anistias como amnésia ou impunidade. Pelo contrário, eles veem o processo de anistia como reconhecimento dos crimes do passado e promoção da justiça. Uma lei de anistia oficial identifica determinados atos como crime. Ela não está necessariamente associada com a amnésia, como defende Louise Mallinder[16]. Mark Freeman afirma, ainda, que "em vez de ser escolhida como a antítese da justiça transicional, a anistia torna-se sua facilitadora, pois pode, potencialmente, ajudar a pavimentar o caminho a nível nacional para a maior verdade, reparação e reforma no que diz respeito às violações do passado e para o aumento da paz e da justiça na democracia no longo prazo"[17].

A vulnerabilidade das transições de regimes autoritários cria um imperativo para a proteção da democracia e dos direitos humanos com anistias. As anistias fornecem as ferramentas que os novos governos democráticos necessitam para reconhecer as violações do passado como crimes, apaziguar destruidores potenciais para não comprometer o processo democrático e salvaguardar esse processo de forma a garantir a proteção dos direitos humanos. A abordagem proponente, portanto, esperaria ver melhorias nas medidas da democracia e direitos humanos com o uso da anistia e ver os resultados se deteriorarem nas transições que não adotaram anistias.

---

15   Ibid., 188.

16   Louise Mallinder, **Amnesty, Human Rights and Political Transitions: Bridging the Peace and Justice Divide** (Oxford: Hart, 2008), 14.

17   Mark Freeman, **Necessary Evils: Amnesties and the Search for Justice** (Cambridge: Cambridge University Press, 2009), 19.

1.3. Abordagem contingente

Esta terceira abordagem apoia a anistia, mas esse apoio depende de mecanismos de apuração da verdade. Compartilhando com a abordagem proponente o reconhecimento da vulnerabilidade da transição democrática, esta abordagem valoriza o papel que a anistia pode desempenhar no reforço da democracia e proteção dos direitos humanos. Esta abordagem, no entanto, também compartilha com a abordagem contestadora a opinião de que os processos bem-sucedidos exigem alguma forma de responsabilização. A abordagem contingente promove, portanto, um meio termo entre a promoção da prestação de contas por meio do processo penal, por um lado, e a aprovação da anistia e respeito pelos constrangimentos políticos, por outro, endossando as comissões de verdade. As comissões de verdade, sob essa perspectiva, documentam atrocidades passadas, estabelecendo a responsabilidade e condenando as violações dos direitos humanos e, simultaneamente, evitando processos judiciais que possam mobilizar as forças antidemocráticas. Sob essa ótica, as anistias seriam aceitáveis se fossem acompanhadas por processos de apuração da verdade.

> Com efeito, segundo seus defensores, as comissões de verdade acusam, condenam e previnem a violência de forma mais eficaz do que os julgamentos, e fazem isto sem ameaçar a democracia e o estado de direito

Uma aborgadem contingente enfatiza o dever de responsabilizar o regime autoritário e restaurar a dignidade das vítimas e sobreviventes. Motiva novos governos a encontrarem os mecanismos ideais para atingir esse objetivo[18]. As decisões são "ditadas, na maioria dos casos, pelo modo e política da situação particular"[19]. Os estudiosos desta abordagem reconhecem que a promoção de uma nova democracia atada e cega por processos pode comprometer o regime. A abordagem contingen-

---

[18]   Neil J. Kritz, "Coming to Terms with Atrocities: A Review of Accountability Mechanisms for Mass Violations of Human Rights", **Law and Contemporary Problems** 59, nº 4 (1996); Martha Minow, **Between Vengeance and Forgiveness: Facing History after Genocide and Mass Violence** (Boston: Beacon Press, 1998); Ruti Teitel, "How Are the New Democracies of the Southern Cone Dealing with the Legacy of Past Human Rights Abuses?" in Kritz, **Transitional Justice**.

[19]   Alexander L. Boraine, "South Africa's Amnesty Revisited", in **The Provocations of Amnesty: Memory, Justice and Impunity**, ed. Charles Villa-Vicencio and Eric Doxtader (Cape Town: David Philip, 2003).

te, por sua vez, defende que se façam algumas concessões às forças que podem ameaçar o processo de transição[20].

As comissões de verdade estabelecem a responsabilização pela exposição pública e condenação dos criminosos por suas violências no passado. Elas restauram a dignidade dos cidadãos vitimados pela violência, confirmando publicamente suas versões dos atos criminosos do passado. Com efeito, segundo seus defensores, as comissões de verdade acusam, condenam e previnem a violência de forma mais eficaz do que os julgamentos, e fazem isso sem ameaçar a democracia e o Estado de Direito. Elas fornecem um processo de prestação de contas centrado na vítima, que equilibra restrições políticas e demandas por justiça.

A abordagem contingente também reconhece a importância da justiça restauradora como um mecanismo de restabelecimento da dignidade dos cidadãos após a atrocidade. Tais mecanismos podem assumir a forma de restauração financeira, médica ou simbólica para as vítimas individuais e sobreviventes da violência do passado. Conquanto apoiadores do regime anterior possam não gostar desses mecanismos, poucos perpetradores irão catalisar ação política contra um governo democrático que adote uma comissão de verdade. Assim, os defensores argumentam que comissões de verdade e justiça restauradora estabelecem a responsabilização e defendem o imperativo moral para julgar. Ao mesmo tempo, essas comissões evitam os riscos políticos de se processar os perpetradores. Ao invés de montar uma defesa para qualquer anistia ou acusação, a abordagem contingente defende um conjunto de opções de médio alcance que navega pela responsabilização nas águas turbulentas de destruidores potenciais[21]. Mais significativamente, a abordagem contingente vê as comissões de verdade como uma forma eficaz para equilibrar a responsabilidade com a anistia, assim, fortalecendo a democracia e reduzindo as violações dos direitos humanos.

Esta abordagem não se opõe a anistias, e sim as vê como um caminho para que os perpetradores participem do processo de reconciliação com o passado. A Comissão Sul-africana de Verdade e Reconciliação, por exemplo, estabeleceu anistia para confissões públicas dos autores de atrocidades políticas no passado. A anistia incentivou os autores

---

20   Jaime Malamud-Goti, "Trying Violators of Human Rights: The Dilemma of Transitional Governments", in **State Crimes: Punishment or Pardon** (Wye Center, MD: Aspen Institute, 1989); Jamie Malamud-Goti, "Transitional Governments in the Breach: Why Punish State Criminals?" **Human Rights Quarterly** 12, nº 1 (1990); Aryeh Neier, "What Should Be Done about the Guilty?" **New York Review of Books** (01/02/1990); Carlos S. Nino, "The Duty to Punish Past Abuses of Human Rights Put into Context", **Yale Law Journal** 100, nº. 8 (1991); Carlos S. Nino, **Radical Evil on Trial** (New Haven, CT: Yale University Press, 1996).

21   Kritz, "Coming to Terms"; Minow, **Between Vengeance and Forgiveness**; Teitel, "How Are the New".

a se apresentarem e, em alguns casos, a comunicarem-se diretamente com suas vítimas e pedir seu perdão. Longe de ser uma cultura de impunidade, portanto, esses processos podem responsabilizar individualmente os autores pela violência que cometeram no passado, sem comprometer a transição política.

Os estudiosos e profissionais incluídos na abordagem contingente esperariam que as comissões de verdade trouxessem mudanças positivas para a democracia e resultados para os direitos humanos. Não seria de esperar que julgamentos apenas ou em conjunto com anistias trouxessem esses resultados. Anistias que acompanham comissões de verdade, entretanto, provavelmente trazem também resultados positivos.

Essas três abordagens antecipam diferentes resultados para a anistia em termos de democracia e direitos humanos. A abordagem contestadora vê a anistia como prejudicial ao progresso positivo nesses objetivos. A abordagem proponente vê a anistia como crucial para o resultado. A abordagem contingente qualifica seu apoio, aprovando anistias apenas quando acompanhadas de comissões de verdade. O projeto da Base de Dados da Justiça de Transição (TJDB) nos permite examinar essas relações assumidas entre as anistias e os objetivos políticos da democracia e dos direitos humanos.

2. | PROJETO DA BASE DE DADOS DA JUSTIÇA TRANSICIONAL

O projeto TJDB inclui dados de cinco mecanismos de justiça de transição – julgamento, comissões de verdade, anistias, reparações e depuração – para todos os países do mundo, de 1970-2007. O ano de início corresponde aproximadamente ao começo da terceira onda de democracia, em que a justiça de transição passou a assumir um papel mais proeminente na fase posterior às transições políticas[22]. A base de dados foi construída pela análise sistemática de uma fonte primária: *Keesing's World News Archives*[23]. Após uma

---

22   Para mais informações sobre a terceira onda de democratização, consulte Huntington, **The Third Wave**.

23   **Keesing's World News Archives** inclui Keesing's Contemporary Archives (1931-1987) e Keesing's Record of World Events (1987-Atual). Uma equipe de estudiosos examinou 24.599 páginas (da 23.733 a 48.332) dos arquivos de Keesing, um catálogo dos eventos mundiais, para informação sobre mecanismos de justiça de transição. Keesing proporciona a cobertura – geográfica e temporal – necessária para desenvolver um conjunto de dados nacionais cruzados de justiça transicional por um período de aproximadamente quatro décadas. Utilizando fontes de notícias de todo o mundo, incluindo jornais, agências de notícias e relatórios do governo, Keesing fornece uma fonte incomparável de resumos imparciais dos acontecimentos mundiais. Finalmente, Keesing centra a sua abordagem em eventos políticos, sociais e econômicos e se torna uma fonte respeitada e confiável para esse tipo de dados, tornando-o uma fonte ideal para obter informações sobre os mecanismos de justiça de transição. Para outros que têm usado isso como uma fonte primária de coleta de dados, consulte: Jan Oskar Engene, "Five Decades of Terrorism in Europe: The TWEED Dataset", **Journal of Peace Research** 44, nº. 1 (2007); Michael W. Doyle and Nicholas Sambanis, **Making War and Building Peace: United Nations Peace Operations** (Princeton, NJ: Princeton University Press, 2006); and Barbara F. Walter, Committing to Peace: **The Successful Settlement of Civil Wars** (Princeton, NJ: Princeton University Press, 2002).

descrição sucinta do TJDB e das medidas políticas utilizadas em nossa análise, resumimos nossas conclusões sobre o papel que a justiça de transição desempenha na melhoria dos direitos humanos e da democracia.

2.1. Transições e mecanismos de dados da justiça transicional

Para analisar o efeito da justiça de transição sobre os direitos humanos e os resultados da democracia, este artigo foca em três mecanismos principais: julgamentos, comissões de verdade e anistias[24]. O projeto TJDB define julgamentos como situações nas quais um tribunal de justiça responsabiliza criminalmente supostos autores de violações dos direitos humanos. Para ser incluído num conjunto de dados, um veredicto deve concluir o julgamento[25]. Além dos tribunais internos, o TJDB também inclui julgamentos em tribunais internacionais ou híbridos, administrados conjuntamente por atores nacionais e internacionais[26].

O TJDB define comissões de verdade como órgãos temporários, recém-criados, oficialmente sancionados pelo Estado ou por uma organização governamental internacional, com a finalidade de investigar um padrão de violações dos direitos humanos e emitir um relatório final[27]. Essa definição se aproxima das utilizadas em outros estudos[28]. Excluímos instituições governamentais pré-existentes que investigam violações passadas dos direi-

---

24   Para os objetivos deste artigo, vamos nos concentrar apenas nas três principais formas de mecanismos de justiça de transição; os outros dois (reparações e lustração) mecanismos têm poucas observações para gerar conclusões significativas quanto ao seu efeito sobre os direitos humanos e sobre a democracia.

25   Outros estudos incluem todos os anos em que processos judiciais estiveram em curso, tendo ou não chegado a um veredicto. Essa abordagem pode tanto contar em excesso para o tempo do processo judicial ou em diminuir o tempo de relatório de processos de julgamento que não conseguem obter a atenção da mídia. Veredictos do julgamento, por outro lado, proporcionam uma contagem precisa do número de julgamentos que ocorreram em um determinado país.

26   Não incluímos jurisdição universal, definida como julgamento em um país por crimes cometidos em outro. Embora esse seja um caminho interessante para a pesquisa, tais eventos dizem mais sobre a situação dos direitos humanos no país em que o julgamento foi realizado do que no país onde os crimes foram cometidos, que é o foco desse projeto. Também não incluímos os tribunais regionais. A maioria desses casos não aborda as violações dos direitos humanos, tal como definidas em nossa análise. O Tribunal Europeu dos Direitos Humanos, por exemplo, fez mais de 10.000 julgamentos, a grande maioria dos quais não se qualificam. Extrair os casos relevantes está simplesmente fora do escopo desse projeto. Por último, excluímos o Tribunal Penal Internacional porque até a data do trabalho eles ainda tinham que dar um veredicto.

27   Excluímos projetos não estatais e independentes que investigam e descobrem a verdade sobre as violações do passado, uma vez que não representam as decisões oficiais, em nome dos agentes do Estado. Futuras pesquisas poderiam expandir o conjunto de dados e catalogar estes esforços.

28   Priscilla B. Hayner, **Unspeakable Truths: Facing the Challenge of Truth Commissions** (New York: Routledge, 2001); and Eric Brahm, Geoff Dancy, and Hunjoon Kim, "Truth Commission Database Project: What Is a Truth Commission and How Can We Understand It?" (Trabalho apresentado na XLIX Convenção Annual da Associação de Estudo Internacional, em São Francisco, 2008).

tos humanos como parte de suas funções oficiais. Além disso, excluímos comissões criadas para investigar corrupção, peculato, fraude e crimes similares.

Muitos estudos de justiça de transição tendem a excluir as anistias da análise sistemática[29]. No entanto, Snyder, e Vinjamuri e outros afirmam que chefes de Estados e governos consideram a anistia como uma ferramenta vital para a resolução de atrocidades do passado[30]. Pesquisadores que incluem a anistia argumentam que a declaração oficial de anistia pelo Estado serve como reconhecimento formal dos crimes cometidos. Esse reconhecimento público influencia potencialmente a compreensão da sociedade sobre as atrocidades passadas e legitima as reivindicações das vítimas contra seus perpetradores. Assim, o TJDB inclui as anistias, definindo-as como situações em que um Estado declara oficialmente que os acusados ou condenados por violações dos direitos humanos (indivíduos ou grupos) não serão processados e/ou serão perdoados por seus crimes e libertados da prisão.

Nossa amostra consiste de todas as transições para a democracia entre 1970 e 2004. Para determinar quando ocorreu uma transição, contamos com Polity IV's Regime Transition Variable (Variáveis do Regime de Transição, Polity IV)[31]. Polity fornece vários métodos para a identificação das transições: um aumento de três pontos ou mais na pontuação da democracia (GOVERNO); um mover da autocracia (pontuação de GOVERNO negativa ou zero) para uma democracia parcial (pontuação GOVERNO de 1-6) ou democracia plena (pontuação GOVERNO de 7-10); e pontuações específicas em um regime de transição (REGTRANS) variável (por exemplo, 97 para transformação do Estado ou 99 para a criação do Estado) quando o primeiro ano do novo governo é uma democracia parcial ou total e o anterior era autocrático. Com isso, nossa análise rende 91 transições para a democracia em 74 países durante esse período; uma lista completa encontra-se no apêndice[32]. Dentro desses países em transição, encontramos 28 julgamentos, 30 comissões de verdade e 32 anistias. Observe-se que nossos dados são frequentemente analisados no

---

29   E.g. Naomi Roht-Arriaza and Javier Mariezcurrena, eds., **Transitional Justice in the Twenty-first Century: Beyond Truth versus Justice** (New York: Cambridge University Press, 2006). Usamos anistia para nos referir às anistias e absolvições.

30   Snyder and Vinjamuri, **Trials and Errors**.

31   Monty Marshall and Keith Jaggers, **Polity IV Project: Political Regime Characteristics and Transitions** 1800-2004, Disponível em http://www.systemicpeace.org/polity/polity4.htm. Para uso similar dos dados do Polity IV para determinar tipos de transição e regimes, consulte, por exemplo, David L. Epstein, Robert Bates, Jack Goldstone, Ida Kristensen, and Sharyn O'Halloran," Democratic Transitions", **American Journal of Political Science** 50, nº 3 (2006); e Kathryn Sikkink e Carrie Booth Walling, "The Impact of Human Rights Trials in Latin America," **Journal of Peace Research** 44, nº 4 (2007).

32   Estamos limitados a 2004, em vez de 2007, devido à cobertura da versão mais recente do Polity IV.

formato de país/ano, de modo a responder às perguntas que enfatizam alguma mudança política ou econômica ao longo do tempo. Os dados também podem ser coletados – como foram para este artigo – de modo que podemos perguntar sobre questões mais amplas sobre os resultados específicos em um determinado conjunto de transições, que é a unidade de análise utilizada aqui.

2.2. Democracia e medidas de direitos humanos

Para testar o efeito da justiça de transição sobre os resultados políticos, usamos medidas amplamente aceitas de direitos humanos e democracia para calcular a variação nesses resultados ao longo do tempo[33]. Polity IV e projetos da Freedom House medem a democracia de modo ligeiramente diferente, mas tendem a concordar em suas avaliações da democracia global. A primeira medida, "Governo", do conjunto de dados Polity IV, é uma pontuação ponderada derivada da codificação da competitividade da participação política, o regulamento de participação, a abertura e a competitividade de recrutamento de Executivos e as restrições sobre o Executivo[34]. Essa medida é especialmente atraente por causa de sua ampla cobertura geográfica e temporal. A segunda medida da democracia veio do projeto Freedom House, que fornece as medidas dos direitos políticos (com foco na participação) e das liberdades civis (aspectos institucionais da democracia e da liberdade de expressão)[35]. Uma das limitações dessa fonte de dados para o projeto proposto é que ela começa em 1980. Apesar dessa preocupação e as críticas ao projeto da Freedom House[36], este oferece uma medida dos aspectos específicos da democracia (direitos e liberdades fundamentais) que a justiça de transição pode ser suscetível de afetar.

Também utilizamos as duas medidas respeitadas dos direitos humanos em nossa análise. O Physint (Physical Integrity Rights Index, Índice do Direito à Integridade Física), gerado por Cingranelli e Richards[37], e a PTS (Political Terror Scale, Escala Política do Terror)[38]

---

33   A mudança na pontuação da democracia e dos direitos humanos é calculada subtraindo-se a pontuação dos dez anos pós-transição da pontuação do ano da transição. Esta análise, portanto, apenas inclui os mecanismos utilizados nos primeiros dez anos da transição democrática.

34   Marshall and Jaggers, **Polity IV Project**.

35   Freedom House, **Freedom in the World 2008**, Disponível em www.freedomhouse.org.

36   Gerardo L. Munck and Jay Verkuilen, "Conceptualizing and Measuring Democracy: Evaluating Alternative Indices," **Comparative Political Studies** 35, nº 1 (2002).

37   David L. Cingranelli & David L. Richards, **The Cingranelli-Richards Human Rights Dataset**, Disponível em http://www.humanrightsdata.org.

38   Mark Gibney, Linda Cornett, & Reed Wood, **Political Terror Scale** 1976-2006, Disponível em http://www.politicalterrorscale.org.

utilizam as mesmas fontes para seus dados: os relatórios da AI (Amnesty International, Anistia Internacional) e o U.S. State Department Country Reports on Human Rights Practices (Relatórios do Departamento de Estado do Governo dos E.U.A. sobre Práticas de Direitos Humanos). Apesar de informações comuns, cada fonte mede direitos humanos de modo diferente. O Physint de Cingranelli e Richards fornece uma escala para quantificar a proteção do governo contra violações específicas de direitos humanos, incluindo tortura, assassinatos extrajudiciais, detenções políticas e desaparecimento. O banco de dados de Cingranelli e Richards é um pouco limitado, uma vez que começa em 1980 e sua cobertura é um pouco esporádica durante as transições democráticas, mas ainda assim continua a ser uma medida amplamente aceita de violações de direitos humanos. A PTS fornece uma "escala do terror" que indica se o terror tem se expandido para toda a população e se os cidadãos estão relativamente seguros e protegidos de prisão ilegal e tortura. A PTS começa em 1976, o que limita algumas observações incluídas em nossa análise, embora não no mesmo grau, como nos dados de Cingranelli e Richards. Utilizar uma variedade de medidas de direitos humanos é essencial. Christian Davenport, por exemplo, mostrou que a democracia afeta a integridade física e as liberdades civis de forma diferente[39]. Também é plausível que mecanismos de justiça de transição não tenham o mesmo efeito por meio de diferentes medidas.

Para determinar o efeito dos mecanismos de justiça de transição sobre os direitos humanos e a democracia, utilizamos a análise da regressão multivariada, cuja metodologia e resultados são publicados em outro lugar[40]. Para os resultados apresentados abaixo, entretanto, desmontamos o conjunto de dados para que cada transição fosse a unidade de análise. Ao fazer isso, somos capazes de avaliar se os mecanismos de justiça de transição têm um efeito sobre a *mudança* na democracia ou medidas de direitos. Calculamos a diferença entre essas pontuações entre o ano da transição e dez anos de pós-transição para três medidas de democracia e três de direitos humanos. Utilizando os mesmos controles para cada modelo, como explicado abaixo, utilizamos modelos comuns de quadrados, com erros padrão robustos, agrupados por país.

É importante, contudo, notar que controlamos também várias explicações alternativas para aquelas melhorias, especialmente a riqueza, o tempo de transição, o nível de repres-

---

39   Christian Davenport, **State Repression and the Domestic Democratic Peace** (New York, NY: Cambridge University Press, 2007).

40   Tricia D. Olsen, Leigh A. Payne, and Andrew G. Reiter, **Transitional Justice in Balance: Comparing Processes, Weighing Efficacy** (Washington, D.C.: United States Institute of Peace Press, 2010).

são, o nível de repressão pré-transição e a região[41]. Como e a teoria democrática muitas vezes pressupõe que quanto mais rico o país, mais democrático ele será e menor será o nível de violações dos direitos humanos, incluímos o PIB *per capita* para controlar as explicações econômicas[42]. Os Indicadores de Desenvolvimento do Banco Mundial fornecem as medidas apropriadas para o controle desse fator[43].

O momento também pode influenciar as medidas de democracia e de direitos humanos. Talvez a melhoria na democracia e nos direitos humanos surja no início da transição[44]. Podemos também esperar que, independentemente do mecanismo adotado, os países que tiveram uma democracia longa e estável terão mais tempo para melhorar sua democracia e direitos humanos. Assim, um país que transitou na década de 1970 pode ter tido tempo necessário para estabelecer firmemente a democracia e melhorar seu histórico em direitos humanos em comparação com aqueles que tiveram sua transição na década de 1990. Portanto, também controlamos os países que iniciaram suas transições em pontos diferentes.

O nível anterior de repressão também pode ser um fator importante a se considerar. Estudos têm mostrado que altos níveis de abusos nos anos anteriores são um indicador muito forte do nível de repressão em um determinado ano[45]. Embora nossa análise seja sobre medidas de democracia e direitos humanos, baixa repressão é, certamente, um componente chave para esse processo. Dessa feita, incluímos a pontuação Polity IV's POLITY2 para o ano de transição e o ano anterior para assegurar que estamos representando os níveis atuais e os anteriores de repressão[46].

41   Também foram estimadas as especificações alternativas que controlaram se um país já havia experimentado uma guerra civil e não encontraram alterações significativas. Essa verificação robusta está em consonância com outras pesquisas sobre direitos humanos, incluindo Steven C. Poe, Neal Tate, and Linda Camp Keith, "Repression of the Human Right to Personal Integrity Revisited: A Global Cross-National Study Covering the Years 1976–1993", **International Studies Quarterly** 43, nº 2 (1999).

42   Adam Przeworski, Michael E. Alvarez, Jose Antonio Cheibub, and Fernando Limongi, **Democracy and Development: Political Institutions and Well-Being in the World**, 1950–1990 (New York: Cambridge University Press, 2000). Isso também segue o trabalho anterior de Poe, Tate e Camp Keith, que indica que o desenvolvimento econômico reduziu as violações aos direitos humanos, id.

43   O PIB *per capita* é ajustado para estar de acordo com 2.000 dólares norte-americanos para facilitar a comparação entre os casos.

44   Christian Davenport, "The Weight of the Past: Exploring Lagged Determinants of Political Repression", **Political Research Quarterly** 49, nº 2 (1996).

45   Poe, Tate, and Camp Keith, "Repression of the Human Right".

46   Note que, embora inclua o ano de transição e as medidas de anos antes de Polity, essas variáveis não são altamente colineares (correlação = 0,06).

A região também pode explicar os direitos humanos e os resultados da democracia. Alguns estudiosos pressupõem que a justiça de transição e seus êxitos derivam de sua concentração na América Latina e, em menor medida, na Europa. Êxito, nessa perspectiva, tem pouco a ver com os mecanismos de justiça transicional, mas sim com os padrões históricos e atributos culturais das regiões em que a justiça de transição penetrou com mais sucesso. Além disso, muitos pesquisadores acreditam que a justiça de transição tem um efeito de contágio, segundo o qual os mecanismos propagam-se para outros países devido à proximidade geográfica. Para dar conta desses possíveis efeitos, usamos indicadores regionais como variáveis de controle[47].

2.3. Resultados

O TJDB produz a evidência empírica sobre qual mecanismos de justiça transicional - ou combinações de mecanismos - melhoram os direitos humanos e a democracia. Conclui-se que as escolhas globais de justiça transicional dos países têm um efeito positivo sobre as mudanças nas medidas dos direitos humanos e da democracia[48]. Os resultados afirmam que lidar com as violências do passado com julgamentos de direitos humanos, comissões de verdade e anistias é melhor para os resultados políticos do que ignorá-los.

A despeito desses resultados globais positivos sobre a justiça de transição, esses resultados também desafiam as atuais abordagens teóricas sobre os mecanismos específicos que produzem o sucesso. Como resumido na Tabela 1 abaixo, descobrimos, por exemplo, que nenhum dos mecanismos de justiça de transição por si mesmo reduz as violações dos direitos humanos ou melhora a democracia[49]. Nem os julgamentos, nem as anistias têm efeito estatístico significante sobre os objetivos políticos específicos quando utilizados sozinhos. Embora comissões de verdade sejam estatisticamente significantes, o efeito é

---

47   Com base nos códigos regionais da Divisão de Estatística da ONU, categorizamos cada país de acordo com sua localização (América, Europa, África, Ásia). A composição das regiões da ONU pode ser encontrada na Divisão de Estatísticas das Nações Unidas no seguinte endereço: http://unstats.un.org/unsd/methods/m49/m49regin.htm. Note que combinamos Ásia e Oceania em uma região - Ásia - para facilitar a comparação. Também incluímos Taiwan, que não é fornecido no código de região da ONU como membro da Ásia.

48   A variável independente chave nesta análise é ordenada pelo nível de responsabilização que um país adotou no prazo de dez anos, em que a anistia é igual a 1; comissão de verdade, 2; e julgamento, 3. Embora reconheçamos que codificar uma variável dessa maneira apresente hipóteses (ou seja, que a diferença entre escolher uma anistia e uma comissão de verdade é o mesmo que escolher entre uma comissão de verdade e um julgamento), só estamos interessados na direção do efeito, não no seu tamanho.

49   Para uma discussão completa da metodologia e resultados detalhados dessas análises, consulte Tricia D. Olsen, Leigh A. Payne, and Andrew G. Reiter, "Does Transitional Justice Work?" In **Transitional Justice in Balance: Comparing Processes, Weighing Efficacy** (Washington, D.C.: United States Institute of Peace Press, 2010).

negativo. Isso significa que, ao contrário das expectativas da abordagem contingente, é mais provável que a utilização das comissões de verdade sozinhas para resolver a violência passada mais prejudique do que melhore as pontuações de democracia e direitos humanos. Estudos recentes sobre as comissões de verdade apoiam esse resultado[50]. Porque não achamos que mecanismos únicos tragam as melhorias desejadas na democracia e nos direitos humanos, nossa análise parece apoiar a recente noção de que múltiplos mecanismos atingem esses resultados[51]. Descobrimos, por exemplo, que a combinação de dois mecanismos comprova estatisticamente resultados significantes e positivos para os direitos humanos e a democracia: (1) julgamentos e anistias e (2) julgamentos, anistias e comissões de verdade.

Tabela 1: Efeito da justiça de transição sobre mudanças nos direitos humanos e democracia

	JT Global	Apenas Julg.	Apenas Anistia	Apenas CV	Julg. e anistias	Anistias e CV	Julg. e CV	Julg. CV e anistias
Polity	0	0	0	0	+	0	0	0
Liberdades Civis (Freedom House)	+	0	0	0	0	-	0	+
Direitos Políticos (Freedom House)	0	0	0	0	0	0	0	0
Integridade Física	+	0	n/a	-	n/a	n/a	n/a	0
Escala Política de Terror (Anistia Internacional)	+	0	0	-	+	0	0	+
Escala Política de Terror (Depto. Estado Americano)	+	n/a	n/a	-	+	n/a	n/a	+

Nota: n/a significa que o próprio modelo com a variável dependente específica não foi significativa; "+" e "-" significam relação estatisticamente significativa positiva ou negativa; "0" significa que não encontramos evidência de relação estatística significativa.

2.4. As implicações dos resultados para as abordagens existentes

Esses resultados tanto contestam como apoiam as abordagens existentes para anistia. Eles contestam as abordagens existentes mostrando que a presumida relação entre mecanismos individuais (julgamentos, anistias ou comissões de verdade) e resultados positivos para os direitos humanos e a democracia não resiste a testes empíricos. Os resulta-

---

50   David Mendeloff, "Trauma and Vengeance: Assessing the Psychological and Emotional Effects of Post--Conflict Justice", **Human Rights Quarterly** 31 (2009).

51   ICTJ, "What Is Transitional Justice?" Disponível em www.ictj.org/en/tj/780.html (acesso em 18/12/2009).

dos não sustentam o otimismo da abordagem contestadora em relação aos julgamentos; da abordagem proponente com relação à anistia; ou da abordagem contingente no que se refere às comissões de verdade. Por outro lado, eles mostram que as anistias não são necessariamente perigosas para a democracia e os direitos humanos como a abordagem contestadora argumenta. Tampouco mostram, porém, que os julgamentos são perigosos para os direitos humanos e a democracia, como a abordagem proponente poderia argumentar. Apenas as comissões de verdade tendem a resultados negativos, mas apenas quando os Estados a utilizam em benefício próprio.

A combinação de dois mecanismos que trazem melhorias para a democracia e os direitos humanos fornece elementos para as abordagens existentes. Tal como alega a abordagem contestadora, por exemplo, julgamentos revelam-se cruciais para os avanços políticos. Eles estão presentes em ambas as combinações. As anistias, entretanto, também estão presentes em ambas as combinações, demonstrando que nossos resultados também apoiam a abordagem proponente em que as anistias são cruciais para os objetivos da democracia e dos direitos humanos. Nossa pesquisa confirma uma perspectiva contingente de que as comissões de verdade podem desempenhar um papel importante. Descobrimos, contudo, que seu sucesso depende da combinação das comissões de verdade com os julgamentos e as anistias. O êxito não parece depender da presença de comissões de verdade, uma vez que julgamentos e anistias podem trazer resultados positivos sem elas.

Embora nenhuma das abordagens existentes pareça oferecer uma teoria empiricamente verificável do impacto das anistias sobre os direitos humanos e a democracia, lançam alguma luz sobre o processo. Esses *insights* contribuem para uma abordagem – equilíbrio da justiça – alternativa para explicar por que as anistias atingem esses objetivos políticos combinadas com julgamentos ou com julgamentos e anistia.

3.	UMA ABORDAGEM ALTERNATIVA PARA AS ANISTIAS: O EQUILÍBRIO DA JUSTIÇA

Nossas descobertas sustentam a visão de que as anistias desempenham um papel chave na melhoria da democracia e dos direitos humanos. A abordagem proponente explica parcialmente a função. As anistias oferecem uma ferramenta para que governos democráticos se protejam de ameaças potenciais. Elas promovem estabilidade política durante um período vulnerável, o que deveria permitir que a proteção da democracia e dos direitos humanos aflorasse.

Conquanto nossas descobertas concorram para a importância das anistias, elas contestam a abordagem proponente mostrando que as anistias não são suficientes para alcançar os objetivos políticos específicos analisados aqui. Nossos resultados mostram que a anistia necessita de responsabilização (julgamentos ou julgamento e comissões de verdade) para promover essas melhorias. A abordagem contestadora explica o papel que a responsabilização desempenha em atender as necessidades dos cidadãos por justiça, no fortalecimento das instituições democráticas e na dissuasão da violação dos direitos humanos ao aumentar o custo da violência. Embora concordemos com a importância da responsabilização, nossos resultados sugerem que a responsabilização (julgamento) deve ser equilibrada com a estabilidade (anistia) para obter êxito. As comissões de verdade não fornecem esse equilíbrio, como argumenta a abordagem contingente, mas podem contribuir para o equilíbrio, juntamente com julgamentos e anistias.

A maioria dos governos gostaria de evitar o custo financeiro de colocar todos os perpetradores sob julgamento

Algumas pessoas podem questionar a existência do equilíbrio responsabilização-estabilidade. Se, por exemplo, anistias são seguidas de julgamentos, estes últimos podem ser vistos como elementos que corroem, e não complementam, o poder da anistia. Não consideramos que esses eventos devam ocorrer simultaneamente para criarem equilíbrio. Em alguns casos, anistias fornecem a estabilidade que mais tarde permite que democracias fortes processem os perpetradores e estabeleçam a proteção dos direitos humanos. Tal sequência pode ocorrer em caso de uma transição negociada. Os perpetradores podem ser bem-sucedidos em negociar sua retirada da acusação com uma anistia, mas essas anistias provavelmente enfrentarão importantes desafios posteriores por parte de comunidades de direitos humanos mais fortes, sistemas judiciários mais independentes e governos mais responsáveis. Nesse cenário, o equilíbrio envolve dar sequência à responsabilização após a anistia ter favorecido a estabilidade política. O poder da anistia continua a ser crucial para o resultado da democracia e dos direitos humanos por meio da criação de estabilidade num contexto particularmente vulnerável. As anistias não impedem todos os processos, como as evidências dos bancos de dados mostram, ou uma futura decisão judicial de revogar as leis de anistia.

Enquanto as anistias parecem proporcionar estabilidade nas transições negociadas, elas parecem desnecessárias em situações de colapso do regime autoritário. Nesses casos, as

forças do regime autoritário não têm poder e legitimidade para ameaçar seus sucessores democráticos. Mesmo nessas situações, no entanto, descobrimos que anistias acompanham julgamentos. Elas nem sempre seguem o mesmo padrão que adota a anistia antes dos julgamentos. Por vezes, esses dois mecanismos ocorrem em ordem inversa – julgamentos seguidos de anistias – ou ocorrem simultaneamente.

O cenário de colapso e transição sugere que governos democráticos podem considerar as anistias úteis mesmo quando não enfrentam ameaças imediatas de agressores potenciais. Esses governos podem decidir, por exemplo, limitar os julgamentos declarando uma anistia parcial. Essa anistia pode prever que a ameaça de punição poderia catalisar uma rebelião de forças e seguidores dormentes do regime autoritário. Julgamentos limitados, por outro lado, poderiam evitar esse resultado. A ameaça de instabilidade política, em outras palavras, pode gerar anistias nas transições após o período inicial de transição e mesmo depois de se iniciarem as experiências. A anistia oferece ao governo democrático uma certa flexibilidade a respeito de quando iniciar os julgamentos e a quem processar.

Um governo, ao tentar processar todos aqueles que perpetraram violência em nome do Estado no passado, não corre o risco de gerar instabilidade política somente; a instabilidade econômica também é algo que molda decisões sobre anistia. A maioria dos governos gostaria de evitar o custo financeiro de colocar todos os perpetradores sob julgamento. Anistias parciais permitem que os governos democráticos limitem esses processos a um conjunto específico de perpetradores. Essa estratégia envia um forte sinal de responsabilização, além de proteger o novo governo democrático do uso de recursos escassos para julgamentos caros. Para fundamentar essa afirmação descobrimos que os países que têm maior probabilidade de adotar julgamentos são financeiramente mais estáveis do que aqueles que adotam a anistia[52]. Ao invés de impunidade, essa forma de anistia reconhece e condena os atos passados como criminosos, mas limita os julgamentos às autoridades com maior grau de responsabilidade ou aos crimes mais hediondos. Processar os crimes mais sérios demonstra que os instrumentos judiciais existem para levar no futuro outros perpetradores a julgamento, aumentando assim os custos da criminalidade, impedindo possíveis violações futuras e fortalecendo as instituições democráticas.

---

52   Tricia D. Olsen, Leigh A. Payne, and Andrew G. Reiter, "At What Cost? A Political Economy Approach to Transitional Justice", **Taiwan Journal of Democracy** (acessível em 2010).

Alguns poderão argumentar que a passagem do tempo apresenta provas contra a abordagem de equilíbrio da justiça para melhorar a democracia e os direitos humanos. Se a era da responsabilização remove a ferramenta da anistia das mãos do governo democrático, então nós teríamos de esperar que forças locais, regionais ou internacionais pressionassem contra as anistias, reduzindo-as em número e duração. Nós teríamos que reconhecer que as anistias desempenharam um papel histórico na incipiente Era da Responsabilização, mas que os custos da adoção da anistia mudaram, tornando-as não mais úteis para os governos democráticos. No entanto, evidências preliminares não sustentam essa visão. A Figura 1 ilustra a frequencia dos julgamentos ou o número de tentativas executadas em um dado ano dividido pelo número de países que completaram uma transição democrática, antes ou durante esse ano. Isso mostra que a frequencia com que os julgamentos são utilizados aumenta e diminui em aproximadamente a mesma taxa de anistias. Isso parece sugerir que os governos democráticos continuam a equilibrar julgamentos com anistias, mesmo quando o custo político dos julgamentos diminui e os custos políticos das anistias aumentam.

Figura 1: Taxa de justiça transicional por ano, 1970–2004 (democracias em transição).

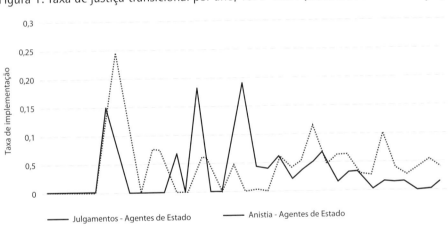

Observamos ainda que, ao longo do tempo, os julgamentos começaram cada vez mais rapidamente após a transição. Como mostra a Tabela 2, abaixo, os governos democráticos iniciaram julgamentos logo após a transição, com um intervalo menor do que na era anterior. As informações sobre a anistia, no entanto, contestam a visão de que isso significa que a Era da Responsabilização, ao longo do tempo, tem favorecido julgamentos em detrimento de anistias. A Tabela 2 também demonstra que governos democráticos têm concedido anistias mais cedo do que fizeram anteriormente. Isso indica que o ritmo da justiça de transição tem mudado ao longo do tempo, mas o padrão se manteve o mesmo.

Tabela 2: Média de tempo, em anos, entre a transição e o mecanismo (por era)

Mecanismo	1970–1989	1990–2004
Julgamentos (agentes de Estado)	5.4	3.6
Comissões de verdade	7.5	3.9
Anistia (agentes de Estado)	3.3	1.4

Em outras palavras, nenhuma evidência apoia a noção de que a Era da Responsabilização está eliminando o uso ou a utilidade das anistias. Em nossa opinião, portanto, as anistias continuam a desempenhar um papel útil na promoção da democracia e dos direitos humanos na Era da Responsabilização. Desenvolvemos esse argumento observando qualitativamente os casos-chave da América Latina.

3.1. Estudos de caso da América Latina

A América Latina apresenta estudos de caso relevantes para explorar o impacto das anistias. A escolha dessa região pode parecer paradoxal, pois os pesquisadores tendem a vê-la como um exemplo de progresso na responsabilização de perpetradores do Estado autoritário. Esses julgamentos, no entanto, exemplificam principalmente a "justiça tardia" ou os esforços contemporâneos para contornar processos anteriores de anistia que uma vez protegeram os perpetradores. No caso relevante da Argentina, a Supremo Tribunal anulou as leis de anistia existentes. Em quase todos os outros casos, os julgamentos ocorreram em contexto no qual as leis de anistia, tanto as parciais quanto as mais abrangentes, estavam em vigor. A América Latina também possui casos em que houve julgamento e outros em que nunca se adotaram leis de anistia. Isso constitui importante conjunto de padrões para analisar o impacto das leis de anistia.

Como mostra a Tabela 3 abaixo, a América Latina tem usado processos de anistia mais do que qualquer outra região do mundo. Uma análise dos processos históricos na região demonstra que alguma forma de responsabilização acompanhou sempre de perto as leis de anistia. Dos quinze países que iniciaram sua transição a partir de 1970, apenas dois (Brasil e Equador) evitam julgamentos criminais por abusos do Estado autoritário. Apenas três dos países em transição (Bolívia, Paraguai e Equador) têm evitado anistias. Nos outros onze países, uma combinação de anistia e responsabilização ocorreu. A região proporciona assim uma perspectiva importante sobre a noção de equilíbrio de justiça.

Tabela 3. Uso regional dos mecanismos de justiça transicional (primeiros dez anos pós-transição)

Região	Julgamento	Comissão de Verdade	Anistia (agentes de Estado)
África	5 (18%)	10 (33%)	10 (31%)
Ásia e Oceania	2 (7%)	3 (10%)	5 (16%)
Europa	12 (43%)	4 (13%)	5 (16%)
Américas	9 (32%)	13 (44%)	12 (37%)
Total	28 (100%)	30 (100%)	32 (100%)

É importante notar que a passagem da análise comparativa entre países para a comparação individual ou regional significa que os resultados específicos dos países da América Latina nem sempre irão refletir nossos resultados quantitativos de comparação entre países. Esses resultados representam médias estatísticas e probabilidades de resultados específicos tendo em conta um conjunto de variáveis de controle. Não esperamos que cada país da América Latina replique os resultados mais amplos. Além disso, não podemos identificar exemplos para ilustrar ou explorar todas as nossas descobertas nessa região em particular. O Equador oferece o único caso para analisar o impacto de uma comissão de verdade utilizada sozinha, sem qualquer outro mecanismo. Porém, como essa comissão de verdade produziu seu relatório em 2010, não podemos ainda determinar o impacto desse mecanismo sobre a democracia e as medidas de direitos humanos. Apesar dessas ressalvas, a América Latina fornece *insights* sobre o impacto das anistias que ilustram alguns dos nossos resultados estatísticos, bem como a nossa abordagem do equilíbrio da justiça.

O quadro geral da região ilustra, por exemplo, que o uso de mecanismos de justiça de transição, incluindo anistias, é melhor do que evitá-los. A transição argentina de 1973 mostra que "fazer nada" pode ter um efeito prejudicial. Afinal, um golpe militar instalou um regime de repressão ainda mais autoritário apenas três anos mais tarde. Embora anedóticos, os eventos iniciais da transição na Argentina refletem a conclusão do TJDB sobre o impacto potencialmente negativo sobre a democracia e os direitos humanos do fracasso na adoção de mecanismos de justiça transicional em resposta à atrocidade.

O caso ilustra ainda mais a distinção entre "fazer nada" e anistia. O Brasil oferece o único caso de anistia usado sozinho na região e reflete os resultados nulos na análise estatística. Embora o regime militar tenha aprovado a lei de anistia antes da transição, os

governos democráticos subsequentes a mantiveram, sendo o exemplo mais recente a decisão da Supremo Tribunal Federal em 2010, contrária à sua revisão. A lei bloqueou processos penais contra os agressores do Estado autoritário. Apesar da lei de anistia, o Brasil apresentou melhora positiva dos direitos políticos. O modelo de anistia sem responsabilização do Brasil pode ter contribuído para a sua pontuação negativa em Direitos Civis e em um dos indicadores de direitos humanos. O processo de anistia no Brasil, portanto, não representa a visão contestadora ou proponente da anistia. Ela não melhorou os direitos humanos e a democracia nem gerou resultados negativos em todos os indicadores. Em vez disso, contribuiu para os resultados nulos encontrados na análise TJDB para aqueles países que utilizam apenas a anistia. O equilíbrio da justiça anteciparia uma melhora na democracia do Brasil e na pontuação dos direitos humanos se a responsabilidade criminal por violações passadas dos direitos humanos acompanhassem, de longa data, a lei de anistia.

A utilização da responsabilização sem anistia na região também reflete a constatação nula na análise estatística comparativa entre países. Bolívia e Paraguai aprovaram julgamentos e comissões de verdade, mas evitaram o padrão típico da região de proteger autores estatais de violência no passado autoritário com anistias. Esses mecanismos parecem ter trazido resultados divergentes para objetivos políticos. O Paraguai não experimentou nenhuma mudança em sua situação de direitos humanos, mas teve uma mudança positiva em ambas as medidas de democracia. A Bolívia teve o resultado oposto: resultados positivos em matéria de direitos humanos e nenhuma mudança na pontuação da democracia. Isso ilustra a constatação do TJDB de que casos de "responsabilização sem anistia" não causam resultados negativos, mas também não levam sozinhos à mudança positiva que vemos nos casos do equilíbrio de justiça.

Os casos da América Latina que devem estar em conformidade com a abordagem do equilíbrio de justiça, mediante a combinação de prestação de contas (julgamentos, ou julgamentos e comissões de verdade) e estabilidade (anistia), nem sempre produziram os resultados positivos esperados para os direitos humanos e a democracia. Vemos os resultados positivos para quase todas as medidas de direitos humanos e da democracia na maioria dos países em que há equilíbrio de justiça: Argentina, Chile, El Salvador, Nicarágua, Panamá, Peru e Uruguai. Guatemala e Honduras receberam resultados mistos: melhorias em duas medidas, mas nenhuma mudança em duas outras. Haiti e República Dominicana sofreram uma diminuição de alguns direitos humanos e democracia. Essa variação nos resultados de toda a região fornece *insights* sobre quando a abordagem de equilíbrio de justiça funciona e quando não.

Contestadores argumentariam que quando julgamentos tornassem as anistias impotentes, ocorreriam resultados positivos para os direitos humanos e para a democracia. Isso explica parcialmente os resultados na Argentina e no Peru, que anularam suas leis de anistia[53]. Esforços para fazer o mesmo no Chile, El Salvador, Guatemala e Honduras, entretanto, não foram bem-sucedidos[54]. Mesmo assim, no Chile, a não revogação da lei de anistia não tem impedido os julgamentos de direitos humanos de florescerem. O Chile processou mais perpetradores por crimes durante o Estado autoritário que qualquer outro país da região e, possivelmente, do mundo. De modo semelhante, Argentina e Peru iniciaram os julgamentos mesmo antes de anularem suas leis de anistia. O Panamá segue padrão semelhante por meio da adoção de julgamentos e anistias de forma quase simultânea, provocando um efeito positivo sobre a maioria dos resultados democráticos e de direitos humanos. Apesar de que um plebiscito popular, em 2009, no Uruguai, optou por manter a lei de anistia, o Tribunal Supremo daquele país decidiu, poucas semanas antes, que a lei era inconstitucional em um caso específico. O presidente, aliás, usou critério executivo para determinar que alguns processos criminais estivessem isentos da lei de anistia. Como resultado, as condenações ocorreram, apesar da lei de anistia e de uma população relutante. Embora o Supremo Tribunal de El Salvador tenha decidido que a Lei de Anistia não se aplica aos casos em que os "direitos fundamentais" dos indivíduos foram violados, a procuradoria "recusou-se a caracterizar algo nesse sentido como uma violação"[55]. Embora isso tenha impedido o progresso dos direitos humanos em processos importantes[56], os julgamentos continuam em outras frentes importantes. Os julgamentos, em suma, nem sempre comprometeram as leis de anistia, e sua coexistência com as leis de anistia não tem impedido o progresso nos campos dos direitos humanos e da democracia.

Se esse fosse sempre o caso, também poderíamos esperar mais melhorias na pontuação da democracia e dos direitos humanos na Guatemala e em Honduras, bem como no Haiti e na República Dominicana. Os dois primeiros casos seguiram inicialmente o padrão regional de adoção de leis de anistia, logo após a transição, e, em seguida, usaram brechas na legislação para trazer à justiça certos autores. Esses dois países, posteriormente,

---

53   Naomi Roht-Arriaza, "Amnesty Laws in Latin America: Devalued Currency", **Canadian Consortium on Human Security: Whither Sustainable Justice? Human Security and Amnesties**, Volume 6, Issue 1 (janeiro de 2008). Disponível em www.humansecurity.info/#/vol61-roht-arriaza/4527387598 (acesso em 02/08/2010).

54   Roht-Arriaza, **Amnesty Laws in Latin America**.

55   Roht-Arriaza, **Amnesty Laws in Latin America**.

56   Consulte "El Salvador urged to repeal amnesty law," **Amnesty International**, 23 March 2010. Disponível em www.amnesty.org/en/news-and-updates acesso em 02/10/2010.

divergiram do padrão regional: aplicaram novas leis de anistia muito após as transições. A Guatemala, por exemplo, aprovou uma lei de anistia em 1996, dez anos depois da transição e durante os esforços em curso para levar os autores à Justiça. Honduras aprovou sua lei de anistia em 2010, 28 anos após a transição de 1982. Essa nova lei surgiu após questionamentos à lei anterior por parte da Comissão Interamericana de Direitos Humanos, do Congresso Nacional julgamentos em curso contra perpetradores do Estado autoritário. É difícil imaginar que nesses casos as leis de anistia recentes tenham desempenhado a função de assegurar a estabilidade durante a transição, como o equilíbrio de justiça esperaria. Em vez disso, elas parecem destinadas exclusivamente a impedir julgamentos e a proteger infratores. Não é de se estranhar que esses casos de "anistia tardia", combinados com os julgamentos e as comissões de verdade, não tenham trazido os resultados positivos esperados para os direitos humanos e para a democracia. "Anistias tardias" não parecem desempenhar o papel estabilizador assumido no equilíbrio da justiça.

Os dois casos restantes representam desafios ao equilíbrio da abordagem judicial. Apesar de tanto o Haiti quanto a República Dominicana terem combinado anistia e responsabilidade, eles receberam pontuação negativa em democracia e direitos humanos. O Haiti, apesar da adoção de todos os três mecanismos de justiça transicional, não apresentou melhora em nenhuma das medidas de democracia e direitos humanos. Isso pode representar um caso em que graves crises políticas e econômicas impedem os mecanismos de justiça de transição de terem qualquer efeito positivo. A República Dominicana é um caso em que a anistia foi declarada muito tempo após a transição de 1978 (20 anos) e dois anos antes que os julgamentos começassem. Portanto, isso pode refletir os resultados negativos para a "anistia tardia" discutidos acima. Além disso, como os mecanismos de justiça de transição deram-se muito tempo depois da transição, os resultados não refletem adequadamente o impacto dos próprios mecanismos. Esses dois casos, em suma, enfatizam alguns dos fatores que podem impedir o potencial impacto positivo do equilíbrio de justiça sobre os direitos humanos e sobre a democracia: tempo suficiente para medir o impacto da adoção do mecanismo, as condições de crise durante a adoção desses mecanismos e a "anistia tardia".

As variações nos casos latino-americanos proporcionam *insights* sobre o impacto das anistias nos direitos humanos e nos objetivos da democracia. As anistias impediram que processos importantes ocorressem em alguns países, mas elas não impediram a justiça na maioria dos casos. Pelo contrário, anistia e responsabilização ocorreram em toda a região com impacto geral positivo sobre as alterações em matéria de direitos humanos e democracia. Além disso, a anistia adotada nos primeiros anos da transição

teve o objetivo de proporcionar estabilidade nas democracias vulneráveis. Quando as anistias acontecem muito tempo após a transição, elas definitivamente não parecem desempenhar esse papel. Em vez disso, as "anistias tardias" parecem impedir a responsabilização. Embora o equilíbrio de justiça não necessariamente assuma um padrão em que anistias devam ser seguidas de julgamentos para que tenham efetividade, a anistia da América Latina, que ocorreu muito depois das transições, parece perturbar o equilíbrio da responsabilização/estabilidade, promover a impunidade e minar a melhoria da democracia e dos direitos humanos.

4. CONCLUSÃO

A presença contínua de anistias em todo o mundo e as provas de que elas contribuem para a melhoria da democracia e dos direitos humanos parecem um anátema para a noção de uma Era de Responsabilização. Temos mostrado com análises históricas e comparativas de estatística, no entanto, que os mecanismos da anistia avançaram em direção à força democrática e à proteção dos direitos humanos. Esse efeito positivo ocorre quando Estados combinam anistias com julgamentos, ou julgamentos com comissões de verdade. A abordagem do equilíbrio de justiça alega que tal combinação produz estabilidade e responsabilização, o que traz melhorias em matéria de direitos humanos e de democracia.

Apesar da Era da Responsabilização, as anistias continuam sendo uma ferramenta importante para as novas e particularmente vulneráveis democracias. Embora não sejam desejáveis, elas fornecem aos governos a capacidade de reduzir o número de julgamentos sem eliminá-los. Elas podem ainda permitir que governos de transição processem somente os mais culpados. Forças nacionais, regionais e internacionais têm encontrado caminhos jurídicos para contornar essas anistias de modo a garantir a responsabilização por violências do passado. Ao evitar levar todos os culpados a julgamento, no entanto, as anistias protegem contra a instabilidade política de provocar os destruidores e a instabilidade econômica dos muitos julgamentos demorados e dispendiosos. Os casos de transição na América Latina ilustram os resultados estatísticos de que essas combinações de anistias e responsabilização tendem a aumentar a probabilidade de melhorias em matéria de direitos humanos e democracia.

Os casos da América Latina, porém, também apontam para as limitações das anistias. Em particular, as "anistias tardias", adotadas muito tempo após a transição, não parecem exercer a função estabilizadora ou combinar com os julgamentos para obter re-

sultados políticos positivos. Pelo contrário, a "anistia tardia" parece impedir o equilíbrio da justiça, promover a impunidade e corroer as melhorias em direitos humanos e democracia. Mais pesquisas sobre casos de "anistia tardia" nos permitirão continuar desenvolvendo essa análise. Ademais, condições econômicas ou políticas nacionais podem se revelar demasiado graves para permitir que mecanismos de justiça de transição tenham efeito positivo.

Apesar dessas ressalvas, nossa pesquisa mostra que as anistias não necessariamente prejudicam o progresso em matéria de direitos humanos e democracia. Sob certas condições, elas podem até mesmo ter um impacto positivo. Para aumentar a probabilidade de que elas produzam resultados políticos positivos, as anistias devem contribuir para a estabilidade econômica e política. Além disso, devem acompanhar ou preceder julgamentos de direitos humanos ao invés de proibi-los.

PROCURADOS

Eles foram presos, sequestrados e torturados.
Eram pais de família.
Encontram-se desaparecidos e talvez mortos.

ANISTIA

CBA

FONTE: CENTRO DE DOCUMENTAÇÃO E MEMÓRIA DA UNIVERSIDADE ESTADUAL PAULISTA (CEDEM/UNESP)

20

Desde tempos imemoriáveis, a mudança de regimes políticos e de concepções de justiça implicam em processos de transições nos quais restam arestas. O século **XX**, marcado por grandes guerras e conflitos, acompanhou diversos desses movimentos, com a gradual consolidação de um ideário democrático sendo construído em todo o ocidente. Um dos principais mecanismos utilizados para a consolidação de transições e supressão de arestas dos processos políticos foi a inserção de leis de anistia no sistema jurídico, inobstante, tal processo é amplamente questionado e muitas dessas anistias, com o passar dos anos, erodiram. Expomos a seguir, brevemente, alguns dos principais temas conexos a este debate, que serão enfrentados nos dezesseis textos deste livro, como forma de orientar o leitor quanto aos propósitos e resultados esperados por esta obra coletiva, fruto de conferências e debates ocorridos durante o seminário *Amnesty in the Age of Accountability: Brazil in Comparative and International Perspective*, promovido em outubro de 2010 no Centro de Estudos Latino-Americanos da Universidade de Oxford (Reino Unido), em copromoção com a Comissão de Anistia do Ministério da Justiça da República Federativa do Brasil. O evento teve o apoio do Ministério das Relações Exteriores do Brasil, do Programa das Nações Unidas para o Desenvolvimento (PNUD), do Programa de Estudos sobre o Brasil e da Coordenação de Pesquisa em Justiça de Transição da Universidade de Oxford, bem como do John Fell Oxford University Press Research Fund.

A anistia é a resposta apropriada para as atrocidades cometidas por governos? Acadêmicos e profissionais que promovem a justiça de transição ao redor do mundo têm argumentado, em geral, que não. Sustentam que deveres legais, morais e políticos compelem Estados que saem de regimes autoritários a responsabilizar individualmente os perpetradores de crimes contra os direitos humanos. Desde os Tribunais de Nuremberg, após a Segunda Guerra Mundial, chegando até a criação do Tribunal Penal Internacional, o sistema internacional de direitos humanos tem buscado substituir a anistia pela justiça no que tange a violações de direitos humanos no passado. Convenções internacionais obrigam países a promoverem a reparação às vítimas de violações de direitos civis e políticos, tortura e genocídio. Os tribunais penais *ad hoc* para a antiga Iugoslávia e para Ruanda ressaltaram o dever internacional de responsabilizar aqueles que perpetraram violações no passado. As noções de Jurisdição Internacional e, mais ainda, de Jurisdição Universal, e sua utilização em casos como a tentativa de extraditar o ex-ditador General Augusto Pinochet da Inglaterra para que fosse julgado na Espanha, sustentam que os tribunais de um país podem julgar estrangeiros que cometeram crimes contra a humanidade em outros países. A norma global de responsabilização individual tem se espalhado pelo mundo, inclusive com a criação de cortes internacionais permanentes, como o Tribunal Penal Internacional, levando a resultados dramáticos.

Embora o General Pinochet não tenha enfrentado a Justiça espanhola, ele foi processado em seu próprio país antes de falecer. Outros chefes de Estado responsáveis por abusos aos direitos humanos também enfrentaram julgamentos, condenações e sentenças de prisão, incluindo os ex-presidentes do Peru e do Uruguai, respectivamente, Alberto Fujimori e Juan Maria Bordaberry. Leis de anistia na América Latina e ao redor do mundo são desafiadas por ações frente a tribunais nacionais, regionais e internacionais, graças à mobilização de vítimas, de sobreviventes, de organizações de direitos humanos e, ainda, de instituições de defesa institucional dos regimes democráticos, como as "*fiscalias*", os ministérios públicos e as ordens de advogados.

A sobrevivência da Lei de Anistia no Brasil, após trinta anos, não parece encaixar-se bem no contexto de forte tendência internacional à responsabilização individual. Adotada em 1979, a lei continua perdoando os crimes dos perpetradores de violência de Estado. Porém, nos dois últimos anos, surgiram fortes questionamentos à lei. Em audiência pública realizada pela Comissão de Anistia em junho de 2008, pela primeira vez o Estado brasileiro discutiu a possibilidade de processar judicialmente os agentes públicos que cometeram crimes contra os direitos humanos durante a Ditadura. Com forte participação social, a audiência levou a Ordem dos Advogados do Brasil a propor ao Supremo Tribunal Federal uma Arguição de Descumprimento de Preceito Fundamental (ADPF n.º 153/2008) questionando a legalidade da interpretação da lei que concedia anistia a graves crimes, como a tortura. A Suprema Corte brasileira, por sete votos a dois, decidiu, em 29 de abril de 2010, declarar válida a anistia para todos os crimes cometidos por agentes de Estado no Brasil durante a Ditadura.

Paralelamente, duas famílias de vítimas processaram militares por tortura, exigindo do Estado, em fórum civil, que os mesmos fossem declarados "torturadores", desafiando a ideia de que a anistia implicava em amnésia e obtendo a primeira condenação de um agente da repressão brasileira por seus atos, mesmo que na esfera civil. No entanto, encontrarem as portas da Justiça penal fechadas devido à Lei de Anistia e sua validação pelo Supremo Tribunal Federal.

Por outro lado, esse fechamento de portas da Justiça nacional levou o país à recente condenação, em dezembro de 2010, pela Corte Interamericana de Direitos Humanos da Organização dos Estados Americanos, que entendeu que a Lei de 1979 configura-se como uma autoanistia para os agentes do regime e, mais ainda, funciona como mecanismo de impunidade frente a graves violações de direitos humanos não passíveis de anistia segundo a Convenção de San José da Costa Rica. Em seu acórdão, a Corte não apenas considerou ilegal e nula de qualquer efeito a Lei de Anistia para o caso em análise (Caso n.º 11.552, *Gomes Lund e outros versus Brasil*, mais conhecido como caso "Guerrilha do Araguaia"), como estabeleceu que a mesma lei não poderia obliterar a investigação e o processamento de qualquer outro crime de Estado. O Ministério das Relações Exteriores brasileiro manifestou-se no sentido de dar cumprimento à sentença, mas, não obstante, restam severas dúvidas sobre qual a margem de ação possível no caso concreto sem violar-se o preceito da separação dos Poderes.

Enquanto um conjunto de autoridades e lideranças, locais e internacionais, reconhecem e repudiam o fato de o Brasil estar na contramão da supracitada tendência global de responsabilização individual, ainda prevalece em outros setores fortes resistências a mudanças na interpretação da lei e de seus significados tangentes (como a nódoa do esquecimento). Alguns setores militares, por exemplo, protestaram abertamente contra o anúncio, no ano de 2009, da criação oficial de uma Comissão da Verdade no Brasil, que, mesmo sem poderes para processar e punir crimes, caso aprovada pelo Congresso Nacional, fará a identificação e promoverá o esclarecimento de inúmeros feitos até hoje cobertos pela penumbra do esquecimento, confrontando a ideia de que a anistia penal poderia, igualmente, implicar uma amnésia social.

Por tudo isso, o caso brasileiro constitui-se um desafio potencial à norma global da responsabilização individual, sugerindo que a insurgência dessa norma não mudou necessariamente o comportamento dos Estados. Alguns deles resistem à pressão internacional para que responsabilizem perpetradores de violências no passado, mesmo quando grupos de apoio aos direitos humanos e de vítimas igualmente pressionam por mudanças no plano interno. O caso do Brasil indica, portanto, que a anistia pode prevalecer em alguns casos, apesar de a tendência à responsabilização ser algo consolidado, levantando questões-chave para os meios acadêmicos e políticos:

Como o Brasil conseguiu evitar a responsabilização individual pelos abusos contra os direitos humanos durante a Ditadura? Qual o papel de outros mecanismos transicionais nesse contexto? Quais as perspectivas de justiça? Até que ponto o processo de anistia no Brasil é único? É essa singularidade a causa de sua negação à responsabilização individual? Todos esses questionamentos tornam necessário analisar o caso brasileiro desde um conjunto de diferentes perspectivas, interpretando-o desde o próprio contexto da norma global da responsabilização individual, mas também desde suas características e singularidades internas e desde o cenário comparado. Essa combinação de enfoques teóricos e empíricos, locais e globais, é que nos conduzirá a um último questionamento: como pode a comunidade internacional ligada aos direitos humanos responder à questão da persistência da anistia brasileira em uma era caracterizada pela responsabilização?

A produção acadêmica existente em justiça de transição tem focalizado, sobretudo, julgamentos e comissões da verdade que responsabilizam individualmente os perpetradores, tanto na seara moral quanto penal. Este livro analisará, de outro lado, a ausência de responsabilização individual e a persistência da anistia. O foco no Brasil pauta e estrutura o conjunto de estudos, organizados de modo a ofertarem ao leitor, primeiramente, uma ampla perspectiva teórica da questão das anistias no Direito Internacional, migrando para uma detalhada analítica do caso brasileiro e, finalmente, chegando a estudos globais e comparativos. Utiliza, portanto, o caso brasileiro como uma lente pela qual se enxergam os debates internacionais sobre leis e políticas, bem como processos comparados de anistia ao redor do mundo.

A atual literatura especializada, ao colocar ênfase nos avanços em matéria de responsabilização, tende a ignorar a persistência de anistias em plena era da responsabilização. A difusão da norma global contrária à anistia tem impactado fortemente tribunais internacionais e locais, levando estudiosos a denominarem esse processo de "justiça em cascata" (Lutz e Sikkink) ou "revolução de justiça" (Sriram). Esses pesquisadores argumentam que governos têm pouca alternativa a não ser promover a responsabilização, devido à pressão internacional e à mobilização doméstica. Tal processo de "cascata", segundo Sikkink, tem origem em 1970, quando a Grécia inicia julgamentos pós-transicionais – sendo posteriormente seguida por Portugal, Argentina, Bolívia e Guatemala – inicialmente bastante contestados, mas que, nas décadas de 1990 e 2000, tornar-se-iam bastante comuns, ganhando inclusive normativas próprias e consolidando-se fortemente no Sistema Interamericano de Direitos Humanos, conforme nos demonstram Engstrom e Roht-Arriaza na primeira parte desta obra.

A pressão internacional reflete mudanças no Direito Internacional e na aplicação da proteção dos direitos humanos ocorridas após a Segunda Guerra Mundial. Acadêmicos têm identificado, especificamente na linguagem das Convenções sobre a Tortura e o Genocídio, o dever de proporcionar justiça no caso de crimes contra a humanidade. A obrigação legal, ademais, se fortalece no dever moral dos Estados para com as vítimas de atrocidades cometidas no passado e na necessidade de estabelecimento de mecanismos que permitam que a população violada volte a confiar nas instituições públicas e nas regras delas emanadas, característica fundamental de qualquer Estado de Direito.

Nessa leitura, para além do *dever jurídico*, Estados que emergem de conflitos também possuem o *dever político* de procurar deter futuras violações por meio da responsabilização dos perpetradores e da restauração da confiança em instituições jurídicas e no Estado de Direito (confira-se neste volume: Roht-Arriaza; mas ainda: Méndez). Esses deveres morais, jurídicos e políticos orientam governos oriundos de regimes autoritários e conflitos civis a rejeitarem leis de anistia e a punirem perpetradores do passado.

Porém, nem toda a academia concorda com esses pressupostos referentes ao dever ou à prática da responsabilização. Alguns trabalhos acadêmicos recentes sustentam que o Direito Internacional não compele os Estados a promoverem a justiça, o que legitima alguns tipos de anistia, especialmente aquelas anistias próprias (exclusas as anistias em branco), negociadas em processos de paz e reconciliação. Max Pensky, por exemplo, argumenta que a impossibilidade de anistia violaria o princípio fundamental da soberania estatal nacional que organiza a comunidade internacional e, ademais, que mesmo nos casos de adesão soberana a tratados que estabelecem tribunais e jurisdições internacionais, não é mencionada a existência de uma norma global de responsabilização individual que seja inafastável, nem é possível afirmar a existência de um "princípio cristalizado" nessa direção, uma vez que a prática dos Estados tem sido no sentido contrário, com o aumento do número de anistias promulgadas com o passar dos anos. Em oposição a essa linha de raciocínio, internacionalistas como Ventura sustentam a cristalização do princípio da norma global de responsabilização por meio da leitura sistemática de diplomas e práticas internacionais, denunciando a ideia de soberania como um forma de aplicação casuística de vontade política em atrito com a normativa internacional.

> Os resultados obtidos por alguns acadêmicos, com base em análise de dados estatísticos de vários países, demonstram que comissões da verdade e julgamentos têm impacto positivo no progresso dos direitos humanos ao redor do mundo

Outros estudiosos chegaram à conclusão de que, independentemente de seu estatuto jurídico global nos direitos internacional e locais, as anistias podem servir de forma mais adequada aos processos de construção da paz, evitando violações aos direitos humanos e estabelecendo o Estado de Direito ao apaziguar potenciais agentes sabotadores desses processos (Snyder e Vinjamuri). Em seu texto neste volume, Vinjamuri defende que o contexto de recursos limitados de uma transição, bem como a instabilidade política dela decorrente, podem opor justiça e paz, tornando a negação da possibilidade de anistias e a busca obstinada por justiça em um desafio adicional para aqueles envolvidos no processo de paz e na garantia de direitos fundamentais.

Para além da discussão jurídica e filosófica acerca da compatibilidade das leis de anistia na era da responsabilização, tem-se como dado de realidade o fato de que leis de anistia continuam existindo e, mais que isso, conforme nos aponta Mallinder, vêm tendo sua aplicação ampliada através do tempo. Porém, num aparente paradoxo, Olsen, Payne e Reiter afirmam que, nos últimos anos, tem igualmente aumentado o número de julgamentos e comissões da verdade que responsabilizam perpetradores, sem que as anistias deixem de ser aplicadas na mesma proporção. Esses estudiosos concluem, portanto, que um aumento na utilização de julgamentos por violações contra os direitos humanos e a criação de comissões da verdade refletem não o declínio das leis de anistia em países específicos, mas a elevação da quantidade de transições em que julgamentos e comissões da verdade também são utilizados, apesar das anistias. Constatando, portanto, que julgamentos e comissões da verdade normalmente convivem com a anistia ao invés de substituírem-na.

A literatura existente também mostra diferentes argumentos no que diz respeito ao êxito das anistias na promoção dos direitos humanos e da democracia. Os resultados obtidos por alguns acadêmicos, com base em análise de dados estatísticos de vários países, demonstram que comissões da verdade e julgamentos têm impacto positivo no progresso dos direitos humanos ao redor do mundo (Sikkink). Outros questionam essa visão, ao sugerirem que tribunais, por si só, não possuem relação estatística significativa com índices de direitos humanos ou democracia, e, inclusive, que comissões da verdade, quando utilizadas de forma isolada, têm efeitos negativos sobre esses resultados. Acreditam, no entanto, que julgamentos e anistias, com ou sem comissões da verdade, aumentam a possibilidade de melhora nos índices de direitos humanos e democracia (Olsen, Payne & Reiter).

Os debates acima sumarizados e que, em boa parte, desenvolvem-se nos texto da presente obra, acerca de processos de anistia, sua legalidade e resultados, dão a entender que pesquisadores do tema têm interagido entre si. Entretanto, não é sempre que isso ocorre.

Apenas algumas pesquisas sobre justiça de transição e julgamentos efetivamente tratam da anistia, e a literatura tende a debruçar-se sobre anistias somente no contexto de um "*trade-off*" entre verdade e justiça. É por isso que esta obra reúne esses pesquisadores para que discutam aspectos importantes da anistia: casos comparados e empíricos; debates políticos, jurídicos, morais e filosóficos acerca de direitos humanos no plano internacional e nacional; e a eficácia em termos democráticos da proteção dos direitos humanos e da paz.

3.	ESTUDOS COMPARADOS E O CASO BRASILEIRO

O Brasil é um estudo de caso importante para pautar a discussão sobre anistias e justiça de transição. Acadêmicos e formuladores de políticas públicas tendem a ignorar a experiência do país ao lidar com seu passado, precisamente porque recorreu à anistia ao invés de julgamentos.

O amplo e inédito desenvolvimento da justiça transicional brasileira, aliado à persistência da Lei de Anistia e aos recentes desafios impostos a ela, inclusive pela jurisdição internacional (dado o julgado da Corte Interamericana), representam enigmas interessantes para os estudiosos do tema. O processo brasileiro, como um todo, desafia algumas afirmações referentes a leis de anistia e sua legitimidade, e, ainda mais especialmente, permite o questionamento de variadas afirmações egressas do campo da justiça de transição. Ademais, o amplo desenvolvimento dos processos transicionais brasileiros na segunda metade da década dos anos 2000 lança novos desafios para a própria literatura sobre o país, em muito focada na ideia de que a ausência de julgamento poderia descaracterizar a própria existência de uma justiça transicional (ou, ainda, caracterizar uma justiça de transição de má qualidade).

A Lei de Anistia brasileira, promulgada em 1979, não pode ser vista como um "mal necessário" projetado para lidar com a violência contínua ou em massa. Dentre seus vizinhos sul-americanos, o Brasil teve o menor nível *per capita* de violações dos direitos humanos. Essas violações, ademais, ocorreram em finais dos anos sessenta e início dos setenta, quase uma década antes da Lei de Anistia, e foram massivamente direcionadas do regime para a população, com pequenos e episódicos casos de violência em sentido oposto, o que igualmente afasta argumentos como o dos "dois demônios" ou da existência de uma "guerra suja". O nível ou a época da violência causada pelo regime não explica, portanto, a manutenção da Lei de Anistia.

A Lei de Anistia propiciou ao regime autoritário em decadência um mecanismo para desvincular-se do poder, ao mesmo tempo controlando o processo de transição e garantindo proteção contra um possível julgamento por violações de direitos humanos. Além disso, não inviabilizou a volta destes ao poder por outras vias (democráticas, inclusive). Tal fato torna a anistia brasileira essencialmente diferente de outras, como a da Argentina, que – mesmo antes de ter sua validade erodida – já era combinada com uma completa exclusão de todos os agentes políticos do antigo regime da cena pública.

É interessante, nesse sentido, cotejar o processo da lei brasileira com o processo espanhol. Aguilar trabalha, em seu estudo de caso neste volume, a transformação da lei de anistia espanhola de uma "lei de liberdade" em uma "lei de impunidade", permitindo um rico paralelo com o caso brasileiro, no qual a lei e sua posterior ampliação interpretativa não só protegeram o regime autoritário e suas forças de segurança como também a esquerda armada, os prisioneiros e os exilados, que foram os principais agentes para a mobilização social pela aprovação de uma medida de anistia que beneficiasse os perseguidos políticos. No Brasil, a oposição ao regime autoritário abraçou o processo de anistia como um passo em direção à democracia, ao invés de considerá-lo uma regressão, assim como na Espanha a anistia foi passo fundamental para a ampliação do espectro político e o início de um processo eleitoral limpo, no qual pode concorrer, inclusive, o partido socialista.

A anistia tem, portanto, conotações positivas em amplos setores da sociedade brasileira, o que leva Vieira de Souza a apresentar o processo histórico da anistia no Brasil como algo que, mesmo após 30 anos, segue em disputa. É por isso que Abrão & Torelly apontam, entre o conjunto de razões para a eficácia da Lei de Anistia no Brasil, esta ambiguidade, muito bem traduzida na distorção apresentada por setores da imprensa que procuraram deslegitimar a busca por justiça das vítimas como um tentativa de "revisão" da Lei de Anistia, mobilizando contra a responsabilização atores sociais que lutaram pela anistia aos presos políticos na década de 1970, enquanto o que as vítimas e a Ordem dos Advogados buscavam era uma "*reinterpretação*" da lei, que dela excluísse os crimes contra a humanidade.

Ainda analisando as causas da impunidade no Brasil, torna-se interessante o cotejo igualmente presente com o caso uruguaio, no qual a cultura política funciona como obstáculo à norma global de responsabilização individual. Na análise de Skaar, temos a constatação de que o Uruguai não uma, mas duas vezes, votou democraticamente pela não derrogação de sua lei de anistia ("*ley de caducidad*"), numa clara oposição do sistema político ao sistema jurídico, uma vez que, na véspera da segunda votação, a Suprema Corte acabara de aplicar a norma global e negar a possibilidade de anistia a crimes contra a humanidade. O contraste com o Brasil, novamente, aparece aqui: enquanto o tribunal superior Uruguaio valeu-se do princípio contramajoritário para buscar a responsabilização individual, o Supremo Tribunal Federal brasileiro construiu uma saída política para a não aplicação de princípios jurídicos previstos na Constituição e no Direito Internacional, sustentando um modelo de responsabilidade abstrata e impessoal do Estado, como a tida nos crimes de guerra anteriores às convenções de Haia.

A comparação Uruguai/Brasil, inobstante, ainda permite entrecruzar outro aspectos comparativos, desde o cotejo do texto de Abrão & Torelly com o de Skaar, uma vez que os primeiros autores buscam analisar "alternativas para a verdade e a justiça" no caso brasileiro, enquanto a segunda apresenta, justamente, os casos em que foi possível ao Uruguai romper com a lei de impunidade e aplicar medidas limitadas de justiça por vias alternativas.

Diferentemente do tido no Uruguai e, mais especialmente, na Argentina e Chile, a interpretação judicial da Lei de Anistia brasileira afastou-se do Direito Internacional e da norma global de responsabilização individual, o que leva Ventura a apresentar um amplo estudo sobre a decisão da Suprema Corte brasileira desde a perspectiva internacionalista, apontando falhas que levaram o país a ser, posteriormente, condenado pela Corte Interamericana de Direitos Humanos. É no mesmo sentido que vem o estudo de Affonso e Krsticevic, que identifica e colaciona inúmeras decisões da Corte Interamericana que funcionaram como precedentes para a condenação do Brasil no "caso Araguaia".

De outro lado, o paradoxo contido na Lei de Anistia brasileira não impediu o amplo desenvolvimento da justiça de transição do país, o que torna-o um estudo de caso ainda mais rico. Baggio aponta para a importância da disputa simbólica da anistia, já diagnosticada por Vieira de Souza, como elemento constitutivo de uma nova tessitura moral da sociedade. Tal disputa passa principalmente pelo reconhecimento do valor ético empenhado nos atos de resistência contra o regime de exceção, que são reconhecidos não pela anistia de 1979, ainda envolta em um clima de "concessão" do regime ante a ampla luta social por liberdade, mas sim pelo processo de reparação iniciado pela Comissão Especial sobre Mortos e Desaparecidos Políticos (criada em 1995) e, mais especialmente, pela Comissão de Anistia (criada em 2001/2002). O processo de reparação, neste sentido, funciona como mecanismo de reconhecimento e de recomposição da autoestima do perseguido político junto à sociedade no contexto de uma transição marcada, inicialmente, pelo controle das forças do regime de exceção e pela consolidação de um modo depreciativo de valorá-lo.

O programa de reparações brasileiro, integrado pelas duas comissões referidas e por outras ações tópicas (como a recente reparação coletiva concedida em dezembro de 2010 pelo Estado à União Nacional dos Estudantes, que foi fechada e teve a sede incendiada durante a Ditadura), é certamente um dos maiores do mundo, tendo já superado a marca dos dois bilhões de dólares em indenizações. Ainda, para além de seu aspecto econômico, caracteriza-se fortemente por ações de reparação moral, pedidos públicos de desculpas e ações educativas e de memória, apresentados no panorama histórico do estudo de Abrão & Torelly, bem como nos textos de Baggio e Moreira da Silva Filho, revelando aspectos ainda pouco explorados por boa parte da literatura comparada sobre os processos latino-americanos.

A relação entre anistia e memória no caso brasileiro também é relativamente singular, levando Moreira da Silva Filho a identificar um impasse entre "memória" e "reconciliação nacional" nesse processo transicional. Concebida pelo regime como uma lei de amnésia, a

Lei de Anistia transmutou-se no tempo, a ponto de ser a Comissão de Anistia, trinta anos depois, polo difusor de memória. Se as divergências de leituras sobre o passado são salutares para a democracia, a tentativa de evitar o debate público por meio da imposição do esquecimento acaba por atingir, justamente, o objetivo aposto, gerando ressentimentos e grupos que se sentem excluídos da narrativa sobre o passado. A ausência de espaços para a formulação pública de narrativas, assim, tensiona ainda mais a anistia no Brasil.

A leitura conjunta dos referenciais teóricos da primeira parte da obra com o conjunto de textos sobre o caso brasileiro, postos na segunda parte, e cotejados pelos estudos de caso e comparativos da parte três, permite uma muito ampla visão tanto do atual cenário para as anistias no mundo quanto, e especialmente, do atual estágio de desenvolvimento do caso brasileiro.

Na região latino-americana, a anistia brasileira ocorreu concomitantemente com a de outros países. Enquanto a Argentina revogou suas leis que garantiam impunidade, a maioria dos países que levou os perpetradores à justiça o fizeram contornando, e não derrubando, suas leis de anistia, como no caso chileno. Em outras palavras, tal como no caso brasileiro, a maioria das leis de anistia prevalecem na região. É possível que o Brasil siga os passos de seus vizinhos e inclua julgamentos que possam coexistir com a Lei de Anistia, especialmente após a condenação pela Corte Interamericana de Direitos Humanos. Virando-se o olhar para o continente africano, os casos mais recentes de violência e busca por justiça proporcionam uma melhor compreensão acerca do papel do Tribunal Penal Internacional em impedir a implementação de leis de anistia. Porém, inobstante, existem fortíssimas críticas à atuação internacional na região, especialmente no tocante à justiça transicional, conforme se depreende do estudo de Clark, ensejando uma reflexão sobre mecanismos de integração de ferramentas locais e internacionais que viabilizem um melhor desenho para as instituições de justiça pós-conflito.

Esse conjunto de leituras agora apresentadas em um único volume objetivam, sobretudo, fazer avançar o debate sobre a justiça de transição e o uso de anistias, melhor desenvolvendo um caso central para essa área, que é o brasileiro. O esforço de reunir pesquisadores de diferentes campos do conhecimento, nacionalidades e posições quanto aos temas propostos resulta em uma obra ao mesmo tempo coesa, provocativa e pontuada por contraditórios, que esperamos possa contribuir no grande diálogo necessário tanto para a boa vida acadêmica quanto para a construção de políticas públicas exitosas.

Contribuiu na tradução ao português do original o ex-Coordenador de Cooperação Internacional da Comissão de Anistia do Ministério da Justiça, Márcio Rodrigo Penna Borges Nunes Cambraia.

PARTE I
A anistia no Direito Internacional

A Era da Responsabilização: a ascensão da responsabilização penal individual

KATHRYN SIKKINK

Professora da Universidade de Minessota (Estados Unidos)
Doutora em Ciência Política pela Universidade de Colúmbia
(Estados Unidos)

FONTE: ARQUIVO NACIONAL E SECRETARIA
DE DIREITOS HUMANOS
DA PRESIDÊNCIA DA REPÚBLICA

Durante 15 anos, de 1975 a 1990, os primeiros processos de responsabilização penal individual (após os julgamentos da Segunda Guerra Mundial) foram realizados no sistema jurídico nacional de Grécia, Portugal, Argentina, Bolívia e Guatemala. Esses processos, muitas vezes, se moviam lentamente e eram contestados, incertos e percebidos ainda como perigosos e reversíveis. Nos 20 anos seguintes, de 1990 a 2010, a responsabilização penal individual ganharia impulso e, eventualmente, seria permanentemente incorporada ao Direito Internacional, nas instituições nacionais e internacionais e na consciência global. É esse impulso que nos permite falar da Era da Responsabilização.

Juntos, esses processos constituem uma tendência nova, dramática e inter-relacionada na política mundial, voltada à responsabilização criminal individual de agentes públicos, alguns dos quais chefes de Estado, por violações dos direitos humanos[1]. Essa tendência é referenciada como justiça em cascata [*justice cascade*]. Originalmente, o termo serviu como título de um artigo que eu coescrevi com meu colega Ellen Lutz, um advogado com vasta experiência como ativista de direitos humanos, acadêmico e

---

1   Consulte, por exemplo, Ellen Lutz e Caitlin Reiger (eds.) (2009) **Prosecuting Heads of State**. Cambridge: Cambridge University Press.

mediador[2]. Consideramos o termo adequado por duas razões. Primeiro, ele faz alusão ao trabalho do teórico do Direito Cass Sunstein, que documentou a presença de "cascatas" da norma social. A cascata da norma, em suas palavras, "é uma mudança rápida e dramática na legitimidade de normas e ações em nome dessas normas"[3]. Justiça em cascata é a abreviação que eu usei para me referir à mudança dramática na legitimidade das leis de responsabilização penal individual por violações dos direitos humanos e um aumento nas ações (processos) em nome dessas leis. Neste volume, porém, referimo-nos a essa tendência como a ascensão da Era da Responsabilização. No decorrer do texto, tentarei descrever historicamente como essa tendência ocorreu.

A tendência ocorreu simultaneamente em vários níveis. Em um nível, os Estados individuais, especialmente na América Latina, mas também em outras partes do mundo, processaram violações dos direitos humanos em tribunais nacionais. Em outro nível, os Estados elaboraram novas leis internacionais de direitos humanos e, eventualmente, leis penais internacionais que fortificaram os fundamentos jurídicos da cascata, culminando, em 1998, no Estatuto de Roma do Tribunal Penal Internacional. As instituições existentes, como a Corte Interamericana de direitos humanos, começaram a interpretar as obrigações do Estado sob a atual legislação dos direitos humanos, incluindo a responsabilidade de investigar e punir os criminosos. Em seguida, os Estados criaram instituições internacionais *ad-hoc* específicas – o Tribunal Ad-Hoc para a Antiga Iugoslávia (ICTY, na sigla em inglês) e o Tribunal Ad-Hoc para Ruanda (TPIR), que colocaram em prática e avançaram a doutrina e a jurisprudência da responsabilização penal individual. Finalmente, os tribunais nacionais existentes, em alguns países, começaram a utilizar os processos contra violações aos direitos humanos tidos no estrangeiro para processar os autores responsáveis por violações em outros Estados.

Alguns desses desenvolvimentos pareceram estar completamente separados entre si. Por exemplo, a criação do ICTY não ocorreu em função da miríade de processos no nível interno que o precedeu. O ICTY foi visto como o primeiro tribunal internacional desde Nuremberg e Tóquio, e seus criadores buscaram sua inspiração quase que exclusivamente naquele precedente e não nas ações penais nacionais acontecendo ao seu redor. Nesse sentido, os criadores do ICTY não o veem como um exemplo da difusão da ideia da responsabilização penal individual, mas como a criação de um novo tipo de instituição internacional.

---

2   Ellen Lutz e Kathryn Sikkink, "The Justice Cascade: The Evolution and Impact of Foreign Human Rights Trials in Latin America", **Chicago Journal of International Law** Vol. 2, Nº 1 (Spring 2001).

3   Cass Sunstein, **Free Markets and Social Justice** (NY: Oxford University Press, 1997).

Podemos pensar em várias correntes a partir de diferentes fontes, fluindo na formação da justiça em cascata, correntes que começaram a se fundir no Estatuto de Roma. As histórias por trás desses desenvolvimentos têm sido contadas em uma série de excelentes livros e artigos[4], mas raramente todas as partes dessa tendência global estão unidas em um só lugar. Alguns sugerem que toda a ação aconteceu em Roma, em 1998, quando os representantes do povo se reuniram para elaborar o Estatuto do TPI. Mas Roma era uma consequência de processos que tiveram início em Nuremberg e continuaram em Atenas, Buenos Aires, Madri, Londres e Genebra – acelerando nos últimos 30 anos. Quando os delegados se reuniram em Roma, houve um grande pano de fundo que tornou o TPI possível, mas não inevitável. Este texto descreve e explica o curso e as origens das diversas correntes de doutrinas políticas e jurídicas e de práticas que fluíram para a justiça em cascata.

A literatura acadêmica sobre a difusão faz frequentemente parecer como se os fenômenos em cascata acontecessem por meio de "contágio", como se essa mudança tivesse acontecido sem esforço ou planejamento. Em vez disso, em cada estágio da cascata, pessoas reais estão profundamente envolvidas na pressão para a mudança. Essas pessoas fazem parte do que passo a chamar de "aliança pró-mudança" em prol da responsabilização penal individual. Eles incluem principalmente indivíduos que trabalham com os governos que têm a mesma opinião e com pessoas que trabalham no bojo das ONG's de direitos humanos, nacionais e internacionais, e com associações profissionais. Uma vez que é impossível, em um único texto, apresentar todos os que trabalharam incansavelmente para forçar a prestação de contas por parte dos culpados, as histórias de alguns dos principais instigadores terão que representar inúmeros indivíduos e grupos que fizeram a cascata acontecer.

1.	RESPONSABILIDADE POR VIOLAÇÕES AOS DIREITOS HUMANOS: TRÊS MODELOS

O que se entende por "responsabilidade?". Responsabilidade significa que "alguns atores têm o direito de manter outros atores sob a tutela de um conjunto de padrões [...] e de impor sanções se for determinado que as responsabilidades deles decorrentes não foram cumpridas"[5]. No campo dos direitos humanos, os Estados são responsabilizados principalmente de duas maneiras: por meio de um processo legal em tribunais ou em arenas

---

4   Por exemplo, para a questão da tortura e desaparecimentos, consulte Clark, A. M. (2001). **Diplomacy of Conscience: Amnesty International and Changing Human Rights Norms**. Princeton, Princeton University Press.

5   Ruth Grant e Robert O. Keohane, "Accountability and Abuses of Power in World Politics", **American Political Science Review** 99:1 (Fevereiro, 2005), pp. 29-43.

quase judiciais, como alguns dos órgãos de direitos humanos da Organização das Nações Unidas, e pela responsabilidade reputacional. A tendência aqui descrita para a responsabilização penal individual é uma forma pura de responsabilização legal. Mas a maioria dos trabalhos de direitos humanos se baseou na responsabilidade reputacional, em que as ONGs e os Estados tentam estigmatizar os Estados, documentando e denunciando suas violações. Isso foi chamado "estratégia da nominação e da vergonha", aderida por muito tempo pelo movimento de direitos humanos.

Historicamente, os Estados têm utilizado três diferentes "modelos" de responsabilização por violações dos direitos humanos no passado: (1) o modelo da imunidade, ou a "impunidade"; (2) o modelo de responsabilização do Estado; e (3) o modelo de responsabilização penal individual. De longe, o mais comum, historicamente, é o modelo de impunidade, no qual ninguém é responsabilizado pelas violações dos direitos humanos. Nos termos de um modelo de responsabilização do Estado, este é responsabilizado, fornece as reparações e paga as indenizações, enquanto que sob um modelo penal, os indivíduos são julgados e, se condenados, vão para a prisão[6].

Antes da Segunda Guerra Mundial, a "ortodoxia reinante" foi o modelo de impunidade, ditando que nem os Estados nem as autoridades estatais deveriam ou poderiam ser responsabilizados por violações de direitos humanos do passado[7]. Houve exemplos isolados de responsabilização na Grécia antiga e na França revolucionária, mas nenhuma tentativa sustentada em processos nacionais de direitos humanos até após a Segunda Guerra Mundial[8]. No nível internacional, várias tentativas pré-Segunda Guerra Mundial de responsabilização por crimes de guerra e atrocidades em massa ficaram aquém da criação das instituições necessárias[9]. O modelo de impunidade depende de uma doutrina na qual o próprio Estado e os agentes do estado devem permanecer indefinidamente imunes a processos, tanto nos tribunais nacionais quanto, sobretudo, em tribunais estrangeiros. A história intelectual da doutrina da imunidade soberana busca amparo para tal modelo em várias fontes. Alguns dizem que ela deriva do princípio antigo dos ingleses de que o

---

6   Embora o foco sobre a responsabilização penal individual legal, há também um aumento da responsabilidade civil individual legal, em especial nos tribunais norte-americanos, nos quais os indivíduos culpados de violações dos direitos humanos são obrigados a pagar indenizações às vítimas. Estes são casos trazidos principalmente sob o Alien Claims Tort Act, que permite pedidos de responsabilidade pelas violações do direito internacional consuetudinário.

7   Tomei o termo "ortodoxia reinante" de Jeffrey Legro para descrever as velhas ideias que mais tarde são substituídas por novas.

8   Consulte Jon Elster, **Closing the Books: Transitional Justice in Historical Perspective**. New York: Cambridge, 2004.

9   Gary Bass, **Stay the Hand of Vengeance**.

monarca não erra, outros do poder inerente do Estado para evitar o processo judicial. Alguns dão explicações funcionalistas de imunidade: os governos precisam estar protegidos contra processos judiciais frívolos, para que possam concentrar-se em governar e não se distrair das tarefas atinentes aos cargos. Seja qual for a explicação para a doutrina da imunidade, antes da Segunda Guerra Mundial era tido como certo que os agentes do Estado deviam estar livres da acusação de violações aos direitos humanos, tanto em seus próprios tribunais quanto em tribunais estrangeiros ou internacionais.

O modelo de imunidade começou a corroer-se logo após a Segunda Guerra Mundial. O Holocausto foi o choque que revelou as falhas morais e políticas profundas da ortodoxia reinante. Estados e atores não estatais perceberam que havia uma completa falta de padrões internacionais de responsabilidade pelas maciças violações dos direitos humanos voltadas contra as populações. Para resolver esse problema, eles entraram em ação por meio da recém-formada Organização das Nações Unidas; em primeiro lugar, por meio da elaboração de um conjunto de normas da Declaração Universal dos Direitos Humanos em 1948 e, posteriormente, por meio de uma série mais detalhada de tratados dos direitos humanos. Nesses tratados, os Estados propuseram um novo modelo de responsabilização em que o Estado, como um todo, era responsabilizado por violações dos direitos humanos e deveria tomar medidas para remediar a situação. Mas o modelo de responsabilização, do Estado convalidava tacitamente a ideia de que os próprios agentes do Estado ainda estavam imunes a processos por violações dos direitos humanos. Então, por exemplo, quando um Estado violou os direitos decorrentes do Pacto de Direitos Civis e Políticos, em alguns casos, os indivíduos violados puderam apresentar petições junto ao Comitê de Direitos Humanos das Nações Unidas, mas essas petições foram contra o próprio Estado, não contra um funcionário em particular. Os Estados adotaram esse modelo de responsabilização porque fora a norma aplicada em outras áreas abrangidas pelo Direito Internacional. Mas não seria fácil ajustar o modelo de responsabilização dos Estados com os direitos humanos que seriam criados nos anos subsequentes.

Os Estados negociaram e produziram dezenas de tratados de direitos humanos na segunda metade do século XX, a maioria dos quais integram esse modelo de responsabilização do Estado. Isso começou a ser a "nova ortodoxia" de responsabilização. Ele continua sendo o modelo usado por praticamente todo o aparato de direitos humanos nas Organizações das Nações Unidas, incluindo quase todos os órgãos dos tratados. É também o modelo utilizado por instituições regionais de direitos humanos – a Corte Europeia de Direitos Humanos, a Corte Interamericana de Direitos Humanos e o novo Tribunal Africano dos Direitos Humanos. Por exemplo, a Corte Europeia julgou todo o governo britâ-

nico responsável, em 1978, pelo tratamento desumano e degradante de prisioneiros ir-
landeses e apelou para que ele mudasse suas políticas de interrogatório.

Sob esse modelo, se o Estado se recusasse a tomar medidas para alterar suas políticas ou
para fornecer reparação às vítimas, havia poucas formas de recurso disponíveis. A Anistia
Internacional, a ONU ou um governo estrangeiro emitiriam um relatório que documen-
tasse as violações dos direitos humanos e incentivariam os países a melhorar os seus
números. Às vezes, os Estados também cortariam a ajuda militar ou econômica ou fariam
outras pressões sobre os recalcitrantes violadores dos direitos do homem. Nos poucos
casos em que havia mecanismos mais fortes de execução, especialmente os tribunais
regionais de direitos humanos na Europa e nas Américas, os tribunais poderiam achar
que um Estado estava violando suas obrigações sob dada Convenção e pediriam que ele
fornecesse algum tipo de reparação, normalmente por meio da alteração da política
violadora. Em alguns casos, essas pressões conseguiram fazer importantes modificações
nas práticas de direitos humanos[10]. Mas o resultado foi que as pessoas reais que violaram
os direitos humanos estavam além do alcance das cortes.

Nas décadas de 1980 e 1990, depois de décadas de elaboração e ratificação dos tratados
de direitos humanos, percebeu-se que as violações dos direitos humanos foram ficando
piores, não melhores. Nesse contexto, alguns ativistas alegaram que, enquanto nenhum
dos indivíduos fosse considerado pessoalmente responsável por violações dos direitos
humanos cometidas, não haveria um forte incentivo para mudar esse comportamento.
Eles sugeriram que declarar os agentes do Estado criminalmente responsáveis poderia
ajudar a completar a responsabilização do Estado e acrescentar uma nova forma de fazer
cumprir a legislação de direitos humanos. A responsabilização do Estado não desapareceu, em vez disso, surgiu um novo modelo, que combina a responsabilidade do Estado e
a responsabilização penal individual[11].

Esse novo modelo de responsabilização penal individual (RPI) não se aplica a toda a gama
de direitos civis e políticos, mas sim a um pequeno subconjunto de direitos, por vezes
referido como *direitos de integridade física*, "direitos da pessoa" ou "crimes centrais".
Esses incluem proibição de tortura, de execução sumária e de genocídio, bem como de

---

10   Risse, et. al. 1999.

11   Responsabilidade jurídica é a exigência de que os "agentes respeitem as regras formais e estejam preparados para justificar suas ações nestes termos em tribunais ou arenas quase judiciais". Grant and Keohane, 2005.

crimes de guerra e crimes contra a humanidade[12]. Esse modelo regulatório de RPI envolve uma convergência importante do Direito Internacional (direitos humanos, humanitários e Direito Penal Internacional) e Direito Penal Nacional[13]. A distinção clara entre o Direito Internacional e o Direito Nacional não é única para essa área temática, mas caracteriza muitas áreas da governança global[14].

A norma de justiça está "aninhada" em um movimento maior em prol da responsabilização por violações dos direitos humanos no passado. Desde a década de 1980, os Estados não estão apenas iniciando os processos, mas também estão, cada vez mais, usando diversos mecanismos alternativos de justiça transicional, incluindo as comissões de verdade, reparações, anistias parciais, depuração, museus e outros 'locais de memória', arquivos e projetos de história oral, para tratar de violações dos direitos humanos cometidas no passado[15]. O uso crescente de todas essas práticas atesta um movimento mais amplo para a prestação de contas quanto às violações aos direitos humanos em momentos críticos de transição política. A norma para a justiça é apenas uma parte desse movimento.

2.   A ASCENSÃO DO MODELO DE RESPONSABILIZAÇÃO INDIVIDUAL

A Era da Responsabilização foi, em parte, uma consequência das mudanças-chave na área do Direito Penal Internacional, liderada por um advogado egípcio chamado Cherif Bassiouni, que fez mais para ajudar a criar o TPI do que qualquer outro indivíduo. Neto de um líder famoso da independência do Egito, Bassiouni aprendeu cedo o poder da lei, quando seu avô foi condenado à morte para então ter a sua condenação revertida pelo *British Privy Council*. Bassiouni, posteriormente, concluiu seus estudos em Direito e garantiu um trabalho como professor de Direito na Universidade DePaul, em Chicago, onde tem lecionado

---

12   Estes incluem direitos de apenas dois ou três dos 27 artigos substanciais do Pacto Internacional sobre Direitos Civis e Políticos, aqueles que protegem o direito à vida e proíbem a tortura. O novo modelo prevê também o cumprimento da Convenção do Genocídio, da Convenção contra a Tortura, e das partes das Convenções de Genebra que proíbem crimes de guerra.

13   Rattner e Abrams (2001) referem-se a quatro órgãos interligados de direito que sustentam o avanço da responsabilização individual por violações dos direitos humanos: o Direito Internacional dos Direitos Humanos, Direito Internacional Humanitário, o Direito Penal Internacional e Direito Nacional, p. 9-14.

14   Os estudiosos juristas falam de "Direito Administrativo Global", ou processos legais, para descrever o que está acontecendo em diversas áreas, incluindo comércio, finanças e meio ambiente, bem como os direitos humanos. Consulte Nico Krisch and Benedict Kingsbury, "Introduction: Global Governance and Global Administrative Law in the International Legal Order", **European Journal of International Law** Vol. 17, Nº 1 (February 2006). Consulte também Geoffrey Shaffer (2010) 'Transnational Legal Process and State Change: Opportunities and Constraints'. **Minnesota Legal Studies Research Paper Nº 10-28**. Disponível no SSRN: http://ssrn.com/abstract=1612401. Harold Koh (1996) 'Transnational Legal Order' **Nebraska Law Review** 75: nota de rodapé 181.

15   Jelin 2003.

desde então, usando-a como um trampolim para lançar uma carreira extraordinária ajudando a projetar as instituições jurídicas internacionais. No início da carreira, Bassiouni foi impactado pela ausência do indivíduo em todo o Direito Penal Internacional. Principalmente por meio do seu envolvimento numa organização profissional, a Associação Internacional de Direito Penal (AIDP), e sua participação na ONU, ele devotou sua carreira a um esforço para tornar o indivíduo um sujeito do Direito Penal Internacional junto com o Estado.

Essa mudança conceitual também reflete o movimento da responsabilidade do Estado à responsabilização penal individual, que é o coração da justiça em cascata. Alguns pensam nesse processo como a "criminalização do Direito Internacional", mas também se pode pensar nele como a "individualização" do Direito Internacional. A justiça em cascata envolve uma mudança dupla para o indivíduo: os indivíduos são responsabilizados pelas violações à lei e, em muitos países, as vítimas individuais também ganharam mais confiança para apresentar os casos em que seus direitos foram violados. O processo pelo qual essa mudança conceitual se insere no Direito abrange três campos previamente separados de leis – direitos humanos, Direito Humanitário (ou as leis da guerra) e Direito Penal Internacional –, que eventualmente estão unidos no Estatuto de Roma. Para nossos propósitos, a história começa com a elaboração da Convenção contra a Tortura (CAT), na qual Cherif Bassiouni estava intimamente envolvido.

3.	ELABORAÇÃO DA BASE LEGAL PARA A RESPONSABILIZAÇÃO PENAL INDIVIDUAL

A Convenção contra a Tortura e Outros Tratamentos ou Penas Cruéis, Desumanas ou Degradantes (CAT)

Até a década de 1970, os Estados tinham elaborado uma série de importantes tratados de direitos humanos, mas apenas a Convenção do Genocídio de 1948 e as Convenções de Genebra de 1949 continham linguagem específica sobre a responsabilização penal individual. No entanto, os princípios contidos nesses tratados não foram invocados para justificar a ação penal até a década de 1990.

Aqui, estamos interessados não no surgimento da lei contra a tortura por si só, mas na lei mais específica de responsabilização penal individual, que apareceu claramente pela primeira vez nesse tratado de tortura. Por que e como a lei de responsabilização penal individual encontra expressão na Convenção sobre Tortura?

A ideia da criminalização internacional da tortura começou com a Anistia Internacional (AI), quando ela lançou sua primeira campanha em nível mundial, a "Campanha para a Abolição da Tortura", em dezembro de 1972. Como peça central da campanha, a AI publicou uma longa reportagem sobre o uso de tortura ao redor do mundo.

Como parte dessa campanha, a Anistia emitiu uma série de recomendações que acreditava iriam contribuir para os esforços contra a tortura, incluindo uma recomendação aos tribunais internacionais para investigar tortura. Oito meses após a AI ter lançado sua campanha, as forças armadas chilenas derrubaram o governo democraticamente eleito de Salvador Allende. Quando o uso de tortura generalizado das forças armadas chilenas foi divulgado, a indignação que isso provocou deu mais força para a campanha da AI. Por sua vez, estimulado pela campanha da AI contra a tortura, e com a situação no Chile, os governos sueco e holandês levaram a questão da tortura para a Assembleia Geral da ONU, com uma resolução no outono de 1973. Essa resolução deu início a um longo processo de envolvimento da ONU na busca pela abolição da tortura.

Dois anos mais tarde, os julgamentos nacionais gregos de seus antigos oficiais militares, por tortura, em 1975, deram impulso à norma emergente para ampliar a responsabilização pela tortura. A Anistia Internacional seguiu de perto as informações sobre os julgamentos em jornais gregos, publicando, no final, um relatório que é ainda a melhor fonte sobre os julgamentos em inglês ou em grego. A AI distribuiu amplamente o documento e incitou os membros de suas seções a tentarem dar publicidade ao relatório[16], que foi publicado na íntegra em pelo menos dois jornais gregos, incluindo um jornal diário de prestígio de Atenas. Ao fazê-lo, a AI serviu como um amplificador crucial do trabalho dos atores da sociedade civil grega, que primeiro requereu a responsabilização e a resposta do Estado às suas demandas. Os julgamentos gregos mostraram que era possível realizar os processos de direitos humanos que respeitavam o devido processo legal sem comprometer a estabilidade da democracia.

Apenas alguns meses depois dos principais julgamentos por tortura em Atenas, em 09 de dezembro de 1975, os países da Assembleia Geral da ONU adotaram a *Declaração sobre a Proteção de Todas as Pessoas contra a Tortura e Outros Tratamentos ou Penas Cruéis,*

---

16   International, A. (1977). **Torture in Greece: The First Torturers' Trial 1975**. London, Amesty Internacional: 5-98. Um memorando interno da AI, "Publicity for Greek Report", datado de 19 de abril de 1977, dirigido a todas as seções nacionais da AI, impeliu-os a "fazer um esforço especial para obter publicidade para esse relatório da AI", incluindo artigos e resenhas de livros em jornais nacionais.

Desumanas ou Degradantes (a "Declaração de Tortura"). Aqui, os defensores deram o segundo passo no caminho de um padrão normativo coerente com seus objetivos de obter um tratado.

O artigo 10 da Declaração de Tortura afirma que se há suspeita de ato de tortura, os "procedimentos penais devem ser instituídos contra o suposto autor ou autores, em conformidade com a legislação nacional". Assim, a Declaração foi o ponto de partida para a responsabilização penal individual por tortura, especificamente, e para as violações centrais dos direitos humanos, em geral. Mas a Declaração mencionou apenas o processo penal, nos termos da legislação nacional, e não fez qualquer referência à possibilidade de responsabilização internacional. O representante grego do novo governo democrático trabalhou duro para incluir alguma menção sobre implementação internacional, pois, como ele explicou, durante a ditadura na Grécia, "a legislação nacional não foi suficiente" e a condenação internacional era essencial para interromper a tortura[17]. Mas os Estados, sempre zelosos de sua soberania, cortaram até mesmo as menções mais modestas no projeto de declaração sobre a ajuda internacional, temendo que esse tipo de linguagem pudesse incentivar uma intervenção internacional nos seus assuntos domésticos. Após a aprovação da Declaração, os representantes aprovaram uma resolução proposta por Grécia, Países Baixos e Suécia, convidando a ONU a promover ainda mais os esforços internacionais contra a tortura[18]. Eles queriam um tratado mais vinculante contra a tortura.

> O projeto trata por completo de "uma pessoa", ou um oficial do Estado, como responsável por cometer ou instigar a tortura ou não impedi-la

À época, um jovem advogado da Anistia Internacional, Nigel Rodley, e McDermot Neill, diretor da Comissão Internacional de Juristas, aproximaram-se de Cherif Bassiouni, que estava muito envolvido com a ONU. Rodley e McDermot trabalharam com Bassiouni e com os governos dos Países Baixos, Suécia e Áustria para obter mais uma resolução sobre a tortura, desta vez do Congresso das Nações Unidas sobre Prevenção ao Crime. Eventual-

---

17   Rodley, N. (1999). **The Treatment of Prisoners Under International Law**. Oxford, Oxford University Press.

18   Burgers, J. H. a. D., Hans (1988). **The United Nations Convention Against Tortures: A Handbook on the Convention against Torture and Other Cruel, Inhuman or Degrading Treatment or Punishment**. Dordrecht, Netherlands, Martinus Nijhoff, p. 13-18.

mente, a resolução que exige uma convenção contra a tortura foi enviada para estudo à Subcomissão da Comissão de Direitos Humanos da ONU. Mas o presidente da Subcomissão disse que não tinha nenhum recurso para trabalhar nessa questão. Bassiouni e McDermot propuseram ao presidente convocar uma comissão de especialistas em Direito Penal Internacional e Comparado para trabalhar no assunto. O presidente concordou.

O Comitê de especialistas, organizado pela Associação Internacional de Direito Penal (AIDP), reuniu-se em Siracusa, em dezembro de 1977, para preparar um projeto de Convenção para a Prevenção e Repressão da Tortura. Bassiouni, Rodley e MacDermot estavam lá, juntamente com outros 27 especialistas, principalmente professores de Direito dos países ocidentais, embora alguns especialistas também fossem de Brasil, Egito, Índia, Nigéria e Japão. Eles escolheram explicitamente usar uma abordagem baseada no Direito Penal Internacional para estabelecer a obrigação dos Estados de processar e punir os criminosos, ou de extraditá-los para outro Estado disposto a fazê--lo[19]. Assim que concluíram o projeto de convenção, a AIDP, sob a liderança de Bassiouni, apresentou o projeto Siracusa da Convenção sobre Tortura à Subcomissão. Esse projeto foi o ponto de partida para a elaboração do CAT. Ele mostra como as ONGs internacionais trabalharam diretamente para influenciar o conteúdo da lei internacional. O fato de ser uma associação de estudiosos do Direito Penal, sob a liderança de Bassiouni, ajuda a explicar por que esse foi o primeiro grande tratado sobre direitos humanos que coloca o indivíduo no centro do tratado, como o autor da tortura, e prevê claramente a responsabilização penal individual pelo ato. O projeto trata por completo de "uma pessoa", ou um oficial do Estado, como responsável por cometer ou instigar a tortura ou não impedi-la. Esse projeto estabelece claramente que pessoas supostamente responsáveis por tortura devem ser investigadas, e deixa em aberto a possibilidade de processos judiciais nacionais, estrangeiros e internacionais. Uma cláusula comedida, tornando possível a jurisdição universal, aparece aqui pela primeira vez. A Suécia, mais tarde, submeteu esse projeto à Comissão de Direitos Humanos, uma vez que os projetos devem ser apresentados formalmente pelos governos, e foi o ponto de partida para as negociações sobre o CAT.

A Suécia e os Países Baixos estão entre os principais instigadores da Declaração contra a Tortura e da Convenção contra a Tortura, seguindo seus trabalhos anteriores sobre o caso grego na Comissão Europeia sobre Direitos Humanos. Os esforços do diplomata sueco

---

19   Torture, C. o. E. o. (1977). "Comitê de Especialistas em Tortura, Siracusa, Itália, 16-17 de dezembro de 1977" **Revue International de Droit Penal 48** (3 and 4).

Hans Danelius, assistido pelo diplomata holandês Jan Herman Burgers, foram particular-mente importantes. Burgers explicou que Danelius "desempenhou um grande papel" na elaboração da Declaração e também da Convenção contra a Tortura. "Então, poder-se-ia vê-lo como o pai, e eu, em seguida, como a parteira, ajudando o bebê a nascer"[20]. Burgers tornou-se membro da Anistia Internacional no início de 1970, e ressaltou que, tanto nos Países Baixos como na Suécia, a influência dos grupos locais de direitos humanos, como, por exemplo, a Anistia Internacional, havia sido muito importante para estimular os governos a trabalharem contra a tortura.

Danelius e o governo sueco apresentaram o projeto AIDP, que serviu como base para a negociação do tratado. A versão final da Convenção exigiu tanto a responsabilização do Estado quanto a responsabilização penal individual. O CAT se refere às obrigações de vários Estados, mas o verdadeiro agressor, na maior parte do tratado, é "uma pes-soa" – especificamente um funcionário público que ou infligiu tortura diretamente ou a instigou, a consentiu ou concordou com ela. A Convenção exige que os Estados as-segurem que os atos de tortura sejam considerados crimes nos termos da legislação penal nacional, para investigar supostos casos de tortura e para extraditar ou processar os acusados. Mais significativamente, a Convenção preservou uma linguagem simples e direta concedendo jurisdição universal para a tortura, o que simplesmente significa que cada Estado deverá tomar medidas para estabelecer sua jurisdição sobre a tortura, caso o possível ofensor se encontre em seu território. Em outras palavras, um tortura-dor pode ser processado por qualquer Estado que tenha ratificado a convenção, se o infrator estiver nesse país. A jurisdição universal previu um sistema de execução des-centralizado, em todos os sistemas judiciais nacionais, contra os indivíduos que te-nham cometido ou instigado a tortura. A Suécia considerou essa disposição como a "base" da Convenção, pois se destinava a dificultar a fuga, por parte dos torturadores, da repressão nacional, encontrando refúgio seguro em um país estrangeiro. Muitos países, incluindo os Estados Unidos, apoiaram a inclusão de jurisdição universal no tratado[21]. Juristas da Anistia Internacional estiveram altamente envolvidos em propor e apoiar a responsabilização penal individual e a jurisdição universal na Convenção sobre Tortura[22].

---

20   Burgers, J. H. (1993). "Entrevista, 13 de novembro de 1993, em Haia".

21   Herman Burgers e Hans Danelius, **The United Nations Convention against Torture: A Handbook on the Convention Against Torture and Other Cruel, Inhuman or Degrading Treatment or Punishment** (Dordrecht, Netherlands: Martinus Nijhoff Publishers, 1988), p.78-79, ver também p. 58,62-63.

22   Veja **Rodley e Huckerby**.

Esse conceito foi radical, mas não inteiramente novo. O que hoje chamamos de jurisdição universal foi por muito tempo usado para perseguir os piratas, e as disposições sobre a jurisdição universal incluídas no CAT foram inspiradas em artigos semelhantes, utilizados em diversas convenções relacionadas ao terrorismo, em particular às convenções sobre sequestro, sabotagem contra aviões, ataques a diplomatas e uso de reféns[23]. Mas essa linguagem específica não tinha sido utilizada em nenhum dos tratados de direitos humanos até então.

Jurisdição universal tem sido, às vezes, algo mal-entendido. Alguns estudiosos e políticos acreditam que ela exige que os culpados não sejam julgados nacionalmente para serem julgados em outros países. Mas a Jurisdição universal simplesmente complementa o processo interno, em vez de substituí-lo. Se o acusado viaja ou vive em outro país, os oficiais de Justiça daquele país podem processá-lo, extraditá-lo para o seu país de origem ou enviá-lo para um outro país para a execução da ação legal. Outros parecem acreditar que toda a estrutura da responsabilização penal individual repousa sobre a jurisdição universal. Mas a jurisdição universal é apenas uma parte, e não a parte mais importante da Justiça em Cascata. "Tal jurisdição sempre será, por natureza, uma jurisdição suplementar, de última instância, e, muitas vezes, não será possível exercê-la"[24].

Entretanto, a disposição da jurisdição universal na Convenção sobre Tortura provocou um grande debate. A França e o Reino Unido acharam que ela criaria problemas em seus sistemas jurídicos internos, enquanto a Argentina e o Uruguai, ainda sob governos autoritários, se opuseram firmemente a ela[25]. O governo dos EUA estava profundamente envolvido na elaboração da Convenção contra a Tortura durante as administrações de Jimmy Carter e Ronald Reagan. Os deputados norte-americanos trabalharam para tornar o tratado mais preciso e eficaz e apoiaram, claramente, as disposições do tratado concernentes à jurisdição universal em matéria de tortura[26].

Mas como as negociações para o tratado chegaram ao fim, países como Argentina, Uruguai e Brasil, que originalmente se opuseram ao tratado, passaram por transições para a democracia. A democratização na Argentina contribuiu fundamentalmente para a apro-

---

23   Burgers, J. H., and Hans Danielius (1988). The U.N. **Convention Against Torture**.

24   Broomhall, B. (2003). **International Justice and the International Criminal Court: Between Sovereignty and the Rule of Law**. Oxford, Oxford University Press.

25   Burgers, J. H., e Hans Danielius (1988). **The U.N. Convention Against Torture**.

26   Burgers e Danilius, p. 78-79, 58, 62-63.

vação do CAT, quando o novo governo de Alfonsín ordenou que seus representantes trabalhassem na aprovação da Convenção. Isso ajudou a mudar o equilíbrio nas negociações em favor da Convenção, contribuindo para a sua aprovação pela Assembleia Geral da ONU, em dezembro de 1984[27]. A Convenção foi aberta para assinaturas em fevereiro de 1985 e entrou em vigor em 1987, após a ratificação de 20 Estados. Entre os 20 primeiros Estados a assinarem o CAT (embora não necessariamente entre os primeiro a ratificá-lo), não estiveram presentes apenas as bem estabelecidas democracias ocidentais, mas também muitos Estados em que os processos iniciais de direitos humanos eram introduzidos, incluindo Argentina, Bolívia, Grécia, Portugal e Panamá.

Na época da ratificação, não estava claro se todos os Estados-parte tinham compreendido o alcance e os desdobramentos de uma disposição de jurisdição universal conforme as definidas no inciso II do artigo 5. Por exemplo, quando o próprio Pinochet aprovou a ratificação chilena do tratado, em 1989, ele não poderia ter previsto que isso poderia levar à sua prisão no futuro. Ainda assim, quando a administração de Ronald Reagan submeteu o tratado ao Senado dos EUA, em 1988, e apoiou a ratificação, ele enfatizou especificamente o regime de jurisdição universal, ao observar: "as disposições fundamentais da Convenção estabelecem um regime de cooperação internacional no processamento penal de torturadores contando com a chamada 'jurisdição universal'. Cada Estado-parte é obrigado tanto a processar os torturadores encontrados em seu território quanto a extraditá-los para outros países para serem processados"[28]. Mas ninguém previu, na época, que a jurisdição universal seria usada contra os cidadãos dos EUA.

Ao mesmo tempo, os Estados foram reformulando a Convenção contra a Tortura; eles também estavam trabalhando em dois tratados regionais: a Convenção Interamericana para Prevenir e Punir a Tortura e a Convenção Europeia para a Prevenção da Tortura. Todos os três tratados entraram em vigor entre 1987 e 1989, tendo entrado primeiro em vigor a Convenção Interamericana, em fevereiro de 1987. Os países da América Latina que tinham voltado recentemente para a democracia assumiram a liderança na elaboração da Convenção Interamericana. Ela contém uma linguagem muito semelhante à do CAT: a tortura é uma ofensa prevista na legislação penal nacional e também um crime sujeito à jurisdição universal.

---

27   Ingelse, C. (2001). The U.N. **Committee Against Torture: As Assessment**. The Hague, Martinus Nijhoff Publishers.

28   MENSAGEM AO SENADO, 20 de maio de 1988. sup.1, EUA assina a Convenção da ONU contra Tortura. Departamento Norte-Americano de Comunicação Estatal, Agosto de 1988.

Para Bassiouni, o sucesso da Convenção sobre Tortura indicou que agora era possível avançar para a criação da instituição que, por muito tempo, tinha sido o seu sonho e o sonho de sua organização: um Tribunal Penal Internacional permanente. "Até agora você tem suporte organizacional. Você tem a história da organização. Vá atrás de mais. Foi quando eu comecei a avançar com a Associação para reacender o interesse pelo TPI". Mas ele pegaria um desvio inesperado em busca do TPI, por meio da Convenção do Apartheid.

A Convenção AntiApartheid

Ao mesmo tempo em que os Estados estavam negociando a Convenção sobre Tortura, em meados da década de 1970, os Estados africanos assumiram a liderança na elaboração de um dos tratados mais progressistas, com um componente de Direito Penal muito poderoso: a Convenção do Apartheid. A Convenção do Apartheid começa com a afirmação de que o Apartheid é um crime contra a humanidade, referindo-se diretamente à linguagem do Direito Penal do Tribunal de Nuremberg. Nem todos os defensores dos direitos humanos e especialistas legais estavam conscientes das implicações da Convenção do Apartheid no que tange à responsabilização penal individual.

Cherif Bassiouni recorda que, em 1979, recebeu um telefonema de um membro da AIDP, que era do Poder Judiciário no Supremo Tribunal do Senegal, e que também era um membro da Comissão da ONU sobre Direitos Humanos. Ele perguntou a Bassiouni: "você está familiarizado com o artigo 5 da Convenção do Apartheid?" e Bassiouni teve de admitir: "não realmente". Então, seu colega senegalês disse: "você sabia que o artigo 5 é o único artigo em uma convenção internacional que afirma que deveria haver um Tribunal Penal Internacional?". Quando, em seguida, seu colega do Senegal perguntou: "você pode elaborar o estatuto para a criação de um Tribunal Penal Internacional para julgar o Apartheid?", Bassiouni respondeu: "claro". Em 1980 e 1981, Baussiouni elaborou um estatuto para o TPI; um que nunca foi posto em prática para julgar o Apartheid. Mas, quase 20 anos mais tarde, quando as delegações dos Estados da ONU começaram a falar novamente sobre o TPI, o estatuto elaborado por Bassiouni estava lá esperando.

4.	DESAPARECIMENTOS E UMA NOVA OBRIGAÇÃO GOVERNAMENTAL DE PUNIR

Após a aprovação da Convenção do Apartheid e da Convenção sobre Tortura, uma coalizão informal de ONGs – principalmente na América Latina, nos Estados Unidos e Europa – começou a trabalhar em um outro tratado de direitos humanos que poderia melhorar o suporte legal para a responsabilização penal individual. Esses grupos estavam trabalhando na elaboração de uma declaração e, em seguida, em um tratado para proibir e punir o uso de desaparecimentos forçados – quando os governos detêm seus opositores, prendem-nos em prisões clandestinas ou os matam, e negam a responsabilidade. O caso sobre os desaparecimentos mais importante em um tribunal internacional foi decidido antes que a norma contra os desaparecimentos tivesse sido totalmente desenvolvida no Direito Internacional. A Comissão Interamericana de Direitos Humanos (CIDH) e a Corte Interamericana de Direitos Humanos, mais uma vez, desempenharam um papel muito precoce no incentivo à responsabilização penal individual, dessa vez com relação aos desaparecimentos. Em abril de 1986, a CIDH submeteu à Corte Interamericana de Direitos Humanos três casos que alegavam desaparecimentos em Honduras, entre 1981 e 1984.

Muitos países na América Latina tiveram muito mais desaparecimentos do que Honduras. Grupos de direitos humanos estimam que havia cerca de 180 pessoas desaparecidas em Honduras, em comparação com mais de 10 mil na Argentina e mais de 3 mil no Chile. Mas Honduras havia ratificado a Convenção Americana sobre Direitos Humanos e aceitado a jurisdição compulsória da Corte Interamericana anteriormente ao período em que ocorreram os desaparecimentos. Crucialmente, isso abriu a porta para a aplicação da lei contra Honduras, o que não estava disponível em relação à maioria dos outros países na América Latina naquele momento.

Uma vez que os desaparecimentos não são especificamente mencionados na Convenção Americana, a CIDH pediu à Corte para determinar que Honduras tinha violado as partes da Convenção que garantem os direitos a vida, tratamento humano, liberdade pessoal e segurança. A Corte Interamericana proferiu sua decisão nos três casos hondurenhos em 1988 e 1989. Esses casos estabeleceram precedentes importantes, especialmente no que diz respeito à responsabilidade internacional do Estado por violações aos direitos humanos. Na sua decisão sobre o mérito no caso Velásquez Rodríguez, a Corte concluiu que a Convenção Americana estabelece que os governos têm a obrigação de respeitar os direitos humanos dos indivíduos e garantir o gozo desses direitos. Como consequência dessa obrigação, a Corte considerou que **"os Estados devem prevenir, investigar e punir qualquer violação dos direitos reconhecidos pela Convenção..."**[29] (grifo nosso). Nessa decisão inovadora, um tribunal de direitos humanos entendeu, pela primeira vez, que os Estados tinham o "dever de punir".

---

29   Id., para. 166.

Os ativistas e seus Estados aliados elaboraram a Declaração sobre a Proteção de Todas as Pessoas contra os Desaparecimentos Forçados, adotada em 1992, e um tratado regional, a Convenção Interamericana sobre Desaparecimento Forçado de Pessoas, que entrou em vigor em 1996. A Convenção Interamericana contém uma linguagem sobre jurisdição universal praticamente idêntica à do CAT e, portanto, enfatiza um movimento em direção à responsabilização penal individual para questões que vão além da tortura[30].

A Convenção Interamericana sobre Desaparecimentos Forçados incluiu algumas outras inovações legais que tiveram implicações importantes na responsabilização penal individual. Primeiramente, como na Convenção do Apartheid, foi utilizado o termo "crimes contra a humanidade" para descrever o crime de desaparecimento. Essa descrição é importante porque foi geralmente entendido que os crimes contra a humanidade não estavam sujeitos a prescrição ou a limitações legais. A Convenção definiu desaparecimento como uma "contínua" ou permanente ofensa, "contanto que o destino ou o paradeiro da vítima não tenha sido determinado". Essas disposições melhoram as chances de acusações contra indivíduos que tenham participado ativamente no "desaparecimento" das vítimas. As principais formas legais que os países usam para impedir os processos relacionados aos direitos humanos ocorrem por meio de leis de anistia e de prescrição (estatutos de limitações). Um estatuto de limitação define um prazo limite para que as medidas legais sejam tomadas. A prescrição é feita para evitar o surgimento de reivindicações após os fatos relativos ao caso terem se tornado obscuros pelo decurso do tempo. Mas no caso de violações aos direitos humanos, um estatuto de limitação pode impedir muitos julgamentos de crimes contra os direitos humanos.

Por exemplo, a maioria dos países não tem uma proibição referente aos desaparecimentos no seu Direito Penal Nacional. Em vez disso, os familiares das vítimas precisam levar os casos ao abrigo dos estatutos que proibiam o sequestro. Mas os membros da família foram incapazes de abrir casos contra os agentes do governo durante os regimes autoritários. No momento em que a transição para a democracia ocorreu, o prazo prescricional para o crime de sequestro já tinha expirado. Os crimes contra a humanidade sob o Direito Internacional, contudo, não estão normalmente sujeitos aos estatutos de limitações prescricionais ou às anistia. Da mesma forma, a definição de desaparecimento como um crime contínuo significa que os desaparecimentos não serão normalmente cobertos por

---

30   O caminho da convenção regional para o tratado internacional levou mais tempo. A Argentina e a França, em particular, continuaram avançando em direção ao tratado, e a Convenção Internacional para a Proteção de Todas as Pessoas contra os Desaparecimentos Forçados foi adotada pela ONU em 2006, uma década após a Convenção Interamericana ter entrado em vigor.

leis de anistia, porque a anistia aplica-se aos crimes já concluídos, não aos em curso. Assim, ao definir desaparecimentos como crimes contra a humanidade ou crime contínuo, esses tratados deram as ferramentas aos advogados e juízes ativistas para contornar alguns dos principais bloqueios legais aos processos.

5.	RESPONSABILIZAÇÃO PENAL INDIVIDUAL POR CRIMES DE GUERRA

Os Direitos Humanitário e dos direitos humanos foram analiticamente separados até este ponto. O Direito humanitário, também conhecido como "das leis de guerra", foi regido pelas Convenções de Genebra e monitorado pela Cruz Vermelha. Tradicionalmente, as leis de guerra somente regiam os crimes cometidos entre grupos de combatentes na guerra, enquanto que as dos direitos humanos eram entendidos como algo a ser aplicado à repressão estatal dos cidadãos. Logo no início da década de 1980, os advogados começaram a turvar essas linhas distintivas, especialmente tendo em conta que muitas violações dos direitos humanos foram perpetradas por Estados e grupos armados no contexto da guerra civil. Como as Convenções de Genebra estabeleceram a responsabilização penal individual por crimes de guerra, aplicá-las às ações na esfera nacional ofereceu outro caminho para aprofundar a Justiça em Cascata.

No início da década de 1980, uma "nova" organização se uniu à Anistia Internacional como uma influente ONG internacional de direitos humanos. Em 1978, Aryeh Neier ajudou a fundar um pequeno grupo de direitos humanos, Helsinki Watch, para trabalhar em questões de direitos humanos na antiga União Soviética e no Leste Europeu. Antes de estabelecer a Helsinki Watch, Neier tinha trabalhado em liberdades civis domésticas com a ACLU. Quando Ronald Reagan foi eleito presidente, em 1980, Neier disse que "se preocupava porque a Helsinki Watch seria lançada à luz da Guerra Fria", assim "pareceu apropriado criar a Americas Watch" como uma organização parceira da Helsinki Watch, em 1980, "para focar nos ditadores anticomunistas na América Latina, assim como nos regimes comunistas da Europa"[31]. Depois de lançar a Americas Watch, uma das primeiras pessoas que ele contratou foi Juan Méndez. Neier escreveu mais tarde: "Foi Juan quem me ajudou a compreender o significado tanto no nosso trabalho quanto na evolução de uma consciência dos direitos humanos em nível internacional, de culpar os agentes responsáveis pelos crimes do passado [...]. Juan ajudou a Human Rights Watch a emergir

---

31   Neier, A. (1992). Entrevista, 19 de março de 1992, cidade de Nova Iorque.

como a principal adversária da impunidade em âmbito internacional"[32]. A Helsinki Watch e a Americas Watch foram, mais tarde, fundidas com outros comitês de vigilância regional para se tornarem a Human Rights Watch (HRW). A Human Rights Watch, hoje mundialmente conhecida, viria unir-se à Anistia Internacional como outra importante ONG transnacional de direitos humanos. Entretanto, na década de 1980, a HRW foi um grupo relativamente pequeno e flexível com liderança inovadora.

No início da década de 1980, Neier viu e aproveitou a oportunidade para chamar mais atenção para o Direito Humanitário. Muitos dos casos-chaves na América Latina, na época, especialmente em El Salvador e Guatemala, envolviam guerras civis. Os governos questionavam constantemente por que os grupos de direitos humanos não falavam sobre as violações dos direitos humanos "pelo outro lado, também", isto é, pelas guerrilhas e grupos insurgentes. Mas o Direito dos direitos humanos naquela época era composto apenas de jurisdição sobre as violações por agentes do Estado, não por atores não estatais. As violações cometidas por grupos não estatais eram tecnicamente "crimes" domésticos, essencialmente delitos, tais como homicídio ou assalto. Como tal, pensou-se que os governos tinham o Direito Penal Nacional adequado à sua disposição para responder a tais crimes. Essa resposta, embora tecnicamente correta, não ressoou bem para muitos dos públicos domésticos, que eram frequentemente persuadidos de que grupos de direitos humanos eram "tendenciosos" porque eles só criticavam os governos.

> Weissbrodt argumentou que "um uso mais regular do Direito Humanitário Internacional poderia proporcionar à Anistia Internacional um fundamento jurídico adicional para as suas preocupações"

Em 1982, Neier e sua equipe tiveram a ideia de monitorar o Direito de guerra e também o Direito dos direitos humanos, o que lhes permitiu falar sobre as violações cometidas pelos insurgentes e pelo governo. Para um militante experiente como Neier, usar o Direito Humanitário para criticar os guerrilheiros e os governos também deu credibilidade à atmosfera controversa de Washington durante o governo Reagan. Por exemplo, mesmo tendo criticado as violações do Direito Humanitário pelos guerrilheiros em El Salvador, a

---

32   **Taking Liberties**, p. 194, 195, 224.

HRW também era capaz de falar sobre as violações do grupo insurgente apoiadas pelos EUA, os Contras, que lutavam contra o governo sandinista na Nicarágua[33].

Por volta da mesma época, em 1982, a Anistia Internacional pediu a David Weissbrodt, em licença sabática do seu trabalho de professor de Direito na escola de Direito da Universidade de Minnesota, para trabalhar no escritório de advogados da Anistia Internacional em Londres, para preparar um memorando para a organização sobre Direito humanitário e como ele pode ser aplicado a situações de graves violações dos direitos humanos na guerra. Weissbrodt argumentou que "um uso mais regular do Direito Humanitário Internacional poderia proporcionar à Anistia Internacional um fundamento jurídico adicional para as suas preocupações". Segundo ele, em alguns casos, o Direito Humanitário Internacional pode até fornecer uma base mais sólida para o trabalho da Anistia Internacional, porque ele era, às vezes, mais específico e exigente, e mais países tinham ratificado a Convenção de Genebra, e militares e operadores do Direito a levavam mais a sério. Em particular, Weissbrodt escreveu que o artigo 3º, comum a todas e presente em cada uma das quatro Convenções de Genebra, era "diretamente aplicável à maioria das preocupações da AI" e poderia ser uma importante ferramenta para as organizações de direitos humanos que esperavam aplicar o Direito Humanitário às situações de conflito interno.

Os esforços da HRW e AI para incorporar o Direito Humanitário em seus trabalhos foi um movimento presciente, que prenunciou a eventual fusão dos elementos da lei dos direitos humanos e do Direito Humanitário no ICTY e do TPI. Na época, para iniciados, isso foi um movimento inovador, embora estrangeiros, incluindo muitos governos e o público em geral, inicialmente, nunca tivessem compreendido claramente a divisão entre direitos humanos e Direito Humanitário. Esse abraço tardio ao Direito Humanitário colocou a HRW em um lugar para assumir também a liderança na solicitação de um tribunal internacional de crimes de guerra na antiga Iugoslávia.

Em 1990, em seu artigo semanal sobre o tema da responsabilização, publicado no *New York Review of Books*, intitulado "What Should Be Done About the Guilty?" (O que deve ser feito com o culpado?), Neier baseou-se na experiência da América Latina para sugerir que o caminho de julgamentos nacionais estava repleto de risco e complexidade[34].

---

33   Neier, A. (1992). Entrevista, 19 de março de 1992, cidade de Nova Iorque.

34   **Volume 37, Number 1**, February 1, 1990.

Assim, no início da década de 1990, mesmo um dos principais defensores da justiça, na principal organização de direitos humanos, estava bastante pessimista sobre as possibilidades de perseguição e punição nos tribunais nacionais. Isso pode ter contribuído para a decisão da HRW de apelar aos tribunais internacionais.

O fim da Guerra Fria abriu espaço político, e foi possível começar a imaginar ressuscitar o precedente de Nuremberg. Mas a primeira demanda pós-Nuremberg de julgamentos de crimes de guerra não foi feita para a antiga Iugoslávia, mas para o Iraque. Em 1990, depois que Saddam Hussein invadiu o Kuwait e capturou reféns ocidentais, tanto a primeira ministra britânica Margaret Thatcher quanto o presidente George Bush mencionaram o precedente de Nuremberg, endossando a ideia de um julgamento de Hussein por crimes de guerra. No regime iraquiano, os crimes de guerra mais graves tinham sido a "campanha Anfal", na qual as forças iraquianas mataram cerca de 100 mil curdos no Iraque rural, inclusive por meio do uso de gás venenoso. Na época, os EUA tinham apoiado o Iraque na guerra com o Irã, por isso se abstiveram do protesto[35]. Mas um pesquisador da HRW, com a ajuda de um diplomata norte-americano, obteve acesso a 17 mil toneladas de documentação sobre a campanha, todos devolvidos para os Estados Unidos, e usou tudo isso para produzir um relatório da Human Rights Watch que concluiu que o Iraque tinha cometido genocídio contra os curdos. Assim, a documentação existia para se julgar Saddam Hussein por genocídio. Mas à época, o único local internacional que poderia julgar um caso de genocídio era o Tribunal Internacional de Justiça (TIJ). O TIJ, como a maioria dos tribunais internacionais, contempla a responsabilização do Estado, não a responsabilização penal individual, e só poderia receber queixas apresentadas por Estados. Os agentes do HRW foram incapazes de encontrar um governo disposto a levar o caso contra o Iraque ao TIP[36]. Mas a ideia de julgar Hussein por crimes de guerra ressurgiu novamente em 1991, após o surgimento de novos relatórios documentando os assassinatos generalizados de civis curdos. Em 1991, o primeiro ministro alemão Hans-Dietrich Genscher levantou, repetidamente, a possibilidade de processar Hussein. A ideia de processar Saddam Hussein nunca ganhou muita atenção até depois que os EUA invadiram o Iraque, em 2003. No entanto, o caso do Iraque colocou novamente o precedente de Nuremberg na agenda internacional.

---

35   Powers, S. (2002). **A Problem from Hell: America and the Age of Genocide**. New York, Basic Books.

36   Dicker, R. (2009). Entrevista, 7 de fevereiro de 2009, New Haven, Connecticut.

Entretanto, ao mesmo tempo em que o CAT estava sendo elaborado e ratificado, os desenvolvimentos legais continuavam em contextos domésticos em todo o mundo – os desenvolvimentos que começaram a reforçar a ideia de responsabilização penal individual para agentes do Estado por violações dos direitos humanos. Antes de o ICTY começar a trabalhar, em 1993, os processos ocorreram em tribunais espalhados em 23 Estados diferentes, e a jurisdição universal foi exercida pelos Estados, pelo menos, três vezes. Muitos desses países eram da América Latina, mas após o fim da Guerra Fria e do processo de transição no bloco soviético, também foram incluídos os países da Europa Oriental e, eventualmente, da África. Não sei o exato raciocínio jurídico utilizado pelos tribunais em cada um desses países para justificar as acusações, mas o que é mais importante é que eles estavam começando a implementar um modelo de responsabilização penal individual por violações dos direitos humanos.

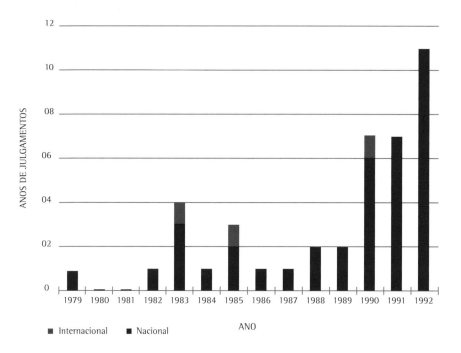

Em 22 de fevereiro de 1993, sem dissidência, o Conselho de Segurança da ONU aprovou um plano submetido pelo secretário-geral Boutros Boutros-Ghali para estabelecer um tribunal penal internacional, o ICTY, para julgar os acusados de crimes de guerra na antiga Iugoslávia. A combinação do fim da Guerra Fria, da existência de genocídio mais uma vez no solo da Europa e da incapacidade do mundo em reunir a vontade política para impedir esse genocídio deram um impulso à criação do primeiro tribunal internacional de crimes de guerra desde a Segunda Guerra Mundial, o ICTY. Mas como a primeira metade deste texto deixa claro, na época em que o Conselho de Segurança criou o TPI, não só 23 Estados tinham realizado processos nacionais ou internacionais de direitos humanos, mas os membros das Nações Unidas tinham trabalhado por 20 anos, desde a Declaração de Tortura em 1973, para estabelecer, no Direito Internacional, a obrigação de processar e punir agentes públicos por violações dos direitos humanos. Nesse sentido, a criação do ICTY não era tão sem precedentes quanto alguns dos seus criadores sugeririam.

A primeira pessoa a defender publicamente um tribunal internacional de crimes de guerra na ex-Iugoslávia foi um jornalista iugoslavo, que emitiu um apelo que apareceu em maio de 1991 em um jornal sob o título "Nuremberg agora!". Pouco tempo depois, a Human Rights Watch exigiu o estabelecimento de um tribunal por violações de direitos humanos e crimes de guerra na antiga Iugoslávia, em julho de 1992, entre as primeiras recomendações para a responsabilização penal individual nos Balcãs. Embora Bassiouni e a AIDP tenham, por muitos anos, feito campanha por um tribunal penal internacional, nem a Human Rights Watch, nem qualquer outro grupo de direitos humanos proeminente já tinham, anteriormente, feito campanha para estabelecer um tribunal internacional de crimes de guerra. Os pesquisadores da Human Rights Watch e outras organizações de direitos humanos estavam no terreno da antiga Iugoslávia, e seus relatórios revelaram que a situação continuou piorando: o escopo e o tipo de violações na guerra na Bósnia--Herzegovina, depois de 1992, tornaram "adequado" não só usar a expressão crimes contra a humanidade, mas também usar "o nome para o crime irrevogável: o genocídio". Como Neier explica em sua autobiografia, "pensamos nessa expressão para preencher os pedidos por um tribunal como o que julgou os nazistas para responsabilizar aqueles envolvidos em crimes parecidos com os dos nazistas"[37].

Muitos sugeriram que a decisão do Conselho de Segurança de formar um tribunal para a antiga Iugoslávia, em vez de outros casos de graves violações dos direitos humanos, revelou o viés eurocêntrico dos seus membros, que ficaram mais chocados com o genocídio na Europa do que no resto do mundo. Mas poucos outros casos reuniram todas as condições presentes no caso da antiga Iugoslávia: a guerra internacional, a documentação de crimes contra a humanidade e genocídio, uma história longa e sem sucesso de se

---

37   Neier, A. (1998). **"War Crimes. Brutality, Genocide, Terror, and the Struggle for Justice"**.

tentar resolver o conflito por outros meios, assim como a forte presença dos meios de comunicação capazes de transmitir imagens poderosas ao redor do mundo.

Apenas alguns dias depois do recurso apresentado pela HRW a um tribunal para a antiga Iugoslávia, a mídia acompanhou a primeira exposição de campos de concentração nos Balcãs, com fotos de prisioneiros emaciados em campos que pareciam muito semelhantes aos do Holocausto[38]. Por trás das novas imagens e informações, o apelo por um tribunal ressoou por todo o público mundial. Em 13 de agosto de 1992, os Estados deram o primeiro passo rumo a um tribunal, quando o Conselho de Segurança estabeleceu a Comissão de Especialistas para Investigar Falhas Graves das Convenções de Genebra e nomeou, como presidente, Bassiouni. O Conselho de Segurança pediu que os Estados e as organizações humanitárias internacionais apresentassem à Comissão informações fundamentadas referentes a crimes de guerra nos Balcãs. Nessa primeira etapa, os tomadores de decisão foram conscientemente ecoando o precedente de Nuremberg, que também começou com uma solicitação para que os Estados submetessem provas sobre os crimes de guerra.

Um momento decisivo importante ocorreu assim que teve início a administração de Clinton, em janeiro de 1993, com a nomeação de Madeleine Albright como embaixadora dos EUA na ONU. Nascida na antiga Checoslováquia, Albright tinha forte interesse na Europa Central e Oriental e um compromisso com os direitos humanos. Ela se tornou "uma dos mais incansáveis defensoras do Tribunal de Justiça"[39].

Como Albright gostava de dizer, suas "atitudes" estavam todas voltadas para o Holocausto e Munique. Quando o Conselho de Segurança votou por estabelecer o ICTY, Albright declarou: "há um eco nesta Câmara hoje. Os Princípios de Nuremberg foram reafirmados[...]"[40]. Muitos agentes políticos europeus, especialmente o ministro alemão das Relações Exteriores, igualmente exerceram pressão por processos judiciais no caso da antiga Iugoslávia. Como no caso de Albright, a maioria das narrativas sobre a criação do ICTY o descreve como um desenvolvimento jurídico que fluiu quase diretamente a partir do tribunal de Nuremberg.

---

38   Bass, G. (2000). **Stay the Hand of Vengeance**. Princeton, Princeton University Press.

39   Powers, S. (2002). **A Problem from Hell: America and the Age of Genocide**. New York, Basic Books.

40   Ibid.

com autonomia, por exemplo, eles não podiam ter a certeza de quais seriam as decisões desses tribunais. Depois de um processo sem sucesso, por exemplo, em 2009, o TPIR libertou Protais Zigiranyirazo, acusado de ser um "arquiteto-chefe de genocídio no país em 1994"[47]. Mas, lentamente, ao longo do tempo, o ICTY e os outros tribunais internacionais começaram a construir uma dinâmica e uma jurisprudência que desmentiria algumas das críticas de seus detratores.

8.	A CRIAÇÃO DO TPI

O fim da Guerra Fria e a institucionalização dos dois tribunais *ad hoc* revigoraram o interesse internacional em estabelecer um tribunal penal internacional permanente. O trabalho em um tribunal penal internacional teve início primeiramente após a Segunda Guerra Mundial, mas poucos países estavam profundamente comprometidos com o projeto, e a Guerra Fria e seu impasse com assistência na Organização das Nações Unidas interrompeu sérios esforços nesse sentido. A Comissão de Direito Internacional da ONU suspendeu uma discussão mais aprofundada do assunto, em 1953, depois que eles foram incapazes de chegar a uma definição de agressão como um dos principais crimes que o novo tribunal abordaria.

A renovação desses esforços no início da década de 1990 foi encabeçada por uma coalizão de atores, incluindo os membros internacionais da AIDP que tinham trabalhado para um tribunal penal internacional permanente. Eles estavam agora unidos por ONGs de direitos humanos, tais como a Human Rights Watch, o Comitê de Advogados pelos Direitos Humanos e a Anistia Internacional, que há muito tempo incentivou as acusações dos agressores e outras formas de responsabilização na onda de graves violações dos direitos humanos. Os governos que tinham interiorizado a ética da Justiça internacional também se uniram, em particular na Europa e na América Latina.

A pequena ilha caribenha de Trinidad e Tobago iniciou o processo novamente em 1989, quando propôs um tribunal penal internacional para tratar do tráfico de drogas. Em 1990, uma comissão de especialistas da ONG, presidida por Bassiouni, preparou uma proposta de estatuto para um TPI, que teria jurisdição para todos os crimes internacionais. A proposta foi modelada depois do texto de 1981 que Bassiouni tinha preparado para a implementação da Convenção do Apartheid. A Alemanha ajudou a obter o impul-

---

47   **The Guardian.** "Rwanda genocide conviction quashed leaving Monsieur Z free". Terça-feira, 17 de novembro de 2009.

A ERA DA RESPONSABILIZAÇÃO: A ASCENSÃO DA RESPONSABILIZAÇÃO PENAL INDIVIDUAL.

A Anistia na Era da Responsabilização

so quando o ministro das Relações Exteriores, Hans-Dietrick Genscher, que também havia sido um defensor do ICTY, solicitou à Assembleia Geral da ONU a criação de um tribunal internacional, "em que os crimes contra a humanidade, crimes contra a paz, de genocídio, crimes de guerra e os crimes ambientais pudessem ser processados e punidos". Sua proposta acabou por receber um forte apoio de um grupo de Estados com ideias semelhantes e também da coalizão de ONGs de direitos humanos.

Embora os Estados Unidos viesse a ser, mais tarde, um adversário do TPI, no período anterior, o governo dos Estados Unidos, sob a administração Clinton, foi mais favorável à ideia da criação de um tribunal penal internacional. Historicamente, os Estados Unidos "foram o principal defensor das instituições internacionais baseadas em normas de princípio" e, por um breve momento em meados da década de 1990, "os EUA pareciam dispostos e aptos a desempenhar esse papel novamente"[48]. Michale Scharf, um advogado no Departamento de Estado dos EUA, entre 1989 e 1993, que desenvolveu cuidadosamente a posição do governo dos EUA sobre o TPI, disse que em 1993 os EUA alteraram significativamente sua posição sobre o TPI. Anteriormente, a política tinha sido "prolongar sem avançar o debate". Em 1993, os EUA "se comprometeram a trabalhar ativamente para resolver as questões políticas e jurídicas" envolvidas com a criação do TPI[49].

Scharf disse que muitos fatores foram importantes para fazer uma mudança na política dos EUA e permitir que o país inicialmente apoiasse a criação do TPI. Em primeiro lugar, os Estados Unidos pensavam que um tribunal internacional poderia ser útil em casos como o do senhor da guerra da Somália e seus soldados que atacaram soldados da ONU em junho de 1993. Tanto os EUA quanto a ONU queriam responsabilizá-los criminalmente, mas isso não era possível sem um tribunal penal internacional. Em segundo lugar, os EUA também acreditavam que um tribunal penal internacional poderia ser usado no caso dos líbios que haviam derrubado o voo 103 da Pan Am sobre Lockerbie, na Escócia. A Líbia tinha rejeitado uma resolução do Conselho de Segurança da ONU para extraditar dois indivíduos para os EUA, que haviam sido identificados como responsáveis pelos ataques, mas disse que iria extraditá-los para um tribunal internacional. Os EUA queriam chamar atenção para o blefe da Líbia. Mas "o fator mais importantes de todos" para a mudança na posição dos EUA sobre o TPI, Scharf argumentou, foi a criação do ICTY. Nos seus trabalhos sobre o ICTY, os Estados Unidos haviam abordado com

---

48   Truett, M. J. (2008). **The Politics of Constructing the International Criminal Court**. New York, Palgrave Macmillan.

49   Scharf, M. (1994). "Getting Serious about an International Criminal Court". **Pace International Law Review**.

sucesso as "mesmas questões legais e políticas complexas que tinham identificado como obstáculo" para o TPI. Isso dificultou que os EUA justificassem sua futura oposição ao TPI[50]. Nesse contexto, os EUA alteraram sua posição, e isso facilitou para a Assembleia Geral decidir avançar com uma conferência sobre o tratado do TPI. Naturalmente, a administração Clinton esperava que negociações produzissem um tribunal que os EUA estariam dispostos a apoiar, ou seja, um tribunal em que os Estados Unidos teriam mais controle. Sem a aquiescência norte-americana nas fases iniciais, é pouco provável que as negociações para o tribunal tivessem tido sucesso[51]. No momento em que as negociações ganharam dinâmica em torno de propostas que os EUA não apoiariam, já era tarde demais para interromper o processo. Isso mostra a força da ideia de responsabilização individual por violações dos direitos humanos. Não era muito tarde para os Estados Unidos interromperem o TPI, já era tarde demais para parar a ideia da responsabilização penal individual.

"No início, éramos cerca de 10 países que se reuniram e desenvolveram as estratégias, mas fizemos muito barulho e passamos a impressão de que éramos um grupo gigantesco. Mas nos beneficiamos do fato de que havia uma maioria silenciosa, um grupo de países que estavam prontos para nos apoiar"

A Comissão de Direito Internacional (CDI) da ONU abordou a questão do TPI novamente e apresentou um projeto de estatuto bastante conservador em 1994, que previu uma corte com menos poder e independência do que aquela que acabou por ser criada. Mesmo os mais firmes defensores da ideia de um tribunal penal internacional, como o professor Bassiouni, não imaginavam em seus documentos, à época, que um tribunal forte com jurisdição obrigatória e um procurador independente emergiria.

Essas expectativas conservadoras mudaram nos quatro anos entre o projeto ILC e a assinatura do Estatuto de Roma, em 1998. Uma diplomata argentina, Silvia Fernandez de Gurmendi, estava intimamente envolvida com o processo conducente à

---

50   Ibid.

51   Struett, M. J. (2008). **The Politics of Constructing the International Criminal Court**. New York, Palgrave Macmillan.

ratificação do Estatuto de Roma. Em 1994, Fernández foi nomeada assessora jurídica da missão argentina na ONU em Nova York. Ela logo se tornou parte de um pequeno grupo de agentes com os governo do Canadá, os "Nórdicos" e a Itália, que os intitulou, "pretensiosamente, talvez", a coalizão de amigos do Tribunal Penal Internacional. Nesse momento, ela relembra, houve uma espécie de "divisor de águas" entre os países que queriam apoiar a criação de um tribunal penal e outros que não aceitaram as propostas. Entre aqueles que se opuseram à ideia de um tribunal independente, ela assinalou, estavam todos os membros permanentes do Conselho de Segurança (Estados Unidos, Reino Unido, França, China e Rússia), assim como uma série de países em desenvolvimento, incluindo o México e a Índia. "Os apoiadores foram capazes de convencer a ONU a criar dois comitês preparatórios diferentes para o TPI", e Fernández e Bassiouni foram nomeados os dois Vice-Presidentes desses Comitês. Ela se tornou uma das fundadoras de um grupo que autoreferia-se como de Estados "propensos" a apoiar o tribunal. "No início, éramos cerca de 10 países que se reuniram e desenvolveram as estratégias, mas fizemos muito barulho e passamos a impressão de que éramos um grupo gigantesco. Mas nos beneficiamos do fato de que havia uma maioria silenciosa, um grupo de países que estavam prontos para nos apoiar". Particularmente importante foi o grupo de ONGs paralelo que trabalhou em parceria com os estados propensos a apoiar. As ONGs organizaram a Coligação para o Tribunal Penal Internacional, uma rede global de mais de 2 mil ONGs em defesa do TPI e da ratificação do Estatuto de Roma.

Durante todo o processo de criação do TPI, sempre que a negociação ficou difícil, Bassiouni organizou reuniões "intersessionais" informais no Instituto de Siracusa, na Sicília. As reuniões em Siracusa não eram só para os que partilhavam do mesmo interesse, mas também para os adversários do tribunal. As reuniões tornaram-se cada vez mais abertas ao longo do tempo; a última foi aberta a todos os Estados. O grupo de interessados continuou crescendo e chegou a 60 à época da conferência de Roma. Na América Latina, passou-se a incluir Uruguai, Chile, Brasil e Venezuela. A África do Sul também foi um membro importante, persuadindo outros Estados africanos a participar. Um ponto decisivo ocorreu quando o governo trabalhista de Tony Blair foi eleito, e o Reino Unido mudou de lado e se juntou aos grupos propensos a apoiar a causa. A parede de oposição dos cinco membros permanentes do Conselho de Segurança contra o TPI foi finalmente derrubada. Ainda assim, Fernández estava preocupada com o fato de que o Grupo Ocidental continuava sendo muito influente. Um grande esforço foi feito para encorajar os países menores e mais pobres a ingressar na Conferência de Roma. Um fundo especial foi criado para apoiar a participação dos países em desenvolvimento, em Roma, e para prestar assistência técnica às suas delegações.

No verão de 1998, a conferência diplomática da Organização das Nações Unidas, em Roma, finalizou o estatuto para um Tribunal Penal Internacional. O grupo de Estados a favor e centenas de ONGs impulsionaram o processo e obtiveram o consenso ou compromisso de produzir um estatuto abrangente com 128 artigos, o Estatuto de Roma. O Estatuto de Roma é a afirmação mais clara da nova doutrina da responsabilização penal individual. A lei é explícita: o fato de um indivíduo ser um chefe de Estado, ou um membro do governo, "não eximirá, em qualquer caso, a pessoa da responsabilização penal", nem proporcionará uma redução de pena[52]. O TPI, como a mais clara destilação de novas normas, chegou relativamente tarde no processo de regulamentação e baseou-se na experiência de outros esforços de responsabilização penal individual, especialmente nos tribunais *ad-hoc*, mas também nas experiências individuais de cada país.

A elaboração do TPI foi o produto de uma rede transgovernamental dos advogados dos ministérios estrangeiros a partir de um grupo fundamental de países de opiniões semelhante, incluindo Canadá, Argentina, Suécia, Noruega e Países Baixos[53]. Essa rede transgovernamental foi interpenetrada com uma comunidade epistêmica dos advogados do Direito Penal, alguns reunidos no AIDP. A rede transgovernamental e a comunidade epistêmica, por sua vez, trabalharam em estreita colaboração com uma rede de divulgação de suporte das ONG, frequentemente participando, informalmente, no processo de elaboração do Estatuto do TPI[54].

Michael Struett, em seu livro *The Politics of Constructing the International Criminal Court*, também atribui a mudança drástica no texto do projeto entre 1994 e 1998 ao poder de persuasão discursiva das ONGs e dos Estados de mesma opinião. Eles fizeram a balança pender em favor de um tribunal forte e independente e deram um impulso tão grande que levaram a maioria dos Estados-parte junto, neutralizando a oposição dos

---

52   Estatuto de Roma do Tribunal Penal Internacional. Docto da ONU 2187 U.N.T.S. 90, em vigor a partir de 1 de julho de 2002.

53   William A. Schabas, **An Introduction to the International Criminal Court**, p. 15.

54   William R. Pace and Mark Thieroff, "Participation of Non-Governmental Organizations", in The International Criminal Court: The Making of the Rome Statute: Issues, Negotiations, Results Edited by Roy S. Lee (The Hague: Kluwer Law International), p. 391. Struett, M. J. (2008). **The Politics of Constructing the International Criminal Court**. New York, Palgrave Macmillan. Também entrevista com Silvia Fernandez, oficial do Ministério de Relações Exteriores da Argentina e participante-chave em todas as fases das negociações do PTI. 11/12/02, Buenos Aires.

Estados mais poderoso, como EUA, China e Índia, que "viram as suas próprias preferências serem vencidas por uma coalizão de pequenos Estados"[55]. A posição dos Estados Unidos foi prejudicada pelo confronto que acontece às vezes entre a política mais ordinária do poder comum e a lógica básica das leis. As negociações jurídicas estão, naturalmente, infundidas com o poder político, mas nem todo tipo de argumento pode ser formulado dentro de um discurso legal. Os EUA se opuseram a um tribunal que "teria jurisdição sobre cidadãos dos EUA sem o consentimento específico do governo norte-americano nos casos concretos". Mas qualquer expressão do tratado que procurasse garantir esse resultado seria "fundamentalmente incompatível com a noção de que o Direito Penal deveria ser aplicado a todos, de forma igual" e, assim, "foi finalmente rejeitada pelos 120 países que votaram a favor do Tratado de Roma"[56].

Essa aliança de Estados que partilhavam a mesma opinião e ONGs de direitos humanos promoveu o TPI e, finalmente, convenceu uma grande quantidade de Estados a assinar e ratificar o Estatuto, apesar da forte oposição norte-americana ao projeto final. O Estatuto foi aberto à assinatura em 1998; até 2010, 110 Estados o haviam ratificado. O Estatuto do TPI destacou o compromisso internacional para o princípio de que certos crimes não são crimes apenas contra indivíduos, mas contra todo o mundo. Em consequência, existe jurisdição de qualquer Estado, ou da comunidade internacional como um todo, para julgar aqueles que se dedicam a eles.

Mas aqueles que focam no TPI não apreciam plenamente como o enorme sucesso do TPI não foi apenas o resultado de movimentos específicos nas negociações que levaram ao Estatuto de Roma, mas produto da culminação de décadas de trabalho a favor da responsabilização penal individual. A criação do TPI não foi um evento isolado. Ele constituiu-se não só dos precedentes internacionais óbvios, como o ICTY e o TPIR, mas também da experiência das dezenas de países com tribunais nacional que abriram processos por violações contra os direitos humanos. Alguns dos Estados e ONGs presentes na Conferência de Roma vinham defendendo responsabilização desde os julgamentos gregos em 1975. Muitos estiveram envolvidos na elaboração da Convenção contra a Tortura, com as suas disposições para a responsabilização penal individual. O TPI foi o auge de quase 25 anos de trabalho jurídico e político. Esses Estados e ONGs haviam aprendido sobre a possibilidade de responsabilização a partir do acesso e acompanhamento de processos

---

55   Ibid.

56   Ibid.

nacionais de direitos humanos. Mas alguns se tornaram pessimistas quanto à possibilidade de responsabilização se ela estivesse limitada aos tribunais nacionais. As anistias em todos os lugares estavam bloqueando os processos domésticos. A responsabilização precisava de apoio internacional, e o TPI parecia ser a instituição para o trabalho.

9.	OS PROCESSOS INTERNACIONAIS DE DIREITOS HUMANOS TÊM INÍCIO E SÃO ACELERADOS

Quando os representantes concluíram o Estatuto de Roma, em julho de 1998, ele ainda representava apenas uma grande promessa. Apesar da euforia de ter-se elaborado um estatuto muito mais forte do que se imaginava, ninguém tinha certeza de quantos Estados ratificariam o Estatuto e, consequentemente, em quanto tempo o novo tribunal surgiria. A ideia de Justiça internacional era ainda hipotética, uma proposição ainda não realizada na prática.

Apenas alguns meses mais tarde ocorreu um evento que iria começar a incorporar a ideia de Justiça internacional. É difícil recriar a eletricidade produzida quando a polícia britânica prendeu o ex-presidente chileno Augusto Pinochet em um hospital de Londres, com um mandado de extradição espanhol por tortura e outros crimes contra os direitos humanos. Mesmo os mais ardentes defensores da responsabilização não acreditavam que tal prisão era possível. Os advogados internacionais sabiam que isso era legalmente possível, mas ninguém acreditava que era politicamente possível. Os opositores da Justiça internacional ficaram indignados. O caso Pinochet era tão importante porque o próprio general Pinochet tinha se tornado a personificação do ditador moderno autoritário. Ao contrário de outros países, com ou sem juntas sem rosto, ou presidências rotativas, Pinochet mantinha todo o poder para si e manteve-se como chefe-executivo por 17 anos. Ele tinha controlado a transição para a democracia para manter sua posição como comandante das Forças Armadas e, eventualmente, tornar-se um "senador para sempre". Pinochet, por meio de seus próprios esforços e os dos seus adversários, era um símbolo global. Durante seu regime, a oposição chilena, em exílio ao redor do mundo, tinha criado sem qualquer assistência uma das redes de solidariedade mais eficazes dos tempos modernos. Eles formaram comitês em mais de 80 países, pressionaram incessantemente a aplicação de sanções contra o regime de Pinochet e divulgaram a imagem de Pinochet de forma que a foto de seu rosto sisudo atrás de óculos escuros e braços cruzados fosse quase um símbolo internacional do autoritarismo, como o rosto de Che Guevara em camisetas tinha sido o símbolo internacional da revolução. Assim, sua prisão personificou e incorporou a luta pela justiça global. O mundo assistiu, paralisado, ao longo dos dois anos que se seguiram, como o Sistema Judiciário britânico divulgou o drama da sua detenção e julgamento, acompanhado nas ruas de Londres e Santiago.

Os tribunais britânicos confrontaram assiduamente as questões jurisdicionais suscitadas pelo pedido espanhol, eventualmente determinando que os tribunais espanhóis tinham jurisdição para julgar Pinochet por crimes cometidos no Chile mais de uma década antes. A decisão foi baseada principalmente no Direito positivo da Convenção sobre Tortura e nos tratados de extradição assinados pela Espanha e Reino Unido. Apesar de o CAT ter concedido a jurisdição universal no caso de tortura, essa disposição não tinha sido utilizada até o caso Pinochet, em 1998-1999, mais de dez anos após o CAT ter entrado em vigor. Os Law Lords (basicamente o Supremo Tribunal do Reino Unido) determinaram que o político chileno não estava imune à extradição para a Espanha por tortura cometida quando era chefe de Estado, uma vez que ambos os países haviam ratificado a Convenção sobre Tortura, reconhecendo a jurisdição internacional para o crime de tortura. Os Law Lords limitaram suas decisões apenas para a Convenção sobre Tortura, porque o texto da lei do tratado ratificado por todas as partes declarou claramente que a jurisdição universal existia para a tortura.

Embora as autoridades britânicas finalmente tenham permitido que Pinochet voltasse ao Chile, depois de descobrir que ele estava muito incapacitado para enfrentar um julgamento, os acontecimentos na Europa tiveram importantes repercussões políticas no Chile e agitaram toda a América do Sul e o resto do mundo. Uma vez descongelados, um número sem precedentes de casos de direitos humanos começou a ir para os tribunais do Chile. O Supremo Tribunal do Chile perfurou o escudo de imunidade autoatribuído a Pinochet. Depois da prisão de Pinochet, uma explosão de outros processos estrangeiros começou, gerada por aquilo que Naomi Roht-Arriaza chamou de "Efeito Pinochet".

O caso Pinochet estimulou advogados em todo o mundo, uma vez que ele conscientizou-os das possibilidades de processos judiciais. Os advogados de direitos humanos no Uruguai disseram-me que foi só depois do caso Pinochet que eles começaram a se perguntar se tinham sido muito passivos com relação à sua própria lei de anistia, e que o caso os incentivou a pensar em novas estratégias de litígio que, eventualmente, colocariam o ex-presidente Bordaberry na prisão. Um advogado de direitos humanos na Alemanha, Wolfgang Kaleck, que lidou com casos estrangeiros da Argentina em tribunais alemães e que abriu um processo contra Donald Rumsfeld por tortura, lembrou: "o caso Pinochet de 1998: esse foi o momento de desencadeamento. A partir de agora eles têm que estar conscientes de que isto é sério, não apenas um espetáculo para a sensibilização do público".

Neste texto, descrevi a difusão transnacional de uma norma de responsabilização penal individual. Tentei mostrar que não há um único processo histórico, mas sim "fluxos" separados que eventualmente fluem e convergem para a Justiça em Cascata. Esses incluem um fluxo forte de responsabilização a partir da América Latina, focado em processos nacionais de responsabilização por violações dos direitos humanos, mas instigado, em alguns casos, e reforçado, em outros, por instituições regionais de direitos humanos e pelo trabalho de ONGs nacionais e internacionais de direitos humanos.

Um segundo fluxo vem de esforços globais para prever a aplicação das normas internacionais de direitos humanos, começando com a Convenção do Genocídio, em 1948, as Convenções de Genebra, em 1949, e a Convenção sobre Tortura, em 1984. Mas essas disposições para a implementação ainda estavam inertes; cada vez mais, elas eram as possibilidades legais, mas essas possibilidades não tinham sido traduzidas em ação política. Era, no entanto, necessária ação judicial posterior, como os Law Lords deixariam bastante claro na decisão sobre Pinochet. As únicas bases sobre as quais Pinochet poderia ter sido extraditado para a Espanha foram as próprias disposições do Direito positivo, aprovadas por todas as partes. Sem as disposições específicas da Convenção sobre Tortura e o fato de que todos os Estados envolvidos no caso – Chile, Espanha e Reino Unido – as haviam ratificado anteriormente para os casos de tortura, é altamente improvável que os Law Lords teriam concordado com a extradição. Pode-se dizer o mesmo de outras decisões cruciais que conduzem à Justiça em Cascata, como as da Comissão Europeia de Direitos Humanos com relação à Grécia, ou ao Tribunal Interamericano no caso de Honduras. A evolução dos direitos humanos e do Direito Humanitário Internacional, a proliferação de novos tratados com uma linguagem cada vez mais precisa sobre a responsabilização penal individual e a difusão da ratificação dos tratados foram todas condições necessárias para a Justiça em Cascata. Mas não foram, de forma alguma, suficiente.

A terceira corrente foi a criação e a prática dos tribunais penais internacionais, começando com Nuremberg e continuando até hoje no ICTY, TPIR e nos novos tribunais híbridos em Serra Leoa, Timor Leste e Camboja. A criação desses tribunais requereu exercícios específicos de vontade política, que se basearam nos direitos humanos e no Direito Humanitário existentes e contribuíram significativamente para o seu desenvolvimento por meio de suas sentenças.

Até o momento da virada do século XXI, já havia surgido uma reação contra a Justiça em Cascata. Estudiosos como Snyder e Vinjamuri alegaram que os processos "idealistas" não tinham considerado as realidades políticas e que essas acusações estão na verdade criando mais abusos do que os prevenindo. O estudioso Luc Reydams escreveu artigo com o título "The Rise and Fall of Universal Jurisdiction" [A ascensão e a queda da jurisdição universal], no qual concluiu que "a jurisdição universal era essencialmente um discurso pós-Guerra Fria e campanha publicitária de autoalimentação gerada por ONGs, advogados e juízes ativistas, artigos e conferências acadêmicas, e meios de comunicação de massa. Verdadeiramente surpreendente foi o grau de consenso e de autoimposição de cegueira política dentro da "invisível faculdade" de advogados (penais) internacionais"[57]. Quando o TPI teve início, seus primeiros três casos envolviam crimes contra a humanidade na África. Dois desses casos, um contra um grupo de insurgentes em Uganda e um na República Democrática do Congo, foram encaminhados ao Tribunal de Justiça pelos governos de Uganda e da República Democrática do Congo. O terceiro, o do Sudão, foi encaminhado ao tribunal pelo Conselho de Segurança da ONU. O último caso, envolvendo o Quênia, foi o único que o promotor Luis Moreno Ocampo levou ao tribunal usando seus poderes independentes como promotor, os mesmos poderes que os EUA tinham trabalhado tão duro para limitar nas negociações. Mas agora a euforia tinha sido desgastada, e o tribunal, com tantas expectativas em 1998, passou a ser visto por alguns como "um órgão criado pelo norte para julgar crimes do sul". A história contada no presente texto chama atenção para essa interpretação pós-ocorrido da ascensão da Era da Responsabilização. Mas a ideia de responsabilização penal individual surgiu e foi apoiada por uma coalizão de indivíduos, ONGs e Estados que concordavam com ela a partir de Estados semiperiféricos e pequenos países europeus, com o apoio de ONGs importantes, como a Anistia Internacional e a Human Rights Watch, com sede nos EUA e no Reino Unido. A ideia do TPI foi rechaçada inicialmente por todos os membros permanentes do Conselho de Segurança, não apenas os do norte, mas também China e Rússia.

Uma quantidade de indivíduos desempenhou um papel crucial na ascensão da Era da Responsabilização, indivíduos como Cherif Bassiouni, Jan Herman Burgers, Madeleine Albright, Juan Mendez, Silvia Fernández e Areyh Neier. Esses indivíduos não são necessariamente dos Estados mais poderosos do norte, mas vêm de diversas origens. Ambos, Bassiouni e Mendez, tinham sido presos por seus governos repressivos e tinham ido para

---

57   Luc Reydams, unpublished paper.

o exílio com um desejo de justiça em seus corações. Suas histórias ilustram como as ideias e conhecimentos muitas vezes viajam porque as pessoas viajam. A imposição de exílios nas ditaduras teve efeito reverso: os exilados contribuíram para o movimento de direitos humanos, não só por meio do movimento de suas histórias pessoais de repressão, mas também diretamente por sua participação tanto nos comitês pequenos quanto nas organizações cada vez mais profissionalizadas, que documentaram e divulgaram violações dos direitos humanos e promoveram a mudança de política e a mudança em associações profissionais ou na Organização das Nações Unidas.

Referências

Bass, G. (2000). **Stay the Hand of Vengeance**. Princeton, Princeton University Press.

Burgers, J. H. (1993). "Interview, November 13, 1993, The Hague".

Burgers, J. H., and Hans Danielius (1988). **The U.N. Convention Against Torture**.

Burgers, J. H. a. D., Hans (1988). **The United Nations Convention Against Tortures: A Handbook on the Convention against Torture and Other Cruel, Inhuman or Degrading Treatment or Punishment**. Dordrecht, Netherlands, Martinus Nijhoff.

Clark, A. (2001). **Diplomacy of Conscience: Amnesty International and Changing Human Rights Norms**. Princeton, Princeton University Press.

Clark, A. M. (2001). **Diplomacy of Conscience: Amnesty International and Changing Human Rights Norms**. Princeton, Princeton University Press.

Dicker, R. (2009). Interview, February 7, 2009, New Haven, CT.

Goldstone, R. (2000). **For Humanity: Reflections of a War Crimes Investigator**. New Haven, Yale University Press.

Ingelse, C. (2001). **The U.N. Committee Against Torture: As Assessment**. The Hague, Martinus Nijhoff Publishers.

International, A. (1977). **Torture in Greece: The First Torturers' Trial 1975**. London, Amesty International: 5-98.

Neier, A. (1992). Interview, March 19, 1992, New York City.

Neier, A. (1998). "**War Crimes. Brutality, Genocide, Terror, and the Struggle for Justice**".

Pinker, S. (2008). The Moral Instinct. **New York Times Magazine**: http://www.nytimes.com/2008/01/13/magazine/13Psychology-t.html.

Powers, S. (2002). **A Problem from Hell: America and the Age of Genocide**. New York, Basic Books.

Rodley, N. (1999). **The Treatment of Prisoners Under International Law**. Oxford, Oxford University Press.

Struett, M. J. (2008). **The Politics of Constructing the International Criminal Court**. New York, Palgrave Macmillan.

O *status* das anistias internas no Direito Penal Internacional

MAX PENSKY

Professor da Universidade de Binghamton/Universidade do Estado de
Nova Iorque (Estados Unidos)
Doutor em Filosofia pelo Boston College (Estados Unidos)

O *status* das anistias internas para crimes internacionais é uma questão complexa para a qual não temos uma resposta clara. Os motivos para essa complexidade e falta de clareza são múltiplos. Tanto a anistia como o Direito Penal Internacional têm mudado radicalmente durante os últimos anos, tanto em sua estrutura interna quanto quando compados um ao outro. Esses desenvolvimentos internacionais e externos estão longe de acabar.

É possível que a situação atual de instabilidade seja um retrato do processo de desenvolvimento que resulta, como muitos comentaristas desejam, em um preceito de Direito Internacional cristalizado, barrando as anistias internas para os mais graves dos crimes internacionais e revertendo o regime de impunidade internacional ao retirar as anistias da pauta quanto a tais crimes. Mas também é possível que a falta de clareza sobre a legalidade da anistia expresse ambivalências profundas na situação do próprio Direito Penal Internacional, levantando sérias questões sobre a adequação do modelo de Direito Penal para julgar as complexidades política, social e moral das democracias pós-conflito.

Este texto não espera dar um relato exaustivo das questões jurídicas em jogo e da histórica jurisprudência nacional e internacional relevantes para o discurso da anistia quanto a crimes internacionais, nem pretende fazer justiça à explosão de literatura acadêmica relevante sobre esse tema ao longo dos últimos dez anos[1]. Após uma breve discussão do contexto atual de nossa tese (1), esse estudo examinará as mais importantes fontes do Direito Internacional Público para normativas relevantes, e questões sobre a permissibilidade das anistias internas para crimes internacionais. Os tratados de Direito, como veremos, (2) têm pouco a dizer diretamente sobre essa questão, ainda que ofereçam numerosos argumentos para o dever do Estado de processar e punir, de onde a incompatibilidade das anistias pode ser – e frequentemente tem sido – inferida. O Direito Internacional Consuetudinário (3) também tem evidenciado um preceito 'cristalizador' contra a impunidade, a partir do qual uma norma antianistia cristalizadora foi, mais uma vez, inferida. No entanto, essa inferência está seriamente comprometida pela inconsistência das práticas estatais tidas a respeito do uso de programas de anistia no âmbito dos sistemas de justiça de transição, uma condição necessária para a tese de "cristalização" ser convincente. Finalmente (4), as decisões recentes dos tribunais penais internacionais e o comportamento do Tribunal Penal Internacional (TPI) oferecem algumas interessantes, embora não inteiramente consistentes, fontes subsidiárias de Direito Penal Internacional sobre anistia. No caso do TPI, em particular, sérias dúvidas persistem sobre que tipos de acordos para anistia pós-conflito seriam aceitáveis. Uma breve conclusão (5) resume o texto e levanta algumas especulações sobre o *status* do Direito Internacional enquanto recurso para resolver a conturbada história e o futuro incerto dos programas nacionais de anistia para as violações mais graves dos direitos humanos fundamentais.

1. CONTEXTO

Independentemente das considerações do Direito Internacional, as anistias têm sido permanentemente uma dimensão controversa dos esforços para justiça pós-conflito. Entre os profissionais da justiça de transição e os comentaristas, o pêndulo dos argumentos pró-anistia e antianistia parecem estar em constante movimento. Como reação ao espectro da impunidade que surgiu a partir das anistias em branco e autoanistias na Argentina, Peru e outros países do Cone Sul, um forte preceito anti-impunidade entre os juristas condenou tais anistias como incompatíveis com a justiça e, pragmaticamente,

---

1   Para duas recentes e abrangentes análises sobre a anistia interna, incluindo um amplo debate do estado das anistias sob o Direito Internacional, ver Mark Freeman, **Necessary Evils: Amnesties and the Search for Justice**, Cambridge 2101, e Louise Mallinder, **Amnesty, Human Rights, and Political Transitions: Bridging the Peace Justice Divide**, Hart 2008. Ver também Andrew Rigby, "Amnesty and International Law", **Nordic Journal of International Law** nº 74, 2005; Louise Mallinder, "Amnesties and International Criminal Law", em William Schabas e Nadia Bernaz, editores, **The Handbook of International Criminal Law**, Routledge 2010; Lisa J. Laplante, "Outlawing Amnesty: The Return of Criminal Justice in Transitional Justice Schemes", **Virginia Journal of International Law** nº 49, 2009.

péssimas apostas para as sociedades que tentam enfrentar as atrocidades do passado, pacificar adversários antigos e consolidar uma cultura de respeito pelo Estado de Direito[2].

Na segunda metade da década de 1990, a reação internacional à Comissão Sul-Africana de Verdade e Reconciliação e seu uso inovador de anistias individuais e condicionais como parte de uma abordagem integrada de justiça de transição incluiu um convite ao reexame da justiça e dos efeitos pragmáticos das anistias internas, e muitos comentaristas da justiça transicional começaram a ver a reconciliação como um objetivo social e político global, no qual as anistias não são apenas toleráveis, mas, em muitos casos, até mesmo desejáveis[3].

Este discurso pró-anistia limitado, entretanto, mudou, de modo incremental, ao longo da década seguinte. O perfil ascendente e a influência global do Direito Penal Internacional foi um dos principais fatores que contribuíram para o balanço do pêndulo. Um esforço estimulante para aplicar um regime coerente de respeito internacional pelos direitos humanos fundamentais e investigar e punir os crimes graves gerou um espectro de novas instituições jurídicas internacionais, dando ao Direito Penal Internacional, distinto da legislação de direitos humanos internacional, uma influência e credibilidade muito maiores.

Enquanto Estados-Nação individuais passaram a experimentar as recentes e ubíquas comissões de verdade internas, a ONU passou a patrocinar tribunais penais internacionais para a antiga Iugoslávia e Serra Leoa, e os tribunais híbridos no Timor-Leste e Camboja encarnaram uma visão muito mais robusta e internacionalista para a investigação, acusação e punição de crimes internacionais de genocídio, crimes contra a humanidade e crimes de guerra. Experiências nacionais com jurisdição universal, nas quais os Estados reivindicaram seu direito de acusar e processar os suspeitos de crimes internacionais independente da nacionalidade, reforçaram a reivindicação cosmopolita subjacente de que os crimes internacionais são de natureza universal, ofendendo todos os seres humanos, independente da nacionalidade da vítima e de seu opressor, dando assim justificativa legal para acusações em qualquer tribunal nacional. Finalmente, o advento do Tribunal

---

2   Para uma declaração clássica, ver M. Cherif Bassiouni, **Crimes Against Humanity in International Law**; Naomi Roht-Arriaza, "State Responsibility to Investigate and Prosecute Grave Human Rights Violations in International Law", **California Law Review** nº 78, 1990.

3   Entre a maciça literatura provocada pela Comissão de Verdade e Reconciliação Sul-Africana, ver, em especial Michael Scharf, "The Letter of the Law: The Scope of International Legal Obligation to Prosecute Human Rights Crimes", **Law and Contemporary Problems** nº 59, 1996.

Penal Internacional, com sua dedicação explícita à luta contra a impunidade por meio do processo penal internacional, foi um importante marco simbólico e prático do Direito Penal Internacional.

Sob o peso desses desenvolvimentos institucionais, as anistias internas para crimes internacionais perderam, gradualmente, muito da aura de aceitação ou, pelo menos, tolerância que tinham na comunidade jurídica internacional como resultado da experiência sul-africana. Revogação de anistias comuns estabelecidas no Peru e na Argentina reforçaram a opinião de que tais anistias não sobreviveriam a longo prazo sob o governo democrático, mesmo o "modelo espanhol" de uma anistia abrangente, e uma política oficial de esquecimento das atrocidades do passado parece gradualmente se deformar conforme o tempo passa.

Novas chamadas à aplicação de um preceito de impunidade enfatizaram as obrigações decisivas e absolutas dos Estados em julgar crimes internacionais. Tribunais penais internacionais com frequência tiveram uma visão obscura das anistias internas, apontando que tais anistias não teriam qualquer influência sobre seus processos. Os Estados que exercem a jurisdição universal sublinharam um consenso legal crescente de que as anistias domésticas para crimes internacionais não teriam validade extraterritorial[4], e o Tribunal Penal Internacional esclareceu que, embora dentro do território de um Estado, o tribunal internacional não reconhece a validade de uma anistia interna para quaisquer dos indiciados ante si[5].

Mais recentemente, contudo, dentro do mundo dos analistas e comentaristas, o pêndulo parece estar em movimento novamente. Um preceito jurídico contra a impunidade e um impulso correspondente para articular os fundamentos para um argumento de Direito Internacional que proíbe anistias domésticas estão sendo seriamente contestados por uma norma exigindo a responsabilização como o objetivo principal de justiça criminal para as transições. Embora um preceito para a impunidade pareça excluir qualquer coisa exceto o processo penal para autores de crimes graves, como uma pedra angular da jus-

---

4   Esta reivindicação legal fundamenta o princípio da jurisdição universal que permitiu a detenção, em Londres, de Augusto Pinochet pelas autoridades espanholas. Na jurisdição universal, ver Stephen Macedo, editor, **Universal Jurisdiction** Princeton 2004. O TESL declarou expressamente que a anistia de Lomé não tem qualquer influência sobre sua própria competência interna.

5   Como veremos abaixo, este é um ponto controverso. No caso da acusação do TPI contra os membros do LRA em Uganda, o procurador do TPI deixou claro que nenhuma anistia em Uganda seria considerada, para não atar as mãos do tribunal em seus esforços para prendê-los; contudo, esse ponto foi amplamente acadêmico, como a maioria dos líderes do LRA não estavam presentes em território ugandense.

tiça pós-conflito, essa norma também sofre de um problema de consciência interna, na medida em que a impunidade denota a ausência de uma sanção merecida. Como decerto está associada somente à culpa criminal, esta é produzida apenas em consequência de um processo legal legítimo, que implica a presunção de inocência, e anistias em branco excluem a possibilidade de tal procedimento. Assim, um preceito de impunidade responde à questão da legalidade das anistias de certo modo, com a resposta para uma pergunta 'a jusante' diferente. As anistias anulam a possibilidade de processo criminal, e não de sanção ou punição.

Em contrapartida, a responsabilidade é um preceito mais abrangente, que fornece recursos para as sociedades em transição responderem criativamente quanto à necessidade de justiça retroativa.

Uma implicação para o preceito da responsabilidade, ao qual voltarei na conclusão deste texto, é que é possível olhar além do ultimato das anistias ou qualquer anistia em um dado contexto de transição, e que as melhores práticas disponíveis a uma sociedade em transição podem, frequentemente, ser uma abordagem criteriosa e sensível ao contexto que combina ampla anistia condicional para os autores de menor importância com o processamento seletivo daqueles que estão no ápice da pirâmide de responsabilidade criminal. Tal abordagem vê a anistia condicional de baixo nível como integrada em um mecanismo mais amplo para a desmobilização, desarmamento e reintegração de ex-combatentes à pátria e transfere a questão da anistia do estritamente legal para o social. Contudo, não está totalmente claro se a linguagem e a prática do Direito Penal Internacional, como tem se desenvolvido atualmente, está particularmente bem adaptada para acomodar essa prática. Essa falta de adequação entre o Direito Penal Internacional e o desenvolvimento de uma compreensão das exigências da justiça nos diferentes níveis da pirâmide de culpabilidade indicam alguns desafios de longo prazo para o Direito Penal Internacional, se esse quiser permanecer como uma força genuinamente progressista no mundo da justiça transicional em todo o mundo.

Por essas razões, a situação atual é extremamente fluida e dinâmica, e não produz uma resposta definitiva para a questão da situação da anistia interna nos termos do Direito Internacional. Pode-se dizer que, em ambos os casos, estamos lidando com alvos móveis, nos quais os fatores políticos, jurídicos e até mesmo morais fazem o desenvolvimento de um afetar o dos outros. No entanto, a situação da anistia interna no Direito Internacional tem alguns pontos fixos, e tocar em alguns deles pode nos ajudar a nos orientarmos corretamente para a compreensão da situação atual.

Os tratados internacionais seriam o primeiro lugar mais óbvio para procurar-se uma declaração definitiva sobre a legalidade das anistias internas para crimes internacionais. Mas, como observa Mark Freeman, quando buscamos os textos de tratados internacionais, "o que mais se destaca é a ausência de proibição explícita para a anistia, em qualquer dos direitos humanos, tratados humanitários ou criminais. Não há um único tratado que, de forma explícita, sequer desencoraje qualquer tipo de anistia"[6]. Mark Trumbull concorda francamente: "não há tratado que obrigue os Estados a julgar todos os crimes graves sob o Direito Internacional"[7].

Apesar da (quase) ausência de qualquer referência explícita à anistia na linguagem dos tratados internacionais, muitos tribunais e juristas têm, no entanto, argumentado que as obrigações dos tratados internacionais implicam deveres dos Estados para processar e punir os atos de genocídio e crimes contra a humanidade que esses tratados proíbem

Essa lacuna, adotado o ponto de vista das relações internacionais em vez daquele do Direito Internacional, torna-se menos misteriosa. Estados negociando um tratado são parte interessada e zelosa de sua própria soberania. Nas negociações dos termos dos tratados internacionais, os Estados têm sido consistentemente relutantes a atrelar-se a tratados que, explicitamente, removam o que é entendido como um mecanismo diplomático poderoso na caixa de ferramentas do Estado. Além disso, devemos ter o cuidado de entender as anistias não apenas como ferramentas pragmáticas para duras negociações com autores intransigentes e possivelmente perigosos, mas também como expressão da soberania do Estado poderoso, útil tanto na esfera política externa quanto interna. Anistias por qualquer crime do Direito Interno, para não falar dos crimes cuja gravidade aumenta para

---

6   Freeman, 32.

7   Mark Trumbull, "Giving Amnesties a Second Chance", **Berkeley Journal of International Law** vol. 25, nº 2, 2008, p 288.

satisfazer a definição de um crime internacional, são atos em que a operação normal de um sistema de Direito Interno é suspensa. O poder de ditar a função normal e extraordinária de Direito Interno – como o jurista alemão Carl Schmitt colocaria, o poder para declarar a exceção à lei – é uma dimensão integrante e muito simbolicamente visível da soberania do Estado.

Assim, tanto na pragmática quanto no que podemos chamar de motivos simbólicos, os Estados têm mostrado extrema relutância em comprometerem-se com a linguagem dos tratados que explicitamente negam o poder de conceder anistias, e isso pode ser particularmente adequado para os Estados democratizados no pós-conflito, para os quais a dimensão expressiva da soberania, tanto interna quanto externa, podem ser muito significativa.

O silêncio do direito dos tratados internacionais sobre o próprio conceito de anistia tem uma exceção, embora seja uma surpresa. O Protocolo II de 1977 das Convenções de Genebra, responsável por regular a proteção das vítimas de conflitos não internacionais, inclui uma disposição que prevê que "[a]o fim das hostilidades, as autoridades no poder envidarão esforços para conceder a anistia mais ampla possível às pessoas que tenham participado de conflito armado, ou àquelas privadas de sua liberdade por razões relativas ao conflito armado, quer estejam internadas ou detidas"[8].

Apesar da (quase) ausência de qualquer referência explícita à anistia na linguagem dos tratados internacionais, muitos tribunais e juristas têm, no entanto, argumentado que as obrigações dos tratados internacionais implicam deveres dos Estados para processar e punir os atos de genocídio e crimes contra a humanidade que esses tratados proíbem[9]. Isso, obviamente, cria uma inferência de que as anistias, precisamente na medida em que barram os processos por tais atos, são uma violação ao

---

8   Protocolo Adicional às Convenções de Genebra de 12 de agosto de 1949, relativo à Proteção as Vítimas de Conflitos Armados não Internacionais (Protocolo II), de 8 de junho de 1977, art. 6(5). Como Freeman, Mallinder 2010 e outros notaram, essa disposição deixa em aberto a situação dos ex-combatentes em conflitos não internacionais, tais como guerras civis, que podem ter cometido crimes internacionais, e, portanto, estimula ao invés de restringir a concessão de anistias internas em tais casos. Curiosamente, a utilização legal mais significativa do art. 6(5) foi a opinião da Suprema Corte Sul-africana no famoso caso AZAPO, em que os parentes das vítimas da violência durante o Apartheid, incluindo os sobreviventes de Steve Biko, demandaram judicialmente para obstruir a execução do Comitê de Anistia da Comissão de Verdade e Reconciliação Sul-africano, alegando que tais anistias efetivamente negaram às vítimas sobreviventes seu direito constitucional de recurso judicial, e eram incompatíveis com o Direito Internacional na medida em que excluía a obrigação irrevogável para investigar e processar graves violações aos direitos humanos. Em sua decisão de permitir o funcionamento do Comitê de Anistia, o Tribunal refere afirmativamente o art. 6(5) para apoiar seu argumento de que as anistias foram, de fato, compatíveis com o Direito Internacional.

9   Para uma visão matizada recente ver Michael Scharf, "From the eXile Files: An Essay on Trading Justice for Peace", **Washington & Lee Review** nº 63, 2006.

cumprimento das obrigações legais de um Estado, e nesse sentido, certamente, contrárias ao Direito Internacional[10].

Essa inferência dos tratados internacionais pode ser distorcida de vários modos, alguns mais diretos que outros. Em alguns casos, os tratados internacionais podem ser interpretados para estabelecer uma obrigação legal sobre os Estados para *processar*; em outros, os tratados parecem implicar uma variedade de direitos de *recurso judicial* por parte das vítimas e dos sobreviventes que, pelo menos em princípio, é incompatível com anistias. Finalmente, os Estados-parte podem ter deveres de "respeitar e assegurar" os vários direitos e proteções concedidos por meio dos tratados, o que implica políticas de prevenção dos crimes internacionais, que por sua vez poderiam impossibilitar anistias[11].

Embora as questões jurídicas aqui sejam complexas e tenham gerado uma imensa literatura interpretativa, a minha opinião, junto com especialistas em anistia tais como Freeman, Trumbull e Mallinder, é que nenhuma leitura inequívoca do Direito dos tratados existentes, definitivamente, exclui as anistias domésticas, uma vez que cada tentativa para inferir tal proibição está sujeita a interpretações alternativas que estabelecem, pelo menos, a possibilidade de argumentos plausíveis para a compatibilidade de anistias.

O artigo I da Convenção contra o Genocídio, por exemplo, determina que todos os Estados signatários confirmem o genocídio como crime internacional "e se comprometam a prevenir e a punir". Isso parece implicar que Estados que anistiem *genocidas* potenciais estejam violando suas obrigações para com o tratado. Mas essa seria uma questão a ser levada a julgamento, uma vez que não é imediatamente óbvio se somente a punição poderia implicar o tipo de investigação, acusação, julgamento, condenação e sentença normalmente concebidos como o conjunto de procedimentos legais que as anistias impedem. Além disso, argumentos alinhados da lista detalhada de "violações graves" das quatro Convenções de Genebra, das quais todos os Estados participam, implicam a exigência de que os Estados investiguem, julguem e punam os autores de tais violações graves, que correspondem, aproximadamente, ao conjunto

---

10   Para uma declaração clássica ver Diane Orentlicher, "Settling Accounts: The Duty to Prosecute Violations of a Prior Regime", **Yale Law Journal** vol. 100, 1991.

11   Ver Robert Cryer, Hakan Friman, Darryl Robinson e Elizabeth Wilmshurst, editors, **An Introduction to International Criminal Law and Procedure**, Cambridge 2009, 33ff.

de infrações penais abrangidas pelo Direito Penal Internacional – homicídio intencional, tortura, prisão ilegal ou retirada de civis, e assim por diante. Contudo, não é uma conclusão simples a de que as "infrações graves" apontadas na Convenção de Genebra determinam de maneira inequívoca uma obrigação legal do Estado em abster-se de anistiar seus próprios nacionais. Há, em primeiro lugar, a distinção entre o conflito armado internacional – a preocupação final das Convenções – e o conflito interno ou doméstico, que, como vimos, é referido no Protocolo II, mas, nesse caso, o sentido do texto realmente parece encorajar as anistias em vez de proibi-las. A extensão máxima de todas as Convenções, o estado de guerra internacional, é como muitos comentaristas têm observado, realmente um subconjunto relativamente pequeno de todos os conflitos globais em que são cometidos crimes internacionais. Portanto, mesmo na medida em que podemos interpretar as Convenções de Genebra para declarar a anistia como uma violação das obrigações legais do Estado para investigar e punir as violações graves, isso só se aplica à pequena minoria dos cenários possíveis para anistias domésticas.

Além de possíveis interpretações das Convenções de Genebra e da Convenção sobre Genocídio, os comentaristas geralmente apontam para o artigo 7º da Convenção das Nações Unidas de 1987 contra a tortura e outros tratamentos ou punições cruéis, desumanos ou degradantes (CAT) como um possível tratado-fonte para as obrigações inderrogáveis dos Estados em punir, que implicaria em uma proibição para as anistias domésticas. Mas, mais uma vez, essa inferência não é hermética. Enquanto a linguagem do CAT exige que os Estados participantes processem ou extraditem os acusados de tortura, a ambiguidade da linguagem dá aos Estados critérios consideráveis sobre o tipo de investigação ou processo que devem conduzir. Além disso, o tratado abrange apenas as alegações de tortura cometida por agentes públicos ou por aqueles que estão sob algum tipo de autorização dos funcionários públicos, mais uma vez excluindo efetivamente membros de grupos rebeldes das disposições pertinentes.

3. O DIREITO INTERNACIONAL CONSUETUDINÁRIO

Ao contrário dos sistemas jurídicos nacionais, o Direito Internacional reivindica entre suas fontes não apenas o texto dos tratados internacionais (muitos dos quais, em qualquer caso, têm menor ratificação universal em meio à comunidade das nações), mas também o Direito Internacional Consuetudinário, que como o próprio nome indica, refere-se a princípios jurídicos que são firmemente estabelecidos, amplamente difundidos e prática consistente dos Estados[12]. Um espectro de fontes podem ser usadas para documentar essas práticas generalizadas e consistentes, incluindo os tratados, decisões judiciais internas, doutrinas e assim por diante. Além disso, as decisões dos tribunais internacionais também podem ser objeto de recurso para demonstrar o surgimento de uma norma habitual.

Para nossos propósitos, em especial, é importante ter em mente que, nos termos das definições pertinentes, conforme estabelecido no art. 38 do Estatuto do Tribunal Internacional de Justiça (a codificação das fontes reconhecidas do Direito Internacional), o costume é tão válido como fonte de direito quanto os tratados internacionais.

Duas condições devem ser satisfeitas para que um direito ou princípio jurídico de origem consuetudinária cumpra as exigências do Direito Internacional. Em primeiro lugar, esse princípio legal deve ser observado de fato – em termos leigos, é preciso ser capaz de demonstrar, de forma convincente, que a grande maioria dos Estados têm um princípio jurídico a ser realmente determinante para decidir questões de Direito. Em segundo lugar, as práticas de tal Estado, pelas quais afirma que conforma sua decisão para um dado princípio de forma realista, devem ser *opinio juris*; isto é, deve ser comprovado que os Estados agem em conformidade com o princípio porque reconhecem que são legalmente obrigados a fazê-lo, ao invés de, digamos, porque acreditam que a conformidade pode ser do seu interesse temporário ou porque é conveniente fazê-lo.

Como veremos, o Direito Internacional Consuetudinário fornece um recurso muito mais rico e promissor para responder à questão da legalidade da anistia interna. Tal riqueza vem com seu próprio preço, pois o Direito Internacional Consuetudinário, na sua imprecisão e curiosa autovalidação, é muitas vezes vago, deixando a todos muito espaço para a interpretação.

As perguntas para nós agora são as seguintes: primeiro, se o consagrado preceito consuetudinário de Direito Internacional proíbe a anistia interna; segundo, se existe evidência de que um preceito explícito antianistia está em *processo de emergência* como costume ou se está "*cristalizado*".

A primeira questão diz respeito ao interesse específico do Direito Internacional Consuetudinário, em sua determinação de *jus cogens*, literalmente, "convincente" ou lei maior;

---

12   Ver a fonte tradicional para a definição do Direito Internacional Consuetudinário na Carta do Tribunal Internacional de Justiça, art. 38.1.b., que define costume como "indícios de uma prática geral aceita como lei".

a Convenção de Viena define *jus cogens* como "um preceito aceito e reconhecido pela comunidade internacional dos Estados como um todo, um preceito cuja derrogação não é permitida e que só pode ser modificado por um preceito de Direito Internacional geral com a mesma natureza"[13].

Como é comumente usado na linguagem do Direito Internacional, *jus cogens,* portanto, refere-se coletivamente ao conjunto de atos que devem ser ilegais em qualquer sistema de Direito Interno; reciprocamente, para atos que todos os sistemas nacionais de Direito Penal são obrigados a declarar ilegais. Tais crimes *jus cogens* assim estabelecem um conjunto de preceitos correspondentes que são considerados peremptórios, isto é, são universalmente vinculativos para os Estados, sem exceção ou "derrogação". E a condição peremptória não derrogável dos crimes *jus cogens* pode ser usada para inferir uma obrigação universal e peremptória por parte dos Estados para prevenir, investigar, processar e punir tais crimes. Na terminologia do Direito Internacional, na medida em que um Estado admite que certos atos constituem uma violação do *jus cogens,* eles também assumem, assim, um caráter *"erga omnes,"* isto é, um dever de todos e contra todos, universalmente e independentemente de quaisquer obrigações decorrentes de tratados que um Estado possa ter ou não firmado[14].

Tais obrigações *erga omnes* certamente implicam que os Estados não possam aprovar leis que permitam infrações ao *jus cogens*. Claramente um argumento pode ser encenado afirmando que as anistias em tais casos desviariam dessa forte reivindicação, e, na verdade, grande parte do parecer jurídico que sustenta anistias internas como contrárias ao Direito Internacional Consuetudinário infere tal situação dessas obrigações universais peremptórias.

O *jus cogens* originou-se na proibição universal e sem exceção de crimes como a pirataria em alto-mar e a escravidão sancionada pelo Estado. A expansão da definição do *jus cogens* para crimes de genocídio, crimes contra a humanidade, tortura, estupro e outras violações graves do Direito Internacional está entre os menos espetaculares, porém mais influentes desenvolvimentos do regime pós-Nuremberg do Direito Penal Internacional. Se, portanto, o Direito Consuetudinário de fato gerou um conjunto coe-

---

13   Convenção de Viena sobre o Direito dos Tratados, 1155 U.N.T.S. 331, art. 53. Ver Freeman 274, nota 236.

14   No famoso "Caso Barcelona Traction", o Tribunal Internacional de Justiça definiu as obrigações *erga omnes* como aquelas que "decorrem, por exemplo, no Direito Internacional contemporâneo, a partir da proibição dos atos de agressão e de genocídio, como também dos princípios e regras relativos aos direitos fundamentais da pessoa humana, incluindo proteção contra escravidão e discriminação racial". 91, Barcelona Traction Case, (1970) ICJ Reports 3, página 32.

rente de preceitos jurídicos, sob os quais estão incluídos a maioria, senão todos os atos que são, geralmente, proibidos como violações graves dos direitos humanos no âmbito dos tratados internacionais, então, pode-se extrair uma série de conclusões que influenciam diretamente nossa questão.

Primeiro, identificando crimes como genocídio e crimes contra a humanidade como violações ao *jus cogens*, que, por sua vez, geram obrigações *erga omnes* de processar e punir, contornam-se as limitações óbvias do Direito dos tratados: a ausência de referências explícitas para anistias e a natureza de "colcha de retalhos" dos tratados. Nem todos os Estados tomam parte em todos os tratados internacionais, afinal. Muitos países são signatários de tratados sem tê-los ratificado; alguns países podem ratificar os tratados, mas, posteriormente, não incorporar as disposições do tratado em seus sistemas de Direito Interno, e assim por diante. O mais forte Direito baseado nos tratados, o regime de "infrações graves" das Convenções de Genebra, apenas regula os conflitos internacionais. Mas o dever de processar é derivado do Direito Internacional Consuetudinário, que é obrigatório em todos os países, independentemente de suas obrigações decorrentes de tratado ou de sua falta, abrangendo tanto conflitos internacionais como internos. Seu caráter, portanto, sem exceção, apresenta uma forte inferência dos Direitos dos países para uma proibição de anistias que o tratado não faz.

Mas a utilização do Direito Consuetudinário Internacional como um recurso para a montagem desse tipo de argumento contra a anistia tem um preço elevado. O processo pelo qual uma norma jurídica torna-se parte do Direito Consuetudinário Internacional não é apenas, e talvez nem sequer predominantemente, jurídico, mas, em última instância, de natureza política. As práticas dos países, em outras palavras, são frequentemente consideradas para "cristalizar" um novo preceito legal, numa metáfora que sugere uma grande complexidade causal. Quando um novo preceito cristaliza, o que começa como um processo fluído e dinâmico de negociação política, fragmentada e pragmática gradualmente se consolida em lei, uma lei sólida, enquanto os países, vigiando outros países, aceitam que um dado preceito não é apenas uma opção política entre outras a serem seguidas ou rejeitadas de acordo com o cálculo do interesse nacional, mas, de fato, uma obrigação legal geralmente reconhecida que restringe a liberdade de ação política nacional. E, uma vez cristalizado, temos enquanto natural decorrência da metáfora que a lei fluída torna-se dura e fria e continuará a ser uma barreira permanente para a prática estatal indefinidamente no futuro[15].

---

15   No Direito Internacional Consuetudinário, geralmente, ver Mark E. Villiger, **Customary International Law and Treaties: A Manual on the Theory and Practice of Interrelating Sources**, The Hague: Kluwer, 1997.

O amplo uso da metáfora da cristalização certamente tem a vantagem de descrever a relação de profunda dependência mútua do desenvolvimento de novos preceitos do Direito Internacional e do processo dinâmico da política e até mesmo dos preceitos morais no contexto da política internacional e das relações internacionais. A aprovação dos países para preceitos vinculativos para sua prática tem, certamente, uma dimensão política, em que, no decurso de uma cascata de justiça, um preceito atinge um 'ponto de inflexão' no qual ele é aceito como válido, e uma vez que conformado estrategicamente, corresponde ao conceito legal de *opinio juris*, a segunda condição necessária para o costume, justamente com a prática estatal consistente.

Mas, como qualquer metáfora de controle, o processo de cristalização também tem o potencial para a produção de uma série de problemas de interpretação, de modo geral, e no contexto particular da questão da legalidade da anistia no plano nacional.

A cristalização ocorre, fundamentalmente, desde o olhar do observador. Tanto as práticas estatais estabelecidas quanto a *opinio juris* são responsáveis por julgamentos subjetivos, e aqueles que fazem o julgamento subjetivo – os tribunais, com suas decisões, agentes governamentais, mas também juristas, organizações não governamentais e outros peritos diplomáticos, políticos e acadêmicos – são geralmente as partes interessadas. Assim, declarar um preceito consuetudinário como cristalizado, ou em cristalização, pode levantar a suspeita de se estar a tratar como um fato objetivo uma ilusão ou uma esperança, como numa profecia que se autorealiza. A própria ideia de Direito Internacional Consuetudinário trabalha sob a suspeita de nada mais ser que aquilo que os filósofos definem como uma falácia naturalista, uma inferência injustificada sobre quais são os fatos relevantes normativamente ou quais deveriam ser.

Falácias naturalistas, no entanto, ocorrem em duas direções, e afirmações sobre um preceito determinado já estar cristalizado em costume, ou sobre os preceitos que estão em processo de cristalização, podem facilmente aparecer como inferências injustificadas a partir do que o comentarista quer obter, ou seja, o que ele reivindica. Na verdade, as peculiaridades das condições de surgimento de novos preceitos jurídicos estão no cerne de várias críticas quanto ao costume ser uma fonte válida de Direito Internacional ao lado do Direito dos tratados[16].

---

16   Ver, por exemplo, J. Patrick Kelly, "The Twilight of Customary International Law", **Virginia Journal of International Law**, nº 40, 2000; N.C.H. Dunbar, "The Myth of Customary International Law", **Austin Yearbook for International Law** nº 1, 1983.

A questão da legalidade da anistia para crimes internacionais, apelando-se ao Direito Internacional Consuetudinário para defender a existência de um preceito cristalizado, ou cristalizando-se, de que tais anistias são contrárias às obrigações dos países para processar, e são, portanto, contrárias ao Direito Internacional, apresenta-se como um enorme problema. Por um lado, não pode haver nenhuma dúvida de que a categoria dos crimes de *jus cogens*, e seu caráter *erga omnes*, estão, de fato, cristalizados, incorporando-se após a agenda da era Nuremberg sobre direitos humanos básicos e o correspondente conjunto de crimes internacionais como a expressão de um conjunto de preceitos jurídicos imperativos. Essa cristalização acelerou-se dramaticamente no final de 1980 e na década de 1990, no surgimento dos processos de democratização da América Latina e América do Sul, da antiga União Soviética, Ásia Oriental e, de forma limitada, da África subsaariana. Com todas as ressalvas óbvias, é prática constante entre a comunidade dos Estados soberanos barrar-se atos como tortura, genocídio, limpeza étnica e atrocidades em massa; e pode-se, certamente, argumentar que essas barreiras não são mera conveniência, mas expressam *opinio juris* de que os países não podem torturar ou assassinar legalmente em seu caminho rumo ao interesse nacional. Mesmo em casos como o uso da tortura pelos Estados Unidos durante a "guerra ao terror" do governo de George W. Bush, uma grande quantidade de manobras burocráticas e legais foram necessárias para dar uma aparência de legitimidade às políticas de Estado de tortura, progressivamente, por explorar as ambiguidades da linguagem inevitável do tratado internacional e definir políticas públicas como algo diferente do que a definição legal de tortura[17].

E, ainda por outro lado, dados coletados e analisados por Louise Mallinder sobre as políticas de anistia no cenário internacional oferecem confirmação empírica sólida para a afirmação de que, ao longo dos últimos dez anos, mesmo com a ascensão de uma norma anti-impunidade muito forte, ao invés de reduzirem-se, aumentaram em muito o número de anistias internas para suspeitos de crimes internacionais postas pela legislação nacional dos países[18].

---

17   Como Geoffrey Robertson coloca a questão: "a questão sobre a maioria das regras de direitos humanos não são as que os governos acreditam ser juridicamente vinculativas, mas aquelas que os governos realmente acreditam não estarem *juridicamente* vinculadas, mas, cujas violações são tão propensas à indignação da opinião mundial que devem ser escondidas ou, se expostas, defendidas em tecnicismos legais... Assim, a lei contra a tortura generalizada e sistemática pertence a esse corpo ilusório especialmente poderoso de regras de direitos humanos, a violação do que, dentro de um Estado, eleva sua forma conduta para 'assuntos internos' , de uma afronta à consciência global de que o mundo pode intervir para prevenir ou mesmo punir". **Crimes Against Humanity: The Struggle for Global Justice** NY Penguin 2002, 91.

18   Mallinder, **Amnesties, Human Rights, and Political Transitions**, chapter 3; ver também Ronald Slye, "The Legitimacy of Amnesties under International Law and General Principles of Anglo-American Law: Is a Legitimate Amnesty Possible?" **Virginia Journal of International Law** nº 43, 2002; Trumbull 295.

Uma explicação para esse aparente paradoxo é, simplesmente, um produto das relações internacionais: apenas porque os preceitos jurídicos internacionais cristalizam não significa que os países estejam dispostos a fazer qualquer coisa sobre o assunto[19]. Mas Mallinder cita outra explicação, talvez, diametralmente oposta, oferecida por Ronald Slye. Segundo esse argumento, o aumento da utilização de anistias desde o início de 1990 realmente expressa a crescente influência do Direito Penal Internacional, que agora representa uma ameaça crível de que os autores dos mais graves crimes internacionais enfrentarão acusações e repressão. Ao invés de assumir a impunidade como garantida, os agentes de Estado promovem a anistia para se protegerem contra os processos que anteriormente teriam sido improváveis no âmbito interno ou em nível internacional. Assim, em um exemplo clássico de consequências não intencionais, o fortalecimento do Direito Internacional tem servido, de fato, se não para aumentar o valor das anistias internas, pelo menos para aumentar a *percepção* desse valor para os agentes estatais relevantes.

Isso lança sobre os argumentos do preceito antianistia uma nuvem de suspeita – de tentar promover (com escassas evidências), ao invés de identificar, a cristalização de alguns preceitos: como Michael Scharf coloca a questão, "aqueles que argumentam que o Direito Internacional Consuetudinário se opõe à anistia/exílio por crimes contra a humanidade baseiam sua posição em resoluções não vinculantes da Assembleia Geral, declarações exortativas de conferências e convenções internacionais que não são amplamente ratificadas, ao invés de qualquer prática de estado extensa e coerente com tal regra"[20].

Há, claramente, muito mais a ser dito sobre esse assunto. O que se poderia chamar de o poder expressivo das anistias, a sua capacidade como atos de execução para comunicar várias mensagens políticas, tanto em nível nacional como internacional, é um campo rico e complexo para o qual ainda aguardamos uma análise adequada. Mas essa discussão deve ser suficiente para mostrar que a fonte mais promissora de uma voz unívoca na legislação internacional sobre o *status* das anistias, um preceito supostamente cristalizado no Direito Internacional Consuetudinário, não pode ser chamado à existência[21]. De fato, em países como Argélia e Colômbia, novos programas de anistia, sofisticados e democraticamente

---

19   Ver Leyla Sadat, "Exile, Amnesty and International Law", § 9.

20   Scharf, "From the eXile Files", 360-1.

21   Trumbull concluiu que "[a]prática dos países, especialmente a prática da maioria dos países afetados por crimes graves do Direito Internacional, é a mais forte indicação de que não há Direito Internacional Consuetudinário, que institui o dever de processar os perpetradores de tais crimes". 295. Ver também Scharf, "From the eXile Files", 360: "Não obstante as conclusões quiméricas de alguns estudiosos, há poucas evidências de que uma regra que proíbe a anistia ou asilo em casos de crimes contra a humanidade amadureceu em um novo preceito obrigatório do Direito Internacional Consuetudinário".

populares, adaptados de várias maneiras para acomodar – ou talvez desafiar – uma suposta barreira internacional sobre anistia, falam eloquentemente de uma prática contínua de incluir anistias para crimes internacionais em seu conjunto de ferramentas de negociação, enquanto implementam abordagens abrangentes de justiça transicional.

| 4. | TRIBUNAIS E CORTES INTERNACIONAIS |

A prática estatal pode ser expressa não apenas pela legislação nacional, mas também pela adjudicação nacional, que é como o sistema jurídico interno funciona, que tipo de decisões judiciais produz e se essas decisões tornam-se precedentes definitivos para práticas estatais subsequentes. Porém, com a ascensão dos tribunais transnacionais e internacionais, um novo jogador entra no processo de produção do Direito Consuetudinário. Na verdade, o aumento notável do Direito Penal Internacional ao longo dos quinze anos passados decorre de sua alta visibilidade. As Nações Unidas apoiaram tribunais penais internacionais, o Tribunal Especial de Serra Leoa (TESL) e o Tribunal Penal Internacional para a antiga Iugoslávia (PTIY). Além disso, temos os tribunais internacionais ou regionais, como o Tribunal Europeu dos Direitos Humanos, a Corte Interamericana de Direitos Humanos e, desde 2002, o Tribunal Penal Internacional (TPI).

Todos esses tribunais em contextos diferentes, têm sido impelidos a tomar alguma posição sobre a legalidade da anistia interna. E, na maioria das vezes, eles têm sido consistentes em sua posição de que tais anistias não estão em conformidade com as normas jurídicas internacionais. Portanto, pode-se estar inclinado a ver o desenvolvimento da jurisprudência da constelação de tribunais supranacionais como a fazer uma contribuição significativa para a cristalização de um preceito habitual antianistia.

Entretanto, essa conclusão seria difícil de justificar. Antes de tudo, a situação de tais decisões judiciais dos nacionais e supranacionais penais é fortemente limitada. O costume, em Direito Internacional, surge como lei a partir de uma combinação de práticas de Estado e *opinio juris*. As sentenças dos tribunais internacionais podem ser consideradas relevantes recursos secundários que podem indicar linhas gerais do desenvolvimento do Direito Internacional. Mas, como Mark Freeman diz, "enquanto os tribunais podem fazer observações sobre as tendências percebidas no Direito Consuetudinário ou sobre seu conteúdo percebido, eles não podem 'fazer' o Direito Consuetudinário. A esse respeito, qualquer tendência na jurisprudência da anistia não tem qualquer relação direta com a formação do costume"[22].

---

22   Freeman, 47-48.

Na verdade, como Freeman também observa, as tendências nas práticas dos Estados e na jurisprudência internacional parecem estar se movendo fortemente em direções opostas pelas razões acima expostas. No entanto, as decisões relevantes para a anistia dos tribunais internacionais têm sido frequentemente invocadas pelos comentaristas que defendem a cristalização de um preceito antianistia, e, por esse motivo, é importante dar, pelo menos, uma olhada rápida em duas das mais importantes e influentes dessas decisões.

Em primeiro lugar, em *Prosecutor v. Furundzija*, a Câmara de Julgamento do TPIY decidiu que, à medida que a tortura é uma violação *jus cogens*, implica uma obrigação legal de processar, ou seja, qualquer anistia para tal ato seria "geralmente incompatível com o dever do Estado de investigar" a tortura[23]. À medida que a discussão da anistia não foi central para os fatos ou as questões jurídicas do caso, no entanto, a afirmação do Tribunal de Justiça foi *obiter dictum*, que é um comentário não necessariamente essencial a qualquer princípio legal afirmado na resolução do caso[24].

O segundo caso é mais significativo. No caso do Tribunal Especial de Serra Leoa, entre os trabalhos mais urgentes do Tribunal estava a tarefa de confrontar as anistias em branco que haviam sido concedidas ao líder rebelde Foday Sankoh e a muitos de seus principais líderes militares em 1999 no Acordo de Lomé, que trouxe uma pausa temporária aos conflitos violentos da guerra civil em Serra Leoa. Já na época da assinatura do Acordo de Lomé, o atual representante oficial das Nações Unidas registrou uma reserva de última hora para a inclusão dos crimes contra a humanidade e crimes de guerra e explicou que a ONU, por sua vez, não reconheceria qualquer anistia para esses crimes. A Comissão de Verdade de Serra Leoa, entretanto, pareceu totalmente preparada para aceitar os termos da anistia geral do tratado de paz de Lomé, concedendo, assim, pelo menos a aparência de legitimidade para uma combinação entre anistia e comissão de verdade, familiar desde a experiência sul-africana, na qual faltam praticamente todos os mecanismos de responsabilização.

O estatuto do Tribunal Especial para Serra Leoa já incorporou a mesma visão sobre anistias para crimes contra a humanidade e crimes de guerra apontada na reserva da ONU: tais anistias não seriam consideradas legítimas pelo tribunal. Foi esse estatuto e suas implicações posteriormente contestados. Na decisão do Tribunal, no acórdão "*Prosecutor*

---

23   Prosecutor v. Anto Furundzija, Judgement, Case Nº, IT-95-17/1-T, § 155.

24   A decisão Furundzija não optou por emitir os pareceres de anistias *per se*, portanto, não tomou nenhuma posição sobre a admissibilidade de anistias gerais, por uma questão de Direito Internacional.

vs. Kallon e Kamara", rejeitou-se a alegação de que sua recusa em reconhecer as anistias do Acordo de Lomé violava tratados internacionais válidos. Fundamentando sua decisão, a Corte escreveu "...que há um preceito em cristalização internacionalmente de que o governo não pode conceder anistia para violações graves dos crimes de Direito Internacional, que é amplamente apoiado materialmente perante o Tribunal de Justiça, [mas a visão] de que se tenha cristalizado pode não estar inteiramente correta... aceita-se que tal preceito esteja em desenvolvimento no âmbito do Direito Internacional".[25]

Enquanto os tribunais internacionais, como o TESL e o TPIY, foram fortemente limitados, tanto em sua jurisdição quanto em sua duração, o Tribunal Penal Internacional foi criado para ser um tribunal permanente e global do Direito Penal Internacional. Como outros tratados internacionais da Carta de Roma, o do Tribunal Penal Internacional não faz nenhuma referência explícita à anistia; como outros tratados, essa omissão expressa a relutância dos países participantes das negociações em comprometerem-se com esse tipo de linguagem. É portanto, um compromisso desajeitado que tenta definir ao Tribunal de Justiça o valor fundamental da complementaridade da ação penal, de tal forma que as anistias sejam, pelo menos indiretamente, desencorajadas.

O papel autodefinido do Tribunal Penal Internacional é o de um 'escudo' criminal, e o princípio da complementaridade afirma que a preferência será sempre para os processos domésticos quanto a crimes de genocídio, crimes contra a humanidade, crimes de guerra e (a partir de 2010) crimes de agressão, as quatro categoria de crimes internacionais que a Carta de Roma determina estarem sob a jurisdição do TPI. Dada a manifesta relevância das anistias internas para o princípio da complementaridade, indiretamente, o extremo da Carta de Roma sobre o tema pode ser tido como uma ambiguidade criativa[26] que conscientemente se abstém de amarrar as mãos do Gabinete do Procurador do TPI e que os casos difíceis sobre anistias internas serão tema da jurisprudência acumulada, na medida em que o TPI recebe, encaminha e inicia os processos por si mesmo[27].

---

25   Promotor de Justiça v Morris Kallon e Brimma Bazzy Kamara, SCSL-2004-15-AR72(E) & SCSL-2004-16-AR72(E), Decisão de 13 de março de 2004, § 71; Promotor de Justiça v Augustine Gbao, SCSL-2003-01-I, Decisão de 31 de maio de 2004, § 9. Para uma descrição completa do processo de Lomé e seu efeito legal subsequente no TESL ver Priscilla Hayner, "Negotiating Peace in Sierra Leone: Confronting the Justice Challenge", **Center for Humanitarian Dialogue Report**, 2007.

26   Scharf atribuiu este termo para Phillipe Kirsch, Presidente da Conferência Diplomática de Roma. Scharf também cita os comentários de Kofi Annan de que seria 'inconcebível' para o TPI "minar uma anistia para o acordo de paz, por meio da prossecução penal em uma situação como a da África do Sul". Kofi Annan, em discurso na Universidade de Witwatersrand, Cerimônia de Formatura, 1º de setembro de 1998, citado por Darryl Robinson, "Serving the Interests of Justice", 12; citado aqui em Scharf, "From the eXile Files", 367.

27   Ver Cassesse.

Realisticamente, porém, a situação das anistias no âmbito do Direito Penal Internacional é uma preocupação imediata e urgente para as funções mais básicas da Promotoria do TPI, uma vez que a sutileza da Carta privou o TPI e seus países membros de um exigível grau mínimo de clareza legal, tendo os trabalhos do Tribunal, desde o seu primeiro momento, refletido essa ausência de clareza[28]. O complexo papel da acusação formal do TPI a Joseph Kony, líder do Exército de Resistência do Senhor (Lord's Army Resistance) em Uganda, é uma demonstração dos desafios que surgem quando uma anistia interna não tem efeito *domesticamente* na opinião de um tribunal internacional[29].

O artigo 17 da Carta de Roma expressa o princípio da complementaridade como condição de admissibilidade de processos perante o Tribunal. Mais especificamente, o artigo esclarece que são inadmissíveis "casos que estão sendo investigados ou processados por um país que tem jurisdição sobre os mesmos, salvo se o país não está genuinamente disposto ou apto a realizar o inquérito ou o processo". Daí surge a questão sobre qual atitude terá o TPI, em especial o Gabinete do Procurador, nos casos em que a anistia interna pode ser interpretada como uma expressão ou ato de falta de "disposição" de um país para processar crimes. A introdução do termo "genuinamente" na

> Não há dúvida de que o TPI não tem vínculo e não deve considerar-se vinculado de qualquer forma a uma anistia nacional para uma pessoa que foi investigada e indiciada no curso de seus próprios procedimentos

linguagem do artigo tem todas as marcas de um compromisso complicado, uma vez que concede margem de manobra para negociadores internacionais, mas também cria uma zona cinzenta legal.

Não há dúvida de que o TPI não tem vínculo e não deve considerar-se vinculado de qualquer forma a uma anistia nacional para uma pessoa que foi investigada e indiciada no

---

28   Ver Michael Scharf, "The Amnesty Exception to the Jurisdiction of the International Criminal Court", **Cornell International Law Journal** nº 32, 1999.

29   Ver Max Pensky, "Amnesty on Trial: Impunity, Accountability and the Norms of International Law", **Ethics and Global Politics** 1:1-2, June 2008; Louise Mallinder, "Uganda at the Crossroads: Narrowing the Amnesty?" Working paper 1 from **Beyond Legalism: Amnesties, Transition and Conflict Transformation**", Institute of Criminology and Criminal Justice, Queen's University Belfast, March 2009.

curso de seus próprios procedimentos. Essa pessoa – por exemplo, Joseph Kony em Uganda – não poderia esperar de uma anistia nacional qualquer efeito extraterritorial aos olhos do juiz, mas também não poderia esperar que o tribunal reconhecesse como válida a anistia para seus próprios fins, mesmo dentro do território de Uganda (embora a questão da execução de um mandado de prisão, ou da impossibilidade de tal execução, levante questões sobre o significado prático da posição do Tribunal).

Uma pergunta mais pertinente é saber se o Tribunal, em geral, e o Gabinete do Procurador, em particular, estariam dispostos a aceitar como juridicamente adequada uma abordagem de justiça de transição interna que imitou a experiência da anistia na África do Sul. Ou seja, uma abordagem de justiça de transição interna que integrou anistias individualizadas para os perpetradores de crimes internacionais, cumprindo com a definição do artigo 17 de expressar uma vontade "genuína" para processar[30].

Alguém poderia argumentar que o modelo de anistia sul-africano, de fato, fornece um mecanismo para o processamento. Os agentes que não estão dispostos a satisfazer as inúmeras exigências para o pedido de anistia – incluindo uma confissão de culpa e testemunho exaustivo – continuam passíveis de processamento, assim como aqueles cujos pedidos completos foram recusados pela Comissão de Anistia (com poderes de Tribunal). Nos casos em que tais anistias condicionais e individualizadas foram oferecidas, em que anistias seletivas foram dadas como exigências de contrapartida que pudessem ser documentadas para contribuir tanto para objetivos maiores de justiça quanto para estabelecimento de condições relativas a paz e segurança, muitos comentaristas acham difícil imaginar que o Tribunal iria intervir para impedir uma política de anistia, e que, ainda, seria necessário um alinhamento de condições politicamente improváveis, incluindo a decisão do Procurador Geral de iniciar investigação e ação penal sob sua própria iniciativa (a*"proprio motu" na* disposição da Carta de Roma), e do referendo ou pelo menos da não interferência do Conselho de Segurança da ONU. Pragmaticamente, tal iniciativa unilateral poderia demonstrar que a vontade da Corte de interferir no curso do processo interno de transição poderia ter um preço muito alto ante a seu papel de 'escudo' para a Justiça Penal.

---

30   A questão do tipo de anistia que se provaria aceitável para o Gabinete do Procurador do TPI – isto é, que não provocaria a falta de vontade "genuína para julgar" a cláusula do artigo 17 – tem sido objeto de uma grande quantidade de especulação acadêmica, mais recentemente em relação aos programas de anistia na Colômbia e Argentina. Ver, entre outros, Michael Scharf, The Amnesty Exception to the Jurisdiction of the International Criminal Court", The International Criminal Court, 2004; Darryl Robinson, "Serving the Interests of Justice: Amnesties, Truth Commissions, e a International Criminal Court", **European Journal of International Law** nº 14, 2003; Outhwick, Katherine, "Investigating War in Northern Uganda: Dilemmas for the International Criminal Court", **Yale Journal of International Affairs** (Verão/Outono 2005).

Na atual situação geopolítica, o Direito Penal Internacional não é capaz de oferecer uma orientação clara quanto à legalidade das anistias internas para crimes internacionais. A linguagem dos tratados internacionais, o silêncio sobre tais anistias, só podem ser interpretados como proibição indireta destas, por expressar um direito irrevogável de se julgar tais crimes. Essa rota indireta tem muitas áreas de ambiguidade e lacunas, como tecer argumentos baseados em tratados relativamente fracos. O Direito Internacional Consuetudinário cristalizou um preceito das obrigações dos países de proibir crimes *Jus cogens*.

Mas, novamente, apesar de muitas tentativas de ler o desenvolvimento do Direito Internacional Consuetudinário desse modo, como um preceito cristalizador, não se traduz diretamente em uma norma de restrição à anistia interna. Um requisito fundamental para esse preceito estar cristalizado, a prática estabelecida dos Estados, não pode ser estabelecido. Ao contrário, a ascensão do Direito Penal Internacional está associada a um aumento de anistias, não a uma diminuição. As decisões dos tribunais supranacionais, incluindo o Tribunal Penal Internacional para Serra Leoa e a antiga Iugoslávia, têm oferecido uma série de casos importantes, nos quais anistias internas foram consideradas como contrárias ao Direito Internacional, e seguir essas decisões judiciais e pareceres aponta para uma substancial e importante dimensão da jurisprudência. Mas essas decisões não somam-se a uma norma legal consistente e poderosa e, em muitos casos, os tribunais internacionais também manifestaram a sua disponibilidade em tolerar anistias sob certas condições. O Tribunal Penal Internacional, por fim, não tem ainda posições definitivas sobre a sua própria posição sobre a legalidade das anistias internas.

A situação atual é, seguramente, instável, oferecendo uma visão momentânea de um processo de desenvolvimento com um longo e complexo arco. Esse arco, de fato, leva na direção da justiça: na perspectiva unilateral das autoanistias internas, das anistias em branco, no Cone Sul na década de 1970 e 1980, não seria hoje concebível qualquer tipo de reconhecimento jurídico internacional e até mesmo internamente, ou seja, tais anistias em branco têm pouca perspectiva de longo prazo e legitimidade política[31]. Imunidade para crimes internacionais em larga escala foi retirada de pauta e a questão do efeito extraterritorial das anistias internas recebeu uma resposta firme. Agentes que receberam anistias em branco, sem mecanismos de responsabilização correspondentes, não podem

---

31   Ver William Burke-White, "Reframing Impunity: Applying Liberal International Law Theory to an Analysis of Amnesty Legislation", **Harvard International Law Journal**, nº 42, 2001, 478-9.

contar inteiramente com sua segurança quanto ao não indiciamento e prisão no seu próprio território. Nesses aspectos, há certamente um sentido claro de que as anistias em branco são, e provavelmente vão continuar sendo, contrárias à norma de responsabilização crescente no Direito Internacional Penal. Esse é um grande avanço em matéria de Justiça Penal Internacional.

No entanto, se distinguirmos entre as irresponsáveis anistias em branco, cujo objetivo é transparentemente acobertar os perpetradores de atrocidades para que não enfrentem a Justiça, e as altamente complexas e negociadas anistias que encontramos no atual contexto dos mecanismos contemporâneos de transição interna, voltadas para alguma forma de Justiça, o *status* da anistia ante o Direito internacional torna-se realmente incerto. Com efeito, se é que existe tal coisa como uma norma emergente da Justiça Penal Internacional, essa parece ser uma norma de responsabilização que sugere a *combinação* das anistias e da proibição das anistias em um mecanismo de justiça transicional global: dada a pirâmide de responsabilização, os processos de desmilitarização, o desarmamento e reintegração dos combatentes podem encorajar anistias individualizadas como um componente-chave, maximizando a eficácia de outros mecanismos para conciliar os objetivos de segurança e da responsabilidade criminal. No topo da pirâmide, no entanto, o processamento criminal de pessoas em posições mais elevadas de autoridade e de comando no Estado, as lideranças políticas e militares, exclui a possibilidade de um acordo paz-por-anistia com potenciais sabotadores da democracia. Essa norma "tanto-quanto" parece particularmente atraente onde há razões para duvidar da extensão da responsabilidade penal dos autores de menor peso, e onde as atrocidades podem ser documentadas como resultado do planejamento nos níveis mais elevados do governo e das forças de segurança.

Essa norma oferece uma responsabilização equilibrada para uma combinação de anistia para o opressor de "menor potencial" e ações penais para a cúpula de alto nível, mas certamente não responde à questão central do estatuto jurídico de anistias, e, de fato, levanta novas questões importantes de sua própria natureza (e não menos importante, o *status* de tal abordagem para o nível médio da responsabilidade penal, em que sem dúvida os mais apropriadamente processados seriam encontrados). Mas ela também destaca um desafio central da Justiça Penal Internacional, que pode servir como uma conclusão provisória a este estudo.

Na medida em que a experiência global com as novas instituições ativas da Justiça Penal Internacional se aproxima de seu vigésimo aniversário, as questões remanescentes permanecem sobre a forma, ou a falta de forma, entre os compromissos paradigmáticos da Justiça Penal e os desafios característicos das transições pós-conflito. O primeiro implica que o crime pode ser interpretado em termos de inocência ou culpabilidade penal individual das pessoas, o segundo envolve um amplo conjunto, socializado, e diversos tipos de eventos, pessoas e processos em que os atos criminosos individuais podem certamente ser sempre identificados, mas apenas ao custo potencial de perda de perspectiva e contexto.

É possível que o Direito Penal Internacional tenha que expandir sua própria dependência paradigmática a respeito da culpabilidade individual em relação aos atos potencialmente criminosos em separado, a fim de participar de forma mais significativa nas experiências de justiça pós-conflito, que abrangem um espectro de desafios legais, morais e políticos. A dificuldade atual que o Direito Penal Internacional parece experimentar é a distinção básica entre as anistias em branco oferecidas como impunidade aos piores criminosos, de um lado, e anistias individualizadas e condicionais para infratores de baixo potencial, como parte de um programa de desmobilização coordenada, desarmamento e reintegração, por outro lado. Em muitos aspectos, é uma pequena parte de um grande desafio que o futuro desenvolvimento do Direito Penal Internacional deverá abordar para que suas novas expressões institucionais reforcem a luta global pela justiça e proteção dos direitos humanos.

A Anistia e o Sistema Interamericano de Direitos Humanos

PAR ENGSTROM

Professor na Escola de Estudos Avançados da Universidade de Londres
(Reino Unido)
Doutor em Relações Internacionais pela Universidade de Oxford
(Reino Unido)

XI de AGOSTO - 75 anos
LIBERDADE DE ORGANIZAÇÃO,
NIFESTAÇÃO E EXPRESSÃO
PARTIDÁRIA
POR UM PARTIDO OPERARIO
INDEPENDENTE
LIVRE E SOBERANA
PELA LIBERDADE DE EXPRESSÃO
E ORGANIZAÇÃO VIVA A UNE
PELA ANISTIA
IRRESTRITA
GREMIO POLITECNICO 1903-1978
AVANÇOS NO MOVIMENTO ESTUDANTIL

ATO PÚBLICO PELAS LIBERDADES DEMOCRÁTICAS NO
LARGO SÃO FRANCISCO, EM SÃO PAULO

FONTE: ARQUIVO NACIONAL

O Sistema Interamericano de Direitos Humanos (IAHRS, em inglês) surgiu como uma entidade quase judicial, com mandato mal definido, com vistas a promover o respeito aos direitos humanos na região. Consiste em um regime jurídico formal que permite aos cidadãos apresentar petições com a finalidade de contestar as atividades domésticas de seu próprio governo. O acesso dos indivíduos ao regime de direitos humanos tem sido fortalecido - ao longo do tempo - à medida que o sistema evoluiu para um regime jurídico com enfoque processual na força da argumentação jurídica e na geração de jurisprudência regional de direitos humanos. Na sequência da transição para a democracia na América Latina, a evolução do IAHRS ficou ligada à questão de como lidar com as violações dos direitos humanos ocorridas nos regimes anteriores. Este trabalho apresenta uma avaliação da contribuição do IAHRS para a formação de tendências regionais de justiça de transição na América Latina, com particular ênfase na abordagem do sistema para o uso de anistias como resposta às violações dos direitos humanos.

O IAHRS tornou-se cada vez mais importante ao inserir-se em debates de justiça de transição de várias maneiras, inclusive como uma estrutura de oportunidade para o ativismo da sociedade civil e na crescente jurisprudência autoritária disponível para os litigantes domésticos e juízes. Evidentemente, uma série de fatores domésticos explica a evolução da justiça de transição ao longo do tempo na região. Esse é particularmente o caso dos movimentos mais recentes em uma série de países em prol do desenrolar dos negócios políticos (por exemplo, o caso da anistia) atingidos nos estágios anteriores da democratização. Este trabalho demonstra que as respostas do Estado às pressões para derrubar anistias continuam a divergir. Por um lado, isso levanta uma série de questões importantes no que diz respeito ao impacto do sistema e, por outro lado, se e como essas tendências recentes da justiça pós-transição na América Latina realmente "importam".

Este trabalho está dividido em três seções principais. A primeira seção expõe o desenvolvimento do IAHRS e demonstra como a evolução do sistema foi moldada pelas questões relacionadas à justiça de transição. Ela situa o IAHRS em seu contexto regional relevante e identifica as principais características do desenvolvimento institucional e do desenvolvimento normativo. A segunda seção analisa a evolução da abordagem do IAHRS no que tange à adequação das anistias. A terceira seção fornece um quadro analítico para a compreensão do impacto relativo do IAHRS e sua capacidade de moldar os debates em torno da "justiça de pós-transição". Essa seção também fornece ilustrações das tendências recentes na Argentina, Brasil e Chile, em particular.

1. O IAHRS E A JUSTIÇA DE TRANSIÇÃO NA AMÉRICA LATINA

Com a criação da OEA, a Declaração Americana sobre os Direitos e Deveres do Homem – anterior à Declaração Universal dos Direitos Humanos – foi aprovada. Esse diretório dos direitos assumiu a forma de uma declaração com a intenção de, eventualmente, fazer pressão em prol de um tratado multilateral[1]. Porém, era visível que a Declaração não tinha a intenção de ser obrigatória para os Estados signatários[2]. Entretanto, a Comissão Interamericana de Direitos Humanos foi criada em 1959 com o intuito de usar as normas da Declaração para avaliar a conduta dos Estados em questões de direitos humanos. A Comissão se destina a cumprir o que a Carta declarou como sua principal função: "promover a observância e defesa dos direitos humanos e servir como órgão consultivo da Organização nesses assuntos"[3]. No entanto, desde o seu início, a Comissão teve de operar

---

1   David J. Padilla, 'The Inter-American System for the Promotion and Protection of Human Rights' **Georgia Journal of International and Comparative Law**, vol. 20, nº 2, 1990. p.396.

2   Thomas Buergenthal e Dinah Shelton, **Protecting Human Rights in the Americas: Cases and Materials** (Strasbourg: International Institute of Human Rights, 1995). p.39.

3   Artigo 111 da Carta original, artigo 106 da Carta tal como alterada pelo Protocolo de Manágua, em 1993, entrou em vigor em 1996. Medina observa que a Comissão foi "concebida originalmente como um grupo de estudo com investigações abstratas no domínio dos direitos humanos". Cecilia Medina, 'The Interamerican Commission of Human Rights and the Inter-American Court of Human Rights: Reflections on a Joint Venture' Human Rights Quarterly, vol. 12, nº 4, 1990. p.440.

A Comissão assumiu a prática da realização de investigações detalhadas e divulgação das violações graves, com a intenção de exercer pressão sobre os Estados-membros para que eles respeitassem os direitos humanos estabelecidos na Declaração

em um ambiente regional no qual os direitos humanos, muitas vezes, receberam pouca atenção, e em um ambiente institucional em que a lei processual tinha precedido o Direito substantivo. A Comissão foi, em outras palavras, estabelecida no âmbito da OEA para promover os direitos humanos antes que o respeito aos direitos se tornasse uma obrigação legal clara e precisa, isto é, construída de forma a promover, mas sem a autoridade ou os procedimentos para proteger[4].

Certamente, a maioria dos Estados membros da OEA – suspeitando das perspectivas de intervenção em nome da supervisão de direitos humanos – estava mais confortável com a criação de uma entidade encarregada de realizar estudos gerais de direitos humanos do que com uma que lidaria com situações específicas de violações de direitos humanos. A competência da Comissão foi, contudo, formalizada em 1965 com uma resolução da OEA que autorizou a entidade a "examinar" violações isoladas dos direitos humanos, com foco especial em determinados direitos[5]. Desse modo, as atividades da Comissão relativas ao tratamento das comunicações individuais tinham uma base jurídica. A inserção de um elemento jurídico em um procedimento, que até então tinha sido altamente político, introduziu no sistema interamericano a ideia de que "os direitos humanos também poderiam ser protegidos por meio de um processo quase judicial"[6]. Assim, a Comissão assumiu a prática da rea-

---

4   Carlos Garcia Bauer, 'The Observance of Human Rights and the Structure for Their Protection in the Western Hemisphere'. **American University Law Review**, vol. 30, nº 14, 1980-81. p.15.

5   A XXII Resolução da Assembleia Geral da OEA (1965) encarregou a Comissão de dar especial atenção à observância dos direitos humanos referidos na Declaração Americana nos artigos I (direito à vida, à liberdade e à segurança pessoal), II (direito à igualdade perante a lei), III (direito à liberdade religiosa e de culto), IV (direito à liberdade de investigação, opinião, expressão e difusão), XVIII (direito a um julgamento justo), XXV (direito à proteção contra prisão arbitrária) e XXVI (direito ao devido processo perante a lei). Portanto, o mandato da Comissão estava restrito a um foco primário em matéria de direito político e civil, diminuindo assim o seu mandato a proteger os direitos econômicos, sociais e culturais. Além disso, foi acrescentada restrição adicional de que a Comissão tinha que determinar se os recursos internos haviam sido totalmente esgotados antes de examinar as petições submetidas. No entanto, a resolução também aumentou a autoridade da Comissão no que tange a buscar informações e a fazer recomendações aos governos membros.

6   Cecilia Medina Quiroga, **The Battle of Human Rights: Gross Systematic Violations and the Inter-American System** (The Hague: M. Nijhoff, 1988). pp. 83-5.

lização de investigações detalhadas e divulgação das violações graves, com a intenção de exercer pressão sobre os Estados-membros para que eles respeitassem os direitos humanos estabelecidos na Declaração. Embora a emenda de 1967 da Carta da OEA tenha reforçado ainda mais o estatuto da Comissão - orientando-o pela primeira vez a "proteger" e "promover" os direitos humanos, nem a Comissão nem os direitos humanos que deveriam ser protegidos eram dotados de uma sólida base jurídica de um tratado até que a Convenção Americana sobre Direitos Humanos (doravante Convenção) entrou em vigor em 1978[7]. Sob a Convenção, o sistema interamericano para a promoção e proteção dos direitos humanos tornou-se um sistema de duas vias, adotando, dessa forma, uma estrutura institucional que se mantém até hoje. Em primeiro lugar, ao abrigo dos mecanismos desenvolvidos no âmbito da Carta da OEA, a Comissão está autorizada a supervisionar os direitos humanos nos territórios dos Estados-membros da OEA. Em segundo lugar, os mecanismos estabelecidos na Convenção autorizam a Comissão e a recém-criada Corte Interamericana de Direitos Humanos a lidar com denúncias individuais de violações de direitos humanos alegadamente cometidas por qualquer Estado-parte da Convenção (sob sua jurisdição contenciosa), e o Tribunal de Justiça tem ainda a competência para emitir opiniões consultivas sobre questões de interpretação da Convenção e de outros instrumentos de direitos humanos.

Soberania do Estado e direitos humanos

A década entre a adoção da Convenção, em 1969, e sua entrada em vigor, em 1978, marcou a queda da América Latina no abismo de violações sistemáticas dos direitos humanos por parte dos Estados determinados a forçar violentamente uma reestruturação social extrema[8]. A natureza da opressão que se espalhou sobre a região, envolvendo declarações abertas de guerra por regimes militares contra supostos subversivos, invocando a "segurança nacional" para justificar estados de emergências prolongados, e o manto de segredo que envolveu os métodos utilizados pelos agentes de estado - na forma de centros de torturas clandestinos e da prática de "desaparecimentos forçados" - tornaram

---

7   A Convenção foi adotada em São José (Costa Rica) em 22 de novembro de 1969 e entrou em vigor em 18 de julho de 1978. Atualmente conta com 25 Estados-partes com algumas exceções notáveis. Os Estados Unidos assinaram a Convenção em 1977, mas não a ratificaram, o Canadá não é signatário e a maioria dos países caribenhos de língua inglesa também não são. Com relação a esses países, a CIDH está avaliando seu histórico de direitos humanos à luz dos seus compromissos internacionais consagrados na Declaração Americana, da qual são signatários. Douglass Cassel, 'A United States View of the Inter-American Court of Human Rights' in Antonio A. Cançado Trindade, ed., **The Modern World of Human Rights** (San José: Inter-American Institute of Human Rights, 1996).

8   Guillermo A. O'Donnell, **Modernization and Bureaucratic-Authoritarianism: Studies in South American Politics** (Berkeley: Institute of International Studies, University of California, 1973).

ineficientes os mecanismos existentes de petições individuais ante a Comissão[9]. O principal objetivo da Comissão não foi, portanto, investigar as violações isoladas, mas sim documentar e relatar a ocorrência de graves violações sistemáticas, a fim de exercer pressão para melhorar a situação geral dos direitos humanos no país abordado. Por meio de investigações *in loco* e relatórios por país, a principal contribuição da Comissão tomou a forma de um impacto indireto sobre a criação de normas, especialmente na ligação com a refutação da doutrina de segurança nacional[10].

Esse período também testemunhou o surgimento de organizações não governamentais de direitos humanos como uma resposta ao autoritarismo, às ditaduras militares e ao fracasso da comunidade internacional dos Estados quando da tentativa de ampliar o suporte. Uma vez que a crescente rede internacional de direitos humanos foi construída sobre as normas internacionais legais já em vigor (Declaração Universal dos Direitos Humanos com seus dois Convênios e a Declaração Americana), ela visou influenciar a opinião internacional por meio da difusão de informações e da denúncia dos governos que abusam dos direitos[11]. No entanto, na década de 1980, aumentaram as preocupações no que tange à Guerra Fria na região, os conflitos internos foram reabastecidos e os limites de estratégia de exposição estavam extremamente claros[12].

Assim, ao longo de sua existência, a OEA – da qual o sistema regional de direitos humanos deriva a sua autoridade – foi composta de Estados-membros, muitos dos quais, em numerosas ocasiões, foram governados por regimes repressivos com pouca consideração pelos direitos humanos. Como Tom Farer observa, em comparação com o regime europeu de direitos humanos, a Comissão tinha um mandato mais amplo

---

9   Para exemplos de negação em branco dos fatos alegados nas petições, consulte os relatórios da CIDH 20/78, 21/78, 22/78 e 27/78 (Argentina) e o Relatório Anual da CIDH 1979-1980.

10   A Comissão realizou investigações *in loco* no Chile (Julho-Agosto de 1974) e Argentina (setembro de 1979), que resultaram em uma série de relatórios por país, no caso do Chile (1974, 1976, 1977), e em um único relatório sobre a Argentina (1980), em que o uso sistemático da tortura e de "desaparecimentos forçados" foi documentado. Um exemplo, muitas vezes repetido, da influência da Comissão é o relatório de 1978 da Nicarágua, que efetivamente retirou a legitimidade do regime de Somoza. Padilla, '**The Inter-American System for the Promotion and Protection of Human Rights**' p.398.

11   Kathryn Sikkink, 'The Emergence, Evolution, and Effectiveness of the Latin American Human Rights Network' in Elizabeth Jelin and Eric Hershberg, eds., **Constructing Democracy: Human Rights, Citizenship and Society in Latin America Westview**, 1997.

12   Como observa Farer, essa estratégia "funcionou de forma mais eficaz, quer quando os violadores dos direitos humanos contaram com o apoio interno dos grupos não totalmente insensíveis às reivindicações morais, quer pela opinião pública internacional, quer quando tal estratégia afetou positivamente o tom e a substância da diplomacia de grande poder". Tom J. Farer, 'The Rise of the Interamerican Human Rights Regime: No Longer a Unicorn, Not yet an Ox' **Human Rights Quarterly**, vol. 19, 1997. p.541. Ver também Kathryn Sikkink, Mixed Signals: U.S. **Human Rights Policy and Latin America** (Ithaca, N.Y.: Cornell University Press, 2004).

do que sua contraparte europeia, mas enquanto o regime europeu de direitos humanos "reforçava amplamente as restrições nacionais ao exercício do poder legislativo e executivo", o regime da América Latina "era a tentativa de impor restrições sobre os governos sem paralelo nacional"[13]. Além disso, esses recursos têm profundas raízes históricas, uma vez que "são os filhos das revoluções francesa e americana; as elites políticas latino-americanas falavam a língua do direito desde o início da luta pela independência", um discurso geral que não tem impedido a negação estrutural desses direitos por parte das elites governantes em toda a região. Tais circunstâncias destacam o fato de que "o Direito Internacional não é uma construção ideal, mas parte de um processo político mais amplo, formado e aplicado em resposta a necessidades percebidas, às forças sociais e às disparidades de poder". Na América Latina, a identificação das necessidades, forças e poderes levou a um regime de direitos humanos não hierárquico, cuja autoridade supranacional permaneceu frágil, irregular e, frequentemente, contestada.

O IAHRS e a Democratização

À medida que a década de 1980 chegava ao fim, em toda a América Latina, os regimes autoritários começaram a ser substituídos por governos democraticamente eleitos. Durante o período dos regimes autoritários, nenhum dos grandes malfeitores – Argentina, Chile, El Salvador, Guatemala, Uruguai e Paraguai – eram signatários da Convenção, e todos foram submetidos a vários casos, ou antes ou depois de investigações iniciadas pela Comissão. Entretanto, com a transição para a democracia, houve uma vontade crescente entre os Estados de declarar formalmente a adesão às normas internacionais, como visto no aumento do número de ratificações da Convenção e na crescente aceitação da jurisdição do Tribunal (ver Tabela 1)[14].

---

13   Farer, 'Rise of the Interamerican Human Rights Regime' pp.511-12.

14   A Argentina ratificou a Convenção em 1984 e aceitou a jurisdição do Tribunal no mesmo ano. O Uruguai fez o mesmo em 1985; o Paraguai, em 1989 (aceitação da jurisdição do Tribunal em 1993); Chile, em 1990; Brasil, em 1992 (aceitação da jurisdição do Tribunal em 1998). Em contraste, Pasqualucci argumenta que países como o Peru e a Guatemala parecem ter ratificado a Convenção como um gesto sem vontade de cumprir com as suas disposições. Jo M. Pasqualucci, 'Preliminary Objections before the Inter-American Court of Human Rights: Legitimate Issues and Illegitimate Tactics' **Virginia Journal of International Law**, vol. 40, nº 1, 1999-2000. p.6. Mas, embora não haja nenhuma equivalência mecânica entre ratificação e adesão, a ratificação sinaliza a importância de democratizar Estados ligados à convergência formal com as normas internacionais de direitos humanos.

Tabela 1. Instrumentos dos direitos humanos da OEA e as taxas de ratificação

Nome do instrumento regional de direitos humanos	Adoção	Em vigor a partir	Partidos estatais em 2010 n em %[15]
Carta da Organização dos Estados Americanos	---	1951 (emenda em 1988, 1996, 1997)	Todos os Estados membros da OEA[16]
Declaração Americana dos Direitos e Deveres do Homem	1948	---	Todos os Estados membros da OEA
Convenção Americana sobre Direitos Humanos	1969	1978	25 (71,4)
Convenção Interamericana para Prevenir e Punir a Tortura	1985	1987	17 (48,6)
Protocolo Adicional à Convenção Americana sobre Direitos Humanos em Matéria de Direitos Econômicos, Sociais e Culturais (Protocolo de São Salvador)	1988	1999	14 (40,0)
Protocolo à Convenção Americana sobre Direitos Humanos Referente à Abolição da Pena de Morte	1990	---	11 (31,2)
Convenção Interamericana sobre o Desaparecimento Forçado de Pessoas	1994	1996	13 (37,1)
Convenção Interamericana para Prevenir, Punir e Erradicar a Violência Contra a Mulher (Convenção de Belém do Pará)	1994	1995	32 (91,4)
Convenção Interamericana para a Eliminação de Todas as Formas de Discriminação contra as Pessoas com Deficiência	1999	2001	17 (48,6)
Projeto de Declaração Americana sobre os Direitos dos Povos Indígenas	1997	---	---

Embora a disseminação de governos eleitos tenha marcado uma melhora significativa na condição de direitos humanos, casos de violações graves e indiscutíveis continuaram chegando até a Comissão. Além disso, ao lidar com os governos formalmente democráticos, havia a expectativa de uma medida de cooperação com o sistema, substituindo, assim, por negação e rejeição, a "defesa legal aberta de sua posição sobre questões de acontecimentos e de Direito". Pressões sobre o sistema interamericano também foram feitas pela comunidade de direitos humanos, que, em um ambiente legal crescente, exigiram mais da Comissão que uma simples conclusão em favor das vítimas que estavam representando. Como observa Farer, "eles queriam liminares e reparações que eles pudessem garantir apenas a partir da Corte Interamericana". Em outras palavras, sob pressão dos "comentaristas, advogados e governos, a Comissão [...] aos poucos [começou] a se mover em direção a uma existência de casos concretos e, consequentemente, gerar muito mais negócios para o Tribunal de Justiça"[17].

---

15   Para um instrumento que não entrou em vigor, os números e percentuais referem-se aos Estados que ratificaram o instrumento.

16   Isso inclui Cuba, cuja participação foi suspensa em 1962. Os Estados-membros da OEA votaram em 2009 para cancelar a suspensão de Cuba.

17   Farer, '**Rise of the Interamerican Human Rights Regime**'.

Para muitos dos novos regimes democráticos na região, a questão de como lidar com as violações dos direitos humanos em governos anteriores surgiria para definir o caráter da fase inicial da democratização. Da mesma forma que existiam diferenças regionais nos padrões de violações dos direitos humanos durante as "Guerras Sujas", consequentemente os esforços para lidar com os abusos do passado também variaram em toda a região. No entanto, uma coisa em comum nessas abordagens iniciais de "justiça de transição" consistia na utilização de diversas formas de anistia como um meio de lidar com o passado.

O período de transição imediata na Argentina, seguido do colapso do regime militar, foi marcado por questões relacionadas ao estabelecimento da verdade sobre o que havia acontecido com o grande número de pessoas desaparecidas, e culpando as pessoas por seus papéis nas violações dos direitos humanos no âmbito do regime anterior[18]. Um dos primeiros atos do governo Alfonsín, na sequência da sua vitória eleitoral, foi derrubar a autoanistia militar e iniciar uma política bastante ampla de perseguição de líderes militares, assim como dos oficiais de baixo escalão. Eventualmente, o Tribunal Federal de Apelações de Buenos Aires assumiu a jurisdição, o que permitiu que "junta de julgamentos" tivesse início, em abril de 1985, apenas 18 meses após o governo militar ter deixado o poder[19]. Mas, no contexto da inquietação militar, o governo Alfonsín aprovou a lei "Ponto Final" e "Obediência Devida", que juntas ficaram sendo conhecidas como "leis de impunidade". Dos 1.195 militares que haviam sido processados por abusos contra os direitos humanos, 730 se beneficiaram com a lei "Ponto Final", 379 tiveram seus processos retirados por causa da lei "Obediência Devida" e outras 43 pessoas tiveram seus processos retirados pelo Supremo Tribunal. Além disso, em junho de 1987, o Supremo Tribunal declarou que a lei "Obediência Devida" era constitucional, baseando-se na afirmação de que ela, aprovada pelo Congresso, representou a vontade democrática, e o Tribunal de Justiça não tinha o poder de derrubar essa lei. A decisão do Supremo Tribunal efetivamente pôs fim ao julgamento dos crimes de "guerra suja". Ainda assim, o governo Menem perdoou, em outubro de 1989, os policiais militares e civis que tinham sido perseguidos, mas não tinham sido condenados em razão da "reconciliação nacional". Ademais, em dezembro de 1990, Menem perdoou 39 chefes militares que permaneceram na prisão após o julgamento de 1985, e também perdoou outros oficiais de alta patente, presos por crimes durante o regime militar, incluindo Videla, Massera e Galtieri. Como resultado, em

---

18   Michelle D. Bonner, 'Defining Rights in Democratization: The Argentine Government and Human Rights Organizations, 1983-2003' **Latin American Politics and Society**, vol. 47, nº 4, 2005.

19   Jaime Malamud Goti, 'Transitional Governments in the Breach: Why Punish State Criminals?' **Human Rights Quarterly**, vol. 12, nº 1, 1990, Jaime Malamud Goti, **Game without End: State Terror and the Politics of Justice** (Norman: University of Oklahoma Press, 1996).

1990, apenas 10 pessoas haviam sido condenadas por sua culpa nas violações dos direitos humanos durante a guerra suja, e todos os demais foram perdoados e liberados.

O processo chileno de mudança política foi mais gradual, e os militares mantiveram amplamente o controle da transição democrática após a aprovação, em 1978, do decreto-lei de autoanistia. Tendo testemunhado as rebeliões militares na Argentina, o presidente Aylwin e os dirigentes políticos aceitaram as condições de transição política e enfatizaram o reconhecimento, em vez da punição. Assim, em contraste com a Argentina, nenhum oficial sênior foi julgado por violações dos direitos humanos no Chile no período posterior à transição democrática. Em termos gerais, esse foi simultaneamente uma causa e um efeito de prevalecente equilíbrio de poder no momento da transição e da natureza mais gradual desse processo no Chile. No entanto, o governo Aylwin patrocinou um extensivo processo de "divulgação da verdade" e reconciliação por meio de uma série de mecanismos, incluindo uma comissão de verdade oficial. A Comissão Rettig recebeu um mandato para procurar informações sobre os abusos ocorridos durante o regime militar (1973-1990) que resultaram em morte e desaparecimento, mas o seu mandato não foi ampliado para citar nomes e não tinha competência para jugalmentos.

Da mesma forma, o prolongado período de redemocratização (1974-1985) no Brasil foi controlado pelos militares. Como parte do processo de abertura política, uma lei de anistia foi aprovada em 1979, que concedeu perdão aos "dois lados". No Uruguai, o novo presidente civil, Sanguinetti, deu início a ações judiciais. Mas seguindo a instabilidade militar, uma lei de anistia foi aprovada na sequência de um referendo, em 1989. A Lei de Caducidade anistiou os policiais e militares envolvidos em abusos de direitos humanos entre 1973 e 1985. E, no Peru, o governo democraticamente eleito de Alberto Fujimori aprovou leis de anistia em junho de 1995. Essas anistias concedidas a militares, policiais e civis implicaram em violações dos direitos humanos, cometidas entre 1980 e a data em que as leis foram aprovadas.

Iniciativas em prol da verdade e da justiça na América Central não coincidiram com a transição da ditadura militar para um governo civil eleito. Em vez disso, elas eram parte e consequência do processo de paz que levou à solução negociada dos conflitos armados que dominaram a região por toda a década de 1980, um resultado que foi, por sua vez, facilitado pelo fim da Guerra Fria. A ONU desempenhou um papel importante nos processos de verdade e de reconciliação no contexto da construção da paz no pós-guerra. El Salvador (1993) e Guatemala (1996) são exemplos do apoio internacional das comissões de verdade oficiais como parte de acordos de paz geral. Seguida da publicação do relatório da Comissão da Verdade, em El Salvador, a Assembleia Legislativa de El Salvador aprovou a Lei de Anistia para a Consolidação da Paz.

Assim, uma série de fatores formou as diferentes abordagens adotadas pelos governos de transição, incluindo os legados políticos e sociais específicos dos abusos dos direitos humanos em cada país, as circunstâncias políticas do período de transição, especificamente em termos de equilíbrio de forças existentes entre a liderança militar e civil, o papel das organizações locais de direitos humanos e sociedade civil em geral e o papel desempenhado por organizações internacionais, governamentais e não governamentais. Como consequência, houve resultados diferentes nos respectivos países, em curto e médio prazo, e nos termos de tempo e sequência de medidas de justiça transicional. Apesar dessas diferenças, uma notável semelhança entre os países, fazendo a transição do regime militar para a democracia, e da guerra à paz, foi o uso de medidas de anistia como uma política destinada a facilitar as transições.

Portanto, a evolução do IAHRS ficou ligada à questão de como lidar com os abusos dos direitos humanos sob os regimes anteriores. Em particular, os casos tratados pelo sistema durante esse período estavam predominantemente preocupados com a prática de desaparecimentos forçados sob regimes autoritários, com o *status* de garantias judiciais em estados de emergência, com a admissibilidade jurídica e política das leis de anistia, com a provisão de recursos internos para direitos humanos das vítimas, com as questões de responsabilidade dos abusos dos direitos humanos e com o direito de acesso individual ao sistema regional de direitos humanos[20].

Os três primeiros casos submetidos à apreciação do Tribunal sob a sua jurisdição contenciosa envolveram o "desaparecimento" de quatro pessoas em Honduras (os casos de Honduras)[21]. Embora os julgamentos do Tribunal solicitando que o governo compensasse as vítimas tenham sofrido atrasos na sua implementação – e quando ocorreu a implementação, eles

---

20   Due Process of Law Foundation, **Victims Unsilenced: The Inter-American Human Rights System and Transitional Justice in Latin America** (Washington D.C.: Due Process of Law Foundation, 2007).

21   Os casos tiveram origem em três denúncias contra o governo de Honduras (**Vélasquez Rodríguez, Fairén Garbi and Solis Corrales, Godínez Cruz**) que foram apresentadas à Comissão em 1981. 2. Veja o Relatório Anual da CIDH 1985-6 para a resolução da Comissão sobre esses casos. A Comissão pediu ao Tribunal que determinasse se Honduras tinha violado os artigos 4 (direito à vida), 5 (direito à integridade pessoal) e 7 (direito à liberdade pessoal) da Convenção e, se houvesse violação, reparações e indenizações justas deveriam ser pagas às pessoas lesadas. Em essência, o sistema foi posto à prova com os casos que envolveram "a definição e a prova do crime de 'desaparecimento', que não era tipificado no código penal de qualquer país do hemisfério", nem na Convenção e nem em qualquer outro tratado de direitos humanos. Christina M. Cerna, 'The Structure and Functioning of the Inter-American Court of Human Rights, 1979-1992' 62 **British Year Book of International Law**, vol. 135, 1993. p.206.

não estavam em conformidade com a ordem do Tribunal[22] -, os casos hondurenhos foram importantes em termos de serem as primeiras instâncias a somarem os abusos sob regimes autoritários pela capacidade total judicial do Sistema Interamericano[23]. O Tribunal estabeleceu um precedente ao interpretar o artigo 1.1 da Convenção, impondo um dever positivo para tomar medidas razoáveis para impedir os abusos dos direitos humanos, conduzir investigações sérias, identificar os responsáveis e punir aqueles que violam esses direitos e compensar as vítimas de abusos dos direitos humanos. Como a natureza das violações dos direitos humanos em relação aos "desaparecimentos forçados", o Tribunal manteve, fundamentalmente, que um Estado poderia ser responsabilizado por violar a Convenção, mesmo nos casos em que não havia nenhuma evidência direta ligando o Estado ao desaparecimento[24]. Os casos de Honduras e os seus sucessores[25] deixaram claro que o desaparecimento forçado de pessoas constitui um crime contra a humanidade, reforçando, portanto, a jurisprudência do Sistema Interamericano de acordo com as realidades regionais, cujo resultado pode ser visto na Convenção Interamericana sobre Desaparecimento Forçado de Pessoas, que entrou em vigor em 1996[26] e que daria suporte legal para os ativistas dos direitos humanos e advogados que enfrentam dilemas semelhantes em outras partes do mundo[27].

Outras respostas judiciais às experiências dos direitos humanos sob o regime autoritário podem ser vistas em pareceres do Tribunal sobre *habeas corpus*[28] e garantias

---

22   Cerna, 'Structure and Functioning of the Inter-American Court of Human Rights'. Os procedimentos foram complicados ainda mais pelo fracasso do governo hondurenho em cumprir as suas obrigações no âmbito da OEA, ao participar no procedimento perante a Comissão, não fornecendo informações sobre os resultados de qualquer investigação oficial governamental, já que não tinha mostrado nenhum interesse em resolver esses casos. Embora o governo tenha se mostrado com mais vontade de cooperar durante os procedimentos do Tribunal de Justiça, ele não forneceu qualquer informação para determinar o paradeiro das pessoas envolvidas.

23   Embora os mecanismos sejam aplicados em 1979 sob a Convenção, foi lento o desenvolvimento da colaboração entre a Comissão e o Tribunal. Medina, '**Interamerican Commission of Human Rights and the Inter-American Court of Human Rights**'.

24   Matthew J. Gibney, 'The Implementation of Human Rights as an International Concern: The Case of Argentine Suarez-Mason and Lessons for the World Community' **Case Western Reserve Journal of International Law**, vol. 24, nº 2, 1992. pp.190-91. Durante a década de 1990, os casos submetidos à jurisdição contenciosa do Tribunal refletiram a gravidade das violações dos direitos humanos na região. Todos estavam preocupados com os desaparecimentos e mortes arbitrárias de indivíduos e grupos ligados a ações do governo na Argentina, Colômbia, Nicarágua, Peru, Suriname e Venezuela. A maioria dos eventos ocorreu durante o reinado de regimes militares, e a restauração dos governos democráticos deixou os casos não resolvidos.

25   Juan E. Méndez and José Miguel Vivanco, 'Disappearances and the Inter-American Court: Reflections on a Litigation Experience' **Hamline Law Review**, vol. 13, 1990. p.509.

26   A partir de 2009, 13 Estados ratificaram a Convenção (principalmente Argentina, Guatemala, Peru e Uruguai, todos países onde o desaparecimento forçado foi aplicado com uso extensivo), com outros três signatários.

27   Consulte, por exemplo, Irum Taqi, 'Adjudicating Disappearance Cases in Turkey: An Argument for Adopting the Inter-American Court of Human Rights' Approach' **Fordham International Law Journal**, vol. 24, 2000-1.

28   Parecer Consultivo da Corte Interamericana de Direitos Humanos 8/87, *Habeas Corpus* **in Emergency Situations**, 30 de janeiro de 1987.

judiciais[29] em estados de emergência[30]. Com efeito, o Tribunal decidiu que a suspensão das garantias judiciais não está sujeita a derrogação[31]. Embora reconhecido o direito do Estado de decretar o estado de emergência e a suspensão temporária de certos direitos (como direitos de liberdade de imprensa, associação e expressão), sob nenhuma circunstância podem ocorrer execuções sumárias, torturas e condenações sem um julgamento justo[32]. Esses princípios receberam mais autoridade internacional quando a Convenção Interamericana para Prevenir e Punir a Tortura entrou em vigor em 1987[33]. Além disso, o Tribunal decidiu que, como uma característica inerente à democracia representativa como forma de governo, as garantias judiciais formam princípios indispensáveis de devido processo legal[34]. Isso equivale a uma crítica por parte do Tribunal de Justiça dos estados de exceção, que deu à suspensão das garantias judiciais um manto de legitimidade constitucional.

As influências internacionais em matéria de justiça transicional foram limitadas nos estágios iniciais de democratização. Confrontados com os dilemas da justiça transicional, os governos tinham poucos precedentes internacionais para parar de fornecer orientações para as políticas do governos, e a jurisprudência internacional sobre direitos humanos, na época, provou ser semelhante ao de uma ajuda pouco concreta. Como apontado por Luis Moreno Ocampo, um dos promotores no julgamento de 1985 da junta militar na Argentina, "em vez de aplicar o Direito Internacional, aplicou a lei que proíbe o homicídio e o assassinato, ou seja, o código penal do país"[35]. Assim, a luta política pelos direitos humanos estava no período de transição inicial, impulsionada principalmente por processos políticos internos, e as normas jurídicas internas foram aplicadas.

---

29   Parecer Consultivo da Corte Interamericana de Direitos Humanos 9/87, **Judicial Guarantees in States of Emergency**, 6 de outubro de 1987.

30   Joan Fitzpatrick, 'States of Emergency in the Inter-American Human Rights System' in David Harris and Stephen Livingstone, eds., **The Inter-American Human Rights System** (Oxford: Clarendon Press, 1998).

31   Lindsay Moir, 'Law and the Inter-American Human Rights System' **Human Rights Quarterly**, vol. 25, nº 1, 2003. p.184.

32   O artigo 27.1 da Convenção permite aos Estados-partes derrogar certos direitos humanos sob circunstâncias específicas.

33   A partir de 2009, a Convenção passou a ter 17 ratificações e três signatários adicionais. A Convenção estabelece que a existência de guerra, estado de emergência, instabilidade política ou desastre nunca poderá ser utilizada para justificar a tortura. Além disso, a Convenção refuta a justificação comum de que o torturador estava apenas agindo "sob as ordens de um superior".

34   Parecer Consultivo da Corte Interamericana de Direitos Humanos 9/87, **Judicial Guarantees in States of Emergency**, 6 de outubro de 1987.

35   Luis Moreno Ocampo, 'The Nuremberg Parallel in Argentina' **New York Law School Journal of International and Comparative Law**, vol. 11, 1990. p.357.

Além disso, nas fases iniciais do período de transição, o sistema regional de direitos humanos não estava suficientemente desenvolvido para desempenhar um papel ativo na tentativa de responsabilizar os militares por seus abusos de direitos humanos. Em termos de ativismo pelos direitos humanos, embora cada vez mais profissionalizadas, as ONGs de direitos humanos, de forma mais ativa, começaram a usar o IAHRS e o processo de aprendizagem entre os atores envolvidos, mesmo os que ainda estavam em seus estágios iniciais. No entanto, a influência internacional sobre a justiça transicional cresceria significativamente ao longo do tempo, especialmente porque o IAHRS desenvolveu uma justiça transicional relacionada à jurisprudência, que enfatizou o direito à verdade e à reparação judicial individual.

| 2. | O IAHRS E AS ANISTIAS |

Como pôde ser observado nas diferentes abordagens realizadas pelos governos, a questão de como lidar com o legado de abusos cometidos no passado chegou a definir a natureza das transições para o regime democrático e as diferentes condições existentes nos vários países. Tornar os autores inteiramente responsáveis pelos seus crimes incluiria julgamento e punição apropriada de cada indivíduo responsável pelos crimes cometidos, em conjunto com indenizações adequadas feitas pelos autores às vítimas. No entanto, em muitos contextos, algumas formas de comissão de verdade para garantir a credibilidade e autoridade da revelação, documentação e criação de um memorial dos eventos em questão tornaram-se a opção favorecida[36].

Esses dilemas internos enfrentados pelos governos democraticamente eleitos foram compostos à medida que as obrigações legais internacionais levantaram questões relativas ao "equilíbrio apropriado entre as noções de soberania e não intervenção nos assuntos internos e formas eficazes de implementar os princípios fundamentais da humanidade"[37]. Isso levanta questões sobre se os governos têm o direito de garantir impunidade para os infratores, sob o argumento de que é necessário para a reconciliação

---

36   Contrastando experiências e abordagens de "justiça de transição", encontram-se na Argentina (Comissão Nacional de Pessoas Desaparecidas), Chile (Comissão Nacional de Verdade e Reconciliação), El Salvador (Comissão da Verdade da Organização das Nações Unidas), Guatemala (a Organização das Nações Unidas patrocinou a Comissão de Esclarecimento Histórico de Violações de Direitos Humanos e Incidentes de Violência que Causaram Sofrimento à População da Guatemala) e Honduras (Relatório do Comissario Nacional para a Proteção dos Direitos do Homem). Uma visão geral das questões enfrentadas por estes é encontrada em Neil Kritz, ed. **Transitional Justice: How Emerging Democracies Reckon with Former Regimes**, Vols. 1-3 (Washington, D.C.: United States Institute of Peace Press, 1995).

37   Juan E. Méndez e Javier Mariezcurrena, 'Accountability for Past Human Rights Violations: Contributions of the Inter-American Organs of Protection' **Social Justice**, vol. 26, nº 4, 1999. p.84.

nacional ou para a manutenção da democracia, se o Estado tem uma obrigação internacional de fornecer às vítimas de violações flagrantes e sistemáticas dos direitos humanos uma reparação eficaz, apesar da preocupação alegada com o "bem social", e se as leis de anistia são compatíveis com as obrigações internacionais dos Estados em matéria de direitos humanos.

Os dilemas – moral e político – que essas tensões geraram deram origem a uma lacuna significativa entre as expectativas e restrições políticas que os governos de transição enfrentaram[38]. Dentro do governo Alfonsín, por exemplo, houve certa resistência à ideia de que as normas internacionais deveriam limitar a ação do governo em relação às políticas de direitos humanos[39]. Para Carlos Nino, um dos assessores mais próximos de Alfonsín, uma abordagem integrada à justiça de transição teria que levar em consideração não meramente princípios morais e jurídicos abstratos, mas também a realidade política que o governo Alfonsín enfrentou no período transicional imediato:

> o poder de barganha do governo para realizar os julgamentos não teria sido reforçado pela perspectiva de uma condenação internacional do país por seletivamente falhar ao julgar abusos dos direitos humanos. Essa pressão internacional não teria sido vista por setores resilientes dos militares como uma ameaça para eles. Talvez a posição dos grupos de defesa dos direitos humanos teria sido mais forte. Mas sua força teria sido direcionada para o governo. Ela teria enfraquecido o governo e suas políticas por meio da perda de legitimidade na sociedade e da perda de prestígio internacional e teria beneficiado os militares[40].

Por outro lado, o Sistema Interamericano tem adotado, cada vez mais, uma linha firme contra os sucessores eleitos para os regimes militares, uma vez que muitas "leis de anistia" foram aprovadas em todo o hemisfério. Como visto na seção anterior, caracteristicamente, essas leis foram promulgadas imediatamente antes ou imediatamente depois das transições dos governos militares para governos democráticos, concedendo imunidade legal para os autores de violações dos direitos humanos sob o regime autoritário. Ao lidar com essas questões, a CIDH inequivocadamente defendeu que houvesse motivos para uma investigação internacional oficial do Estado e para a divulgação da verdade, promo-

---

38   Eles foram refletidos no debate decisivo entre Carlos Nino e Diane Ortentlicher sobre o dever de julgar. Carlos S. Nino, 'The Duty to Punish Abuses of Human Rights Put into Context: The Case of Argentina' **Yale Law Journal**, vol. 100, 1990, Diane Orentlicher, 'Settling Accounts: The Duty to Prosecute Human Rights Violations of a Prior Regime' **Yale Law Journal**, vol. 100, 1990.

39   Nino, '**The Duty to Punish**', Orentlicher, '**Settling Accounts**'.

40   Nino, '**The Duty to Punish**'.

vendo efetivamente um "direito da sociedade" de conhecer a verdade para garantir os direitos humanos no futuro[41]. No entanto, esse direito "coletivo" à verdade, de acordo com a CIDH, não pode sobrepujar o direito individual da vítima ao devido processo legal ou tratamento humano, como visto na resposta da CIDH à lei de anistia no Uruguai, em que o eleitorado ameaçado com a restauração das forças militares tinha aprovado a imunidade[42]. A CIDH também foi fortemente crítica com as leis de impunidade e com as indulgências na Argentina. Em outubro de 1992, a CIDH emitiu o relatório 28/92 relativo à ESMA (Escuela Mécánica de la Armada), no qual condenava a Argentina por violação dos direitos humanos como resultado do seu bloqueio de ação judicial seguindo as leis de impunidade[43].

A Corte Interamericana de Direitos Humanos foi criada na jurisprudência do sistema sobre a adequação das leis de anistia. Em 2001, no julgamento de *Barrios Alto*, o Tribunal de Justiça decidiu que as duas leis de autoanistia, concedidas pelo regime de Alberto Fujimori para si mesmo, violaram os direitos das vítimas de ter acesso à justiça[44]. Mas o Tribunal aproveitou a oportunidade desse caso específico para desenvolver a posição do IAHRS, exceto autoanistias para "graves violações dos direitos humanos, como tortura, execuções extrajudiciais, sumárias ou arbitrárias e desaparecimentos forçados, todos eles proibidos por transgredir os direitos não irrevogáveis, reconhecidos pelo Direito Internacional dos Direitos Humanos". Para o Tribunal, as leis peruanas de autoanistia foram "manifestamente incompatíveis com os objetivos e o espírito da Convenção" e com a própria Convenção e, "consequentemente, faltou efeito jurídico".

No caso *Barrios Altos*, o Tribunal também determinou que sua decisão não é só vinculativa entre as partes, no caso particular, mas que deve ser usada em qualquer outro caso em que tais leis possam ser aplicadas: "dada a natureza da infração que as leis de anistia nº 26479 e 26492 constituem, a decisão no julgamento do mérito no caso *Barrios Altos* tem efeitos genéricos". No entanto, o Tribunal também observou que as leis de anistia do Peru eram leis de "autoanistia", ou seja, concedidas pelo regime de Fujimori para ele próprio. Assim, o caso *Barrios Altos* permaneceu meio ambíguo sobre se uma lei de anistia aprovada democrati-

---

41   Jo M. Pasqualucci, 'The Whole Truth and Nothing but the Truth: Truth Commissions, Impunity and the Inter-American Human Rights System' **Boston University International Law Journal**, vol. 12, nº 2, 1994.

42   Consulte o relatório 29/92 da Comissão sobre o Uruguai.

43   Mais exemplos das análises da Comissão sobre anistias podem ser encontrados no Relatório 26/92 (El Salvador).

44   O caso envolveu a execução extrajudicial de 15 vítimas.

camente por um governo sucessor", por exemplo, em razão da reconciliação nacional e com as disposições adequadas feitas para reparações e para dizer a verdade", poderia ou não ser compatível com as obrigações internacionais dos Estados[45].

No entanto, o Tribunal também declarou no caso *Barrios Altos* que "todas as disposições de anistia, as disposições sobre prescrição e o estabelecimento de medidas destinadas a eliminar a responsabilidade são inadmissíveis porque se destinam a impedir a investigação e a punição dos responsáveis por graves violações dos direitos humanos". Além disso, a CIDH também alegou que a impunidade em relação aos casos de crimes contra a humanidade promove a repetição de atividades que são contrárias à democracia e aos direitos humanos. Assim, o Sistema Interamericano adotou uma posição rígida para com a impunidade, posição que não deixa muito espaço mesmo para regimes democráticos. O Tribunal de Justiça definiu a impunidade como uma falha sistemática para investigar, processar, prender, adjudicar e condenar aqueles que são responsáveis por violações de direitos protegidos pela Convenção Americana. A condenação da impunidade é duplicada. Por um lado, para as sociedades, a impunidade "promove a repetição crônica das violações dos direitos humanos". Por outro lado, para as vítimas e seus familiares, a impunidade estimula "a desproteção total das vítimas e seus familiares, que têm o direito de saber a verdade sobre os fatos".

> O ativismo da sociedade civil, especialmente de organizações de vítimas, manteve a justiça de transição na agenda política, embora com diferenças significativas em toda a região

O caso *Barrios Altos* não abordou a questão de saber se as leis de anistia deveriam ser revogadas, em vez de simplesmente não serem aplicadas em outros casos. Em 2006, o Tribunal respondeu a essa pergunta no caso *Almonacid*, um caso envolvendo a lei de autoanistia decretada pelo regime de Pinochet em 1978. A questão da lei de anistia do Chile tinha definhado perante a CIDH por mais de uma década, com a CIDH impedindo que a lei violasse a Convenção Americana. Entretanto, as autoridades chilenas reconheceram, diante do

---

45   Roberto Gargarella, 'International Criminal Justice and Gross Human Rights Violations' in OTJR, ed., **Taking Stock of Transitional Justice: Tensions, Trends and Future Directions** (Antwerp: Intersentia, Forthcoming, 2010). Em suma, Gargarella argumenta que as leis de anistia poderiam ser legítimas se o processo democrático que conduziu à adoção de tais leis cumprisse determinados critérios, particularmente em termos de abrangência e de deliberação. Gargarella baseia-se nos trabalhos de Carlos Nino e em sua teoria da democracia deliberativa, em particular, para chegar a essa conclusão.

Tribunal, que a lei era incompatível com a Convenção, ao mesmo tempo em que argumentaram que o Judiciário doméstico absteve-se de aplicá-la. O Tribunal, por outro lado, argumentou que isso não era suficiente e que a lei deveria ser revogada. Ele declarou que a própria existência de uma lei incompatível com a Convenção era, por si só, uma violação do dever do Chile, nos termos do artigo 2º da Convenção, de revogar as leis incompatíveis[46].

O IAHRS tornou-se cada vez mais importante em inserir-se em debates de justiça de transição de várias formas. O IAHRS cresceu por meio do seu envolvimento com as questões da justiça transicional. Seguindo as transições para a democracia na América Latina, o Sistema Interamericano desempenhou, portanto, um papel importante no desenvolvimento de normas relacionadas à justiça de transição, uma vez que elas pertencem ao âmbito das leis de anistia e à natureza e ao papel de um Poder Judiciário em uma democracia. No processo, o sistema fez uma contribuição significativa para a difusão das normas de direitos humanos em toda a região. Embora seja difícil de determinar o impacto desses precedentes, "a tendência tem sido da mais ampla à mais adaptada, de completo a qualificado, das leis sem qualquer referência ao Direito Internacional para aqueles que explicitamente tentarem permanecer dentro de suas estruturas". É "possível rastrear esse resultado, pelo menos no que tange à importância crescente de um discurso sobre a impunidade e responsabilização em nível internacional"[47].

É evidente que uma série de fatores internos explica algumas das tendências da justiça de transição na América Latina ao longo do tempo. A persistência e resiliência da democracia na região, apesar dos desafios significativos, explicam a abertura de espaços políticos para desafiar barganhas de transição. O ativismo da sociedade civil, especialmente de organizações de vítimas, manteve a justiça de transição na agenda política, embora com diferenças significativas em toda a região. Maior controle civil sobre os militares, em muitos países da América Latina, também é um fator importante. Mas as vantagens de curto prazo de pragmatismo político que moldam inevitavelmente abordagens para a "justiça de transição" ao longo do tempo também foram contestadas pelas normas desenvolvidas e formalizadas pelo Sistema Interamericano. Houve no processo uma judicialização progressiva das questões relacionadas à anistia à medida que a Corte Interamericana de Direitos Humanos tornou-se cada vez mais influente na formação de

---

46   Capítulo Cassel.

47   Naomi Roht-Arriaza and Lauren Gibson, 'The Developing Jurisprudence on Amnesty' **Human Rights Quarterly**, vol. 20, nº 4, 1998. p.884.

jurisprudência do sistema de anistias. No entanto, existem diferenças significativas entre os países da região quando se trata da difusão de normas do IAHRS relacionadas à justiça de transição, em geral, e às anistias, em particular.

3.	O IAHRS E A JUSTIÇA PÓS-TRANSIÇÃO: NORMAS REGIONAIS E RESULTADOS INTERNOS

Uma indicação da evolução do sistema regional de direitos humanos, uma vez que estendeu seu alcance por meio de áreas temáticas e nos assuntos internos dos Estados, pode ser vista no aumento do número de ratificações dos instrumentos regionais de direitos humanos e na crescente aceitação da jurisdição da Corte. Entretanto, há variações regionais significativas no que tange à adesão formal ao sistema como refletido na aprovação irregular de instrumentos regionais de direitos humanos por parte dos Estados-membros da OEA.

Todavia, o desenvolvimento do IAHRS abriu espaço para o ativismo político transnacional. O sistema oferece oportunidades para que os ativistas de direitos humanos nacionais e transnacionais pressionem por mudanças em seus sistemas políticos e jurídicos. Além disso, o desenvolvimento de normas regionais e jurisprudência relativas à justiça de transição, juntamente com a crescente abordagem judicial em prol da promoção e proteção dos direitos humanos adotada pelo IAHRS, tornou os sistemas judiciais internos arenas-chave da implementação das normas do IAHRS.

O IAHRS e o ativismo da sociedade civil

O ativismo da sociedade civil desempenhou um papel importante na expansão normativa do IAHRS. Ao contrário da Europa, as ONGs desempenham um papel muito mais importante ao levar os casos de direitos humanos para o sistema regional, embora com variações regionais significativas. Não obstante os atores não estatais continuarem excluídos das instâncias formais de tomada de decisão do Sistema Interamericano, eles adquiriram influência informal significativa por meio de suas atividades de definição da agenda e especialização. Por isso, O IAHRS forneceu a plataforma sobre a qual a luta pelos direitos humanos entre os ativistas e os Estados foi travada. Entretanto, a capacidade dos atores de mobilizar a lei é muito desigual, e não há variação significativa entre as organizações da sociedade civil na utilização do sistema. Aqui surge a questão política em termos de explicar por que as ONGs, em alguns Estados, são mais ativas em nível transnacional e também adotam estratégias divergentes correspondentes aos lados jurídico e político do movimento de direitos humanos. O envolvimento diferenciado com o IAHRS por organizações de direitos humanos reflete variadas capacidades em termos de estruturas organizacionais, assistência jurídica e técnica e ligações internacionais.

Na Argentina, as ligações entre as organizações de direitos humanos e o IAHRS estão bem estabelecidas e datam da visita da CIDH ao país, em 1979. Na sequência de adoção de "leis de impunidade" de Alfonsín e dos indultos de Menem, os ativistas argentinos dos direitos humanos procuraram cada vez mais por oportunidades no exterior. Em particular, um impulso significativo foi a construção no âmbito do IAHRS. Em 1992, a CIDH publicou um relatório que foi fortemente crítico com leis da impunidade e com o perdão na Argentina[48]. Embora a condenação da CIDH para com a impunidade reinante na Argentina tenha sido momentaneamente ignorada, houve avanços importantes na área de reparação. Ainda que a questão da ajuda econômica para as vítimas das violações do regime militar tenha surgido sob Alfonsín, os casos apresentados à CIDH deram um novo impulso por trás de tais demandas[49].

Outra área em que o IAHRS desempenhou um papel importante no desafio das "leis de impunidade" foi na criação de um "direito à verdade". Durante o período de Menem, um número de oficiais militares avançou com confissões de responsabilidade por violações cometidas durante o regime militar[50]. Como as confissões continuaram, foi gerada pressão pública para a reabertura de processos de direitos humanos. Uma série de organizações de direitos humanos exigiu "julgamentos em prol da verdade" nos tribunais, argumentando que as vítimas tinham o direito de saber o que aconteceu com seus parentes. Consequentemente, sob considerável pressão social, os tribunais – tendo o poder de intimar as pessoas

---

48   A CIDH emitiu o relatório 28/92, em outubro de 1992, com relação à ESMA (Escuela Mecánica de la Armada), no qual condenava a Argentina por violação dos direitos humanos como resultado de seu bloqueio das ações judiciais que seguiam as leis de impunidade.

49   Em 1988, após os casos Velásquez Rodríguez, a Corte Interamericana de Direitos Humanos ordenou que Honduras pagasse uma compensação monetária às famílias das vítimas. Essa decisão criou um precedente importante e, no início de 1990, 270 casos de detenção ilegal contra o Estado argentino haviam sido levados à CIDH. Em resposta a esses casos, a CIDH decidiu em favor das vítimas e o Estado argentino pagou indenização em 1991. Em 1992, o governo Menem aprovou uma lei de reparação que permitiu a compensação de todos os ex-presos políticos que reclamaram. CIDH, Relatório 1/93, 03 de março de 1993. Em 1994, benefícios semelhantes foram estendidos a todas as pessoas que foram detidas administrativamente sem acusação no âmbito do estado de sítio, e para aqueles processados ou julgados por tribunais militares. Um estatuto semelhante também foi aprovado para beneficiar as famílias dos desaparecidos de tal forma que, até 2000, cerca de 12.800 ex-reclusos tinham exigido reparação. Além do mais, em agosto de 2004, uma lei foi adotada, fornecendo compensação monetária para crianças nascidas em cativeiro. E em 2005, uma iniciativa legislativa que forneceu reparações para as pessoas forçadas ao exílio foi aprovada pelo Congresso. María José Guembe, 'Economic Reparations for Grave Human Rights Violations: The Argentinean Experience' in Pablo de Grieff, ed., **The Handbook of Reparations** (Oxford: Oxford University Press, 2006).

50   Horacio Verbitsky, **Confessions of an Argentine Dirty Warrior** (New York: The New Press, 2005). Ver também: Leigh A. Payne, **Unsettling Accounts: Neither Truth nor Reconciliation in Confessions of State Violence** (Durham: Duke University Press, 2008). pp.41.

suspeitas de crimes a aparecer e depor, mesmo sem poderem ser processadas ou condenadas – estabeleceram o princípio de que, embora as leis pudessem ser aprovadas para impedir a perseguição dos responsáveis por crimes, as investigações judiciais poderiam continuar. A ação judicial estava, portanto, limitada à investigação e à documentação, e não havia nenhuma possibilidade de repressão ou punição. Os julgamentos da verdade foram operados sob um mandato incerto até 1999, quando foi assinado um acordo de solução amistosa da CIDH entre o Estado argentino e os peticionários que inicialmente levaram o caso à CIDH. Ao assinar o acordo, a Argentina concordou em garantir o direito à verdade pela obtenção de esclarecimentos sobre o que aconteceu com as pessoas desaparecidas[51].

Em contraste com grupos argentinos de defesa, as contrapartes brasileiras tiveram relativamente poucas relações com o IAHRS. Em meados da década de 1990, havia muito poucos casos na CIDH que lidavam com o Brasil[52]. Em parte, isso pode ser explicado pelo caráter fechado e negociado de transição do Brasil à democracia. Tendo em conta a amplamente contestada Lei de Anistia de 1979 para as violações cometidas durante o regime militar, no período de transição imediata, as normas e a jurisprudência do IAHRS, no que diz respeito à justiça de transição, provaram ser de pouca utilidade para os defensores dos direitos humanos[53]. Além disso, as organizações da sociedade civil tenderam a colaborar de forma estreita com o governo sobre as políticas de compensação para os abusos sob o regime militar. Ademais, ainda que o Brasil tenha uma sociedade civil enérgica, muitas delas escolheram estratégias de defesa mais explicitamente políticas em vez de um discurso legalista de direitos humanos. Isso, no geral, levou a uma relativa falta de conscientização do IAHRS dentro da comunidade de direitos humanos do Brasil. Contudo, nos últimos anos, tem havido uma crescente profissionalização da organização de direitos humanos no Brasil, em parte como resultado do crescente interesse de grandes doadores internacionais, como a Fundação Ford. Tem havido também uma maior interação entre as ONGs locais e as redes transnacionais, como evidenciado na criação da *Justiça Global*, em 1999, por profissionais de direitos humanos que já trabalharam na HRW e no CEJIL. Como consequência, as ONGs brasileiras de direitos humanos, e até mesmo os movimentos sociais, têm se conectado cada vez mais às redes regionais de defesa dos direitos humanos e se voltado para o IAHRS[54].

---

51   IACHR, Relatório 70/99, 4 de maio 1999, no caso de **Carmen Aguiar de Lapacó**.

52   James L. Cavallaro, 'Towards Fair Play: A Decade of Transformation and Resistance in International Human Rights Advocacy in Brazil' **Chicago Journal of International Law**, vol. 3, nº 2, 2002.

53   Fiona Macaulay, 'Human Rights in Context: Brazil' in Mónica Serrano and Vesselin Popovski, eds., **Human Rights Regimes in the Americas** (Tokyo: United Nations University Press, 2010).

54   Entre outros casos, este pode ser visto no envolvimento da Iniciativa de Justiça do OSI e outras organizações no caso **Gomes Lund** perante a Corte Interamericana.

As próprias organizações de direitos humanos do Chile fizeram pouco uso do IAHRS no início do período da transição democrática. Em parte, isso pode ser explicado pelo fato de que muitos ativistas de direitos humanos, seguindo a transição democrática assumiram cargos governamentais, e algumas organizações da sociedade civil, colaboraram intensamente com o Estado. Além disso, a robustez da lei de anistia de 1978 do regime militar nesse período inicial, combinada com a forte associação de direitos humanos com a ideologia do passado e de esquerda no Chile, significou que houve uma expressiva desconexão entre as organizações da sociedade civil, focando no passado com aquelas organizações que procuraram ampliar a agenda de direitos humanos para incluir mais desafios contemporâneos. Ademais, as organizações chilenas de direitos humanos tenderam a estar relativamente desconectadas da rede de apoio regional para levar os casos ao IAHRS. Entretanto, tem havido alguns desenvolvimentos nos últimos anos no âmbito judicial que aumentaram o perfil do IAHRS na política de direitos humanos do Chile, particularmente em relação ao caso *Almonacid*.

O IAHRS constitui um espaço político transnacional privilegiado para o ativismo da sociedade civil. Ele oferece oportunidades de coligações e alianças entre, por um lado, as organizações internacionais e regionais com conhecimento do sistema e, por outro, as organizações locais com conhecimento detalhado de questões locais. O sistema deixou de estar essencialmente preocupado com "nomear e envergonhar" os regimes repressivos militares na região para engajar os regimes democráticos por meio de um processo (quase) judicial que assume, pelo menos, as instituições do Estado parcialmente responsivas. Todavia, há variação significativa no uso do sistema por grupos da sociedade civil em toda a região. Além disso, o ativismo da sociedade civil não é, por si só, suficiente para motivar a mudança social e política. Com a transição para a democracia, os ativistas de direitos humanos são obrigados a colaborar com as autoridades judiciais nacionais e com as instituições estatais.

Judiciários internos e o IAHRS

Além do ativismo da sociedade civil, é importante ver os Judiciários nacionais como atores políticos. É evidente que o impacto das normas regionais de direitos humanos depende do "valor que lhe é conferido pelo Direito Interno dos Estados que ratificaram a convenção americana". Isso aponta para a importância da evolução em nível nacional, uma vez que os governos aprovem leis para assegurar garantias constitucionais para a proteção dos direitos humanos. De fato, em muitos estados da região e em várias formas, os direitos humanos têm sido "constitucionalizados", e uma vasta gama de tratados de direitos humanos e convenções foi incorporada aos ordenamentos jurídicos nacionais.

Mais uma vez, há algumas diferenças regionais quanto ao grau de enredamento constitucional estadual com os direitos humanos regionais. Por exemplo, a Argentina é o único país da América Latina que concede tratados de direitos humanos permanentemente constitucionais. No caso do Brasil, onde as leis nacionais entram em conflito com as obrigações internacionais, a legislação nacional é aplicável. Além disso, em termos de substância, as normas internacionais de direitos humanos figuram proeminente nas constituições nacionais em toda a América Latina, mas a Constituição argentina é "uma réplica única e integral de tratados [internacionais de direitos humanos]". Entretanto, de uma perspectiva regional e comparativa, a Argentina é excepcionalmente aberta ao Direito Internacional dos Direitos Humanos.

O IAHRS, como qualquer outro mecanismo internacional de direitos humanos, exige que os peticionários esgotem sensatamente os recursos disponíveis no Sistema Jurídico Interno[55]. Essa distribuição de responsabilidades para a proteção dos direitos humanos – tal como consagrada no princípio da complementaridade no Direito Internacional dos Direitos Humanos de forma mais generalizada – limita a intervenção judicial do Sistema Interamericano aos casos em que as leis nacionais e/ou mecanismos judiciais nacionais não tenham adequadamente protegido os direitos e princípios consagrados nos instrumentos internacionais de direitos humanos adotados pelo Estado[56]. No entanto, o princípio da complementaridade também significa que o IAHRS tem que decidir em que ponto o devido processo dos direitos, tal como consagrados na Convenção Americana, foi violado e em que ponto os tribunais nacionais agiram de forma arbitrária[57].

O IAHRS examinou extensivamente o escopo de seus poderes de revisão judicial a fim de estabelecer os limites dentro dos quais as decisões tomadas pelos tribunais

---

55 Artigo 31 da Convenção Americana. Na prática, dada a natureza problemática das reparações judiciais internas em muitos países latino-americanos, em especial, a norma de esgotamento é interpretada com bastante flexibilidade pela CIDH e pelo Tribunal. Consulte, Antonio Augusto Cancado Trindade, 'Current State and Perspectives of the Inter-American System of Human Rights Protection at the Dawn of a New Century' **Tulane Journal of International and Comparative Law**, vol. 8, 2000. Consulte também o Parecer Consultivo da Corte Interamericana de Direitos Humanos nº 11, 10 de agosto de 1990.

56 Martín Abregú, 'La Aplicación Del Derecho Internacional De Los Derechos Humanos Por Los Tribunales Locales: Una Introducción' in Martín Abregú and Christian Courtis, eds., **La Aplicación Del Derecho Internacional De Los Derechos Humanos Por Los Tribunales Locales** (Buenos Aires: Editores del Puerto, 2004). p.4.

57 O foco aqui é sobre as garantias legais processuais para a proteção dos direitos humanos. A CIDH, por seu lado, declarou que: a obrigação do Estado de administrar a justiça é uma garantia dos meios, mas não do resultado, portanto, seu dever não é violado apenas porque o resultado não satisfaz todas as solicitações do requerente. Assim, o mero descontentamento com o resultado obtido a partir da administração da justiça não é suficiente para considerá-lo arbitrário. CIDH, Relatório 122/01 em **Wilma Rosa Posadas** (Argentina), 10 de outubro de 2001.

nacionais não podem ser revistas por instâncias judiciais internacionais[58]. O próprio IAHRS interpretou seu mandato como não sendo uma "quarta instância" e, como tal, não podendo rever a interpretação dos fatos feita pelos tribunais nacionais. A CIDH estabeleceu que "a premissa básica [da 'fórmula da quarta instância'] é que a Comissão não pudesse revisar as sentenças dadas por tribunais nacionais que atuam no âmbito das suas competências e que aplicam garantias do devido processo, salvo se for considerada a possibilidade de que uma violação da Convenção tenha sido cometida"[59]. Assim, embora o Sistema Interamericano estabeleça os parâmetros dentro dos quais as leis nacionais e procedimentos judiciais podem operar, de modo a garantir a proteção dos direitos humanos, é no contexto do Sistema Jurídico nacional que os direitos devem ser garantidos. A incorporação constitucional dos tratados internacionais de direitos humanos tornou os tribunais nacionais atores essenciais, com potencial de ativar os tratados de direitos humanos e interpretar as normas internacionais à luz das condições nacionais.

Considere o caso da revogação de "leis de impunidade" da Argentina. Em 1987, o Supremo Tribunal confirmou a validade das leis "Ponto Final" e "Obediência Devida". Em sua decisão, o Tribunal argumentou que o Judiciário não tinha autoridade competente para avaliar as leis aprovadas pelo Legislativo, uma vez que considerou que os direitos individuais básicos não tinham sido violados, nem que as leis estavam exageradamente fora de proporção dos objetivos pretendidos. Em 2005, todavia, o Tribunal se tornou uma autoridade nesse assunto e declarou que as leis estavam contra a Constituição[60].

Essa mudança do pensamento jurídico e na prática na Argentina foi moldada significativamente pelos desenvolvimentos no Direito Internacional dos Direitos Humanos e na prática, especialmente no âmbito do Sistema Interamericano. Primeiro, em 1988, no caso *Velasquez Rodriguez*, o Tribunal Interamericano declarou que era uma obrigação dos Estados investigarem e punirem as violações dos direitos humanos. Essa decisão mudou a jurisprudência regional dos direitos humanos com relação à anistia. E, em segundo, essa jurisprudência foi aplicada diretamente na Argentina em 1992, quando a CIDH determinou que as leis "Ponto Final" e "Obedi-

---

58   CIDH, Relatório 39/96 caso **Marzioni** (Argentina), 14 de março de 1997. Veja também: Susana Albanese, 'La Formula De La Cuarta Instancia' **Jurisprudencia Argentina**, vol. 6041, 1997.

59   CIDH, Relatório 39/96 caso **Marzioni** (Argentina), 14 de março de 1997. p. 51.

60   Roberto Gargarella, **Justicia Penal Internacional Y Violaciones Masivas De Derechos Humanos**, Trabalho não publicado em arquivo do autor.

ência Devida" eram incompatíveis com os compromissos internacionais em matéria de direitos humanos da Argentina[61].

Além disso, o processo de solução amigável - sob os auspícios da CIDH que aconteceu a partir do caso *Lapacó* - tinha iniciado uma série de "julgamentos de verdade" na Justiça argentina[62]. Em 1998, o Congresso argentino decidiu derrogar as leis "Ponto Final" e "Obediência Devida". As implicações imediatas da derrogação foram limitadas, já que a mesma não foi retrospectiva em seu escopo e, portanto, só afetou eventuais efeitos futuros das leis. No entanto, a derrogação deu aos "magistrados uma luz verde para avançar no caminho da justiça, que lentamente tinham começado a [andar]"[63]. Assim, sem desafiar diretamente a constitucionalidade das leis de impunidade, os juízes argentinos começaram a aceitar os casos que lidavam com questões fora do âmbito de aplicação dessas leis, tais como a apropriação de crianças nascidas de pais detidos pelos militares e que foram, posteriormente, entregues para adoções ilegais.

As leis "Ponto Final" e "Obediência Devida" foram diretamente desafiadas no caso de Simón, em março de 2001. Nesse caso, o juiz federal Gabriel Cavallo declarou, pela primeira vez, que as leis eram inconstitucionais[64]. Cavallo argumentou que as leis contradiziam as disposições contidas nos tratados internacionais dos quais a Argentina fazia parte, o que apresentou a obrigação de investigar, processar e punir violações graves dos direitos humanos.

Coincidentemente, poucos dias após o julgamento de Cavallo, a Corte Interamericana de Direitos Humanos publicou o julgamento de *Barrios Altos,* declarando inválidas,

---

61   CIDH, Relatório 28/92 (Argentina), 02 de outubro de 1992. O relatório também recomendou que as vítimas do Estado de terrorismo na Argentina fossem indenizadas.

62   CIDH, Relatório 70/99 em Carmen de Lapaco Aguiar (Argentina), 04 de maio de 1999. Na solução que se seguiu a partir do caso Lapacó, o Estado argentino reconheceu o direito das vítimas à verdade e se comprometeu a estabelecer os procedimentos adequados para a aplicação eficaz desse direito. O Supremo Tribunal Federal reconheceu esse direito em 1998, mas defendeu que o caminho para estabelecer a verdade não era por meio de um processo penal, mas por meio de petições de *habeas data* para os tribunais argentinos. Supremo Tribunal da Argentina, julgamento Urteaga, de 15 de outubro de 1998. As ações seguintes em busca da verdade autorizaram investigações judiciais sobre o que aconteceu com as vítimas da Guerra Suja. Essa levou mais uma vez oficiais militares aos tribunais da Argentina e deu um novo impulso aos esforços para contestar a impunidade para com as violações dos direitos humanos durante o regime militar. Sobre o "direito à verdade" nos tribunais argentinos: Alicia Oliveira and María José Guembe, 'La Verdad, Derecho De La Sociedad' in Martín Abregú and Christian Courtis, eds., **La Aplicación Del Derecho Internacional De Los Derechos Humanos Por Los Tribunales Locales** (Buenos Aires: Editores del Puerto, 2004).

63   María José Guembe, 'Reopening of Trials for Crimes Committed by the Argentine Military Dictatorship' **Sur - International Journal on Human Rights**, vol. 3, 2005. p.119.

64   Gabriel Cavallo, na época no comando da 4º Tribunal Federal para Assuntos Criminal e Correcionalados de Buenos Aires.

nomeadamente, as leis de anistia aprovadas pelo governo de Fujimori no Peru. A sentença da Corte Interamericana foi fortemente referenciada e citada textualmente quando a decisão de Cavallo foi confirmada, em novembro de 2001, pela Câmara de Apelações da Argentina, que declarou nulas e inválidas as leis "Ponto Final" e "Obediência Devida". Segundo os juízes do tribunal de apelação, dadas as obrigações internacionais do Estado argentino, ele tem o dever de julgar e punir os autores de crimes contra a humanidade.

O Supremo Tribunal levou até junho de 2005 para decidir o caso *Simón*. Na sua decisão de defender as declarações de inconstitucionalidade das leis "Ponto Final" e "Obediência Devida" dos tribunais inferiores, o Tribunal também aceitou a sentença da Corte Interamericana no caso *Barrios Altos*[65]. Além disso, no caso *Simón*, o Supremo Tribunal também refletiu sobre a mudança no equilíbrio de poder entre o Judiciário e o Legislativo, no que diz respeito aos direitos humanos, nos seguintes termos:

> Mesmo que seja verdade que [...] a Constituição Nacional consagra o direito do Poder Legislativo para decretar anistias gerais, tal faculdade sofreu importantes limitações até o ponto em que se considera seu escopo. Como regra, as leis de anistia foram utilizadas historicamente como instrumentos de pacificação social com a finalidade declarada de resolver os conflitos remanescentes após lutas civis armadas terem terminado. De forma análoga, [as leis Ponto Final e Obediência Devida] tentaram superar os confrontos entre "civis e militares". No entanto, e visto que cada anistia tende a induzir o "esquecimento" das graves violações de direitos humanos, elas são contrárias à decisão da Convenção Americana sobre Direitos Humanos e do Pacto Internacional sobre Direitos Civis e Políticos, e tornam-se, portanto, constitucionalmente intoleráveis[66].

Assim, enquanto em 1987 o Tribunal de Justiça decidiu que o Legislativo tinha a autoridade para aprovar essas leis, em 2005, o Tribunal assumiu autoridade sobre esse assunto e declarou que as leis eram contra a Constituição. Significativamente, três dos juízes do Supremo Tribunal de Justiça, no caso *Simón*, tinham participado das deliberações do Tribunal sobre as leis "Ponto Final" e "Obediência Devida", em 1987. Um dos juízes, Enrique Petracchi, justificou sua mudança de raciocínio alegando que após a

---

65   Luis Márquez Urtubey, 'Non-Applicability of Statutes of Limitation for Crimes Committed in Argentina: **Barrios Altos' Southwestern Journal of Law and Trade in the Americas**, vol. 11, 2005.

66   Suprema Corte da Argentina, **Julgamento Simón, Julio Héctor e outros**, em 14 de junho de 2005, para16. Como traduzido em Guembe, '**Reopening of Trials**' p.117.

incorporação constitucional em 1994 de uma ampla gama de tratados internacionais de direitos humanos, essas leis tornaram-se inconstitucionais. Carlos Fayt, entretanto, manteve sua posição original, reafirmando a constitucionalidade das leis, assim como reiterando a posição de que as leis eram necessárias, na época, para garantir a estabilidade política[67].

O processo de revisão judicial das "leis de impunidade" na Argentina demonstra o papel fundamental dos tribunais nacionais como arenas das políticas de direitos humanos, o papel dos juízes na formação da influência nacional do Direito Internacional dos Direitos Humanos e na defesa dos direitos humanos em um sistema político democrático. Esse processo também ilustra mudanças graduais, mas significativas, do pensamento jurídico no que diz respeito ao Direito Internacional dos Direitos Humanos e à jurisprudência dos direitos humanos do Sistema Interamericano, em particular. É evidente que as influências externas ao Poder Judiciário – incluindo pressões significativas por parte do governo Kirchner e vários atores da sociedade civil – são importantes quando somam com essas alterações judiciais. No entanto, ao dar aos tratados de direitos humanos *status* constitucional, a Argentina reconheceu especiais obrigações internacionais que limitam o escopo de apreciação política e de autonomia das legislações nacionais em matéria de direitos humanos[68]. A evolução significativa da jurisprudência internacional sobre direitos humanos nos últimos anos tem obrigado os juízes a rever seus posicionamentos sobre o julgamento dos crimes do regime militar[69].

Há, todavia, uma variação regional significativa não apenas na aplicação efetiva dos direitos humanos na ordem jurídica interna, mas também na disponibilidade dos juízes

---

67   Gargarella, **Justicia Penal Internacional Y Violaciones Masivas De Derechos Humanos**, Trabalho não publicado em arquivo do autor.

68   Guembe sustenta que "a incorporação [...] dos tratados internacionais sobre direitos humanos à Constituição Nacional determinou que as decisões políticas que afetam os direitos das vítimas de graves violações dos direitos humanos não podem ser toleradas. Ao adotar esses tratados de direitos humanos e conceder-lhes hierarquia constitucional, o Estado assumiu obrigações especiais de caráter internacional". Guembe, '**Reopening of Trials**' p.116.

69   Em geral, essas mudanças no quadro jurídico nacional e no pensamento jurídico parecem relativamente seguras. Além da reviravolta das leis de impunidade, os indultos de 1989 concedidos por Menem aos membros das juntas militares foram declarados inconstitucionais pelos juízes do tribunal de primeira instância e, posteriormente, ratificados por tribunais de apelação. E, em julho de 2007, o Supremo Tribunal confirmou as decisões das instâncias inferiores. Além disso, decisões semelhantes com base na lei internacional dos direitos humanos foram tomadas em muitos casos e em diferentes partes do país. Essas decisões judiciais declarando inconstitucionais as leis Ponto Final e Obediência Devida deram origem à reabertura dos processos relativos a violações de direitos humanos durante o regime militar em diferentes tribunais ao redor da Argentina. Para uma extensa lista de casos judiciais diferentes em vários tribunais argentinos, consulte: Guembe, '**Reopening of Trials**' p.124.

para se engajar na cultura jurídica transnacional de direitos humanos e aproveitar os potenciais recursos legais e argumentativos disponíveis.

A reforma constitucional de 1989 incorporou uma série de tratados internacionais de direitos humanos, mas não resolveu de forma conclusiva debates judiciais relacionados ao estado constitucional das obrigações de direitos humanos internacionais do Chile

Em termos de engajamento do Judiciário brasileiro com o Direito Internacional dos Direitos Humanos, em geral, e com o IAHRS, em particular, a Constituição de 1988 criou um vasto conjunto de direitos disponível para os agentes judiciais no âmbito do sistema legal interno do Brasil. O Supremo Tribunal Federal tem adotado tradicionalmente uma posição restritiva sobre o *status* dos tratados internacionais de direitos humanos na Constituição brasileira, embora tenha havido algumas mudanças incipientes no sentido de uma interpretação mais ampla do estado legal dos compromissos internacionais em matéria de direitos humanos do Brasil em relação à Constituição nos últimos anos[70]. Entretanto, o Judiciário brasileiro tem sido, tradicionalmente, relutante em aceitar a noção de que os acordos internacionais podem sobrepor a Constituição e as leis nacionais, combinado com o fato de que o Supremo Tribunal não foi capaz de tomar suas decisões vinculando os tribunais inferiores antes das reformas legais em 2005. Portanto, há certa resistência ideológica entre os juízes em utilizar o Direito Internacional (direitos humanos), mas há também um sentimento generalizado de que o Direito Internacional dos Direitos Humanos é supérfluo, dada a ampla garantia dos direitos humanos consagrada na Constituição nacional. No entanto, uma série de grupos de defesa jurídica surgiu nos últimos anos, como a Conectas, que está usando cada vez mais litigância estratégica para fazer o Judiciário brasileiro considerar o Direito Internacional dos Direitos Humanos e a jurisprudência do IAHRS em seus julgamentos e fundamentação legal[71]. Curiosamente, uma das razões para o surgimento relativamente tardio do litígio estratégico em direitos

---

70   No entanto, os limites a estes desenvolvimentos são refletidos na decisão do Supremo Tribunal, em abril de 2010, defendendo a lei de anistia brasileira, alegando que considera que "as ações do regime militar foram de natureza política e, portanto, abrangidos pela lei, negando às famílias as informações".

71   O uso de litígio estratégico do *Conectas* inclui rotineiramente a apresentação de *amici* ao Supremo Tribunal nos casos de direitos humanos.

humanos no Brasil tem sido o papel dominante do Ministério Público ao assumir casos de direitos humanos, o que levou a certa redução de ativismo da sociedade civil[72].

O Poder Judiciário chileno não se envolveu tradicionalmente com o Direito Internacional (direitos humanos), com os juízes adotando a visão de que os direitos humanos são uma questão política e uma questão para os outros ramos do governo. Como resultado, o Judiciário tendeu, no geral, a adotar uma atitude muito passiva em relação às obrigações do Estado chileno quanto aos direitos humanos internacionais, uma posição soberana sobre o estado dos tratados internacionais de direitos humanos em relação à legislação nacional e geralmente rejeitar instâncias judiciais supranacionais (com exceção das que estão no campo do Direito do Comércio Internacional). A reforma constitucional de 1989 incorporou uma série de tratados internacionais de direitos humanos, mas não resolveu de forma conclusiva debates judiciais relacionados ao estado constitucional das obrigações de direitos humanos internacionais do Chile. Assim, embora os juízes chilenos estejam cada vez mais abertos aos argumentos jurídicos provenientes do Direito Internacional dos Direitos Humanos, eles continuam enfrentando o risco profissional de ter suas decisões revogadas em instâncias superiores por confiarem em normas jurídicas internacionais.

Houve algumas mudanças incipientes nos últimos anos, com o Judiciário se tornando mais receptivo aos casos relacionados a violações dos direitos humanos durante o regime militar. Entretanto, foram levantadas dúvidas quanto à profundidade e às razões para essas mudanças judiciais[73]. Isso é significativo à medida que os juízes chilenos estavam tradicionalmente dispostos a acomodar mudanças políticas e que o contexto político atual favoreceu os processos selecionados de autores de violações dos direitos humanos durante o regime militar. Assim, o Judiciário ainda reluta em desafiar diretamente a lei de anistia de 1978, apesar dos avanços para restringir a sua aplicação e da CIDH tê-la declarado contrária à Convenção Americana no caso *Almonacid*[74]. Além disso, os efeitos de difusão do comportamento judicial para além dos casos relativos a violações de direitos humanos do passado podem ser limitados. Embora o Judiciário chileno continue cauteloso em sua relação com outras áreas do governo e relutante em se envolver com

---

72   Consulte Rogério Bastos Arantes, 'Direito e Política: O Ministerio Público e a Defesa dos Direitos Coletivos' **Revista Brasileira de Ciencias Sociais**, vol. 14, nº 39, 1999, Rosangela Batista Cavalcanti, **A Efetividade da Via Judicial: Sociedade Civil e Ministério Público na Fiscalização da Coisa Pública**, Trabalho não publicado em arquivo do autor.

73   Alexandra Huneeus, 'Judging from a Guilty Conscience: The Chilean Judiciary's Human Rights Turn' **Law and Social Inquiry**, Forthcoming.

74   O caso está agora na Corte Interamericana. Corte Interamericana de Direitos Humanos, sentença em **Almonacid Arellano** *et al.* (Chile), 26 de setembro 2006.

normas e jurisprudência do IAHRS, diferentes grupos de defesa jurídica tem utilizado, nos últimos anos, cada vez mais litigância estratégica perante os tribunais nacionais. Assim, o acúmulo de processos perante o IAHRS, combinado com os esforços em litígios nacionais, levou o Judiciário a se envolver cada vez mais com o Direito Internacional dos Direitos Humanos nos últimos anos.

Compreender as fontes dessa variação em termos de independência judicial, mas também em termos de tradições jurídicas nacionais divergentes, padrões de ensino jurídico e envolvimento com a comunidade jurídica transnacional, constitui uma parte importante de compreensão dos modos que o sistema regional de direitos humanos afeta ou não os resultados políticos. A inserção formal das normas do IAHRS no Direito Interno oferece oportunidades cruciais aos indivíduos e grupos para reivindicar, determinar e lutar pelos direitos humanos. É evidente que, embora longe de ser suficiente para garantir os direitos, a disponibilidade de litigação perante os tribunais nacionais, com base nas normas internacionais de direitos humanos incorporados no Direito Interno, é um fator-chave para legitimar os atores da sociedade civil nos seus esforços de mobilização política e jurídica.

Portanto, o processo dos direitos humanos perante os tribunais nacionais se tornou um mecanismo importante para os ativistas de direitos humanos em seus esforços de ativar o IAHRS em nível nacional. Dessa forma, os tribunais nacionais tornaram-se áreas-chave para a política de direitos humanos, uma vez que os litigantes estão buscando pressionar as autoridades estaduais e judiciais a cumprir seus compromissos internacionais em matéria de direitos humanos e reformar a legislação doméstica desses direitos. A internalização das normas do IAHRS nos sistemas domésticos (político e jurídico) em toda a região mudou, portanto, o caráter de conformidade com o sistema. Tradicionalmente, o sistema contou com várias formas de pressão política da CIDH, OEA ou (muito raramente) de outros países para garantir o cumprimento de suas decisões e julgamentos. Em nível doméstico, os alvos de pressões por cumprimento seriam, sobretudo, o Executivo ou o Legislativo. Ou seja, os processos de conformidade com o IAHRS foram dominados pelos órgãos políticos do governo[75]. Todavia, a crescente constitucionalização dos direitos humanos estabeleceu sistemas jurídicos internos como ligações entre os princípios constitucionais e os direitos humanos na prática, no processo de situar os tribunais nacionais como arenas-chave e Judiciários nacionais como atores fundamentais da política de direitos humanos.

---

75   Abregú, 'La Aplicación Del Derecho Internacional' p.27.

Há uma tendência regional discernível de "justiça de pós-transição" desafiando cada vez mais as barganhas políticas como parte da transição democrática na região. Essa tendência é mais claramente refletida no número crescente de estudo sobre julgamentos relacionados aos direitos humanos abordando os abusos dos direitos humanos durante o período de "guerra suja" em vários países da América Latina. No entanto, as respostas do Estado ao ativismo da sociedade civil e aos processos judiciais desafiando essas anistias continuam variando consideravelmente.

Na Argentina, principalmente ações descoordenadas de ativistas dos direitos humanos por meio dos tribunais – em nível nacional e internacional – reforçadas pelo apoio dado pelo governo Kirchner, seguido da sua eleição em 2003, dirigiram o processo judicial e político que levou à revogação das "leis de impunidade", em 2005, pelo Supremo Tribunal. Desde então, tem havido um novo impulso em prol dos julgamentos de direitos humanos em tribunais argentinos. Os dados relevantes dos julgamentos dão uma indicação da sua escala e alcance. De acordo com o CELS (Centro de Estudos Legais e Sociais – Argentina), existem atualmente mais de 1.400 indivíduos sendo processados no Sistema Judicial argentino por violações dos direitos humanos cometidas durante o regime militar. Mas houve somente cerca de 60 condenações a partir dessa data[76]. Dada a escala e o escopo dos julgamentos, há problemas claros de coordenação entre as diferentes instâncias judiciais envolvidas. Há uma falta generalizada de coerência em termos de estratégias de litígio entre os diferentes julgamentos (isto é, entre os procuradores do Estado e os representantes legais), acusações e tratamento de provas, por exemplo. Há também uma considerável pressão exercida sobre o aparelho judiciário para lidar com os casos que estão sendo apresentados e julgados rapidamente, aumentando, portanto, as preocupações de segurança jurídica e da independência judicial. Existe também alguma evidência de resistência aos julgamentos – por razões ideológicas e práticas – entre alguns setores do Judiciário, e as críticas têm sido dirigidas ao Estado por falta de apoio institucional.

As instituições do Estado brasileiro não têm avançado, em termos gerais, no engajamento com o IAHRS. Até meados da década de 1990, as autoridades brasileiras não pressionavam a CIDH para reconhecer os casos dos requerentes brasileiros. Durante o governo FHC, no

---

76   A partir do final de 2009. Atualizações disponíveis em: www.juicios.cels.org.ar.

entanto, o Estado brasileiro passou de obstrucionista para uma relação mais cooperativa com o IAHRS, alcançando uma série de acordos de solução amistosa com a CIDH[77]. Todavia, em termos de envolvimento concreto com o IAHRS em casos específicos, as instituições estatais brasileiras tendiam a ignorar os julgamentos feitos pelo sistema regional ou optar por não aplicar medidas substanciais[78]. Em parte, a relutância persistente das instituições do Estado brasileiro em se envolver com o IAHRS pode ser atribuída à resistência tradicional do Ministério das Relações Exteriores, o Itamaraty, em se apresentar ao escrutínio internacional, vendo-o como uma violação da soberania nacional brasileira. No entanto, com a aceitação do Brasil da jurisdição contenciosa da Corte Interamericana de Direitos Humanos, em 1998, os setores mais nacionalistas do Itamaraty pareciam ter perdido essa luta política específica. Além disso, o Itamaraty também já criou o seu próprio departamento de direitos humanos, e em 1996 foi criada a Secretaria Nacional de Direitos Humanos, no âmbito do Ministério da Justiça, para promover o Plano Nacional de Direitos Humanos e para interceder junto às organizações da sociedade civil sobre assuntos relacionados aos direitos humanos. Não obstante, esses avanços institucionais e organizacionais e as interações entre o IAHRS e funcionários do Estado brasileiro permanecem limitados.

Contudo, nos últimos anos, o IAHRS começou a desempenhar papel nos esforços brasileiros de revisitar o passado por meio da busca da verdade e dos processos judiciais. Em março de 2009, a CIDH submeteu o caso à Corte Interamericana[79]. O caso diz respeito à detenção arbitrária, tortura e desaparecimento forçado de 70 pessoas, incluindo membros do Partido Comunista do Brasil, cometidos por militares brasileiros durante as operações para destruir a guerrilha do Araguaia entre 1972 e 1975. O evento também contesta a lei de anistia de 1979 do Brasil, que proíbe qualquer processo por "crimes políticos" cometidos durante o regime militar[80]. Os representantes legais das vítimas alegam que a lei de anistia viola o direito que a vítima tem à informação, direito à justiça e direito à

---

77   Francisco Panizza e Alexandra Barahona de Brito, 'The Politics of Human Rights in Democratic Brazil: 'a Lei Não Pega'' **Democratization**, vol. 5, nº 4, 1998. p.21.

78   Isto pode ser visto, por exemplo, nas reações parciais para as medidas provisórias adotadas pela Corte Interamericana de Direitos Humanos em relação ao caso da prisão de *Urso Branco*. Corte Interamericana de Direitos Humanos, Medida provisória em *Urso Branco* (Brasil), 25 de novembro de 2009.

79   **Julia Gomes Lund et al.** (Guerrilha do Araguaia).

80   Baseando-se na Lei de Anistia, as autoridades brasileiras não conduziram uma investigação criminal para processar e punir os responsáveis pelo desaparecimento forçado de 70 pessoas e pela execução extrajudicial de Maria Lúcia Petit da Silva, cujos restos mortais foram encontrados e identificados em maio de 1996. O caso também aborda a questão jurídica da vedação permanente de arquivos oficiais relacionados a determinados assuntos (Lei 11.111, introduzida em maio de 2005). Um programa de reparação foi criado pelo presidente Fernando Henrique Cardoso, em 1995, (Lei das Vítimas de Assassinato e Desaparecimento Político), após a descoberta de valas comuns.

verdade, tal como protegidos pela Convenção Americana (artigo 5º)[81]. A resposta do governo Lula para o caso foi contraditória, semelhante à sua atitude em relação à questão de penalizar os responsáveis por crimes cometidos durante o período militar. Alguns membros do governo apoiaram esses esforços, enquanto outros se opuseram a eles[82]. Em outubro de 2009, o governo manifestou apoio à criação de uma Comissão da Verdade para investigar os crimes cometidos pelas forças de segurança entre 1964 e 1985. Alguns atribuem essa decisão do ex-presidente Lula ao impacto de algumas das famílias das vítimas para levar seus casos ao Sistema Interamericano.

No que diz respeito às autoridades do Estado chileno, o envolvimento com o IAHRS tem sido igualmente relutante[83]. Desde o retorno à democracia, a relação com o IAHRS foi principalmente canalizada pelo Ministério das Relações Exteriores, o *Cancillería*, resultando em uma desconexão geral das políticas internas de direitos humanos. Também, desde o julgamento da coalizão, *Concertación*, de políticas gerais dos direitos humanos ao longo dos anos, e como a transição democrática não tinha sido clara, o *Cancillería* não recebeu instruções claras no que diz respeito a que política usar em relação ao IAHRS. Além disso, a seção de direitos humanos no *Cancillería* tem pouco poder institucional. Como resultado, o Cancillería adotou, no geral, uma posição defensiva e esmagadoramente reativa no que respeita ao IAHRS, incluindo a recusa em aceitar qualquer responsabilidade do Estado para com os atos realizados, e não realizados, pelo Poder Judiciário nacional[84]. Também em contraste com o caso da Argentina, o Cancillería reluta em aceitar o caráter vinculativo das decisões da Corte Interamericana de Direitos Humanos; ele adotou uma abordagem muito formal e legalista nas negociações com o IAHRS e resiste em participar mais ativamente com os litigantes chilenos perante o IAHRS.

Embora tenha havido alguns casos chilenos paradigmáticos, perante o IAHRS, que levaram às reformas legislativas, tais como *A Última Tentação de Cristo*, caso que diz respeito à liberdade de expressão, as ligações transnacionais entre o IAHRS e o Chile continuam sendo relativamente fracas. Em parte, isso também deve ser atribuído ao próprio IAHRS,

---

81   OSI Justice Initiative amicus curiae brief: "Iniciativa de Justiça do OSI *amicus curiae*: "o direito à verdade agora está bem estabelecido no Direito Internacional e na prática do Estado. É um Direito amplo, que garante o direito do cidadão de saber sobre as condições subjacentes que levaram a abusos do passado, de modo que as sociedades possam evitar que tais problemas voltem a acontecer no futuro".

82   O Ministro da Defesa, Nelson Jobim, qualificou os esforços por obtenção de justiça por parte das famílias e sobreviventes de tortura como "vingança".

83   Felipe González, 'Human Rights and Democracy in Chile' in Monica Serrano and Vesselin Popovski, eds., **Human Rights Regimes in the Americas** (Tokyo: United Nations University Press, 2010).

84   González, '**Human Rights and Democracy in Chile**'.

com a CIDH, por exemplo, não considerando geralmente o Chile como um país problemático para os padrões regionais e, portanto, levando muito tempo para processar os casos chilenos apresentados. No entanto, houve algumas mudanças nos últimos anos, com o Chile envolvido de forma mais consistente com o IAHRS e levando o sistema mais a sério[85]. Em grande medida, isso pode ser explicado pelo crescente uso do sistema feito pelos defensores dos direitos humanos do Chile, mas também é resultado de um papel mais ativo das autoridades do Estado chileno em fóruns internacionais de direitos humanos em geral. Essas mudanças na forma de vinculação com o IAHRS coincidiram com uma mudança gradual social no Chile voltada para o reconhecimento de, no mínimo, crimes mais graves do regime militar, tal como refletido na evolução da responsabilização judicial de processos internos nos últimos anos[86]. Contudo, apesar da decisão da Corte Interamericana no caso *Almonacid* e de um compromisso do governo de 2006 para aprovar uma legislação para esse efeito, a lei de autoanistia de 1978 do Chile não foi revogada ou anulada.

Em suma, existe grande variabilidade das respostas do Estado às pressões do IAHRS sobre questões relacionadas com justiça de (pós-) transição. Considerando que a interação com o IAHRS no caso da Argentina é densa e de resposta ampla, as respostas do Chile são, na melhor das hipóteses, prudentes e, no caso do Brasil, ainda incipientes. Da mesma forma, no caso de responsabilização no Peru, os processos têm sido desiguais, seguindo o caso *Barrios Altos*, a publicação do relatório da Comissão de Reconciliação e Verdade do Peru, em 2003, e a condenação de Alberto Fujimori, em abril de 2009[87]. Todavia, esses casos diferem significativamente das respostas por parte do Estado mexicano, cuja rejeição da responsabilidade do Estado por crimes cometidos durante aquela sujeira no país constitui, na verdade, uma anistia *de facto*.

4. CONCLUSÃO

O Sistema Interamericano tem desenvolvido instrumentos jurídicos regionais, incorporando cada vez mais extensas normas de direitos humanos que buscam regular a relação entre o Estado e seus cidadãos. Tais desenvolvimentos receberam um impulso com o retorno ao regime democrático e, nesse sentido, a direção do sistema como um todo se

---

85   González, '**Human Rights and Democracy in Chile**'.

86   A análise dos processos de justiça de pós-transição no Chile baseia-se nos boletins informativos regulares e excelentes produzidos pelo Observatório de Direitos Humanos da Universidade Diego Portales.

87   Uma análise do caso peruano poderia ser incluída em um trabalho subsequente.

tornou ligada à manutenção e ao progresso da democracia. Uma das modificações regionais mais importantes para o Direito Internacional, que apareceu com o desenvolvimento institucional do sistema, foi a criação de um Direito de petição privada, reforçando, assim, legalmente o acesso dos indivíduos ao sistema de direitos humanos. As normas regionais de direitos humanos são também cada vez mais incorporadas nos sistemas jurídicos nacionais. Esses processos legais de interiorização afetam uma série de atores políticos e agentes judiciais. O IAHRS oferece uma estrutura de oportunidades internacionais para o ativismo da sociedade civil e grupos de vítimas, e as normas e jurisprudência do IAHRS fornecem aos juízes nacionais recursos adicionais na argumentação jurídica. A disponibilidade do IAHRS altera a dinâmica da política nacional, uma vez que o IAHRS reforça a posição interna dos grupos que interagem com o sistema. O sistema regional de direitos humanos tem motivado o ativismo transnacional de direitos humanos, que liga o entendimento local dessa matéria aos padrões regionais de modo a influenciar a evolução da política nacional.

Os grupos de vítimas e as suas redes de apoio legal têm desempenhado um papel importante ao basear-se nas oportunidades proporcionadas pelo IAHRS para forçar uma agenda específica de justiça de transição que desafia anistias em vários países da região. O tratamento IAHRS da adequação das leis de anistia em resposta à violência do Estado tem evoluído ao longo do tempo. Houve uma mudança perceptível de desqualificação em relação às leis de anistia condicionais na jurisprudência do IAHRS. A jurisprudência da Corte Interamericana sobre anistias evoluiu nos últimos anos no que diz respeito aos eventos que ocorreram principalmente nas décadas de 1970 e 1980.

Assim, a justiça de transição é claramente um alvo móvel. Mais óbvio, talvez, as circunstâncias políticas mudam à medida que os poderes mudam e, consequentemente, os incentivos dos atores. Mas as mudanças mais sutis também ocorrem ao longo do tempo no ambiente normativo no qual os atores operam. Em outras palavras, tanto o que é possível quanto o que é desejável está propenso a mudar com o tempo. Muitas vezes, não se trata de uma simples questão de escolher entre os diferentes mecanismos da justiça transicional. Uma grande variedade de mecanismos tem sido empregada na região, incluindo as investigações para apurar a verdade e identificar os autores, os programas de reparações das vítimas de violações dos direitos humanos (financeiro e simbólico em termos de lugares da memória), as medidas institucionais para estabelecer mecanismos para evitar a recorrência de violações e do andamento de processos e julgamentos. O resultado do envolvimento do IAHRS com a justiça de transição e as anistias, em particular, é agora um amplo conjunto de direitos dos Estados, dos direitos das vítimas e das famílias, e ordens de reparação exigindo que os Estados reavaliem as barganhas políticas do passado. Todavia, em muitos casos, até hoje, as medidas de anistia são contornadas em vez de revogadas. Assim, uma característica marcante das tendências regionais consiste na persistência de leis de anistia, apesar dos desafios significativos em prol da impunidade e pressões para com a responsabilização e amplos julgamentos.

A pesquisa que deu base a este trabalho se beneficiou de conversas e entrevistas com diversas pessoas, incluindo: Elizabeth Abi-Mershed, Victor Abramovich, Carlos Acuña, Hélio Bicudo, Martín Böhmer, Cath Collins, Francisco Cox, Andreas Feldmann, Roberto Gargarella, Maria José Guembe, Alvaro Herrero, Domingo Lovera, Claudio Nash Rojas, Eva Miljiker, Flávia Piovesan, Andrea Pochak, Diego Rodriguez-Pinzón, Liliana Tojo, Oscar Vilhena, Federico Villegas Beltrán e José Zalaquett.

Impunidade na América Latina: tribunais nacionais e desafios ainda existentes

NAOMI ROHT-ARRIAZA

Professora da Faculdade de Direito Hastings da Universidade da Califórnia (Estados Unidos)
Doutora em Direito pela Universidade da Califórnia em Berkeley (Estados Unidos)

ACERVO DA COMISSÃO DE ANISTIA DO
MINISTÉRIO DA JUSTIÇA

FONTE: ACERVO DA COMISSÃO DE ANISTIA

CRÉDITO: KELEN MEREGALI MODEL FERREIRA

A América Latina esteve à frente das tentativas, durante as décadas de 1970 e 80, de evitar o aumento da violação em larga escala dos direitos por meio do uso de leis de anistia. Pelos últimos dez anos, a região, agora sob governantes eleitos, tem estado à frente de tentativas judiciais para superar aqueles desafios com relação aos anistiados. No caso da Argentina, a legislação, assim como os tribunais, têm anulado as leis da anistia, enquanto os tribunais de metade dos outros doze países da região têm deixado as leis de anistia em lugar onde possam limitar seus efeitos. Este ensaio irá resumir algumas das mais importantes decisões na região, explorando alguns fundamentos usados pelos tribunais da América Latina nas decisões sobre o assunto, nas anistias aniquiladas ou restritas. Por isso, o ensaio irá se utilizar da recente publicação "Resenha da Jurisprudência Latino-Americana sobre Crimes Internacionais" (Fundação para o Devido Processo Legal, 2010, em espanhol e futuramente disponível em inglês). O ensaio irá, em segundo lugar, comentar sobre algumas das formas com que a legislação nacional e especialmente os tribunais têm usado outros mecanismos além da anistia para evitar o envio de militares para a prisão nos casos de envolvimento, no passado, com o desaparecimento de pessoas, assassinatos e torturas de adversários políticos declarados e atuantes. Os casos demonstram uma nova determinação dos diversos órgãos judiciais da América Latina para tentar resolver a impunidade do passado e também limitar as estratégias judiciais.

Na maioria dos continentes, onde a grave violação dos direitos humanos ocorreu durante os anos de 1970 e de 1980, os mecanismos de justiça interna têm aceitado trazer à tona a natureza e a extensão dessas violações e prender aqueles que praticaram esses crimes para arcarem com algum grau de responsabilidade. A maioria dos tribunais nacionais têm reagido para a jurisprudência cada vez mais insistente da Corte Interamericana, que sustenta que restrições instauração de processos, como anistias e estatutos de limitações, pelo menos nos casos de desaparecimentos, execuções sumárias e tortura, violam a Convenção Americana de Direitos Humanos[1]. Entretanto, eles têm desenvolvido uma censura e elaboração própria nas decisões dos tribunais.

Uma amostra parcial das decisões judicias dispõe:

1. A Argentina é o único país que anulou legalmente, como citado no início, as leis de anistia. A Argentina foi o primeiro país na região a enfrentar processos, aqueles da Junta (Causa 13) em 1985. Depois disso, ela criou leis para limitar a instauração de processos, e eles efetivamente mandaram parar as instaurações, com exceção aos casos não abrangidos pelas leis da anistia. Entretanto, mesmo antes de a anistia ser anulada, os tribunais tinham encontrado maneiras de contorná-la. Casos envolvendo o sequestro de crianças e o roubo de mercadorias (cargas) não eram cobertos pela lei; desse modo juízes investigavam naqueles casos. Mais interessante ainda, até mesmo quando os crimes eram claramente acobertados pela lei, os juízes começaram a manter "acusações reais", nas quais testemunhas poderiam vir explicar o que tinha acontecido, ainda que sem um réu (acusado) vivo (existente). Esses julgamentos aumentaram a pressão para anular a lei de anistia e autorizaram os familiares a terem conhecimento sobre alguma coisa ligada ao ocorrido com as pessoas que eles amavam. A lei de anistia foi finalmente anulada em 2005. A Suprema Corte da Argentina descobriu que isso violava a Constituição em grande escala, incluindo violação às obrigações do país em relação aos costumes e acordos previstos no Direito Internacional. Além do mais, a violação ocorria, mesmo que a anistia não fosse autoaplicável, em razão de ela ter sido garantida por um subsequente regime democraticamente eleito:

---

1   Esta jurisprudência é abordada em outro artigo e não será discutida aqui.

A falha fatal não recai tanto sobre o fato de o perdão ter sido desprezado pelos ofensores, ou pelo fato ou não de isso ter sido feito pelo governo. É melhor que essas leis sejam revogadas com base em fundamentos reais. Fica evidente, portanto, que isso deve abranger leis derivadas de regimes subsequentes que garantem a impunidade aos acusados do regime anterior, constituindo brecha ao dever de instuarar processos criminais por violação dos direitos humanos[2].

As instaurações de processos continuaram depois da anulação da lei da anistia. Em março de 2009, a Suprema Corte manteve as acusações contra o ex-chefe de polícia Etchecolatz. De 2005 a 2009, os tribunais argentinos esforçaram-se para organizar os casos e apresentar provas lícitas contra os acusados. Atualmente, a maioria dos casos têm sido organizados de acordo com centro de detenção ou *base military*, permitindo instaurações de processos de forma mais rápida. Existem mais de 80 casos com sentença, mas somente uma parte daqueles condenados tem na verdade esgotados os recursos cabíveis e estão cumprindo a pena de prisão. As sentenças reduzidas têm sido um tanto severas, alcançando de 20 anos a prisão perpétua. Um grande caso, envolvendo cerca de 500 vítimas desaparecidas ou mortas na Escola de Mecânica Naval (ESMA), começou em dezembro de 2009, embora tenha sido objeto de protelações. Outro caso, envolvendo os centros de detenção Club Atlético, El Banco e El Olimpo, iniciou-se em novembro, e outros dois, nos centros de detenção "Chefia de Polícia" e "Vesubio", começaram em fevereiro. O segundo instrutor no comando da Primeira Corporação do Exército, Jorge Oliveira Róvere, foi sentenciado à prisão perpétua pela prática de prisões ilegais e assassinatos. Em fevereiro de 2010, dez oficiais militares aposentados foram presos em conjunto com investigações feitas internamente no centro de detenção "A Escolinha".

2. Chile: Diferente da Argentina, o Chile foi incapaz de abolir legislativamente sua lei de anistia, apesar de ordens diretas da Corte Interamericana para isso ser feito[3]. A anistia abrange crimes de militares e das forças de segurança entre os anos de 1973-78, com a única exceção do assassinato de Orlando Letelier. Como na Argentina, os tribunais começaram a burlar a lei de anistia instaurando processos que não estivessem dentro de sua linguagem. Vagarosamente, a partir de 1998, a maioria dos tribunais de primeira instância e a maioria na Suprema Corte determinaram que a lei de anistia não poderia ser aplicada aos casos envolvendo crimes contra a humanidade, desaparecimentos proposi-

---

2   Pedido submetido pela defesa de Julio Héctor Simón (Lista de Julgamentos 1.c), Local 24.

3   Caso Almonacid Arrellano v. Chile.

tais ou qualquer outra violação ao Direito Internacional dos Direitos Humanos. Como resultado, o Chile, desde 2000, processou e/ou condenou pelo menos 782 ex-agentes por crimes no passado contra os direitos humanos, dos quais 210 foram sentenciados e esgotaram os recursos a que tinham direito. Sessenta deles cumprem pena na prisão, enquanto que 135 estão sob prisão domiciliar ou tiveram suas sentenças suspensas (poucos morreram ou cumpriram suas penas). Ainda continuam abertas 334 investigações iniciadas pelos crimes contra os direitos humanos. Muitos dos articuladores do regime, como Manuel Contreras e seus agentes, serão certamente condenados à prisão perpétua. De acordo com um estudo feito pelo Observatório de Direitos Humanos na Universidade Diego Portales, essas questões demonstram que quase 37% das vítimas identificadas mortas ou desaparecidas agora possuem ação judicial a seu favor, embora somente 6% das vitimas tenham tido casos judiciais concluídos com sucesso[4].

Os tribunais têm usado uma série de teorias para limitar ou burlar a lei de anistia, assim como o estatuto de limitações. Como é o caso na maioria dos outros Estados, os tribunais chilenos têm usado o Direito Internacional para ignorar a anistia. Os tribunais têm insistido em que as obrigações internacionais do Chile sob a Convenção de Genebra, em particular, criminalizam os crimes de Guerra e requer que sejam investigados. Sustentam que o Chile estava, naquele momento, em um conflito armado não internacional (pelo menos era isso que as Forças Armadas haviam proclamado) e que, portanto, as Convenções de Genebra eram aplicáveis. *Essas* Convenções requerem processamento de graves violações, o que tornam a anistia e a aplicação de um estatuto de limitação inaplicáveis. Esta linha de argumento torna obscura a linha entre os conflitos armados internacionais e os não internacionais, mas evita o tema da não retroatividade da lei criminal: enquanto a maioria dos tratados de direitos humanos foram ratificados depois dos crimes em questão, o Chile é Estado-parte da Convenção de Genebra desde 1950.

Em um argumento relacionado, os tribunais chegam à decisão de que os crimes constituíam crimes contra a humanidade, para o que as obrigações gerais de Direito Internacional chilenas exigem processamento. Eles evitam o problema da não retroatividade (também chamado de princípio da legalidade - a lei penal deve ser pré-existente para ser aplicada em um caso) ao afirmarem que esses crimes são uma forma de Direito costumeiro internacional e que, portanto, como é o caso das pessoas desaparecidas forçadamente, o fato de que o tratado proibindo tais atos é posterior aos próprios atos não importa.

---

4   Boletim Nº 8, Junho 2010, Observatório de Direitos Humanos, encontrada em http://www.icso.cl/images/Paperss/bulletin_%208.pdf.

Os tribunais têm usado outras duas teorias para evitar a anistia. Em casos recentes, os tribunais reabriram as investigações que tinham sido arquivadas na aplicação da lei de anistia com base em que somente depois da investigação completa, julgamento e condenação é que eles poderiam decidir se haveria qualquer tipo de aplicação da anistia em tudo. Em casos de desaparecimento, os tribunais usaram uma variante próxima, que também tem sido aplicada no Peru e em outros lugares. Eles afirmam que em casos de crimes continuados, como o de desaparecimento, a anistia não pode ser aplicada porque não está claro se a vítima foi morta dentro do período abrangido pela anistia; já que a vítima poderia, teoricamente, estar viva quando o período de anistia expirou, isso não pode ser aplicado ao menos que a data da morte esteja estabelecida firmemente:

> No caso citado, se os indivíduos acusados revelarem onde a vítima está localizada, o estatuto de limitações deveria ser considerado a favor deles a partir daquele momento. Se ela estiver morta, a data da morte teria que ser confirmada com o propósito de determinar, primeiro de tudo, que isso tenha ocorrido no período abrangido pela anistia e, se esse não for o caso, começar a contar do período determinado pelo estatuto. Mas essas regras não podem de forma alguma ser aplicadas quando a circunstância de criminalidade que os sequestradores praticaram o crime não tiver fim, à medida que o crime é contínuo.

3. Colômbia: A Colômbia, que enfrentou um conflito complexo e contínuo, não implementou uma lei de anistia formal durante o governo Uribe. Uma lei de anistia em vigor já era aplicada a muitos combatentes que não tinham cometido crimes mais graves, então a questão para Uribe foi como lidar com os líderes paramilitares que tinham cometido os piores crimes. Em parte, a relutância em abraçar formalmente a anistia provinha de uma tendência anunciada da Corte Constitucional Colombiana para atender e refletir a jurisprudência Interamericana. Em parte, isso pode ter sido oportuno em receio de que o Tribunal Penal Internacional pudesse intervir com força e que uma lei de anistia formal provaria a inabilidade ou a falta de disposição em instaurar processos exigidos pelo artigo 17 do Estatuto de Roma. Independente das razões, a Lei de Justiça e Paz da Colômbia criou uma alternativa para o esquema de instaurações de processos para os membros dos grupos paramilitares do exército aliado. A lei de Justiça e Paz produz sentenças reduzidas para os membros dos grupos para testemunharem sobre suas participações. Depois de desafiar a lei, a Corte Constitucional acirrou algumas dessas disposições, especialmente aquelas que lidam com o direito à verdade e a reparações. Notadamente, na prática, a lei não tem funcionado bem. Os promotores não têm tido tempo suficiente para investigar as declarações de acusados em potencial, as vítimas consideram as sentenças muito brandas, e as declarações de muitos paramilitares têm sido limitadas e de

autoajuda. O processo tem sido encurtado pela extradição, para os Estados Unidos, de alguns entre as duas dúzias de líderes paramilitares com acusações formais relacionadas às drogas, sem o pedido para que testemunhassem sobre os crimes contra os direitos humanos relatados. As extradições ficaram paradas por quase um ano com a obrigação insistente da Suprema Corte de que aqueles acusados deveriam ser primeiro julgados nos tribunais nacionais, mas começaram de novo, recentemente, em agosto de 2010. O esquema da Lei de Justiça e Paz não inclui o exército ou as FARC, embora tenha havido poucos julgamentos de militares. Em um desses julgamentos, no caso do ataque ao Palácio Nacional, houve condenação. Entretanto, não obstante suas limitações, o esquema da Colômbia diferencia a anistia para os lutadores da anistia para aqueles que cometem crimes de guerra ou crimes contra a humanidade, assim como requer concessões significativas dos potenciais beneficiários e não evita a investigação ou a instauração de processos contra os crimes por eles praticados.

Embora uma anistia formal não tenha sido o maior problema na Colômbia, a Corte Constitucional Colombiana tem sustentado, conforme a jurisprudência da Corte Interamericana, que

> com a finalidade de assegurar que a paz seja compatível com o gozo dos direitos humanos e o respeito pelo Direito Internacional Humanitário, o Direito Internacional tem apresentado a visão de que os instrumentos internos empregados pelos Estados para alcançar a reconciliação devem garantir o acesso à justiça para as vítimas e para os outros que tenham sido prejudicados pelo comportamento criminal, para que eles possam apreender a verdade sobre o que ocorreu e obter proteção judicial efetiva.
>
> Medidas tais como: Leis de Suspensão Total que obstruem o acesso à justiça; anistias abrangentes a qualquer tipo de crime; autoanistias (significa o benefício, sob a lei criminal, que a autoridade legitimada ou ilegitimada conceda a ela própria e a seus ajudantes nos crimes cometidos); ou qualquer outro meio de evitar que as vítimas obtenham uma reparação legal efetiva para reivindicarem e exigirem o reconhecimento de seus direitos foram considerados uma violação das obrigações internacionais dos Estados de providenciarem as soluções jurídicas para a proteção dos direitos humanos, o que está incorporado em vários instrumentos internacionais[5].

---

5 Corte Constitucional da Colômbia, Revisão Constitucional do Estatuto de Roma da Corte Penal Internacional, local 2.3, sentença C-578/02, 30 de julho de 2002.

4. El Salvador: O Poder Legislativo salvadorenho aprovou uma lei de anistia abrangente em 1999, e a lei foi aprovada pela Suprema Corte em 2000. Entretanto, ainda assim, a Corte abriu espaço para que os casos fossem analisados um a um, de modo a verificar casos em que não se aplicaria a anistia: casos que envolvem direitos fundamentais. A Corte afirmou:

> a partir dessa perspectiva, está claro que o Artigo 2 (1) [da Constituição] - que é uma disposição básica no contexto da Constituição, uma vez que lança as bases para o efetivo gozo dos direitos fundamentais - também constitui uma restrição aos poderes conferidos na Assembleia Legislativa conforme o Artigo constitucional 131 (26), na medida em que qualquer interpretação mais recente deva ser consistente com aquelas restrições. Significa que a Assembleia Legislativa pode conceder anistia para crimes políticos ou crimes comuns ligados a eles, ou para os crimes comuns cometidos por um número de pessoas que não deve ser menor que 20, contanto que a anistia não obstrua as salvaguardas para preservar e defender – por meio de instauração de processo criminal – os direitos fundamentais da pessoa humana[6].

Em 2003, a mesma Corte manteve, considerando o não prosseguimento no caso dos assassinos dos seis padres jesuítas e seus empregados, que cabia aos juízes dos tribunais decidir se a anistia se aplicava a um caso particular. Entretanto, a decisão de caracterizar ou não as acusações de um caso como violação dos direitos fundamentais cabe ao acusador, e até o momento o promotor não tem parecido capaz de encontrar nem mesmo as mais notórias violações de direitos durante a guerra civil como constituindo o tipo de violação de direitos fundamentais necessário para sobrepujar a lei de anistia. Contudo, isso pode estar mudando, com um novo presidente aparentemente mais aberto a instaurar ao menos alguns processos.

5. Guatemala: A Lei Guatemalteca de Reconciliação Nacional concede anistia a crimes políticos, mas explicitamente exclui o genocídio, os desaparecimentos e outros crimes internacionais de seu âmbito de aplicação. Em 8 de fevereiro de 2010, em um caso envolvendo o massacre de centenas de homens, mulheres e crianças que, em 1982, foram jogadas dentro de um poço pelo exército no vilarejo de Dos Erres, a Câmara Penal da Suprema Corte Guatemalteca alegou que a anistia não se aplicava ao caso e falou ao

---

6   Ação de inconstitucionalidade contra os artigos 1 e 4 do Decreto Legislativo Nº 486, Sala do Constitucional, Corte Suprema de Justiça, 27 Set. 2000. *A Corte reiterou essa interpretação caso a caso em 2003.* Processo de Amparo promovido por Juan Antonio Ellacuría Beascoechea e outros, Sala do Constitucional, Corte Suprema de Justiça, 23 Dez. 2003.

tribunal menor com o dever de investigar para que imediata e efetivamente procedesse contra qualquer um para quem o mandado de prisão já tivesse sido expedido e rejeitasse todas as táticas futuras para atrasar o processo. A decisão judicial veio em resposta à determinação oficial da Corte Interamericana de Direitos Humanos no caso, e a Corte Guatemalteca citou a necessidade de cumprir os mandatos nos seus termos. O gabinete do Promotor Público anunciou uma estratégia para o prosseguimento dos feitos em uma lista de casos exemplares desde a época do conflito interno armado, embora as mudanças no topo do escritório do promotor público tenham deixado a estratégia citada acima suspensa por agora.

Algumas condenações têm ocorrido em casos envolvendo violações graves de direitos e genocídio durante os anos de 1980, mas menos de uma mão cheia em casos semelhantes envolvendo os gabinetes do alto escalão militar. Entretanto, em 2010, um notório líder paramilitar em Chimaltenango foi acusado de desaparecimentos forçados, e um coronel do exército foi acusado de crimes no leste do país. Os obstáculos na instauração de processos não se devem principalmente à anistia, mas à falta de atuação em geral dos tribunais do país, à habilidade dos defensores em causar atrasos por meio de repetidos (e quase sempre desnecessários) recursos processuais, à fragilidade dos trabalhos dos promotores e, ainda, ao medo difundido e ao receio do processo legal.

6. Peru: Em 2010, a Suprema Corte unanimamente ratificou o veredito contra o presidente Alberto Fujimori. A Corte aprovou a instauração de processo sob o fundamento de que Fujimori tinha sido responsável pela morte e desaparecimentos causados por uma unidade militar que estava sob seu comando. Ele foi considerado responsável pelas mortes e desaparecimentos causados por essa unidade com base em uma teoria de controle de um aparato organizado. Por volta de setembro de 2009, 13 membros dessa unidade especial, conhecida como Grupo Colina, tinham sido acusados pelos crimes conhecidos como *La Cantuta y Barrios Altos*. A lei de anistia já tinha sido derrubada pelo Congresso depois da decisão judicial dos *Barrios Altos* pela Corte Interamericana em 2001. O caso Fujimori, por si só, não lida com a questão da anistia. Entretanto, a Corte Constitucional Peruana analisou o despacho no caso de Santiago Enrique Martin Rivas, um dos chefes do Grupo Colina. A Corte disse:

> As leis de anistia não podem ser implementadas, ademais, por conflitarem com as
> obrigações internacionais derivadas dos tratados e convenções de direitos huma
> nos ratificados pelo Estado peruano. A capacidade dos tratados de direitos huma
> nos em impor limitações materiais à lei de anistia é encontrada nos artigos 55 e 4°
> nas Disposições Finais e Transitórias da Constituição. De acordo com o primeiro

artigo, uma vez que os tratados são ratificados, eles passam a fazer parte do ordenamento jurídico interno e a vincular, portanto, as autoridades públicas. De acordo com o segundo artigo, os tratados servem para demarcar a esfera das garantias consitucionais dos direitos fundamentais.

A promulgação de leis de anistia é prerrogativa constitucional do Congresso da República e, portanto, qualquer decisão judicial que estiver de acordo com leis de anistia constitucionalmente legítimas levará a uma situação de *res judicata*. O descuido com a lei de anistia, entretanto, está assentado na presunção de que o órgão legislativo responsável pela legislação criminal pretendia atuar dentro da estrutura da Constituição e do respeito aos direitos fundamentais. Essa presunção não se aplica, portanto, quando está provado que a legislação usou de sua autoridade para interpretar as leis de anistia com a finalidade de acobertar (ocultar) a incumbência de apurar os crimes contra a humanidade. Nem se aplica quando tal poder é usado para "garantir" a impunidade pela parte principal das violações do direitos humanos. Essa foi a situação em torno das atividades criminais do também chamado "Grupo Colina", ao qual o apelante pertenceu...[7].

Entretanto, mesmo sem uma lei de anistia, os gabinetes dos promotores têm trazido alguns outros casos para julgamento. Uma câmara penal especial criada em 2004 para processar casos de direitos humanos e terrorismo declarou até o momento mais de 50 militares e oficiais da polícia inocentes, contra 12 culpados. O presidente Alan Garcia denunciou publicamente julgamentos a serem promovidos e ameaçou ativistas dos direitos humanos e pelo menos um candidato presidencial - Keiko, a filha de Fujimori, prometeu colocá-lo em liberdade se ela vencer. As peculiaridades das teorias usadas para inocentar os oficiais militares serão discutidas na parte II abaixo.

7. Uruguai: Outro ex-presidente uruguaio, Juan Bordaberry, também foi acusado em 10 de fevereiro de 2010 por seu papel na derrocada da democracia e em nove casos de desaparecimento e duas mortes de políticos da oposição. Bordaberry, assim como seu ministro das Relações Exteriores, foram sentenciados pelo tribunal a 30 anos de prisão. Essa nova sentença vem acima da sentença de Bordaberry por homicídios, emitida em 2006. Em outubro de 2009, o instrutor chefe do exército do Estado-maior também foi acusado de 37 homicídios hediondos e crimes contra a humanidade e condenado a 25 anos de prisão. Um tribunal também condenou dois renomados militares, José Gavazzo e José

---

7   Demanda de amparo promovida por Santiago Enrique Martin Rivas, onde encontrar 28, p. 52-59.

Arab a 25 anos de prisão por 28 homicídios hediondos, alguns deles efetuados na Argentina; uma corte de apelação recentemente manteve a sentença.

O caso uruguaio é particularmente interessante porque o Uruguai tem estado entre os países de maior conflito na região no que tange à discussão acerca de processar ou não os ex-líderes civis e militares do regime que, nos anos 70, foi responsável pela tortura e cárcere de um grande número de uruguaios. O governante civil que sucedeu o regime concordou com o exército de que o Estado não promoveria uma ação penal. A lei de anistia resultante foi duas vezes objeto de referendo popular, e os eleitores, por estreita margem de votos, a preservaram ambas as vezes. Contudo, advogados e juízes têm encontrado maneiras de burlar a anistia, incluindo a instauração de processos de civis. Em outubro de 2009, a Suprema Corte uruguaia julgou que os artigos 1, 3 e 4 da lei de anistia eram inconstitucionais porque violavam a separação dos poderes, não constituíam uma anistia válida e violavam os compromissos do Uruguai em matéria de direitos humanos. Especificamente, a decisão unânime argumentou que a lei interferia nos direitos das vítimas à verdade e a processo judicial. A Corte mencionou, em sua decisão, a função do Direito Internacional no sistema jurídico uruguaio e os precedentes da vizinha Argentina, bem como a Comissão e a Corte Interamericana. A decisão, que tecnicamente se aplica somente ao caso de Nibia Sabalsagaray, foi iniciada quando o ex-Presidente Tabaré Vázquez permitiu uma investigação, as duas casas do Congresso subsequentemente divulgaram uma opinião fundamentando a inconstitucionalidade da lei de anistia e um projeto legislativo para abolir a lei está tramitando e espera-se que seja aprovado. A Corte Interamericana também está analisando um caso e espera-se que declare a anistia inválida.

É interessante notar que a Corte, no caso de Gavazzo, lançou mão do argumento de que ignorar ou anular uma lei da anistia anterior significaria a aplicação retroativa da lei:

> Ocasionalmente, os Estados argumentam que a detração ou anulação de uma lei de anistia para os perpetradores de sérias violações aos direitos humanos viola o princípio da não retroatividade da lei. O Comissão Interamericana de Direitos Humanos tem ficado em sua posição nessa matéria em uma decisão com base na lei da anistia no Chile. Durante o trâmite do procedimento internacional, o Estado chileno argumentou que a detração do decreto-lei da anistia não teria efeito sobre os acusados de violações, sob o previsto no princípio da não retroatividade da lei criminal, previsto no artigo 9º da Convenção Americana de Direitos Humanos e no artigo 19 da Constituição do Chile. A esse respeito, a Comissão Interamericana explicou que "o princípio da não retroatividade da lei, sob o qual ninguém pode ser acusado retroativamente por ações ou omissões que não forma consideradas criminais sob a aplica-

ção da lei na época que eles foram cometidos, não pode ser invocado em respeito aos direitos garantidos pela anistia, já que, naquela época, os atos em questão que, foram cometidos foram classificados e punidos sob o previsto na lei chilena".

Em adição aos casos nos tribunais nacionais, extradições e casos sem jurisdição territorial baseados na jurisdição universal (ou, em alguns casos, na nacionalidade da vítima) continuaram. Um dos primeiros casos de jurisdição universal envolveu uma acusação em um tribunal espanhol relacionado ao exército argentino. Os tribunais espanhóis pediram a extradição do oficial da Escola de Mecânica Naval (ESMA) Ricardo Cavallo, que estava então vivendo no México. Cavallo questionou que a lei da anistia na Argentina havia tornado preclusa (fora de prazo) para a extradição dele para a Espanha. A Suprema Corte Mexicana discordou, afirmando que:

> O juíz da comarca explicou que [...] uma decisão de Estado de não exercer sua jurisdição em processar crimes de natureza internacional não impediu qualquer outro Estado na arena global de impor sua jurisdição, já que os tratados internacionais aplicáveis ao caso específico reconheciam a jurisdição de qualquer Estado-membro para processar, provar e punir tais crimes conforme suas leis internas e os próprios tratados. O propósito disso é evitar a impunidade para esses crimes nos casos em que o Estado que possui a jurisdição inicial – independente do local onde o crime foi cometido, a nacionalidade do criminoso ou qualquer outra condição— deixa de utilizá-la, independente de medidas internas ou até mesmo em consonância com as obrigações internacionais de natureza convencional ou costumeira. Portanto, as leis argentinas não podem ser obrigatórias em outro Estado ou destituir legalmente uma jurisdição mais recente que possa exercer sob suas leis domésticas ou sob os tratados internacionais de que é membro [.] [...] Decisões internas para prevenir a acusação de uma pessoa não podem vincular tribunais de outros países.

> Além do precedente [o juiz local decide que], era fato que tais leis eram incompatíveis com as Convenções que contêm princípios destinados a garantir a instauração e a punição dos crimes de guerra e crimes contra a humanidade, que incluem o genocídio e o terrorismo. Por essa razão, essas leis não eram obrigatórias para outros Estados no cenário global, tais como México e Espanha, que poderiam reivindicar a jurisdição extraterritorial em nome da comunidade internacional, já que a submissão às exigências legais internacionais era mais uma obrigação do que um poder investido neles[8].

---

8   Recurso como remédio constitucional (*fundamento em revisão 140/2002*) *usado para defesa de Ricardo Miguel Cavallo*, Supreme Corte de Justiça da Nação, junho, 10, 2003, Edição 14.

Cavallo foi eventualmente reextraditado da Espanha para a Argentina, uma vez que as leis da anistia foram anuladas, e está agora enfrentando o julgamento lá. Mais recentemente, o governo alemão extraditou um piloto para a Argentina, e a Espanha extraditou um oficial argentino também. A jurisdição universal para casos levados a tribunais espanhóis envolvendo tanto El Salvador (o assassinato de jesuítas espanhóis e seus empregados) como a Guatemala (genocídio contra grupos indígenas, incluindo um massacre na embaixada espanhola) continua, com várias testemunhas sobre os fatos para cada caso. Uma peça de evidência com extrema importância em um caso guatemalteco envolveu a apresentação, em Madri, de um documento militar secreto detalhando a participação do exército em massacres de civis indígenas; o exército tinha insistido que o documento não poderia ser encontrado. Esses casos continuam, apesar da legislação na Espanha que restringe o uso da jurisdição universal, porque possuem ligações suficientes com interesses espanhóis.

| 2. | OBSTÁCULOS E PROBLEMAS EMERGENTES |

O precedente servirá para estabelecer que as anistias formais são predominantemente desfavorecidas nas Américas, deixando o Brasil como um caso de anormalidade. Não significa, entretanto, que a luta contra a impunidade tenha sido perdida em todos esses países. Mais propriamente, outros artifícios formais e informais têm servido para impedir processos e para garantir a continuação da impunidade, ao menos para alguns dos autores de crimes internacionais e de graves violações aos direitos humanos. Estatutos de limitações e apelos ao princípio da legalidade têm se mostrado como argumentos muito mais convincentes para a não instauração de processo (não acusação). Sentenciar e punir muitos anos depois de consumado o fato criam inúmeras dificuldades, para além da óbvia dificuldade em se obter provas. Além do processo legal propriamente dito, a ausência de apoio público e a persistente fragilidade dos sistemas judiciais, algumas vezes como resultado de fortes influências vindas do crime organizado, têm dificultado o progresso. Esta seção explora alguns destes obstáculos.

Obstáculos legais

O obstáculo legal mais sério à instauração de processos, pelo menos por um tempo, parecia ser a porção de limitações previstas no estatuto. A maioria dos Estados latino-americanos possuem estatutos de limitações para todos os crimes, e na época que os tribunais e os promotores estavam prontos para procederem a instauração, na maioria das vezes, esses estatutos tinham expirado (perdido a eficácia), tornando impossível iniciar (proceder) a instauração do processo. O processo de superação das limitações do estatuto tem sido semelhante àquele envolvendo a anistia, baseado em três grupos (ou três linhas) de argumento. Os tribunais têm descoberto que as limitações não podem ser aplicadas ao menos que exista até lá uma investigação completa, instauração de processo e condenação; que nos casos de desaparecimento forçado, o estatuto não comece a versar sobre o fato até que a pessoa desaparecida seja encontrada, viva ou morta; e que as obrigações internacionais obstam a aplicação de estatuto de limitações para crimes contra a humanidade e outros crimes internacionais. Essas obrigações são ambas convencionais e costumeiras. Mesmo quando os crimes em questão são considerados comuns, como sequestro ou assassinato, os tribunais têm sustentado que, se eles reunirem os requisitos para serem considerados crime contra a humanidade (ataque sistemático e generalizado contra uma população civil), as regras sobre estatutos de limitações aplicáveis aos crimes internacionais irão recair sobre eles. A Corte Interamericana deu um impulso poderoso para essa teoria no caso *Alminacid Arrellano v. Chile*, em que afirmou que nem a anistia nem nenhum outro estatuto de limitação poderia obstar as instaurações de processo nos casos de crimes contra a humanidade[9]. Uma quarta abordagem, menos comum, sustenta que o estatuto é suspenso durante o período, por isso, é impossível trazer uma acusação criminal contra o réu devido a imunidade ou outros.

Outros obstáculos legais têm se mostrado mais difíceis de superar. Os crimes internacionais, especialmente o de desaparecimentos forçados ou outros crimes contra a humanidade, foram frequentemente não incorporados dentro do código penal local até consideravelmente depois dos crimes terem acontecido. Além disso, a maioria dos tratados de direitos humanos foi ratificada em vários países (mas não em todos) somente depois do advento do governo civil. Isso leva a argumentos sobre a retrospectiva aplicação de tratados ou de definições recentemente incorporadas nos códigos penais e de processo penal. Os tribunais têm algumas vezes superado esses problemas sublinhando que, conquanto a obrigação prevista em tratado ou lei possa ser nova, a conduta sob análise já vinha sendo proibida há muito tempo pelo Direito costumeiro internacional e/ou doméstico (i.e. sequestro ou assalto, ainda que não implique desaparecimento forçado ou tortura) e, dessa maneira, não se aplica o argumento acerca da retroatividade da lei. Contudo, em uma série de casos, os juízes têm citado o "princípio da legalidade" para evitar a condenação nos casos em que o crime somente foi tipificado no código penal depois de ocorridos os fatos.

---

9   Selecionado dos casos, veja Sumário, anotação supra 1, no Capítulo 6 (4).

Um bom exemplo disso vem do Peru, onde a Suprema Corte, em novembro de 2009, emitiu súmula vinculante para aplicação das demais cortes peruanas nos casos de crime de desaparecimento forçado[10]. A corte afirmou que somente agentes estatais que continuaram como agentes públicos em 1991- quando as reformas no código penal peruano exigindo acusação das violações de desaparecimentos entraram em vigor - poderiam ser processados por esse crime em particular. De acordo com o tribunal, a responsabilidade criminal pelos crimes de desaparecimento forçado baseia-se em uma obrigação de que os agentes públicos têm de prestar informações a respeito do local da pessoa "desaparecida". Como somente agentes públicos têm essa obrigação, o tribunal afirmou que responsabilizar um indivíduo que não fosse agente público em 1991 abriria uma brecha à proibição contra a retroatividade de aplicação da lei penal. Dado que muitos desaparecimentos forçados ocorreram no Peru no início dos anos de 80, é muito provável que vários agentes de Estado envolvidos nos "desaparecimentos" não estivessem nessa função em 1991. Talvez coincidentemente, a decisão judicial protegeria os oficiais do primeiro governo de Alan García, mas não da era Fujimori. Naqueles casos, a interpretação do tribunal significará que muitos ex-oficiais não serão processados pelo cometimento desses crimes. (Ainda seria possível processar os indivíduos pelo cometimento de outros crimes, tais como assassinatos ou sequestros, mas os promotores teriam a obrigação de acusá-los especificamente por esses crimes, o que até agora não tem sido a prática). O "Acordo" ignora muito dos argumentos citados acima sobre a natureza de crimes internacionais, incluindo aqueles praticados ou confirmados pela Suprema Corte Peruana/ou Câmara penal em outros casos. Como tais crimes continuam até que a pessoa ou seus restos mortais sejam encontrados, a ilegalidade tem permanecido por décadas, especialmente nas Américas e, desse modo, não existe violação do princípio da legalidade. Em parte, o problema surge das muitas definições de desaparecimentos forçados previstos no Código Penal Peruano, que parecem se afastar da definição desse crime pelo Direito Internacional[11].

---

10   Suprema Corte Peruana, Plenário acordo número 9-2009/CJ-116, Novembro 2009. Veja Junho 22, 2010 carta para a Suprema Corte Peruana, disponível em http://www.hrw.org/en/news/2010/06/22/letter-peruvian-supreme-court-analysis-binding-interpretation-crime-enforced-disappe.

11   O Artigo 320 do Código Criminal Peruano dispõe que "o oficial que priva uma pessoa de sua liberdade, ordenando ações que tenham como resultado o desaparecimento dessa pessoa" pode estar sujeito a pena de prisão de até 15 anos. A Corte tem interpretado que a detenção é o "ato preparatório" do crime de desaparecimento forçado, que é cometido quando o agente público deixa de fornecer a informação legalmente requerida acerca do local e da situação jurídica da pessoa desaparecida. Sob o Direito Internacional, o crime de desaparecimento é o "ato de privar uma ou várias pessoas de sua liberdade, de qualquer forma", o que deve vir seguido de "uma ausência de informação ou a recusa em reconhecer a privação da liberdade ou em prestar informação sobre a localização daquela pessoa". Tanto a privação de liberdade quanto o não prestar a informação acerca da localização da vítima são elementos do crime de desaparecimento forçado.

Dificuldades de sentenciar

A primeira leva de jurisprudência focada em casos que envolvem assassinatos em grande escala, desaparecimentos, tortura e detenção arbitrária chegou aos tribunais e passou a superar os primeiros obstáculos para a instauração do processo criminal. A segunda leva, ainda em andamento, concentra-se nas questões de prova, teorias de responsabilidade dos comandantes e dos autores indiretos, bem como no uso de inferências para tirar conclusões sobre a culpa criminal. Uma terceira reúne o conjunto de decisões que envolvem a punição após a condenação. Primeiro, um número de casos argentinos afirma que os perdões gerais pós-condenatórios, como a anistia, não podem ser emitidos para crimes internacionais[12]. Entretanto, um número de outros dispositivos tem efetivamente servido como de perdão de *facto*.

Um exemplo vem de sentenças feitas no Chile. Lá, os juízes têm se dividido sobre as sentenças apropriadas para esses crimes. Enquanto alguns juízes, especialmente na Corte de Apelação de Santiago, têm imposto penas de longa duração, a Suprema Corte tem estabelecido uma prática de redução dessas penas com base no disposto no Código Penal, que prevê um elenco de sentenças que podem ser modificadas pelas circunstâncias agravantes ou atenuantes. Baseados nessas disposições, os tribunais têm incluído dentro das circunstâncias atenuantes fatores como a primariedade no momento do crime, algo de conotação absurda dada a quase total inabilidade dos tribunais de trazer a baila esses tipos de casos durante os anos de ditadura. Outros tribunais têm mitigado as sentenças baseados na "obediência ilegal" fundada na ideia de que se a "obediência legal" não era necessária em face à ordem ilegal, ainda, aqueles que seguiram as ordens deveriam receber uma redução na pena. Talvez, a maior objeção dessas estratégias de mitigação tem sido a aplicação da "meia prescrição" prevista em código nas sentenças para os crimes em que o promotor tenha esperado um longo tempo para trazer o caso ao tribunal. Parece haver um acordo tácito entre os membros da Câmara Penal da Suprema Corte, por meio do qual eles descobrirão que crimes não estão sujeitos à anistia ou ao estatuto de limitações (conhecido como prescrição em espanhol), mas então após a condenação será reduzida sentença com base na ideia de que os crimes que ocorreram há muito tempo, não deveriam ser objetos de penas longas.

---

12   Veja, e.g. Mazzeo, Julio Lirio e outros s/rec. Da cassação e da inconstitucionalidade (Recurso promovido pela defesa de Santiago Omar Riveros), Suprema Corte de Justiça, 13 Julho 2007.

Não obstante o absurdo da aplicação da "meia prescrição" para crimes imprescritíveis, que os tribunais constatam não haver prescrição, a Corte tem feito então com que muitos daqueles acusados de múltiplos assassinatos e desaparecimentos recebam como pena cinco anos ou menos de prisão, que sob a lei chilena pode ser servida em liberdade condicional. No caso da condenação dos membros da polícia secreta DINA pelo assassinato do ex-General Prats e de sua esposa por meio de um carro bomba, a decisão da Suprema Corte afirma que a instituição da meia prescrição não tem o mesmo fundamento daquele oriundo do estatuto de limitações; isso é meramente um pretexto para a mitigação da sentença e, desse modo, não há uma lógica envolvida[13]. O uso de sentença discricionária como fórmula para reduzir, em sede de recurso, a sentença final imposta aos acusados de crimes contra os direitos humanos significa que somente um terço dos culpados encontrados cumpre pena na prisão[14].

Até mesmo em casos nos quais o tempo de prisão será cumprido, as sentenças podem não refletir a gravidade dos crimes por outras razões. Sob a lei da maioria dos países da América Latina, os réus acima de certa idade não são presos, mas cumprem a pena em prisão domiciliar. Na verdade, mesmo que na prisão, muitos acusados têm sido levados para presídios militares - ou para presídios construídos especialmente para eles com um grau de conforto muito maior do que o previsto para a população carcerária em geral, além do acesso para a família e amigos. Muitos dos acusados, portanto, podem continuar a viver confortavelmente ou ainda manter um estilo de vida abastado, enquanto estão sendo acusados e condenados por crimes hediondos, o que resulta no entristecimento das vítimas.

Obstáculos não legais

Igualmente ou tão importantes quanto os obstáculos da lei para superar a impunidade são as barreiras gerais ou do sistema. Primeiro, polícia, Ministério Público e tribunais continuam sem muita habilidade para investigar de forma competente o complexo comportamento criminal, especialmente quando muitos registros estão perdidos ou indisponíveis em razão das intransigências militares estabelecidas. Vagarosamente, a liberdade de informação das leis - que algumas vezes tende a ficar em silêncio - tem tornado algumas provas documentais viáveis, mas ainda existe uma grande gama de evidências escondidas na maioria dos casos. As testemunhas ainda estão apavoradas em alguns

---

13   Observatório de Direito Humanos, Boletim, Junho 2010. Por sua própria decisão, veja. Veja também o Resumo da Federação Internacional pelos Direitos Humanos, Resumo de uma missão de prospecção, Abril 2010.

14   Boletim, op. cit.

países, e em outros elas estão simplesmente velhas ou esquecidas. As evidências forenses são frequentemente inviáveis ou os promotores não sabem como usá-las apropriadamente. Advogados, bem como juízes, ainda estão sujeitos a ameaças em um número de países, e promotores estão desinteressados em gastar escassas verbas para os casos arquivados. Ainda pior, o aumento das organizações criminosas com forte atuação na América Central e em alguns países andinos tem significado que os ex-oficiais militares não são os únicos que têm interesse no não funcionamento do sistema judicial.

A maior atribuição é ter que descobrir e manter uma sequência contínua e insistente para a solução dos casos envolvendo a violação dos direitos humanos no passado. Na Argentina, o governo Kirchner (e pode ser estendido ao governo seguinte) colocou um peso político por trás do início das instaurações de processos. Em alguns países, membros de associações e famílias daqueles que foram mortos ou desaparecidos têm se esforçado para tentar manter as acusações na ativa. Mas geralmente falando, ao contrário das melhores intenções dos membros da família, ONGs especializadas e os apoios internacionais delas, a discussão tem sido submersa em meio à opinião pública pelas preocupações e crises corriqueiras. Sem a pressão da opinião pública, existe um pequeno incentivo para trazer os casos à tona ou para gastar recursos com eles.

Duas possibilidades narradas poderiam aumentar a recepção da anti-impunidade. A primeira, exemplificada pelo caso Pinochet, é a ligação entre a impunidade pela violação dos direitos humanos e a corrupção. A descoberta dos segredos de Pinochet fez mais por desonrá-lo – e por extensão aos seus agentes e oficiais - do que descobrir as câmaras de massacre e tortura. Uma conexão semelhante é evidente no caso de Alberto Fujimori no Peru, na medida em que aqueles que cometeram as graves violações aos direitos também são corruptos, traçando, assim, as ligações que claramente poderiam trazê-los à Justiça.

Uma segunda possibilidade, e até agora menos bem sucedida, envolve a ligação entre o passado e a impunidade atual. Na maioria dos países da região, insegurança pessoal é uma das chaves do problema hoje, à medida que o crime aumenta e as organizações criminais têm assumido influência poderosa na economia e no Estado. Frequentemente, aqueles envolvidos na violação de direitos durante os regimes passados têm simplesmente se transformado em líderes e formadores de máquinas criminais de várias espécies. Quebrar as paredes da impunidade pelos crimes internacionais e as violações de direitos do passado, ainda que seja difícil, pode abrir um caminho rumo ao enfraquecimento da atual impunidade criminal. Ou, pelo menos, de modo inverso, sem atacar a impunidade pelo passado será difícil atacar a impunidade hoje.

3. CONCLUSÃO

Em suma, então, embora a tendência geral seja no sentido de uma maior responsabilidade para crimes cometidos no passado, ela não é uniforme ou unidirecional. As leis de anistia estão agora claramente contínuas, mas isso não significa, necessariamente, que os casos estejam sendo trazidos aos tribunais ou que sentenças proferidas sejam proporcionais à gravidade dos crimes. Novos problemas e discussões, especialmente de implementações, têm emergido. Alguns países, como o Brasil, têm se engajado nas discussões da anistia e da punição. E em todo o hemisfério, a emergência de novas batalhas pelos diretos humanos, especialmente em volta do protesto contra a criminalidade e em torno das extrações de recursos naturais da população indígena e das comunidades locais, demonstra que os avanços dos tribunais em uma área não traduzem necessariamente uma total pré-disposição para a proteção dos direitos. Até que os maiores impedimentos - político, estrutural e cultural - para superar a impunidade sejam resolvidos, a busca pela anistia legal na região é, na melhor das hipóteses, uma vitória parcial.

Anistia, consequencialismo e julgamentos protelados

LESLIE VINJAMURI

Professora no Departamento de Política da Universidade
de Londres (Reino Unido)
Doutora em Ciência Política pela Universidade de Colúmbia
(Estados Unidos)

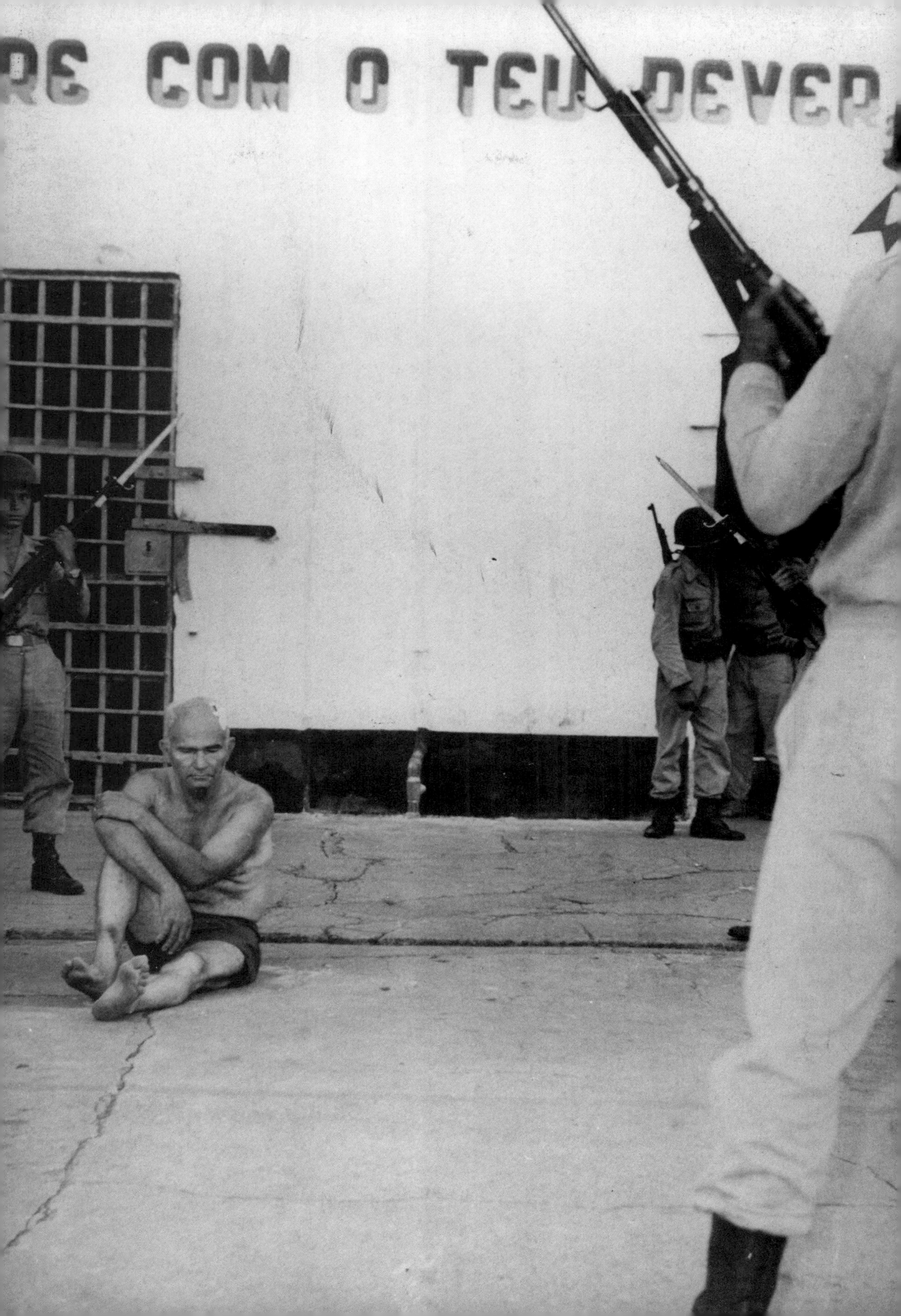
RE COM O TEU DEVER

FONTE: ARQUIVO NACIONAL E SECRETARIA
DE DIREITOS HUMANOS DA PRESIDÊNCIA DA
REPÚBLICA

Antes da década de 1990, os julgamentos de crimes de guerra, se definitivamente ocorressem, eram realizados como consequência de vitórias militares ou, no caso de transições, após o colapso ou a derrota de um regime militar. Na década de 1990, vimos um desafio a essa tendência: em vários casos, os tribunais internacionais buscaram a responsabilização sob a forma de Justiça Penal Internacional durante a guerra, e os líderes nacionais passaram a integrar a ameaça de processo em sua diplomacia de paz[1]. Normas que regem a responsabilização, especialmente durante a guerra e nas negociações de paz, continuam sendo renegociadas. As iniciativas concentradas objetivaram não só pressionar os mediadores a introduzir mecanismos de responsabilização no texto dos acordos de paz, mas também as iniciativas centrais durante o conflito em curso[2]. No outro extremo do espectro do conflito, a política de responsabilização pelos crimes que há muito aconteceram também está sendo renegociada. As anistias foram contestadas em uma série de Estados democráticos consolidados: os perpetradores foram investiga-

---

[1]   O presidente George Bush ameaçou os membros do exército iraquiano com julgamentos caso eles não conseguissem cumprir a lei da guerra, em face de uma intervenção militar norte-americana. Ele também fez uma oferta vaga de anistia ou pelo menos a liberdade de Saddam se este desistisse do poder.

[2]   Leslie Vinjamuri e Aaron Boesenecker, **Peace Agreements and Accountability Since 1980**, Centro para o Diálogo Humanitário, Genebra, Suíça, 2007.

dos e a impunidade, desafiada (com graus variados de sucesso) em lugares como Chile, Argentina, Espanha e Bangladesh.

A linguagem da responsabilização penal e da justiça para os criminosos de guerra tem sido alardeada pelos seus defensores, transmitida pela mídia internacional, articulada (senão sempre abraçada) por políticos, embutida em uma série de instituições nacionais e internacionais e encenada por casos de alto perfil de ex-líderes nacionais em julgamento. O descrédito moral e legal da anistia – visto uma vez como um mecanismo de esquecimento (amnésia), de perdão e de reconciliação – tem sido fundamental para esses esforços. Apesar de cuidadosos argumentos, construídos por alguns estudiosos jurídicos para demonstrar a potencial *legalidade* da anistia, a visão mais amplamente aceita - e, na verdade, o argumento de muitos advogados de direitos humanos - é que a anistia é de fato ilegal para os crimes contra a humanidade, crimes de guerra e genocídio[3]. Estudos mais recentes, incluindo o trabalho de muitos nesta conferência, também têm sistematicamente avaliado as consequências políticas e de direitos humanos da anistia.

Paralelamente a esses esforços para promover a Justiça Penal Internacional contra os autores de atrocidades em massa e a onda de acompanhamento dos julgamentos por crimes de guerra nacionais e internacionais, duas tendências contraditórias surgiram. Primeiro, o uso de anistia nos casos de guerra acelerou[4]. Desde 1990, o uso de anistia em contextos de guerra e de pós-guerra superou o uso de julgamentos de crimes de guerra e de comissões da verdade. Ainda mais surpreendente, as anistias parecem ter se tornado mais e não menos formalizadas desde o fim da Guerra Fria. Em segundo lugar, o momento das intervenções judiciais já não era mais reservado às situações de pós-guerra; os tribunais internacionais ampliaram seus esforços para a fase de conflito; os atores nacionais e regionais reconsideraram anistias históricas em Estados democráticos estáveis. Como podemos compreender melhor essas tendências contraditórias? E o que eles sugerem sobre casos como o do Brasil, em que a paz e a estabilidade foram consolidadas com base em leis de anistia que protegem os autores de atrocidades?

---

3   Acerca da legalidade potencial da anistia para esses crimes, veja Mark Freeman, **Necessary Evils** (Cambridge University Press, 2009); veja também o trabalho de Max Pensky para este seminário. Apresentam contrastes marcantes com as visões de juristas como Diane Orentlicher (keynote address, University of Oxford conference on accountability and justice, 2007).

4   Também tem havido uma proliferação de estudos para documentar tendências em anistias. Consulte, por exemplo, a obra de Mark Freeman, Louise Mallinder e Olsen, Payne & Reiter.

Neste trabalho, exploro o contexto dessa nova ênfase nos conflitos em curso juntamente com o uso continuado de anistias. A discussão tem como objetivo lançar luz a uma questão secundária que é de grande relevância para esta conferência: que impacto o recente e intenso foco *internacional* sobre responsabilização nos conflitos *em curso* terá sobre a responsabilização por crimes em conflitos resolvidos? Uma possibilidade é que a busca pela responsabilização nos conflitos em curso possa ter o efeito indesejado de criar um escudo atrás do qual os perpetradores de atrocidades do passado nos conflitos resolvidos, e especialmente em Estados democráticos estáveis, podem se esconder. Na ausência de mobilização nacional e de capacidade regional significativa, o foco na responsabilização pelo passado pode se tornar cada vez menos comum; valiosos recursos internacionais que podem ser utilizados de forma mais eficaz em conflitos resolvidos foram, pelo contrário, desviados à medida que a Justiça se aceita como um instrumento *criador de paz internacional* nos estados de transição e de conflito. Especialmente em regiões onde o TPI é ativo, conflitos resolvidos podem receber pouca ou nenhuma atenção no exterior; onde as elites locais e a opinião pública aceitaram as anistias, os indivíduos que tentam miná-las podem se ver sem uma instância internacional na qual suas queixas sejam examinadas.

O foco deste trabalho ainda é olhar para as tendências atuais, a fim de lançar luz sobre essas questões. Primeiramente, olho para o que afirmo terem sido fatores críticos que levaram a atenção internacional a focar em conflitos em curso e, em particular, no impacto que tem a advocacia que promove e avalia a justiça principalmente em termos de suas consequências, e não como um dever moral ou legal[5]. Uma vez que a Justiça é vista como um instrumento de barganha concebido para garantir a paz e deter crimes, ela tem muito menos utilidade em lugares onde a paz já está bem estabelecida e o retardamento entre processos e crimes é grande.

Mais genericamente, este trabalho explora o que eu chamo de *paradoxo da anistia* à luz de outras tendências contraditórias, em parte para destacar o caráter não resolvido e diversificado das políticas e práticas de responsabilização. O paradoxo da anistia, marcado pelo uso contínuo e até mesmo intensificado da anistia no contexto de situações de guerra e pós-guerra e no que tem sido chamado por Olsen, Payne e Reiter de "Era da Responsabilização", desenvolveu, ao lado de várias outras tendências, a adoção interna-

---

5   Esta parte do meu argumento refere-se a um argumento que é feito de forma mais detalhada em meu artigo mais recente, Leslie Vinjamuri, "Deterrence, Democracy, and the Pursuit of International Justice", **Ethics and International Affairs**, verão de 2010.

cional de silêncios estratégicos que, na verdade, servem, por um período, como anistias *de facto* em importantes negociações de paz internacionais (Afeganistão, Libéria), ímpeto em torno de esforços para intervir nos tribunais internacionais (e agora o TPI) precisamente no momento em que as anistias têm sido utilizadas como uma ferramenta para negociar a paz, e uma mudança no argumento, que se afasta de reivindicações sobre a moralidade ou a legalidade inerentes à responsabilização e se aproxima de reivindicações que promovem suas virtudes instrumentais e consequencialistas. O presente trabalho faz a conclusão com uma avaliação do provável impacto dessas tendências sobre a consolidação em longo prazo da responsabilização.

1.	RESPONSABILIZAÇÃO E CONSEQUENCIALISMO

A articulação da Justiça Penal Internacional como a estratégia mais legítima para lidar com a responsabilização construiu um conjunto de argumentos e provas que sublinham sua capacidade de alcançar resultados específicos. O uso contínuo da anistia como ferramenta para garantir a paz também sugere que seus defensores estão mais preocupados principalmente com as consequências desse instrumento para fazer a paz do que com sua posição moral ou legal. Argumentos anteriores para alguns processos deram lugar de destaque para o valor intrínseco de justiça ligado ao direito, especialmente das vítimas de crimes e do imperativo moral para responsabilizar os perpetradores[6]. Onde o consequencialismo se infiltrou, a busca por justiça foi menos uma ferramenta de gestão de conflitos, e mais um mecanismo para reforçar as organizações de direitos humanos, especialmente as locais, e para a consolidação do respeito aos direitos humanos e às normas humanitárias. Os defensores da justiça abraçaram o projeto como um projeto de longo prazo que não poderia ser julgado com base nos retrocessos de curto prazo. Os estudiosos construtivistas também enfatizaram a natureza de longo prazo da norma de construção e retrocessos incorporados ao seu modelo de desenvolvimento normativo[7].

---

6   Uma das primeiras declarações pós-Guerra Fria sobre o dever de julgar, que foi enquadrado como um dever e não em termos de suas consequências, foi de Diane Orentlicher, "Settling Accounts: The Duty to Prosecute Human Rights Violations of a Prior Regime," **Yale Law Journal**, 100, pp. 2537 et seq. Veja também Willam A. Schabas, Ramesh Thakur, and Edel Hughes (eds), *A*trocities and International Accountability: Beyond Transitional Justice, (Tokyo: United Nations University Press, 2007). Essa coleção de julgamentos toma como ponto de partida a visão de que existe agora um consenso sobre a necessidade de justiça e responsabilização na reconstrução das sociedades. Ellen Lutz e Kathryn Sikkink, "The justice cascade: The evolution and impact of foreign human rights trials in Latin America", **Chicago Journal of International Law** 2001; Kathryn Sikkink e Carrie Booth Walling, "The Impact of Human Rights Trials in Latin America", **Journal of Peace Research** 44, nº 4, pp. 427-445 (2007).

7   Thomas Risse e Kathryn Sikkink, "The socialization of international human rights norms into domestic practices: introduction", in Thomas Risse, Stephen C. Ropp and Kathryn Sikkink (eds), Ropp, **The Power of Human Rights: International Norms and Domestic Change** (Cambridge University Press, 1999).

Para esses defensores, o consequencialismo normativo foi a contrapartida natural de um compromisso absoluto com os direitos humanos, a justiça e o humanitarismo. A prova de que essa adoção em curto prazo da justiça não pode na verdade se correlacionar com o longo prazo de instituições para apoiá-la, ou que, quando isso acontecer outros fatores podem ser mais importantes, não conseguiu influenciar os juristas.

Então o que mudou? As consequências materiais, em vez das normativas, estão sendo enfatizadas com grande alarde, mesmo por aqueles que são fortemente a favor da responsabilização judicial. Os resultados não estão mais só limitados à construção e melhora de uma ordem normativa global baseada nos direitos e na justiça. A alegação de que a justiça pode trazer paz e ser uma dissuasora eficaz é essencial para o novo consequencialismo. A ênfase na dissuasão e paz tem sido agravada pela pressão para julgar supostos criminosos de guerra em situações em que o conflito está em curso e é alta a pressão para gerar uma paz estável. Os defensores são os mais entusiasmados com a aplicação da estratégia para os conflitos em curso em lugares como o Sudão, que pode ser, ironicamente, onde a pressão legal está menos equipada para moldar as perspectivas de paz.

Essa ênfase na dissuasão e na paz pavimentou o caminho para um debate rigoroso entre os defensores e os céticos sobre os méritos relativos de responsabilização judicial[8]. Os mecanismos pelos quais a justiça é reivindicada para moldar a paz são mais específicos e mais restritamente materiais do que em discussões anteriores e enfatizam a capacidade de a Justiça isolar os perpetradores e mudar a dinâmica de coalizão nos Estados-alvo[9]. A Justiça internacional é tratada como um instrumento que pode ser implantado nos tribunais para coagir seus alvos a agirem pacificamente, ameaçando buscar uma ação específica, neste caso, prisão e julgamento. No entanto, diferentemente de outros instrumentos utilizados para induzir mudanças na política, especialmente sanções econômicas e força militar, as iniciativas da Justiça internacional não têm a flexibilidade necessária para negociar e coordenar seu uso com outros instrumentos de política.

---

8   Para uma visão mais cética, consulte Andrew Natsios, "A Disaster in the Making", **Making Sense of Darfur**, July 12th, 2008. http://blogs.ssrc.org/darfur/author/natsiosa/ e, para uma visão mais geral, consulte Jack Snyder e Leslie Vinjamuri, "Trials and Errors: Principle and Pragmatism in Strategies of International Justice..." **International Security**, 28 (3), pp. 5-44; David Mendeloff, "Truth-Seeking, Truth-Telling and Postconflict Peacebuilding: Curb the Enthusiasm?" **International Studies Review**, Volume 6, Número 3, Setembro de 2004 , pp. 355-380(26).

9   Para discussão sobre este argumento, consulte Snyder e Vinjamuri. On the importance of justice in mar-ginalizing perpetrators see "Selling Justice Short: Why Accountability Matters for Peace", **relatório Human Rights Watch**, julho de 2009.

Apesar do novo foco sobre as consequências, a defesa por justiça em casos de *conflitos em curso* continuou operando com base em pesquisas empíricas insuficientes[10]. O amplo apoio *por princípio* pela busca de justiça internacional nesta fase de conflito é mais profundo que as lógicas destinadas à promoção que ele poderia sugerir. Mesmo nos Estados em que esses valores não têm fortes fundamentos nacionais, um desejo de legitimidade internacional tem frequentemente reprimido ataques insistentes ao princípio da justiça internacional por crimes contra a humanidade, genocídio e crimes de guerra. Quando os Estados Unidos se recusaram a assinar o Estatuto de Roma e, posteriormente, quando buscaram uma isenção do Conselho de Segurança da jurisdição do TPI, eles não rejeitaram o valor da justiça internacional para os crimes em discussão. Em vez disso, argumentaram baseados em que os Estados Unidos tiveram um papel especial que tornaria seus soldados especialmente vulneráveis.

E, no entanto, apesar desse apoio aos princípios de justiça, as justificativas apresentadas em nome da justiça internacional são quase inteiramente baseadas em um conjunto de reivindicações que enfatizam sua utilidade como uma ferramenta e não o seu valor intrínseco. Enquanto algumas pessoas de renome que trabalham na vanguarda da justiça transicional argumentam que os valores fundamentais que têm a ver com "culpa e inocência" precisam retornar ao primeiro plano nos debates sobre a justiça, isso continua sendo uma justificativa excepcional para a justiça internacional[11]. ONGs, organizações internacionais e regionais e os funcionários públicos que trabalham em países democráticos da Europa e das Américas têm adotado e articulado lógicas que estressam as consequências da justiça em prol de dissuasão, democracia e restauração e reconciliação das comunidades locais. Onde foram feitos esforços para incorporar a responsabilização em estruturas organizacionais e práticas de paz, a construção do Estado ou o desenvolvimento da propensão a reivindicar uma ligação casual entre a justiça e determinados resultados das políticas são ainda maiores. Os argumentos por justiça que enfatizam a sua importância como um valor fundamental parecem estar ultrapassados.

Justificações consequencialistas também têm aumentado o sentido de que a Justiça torna-se um entre muitos instrumentos de política intercambiáveis. Em vez de lançar

---

10   Oskar N.T.Thomas, James Ron, e Roland Paris, **"The Effects of Transitional Justice Mechanisms: A Summary of Empirical Research Findings and Implications for Analysts and Practitioners"**, Centre for International Policy Studies, CIPS Working Paper, Abril de 2008.

11   Observações de Juan Mendez, **"Fifteen Years of International Justice: Assessing Accomplishments, Failures and Missed Opportunities – Lessons Learned"** Wilton Park, 14 -15 de abril de 2008. http://www.ictj.org/en/news/features/1673.html.

um debate sobre valores, o centro de gravidade está diretamente focado na capacidade da Justiça para alcançar os fins específicos que promete. A vantagem desse efeito não intencional tem sido o nível de condições entre os defensores e os críticos que alegam agora, a partir de um ponto de partida comum, que os valores devem ser avaliados com base em sua utilidade. Justiça internacional, sanções econômicas, força militar e outras ferramentas comuns para a diplomacia, cujo valor deriva de sua utilidade na realização de outros objetivos e cujos efeitos podem ser determinados por meio da análise empírica.

Por que as pessoas envolvidas na promoção da responsabilização decidiram se aperfeiçoar nos benefícios que a Justiça internacional pode oferecer? A virada consequencialista na Justiça internacional é um subproduto natural e possivelmente até necessário dos três desenvolvimentos intimamente relacionados: a substituição, pela comunidade internacional, de instrumentos políticos inferiores, incluindo a Justiça internacional, por força militar, quando confrontada com pedidos de intervenção; uma tendência natural institucional à expansão, intensificada pelo entusiasmo dos defensores dedicados e profissionais comprometidos com um cronograma ambicioso; e as limitações de competência do Tribunal Penal Internacional.

2. | HISTÓRICO

A mudança em direção à utilização de "intervenções judiciais" durante o processo de paz acompanhou um aumento do uso da anistia nos casos de guerra e, como tal, é essencial a ideia do paradoxo da anistia. Essa mudança é consequência de pelo menos três fatores. Em primeiro lugar, a evolução histórica da prática da justiça transicional tem sido acompanhada por uma dinâmica natural que visa mais justiça e intervenção precoce. Em segundo lugar, essa mudança é, em parte, um produto de dilemas práticos impostos pela limitação que o TPI enfrenta na investigação de casos anteriores à sua entrada em vigor, em julho de 2002. Finalmente, esses desenvolvimentos e dilemas foram apoiados e reforçados pela crença mantida por alguns defensores de que a ferramenta de indiciamentos e a ameaça de perseguição podem alterar as perspectivas de alcançar a paz.

O movimento em direção ao uso do mecanismo judicial como uma ferramenta para intervir nos conflitos em curso é relativamente recente. Na verdade, a pressão foi posta sobre o governo britânico durante a Segunda Guerra Mundial para ameaçar julgamentos de criminosos de guerra nazistas, mas Churchill e seu gabinete se abstiveram de tais medidas por temerem que elas aumentassem a vulnerabilidade dos prisioneiros de guerra britânicos[12].

Somente quando as potencias aliadas tiveram certeza da vitória é que houve compreensão mais geral acerca de tais esforços de planejamento e, mesmo então, persistiu debate considerável acerca do que deveria ser feito[13]. Após o fim da Guerra Fria, as demandas por julgamentos ressurgiram. Na sequência da invasão do Kuwait por Saddam, advogados exigiram um julgamento de Saddam, mas essas demandas foram rapidamente esquecidas depois que a ONU decidiu sancionar a intervenção militar.

O primeiro movimento significativo a abordar a perspectiva de intervenções judiciais durante um conflito em curso surgiu durante a guerra na Bósnia, na qual os defensores fizeram pressão para que um tribunal seguisse de perto a descoberta de campos na Bósnia, durante o verão de 1992, e começaram a falar de "justiça em tempo real". A resolução da ONU que criou o Tribunal Penal Internacional para a ex-Iugoslávia (doravante denominado ICTY, na sigla em inglês) foi aprovada mais de dois anos antes da assinatura dos Acordos de Dayton e das investigações visando primeiro descobrir provas de crimes de guerra, de modo a montar o caso para um tribunal, e, posteriormente, construir casos reais ocorridos durante a guerra. No entanto, a noção de intervenção judicial durante um conflito em curso teve poucos efeitos reais durante a guerra na Bósnia por duas razões: primeiro, apenas alguns poucos indiciamentos foram emitidos durante a própria guerra, e nenhum caso foi processado até dois anos após as negociações de paz terem sido concluídas; segundo, e mais importante, não houve esforço por parte do ICTY para emitir indiciamentos contra os oficiais seniores, que foram cruciais para o sucesso das negociações de paz. Alguém poderia argumentar que a presença do ICTY impediu que se recorresse à anistia como um instrumento para garantir a cooperação das partes na negociação, mas não há evidências que sugerem que a ameaça de perseguição tenha qualquer impacto significativo sobre o processo de paz de Dayton.

O primeiro momento significativo na busca pela justiça durante o conflito em curso se deu com o indiciamento de Milosevic, durante a campanha de bombardeamentos da Otan em Kosovo. Embora não fique claro se o indiciamento teve qualquer influência na tomada de decisão de Milosevic, a decisão tomada por Arbour para emitir o indiciamen-

---

12   Gary J. Bass, **Stay the Hand of Vengeance**, (Princeton University Press), 2000.
13   Leslie Vinjamuri, **"Trading Order for Justice?"** Manuscrito inédito, 2001.

to durante a campanha em curso foi, sem dúvida, consequência e causa de um pensamento mobilizado ao longo das linhas de que a Justiça poderia ser usada como um instrumento independente de poder feito para moldar resultados durante a guerra. Neste caso, o indiciamento, conquanto aceito por um tribunal independente, foi resultado de mudança política prévia pela qual os Estados Unidos tinham claramente decidido deixar de trabalhar com Milosevic ou apaziguá-lo e estavam preparados para usar a força para impedir aquilo que foi considerado como uma agressão da Sérvia. Mesmo assim essa foi, sem dúvida, a primeira vez que um tribunal independente foi visto como um jogador ativo em um conflito em curso.

Um segundo momento, menos frequentemente notado (e provavelmente menos consequencial), ocorreu nos dias que antecederam a intervenção militar dos EUA no Iraque, entre março e maio de 2003. A estratégia "definitiva", como mencionada por membros da administração Bush, incorporou referências à ferramenta de anistia/perseguição em uma forma condicional destinada, pelo menos em teoria, a ser um mecanismo para reforçar a diplomacia do pré-guerra que objetivava melhorar as perspectivas de evitar a guerra[14]. Em um discurso feito poucos dias antes do início da campanha militar, o ex-presidente Bush estabeleceu duas condições, certamente com muita obscuridade. Primeiro, sugeriu que, se Saddam estava para sair do país e assumir uma forma de exílio (a oferta de anistia não foi feita formalmente por meio de uma série de planos que estavam claramente em discussão), ele poderia se retirar da guerra. Em segundo lugar, ele ameaçou os membros do exército de Saddam com acusações de que eles cometeriam crimes de guerra durante a luta contra as forças invasoras. O admirável sobre esse uso da ferramenta judicial foi, naturalmente, em primeiro lugar, que ela estava sendo usada como um instrumento da diplomacia por líderes políticos, e não por defensores da Justiça Penal Internacional, e com a noção (embora se questione a credibilidade da ameaça/promessa) de que haveria alguma forma de refúgio para Saddam, senão a anistia, caso ele desertasse. Em outras palavras, a Justiça foi expressa como uma ferramenta da diplomacia que poderia ter mobilizado ou abandonado contingente do cumprimento de um conjunto de condições.

O terceiro notável momento da busca por justiça em um conflito em andamento foi o indiciamento de Charles Taylor pelo Tribunal Especial da Serra Leoa e, posteriormente, sua prisão. Esse caso foi importante porque o próprio tribunal estava inves-

---

14   Observações feitas por Douglas Feith, Fevereiro de 2007, Workshop na Universidade de Georgetown sobre 'Peace and Justice'. Para uma discussão sobre o uso condicional de instrumentos judiciais, consulte Leslie Vinjamuri, "Order and Justice in Iraq", **Survival**, Inverno de 2003/04.

> A busca por justiça "em tempo real" é uma faca de dois gumes. Os indiciamentos tanto aumentam a visibilidade dos tribunais quanto geram maiores expectativas do que pode ser realizado

tigando Taylor por crimes que ele cometeu em uma guerra que tinha sido concluída, mas o fato de sua prisão teve implicações para a violência não resolvida na Libéria. Isso também foi significante porque Taylor foi indiciado por seus supostos crimes em relação a Serra Leoa durante as negociações de paz de alto nível e em curso objetivando alcançar um acordo de paz para a Libéria. Como tal, esse foi o uso mais significante do instrumento judicial para a definição das negociações de paz.

Finalmente, a questão da busca por justiça durante o conflito em curso foi trazida para o centro do palco por uma série de indiciamentos emitidos pelo TPI. Em 2005, Joseph Kony e outros quatro membros do LRA foram indiciados. Dois anos mais tarde, o TPI indiciou Ahmed Haroun, ministro de Estado sudanês para Assuntos Humanitários, e também Ali Kushayb, um líder da Janjaweed. Mais recentemente, o indiciamento do presidente do Sudão, Omar al-Bashir, inspirou um novo debate sobre os prós e contras das intervenções do TPI durante o conflito em andamento[15]. Nestes casos, o uso da Justiça para atingir indivíduos críticos para as negociações de paz progrediu de forma mais agressiva do que em qualquer dos casos anteriores. Os indiciamentos foram feitos antes ou durante as negociações de paz, quando os esforços diplomáticos ainda estavam sendo feitos para trabalhar com os líderes que foram acusados, em vez de ser uma resposta ao fracasso das negociações e uma decisão de recorrer à força militar para atingir um resultado (como foi o caso seguido do Rambouillet e durante o bombardeio da Sérvia em 1999).

As justificativas para as intervenções precoces em conflitos em andamento quase inevitavelmente focaram no papel que os indiciamentos teriam que desempenhar na formação de progresso voltado para paz. Na antiga Iugoslávia, as solicitações de intervenção foram, inicialmente, cobertas por grande relutância. Do contrário, a Europa e os Estados Unidos se comprometeram com negociações diplomáticas, de paz e com a criação de um tribunal internacional *ad hoc* para crimes de guerra. Esse foi o primeiro passo para a

---

15   Consulte o blog de SSRC na web, "Making Sense of Darfur" (subcategoria ICC). www.ssrc.org.

criação de um tribunal de crimes de guerra durante conflitos em curso; as justificativas desenvolvidas como parte desse esforço, consequentemente, focaram no papel do tribunal no que tange à dissuasão de atrocidades. Em Uganda e no Sudão, o TPI interveio de forma igual durante os conflitos em curso e, na ausência de qualquer intervenção militar, tornou-se um dos principais instrumentos utilizados pela comunidade internacional para dar forma ao processo de paz. Muito do debate sobre o papel do TPI voltou-se para o seu impacto sobre a paz em vez de seu papel na justiça.

O ímpeto por avaliar a justiça, durante atrocidades em curso, com base no seu impacto, tem sido agravado por uma segunda dinâmica. Ao longo do tempo, novas instituições criadas para investigar os abusos e atrocidades têm assumido cada vez mais casos desafiadores e procurado estender, em vez de limitar, seu envolvimento em conflitos em andamento. Os indiciamentos do ICTY para Karadzic e Mladic e sua busca por Milosevic durante o bombardeio de Kosovo garantiram que ele seria visto como um jogador que não podia ser ignorado em qualquer análise do processo de paz. Postergar qualquer uma dessas decisões até após a conclusão das negociações de paz teria alterado a natureza dos debates dessas estratégias de acusação inferidas. Quando os tribunais de crimes de guerra são novos, internalizar uma barreira fica mais difícil por causa de atrocidades em massa que estão em curso.

A busca por justiça "em tempo real" é uma faca de dois gumes. Os indiciamentos tanto aumentam a visibilidade dos tribunais quanto geram maiores expectativas do que pode ser realizado. Os praticantes costumam cair na armadilha de tentar promover exageradamente as atividades do tribunal, seguindo um cronograma muito ambicioso nos seus esforços para assegurar as ações estratégicas de paz, intimidação e democracia. Na Iugoslávia, os defensores procuraram a "justiça em tempo real". Apenas alguns dias depois de sua acusação contra Slobodan Milosevic, Louise Arbour argumentou: "Venho enfatizando... o nosso compromisso de funcionar como uma operação de imposição da lei em tempo real"[16]. Em Uganda, os defensores argumentaram que os indiciamentos do TPI levaram o LRA à mesa de negociações. No Sudão, os defensores argumentam que o mandado de prisão expedido para Al-Bashir poderia levar os moderados a expulsá-lo do governo, ou o eleitorado a não votar nele nas próximas eleições.

---

16   Declaração de Justice Louise Arbour, Promotor ICTY, Haia, 27 de maio de 1999, JL/PIU/404-E. http://www.un.org/icty/pressreal/p404-e.htm. Acesso em 1 de março de 2009.

A tendência de promoção excessiva da justiça em face dos conflitos em curso foi intensificada por uma legítima preocupação de que seus esforços iriam ser marginalizados ou obstruídos por mediadores e líderes políticos com prioridades conflitantes. Essa reação não é infundada. Historicamente, a incorporação formal das disposições pela Justiça nos acordos de paz tem sido extremamente limitada. Mesmo na última década, houve uma série de acordos de paz que se mantiveram em silêncio sobre a questão da responsabilização[17].

Se a elaboração de justificativas para a responsabilização em termos de suas consequências foi, inicialmente, um *efeito* de busca por justiça durante o conflito, ela se tornou, depois, um motor que está estendendo essa tendência. Se os defensores podem continuar a anunciar com credibilidade o sucesso da Justiça em dissuadir os perpetradores, eles podem ser introduzidos mais diretamente na diplomacia e nos atos de paz. Se a Justiça pode fazer uma contribuição séria para a paz por meio de seu efeito dissuasor, então o porquê da espera se torna o instinto natural, senão ainda não posto à prova, de seus defensores.

Um último fator incentivando argumentos por justiça, e a própria justiça, no sentido de resolver o problema das atrocidades em curso, é a coação natural da jurisdição do TPI. Criada oficialmente apenas em julho de 2002, e com uma jurisdição que nega a possibilidade de investigar os crimes anteriores a essa data, o Tribunal enfrenta uma coação real. Muitos dos maiores crimes que foram cometidos antes dessa data estão simplesmente fora de sua jurisdição. Muitos dos piores crimes cometidos desde essa data são parte e parcela de conflitos que ainda não foram extintos. Portanto, o TPI, para o melhor ou pior, se tornou uma instituição que se relaciona com o conflito.

| 3. | O QUE AS EVIDÊNCIAS SUGEREM? |

Qual é o contexto empírico mais amplo da nova ênfase internacional sobre o papel da Justiça em conflitos em andamento? Até agora, há pouca evidência para apoiar tanto a alegação de que a Justiça está deslocando tanto a anistia quanto a opção pelo "silêncio" no processo de paz. As evidências também não apoiam a conclusão de que a justiça procurada durante o conflito ou no resultado imediato de um acordo de paz teve um impacto significativo e positivo sobre a paz; para cada mecanismo de responsabilização do conjunto de dados de guerra e de justiça, a correlação com a paz é reforçada quando os mecanismos foram postergados por pelo menos dois anos até depois que a paz foi

---

17   Consulte Christine Bell, **On the Law of Peace: Peace Agreements and the Lex Pacificatoria** (Oxford University Press), 2008.

acordada. Há numerosos casos em que a ausência de responsabilização foi associada a uma paz sustentada. E, não obstante a alegação amplamente citada (e provavelmente enganosa) de que os indiciamentos do TPI levaram o LRA à mesa das negociações, há muitos exemplos de anistias sendo usadas para trazer os beligerantes à mesa das negociações. Esta seção examina algumas tendências empíricas da responsabilização a partir de um conjunto de dados de casos de guerra entre 1945 e 2006 (o conjunto de dados já foi postergado até 2008, mas ainda não foi atualizado para esta versão do trabalho). Também faz avaliação de algumas evidências sobre usos atuais e passados da Justiça e da anistia e sobre as ligações entre esses mecanismos e a paz.

Desde 1990, aproximadamente, houve um aumento drástico no número global de estratégias de responsabilização (incluindo as comissões da verdade, anistias e julgamentos de crimes de guerra) adotadas para lidar com a responsabilização dos crimes de guerra[18]. A adoção dessas estratégias destaca um movimento notável em prol da formalização e da legalização nessa arena da política internacional[19]. Os dois gráficos abaixo medem o aumento da responsabilização ao longo do tempo[20]. O primeiro centra-se em mecanismos individuais; o segundo, nas estratégias de responsabilização[21]. Entre 1945 e 1989, havia 46 estratégias de responsabilização, abrangendo 12 das 142 guerras nesse período[22]. No período que vai de 1990 a 2006, havia 115 estratégias de responsabilização relativas a 60 das 83 guerras nesse período. Assim, apesar de uma diminuição notável no número total de guerras nesse período, as guerras passaram a conter cinco vezes mais estratégias de responsabilização do que durante a Guerra Fria. Esse resultado é ainda mais notável quando se considera que o número total de guerras diminuiu para 83 no período pós-Guerra Fria, de um total de 142 entre 1945 e 1989.

---

18   O banco de dados de Guerra e Justiça inclui dados sobre todas as guerras em curso e concluídas entre 1945 e 2007, e os diferentes tipos de mecanismos de responsabilização adotados para cada guerra. Aparecem informações especialmente sobre tribunais de crimes de guerra, anistias e comissões da verdade e elas consideram uma série de variáveis relacionadas aos fatores que moldam a escolha do mecanismo e os efeitos desses mecanismos.

19   Citação de Edição Especial sobre a Legalização na Política Mundial.

20   Observe que, embora os dados discutidos nesses parágrafos sejam atuais, esses gráficos ainda não foram atualizados para incluir a alteração anual mais recente do banco de dados.

21   Uma estratégia de responsabilização é o conjunto de políticas e instituições formais conjuntamente concebidas e adotadas para lidar com os crimes associados à guerra. Ela pode ser constituída por mais de um tipo de política (por exemplo, uma anistia mais uma comissão da verdade) desde que tais tipos façam parte de uma estratégia unificada, como foi o caso na África do Sul durante a transição, mas não em El Salvador (92), onde a anistia veio após a divulgação do relatório da comissão da verdade e foi uma reação a ela. Uma guerra pode ter diversas estratégias de responsabilização ou pode ter apenas uma. Uma estratégia de responsabilização pode ter muitos mecanismos de responsabilização ou só um.

22   Vinte e cinco das estratégias desenvolvidas no período anterior focaram em uma guerra (Segunda Guerra Mundial). Consulte o Apêndice 2 para obter uma lista completa dessas estratégias.

Gráfico 1:

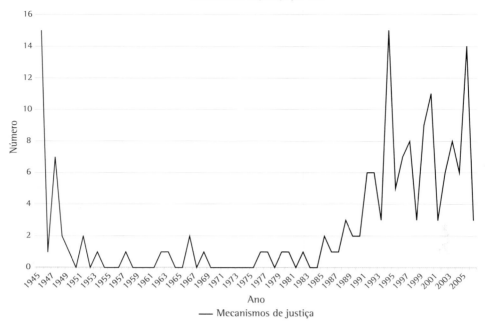

Mecanismos de justiça por ano

Mecanismos de justiça

Gráfico 2:

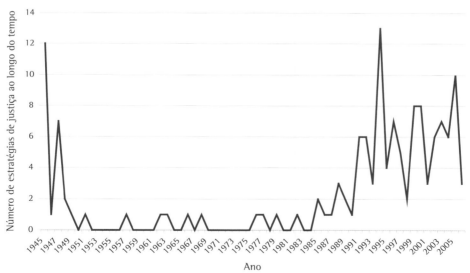

Estratégias de justiça ao longo do tempo

Estratégias de justiça ao longo do tempo

Gráfico 3:

Guerras comparadas a guerras com pelo menos uma estratégia de justiça

— Guerras   — Guerras com pelo menos uma estratégia de justiça

Apesar desse aumento drástico nas estratégias de responsabilização, as estratégias para lidar com os crimes de guerra continuaram variando drasticamente. Contrariamente às teses de globalização que antecipam a convergência em uma série de dimensões, nessa área de política internacional a diversidade tem sido o marco. Nem os modelos de Justiça Penal, nem a reconciliação e nem a anistia conseguiram afastar seus concorrentes, apesar de divergências significativas entre os objetivos de cada um dos modelos e dos componentes que os apoiaram. Apesar do discurso internacional dominante sobre justiça, e especialmente sobre Justiça Penal Internacional por crimes de guerra, as anistias têm sido extremamente comuns. Surpreendentemente, dos 197 mecanismos individuais adotados para lidar com os crimes de guerra, entre 1945 e 2007, mais da metade deles (114) foram anistias; 62, tribunais; 21, comissões da verdade. Além disso, no segundo período, quando a Justiça Penal Internacional foi apresentada como o padrão internacional, havia 87 anistias, em comparação com apenas 38 tribunais e 20 comissões da verdade. E o número de anistias no último período ultrapassou em muito o número equivalente aprovado durante a Guerra Fria (27), apesar de uma diminuição do número de guerras. De fato, 51 das 83 guerras travadas durante o período de 1990 a 2007 tiveram, pelo menos, uma anistia.

A virada da anistia em meio a um foco crescente em matéria de Justiça Penal internacional e, sem dúvida, em meio a um foco secundário de verdade e reconciliação sugere que, particularmente em casos de guerra, as práticas em torno de questões de justiça e responsabilização são complexas. Nos acordos de paz formais, a anistia também foi o mecanismo mais utilizado para lidar com os delitos relacionados à guerra. Um estudo do papel dos mecanismos de responsabilização em acordos de paz formais, entre 1980 e 2006, revelou que em 77 acordos de paz analisados havia 30 mecanismos de anistia incluídos (dos quais 22 foram gerais e 8 limitados), em comparação com 4 disposições para julgamentos e 6 para as comissões da verdade[23].

Apesar de diversos tribunais importantes de crimes de guerra, as evidências não fornecem fundamentação importante que documente uma tendência à Justiça Penal internacional, *quando comparadas com estratégias alternativas*. No entanto, existe um apoio considerável para a legalização de estratégias de responsabilização do pós-guerra e essa tendência é reforçada quando a formalização da anistia é levada em conta[24]. Entre 1945 e 1989, havia aproximadamente 27 anistias usadas para lidar com a guerra. A partir de 1990-2007, cerca de 87 anistias foram formalmente adotadas para lidar com os crimes de guerra. No período posterior a 1989, comissões da verdade, julgamentos e anistias têm desempenhado um papel significativo nas estratégias de responsabilização aprovadas pelos Estados. Enquanto a maioria das 83 guerras no período que vai desde 1990 teve, pelo menos, uma estratégia de responsabilização, essas estratégias divergiram drasticamente e incluíram 87 anistias, 20 comissões da verdade e 30 julgamentos[25]. Notavelmente, a anistia foi estendida para mais da metade das guerras em curso (ou finalizadas) no período desde 1990. Os defensores que proclamam a globalização da Justiça possuem em mente, em geral, julgamentos por crimes de guerra, ou pelo menos em comissões da verdade, e raramente pensam em anistia como parte de um regime de responsabilização global.

23   Vinjamuri e Boesenecker, 2007.

24   Volume especial sobre "Legalization and World Politics", **International Organization** Volume 54, Edição nº 3.

25   Não aconteceu ainda nenhum julgamento em Camboja e esses números incluem três "processos" do TPI que estão em diferentes estágios, mas nenhum deles resultou em julgamento ainda.

Tabela 4:

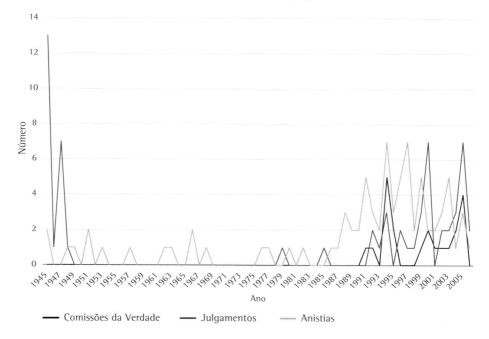

Comparação – Comissões da verdade, julgamentos, anistias

Tabela 5:

Guerras vs. guerras com mecanismos de anistia, 1996-2006

Naturalmente, os atores internacionais também não evitaram a anistia como um instrumento para ajudar a acabar com as guerras concluídas por meio de negociações, mas procuraram arquitetar as anistias para que se enquadrassem mais facilmente às normas internacionais. Entre 1990 e 2007, sete guerras tinham anistias internacionalizadas, ou seja, anistias que foram concebidas ou executadas com a participação ativa de atores internacionais. Cada uma dessas anistias internacionalizadas, ao contrário de seus homólogos nacionais, foi limitada a excluir três crimes internacionais, ressaltando, assim, o consenso emergente de que houve uma proibição de anistia para genocídio, crimes de guerra e crimes contra a humanidade. Em ambos os casos de anistia internacionalizada e nacional, é notável que as anistias em particular tornaram-se mais formalizadas no período pós-Guerra Fria. Entre 1945 e 1989, apenas oito guerras tiveram uma anistia. Entre 1990 e 2007, 51 guerras (de 83) tiveram anistias formalizadas[26].

Alguns estudiosos argumentam que os atores locais têm sido uma importante fonte de apoio às normas internacionais de direitos humanos. Beth Simmons argumenta que, em estados de transição, a adoção da convenção sobre tortura gerou maior mobilização dos atores na sociedade civil[27]. Sikkink e Walling alegam que a Justiça em Cascata é algo que tem sido o produto de mobilização interna da sociedade civil[28]. As tendências no uso de anistias associadas às guerras sugerem que a adoção da anistia continua sendo forte em âmbito doméstico. De fato, em alguns casos, como o de Moçambique, o apoio popular à anistia tem sido amplamente reconhecido[29].

A pressão internacional por responsabilização ajudou a construir a tendência à formalização das estratégias de responsabilização. As guerras em que houve uma intervenção militar externa possuem quatro vezes mais probabilidade de ter uma estratégia de responsabilização. Além disso, no período a partir de 1990, agentes externos foram envolvidos no processo de paz em 46 das 83 guerras nesse período e 49 das 83 guerras tinham estratégias de responsabilização. Durante a Guerra Fria, os atores externos estavam somente engajados no processo de paz em um quarto de todas as guerras, e pouco mais de 10% das guerras tinham uma estratégia de responsabilização.

---

26   Consulte também Louise Mallinder para mais informações sobre tendências de anistia, **Amnesty, Human Rights and Political Transitions: Bridging the Peace and Justice Divide** (US and Canada: Hart Publishing, 2008).

27   Beth A. Simmons, **Mobilizing for Human Rights: International Law in Domestic Politics**. Cambridge University Press, 2009.

28   Kathryn Sikkink e Carrie Booth Walling, "The Impact of Human Rights Trials in Latin America", **Journal of Peace Research**, Vol. 44, Nº 4.427-445 (2007) Simmons, 2009.

29   Helen Cobban **Amnesty After Atrocity**.

Em segundo lugar, as anistias eram seis vezes mais prevalentes onde os atores internacionais não estavam empenhados em criar mecanismos de responsabilização. No período entre 1990 e 2007, havia cerca de 75 anistias nacionais (anistias concebidas e implementadas por atores nacionais) para 55 guerras e apenas 12 anistias internacionalizadas para 10 guerras.

Essas tendências são geralmente apoiadas pelo nosso conhecimento de uma série de casos em que as estratégias de Justiça Penal foram buscadas. Na ex-Iugoslávia, Indonésia, Serra Leoa, Timor Leste, Iraque, Camboja e Kosovo, e em praticamente todos os casos recentes em que tribunais foram criados, atores externos têm sido absolutamente essenciais, e resistência significativa tem sido encontrada localmente.

A tendência à justiça criminal pode, porém, ser somente significativa para os crimes mais hediondos, tais como os crimes de guerra, genocídio e crimes contra a humanidade. Na medida em que a anistia restringe-se a não incluir esses crimes, muitos não a consideram um problema e de fato reconhecem que há base para a anistia no Direito Internacional. Mas quantas dessas anistias tiveram restrições? Mundialmente, a maioria das anistias requeridas nesse período era limitada. Cinquenta e sete anistias limitadas foram adotadas em comparação com 38 anistias gerais. Entretanto, o que é surpreendente é o número de anistias internas não limitadas. No período entre 1990 e 2007, mais da metade (22) das 41 anistias domésticas, solicitadas em guerras que terminaram em acordo, foram anistias gerais. Nenhuma restrição foi registrada para isentar os três grandes crimes de serem anistiados. Dezenove anistias restantes foram limitadas na medida em que excluíram os três grandes crimes internacionais de sua competência. A implicação dessas tendências é clara: se a justiça é essencial para trazer a paz aos Estados em guerra, a mensagem não está chegando aos mediadores, negociadores ou às elites políticas.

Que diferença a anistia faz? Empiricamente, os resultados do conjunto de dados de Guerra e Justiça sugerem que a responsabilização, em qualquer forma, está mais frequentemente associada à paz duradoura quando é seguida após as guerras terminarem – a responsabilização, em qualquer forma, não se sai bem quando se busca antes de dois anos após o fim das hostilidades[30]. Considerando que a anistia tende a ser solicitada em casos mais graves, sua correlação com a paz duradoura é forte. De qualquer forma, a Justiça Penal internacional tem atuado melhor quando a anistia é adiada – e também o

---

30 Consulte Leslie Vinjamuri, **War and Justice Dataset**.

regime atual de Justiça Penal internacional e os argumentos dominantes promovidos para sustentá-la tiveram como consequência, intencional ou não, direcionar muitas atividades internacionais para longe dos conflitos resolvidos.

4.	IMPLICAÇÕES PARA A JUSTIÇA NOS CONFLITOS FINALIZADOS E EM CURSO

Em um contexto internacional de recursos limitados e uma busca por impacto mensurável, os argumentos baseados na lógica da dissuasão, e aqueles que de fato concebem a Justiça como um instrumento de pacificação, dão destaque para a intervenção, em momentos e formas que diretamente promovem a paz no curto prazo - daí a tendência de voltar a atenção aos conflitos em curso e o relativo silêncio sobre os crimes do passado. E, ainda, a busca pela justiça nos conflitos em curso será provavelmente menos bem sucedida em sua contribuição tanto para a paz quanto para o aumento do cumprimento dos direitos humanos do que sua busca em conflitos resolvidos (em que a paz pode ser irrelevante, mas o cumprimento das normas de direitos humanos continua sendo essencial). O que podemos esperar ver?

O subproduto de argumentos consequencialistas, especialmente aqueles que enfatizam a paz e a dissuasão, pode ser, paradoxalmente, a erosão do apoio à Justiça internacional no longo prazo. A Justiça internacional, como configurada atualmente, representa o pior dos dois mundos: falta-lhe a flexibilidade para ser usada como um instrumento de barganha por diplomatas internacionais e a credibilidade em situações de conflito em curso para efetivamente deter os autores de atrocidades em massa.

Uma preocupação com as intervenções nos conflitos em curso também aumentou o interesse por debates entre acadêmicos e profissionais sobre questões de calendário ou o sequenciamento da Justiça internacional, mas, ao mesmo tempo, também escureceu as águas. O debate agora coincide com os esforços de um novo tribunal a se estabelecer.

Apesar da publicidade que a Justiça internacional continua recebendo, os fatos reais indicam que muitos ainda não se convenceram. Mediadores e elites políticas locais continuaram recorrendo à anistia, ou optaram pelo silêncio, para colocar de lado as tentativas de buscar justiça. A grande maioria das anistias irrestritas é doméstica e concedida nos conflitos em que os atores internacionais têm menor visibilidade. Isso destaca uma lacuna entre as soluções oferecidas pela comunidade internacional e aquelas procuradas por Estados emergindo de um conflito.

O que podemos esperar ver no futuro? Em primeiro lugar, enquanto os defensores da Justiça Penal internacional continuarem formando suas reivindicações de sucesso em termos consequencialistas, a atenção global terá maior probabilidade de se manter focada em casos de conflito e transições recentes ou em contextos pós-guerra. Esse efeito é agravado pela jurisdição temporal do TPI, que restringe a busca de casos para a partir de julho de 2002.

Em segundo lugar, sob o princípio da complementaridade, crimes em conflitos resolvidos (aqueles cometidos a partir de julho de 2002) têm maior chance de serem delegados aos tribunais nacionais – daí outra razão pela qual estamos propensos a ver a atenção internacional manter-se focada nos conflitos em curso.

Em terceiro lugar, até mesmo se as anistias gerais recuarem e a pressão para julgar os conflitos em curso continuar, o histórico recente sugere que o silêncio, e não a justiça, está mais propenso a dominar importantes negociações e acordos de paz internacionalizados.

Finalmente, nos conflitos em que o nível de envolvimento internacional é limitado, os atores locais têm fortes razões para abraçar anistias formalizadas como um mecanismo para garantir a paz e impedir futuras intervenções internacionais. Como as elites nas democracias consolidadas têm pouco incentivo para prejudicar barganhas históricas de anistia, a atenção internacional pode ser crucial, exatamente nos casos com probabilidade de serem sustentados – entretanto, mobilizar essa atenção vai exigir um afastamento do foco internacional sobre a justiça como um instrumento de pacificação.

PARTE II
A anistia no Brasil

Anistia no Brasil: um processo político em disputa

JESSIE JANE VIEIRA DE SOUSA

Professora do Programa de Pós-Graduação em História da Universidade Federal do Rio de Janeiro
Doutora em História pela Universidade Federal do Rio de Janeiro

CRÉDITO: PASSEATA PELA ANISTIA NAS
RUAS DO RIO DE JANEIRO, 1979.

FONTE: ARQUIVO NACIONAL.

"A história mostra o momento da luta pela anistia como o surgimento de organizações e lutas que estão na base do movimento nacional de direitos humanos que, hoje, reúne mais de 300 entidades no Brasil"[1].

1.	LUGAR DE FALA

Esse é um tema no qual me situo como personagem e, ao mesmo tempo, como historiadora, preocupada em dar sentido ao passado tão dramaticamente vivido. Visitá-lo é doloroso e impossível fazê-lo sem as emoções que marcaram meu estar nesse passado profundamente gravado nos corpos e mentes da minha geração e de todos os brasileiros que sobreviveram à violência da ditadura civil-militar implantada no Brasil em abril de 1964.

Creio que articular minhas próprias lembranças - algo que pode ser tomado como patrimônio privado - com o que se tornou patrimônio público pode dar novo sentido à memória das lutas travadas por parcelas importantes da sociedade brasileira no que diz respeito à anistia e ao atual clamor por verdade e justiça. Creio que as narrativas institucionais, ao dialogarem com as lembranças do vivido, podem atribuir, de forma inteligível, o estatuto de acontecimento histórico às muitas batalhas travadas pela

---

1   Depoimento de Joviniano Neto. In: **Revista Anistia Política e Justiça de Transição**, n.1, p.29.

anistia por diferentes atores, entre os quais os presos políticos, particularmente aqueles do Rio de Janeiro[2].

Trata-se, nessa perspectiva, de uma tentativa de desconstruir aquilo que Carlos Fico[3] chamou de 'cultura do simulacro', uma tática que buscava neutralizar as tensões sociais para construir consenso político se apropriando da História e do próprio tempo com o objetivo de perenizar o regime.

Neste texto busco dar à luta dos presos políticos uma dimensão de instituinte para a campanha pela anistia, entendendo que a ação política só pode ser realizada quando articula a esfera privada com a ação da cidadania, tendo como objetivo a luta pelo direito de ter direitos.

E foi exatamente nessa dimensão que ocorreram as diferentes manifestações dos presos políticos ao longo do período.

Vale ressaltar que a luta pela anistia foi travada em múltiplas frentes, como as prisões, exílios e frentes internas nas quais se destacaram as organizações da sociedade civil, parcelas do parlamento e os estudantes, que foram às ruas para exigir a liberdade dos presos e denunciar a repressão que se abatia sobre amplos setores sociais.

Compreendo o tema da anistia como processo político historicamente construído, fundamental para que possamos forjar uma cultura política baseada no respeito aos direitos humanos e, nessa dimensão, continua em aberto como alvo de intensas disputas no campo da memória histórica e da cultura jurídica no Brasil.

Entendo, como já o fez Heloísa Greco, que a luta pela anistia ampla, geral e irrestrita foi

> o primeiro movimento da História do Brasil a instaurar espaço comum em torno de
> uma proposta de caráter político e estrutural caracterizada pelo confronto aberto
> e direto com o regime, instituindo linguagem própria dos Direitos Humanos cuja

---

2   Essa não tem sido uma abordagem comum, já que as narrativas sobre esse período são marcadas por uma certa sociologia do exílio - algo comum na história intelectual latino-americana - e por uma literatura notadamente memorialista. Nessa pequena incursão que farei sobre o tema da anistia, que também pode ser enquadrada como memória, busco trazer a vivência dos presos políticos, particularmente os do Rio de Janeiro, como constitutiva da deflagração da luta pela anistia política no Brasil.

3   Historiador que tem analisado como o aparelho repressivo foi institucionalmente estruturado no Brasil. Ver: Como eles agiam - **Os subterrâneos da ditadura militar: espionagem e polícia política**. Rio de Janeiro: Record, 2001.

centralidade é dada pela luta contra o aparelho repressivo e pelo direito à memória enquanto dimensão de cidadania[4].

Nessa perspectiva, me permitam penetrar nas minhas próprias lembranças como algo que se insere naquele espaço comum que foi historicamente fortalecido pelos combatentes contra a ditadura e, em particular, pelos presos políticos no Brasil.

Convém ressaltar que, pela primeira vez, os presos políticos se apropriavam da linguagem dos direitos humanos, o que terminou por internalizar no campo de uma determinada esquerda a centralidade de tal questão.

Até então essa problemática era vista por setores importantes das esquerdas latino-americanas como algo próprio do discurso burguês, algo instrumentalizado pela direita mundial para desacreditar o socialismo ou para apresentar o capitalismo como campeão do humanismo herdado da revolução francesa, enquanto o sistema, como tal, traz como premissa básica a exclusão social própria da sociedade de classes.

No entanto, naquela conjuntura em que o continente latino-americano vivia sob regimes ditatoriais, e em que os países da periferia do capitalismo travavam lutas contra o colonialismo ou o neocolonialismo, o respeito aos direitos humanos se colocava como algo em que nós, da esquerda revolucionária, tínhamos que refletir e tomar como uma luta pela valorização do ser humano enquanto portador de direitos inalienáveis e cuja realização só poderia se dar sob um regime econômico, político e social diferente do capitalismo. Em nossa utopia, esse regime só poderia ser o socialismo, ainda que diferente do até então conhecido.

Quero, portanto, deixar claro como me coloco nessa discussão: primeiro, como presa política e, mais tarde, com a minha soltura, como ex-presa que se sente absolutamente comprometida com os companheiros que continuavam presos.

2. | PARA NUNCA MAIS ESQUECER

A primeira vez em que ouvi um chamamento pela anistia foi em 1974. Estava fechada em minha cela no Presídio Talavera Bruce, em Bangu, no Rio de Janeiro, e em algum lu-

---

4   Greco, Heloisa Amélia. **Dimensões fundacionais da luta pela anistia**. Tese de doutoramento. Belo Horizonte: FAFICH/UFMG, 2003, p. 23.

gar havia um rádio ligado. Acho que o som vinha do aparelho do policial militar que fazia a segurança do 'nosso' pavilhão em uma guarita próxima ao final do corredor. Nessa época, ficávamos longas horas fechadas nas celas, que, de tão pequenas, só nos restava ficar sentadas ou deitadas na cama. Ali existia uma pequena pia e um vaso sanitário com a descarga do lado externo, o que significava que, sempre que necessário, tínhamos que pedir ao guarda que a acionasse.

Aquele som indicava que se tratava de uma campanha eleitoral e a voz era de Lysâneas Maciel, alguém de quem eu nunca ouvira falar. De qualquer forma, era aquele desconhecido que apontava a necessidade de uma anistia política. Uma fala curta e que me encheu de emoção.

Esse nome, Lysâneas Maciel, que haveria de se tornar conhecido e querido entre nós, foi eleito deputado federal[5] com milhares de votos, mostrando que sua fala em defesa dos direitos humanos e da anistia tinha forte ressonância em determinados setores sociais. Foi imediatamente cassado e, como muitos, teve que rumar para o exílio.

Essa é uma lembrança que não sei se é compartilhada por muitos, porque o que ficou como campanha pela anistia tem outros marcos cronológicos que datam dos anos de 1975 e 1978. Todavia, faço questão de registrar aquela emoção tão solitariamente vivida naquele lugar do qual, na ocasião, me parecia que nunca sairia, além de prestar homenagem àquele parlamentar que, no dia seguinte ao regresso ao Brasil, fez questão de visitar os presos políticos e daí por diante sempre esteve presente nas grandes causas.

3.	A DISTENSÃO LENTA E GRADUAL CHEGA AOS PRESÍDIOS

A partir de março de 1975 começaram a nos chegar sinais de que algo estava se passando. Era a tal distensão lenta e gradual, que chegava aos presídios de maneira por vezes até mesmo cômica, com o protagonismo de dirigentes prisionais que se vangloriavam de serem liberais, mas que mantinham ao seu lado notórios colaboradores do sistema repressivo. Um tempo ainda hoje difícil de ser avaliado por quem não conheceu a rotina das prisões em que a tal distensão se manifestava em pequenos detalhes, tais como flexibilização nas autorizações para visitas e maior repercussão das nossas reivindicações.

---

5   Eleito em 1974 pelo Movimento Democrático Brasileiro - MDB.

Recordo a primeira visita que o então superintendente do Sistema Penitenciário do Estado do Rio de Janeiro (Susipe) nos fez no Presídio Talavera Bruce. Era uma tarde e a chegada daqueles homens a princípio nos causou medo. Quem eram? O que queriam? Enfim, aquelas visitas nunca eram portadoras de boas notícias. Mas a fala do superintendente nos causou mais estranheza do que temor, porque ele se declarava um liberal, democrata e dizia que a sua gestão seria marcada pelo diálogo.

Algo estranho para quem servia a uma ditadura, e mais estranho ainda era o tal chamamento ao diálogo, impossível entre partes tão assimétricas. Como se não bastassem essas contradições, ele ainda vinha acompanhado pelo seu assessor de segurança, um delegado da polícia civil, que logo se evidenciou como sendo alguém ligado aos órgãos de repressão.

Todavia, nossa experiência indicava que a conjuntura havia mudado e que deveríamos aproveitá-la para levar nossas demandas para fora dos presídios. E foi exatamente o que passamos a construir a partir daí. Percebemos que nosso isolamento estava se quebrando. Até então a comunicação dos presos com o mundo exterior era realizada por meio das famílias, sustentação fundamental para que pudéssemos sobreviver[6]. Desse apoio permanente vinham os recursos materiais, emocionais e políticos para que, ao longo de uma década, os presos políticos do Brasil pudessem continuar sendo objeto de inúmeras iniciativas políticas. As mães se agrupavam nos comitês de solidariedade que levavam nossos artesanatos às feiras anuais promovidas pelo Banco da Providência[7] ou a outros bazares, mantinham permanente vigilância sobre prisões e transferências e ainda davam assistência àqueles presos que não tinham familiares que morassem nas cidades ou àqueles cujas famílias estavam no exílio ou na clandestinidade. Ao longo da década, esses grupos foram sendo ampliados pela presença de ex-presos (em liberdade condicional ou por já terem cumprido suas penas), que de uma forma ou de outra iam politizando cada vez mais a atuação dos comitês de solidariedade e, ao final, foram essenciais na constituição dos comitês de anistia.

---

6   Destaco, como homenagem pessoal e política, a presença permanente de Inah *Miereles* de Souza e Iná Meireles de Souza, ex-presa, e que será fundamental para a construção do CBA no Rio de Janeiro. Essas mulheres, mãe e filha, talvez sejam, entre todos os familiares, aquelas que mais tempo vivenciaram o cotidiano das prisões.

7   Devo registrar o nosso reconhecimento à atuação da Doutora Marina Bandeira, presidente da Comissão de Justiça e Paz do Rio de Janeiro, pela sua solidariedade, sem a qual as portas da feira não nos teriam sido abertas, já que o Cardeal D. Eugênio Sales sempre foi um aliado do regime e nunca teve qualquer gesto humanitário em relação aos presos políticos de então. Por essa mesma atuação devemos reconhecer Branca Moreira Alves, importante ativista católica que em muitos momentos esteve conosco.

O maior exemplo dessa nova conjuntura e do ativismo dos nossos familiares se deu em 1975, com a greve de fome realizada pelos presos políticos que se encontravam na Ilha Grande, exigindo a transferência para o continente. Esses companheiros há anos reivindicavam a existência de um presídio que concentrasse todos os presos políticos do Rio de Janeiro[8].

Essa greve, diferente das dezenas de outras que já haviam sido realizadas anteriormente em todas as prisões do Brasil, conseguiu sensibilizar parte importante dos formadores de opinião, o que lhes garantiu a vitória com a transferência para uma unidade prisional exclusiva para presos políticos[9].

> Devo ressaltar que, a despeito da feroz repressão, vários grupos da esquerda sobreviviam e atuavam na clandestinidade ou nos estreitos espaços legais que, aos poucos, iam sendo construídos

Para nós, mulheres presas políticas, também foi um período em que realizamos duas greves de fome para que pudéssemos conquistar melhores condições.

Todavia, diversamente dos homens, permanecemos em uma penitenciária distante do centro da cidade, o que acarretava muitas dificuldades para nossos familiares e os poucos amigos que conseguiam autorização para nos visitar. Na realidade, nosso cotidiano era muito mais difícil por sermos um coletivo menor e pela distância, já que mesmo quando as visitas de amigos foram liberadas, a ida a Bangu, bairro muito distante do centro, era penosa e somente as famílias conseguiam, a muito custo, fazer aquele trajeto todos os sábados.

A partir de 1975, com a repercussão das lutas que, em todo o país, eram travadas nas prisões, o regime não tinha mais como afirmar que no Brasil não existiam presos polí-

---

8   Embora a grande maioria dos presos políticos do Rio de Janeiro estivesse confinada na Ilha Grande, local usado como presídio desde o início da República, um grande número permaneceu nos quartéis militares ou em outras unidades prisionais do estado.

9   É importante ressaltar que a construção de um anexo especial, no complexo penitenciário Lemos Brito, para abrigar os presos que vieram da Ilha Grande foi o primeiro reconhecimento institucional de que existiam prisioneiros políticos no sistema. Até então éramos chamados de terroristas ou subversivos, já que pelo Decreto-Lei 898/69 fomos considerados presos comuns apesar dos tribunais militares a que estávamos submetidos.

tics. O discurso de que éramos todos terroristas ou bandidos foi perdendo força no imaginário social e nascia o reconhecimento de que éramos opositores ao regime[10].

As vozes dos presos se faziam presentes em vários espaços sociais, e os meios de comunicação, ainda que de forma discreta, passaram a divulgar a nossa existência, o que se somava à campanha que há anos vinha sendo realizada no exterior contra a ditadura militar.

O esgotamento do regime já havia se iniciado em meados de 1974 e a maior evidência foi a vitória do MDB nas eleições daquele ano. Dentre os fatores que contribuíram para tal resultado estão o uso indiscriminado da violência, que também atingia as classes médias, o fim do chamado 'milagre brasileiro', a emergência do ativismo das organizações da sociedade civil, tais como a Ordem dos Advogados do Brasil (OAB) a Conferência Nacional dos Bispos do Brasil (CNBB), a Associação Brasileira de Imprensa (ABI) importantes representantes do protestantismo progressista[11], representantes do judaísmo[12] a Sociedade Brasileira para o Progresso da Ciência (SBPC). Esse período foi marcado pelo ressurgimento dos movimentos sociais, em especial os movimentos sindicais, estudantis e aqueles movimentos próximos a setores do catolicismo, como os clubes de mães, as Comunidades Eclesiais de Base e as pastorais, além do ativismo dos chamados autênticos do Movimento Democrático Brasileiro (MDB), que usavam a tribuna do Congresso para questionar o regime. Devo ressaltar que, a despeito da feroz repressão, vários grupos da esquerda sobreviviam e atuavam na clandestinidade ou nos estreitos espaços legais que, aos poucos, iam sendo construídos. Jornais alternativos, como o jornal Opinião e Movimento, mesmo sob intensa censura, conseguiam desempenhar importantes tarefas na

10   Faz-se necessário lembrar que a partir do Ato institucional n. 5, todos aqueles que fossem presos como assaltantes de bancos seriam enquadrados na Lei de Segurança Nacional. Tal medida buscava mascarar o caráter revolucionário das ações armadas praticadas pelas organizações de esquerda e, com isso, negar a existência de presos políticos no Brasil.

11   Refiro-me especialmente ao protagonismo de D. Paulo Evaristo Arns e do pastor presbiteriano Jaime Wright na defesa cotidiana dos presos e de todos aqueles que estavam em busca de justiça. Foram eles que, a partir da atuação de alguns advogados, tais como Eny Raimundo Moreira, Luiz Eduardo Greenhalgh e Carlos Sigmaringa Seixas, organizaram o projeto Brasil: Nunca Mais. Esse projeto, financiado pelo Conselho Mundial de Igrejas, xerocopiou todos os processos que estavam sob a guarda do Superior Tribunal Militar, em Brasília, e, em parte, foi publicado, em 1985, na forma de um livro que passou a ser referência sobre o terrorismo de Estado implantado pela ditadura militar brasileira. Esse livro quantificou e qualificou o processo de violência estatal com a publicação de depoimentos de milhares de homens e mulheres sobre as torturas sofridas e que haviam sido denunciadas pelos mesmos nos julgamentos aos quais foram submetidos à época. Logo após o lançamento do livro, a Arquidiocese de São Paulo lançou uma lista com os nomes de quatrocentos agentes do Estado que estavam diretamente envolvidos com as violências ocorridas. Sobre as batalhas travadas ao longo da produção deste trabalho, ver o livro de Figueiredo, **Lucas. Olho por olho – os livros secretos da ditadura.** Rio de Janeiro: Editora Record, 2009.

12   Refiro-me especificamente ao rabino Henry Sobel.

divulgação da repressão, da opressão sobre os trabalhadores etc. Esse era o ambiente no qual os presos políticos se moviam e procuravam se fazer presentes.

Avaliávamos aquele processo de um lugar privilegiado. Ali não havia tergiversação, travava-se uma dura luta pela dignidade e nossa convicção vinha do fato de sabermos que, mesmo presos, éramos combatentes e tínhamos que sobreviver, nem que fosse só para contar aquela história. Muitos de nós já estávamos ali há muitos anos e ainda permaneceríamos por outros tantos[13].

Nossa análise estava correta e hoje essas narrativas podem contribuir para que a disputa entre esquecimento e memória possa continuar como uma questão em aberto, apesar de parcelas importantes da sociedade brasileira ainda continuarem preferindo ser cúmplices da violência que caracteriza o discurso sobre a segurança no Brasil.

4. | 1975-1979 - DIFERENTES PROJETOS DE ANISTIA

Ao longo do processo político em que a luta pela anistia foi se estruturando surgiram duas concepções que, por sua vez, representavam projetos políticos diferenciados. De um lado setores próximos do Partido Comunista Brasileiro (PCB) e que de alguma maneira se faziam representar dentro do MDB, segmentos liberais desiludidos com os rumos que o golpe militar havia tomado e grupos relacionados com a primeira geração de exilados e cassados pelos Atos Institucionais. Parte considerável desses cassados permaneceu no país, mas estava excluída da vida política e expulsa dos seus postos de trabalho[14]. Penso que esses segmentos haviam construído uma análise sobre o golpe militar de 1964 que, de alguma forma, conciliava com a versão dos próprios golpistas ao acusarem o que identificavam como radicalismo da esquerda como responsável por aquele desfecho histórico[15]. Chegavam mesmo a acusar a esquerda armada como sendo responsável pelo Ato

---

13   Maria Celina D'Araujo, ao analisar os documentos que compõem o arquivo do General Ernesto Geisel, depositado no CPDC/FGV, corrobora com a visão que os presos políticos tinham do processo de transição lenta e gradual do período. Para a pesquisadora, os documentos referentes ao Ministério da Justiça podem ser lidos como verdadeiras confissões de como o projeto era autoritário, já que visava a manutenção do que era essencial para o regime, isto é, a repressão a todos aqueles que não estivessem dentro dos pactos possíveis. Esse foi o espírito da chamada reforma da Lei de Segurança Nacional de outubro de 1979, que pos fim ao Ato Institucional número 5, de dezembro de 1968.

14   Refiro-me à tese de Denise Rollemberg, defendida em: **Exílio – entre raízes e radares**. Rio de Janeiro: Rio de Janeiro, 1999.

15   Dentre os vários vilões encontrava-se o ex-governador pelo Rio Grande do Sul, Leonel de Moura Brizola, cuja luta havia impedido que o golpe ocorresse em 1961 quando os militares vetaram a posse de João Goulart após a renuncia do presidente Jânio Quadros.

Institucional nº 5 e pelas atrocidades cometidas pelos militares nos porões da ditadura. Foi esse amplo universo político, que reivindicava uma anistia ampla, geral, mas não irrestrita, que terminou por forjar o Movimento Feminino pela Anistia, que teve em Terezinha Zerbini sua maior representante. Essa valorosa mulher, ela mesma presa e esposa de um militar preso e cassado, foi incansável na construção desse projeto que, ao longo de muitos anos após o fim do regime militar, se manteve.

De outro lado, estava a chamada Nova Esquerda[16], englobando as organizações que haviam pegado em armas contra a ditadura e os vários grupamentos políticos que, de alguma forma, questionavam as alianças tradicionais da política brasileira, que lutavam por uma anistia ampla, geral e irrestrita. Foram esses segmentos políticos, liderados por ex-presos, familiares de presos e os vários grupos que haviam se organizado na defesa dos prisioneiros, entre os quais alguns parlamentares do MDB chamados de autênticos, que estruturaram os Comitês Brasileiros pela Anistia, que rapidamente se multiplicaram pelas capitais do país. Os CBAs passaram a aglutinar os estudantes e as várias entidades da sociedade civil.

4.1. Movimento Feminino pela Anistia e pelas Liberdades Democráticas: a anistia como pacificação nacional ou esquecimento

Naquele ano de 1975 nos chegavam notícias de São Paulo sobre um grupo de mulheres, quase todas mães, esposas ou irmãs de atingidos pela ditadura, que, se organizando para atuar nas brechas que o regime abria, fundava o Movimento Feminino pela Anistia, tendo como meta abarcar aqueles atingidos pelos chamados atos de exceção. Era um movimento voltado particularmente para o exílio e para aqueles que, de uma forma ou de outra, tivessem sido expulsos das Forças Armadas ou dos seus postos de trabalho. Tratava-se de reintegrar centenas de cidadãos ilustres ao processo político nacional.

> Essa valorosa mulher, ela mesma presa e esposa de um militar preso e cassado, foi incansável na construção desse projeto que, ao longo de muitos anos após o fim do regime militar, se manteve

---

16   Refiro-me aos grupamentos políticos que se formaram a partir do final dos anos de 60, sendo que alguns se constituíram a partir das varias dissidências do Partido Comunista Brasileiro em decorrência das divergências sobre as causas do golpe militar e de como deveria ser a luta de resistência, tanto na sua dimensão tática quanto estratégica. Sobre esse tema ver Gorender, Jacob. **Combate nas trevas** - 6.Ed. São Paulo: Ática, 1999.

Havia por parte desse movimento um claro constrangimento ao se referir aos presos políticos que, em sua grande maioria, haviam sido condenados pela Lei de Segurança Nacional e enquadrados nos artigos relativos a ações armadas contra a ditadura.

Para o MFPA, a luta pela anistia deveria ser um movimento de reconciliação da nação consigo mesma, o que de alguma forma representava dialogar com a própria ideologia de segurança nacional ao ressaltar que a anistia tinha um objetivo nacional que assegurava que o destino da nação fosse de paz e reconciliação. O discurso do MFPA se baseava em três questões, isto é, na anistia como reconciliação da família brasileira, na tradição nacional em conceber anistias e, finalmente, no papel das mulheres na construção da paz. Era um projeto que tinha por pressuposto a possibilidade do esquecimento como essencial para que a paz pudesse ser alcançada.

No seu manifesto de lançamento o MFPA afirmava que

> Nós, mulheres brasileiras, assumimos nossas responsabilidades no quadro político nacional fortalecendo aspirações de amor e justiça. Eis porque nos antepomos aos destinos da nação que só cumprirá sua finalidade de paz se for concedida anistia ampla e geral a todos aqueles que foram atingidos pelos atos de exceção.

No entanto, estamos no início de 1975, começo do chamado processo de distensão lento e gradual proposto pelo então general Ernesto Geisel e, mesmo assim, o MFPA conseguiu enviar ao articulador político do governo, general Golbery do Couto e Silva, um abaixo-assinado contendo 12 mil assinaturas. Algo muito significativo para a época.

Aquele também era o ano em que a Organização das Nações Unidas havia instituído o Ano Internacional da Mulher e aquelas brasileiras que iniciavam a construção do MFPA souberam aproveitar as brechas políticas abertas pelo regime e criaram um espaço importante para o longo processo de redemocratização.

Interessante também ressaltar que o chamamento era feminino e não feminista, ainda que, naquela conjuntura, já começassem a surgir no Brasil importantes organizações feministas que depois se tornariam protagonistas na luta pela anistia ampla, geral e irrestrita, ao divulgarem as condições das prisões das mulheres e, em particular, as lutas das presas políticas. Refiro-me em especial ao Jornal Brasil Mulher, editado em São Paulo, e que publicava cartas, poesias e entrevistas com presas políticas.

Como já dito, o processo de construção e legitimação da luta pela anistia se desenvolveu em torno da disputa entre duas grandes concepções. De um lado, aqueles que entendiam a anistia como meio de reconciliação nacional por meio da reunião das famílias que tinham seus entes queridos no exílio ou apartados da vida política. Para alcançar esses objetivos entendiam a anistia como esquecimento, ainda que tal palavra nem sempre fosse pronunciada. Acreditavam, sobretudo, que, com esse discurso, convenceriam os setores sociais que se opunham à abertura do regime. Defendiam a ideia de uma opção tática, como bem lembra Roberto Freire, o principal articulador do Partido Comunista Brasileiro (PCB) no Congresso Nacional:

> (...) Eu sempre advoguei que deveríamos votar a favor, por mais restrita que fosse a anistia conseguida graças à luta e à pressão da sociedade. E que esse primeiro passo beneficiaria milhares de pessoas e criaria condições para outros passos maiores e mais rápidos. E foi o que ocorreu. A anistia aprovada pelo Congresso e sancionada em 28 de agosto de 1979 não teve a amplitude pela qual lutamos. Porém, de imediato, milhares voltaram ao país ou à atividade política; em seguida, os presos restantes foram soltos por redução de pena[17].

Nesse campo podemos colocar o general Pery Bevilacqua, que, pela sua adesão e posterior afastamento do regime, tornara-se figura importante nos debates públicos sobre o tema. A sua presença parecia, para aqueles que o prestigiavam, uma espécie de segurança de que os clamores sobre a anistia não eram um ato de revanche e, pelo contrário, eram as garantias de que o Brasil se reconciliaria consigo mesmo. Para o general, a anistia deveria ser ampla, geral irrestrita e, sobretudo, recíproca, e seus argumentos se baseavam na chamada tradição brasileira de anistiar os protagonistas de todas as crises ocorridas na história republicana.

Todavia, é importante lembrar que a conjuntura de 1975 difere daquela de 1978 ou 1979, quando os movimentos sociais já estavam fortalecidos e o regime em vias de promover sua transição por absoluta falta de consenso social.

Ainda que o MFPA e seus aliados tenham cumprido um papel fundamental na legitimação da campanha pela anistia, nunca é demais assinalar os embates que marcaram as diferentes concepções que, em 1978, conduziram à construção do Comitê Brasileiro pela Anistia. E, no meu entender, tais debates marcariam a disputa política que, desde então,

---

17   **Revista Anistia Política e Justiça de Transição**, n.1, p. 284.

tem sido travada em torno do tema da anistia e que ainda hoje estigmatiza aqueles que são identificados com as organizações de resistência armada.

Esses foram os argumentos vitoriosos no momento em que o decreto enviado pelo Executivo foi vencedor no parlamento. Essa foi a concepção que terminou por se impor, algo próximo a uma "desmemória plena". E essa concepção ainda continua prevalecendo no discurso jurídico atual quando se discute o decreto de 28 de agosto de 1979.

Nessa dimensão, é importante recuperar o que já foi chamado de 'mito sacrifical', caracterizado como uma singularidade que define a boa índole, a cordialidade, a passividade e a informalidade como características ontológicas da população brasileira. Segundo essa concepção, somos um povo pacífico, e qualquer manifestação de violência contra o poder constituído é imediatamente identificada como antinacional.

Historicamente, esse mito tem legitimado uma nacionalidade excludente própria de uma cultura política repressiva - que se formatou plenamente durante a ditadura militar - e que se manifesta nos dias de hoje na criminalização dos pobres e dos movimentos sociais que teimam em não aceitar tal cultura.

4.2. Comitê Brasileiro pela Anistia - CBA: a anistia como fim radical do regime ou direito à memória e à justiça

Nas prisões, o tema da anistia era discutido e os coletivos dos presos políticos produziam inúmeros documentos que eram enviados - de maneira clandestina - para os grupamentos políticos que se formavam nos diferentes segmentos sociais.

Analisando retrospectivamente esse campo, podemos perceber claramente a existência de duas tendências claras. Alguns setores do movimento estudantil, articulados com as novas organizações de esquerda, eram contra a anistia por considerá-la reformista; sua palavra de ordem era 'Libertem nossos presos'. Contra a anistia eram também outros presos, que a entendiam como perdão e, como tal, não deveria ser uma bandeira com a qual os revolucionários pudessem se comprometer. No entanto, em todo o país, a maioria dos presos acreditava que a luta pela anistia ampla, geral e irrestrita poderia ser um elemento aglutinador em torno do qual os movimentos sociais poderiam avançar nas suas reivindicações.

Todavia, para os movimentos sociais que ressurgiam, como os metalúrgicos e movimentos populares diversos, aquela era uma luta que lhes parecia parcial, porque não entendiam que a bandeira pela anistia poderia ser um instrumento de unificação em torno da luta contra a ditadura, que não somente mantinha presos políticos como arrochava salários, reprimia greves etc. As lideranças desses movimentos demoraram a abraçar a bandeira da anistia e muitos só o fizeram quando eles próprios foram presos, como foi o caso das lideranças do ABC paulista.

Para os presos do Rio de Janeiro, desde o início havia a compreensão de que a bandeira da anistia era, sobretudo, algo em torno da qual o movimento contra a ditadura poderia se unificar, desde que encaminhada como sendo ampla, geral e irrestrita. Não havia naquela conjuntura muitas ilusões quanto à nossa soltura, até porque sabíamos que não éramos atores de primeira grandeza naquele cenário no qual muitos elementos da conjuntura não eram visíveis.

No entanto, tínhamos certeza de que poderíamos ser protagonistas importantes, já que éramos uma das faces mais cruéis do regime e, para nós, não havia possibilidade de qualquer esquecimento, porque havíamos testemunhado assassinatos e todas as crueldades infringidas contra brasileiros, combatentes ou não, e por tudo isso tínhamos o dever moral e ético de exigir verdade e justiça. Ao longo de todo o período da ditadura, as prisões foram o lugar de onde saíram as mais graves denúncias contra torturas e assassinatos, que, por sua vez, eram reproduzidas em pequenos veículos de comunicação ou disseminadas de boca em boca pelos formadores de opinião, além de alimentar toda a campanha contra o regime brasileiro que existia no exterior. Hoje, sabemos da grandeza dessa militância em quase todos os países, inclusive nos Estados Unidos, e graças a ela centenas de militantes puderam sobreviver[18].

Ao longo do processo, muitos daqueles estudantes que, em finais de 1978, começaram a ser presos, compreenderam rapidamente que fazíamos parte de um mesmo movimento e assumiram de imediato as diretrizes que eram dadas à formação dos comitês pela anistia.

Nessa conjuntura, a rotina das prisões foi totalmente modificada, particularmente no presídio masculino, com a afluência de visitantes ilustres, entre os quais artistas globais, intelectuais e políticos que buscavam, cada um a seu modo, uma certa legitimidade para suas posições.

---

18   Green, James. **Apesar de Você – oposição à ditadura brasileira nos Estados Unidos**, 1964-1985. São Paulo: Companhia das Letras, 2009.

4.3. A radicalização das disputas políticas em torno da bandeira da Anistia[19]

A base da constituição dos CBAs estava naqueles militantes que foram soltos ao longo da década e que, de alguma maneira, continuaram visitando presos ou militando nos movimentos sociais. Claro que os familiares eram a sustentação do processo, na medida em que a legitimidade de uma mãe sempre foi inquestionável. Contudo, naquela conjuntura, não se tratava mais de consolidar uma rede de solidariedade com os presos, mas de politizar o espaço das prisões e fazer com que as negociações - que estavam sendo gestadas nos gabinetes - fossem questionadas, para que viessem a público. Para esses militantes, não era aceitável uma anistia que pactuasse com o regime, que não fosse um instrumento de justiça e que não trouxesse garantias realmente democráticas para todos.

Nessa dimensão, o livro de Roberto Martins[20], publicado no calor da hora, expressou muito bem os eixos em torno dos quais o debate deveria ser pautado e recolocou historicamente aquilo que era chamado de tradição brasileira no que dizia respeito à anistia. O autor esclareceu que as anistias de 1891, 1934 e 1946 haviam sido propostas pelo Poder Legislativo, na medida em que assim estava previsto naquelas constituições que haviam sido fruto de debates no que poderia ser chamado de campo democrático. Todavia, em 1937 e 1967 (texto constitucional reformado em 1969), a iniciativa esteve com o Poder Executivo, porque expressava momentos ditatoriais, em que o debate democrático estava banido ou sendo exercido com imensas dificuldades. Portanto, nesse contexto, um processo de anistia era necessariamente resultante de uma determinada correlação de forças e não algo que pudesse ser apenas um ato de generosidade de algum governante, uma espécie de indulto dado pela vontade do general de plantão.

Roberto Martins, ele mesmo um ex-preso político, buscava desmistificar os argumentos que sugeriam que o projeto de anistia, de autoria do Poder Executivo, pudesse ser legitimo e que seria importante negociá-lo. A questão, segundo Martins, era qual a legitimidade que teria um governo que se baseava em uma carta constitucional ilegítima, a de 1969, para presidir tal processo.

---

19   Nunca é demais homenagear Iramaya Queiroz Benjamim, uma das mães de presos políticos e que foi uma das mais importantes fundadoras do CBA. Além de Helena Greco, mulher extraordinária que, com seu sorriso e carinho, foi uma das pioneiras. São tantas as pessoas que cotidianamente estavam entre nós que fica difícil nomeá-las todas, mas não poderia jamais esquecer de Abigail Paranhos, ex-presa política que, desde o primeiro dia de sua liberdade, lutou para que a OAB-RJ se posicionasse a favor da anistia. Dentre os advogados que atuavam no Rio de Janeiro devo destacar, além de Abigail, a doutora Ana Muller, Eny Raimundo Moreira, Sussekind de Moraes Rego, Osvaldo Mendonça e o corajoso e incansável Modesto da Silveira.

20   Martins, Roberto Ribeiro. **Liberdade para os brasileiros. Anistia ontem e hoje**. Editora Civilização Brasileira, 1979.

Os CBAs consideravam que CBAs a falta de legitimidade do regime era evidente e afirma-vam que existiam três eixos fundamentais em torno dos quais a luta deveria se pautar:

1- reconhecimento das mortes e desaparecimentos;

2- responsabilização dos agentes do Estado pela tortura;

3- não reciprocidade.

Estas eram questões-tabu para a ditadura, que não reconhecia nem mesmo a existência de presos políticos. Toda e qualquer referência a tais questões era logo identificada pela mídia, majoritariamente comprometida com o projeto de institucionalização do regime, como sendo manifestação de revanchismo, que era uma maneira pela qual grandes par-celas da sociedade mitigavam sua própria cumplicidade com a ditadura.

Contra essa mitificação, os CBAs, que haviam surgido em quase todas as grandes cidades, organizavam dossiês quantificando o tamanho do aparato repressivo, levantando o nú-mero de mortos, desaparecidos, exilados[21]. Enfim, esses comitês trabalhavam freneti-ca-mente para produzir contrainformação que fizesse frente às informações veiculadas pela grande mídia. Organizavam jornadas nacionais, congressos nacionais e internacionais. Refiro-me especificamente ao Congresso de Roma[22], que contou com a presença de re-

---

21   O projeto Brasil: Nunca Mais informa que, no período entre 1964 e 1979, mais de 17 mil pessoas foram julgadas pela Justiça Militar, sendo que, dentre essas, 7, 367 foram formalmente acusadas. Entre os réus, 3,8% tinham a idade média de 25 anos, sendo que, entre esses, 3% estavam com menos de 18 anos e, portanto, eram menores de idade. Oitenta e quatro por cento dessas prisões não haviam sido comunicadas à justiça, isto é, eram prisões ilegais. O dado mais chocante que emerge do relatório do Brasil: Nunca Mais é aquele que se refere à tortura: dentre aqueles que haviam ido às barras dos tribunais, 1.843 pessoas haviam afirmado que os seus depoimentos tinham sido forjados sob torturas aplicadas por agentes do Estado, isto é, por oficias das Forças Armadas e policiais. Além de emergir a aterradora cifra de mortos e desaparecidos, algo em torno de 400 pessoas. E esse passivo ainda permanece intocável, já que, até os dias de hoje, o Estado brasileiro não entregou os corpos desses brasileiros para que suas famílias possam enterrá-los como manda a tradição cristã ocidental em nome da qual foi realizado o golpe militar. O livro identifica ainda a prática de 285 modalidades de torturas físicas e psicológicas praticadas nos subterrâneos do regime.

22   No processo de organização do congresso foi importante a viagem de Padre Renzo Rossi à Europa. Sua missão era a de aglutinar todo as entidades católicas para o apoio ao congresso. Renzo já havia criado uma ampla rede de solidariedade aos presos políticos na Itália e essa solidariedade se estendeu até mesmo após a libertação de vários desses presos, entre eles me incluo. Renzo é um sacerdote italiano que vivia há décadas na Bahia e que se colocou a tarefa de visitar todos os presos políticos do Brasil. No campo do catolicismo poderia listar inúmeros exemplos de soli-dariedade, mas, diante da impossibilidade de falar de todos, quero ressaltar a presença nos presídios do Rio de Janeiro do bispo de Volta Redonda, D, Valdir Calheiros, e da ajuda dos primos D. Ivo e Aloísio Lorscheider, que, na direção da Conferencia Nacional dos Bispos do Brasil, foram incansáveis na luta para que a entidade se pronunciasse em defesa dos atingidos pela violência da ditadura. O maior exemplo da militância de alguns bispos foi a missa que D. Paulo rezou por ocasião do assassinato do estudante Alexandre Vannucchi Leme, em 1973, e por ocasião do assassinato do jornalista Wladimir Herzog em 1975.

presentantes de todos os comitês organizados no exterior e no interior do Brasil e que culminou com as seguintes palavras de ordem:

pelo fim da tortura;

pelo desmantelamento do aparelho repressivo;

pelas liberdades democráticas;

em defesa dos direitos humanos.

Ao longo desse congresso, as divergências em torno do que deveria ser a anistia se evidenciaram e as palavras de ordem que foram ali consagradas não incorporavam todos os eixos propostos pelos CBAs. No entanto, ficava consagrada a essencialidade proposta pelos comitês de anistia, que incorporava, definitivamente, a defesa dos direitos humanos e se impunha às palavras de ordem oriundas do regime e de seus aliados, que estavam consubstanciadas nos seguintes vocábulos: concessão, conciliação, compromisso e consentimento.

> Os presos haviam construído coletivos políticos que englobavam todos aqueles que se reconheciam como militantes contra a ditadura, não importando sua origem partidária

Estava sendo gestado aquilo que Daniel Araão Reis tem chamado de "memória da conciliação" e, para que isso fosse plenamente vitorioso, era necessário demonizar a luta armada, algo que tem sua própria historicidade e que se inicia, ou se evidencia, com o livro *O que é isso companheiro*, de Fernando Gabeira, e o livro *Os carbonários*, de Alfredo Sirkis, ambos publicados no inicio dos anos 1980 e muito festejados pela mídia. Interessante que foram esses relatos que até recentemente hegemonizaram a memória das lutas das organizações de esquerda, armadas ou não, contra a ditadura. Uma memória debochada, que só foi objeto de repulsa quando da exibição do filme *O que é isso companheiro*. Naquele momento, parte daqueles que haviam partilhado as vivências ali retratadas vieram a público para denunciar o que foi sabiamente chamado de 'memórias sequestradas'[23].

---

23   **Folha de S. Paulo**, 20/07/1979.

5. "NÃO ENCONTREI TERRORISTA ALGUM NAS VISITAS AOS PRESÍDIOS"

Assim se referia aos presos políticos o senador Teotônio Vilela, quando questionado pela grande mídia quanto ao porquê das visitas que a Comissão Mista do Congresso fazia aos presídios e, em especial, aos presos políticos do Rio de Janeiro. Tais visitas foram incentivadas por esses mesmos presos que haviam entendido que, mais uma vez, teriam que lançar mão da greve de fome como instrumento político para que suas vozes fossem ouvidas. Tratava-se de transformar a longa vivência prisional em instrumento político capaz de dialogar com uma certa autocrítica formulada por alguns setores da esquerda que identificavam a experiência anterior como sendo esquerdista, vanguardista e sectária. E que era compreendida pela maioria dos presos como um discurso que, no limite, se somava ao projeto da ditadura de desqualificar todos aqueles que haviam militado nas organizações armadas.

Os presos haviam construído coletivos políticos que englobavam todos aqueles que se reconheciam como militantes contra a ditadura, não importando sua origem partidária. Tais coletivos tinham como metas a luta pela sobrevivência física e psicológica, já que viviam em uma instituição total, e a luta contra o regime, que se fazia cotidianamente por meio de um trabalho de contramemória, que desemboca na greve de 22 de julho de 1979. Essa greve foi um enfrentamento direto contra o arcabouço ideológico da ditadura e de sua estratégia de institucionalização.

A greve rapidamente se espalhou por todas as prisões e a mobilização social pela anistia passou a ser instituinte ao trazer para o espaço prisional até mesmo a Comissão que, no Congresso, negociava o projeto de anistia enviado pelo Executivo. Nessa altura dos acontecimentos, estava dado o ineditismo do processo que, pela primeira vez, reconhecia explicitamente a existência e o protagonismo dos presos políticos na luta contra o regime.

6. CONCLUSÕES PARCIAIS

Ainda que o resultado da votação no Congresso Nacional tenha sido, em grande medida, o projeto daqueles setores que não se opunham radicalmente ao regime, o processo político que se constituiu a partir daquele momento demonstrou que nem todas as bandeiras em torno das quais os Comitês de Anistia se formaram haviam sido derrotadas. A anistia, ainda que limitada, trouxe novos elementos para a luta política, além da imensa alegria pelo retorno dos exilados; a emoção pela saída dos presos que, com suas penas reduzidas ou em liberdade condicional, foram sendo aos poucos libertados; os clandestinos voltaram à sua militância legal e outras perspectivas se abriam para os novos militantes sociais.

A luta pela anistia deve ser analisada como parte de um longo processo político iniciado logo após o golpe militar e que se fortalece quando, em 1972, o MDB lança a chamada Carta de Recife, que, pela primeira vez, propõe uma constituinte. Em 1974, em disputa aberta com o regime que impunha o general Ernesto Geisel como sucessor do general Medici, o MDB defendeu a anticandidatura de Ulysses Guimarães à presidência da República. Esse episódio, que ainda não foi devidamente estudado pela historiografia, marca o deslocamento de setores importantes do MDB para o campo da oposição e transforma esse partido no espaço legal das demandas de setores políticos que se encontravam na clandestinidade.

A partir desse momento, no campo das oposições, começaram as disputas em torno de algumas palavras de ordem que se tornariam importantes para o desdobramento do processo político em curso. Dentre essas, a luta 'por liberdades democráticas' que, por sua vez, era confrontada pelos setores mais à esquerda, que julgavam essencial que as mesmas fossem acompanhadas por um 'governo dos trabalhadores'.

Para aqueles que defendiam apenas 'liberdades democráticas', era fundamental um processo constituinte de modo que, a partir daí, fosse construído um novo ambiente jurídico que trouxesse a anistia e a redemocratização.

Enfim, ao longo do processo, foram sendo desenhados os passos que o Brasil daria em direção à redemocratização tutelada pelos militares e pactuada entre as elites, mas, ao mesmo tempo, tiveram que ser consideradas várias questões que haviam se consolidado no processo de luta pela anistia.

Ao longo da década de oitenta, a sociedade brasileira conquistou a liberdade partidária, a formação de centrais sindicais, o direito ao voto para presidente e a constituição de 1988, que construiu instrumentos jurídicos importantes para que possamos nos tornar uma democracia de fato.

Nesse sentido, é importante lembrar que a defesa dos direitos humanos se tornou, ao longo desse processo, um patrimônio importante para amplos setores da sociedade brasileira.

Todavia, o passivo em relação aos direitos humanos desrespeitados durante o período ditatorial ainda continua sendo alvo de intensas disputas políticas, como vemos neste momento em que a Comissão de Anistia[24] está sendo alvo de acirrado combate por aqueles setores ainda nostálgicos da ditadura. Muito embora já tenhamos uma grande quantidade de documentos à disposição da sociedade, os arquivos produzidos pelos principais órgãos da repressão (Centros de Informação do Exército, da Marinha e da Aeronáutica) continuam ocultos, sob a alegação de que tais documentos teriam sido incinerados. No entanto, as dezenas de *sites* que são porta-vozes dos remanescentes dos aparelhos repressivos são alimentados por documentos sigilosos produzidos por aqueles órgãos naquele período[25].

Os responsáveis por torturas, assassinatos e desaparecimentos permanecem impunes pelo entendimento da mais alta corte de Justiça do país de que aquela anistia, que não atingiu os presos políticos julgados por ações armadas, havia beneficiado a todos, os homens da ditadura e seus opositores[26].

Penso que as abordagens sobre o significado da anistia de 1979 estão relacionadas à analise que se faz do fato inaugural que levou à quebra da legalidade, isto é, ao golpe civil-militar que deixou marcas profundas na realidade nacional contemporânea do Brasil. Para aqueles que apoiaram o golpe, ainda que tenham se distanciado do regime ao longo dos anos, o governo João Goulart levaria o país à anarquia e, por consequência, ao comunismo. Para estes, o golpe, chamado de Revolução, se justifica, e os militares não podem ser acusados pelos atos de uma minoria que dentro do aparelho estatal havia cometido desmandos. Não aceitam que esses chamados desmandos foram, na verdade, expressões de uma política de Estado que, no marco da Guerra Fria, desumanizava seus opositores legitimando, dessa forma, sevícias, assassinatos e até desaparecimento dos

---

24   Como desdobramento da luta pela anistia foram criadas, no âmbito do Ministério da Justiça, duas importantes comissões: a Especial sobre Mortos e Desaparecidos Políticos (1995), cujo relatório foi publicado no livro *Direito à Memória e à Verdade* em 2007 pela SEDH – Secretaria Especial de Direitos Humanos da Presidência da República, e a Comissão de Anistia (criada pela Lei n. 10.559 de 2002), que já recebeu em torno de sessenta mil processos, dentre os quais mais da metade já foi analisada. Neste momento, tramita no Congresso Nacional a proposta, oriunda do Poder Executivo, que prevê a criação de uma Comissão da Verdade.

25   Ver, nos sites www.ternuma.com.br e www.averdadesufocada.com.br, dois dos mais conhecidos representantes dos porões da ditadura, a íntegra do documento conhecido como ORVIL – o livro negro do terrorismo, produzido pelo então Ministro do Exército Leônidas Pires Gonçalves, em resposta ao lançamento do livro *Brasil: Nunca Mais.*

26   Após a decretação da anistia, em agosto de 1979, alguns presos permaneceram presos por vários meses e só foram soltos graças a ações impetradas nos tribunais superiores, nos quais suas sentenças foram sendo revistas. A bem da verdade, é necessário frisar que todos aqueles que foram julgados e condenados pelos tribunais militares por atuação nas organizações de esquerda armadas só foram reconhecidos como anistiados após a implantação da Comissão de Anistia em 2002. E esse é um processo que ainda está em curso.

seus corpos. Essa versão dos fatos, comungada em certo nível por importantes segmentos da sociedade brasileira, entende a anistia como esquecimento e continua vendo as Forças Armadas como salvaguarda da democracia.

Creio que, para que possamos superar os traumas causados pela ditadura militar, as Forças Armadas[27] devem pedir desculpas à sociedade pelo golpe desfechado contra a legalidade e o Estado brasileiro e, banir dos espaços públicos todos os símbolos daquele regime, para começar. E retirar, como fez a Argentina, os retratos dos generais presidentes da galeria dos governantes da nação, renomear os espaços públicos que tenham os nomes de todo e qualquer membro do regime e, por fim, instaurar cursos e conteúdos didáticos para a rede escolar e - em particular, para os aspirantes das Forças Armadas - que condenem a quebra da legalidade ocorrida em 1964 e que tragam conteúdos que defendem radicalmente a defesa dos direitos humanos em toda e qualquer circunstância.

Essa pauta, marcada pelo repúdio ao golpe, é a única que pode assumir integralmente as muitas questões ainda em aberto e que se expressam na disputa entre memória e esquecimento. A resolução dessa dicotomia permanece como condição essencial para que seja possível, por meio da verdade e da justiça, o reencontro dos brasileiros com sua história. Só assim haverá possibilidade da tão propalada reconciliação após a longa ditadura imposta à sociedade brasileira.

---

27   Ainda hoje as Forças Armadas continuam comemorando o seu protagonismo no golpe ocorrido em 31 de março de 1964 por meio de pronunciamentos que são amplamente divulgados pela mídia. Em 2007, a sociedade tomou conhecimento de que durante três anos as forças Armadas haviam produzido um alentado relatório – a ser publicado como contraponto ao livro **Brasil: Nunca Mais** - no qual deveriam ser denunciados os supostos crimes cometidos pela esquerda e que serviriam como justificativa para os métodos adotados pelos órgãos de repressão contra os opositores do regime. Esse trabalho, conhecido como Orvil, terminou por não ser publicado, mas foi objeto de analise no livro, já citado, do jornalista Lucas Figueiredo.

As dimensões da Justiça de Transição no Brasil, a eficácia da Lei de Anistia e as alternativas para a verdade e a justiça

PAULO ABRÃO

Secretário Nacional de Justiça e Presidente da Comissão de Anistia do Ministério da Justiça
Professor do Mestrado em Direito da Universidade Católica de Brasília
Doutor em Direito pela Pontifícia Universidade Católica do Rio de Janeiro

MARCELO D. TORELLY

Coordenador-Geral de Memória Histórica da Comissão de Anistia do Ministério da Justiça
Professor do Curso de Direito da Universidade Católica de Brasília
Mestre em Direito pela Universidade de Brasília

FONTE: ARQUIVO NACIONAL E SECRETARIA
DE DIREITOS HUMANOS DA PRESIDÊNCIA DA
REPÚBLICA

1.	A JUSTIÇA DE TRANSIÇÃO NO BRASIL: PANORAMA GERAL E CARACTERÍSTICAS FUNDAMENTAIS

O processo de justiça de transição após experiências autoritárias compõe-se de pelo menos *quatro dimensões fundamentais*: (i) a reparação, (ii) o fornecimento da verdade e a construção da memória, (iii) a regularização da justiça e o restabelecimento da igualdade perante à lei e (iv) a reforma das instituições perpetradoras de violações contra os direitos humanos[1].

O Brasil possui estágios diferenciados na implementação de cada uma dessas dimensões, e muitas medidas têm sido tardias em relação a outros países da América Latina. Passa-se abaixo a um panorama geral do estado das artes da justiça de transição brasileira, ao qual se seguirá uma avaliação contextual.

---

1   CF.: TEITEL, Ruti. **Transitional Justice**. Oxford e Nova Iorque: Oxford University Press, 2000; ZALAQUETT, José. La reconstrucción de la unidad nacional y el legado de violaciones de los derechos humanos. In: **Revista Perspectivas**, Facultad de Ciencias Físicas y Matemáticas, Universidad de Chile, Vol. 2, Número especial, 20p.; GENRO, Tarso. **Teoria da Democracia e Justiça de Transição**. Belo Horizonte: EdUFMG, 2009.

1.1 A reparação

Com implantação gradativa, a gênese do processo de reparação brasileiro ocorre ainda durante a ditadura militar (1964-1985). A reparação aos perseguidos políticos é uma conquista jurídica presente desde a promulgação da lei de anistia (lei nº 6.683/79) – marco legal fundante da transição política brasileira –, que previu, para além do perdão aos crimes políticos e conexos, medidas de reparação como, por exemplo, a restituição de direitos políticos aos perseguidos (o direito de se inscrever em partidos políticos e ser votado nas convenções partidárias) e o direito de reintegração ao trabalho para servidores públicos civis e militares que haviam sido afastados arbitrariamente.

É preciso ressaltar que a lei de anistia no Brasil é fruto de uma reivindicação popular[2]. Exemplificando: enquanto na Argentina a anistia foi uma imposição do regime contra a sociedade, ou seja, uma *explícita* autoanistia do regime visando o perdão dos crimes perpetrados pelo Estado, no Brasil a anistia foi amplamente reivindicada por meio de manifestações sociais significativas e históricas, pois se referia originalmente ao perdão dos crimes de resistência cometidos pelos perseguidos políticos, que foram banidos, exilados e presos. A luta pela anistia foi tamanha que, mesmo sem a aprovação no Congresso Nacional do projeto de lei de anistia demandado pela sociedade civil, que propunha uma anistia "ampla, geral e irrestrita" para os perseguidos políticos, e diante da aprovação do projeto de anistia restrito originário do Poder Executivo militar[3], a cidadania brasileira reivindica-o legitimamente como conquista sua e para si e, até a atualidade, reverbera a memória de seu vitorioso processo de conquista nas ruas em torno dos trabalhos realizados pelos Comitês Brasileiros pela Anistia e também por meio de pressões internacionais[4].

Após a lei de 1979, editou-se uma emenda à "Constituição" outorgada de 1969 (EC nº 26/85), que agregou a previsão da restituição dos direitos políticos aos líderes estudantis e ampliou direitos àqueles reparados pela lei nº 6.683/79. Já com a edição da nova Constituição, em 1988, o direito à reparação revestiu-se enquanto garantia constitu-

---

2   Neste sentido confira GRECO, Heloisa Amélia. **Dimensões fundacionais da luta pela anistia**. Tese de doutorado em História. Universidade Federal de Minas Gerais. Belo Horizonte, 2003. 2 Volumes.

3   Para o desenvolvimento desta questão, ver item 2.1.1 deste texto.

4   Ver GREEN, James. **Apesar de vocês**. São Paulo: Companhia das Letras, 2009, sobre a mobilização internacional nos EUA.

cional[5], sendo assegurado a amplos setores atingidos pela repressão, não mais somente no setor púbico, mas também no setor privado.

Coube ao governo Fernando Henrique Cardoso implantar as comissões de reparação. A primeira, a Comissão Especial de Mortos e Desaparecidos Políticos, limitada ao reconhecimento da responsabilidade do Estado por mortes e desaparecimentos e a localização dos restos mortais (lei nº 9.140/95). A segunda, a Comissão de Anistia, direcionada a reparar os atos de exceção, incluindo torturas, prisões arbitrárias, demissões e transferências por razões políticas, sequestros, compelimentos à clandestinidade e ao exílio, banimentos, expurgos estudantis e monitoramentos ilícitos (lei nº 10.559/02).

O programa de reparação brasileiro não se limita à dimensão econômica. As leis preveem também direitos como a declaração de anistiado político, a contagem de tempo para fins de aposentadoria, a garantia de retorno à curso em escola pública, o registro de diplomas universitários obtidos no exterior, a localização dos restos mortais dos desaparecidos políticos e outros.

A lei nº 10.559/02 prevê, portanto, duas fases procedimentais para o cumprimento do mandato constitucional de reparação: a primeira, a *declaração da condição de anistiado político* pela verificação dos fatos previstos nas situações persecutórias discriminadas no diploma legal. A declaração de anistiado político é ato de reconhecimento[6] ao direito de resistência[7] dos perseguidos políticos e também de re-

---

5   O direito à reparação no Brasil, portanto, é um direito constitucional previsto no artigo 8º do Ato das Disposições Constitucionais Transitórias (ADCT): "*É concedida anistia aos que, no período de 18 de setembro de 1946 até a data da promulgação da Constituição, foram atingidos, em decorrência de motivação exclusivamente política, por atos de exceção, institucionais ou complementares (...)*". Portanto, a anistia constitucional é dirigida aos perseguidos e não aos perseguidores.

6   O conceito de reconhecimento aqui remete ao trabalho de HONNETH, Axel. **Luta por reconhecimento: a gramática moral dos conflitos sociais**. São Paulo: Ed. 34, 2003. Para um aprofundamento teórico da ideia de anistia enquanto reconhecimento, confira: BAGGIO, Roberta. Justiça de Transição como Reconhecimento: limites e possibilidades do processo brasileiro. In: SANTOS, Boaventura; ABRÃO, Paulo; MACDOWELL, Cecilia; TORELLY, Marcelo (Org.). **Repressão e Memória Política no Contexto Ibero-Americano**. Brasília/Coimbra: Ministério da Justiça/Centro de Estudos Sociais da Universidade de Coimbra, *2010*.

7   A tradição do "direito à resistência" remonta aos primeiros estudos contratualistas e acompanha-nos até a atualidade. Bobbio refere-se à existência de duas grandes linhas de sustentação da questão, uma que vincula-se à obediência irrestrita ao soberano, outra que defende o direito de resistência a ele em nome de uma causa maior – como a república ou a democracia –, filiando-se à segunda: "*O primeiro ponto de vista é o de quem se posiciona como conselheiro do príncipe, presume ou finge ser o porta-voz dos interesses nacionais, fala em nome do Estado presente; o segundo ponto de vista é o de quem fala em nome do antiestado ou do Estado que será. Toda a história do pensamento político pode ser distinguida conforme se tenha posto o acento, como os primeiros, no dever da obediência ou, como os segundos, no direito à resistência (ou a revolução). // Essa premissa serve apenas para situar nosso discurso: o ponto de vista no qual colocamos, quando abordamos o tema da resistência à opressão, não é o primeiro, mas o segundo*". BOBBIO, Norberto. **A Era dos Direitos**. Rio de Janeiro: Elsevier/Campus, 2004, p.151.

conhecimento dos erros cometidos pelo Estado contra seus concidadãos. A segunda fase é a *concessão da reparação econômica*[8]. É possível que alguém seja declarado anistiado político, mas não receba nenhuma reparação econômica, seja porque já fora materialmente indenizado por legislações anteriores, seja por perecimento de direito personalíssimo com o falecimento da vítima, uma vez que tais direitos não se transferem aos sucessores maiores – excetuando-se as viúvas e os dependentes –, ou seja porque se enquadra em categorias específicas, como o caso dos vereadores municipais que por força de atos institucionais tenham exercido mandatos gratuitos, cabendo somente o direito de cômputo do período de mandato para fins de aposentadoria no serviço público e previdência social.

Essas constatações legais evidenciam a diferença substancial entre ser "declarado anistiado político" e "perceber reparação econômica".

Para a fixação das reparações econômicas, a Constituição utilizou-se de critérios compatíveis com a prática persecutória mais recorrente: a imposição de perdas de vínculos laborais, ainda mais impulsionadas quando a luta contra a ditadura uniu-se aos movimen-

---

8   A lei nº 10.559/02 prevê como critério geral de indenização a fixação de uma prestação mensal, permanente e continuada em valor correspondente ou ao padrão remuneratório que a pessoa ocuparia, se na ativa estivesse caso não houvesse sido afastada do seu vínculo laboral, ou a outro valor arbitrado com base em pesquisa de mercado. O outro critério fixado, para quem foi perseguido, mas não teve perda de vínculo laboral, é o da indenização em prestação única de até 30 salários mínimos por ano de perseguição política reconhecida com um teto legal de R$ 100.000. A lei 9.140/95 prevê também uma prestação única que atingiu um máximo de R$ 152.000 para os familiares de mortos ou a desaparecidos. A crítica que se faz ao modelo é a de que resultou daí que pessoas submetidas à tortura, desaparecimento ou morte e que não tenham em sua história de repressão a perda de vínculos laborais podem acabar sendo indenizadas com valores menores que as pessoas que tenham em seu histórico a perda de emprego. Uma conclusão ligeira daria a entender que o direito ao projeto de vida interrompido foi mais valorizado que o direito à integridade física, à liberdade à vida. Essa conclusão deve ser relativizada pelo dado objetivo de que a legislação prevê que os familiares dos mortos e desaparecidos possam pleitear um dupla indenização (na Comissão de Anistia e na Comissão de Mortos e Desaparecidos) no que se refere à perda de vínculos laborais ocorridos previamente as suas mortes e desaparecimentos (no caso da prestação mensal) ou a anos de perseguições em vida (no caso da prestação única). Além disso, a maioria dos presos e torturados que sobreviveram concomitantemente também perderam seus empregos ou foram compelidos ao afastamento de suas atividades profissionais formais (de forma imediata ou não) em virtude das prisões ou de terem que se entregar ao exílio ou à clandestinidade. Esses casos de duplicidade de situações persecutórias são a maioria na Comissão de Anistia e, para eles, não cabe sustentar a tese de subvalorização dos direitos da pessoa humana frente aos direitos trabalhistas em termos de efetivos. Em outro campo, a situação é flagrantemente injusta para um rol específico de perseguidos políticos: aqueles que não chegaram a sequer inserir-se no mercado de trabalho em razão das perseguições, como é o caso clássico de estudantes expulsos que tiveram que se exilar ou entrar na clandestinidade e o das crianças que foram presas e torturadas com os pais ou familiares. Para reflexões específicas sobre as assimetrias das reparações econômicas no Brasil e o critério indenizatório especial, destacado da clássica divisão entre dano material e dano moral do código civil brasileiro, confira-se: ABRÃO, Paulo *et alli. Justiça de Transição no Brasil: o papel da Comissão de Anistia do Ministério da Justiça. In:* **Revista Anistia Política e Justiça de Transição**. Brasília: Ministério da Justiça, nº 01, jan/jun, 2009, pp. 12-21.

tos grevistas, gerando a derrocada final do autoritarismo[9]. Desse modo, o modelo de reparação privilegiou a restituição do trabalho perdido, como devolução do *status quo* anterior e, no impedimento desta, criou compensações econômicas.

O que se pode depreender da legislação vigente no Brasil, tomando-se em conta o universo de possíveis medidas de reparação sistematizadas por Pablo de Greiff[10] (quais sejam: medidas de restituição, compensação, reabilitação e satisfação e garantias de não repetição), é a existência de um amplo conjunto de medidas, que apenas são pouco abrangentes no que concerne à reabilitação, conforme demonstra o quadro a seguir:

Quadro 1 – Medidas legais de reparação no Brasil

Medidas de exceção e repressão	Principais direitos fundamentais lesados	Modalidade de Reparação	Direitos previstos	Dispositivo legal
Perseguidos políticos e atingidos por atos de exceção *lato sensu*	Direitos e liberdades fundamentais gerais	Satisfação pública e garantia de não repetição	Declaração da condição de anistiado político*	Art. 1°, I da lei 10.559/02
Desaparecidos políticos	Direito à vida ou direito ao projeto de vida Liberdades públicas e direitos políticos Direitos civis, culturais e religiosos	Compensação e Compensação e Satisfação pública e garantia de não repetição	Reparação econômica em prestação única, pelo desaparecimento e Reparação econômica em prestação única ou mensal, pelas perseguições políticas em vida*** e Direito à localização, identificação e entrega dos restos mortais	Art. 11 da lei 9.140/95** Art. 1°, II c/c art. 9°, parágrafo único da lei 10.559/02**** Art. 4°, II da lei 9.140/95

---

9   Isso porque é certo que o papel da organização dos trabalhadores nas reivindicações corporativas, em plena vigência da lei antigreve, imprimiu nuances significativas à resistência ao regime militar. Na campanha pela anistia, os setores dos movimentos de resistência tradicionais uniram-se ao movimento dos operários, que passou a incorporar em sua pauta reivindicatória bandeiras de enfrentamento ao regime político militar. Ainda antes de 1979 e, mais especialmente, após a aprovação da lei de anistia, as greves dos trabalhadores intensificaram-se, inclusive dentro dos domínios de áreas consideradas como "áreas de segurança nacional". Essas greves foram reprimidas com a truculência das polícias civis, militares e até mesmo com a participação das Forças Armadas, criando-se um ambiente de perseguições aos líderes sindicais (alguns foram presos e enquadrados na Lei de Segurança Nacional) e de demissões em massa dos trabalhadores grevistas pertencentes aos quadros de empresas estatais e privadas. Foram milhares as demissões arbitrárias de trabalhadores em diferentes regiões do Brasil e em diferentes categorias e setores, como: comunicações (Correios), siderurgia (Belgo-mineira, Companhia Siderúrgica Nacional (CSN), Usiminas, Cosipa, Açominas), metalurgia (região de Osasco e ABC Paulista, GM, Volkswagen), energia (Eletrobras, Petrobras, Petromisa, Polo Petroquímico de Camaçari/BA), trabalhadores do mar (Lloyd, estaleiros), setores militares (Arsenal de Marinha), bancários (Banco do Brasil, Banespa), aéreo (aeronautas e aeroviários da Varig, Vasp e trabalhadores da Embraer) e professores (escolas e universidades). Mesmo antes das greves do movimento operário, os afastamentos laborais arbitrários sempre foram uma prática persecutória estruturante do perfil da repressão brasileira, seja no âmbito das próprias Forças Armadas (em relação aos soldados, marinheiros e aeronautas considerados insurgentes), seja no meio educacional e civil em geral.

10   DE GREIFF, Pablo. Justice and reparations. *In*: **The Handbook of Reparations**. New York e Oxford: Oxford University Press, 2006.

Mortos	Direito à vida	Compensação e Compensação	Reparação econômica em prestação única, pela morte e Reparação econômica em prestação única ou mensal**, pelas perseguições políticas em vida	Art. 11 da Lei 9.140/95** Art. 1º, II c/c art. 9º, parágrafo único da lei 10.559/02
	Liberdades públicas e direitos políticos			
Torturados	Direito à integridade física e psicológica	Compensação	Reparação em prestação única	Art. 1º, II c/c art. 2º, I da lei 10.559/02
Presos arbitrariamente	Direito à liberdade, direito ao devido processo legal	Compensação e Restituição	Reparação em prestação mensal ou única e Contagem de tempo para efeitos previdenciários	Art. 1º, II c/c art. 2º, I da lei 10.559/02 Art. 1º, III da lei 10.559/02
Afastados arbitrariamente ou compelidos ao afastamento de vínculo laboral no setor público, com ou sem impedimentos de também exercer, na vida civil, atividade profissional específica	Direito ao projeto de vida, direito à liberdade de trabalho, direito à liberdade de pensamento, direito de associação sindical	Restituição ou Compensação e Restituição e Reabilitação	Reintegração/ readmissão assegurada promoções na inatividade ou reparação econômica em prestação mensal Contagem de tempo para efeitos previdenciários Benefícios indiretos mantidos pela Administração Pública aos servidores (planos de seguro, assistência médica, odontológica e hospitalar e financiamentos habitacionais)	Art. 1º, II, V c/c art. 2º, IV, V, IX, XI Art. 1º, III da lei 10.559/02 Art. 14 da lei 10.559/02
Afastados arbitrariamente ou compelidos ao afastamento de vínculo laboral no setor privado	Direito ao projeto de vida, direito à liberdade de trabalho, direito à liberdade de pensamento, direito de associação sindical	Compensação e Restituição	Reparação econômica em prestação mensal e Contagem de tempo para efeitos previdenciários	Art. 1º, II c/c art. 2º, VI, XI Art. 1º, III da lei 10.559/02
Punidos com transferência para localidade diversa daquela onde exercia sua atividade profissional, impondo-se mudança de local de residência	Direito à estabilidade e liberdade laboral, direito à isonomia	Compensação	Reparação econômica em prestação mensal ou única	Art. 1º, II, e art. 2º, II
Punidos com perda de proventos ou de parte de remunerações já incorporadas ao contrato de trabalho inerentes à carreira administrativa	Direito à remuneração pelo trabalho e direito à isonomia	Compensação e Restituição	Reparação econômica em prestação mensal e Contagem de tempo para efeitos previdenciários	Art. 1º, II e art. 2º, III, XII Art. 1º, III da lei 10.559/02
Impedidos de tomar posse em cargo após concurso público válido	Direitos políticos	Compensação e Restituição	Reparação econômica em prestação mensal e Contagem de tempo para efeitos previdenciários	Art. 1º, II e art. 2º, XVII Art. 1º, III da lei 10.559/02

Punidos com cassação de aposentadorias ou, já na condição de inativos, com a perda de remuneração	Direito à isonomia, garantias constitucionais ao trabalho	Compensação	Reparação econômica em prestação mensal	Art. 1º, II, art. 2º, X, XII da lei 10.559/02
Aposentados compulsoriamente no setor público	Direito à isonomia	Compensação	Reparação econômica em prestação mensal	Art. 1º, II e art. 2º, I, XII
Compelidos à clandestinidade	Direito à liberdade, direito à identidade, direito ao projeto de vida	Compensação e Restituição	Reparação econômica em prestação mensal ou única e Contagem de tempo para efeitos previdenciários	Art. 1º, II e art. 2º, I, IV, VII
Banidos	Direito à nacionalidade, Direito à liberdade, direito ao projeto de vida, direito ao convívio familiar	Compensação e Restituição e Restituição	Reparação econômica em prestação mensal ou única e Contagem de tempo para efeitos previdenciários e Reconhecimento de diplomas adquiridos no exterior	Art. 1º, II e art. 2º, I, VII Art. 1º, III da lei 10.559/02 Art. 1º, IV da lei 10.559/02
Exilados	Direito à liberdade, direito ao projeto de vida, direito ao convívio familiar	Compensação e Restituição e Restituição	Reparação econômica em prestação mensal ou única e Contagem de tempo para efeitos previdenciários e Reconhecimento de diplomas adquiridos no exterior	Art. 1º, II e art. 2º, I, VII Art. 1º, III da lei 10.559/02 Art. 1º, IV da lei 10.559/02
Políticos com mandatos eleitorais cassados	Direitos políticos	Compensação e Restituição	Reparação econômica em prestação única e Contagem de tempo para efeitos previdenciários	Art. 1º, II e art. 2º, VII, XIV Art. 1º, IV da lei 10.559/02
Políticos com cassação de remuneração pelo exercício do mandato eletivo	Direito à isonomia e direito à remuneração pelo trabalho	Restituição	Contagem de tempo para efeitos previdenciários	Art. 2º, XIII
Processados por inquéritos judiciais e/ou administrativos persecutórios, com ou sem punição disciplinar	Direito à liberdade, direito ao devido processo direito ao contraditório	Compensação	Reparação em prestação única	Art. 1º, II e art. 2º, I, VII
Filhos e netos exilados, clandestinos, presos, torturados ou atingidos por quaisquer atos de exceção	Direito ao projeto de vida, direito à liberdade, direito à convivência familiar, direito à integridade física e psicológica	Compensação e Restituição	Reparação econômica em prestação única Contagem de tempo para efeitos previdenciários, em alguns casos	Art. 1º, II c/c art. 2º, I da lei 10.559/02 Art. 1º, IV da lei 10.559/02

Monitorados ilegal-mente*****	Direito à intimidade	Compensação	Reparação econômica em prestação única	Art. 1º, II c/c art. 2º, I
Outras medidas de exceção, na plena abrangência do termo	Direitos fundamen-tais e políticos gerais	Compensação	Reparação econômica em prestação única	Art. 1º, I e II c/c art. 2º, I

*A declaração de anistiado político é ato de reconhecimento das vítimas e do direito de resistência. É uma condição para todas as demais reparações da lei 10.559/02. Cabe à própria vítima requerê-la ou aos seus sucessores ou dependentes (art. 2º, § 2º da lei 10.559/02).

** A indenização prevista nessa Lei é deferida às seguintes pessoas, na seguinte ordem: ao cônjuge; ao companheiro ou companheira; aos descendentes; aos ascendentes; aos colaterais até o quarto grau (art. 10 da lei 9.140/95).

*** No caso de falecimento do anistiado político, o direito à reparação econômica transfere-se aos seus dependentes. Cabe reparação em prestação mensal aos casos de comprovada perda de vínculo laboral em razão de perseguição; aos demais casos cabe reparação em prestação única. As compensações (reparações econômicas em prestação única ou mensal) da lei 10.559/02 não podem se cumular. As compensações podem cumular-se com as restituições e reabilitações, exceto a reparação em prestação mensal, que não pode cumular com as reintegrações ao trabalho. As compensações da lei 10.559/02 podem se cumular com as compensações da lei 9.140/95.

**** Todas as reparações econômicas de cunho indenizatório da lei 10.559/02, ensejam o direito à isenção do pagamento de imposto de renda.

***** O entendimento da Comissão de Anistia tem sido o de que o direito a reparação cabe somente àqueles em que o monitoramento tenha dado concretude a alguma outra medida repressiva.

O governo Lula (2003-2010) inovou na política de reparação, agregando uma gama de mecanismos de reparação simbólica: implantou o projeto Direito à Memória e à Verdade, com o registro oficial das mortes e desaparecimentos, o projeto Marcas da Memória, com diversas ações de protagonismo conjunto com a sociedade civil, e implantou as Caravanas da Anistia, com julgamentos públicos da história e pedidos oficiais de desculpas às vítimas[11]. Criou ainda o projeto Memórias Reveladas, com a disponibilização dos arquivos do período, e propôs um projetos de lei para criar uma Comissão Nacional da Verdade (PL nº 7.376/2010) e outro para o direito de acesso à informação pública (PLC nº 41/2010), da nova lei de acesso à informação, além de preparar o Memorial da Anistia[12] para que reparação e memória sigam integradas.

A partir de 2007, a Comissão de Anistia passou a formalmente *"pedir desculpas oficiais"* pelos erros cometidos pelo Estado consubstanciado no ato declaratório de anistia política. Corrigiu-se, dentro das balizas legais existentes, o desvirtuamento interpretativo que dava ao texto legal uma leitura economicista, uma vez que a anistia não poderia ser vista como a imposição da amnésia ou como ato de esquecimento ou de suposto e ilógico perdão do Estado a quem ele mesmo perseguiu e estigmatizou como subversivo ou criminoso.

---

11   Para um panorama mais amplo desse processo, confira-se: ABRÃO, Paulo *et alli.* As caravanas da anistia: um instrumento privilegiado da justiça de transição brasileira. *In:* SANTOS, Boaventura de Sousa; ABRÃO, Paulo; MACDOWELL, Cecilia; TORELLY, Marcelo. **Repressão e Memória Política no contexto Ibero-americano: Estudos sobre o Brasil, Guatemala, Moçambique, Peru e Portugal.** Coimbra: Universidade de Coimbra; Brasília: Ministério da Justiça, 2010. p. 185-227.

12   Para um maior aprofundamento sobre o Memorial da Anistia, sugerimos a leitura da seção "Especial" do primeiro volume desta revista: SILVA FILHO, José Carlos Moreira; PISTORI, Edson. Memorial da Anistia Política do Brasil. *In:* **Revista Anistia Política e Justiça de Transição.** Brasília: Ministério da Justiça, n.º 01, jan/dez 2009, pp. 113-133.

O quadro abaixo relaciona as recentes medidas reparatórias empreendidas pelo Estado brasileiro no governo Lula:

QUADRO 2 – medidas e políticas públicas de reparação individual e coletiva do governo Lula (2003-2010)

Tipo da medida	Órgão	Ações governamentais e estatais
Pedidos oficial de desculpas	CA	Caravanas da Anistia
Reconhecimento das vítimas	CEMP CA AN	Livro relatório *Direito à memória e à verdade* Projeto "Marcas da Memória" Projeto "Memórias Reveladas"
Homenagens públicas	CA CA CA	Sessões de memória das Caravanas da Anistia Ato de homenagens aos 30 anos da greve de fome dos ex-presos políticos Ato público sobre os 30 anos da lei de anistia
Escutas públicas	CA CA CA PL CA CA	Audiências públicas temáticas sobre o movimento operário Depoimentos públicos nas Caravanas da Anistia Fórum das entidades representativas dos anistiados políticos Comissão Especial de Anistia da Câmara dos Deputados Audiência Pública sobre o alcance da lei de anistia de 1979 Audiência Pública sobre o regime jurídico dos militares perseguidos políticos
Memoriais, monumentos e placas	CA SDH	Projeto Memorial da Anistia Projeto "Pessoas Imprescindíveis"
Projetos de lei	PL CC SDH/CC	Lei de reparação à União Nacional dos Estudantes Projeto de lei de acesso às informações públicas Projeto de lei para criação da Comissão Nacional da Verdade
Educação e difusão	CA/SDH CA CA CA/SDH CA/SDH CA	Exposições fotográficas Seminários e eventos sobre Anistia e Justiça de Transição Anistias culturais Publicação de materiais didáticos Publicações oficiais de memória Publicação da Revista Anistia Política e Justiça de Transição

Assim, podem-se extrair algumas conclusões sobre o processo reparatório no bojo da efetivação da justiça de transição brasileira. A primeira conclusão importante, extrai-se do art. 8º do ADCT, cujo texto explicitamente se traduz em genuíno ato de reconhecimento dos direitos dos perseguidos políticos e entre eles o direito de resistir à opressão. A segunda é a de que, no Brasil, desde a sua origem, a anistia é ato político que se vincula à ideia de reparação. A terceira conclusão é a de que a anistia é concedida pela Constituição àqueles que foram perseguidos, e não aos perseguidores. Por fim, pode-se ainda afirmar que existe no Brasil a implantação de uma rica variedade de medidas de reparação, individuais e coletivas, materiais e simbólicas.

1.2. A reforma das instituições

No Brasil, tem sido uma tarefa constante o aperfeiçoamento das instituições, levado à cabo por um conjunto de reformas que são implantadas em mais de 25 anos de governos democráticos: a extinção do Serviço Nacional de Informações (SNI); a criação do Ministério da Defesa, submetendo os comandos militares ao poder civil; a criação do Ministério Público, com missão constitucional que envolve a proteção do regime democrático, da ordem jurídica e dos interesses sociais e individuais indisponíveis; a criação da Defensoria Pública da União; a criação de programas de educação em direitos humanos para as corporações de polícia promovidos pelo Ministério da Educação; a extinção dos DOI-CODI e DOPS; a revogação da lei de imprensa criada na ditadura; a extinção das divisões de segurança institucional (DSI's) ligados aos órgãos da administração pública direta e indireta; a criação da Secretaria Especial de Direitos Humanos; as mais variadas e amplas reformas no arcabouço legislativo advindo do regime ditatorial; a criação dos tribunais eleitorais independentes, com autonomia funcional e administrativa. Enfim, nessa seara, verifica-se um processo ininterrupto de adequação das instituições do Estado de Direito visando a não repetição, embora esse seja um processo permanente e constante.

O fato é que existe inegável institucionalização da participação política e da competência política com efetiva alternância no poder de grupos políticos diferenciados, crescentes mecanismos de controle da administração pública e transparência, além de reformas significativas no sistema de Justiça. Restam reformas a serem cumpridas especialmente nas Forças Armadas e nos sistemas de Segurança Pública.

1.3. Verdade e Memória

Na *dimensão do fornecimento da verdade e construção da memória* também produziram-se avanços. Além do livro *"Direito à Memória e à Verdade"*, os dois principais projetos de memória são o projeto "Direito à Memória e à Verdade", da Secretaria de Direitos Humanos, que inclui uma exposição fotográfica itinerante e a publicação de uma série de livros temáticos sobre a ditadura no Brasil, e o Projeto "Marcas da Memória", da Comissão de Anistia do Ministério da Justiça, que inclui audiências públicas; financiamento a projetos e ações culturais propostos e executados pela sociedade civil organizada; a publicação de obras sobre memória, anistia e justiça de transição; e iniciativas de preservação da memórias oral sobre o período.

O Centro de Referência das Lutas Políticas no Brasil (1964-1985) - *Memórias Reveladas*[13] foi criado em 13 de maio de 2009 e é coordenado pelo Arquivo Nacional da Casa Civil da

---

13   No Banco de Dados Memórias Reveladas, encontra-se a descrição do acervo documental custodiado pelas instituições participantes. Em alguns casos, é possível visualizar documentos textuais, cartográficos e iconográficos, entre outros. No portal do Centro, disponível em <http://www.memoriasreveladas.gov.br>, também podem ser consultadas publicações em meio eletrônico, exposições virtuais, vídeos e entrevistas.

Presidência da República. Tem por objetivo tornar-se um espaço de convergência, difusão de documentos e produção de estudos e pesquisas sobre o regime político que vigorou entre 1º de abril de 1964 e 15 de março de 1985. Congrega instituições públicas e privadas e pessoas físicas que possuam documentos relativos à história política do Brasil durante os governos militares. O Centro é um polo catalisador de informações existentes nos acervos documentais dessas instituições e pessoas. Parte da "verdade da repressão" – que permite o acesso a uma determinada versão da "verdade" – está registrada em documentos oficiais do regime militar já disponíveis no *Memórias Reveladas*, documentos eivados de uma linguagem ideológica e, por evidência, de registros que desconstroem os fatos e simulam versões justificadoras dos atos de violações generalizadas aos direitos humanos. Registre-se, ainda sobre esse tópico, a crítica ao fato de nem toda a documentação do período já encontrar-se disponível.

Vale destacar também que, atualmente, alguns dos mais ricos acervos de arquivos da repressão encontram-se sob posse das comissões de reparação, que têm colaborado para a construção da verdade histórica pelo ponto de vista dos perseguidos políticos. A propósito, não fosse o trabalho das Comissões de Reparação criadas no governo Fernando Henrique Cardoso, não se teriam muitas das informações já disponíveis sobre a história da repressão. Não pode restar dúvidas de que a iniciativa do governo Luiz Inácio Lula da Silva em enviar ao Congresso um projeto de lei para a criação de uma Comissão Nacional da Verdade[14] constitui-se em uma nova e imprescindível etapa do processo de revelação e conhecimento da história recente do país em favor de uma efetiva memória que colabore para a construção da nossa identidade coletiva. Talvez, por meio da Comissão da Verdade, seja possível a efetivação do direito pleno à verdade, com investigação, localização e abertura dos arquivos específicos dos centros de investigação e repressão ligados diretamente aos centros da estrutura dos comandos militares: o Centro de Informações de Segurança da Aeronáutica (Cisa); o Centro de Informações do Exército (CIE) e; o Centro de Informações da Marinha (Cenimar). Para que, assim, sejam identificadas e tornadas públicas, as estruturas utilizadas para a prática de violações aos direitos humanos, suas ramificações nos diversos aparelhos de Estado e em outras instâncias da sociedade, e sejam discriminadas as práticas de tortura, morte e desaparecimento para encaminhamento das informações aos órgãos competentes. Restam fortemente pendentes a efetiva localização e abertura dos arquivos das Forças Armadas e a localização dos restos mortais dos desaparecidos políticos.

---

14   Cf.: BRASIL. **Programa Nacional de Direitos Humanos (PNDH–III)**. Brasília: Secretaria Especial de Direitos Humanos da Presidência da República, 2009. Decreto n.º 7037, de 21 de dezembro de 2009, alterado pelo decreto de 13 de janeiro de 2010 que cria o Grupo de Trabalho para elaborar projeto de lei da Comissão Nacional da Verdade. O Grupo de Trabalho foi nomeado pela Portaria da Casa Civil n. 54, de 26 de janeiro de 2010. O projeto de lei para a criação da Comissão Nacional da Verdade foi enviado ao Congresso Nacional em 12 de maio de 2010 e está em tramitação (PL 7376/2010).

1.4. Justiça e Estado de Direito

Quanto à *dimensão da regularização da justiça e restabelecimento da igualdade perante a lei*, que se constitui na obrigação de investigar, processar e punir os crimes do regime, têm-se atualmente os maiores obstáculos.

Não existem no Brasil julgamentos relativos aos agentes perpetradores de violações aos direitos humanos durante a ditadura militar e há uma situação de não reconhecimento do direito de proteção judicial às vítimas da ditadura. Diante dessa constatação e diante das obrigações assumidas pelo Brasil em compromissos internacionais, a Comissão de Anistia do Ministério da Justiça promoveu a Audiência Pública *"Limites e Possibilidades para a Responsabilização Jurídica dos Agentes Violadores de Direitos Humanos durante o Estado de Exceção no Brasil,"* ocorrida em 31 de julho de 2008. Foi a primeira vez que o Estado brasileiro tratou oficialmente do tema após quase trinta anos da Lei de Anistia. A audiência pública promovida pelo Poder executivo teve o condão de unir forças que se manifestavam de modo disperso, articulando as iniciativas da Ordem dos Advogados do Brasil, do Ministério Público Federal de São Paulo, das diversas entidades civis, como a Associação dos Juízes pela Democracia, o Centro Internacional para a Justiça e o Direito Internacional (CEJIL), a Associação Brasileira de Anistiados Políticos (ABAP), a Associação Nacional Democrática Nacionalista de Militares (ADNAM)[15]. O rompimento do tabu sobre esse tema fomentou a rearticulação social de iniciativas pró-aplicação de medidas de justiça transicional.

A audiência pública resultou em um questionamento junto ao Supremo Tribunal Federal, por meio de uma Arguição de Descumprimento de Preceito Fundamental (ADPF n.º 153). Ressalte-se que a controvérsia jurídica debatida pelo Ministério da Justiça e levada ao STF pela Ordem dos Advogados do Brasil advinha, inclusive, do trabalho do Ministério Público Federal de São Paulo ao ajuizar ações civis públicas em favor da responsabilização jurídica dos agentes torturadores do DOI-CODI, além das iniciativas judiciais interpostas por familiares de mortos e desaparecidos, a exemplo do pioneirismo da família do jornalista Vladimir Herzog, que, ainda em 1978, saiu vitoriosa de uma

---

15   A Associação dos Juízes para a Democracia (AJD), a Associação Brasileira de Anistiados Políticos (ABAP), a Associação Nacional Democrática Nacionalista de Militares (ADNAM) e o Cejil ingressaram com *Amicus Curie* na ADPF 153, junto ao Supremo Tribunal Federal.

ação judicial que declarou a responsabilidade do Estado por sua morte[16]. A propósito, é certo que a Audiência Pública e a ADPF nº 153 não "reabriram" o debate jurídico sobre o alcance da Lei de Anistia aos agentes torturadores ou aos crimes de qualquer natureza, pois ele sempre esteve presente, embora sonegado da opinião pública[17]. Em recente decisão sobre a ADPF, o Supremo Tribunal Federal, por 7 votos a 2, deliberou pela eficácia da Lei de Anistia aos agentes perpetradores de direitos humanos durante o regime militar. O STF declarou válida a interpretação de que há uma anistia bilateral na lei de 1979, reeditada na EC nº 26/85, denominada convocatória da constituinte brasileira. Afirmou que se trata de um acordo político fundante da Constituição Democrática de 1988 e que somente o Poder Legislativo pode revê-lo. O efeito prático é o de que o Supremo negou o direito à proteção judicial para as vítimas da ditadura, como será abordado adiante no item 2.2.

1.5. Uma avaliação das características fundamentais

Após esse panorama sobre as quatro dimensões da justiça de transição brasileira, em resumo, a conclusão mais relevante é a de que, no Brasil, o processo de reparação tem sido, positivamente, o eixo estruturante da agenda da transição política. Verifica-se também que, no Brasil, em função da baixa amplitude das demandas por justiça transicional[18] por muitos anos, boa parte das iniciativas transicionais partiu do Poder Executivo, sendo a participação do Legislativo, geralmente, "a reboque" do Executivo, e a do Judiciário,

---

16   Para mais informações sobre o caso, confira: FÁVERO, Eugênia Augusta Gonzaga. Crimes da Ditadura: iniciativas do Ministério Público Federal em São Paulo. In: SOARES, Inês Virgínia Prado; KISHI, Sandra Akemi Shimada. **Memória e Verdade – A Justiça de Transição no Estado Democrático Brasileiro**. Belo Horizonte: Editora Fórum, 2009, pp. 213-234 e também WEICHERT, Marlon Alberto. Responsabilidade internacional do Estado brasileiro na promoção da justiça transicional. In: SOARES, Inês Virgínia Prado; KISHI, Sandra Akemi Shimada. **Memória e Verdade – A Justiça de Transição no Estado Democrático Brasileiro**. Belo Horizonte: Editora Fórum, 2009, pp. 153-168.

17   A esse respeito, confira-se: DALLARI, Dalmo de Abreu, Crimes sem anistia, **Folha de S. Paulo**, 18 de dezembro de 1992. p. 3. BICUDO, Helio. Lei de Anistia e crimes conexos, **Folha de S. Paulo**, 6 de dezembro de 1995. p. 3. JARDIM, Tarciso Dal Maso. **O Crime do Desaparecimento Forçado de Pessoas**. Brasília: Brasília Jurídica, 1999.

18   Deve-se destacar outra peculiaridade nacional: *o número relativamente menor de vítimas fatais em comparação aos regimes vizinhos*. A amplitude menor da repressão fez com que a luta pelos direitos das vítimas e pela memória se reduzisse a círculos restritos, não obstante sua atuação intensa. Esse número mais reduzido pode ter inviabilizado a formação de novos grandes movimentos sociais em torno da temática, diferentemente do que ocorreu em outros países, como Argentina e Chile e, ainda, permitiu a criação de classificações infelizes, como a "*dictablanda*" de Guilhermo O'Donnell e Philippe Schmitter, originalmente cunhada para definir "autocracias liberais" e, posteriormente, apropriada de forma equivocada e maldosa e utilizada em veículos de comunicação, como a *Folha de S. Paulo*, que para minimizar o horror de uma ditadura como a brasileira e posicionar-se contrariamente ao debate acerca da abrangência da lei de anistia denominou-a "ditabranda" em editorial no dia 17.02.2009. Sobre as diferenças entre os regimes, consulte: PEREIRA, Anthony. **Political (In)Justice – Authoritarianism and the Rule of Law in Brazil, Chile and Argentina**. Pittsburgh: Pittsburgh University Press, 2005. Sobre os primeiros usos de "ditabranda", confira-se o fluxograma da página 13 de: O'DONNELL, Guilhermo; SCHMITTER, Philippe. **Transitions from authoritarian rule – tentative conclusions about uncertan democracies**. Baltimore & Londres: John Hopkins, 1986. Ver ainda o item 2.1.3 deste texto.

historicamente quase nula (são parcas as iniciativas judiciais das vítimas), não fosse a protagonista atuação do Ministério Público Federal – instituição independente do Poder Judiciário, com autonomia funcional e administrativa.

Outras características atuais que podem ser apontadas são as de que (i) a sociedade civil brasileira mais ampla desarticulou-se do tema da anistia, que passou a ser desenvolvido por setores isolados uns dos outros, com grande sobreposição de esforços e desperdício de energias, devendo o eixo prioritário de ação ser a promoção de atividades de rearticulação de uma causa esparsa; (ii) entre os poderes de Estado, o Executivo é, desde sempre, o principal artífice das medidas transicionais no Brasil, sendo ou seu executor direto ou o promotor do debate público que pressiona os demais poderes, (iii) o processo de reparação é o eixo estruturante da dinâmica da justiça transicional brasileira, mas não se esgota nesse processo.

De fato, as experiências internacionais têm demonstrado que não é possível formular um "escalonamento de benefícios" estabelecendo uma ordem sobre quais ações justransicionais devem ser adotadas primeiramente, ou sobre que modelos devem ajustar-se a realidade de cada país, existindo variadas experiências de combinações exitosas[19]. Assim que, em processos de justiça transicional, não podemos adotar conceitos abstratos que definam, *a priori*, a metodologia dos trabalhos a serem tidos e das ações a serem implementadas.

Daí que o diagnóstico de que o processo justransicional brasileiro privilegiou em sua gênese a dimensão reparatória não é um demérito, mas apenas um elemento característico fundante do modelo justransicional brasileiro.

É um dado que as medidas transicionais no Brasil são tardias em relação às adotadas em outros países, como os vizinhos Argentina e Chile, ou mesmo países distantes, como a Grécia e a Alemanha do pós-guerra, mas isso não depõe contra a relevância de adotar tais medidas, como nos ilustra o exemplo da Espanha, que em 2007 editou lei para lidar com os crimes da Guerra Civil e do regime franquista[20]. De todo modo, em um processo com as peculiaridades do brasileiro, longo, delicado, vagaroso e truncado, não é realista a crítica de que o processo de reparação seria causador de "alienação" social, nos termos

---

19   Cf.: CIURLIZZA, Javier. Para um panorama global sobre a justiça de transição: Javier Ciurlizza responde Marcelo Torelly. *In:* **Revista Anistia Política e Justiça de Transição**. Brasília: Ministério da Justiça, n.º 01, jan/jun. 2009, pp. 22-29.

20   Vide-se a "Lei da Memória Histórica".

de um "cala boca"[21], pois, como visto, a sociedade seguiu renovando-se e adotando novas medidas de aprimoramento democrático. O que é efetivamente irreal é esperar que em um país no qual foram necessários quase dez anos para completar um primeiro ciclo de abertura política (1979-1988) se pudesse, a passos cerrados, promover medidas da mesma dimensão que as implementadas em países como a Argentina, onde o regime viveu um colapso completo na sequência de uma rotunda derrota militar em guerra externa, ou como em Portugal, na Revolução dos Cravos de 1975, que derrubou o salazarismo, no qual os militares foram a vanguarda da extinção do regime porque não eram a vanguarda do regime – sendo essa percepção, inclusive, amplamente descrita na literatura da ciência política sobre as transições em perspectiva comparada[22].

Pode-se identificar pelo menos três vantagens no processo transicional brasileiro, a partir da pedra angular da reparação: (i) temos como uma primeira vantagem o fato de que o trabalho das Comissões de Reparação tem impactado positivamente a busca pela verdade, revelando histórias e aprofundando a consciência da necessidade de que todas as violações sejam conhecidas, promovendo e colaborando, portanto, com o *direito à verdade*; (ii) ainda, os próprios atos oficiais de reconhecimento por parte do Estado de lesões graves aos direitos humanos produzidos por essas Comissões, somados à instrução probatória que os sustentam, têm servido de fundamento fático para as iniciativas judiciais no plano interno do Ministério Público Federal, incentivando, portanto, o *direito à justiça* num contexto em que as evidências da enorme maioria dos crimes já foram destruídas; (iii) finalmente, temos que o processo de reparação está dando uma contribuição significativa na direção de um avanço sustentado nas políticas de memória num país que tem por tradição esquecer, seja pela edição de obras basilares, como o livro-relatório *Direito à Verdade e à Memória*, que consolida oficialmente a assunção dos crimes de

---

21   Reduzir o valor moral da declaração de anistiado político à mera dimensão econômica é, atualmente, a estratégia mais comumente utilizada por aqueles setores irresignados com a própria existência de uma assunção de culpa do Estado brasileiro pelos erros cometidos no passado, que pretendem com esse discurso justificar, valendo-se das assimetrias características do processo de reparação econômica brasileira, que a lei de anistia não teria promovido nada além de um "cala a boca" a determinados setores sociais. O historiador Marco Antônio Villa defendeu, em entrevista à revista Época, que "*distribuir dinheiro foi um belo 'cala-boca'. Muita gente que poderia ajudar a exigir a abertura dos arquivos acabou ficando com esse cala-boca*. Corroborando a tese aqui defendida, esse mesmo autor também afirma, em artigo na Folha de S. Paulo, que "*o regime militar brasileiro não foi uma ditadura de 21 anos. Não é possível chamar de ditadura o período 1964-1968 (até o AI-5), com toda a movimentação político-cultural. Muito menos os anos 1979-1985, com a aprovação da Lei de Anistia e as eleições para os governos estaduais em 1982*". Não é difícil, portanto, identificar a existência de uma posição ideológica clara na assunção dessas posições. Cf.: Época entrevista: Marco Antônio Villa. **Revista Época.** 26 de maio de 2008, bem como VILLA, Marco Antônio. Ditadura à Brasileira. **Folha de S. Paulo**, 05 de março de 2009.

22   LINZ, Juan; STEPAN, Alfred. **A Transição e Consolidação da Democracia – a experiência do sul da Europa e da América do Sul**. Tradução de Patrícia de Queiroz Carvalho Zimbra, São Paulo: Paz e Terra, 1999.

Estado, seja por ações como as Caravanas da Anistia e o Memorial da Anistia, que além de funcionarem como políticas de *reparação individual e coletiva*, possuem uma bem definida dimensão de *formação de memória*. O processo de reparação tem possibilitado a revelação da verdade histórica, o acesso aos documentos, o registro dos testemunhos dos perseguidos políticos e a realização dos debates públicos sobre o tema.

Se, como foi demonstrado acima, a Justiça de Transição brasileira mostra-se dinâmica e é capaz de produzir avanços substanciais, constituindo-se inclusive como uma referencia relevante para políticas de reparação, torna-se necessário perquirir pelas causas do não avanço em outras searas. A mais notória dimensão de não desenvolvimento da justiça transicional brasileira é, sem dúvida, a dimensão da justiça, entendida como restabelecimento substancial do Estado de Direito, com a devida proteção judicial às vítimas e a consecução da obrigação do Estado em investigar e punir crimes, mais notadamente as violações graves aos Direitos Humanos, acompanhada da formulação de uma narrativa oficial dos fatos coerente com os acontecimentos para a desfeita de falsificações ou revisionismos históricos.

2.	A EFICÁCIA DA LEI DE ANISTIA NO BRASIL: UMA ANÁLISE DAS RAZÕES DA NÃO RESPONSABILIZAÇÃO JUDICIAL DOS PERPETRADORES DE GRAVES VIOLAÇÕES AOS DIREITOS HUMANOS DURANTE A DITADURA MILITAR (1964-1985)

Quais poderiam ser as razões que levam a lei de anistia no Brasil a ser eficaz ao longo do tempo e impedir os processamentos judiciais dos crimes cometidos pelo Estado?

Para fazer essa análise, importam sobremaneira dois conjuntos de fatores: os de *natureza jurídica* e os de *natureza política,* sabendo que, como bem assevera Teitel, "*sempre houve um contexto político para a tomada de decisões sobre justiça de transição*"[23]. Por isso, cabe verificar como determinadas pretensões políticas e culturas jurídicas operam fora do marco constitucional que estabelece a relação entre Direito e Política[24], criando espaços de "vazios de legalidades", nos quais a impunidade do autoritarismo se mantém enfeza ao novo Estado de Direito.

---

23   TEITEL, Ruti. Ruti Teitel responde (entrevista à Marcelo D. Torelly). *In*: **Revista Anistia Política e Justiça de Transição.** Brasília: Ministério da Justiça, n.º 03, jan/jun. 2010, p.28.

24   A esse respeito, confira o conceito de "constituição como acoplamento estrutural entre Direito e Política". NEVES, Marcelo. **Entre Têmis e Leviatã**. São Paulo: Martins Fontes, 2006.

Fazer a análise do desenvolvimento da justiça transicional em um contexto concreto nada mais é do que verificar as estratégias de mobilização pró-justiça empregadas por um conjunto de atores e o êxito que essas estratégias tiveram para vencer obstáculos postos, tanto na esfera política quanto na jurídica, por outros atores ligados ao antigo regime, que pretendem conservar em alguma medida sua base de legitimidade social e, para tanto, obstaculizam as medidas de justiça. É nesse sentido que Filipinni e Margarrell afirmam que *"[...] el éxito de una adecuada transición depende de la correcta planificación de las acciones, observando todos los componentes del proceso"*[25].

O restabelecimento do Estado de Direito dá-se de forma combinada: (i) pelo estabelecimento de garantias jurídicas mínimas para o futuro e, ainda, (ii) pela reparação e justiça em relação às violações passadas. Zalaquett destaca que *"los objetivos éticos y medidas [...] deben cumplirse enfrentando las realidades políticas de distintas transiciones. Estas imponen diferentes grados de restricción a la acción de las nuevas autoridades"*[26]. No caso brasileiro, como se pode verificar, as medidas de abrangência temporal retroativa, como a investigação de crimes passados, enfrentaram de forma mais marcada as restrições políticas do antigo regime por atingirem diretamente seus membros, enquanto as medidas de reparação às vítimas e garantia de direitos futuros se mostraram mais eficientes em romper o cerco político, na medida em que não afetavam de forma direta os membros do antigo *status quo* e as limitações que esses impuseram à transição quando ainda estavam no poder.

2.1. Razões de ordem política

Podemos identificar pelo menos três causas estruturantes de natureza política para a eficácia no tempo da lei de anistia brasileira no que toca aos crimes contra a humanidade:

2.1.1. O contexto histórico da transição: o controle do regime e a luta pela anistia

O processo transicional brasileiro caracteriza-se, primeiramente, por um forte controle do regime, a tal ponto de Samuel Huntington classificar a transição brasileira, conjun-

25   FILIPPINI, Leonardo; MAGARRELL, Lisa. Instituciones de la Justicia de Transición y contexto político. In: RETTBERG, Angelika (org). **Entre el perdón y el paredón**. Bogotá: Universidade de los Andes, 2005, p.151.

26   ZALAQUETT, José. La reconstrucción de la unidad nacional y el legado de violaciones de los Derechos Humanos. In: **Revista Perspectivas**. Universidade do Chile, Faculdade de Ciências Físicas e Matemáticas, vol. 02, número especial, p.10.

tamente com a espanhola, como uma "transição por transformação"[27] e afirmar que *"[...] the genius of the Brazilian transformation is that it is virtually impossible to say at what point Brazil stop being a dictatorship and became a democracy"*[28]. Esse forte controle do regime sobre a democracia insurgente nasce juntamente com o próprio movimento de abertura, simbolicamente aludido com a aprovação da lei de anistia em 1979, e se estende pelo menos até 1985, quando as forças políticas que sustentaram a ditadura, mesmo sob forte pressão popular, impedem a aprovação da emenda constitucional em favor da realização de eleições diretas para presidente. Com as eleições indiretas de 1985, o candidato das oposições democráticas, Tancredo Neves (MDB), alia-se a um quadro histórico do antigo partido de sustentação da ditadura como seu vice-presidente, José Sarney (ex Arena, deixa o PDS para se filiar ao PMDB), o que resultou em uma chapa vitoriosa na eleição indireta e representou um espaço de conciliação entre oposição institucionalizada com antigos setores de sustentação do regime. É evidente, portanto, que o novo governo não teve nenhum interesse em promover uma ruptura com o antigo.

No Brasil, ocorreu uma *"transição sob controle"*[29], em que os militares apenas aceitaram a *"transição lenta, gradual e segura"* a partir de uma posição de retaguarda no regime, delegando aos políticos que os defendiam a legitimação da transição em aliança com a elite burocrática e política que emergiu do regime e orientou a conciliação com a maior parte da oposição legal. A partir daí procurou-se impor burocraticamente um conceito de perdão pelo qual os ofensores perdoariam os ofendidos, o que limitou a adesão subjetiva à reconciliação, tentando-se transformar a anistia em processo de esquecimento, como se isso fosse possível.

A ditadura brasileira valeu-se de dois mecanismos-chave para garantir um nível de legitimidade suficiente para manter esse controle sobre a transição: (i) os dividendos políticos da realização de um projeto de nação desenvolvimentista que, por um longo período

---

27 Numa transição por transformação "[...] those in power in the authoritarian regime take the lead and play the decisive role in ending that regime and changing into a democratic system. [...] it occurred in well-established military regimes where governments clearly controlled the ultimate means of coercion vis-à-vis authoritarian systems that had been successful economically, such as Spain, Brazil, Taiwan, Mexico, and, compared to other communist states, Hungary". [...] "In Brazil, [...], President Geisel determined that political change was to be "gradual, slow, and sure". [...] In effect, Presidents Geisel and Figueiredo followed a two-step forward, one-step backward policy. The result was a creeping democratization in which the control of the government over the process was never seriously challenged." HUNTINGTON, Samuel. **The third wave**. Oklahoma: Oklahoma University Press, 1993, p. 124-126.

28 HUNTINGTON, Samuel. **The third wave**. Oklahoma: Oklahoma University Press, 1993, p.126.

29 Sobre esse raciocínio ver GENRO, Tarso. **Teoria da Democracia e Justiça de Transição**. Belo Horizonte: UFMG, 2009. pp. 30-31.

(o chamado "milagre econômico"), alçou o país a níveis de desenvolvimento relevantes[30] e, ainda, (ii) a construção semântica de um discurso do medo, qualificando como "terroristas" os membros da resistência armada e "colaboradores do terror" e "comunistas" os opositores em geral. Será graças à adesão social a esse discurso fundado no medo do caos e na necessidade de progresso econômico que se desenvolverá o argumento dos opositores como inimigos e, posteriormente, da anistia como necessário pacto político de reconciliação recíproca, sob a cultura do medo e ameaça de uma nova instabilidade institucional ou retorno autoritário.

Durante a luta pela anistia, a sociedade mobilizou-se fortemente pela aprovação de uma lei de anistia "ampla, geral e irrestrita", ou seja: *para todos os presos políticos, inclusive os envolvidos na luta armada e crimes de sangue*[31]. O movimento pela anistia passa a significar a volta à cena pública das manifestações, passeatas e reivindicação de direitos, funcionando como meio de induzir o despertar de uma sociedade oprimida, que volta lentamente a naturalizar a participação cívica.

Inobstante essa luta, a proposta da sociedade foi derrotada no Congresso Nacional, restando aprovado o projeto de lei de anistia "restrita" oriundo do governo militar[32].

> O movimento pela anistia passa a significar a volta à cena pública das manifestações, passeatas e reivindicação de direitos, funcionando como meio de induzir o despertar de uma sociedade oprimida, que volta lentamente a naturalizar a participação cívica

---

30   O projeto econômico desenvolvimentista da ditadura foi, certamente, um de seus maiores aliados na conquista de legitimação social e garantiu ampla adesão civil ao regime. Ainda em 1978, antes da anistia, Celso Lafer fazia a seguinte avaliação: "a que título, portanto, os que governam hoje o Brasil exercem o poder? Consoante se verifica pelas exposições dos Atos Institucionais que fundamentam o uso da moeda da coerção organizada, uma legitimidade de negação ao caos, ao comunismo e à corrupção, vistos como características principais da República Populista dos anos 60. Esse fundamento negativo deseja ver-se assegurado num processo de legitimação positiva face aos governados pela racionalidade da administração econômica, na presidência Castello Branco (gestão econômica dos ministros Roberto Campos e Octavio Gouveia de Bulhões), e pela eficácia econômica, isto é, pelo desenvolvimento, nas presidências Costa e Silva e Médici (gestão econômica do Ministro Delfim Netto)". LAFER, Celso. **O Sistema Político Brasileiro**. São Paulo: Perspectiva, 1978, p.74.

31   Cf.: VIANA, Gilney; CIPRIANO, Perly. **Fome de Liberdade – a luta dos presos políticos pela Anistia**. São Paulo: Fundação Perseu Abramo, 2009. Bem como: BRASIL. **30 Anos da Luta pela Anistia no Brasil**. Catálogo, Brasília: Ministério da Justiça, 2009.

32   Para uma mais ampla descrição desse processo, confira: GONÇALVES, Danyelle Nilin. Os múltiplos sentidos da Anistia. In: **Revista Anistia Política e Justiça de Transição**. Brasília: Ministério da Justiça, n.º 01, jan/jun. 2009, pp. 272-295.

O elemento do controle do regime volta a se fazer presente nesse momento, uma vez que um terço do Congresso Nacional era composto pelos chamados "senadores biônicos", que eram parlamentares indicados pelo próprio Poder Executivo. É nesse período de abertura que se passa a construir, por meio de um Judiciário tutelado pelo o controle do Poder Executivo, a tese da "anistia bilateral".

Com a crescente evidenciação de que muitos desaparecimentos e mortes eram produto da ação estatal, cresceu a pressão social por investigações dos delitos, o que levou o Judiciário – ressalte-se: controlado pelo regime – a sistematicamente ampliar interpretativamente o espectro de abrangência da lei, passando a considerar "conexos aos políticos" os crimes dos agentes de Estado e, ainda, a aplicar a lei até para crimes ocorridos pós-1979, fora da validade temporal da lei (como para os responsáveis pelo Caso Rio Centro em 1980) sob o manto do princípio da "pacificação nacional".

Com o passar dos anos, o lema da anistia "ampla, geral e irrestrita" para os perseguidos políticos clamada pela sociedade organizada e negada pelo regime passou a ser lido como uma anistia "ampla, geral e irrestrita" para "os dois lados", demonstrando a força de controle do regime, capaz de apropriar-se do bordão social para o converter em fiador público de um suposto "acordo político" entre subversivos e regime para iniciar a abertura democrática. É insurgindo-se contra o falseamento histórico de afirmar que a anistia defendida pela sociedade abarcaria aos crimes de agentes de Estado que Greco assevera que:

> Na luta pela anistia ampla, geral e irrestrita, a iniciativa política está com a sociedade civil organizada, não com o Estado ou com a *institucionalidade* – os sujeitos ou atores principais são os militantes das entidades de anistia, os exilados e os presos políticos. O *lócus* dessa iniciativa, o lugar de *ação* e do *discurso* ou, melhor ainda, o lugar da história é a esfera *instituinte* do marco de recuperação da cidade enquanto espaço político – é esse o ponto de fuga a partir do qual essa história deve ser lida, em contraposição ao espaço *instituído* ou à esfera do *institucional*"[33].

A tese da anistia recíproca, construída pelo regime militar e fiada por sua legitimidade e poder ao longo da lenta distensão do regime, viria a ser convalidada, ainda, de forma expressa pelo Judiciário democrático e de forma tática pela própria militância política, que acabou, ao longo dos anos que seguiram a democratização, deixando de acionar o Judiciário para que este tomasse providências em relação aos crimes do passado[34].

---

33   GREGO, Heloísa Amélia. Memória vs. Esquecimento, Instituinte vs. Instituído: a luta pela Anistia Ampla, Geral e Irrestrita. In: SILVA, Haike (org.). **A Luta pela Anistia**. São Paulo: Unesp/Arquivo Público/Imprensa Oficial, 2009, p.203.

34   Ressalta-se que algumas famílias de perseguidos tiveram, sim, importantes iniciativas, mas constituem-se como casos isolados dentro do amplo conjunto de perseguidos que poderiam ter acionado a Justiça e não o fizeram.

2.1.2. A atuação do Poder Judiciário: a ditadura "legalizada"

Como visto, é o Judiciário que aceita a tese de que todos os crimes do regime seriam conexos aos crimes da resistência (como se essa precedesse àqueles), e consagra formalmente a tese jamais expressa no texto legal de que um entendimento entre "os dois lados" haveria gerado o consenso necessário para a transição política brasileira. Essa constatação permite vislumbrar outra característica político-institucional importante da ditadura e da transição brasileira: o Judiciário aderiu ao regime.

O quadro comparativo produzido por Anthony Pereira para seu estudo comparado entre Brasil, Argentina e Chile é ilustrativo de como cada um dos três regimes procurou "legalizar" sua ditadura por meio de atos ilegítimos de Estado:

Quadro 03: Características da legalidade autoritária no Brasil, Chile e Argentina

Características da legalidade autoritária no Brasil, Chile e Argentina			
Características	Brasil (1964-1985)	Chile (1973-1990)	Argentina (1976-1983)
Declaração de estado de sítio à época do golpe	não	sim	sim
Suspensão de partes da antiga constituição	sim	sim	sim
Promulgação de nova constituição	sim	sim	não
Tribunais militares usados para processar civis	sim	sim	não
Tribunais militares totalmente segregados dos civis	não	sim	sim
Habeas Corpus para casos políticos	1964-1968 1979-1985	não	não
Expurgos da Suprema Corte	algumas remoções e aumento do número de juízes	não	sim
Expurgos no restante do Judiciário	limitado	limitado	sim
Revogação da inamovibilidade dos Juízes	sim	não	sim

Fonte: PEREIRA, Anthony. *Repressão e Ditadura*: o autoritarismo e o Estado de Direito no Brasil, Chile e Argentina. São Paulo: Paz e Terra, 2010, p.58.

Da visualização da tabela percebe-se que, embora as medidas de exceção sejam muito próximas nos três países comparados, é no Brasil que existe a maior participação de civis no processo, verificando-se a presença deles nas cortes militares, bem como a adesão dos juízes à legalidade do regime, coisa que fica expressa no número de expurgos do Judiciário brasileiro, infinitamente inferior ao do Judiciário argentino.

Comparando especificamente Brasil e Chile, Pereira verifica outra importante questão: enquanto no Chile os promotores eram membros das Forças Armadas, no Brasil eram civis nomeados pelo regime[35]. A adesão dos civis ao regime militar brasileiro, sobremaneira em função do projeto econômico por eles apresentado, mas também pela ideologia defendida, tem uma faceta especial no Judiciário e nas carreiras jurídicas, haja vista que esse espaço institucional, por suas características singulares, poderia ser um último anteparo de resistência da sociedade à opressão e de defesa da legalidade, porém, na prática, verificou-se serem raros os magistrados que enfrentaram o regime[36].

A ausência de um processo de depuração do Poder Judiciário pós-ditadura permitiu que ali se mantivesse viva uma mentalidade elitista e autoritária, uma vez que as alterações culturais passaram a ocorrer de modo muito lento, com o acesso de novos membros à carreira por via de concursos públicos, como previsto na Constituição democrática. Apenas ilustrativamente, insta referir que o último ministro da Suprema Corte indicado pela ditadura militar afastou-se do cardo apenas em 2003, passados quinze anos da saída do poder do último ditador militar, em função não de um afastamento, mas sim de sua aposentadoria. Isso permitiu que, nas carreiras jurídicas brasileiras, sobrevivesse uma mentalidade conservadora que, parcialmente, se mantém transgeracionalmente.

Como se verá adiante nas razões jurídicas para a não apuração dos crimes de Estado, a percepção do Judiciário sobre o que foi a ditadura, a anistia e como essas se relacionam com o Estado de Direito será fundamental para a tomada de uma decisão política pela não implementação da justiça por meio dos tribunais, sendo suficiente para esse momento apenas a alusão a essa característica política relevante da formação do Judiciário brasileiro pré-1988.

2.1.3. Os movimentos sociais pós-1988 e o efeito do tempo na justiça transicional

Um último fator relevante para o entendimento das raízes políticas do estado de impunidade no Brasil diz respeito à própria atuação da sociedade civil quanto ao tema ao longo dos anos pós-democratização. Como visto, foi a sociedade civil quem mobilizou as forças necessárias para impor ao governo a concessão de anistia aos perseguidos políti-

---

35   PEREIRA, Anthony. **Repressão e Ditadura: o autoritarismo e o Estado de Direito no Brasil, Chile e Argentina**. São Paulo: Paz e Terra, 2010, p.59.

36   Foram cassados os seguintes ministros do STF: Victor Nunes Leal, Hermes Lima e Evandro Lins e Silva.

cos (mesmo não tendo sido a anistia por eles desejada). Ocorre que, especialmente após a aprovação da Constituição, as pautas tradicionais dos movimentos de direitos humanos, relacionados à luta por liberdade política, são substituídas pelos "movimentos sociais de novo tipo", caracterizados mais por criticar déficits estruturais dos arranjos institucionais e menos por propor alternativas de natureza política global[37].

A arena política pós-1988, com a entrada em vigor da nova constituição democrática, caracterizou-se fortemente pelo surgimento de novos movimentos sociais atuantes em pautas antes não priorizadas ou sufocadas, como a reforma agrária, os direitos de gênero, o direito a não discriminação em função de etnia, os direitos das crianças e dos adolescentes, o movimento ambiental, os direitos dos aposentados, idosos e deficientes físicos e assim por diante. Dessa feita, a pauta da sociedade civil fragmentou-se amplamente, considerando tanto o "atraso reivindicatório" produzido pelos anos de repressão quanto um realinhamento desses movimentos com os atores internacionais em suas temáticas.

A luta por justiça de transição no Brasil não consta da pauta destes novos movimentos sociais, ficando adstrita ao movimento dos familiares de mortos e desaparecidos políticos, sempre atuante e relevante, porém restrito a um pequeno número de famílias, e ao movimento por reparação, capitaneado sobremaneira pelo movimento dos trabalhadores demitidos ou impedidos de trabalhar durante a ditadura em função do exercício de seu direito de associação. Da luta do primeiro movimento surge a lei 9.140/1995, que reconhece as mortes e desaparecimentos de opositores do regime, reparando as famílias, e da luta do segundo grupo, a lei 10.559/02, que estabelece as medidas reparatórias para os demais atos de exceção.

Sem dúvida nenhuma, a pressão social é o pilar central para a implementação de medidas transicionais, especialmente em um contexto como o brasileiro, no qual uma transição por transformação ocorre dentro de uma agenda que tende a focar-se na reconquista das eleições livres. Avaliando essa questão, Teitel afirma que "*a sociedade civil joga um grande papel em manter esse debate [da Justiça de Transição] vivo, em seguir dizendo que é necessário mais do que simplesmente eleições para que uma transição seja completa*"[38].

---

37   RUCHT, Dieter. Sociedade como projeto – projetos na sociedade. Sobre o papel dos movimentos sociais. In: **Civitas – Revista de Ciências Sociais**. Porto Alegre: PUCRS, ano 2, nº 01, junho de 2002, p.19.

38   TEITEL. *op cit.* p.36

No Brasil, em função do controle da agenda da transição pelo regime, articulada com a insurgência de novas pautas sociais e pouco êxito do movimento de vítimas em agregar apoios mais amplos na sociedade, a questão da responsabilização acabou secundarizando-se em relação a outras reivindicações sociais, que passaram a ser assumidas institucionalmente por órgãos como o Ministério Público.

Agrega-se ainda a esse fato outra variante, destacada por Zalaquett: *"luego de un proceso gradual de apertura política, las peores violaciones han llegado a ser parte del pasado relativamente lejano y existe cierta medida de perdón popular"*[39]. A soma do fator tempo com a baixa articulação social torna-se um obstáculo político de grande relevância para o não avançar da dimensão da justiça no Brasil.

É similar o diagnóstico de Catalina Smulovitz, que comparando o caso brasileiro ao caso argentino destaca pelo menos três distinções-chave que importam em diferentes conformações políticas para a realização de julgamentos por violações aos Direitos Humanos durante os regimes de exceção. Iniciando pelo já referido fato de o (i) regime brasileiro ter controle sobre a agenda política da transição, diferentemente do que ocorreu na Argentina, com a derrota militar dos ditadores na Guerra das Malvinas/Falkland; somando-se à questão (ii) da maior densidade de reivindicação social sobre o tema na Argentina que no Brasil e, por fim; (iii) do maior lapso de tempo transcorrido entre as violações mais graves e o restabelecimento democrático no Brasil[40]. Os ditadores brasileiros conseguiram construir uma "estratégia de saída" que lhes garantisse a impunidade por vias políticas, diferentemente do que ocorreu na Argentina:

> *[...] la intensificación de los conflictos intramilitares, que se produjo como consecuencia de la derrota de Malvinas, les impuso a las Fuerzas Armadas grandes dificultades para acordar internamente un plan de salida global. Sin embargo, las trabas que el Poder Ejecutivo encontró para iponer su autoridad ante la sociedad*

---

39   ZALAQUETT. *op. cit.* p.11. A única pesquisa de opinião realizada no país sobre os crimes da ditadura foi realizada após a decisão do STF contrariamente à responsabilização dos agentes de Estado perpetradores de violações aos direitos humanos na ditadura militar. O Instituto Datafolha, mantido pelo jornal Folha de S. Paulo, revela que 40% dos brasileiros defendem a punição, enquanto 45% se declaram contrários. Outros 4% são indiferentes e 11% não sabem opinar. O Datafolha também ouviu os brasileiros sobre o tratamento a pessoas que praticaram atos "terroristas" (sic) contra o governo militar no período. Nesse caso, o apoio ao perdão é maior: 49% se dizem contra qualquer tipo de punição e 37%, a favor. Outros 3% são indiferentes e 11% não sabem opinar. O levantamento foi feito em 20 e 21 de maio de 2010, com 2.660 eleitores e margem de erro de dois pontos percentuais para mais ou para menos.

40   SMULOVITZ, Catalina. **Represión y Política de Derechos Humanos en Argentina**. Recurso Digital: apresentação de PowerPoint. Centro de Derechos Humanos. Universidade do Chile, março de 2010.

y en las proprias Fuerzas Armadas no impidió que el mismo intentara administrar políticamente la retirada del poder[41].

De toda forma, vale registrar que mesmo diante da baixa intensidade dos níveis de mobilização, comparativamente aos similares casos argentino ou chileno, deve-se ao movimento social dos familiares dos mortos e desaparecidos e aos movimentos dos demitidos por perseguição política os existentes avanços no rumo da responsabilização por meio das próprias comissões de reparação, mesmo que de forma difusa. Essa mobilização alcançou o nível de obrigar as Forças Armadas a saírem da posição que Cohen define como de *"negação literal"*, em que o perpetrador da violação defende-se da imputação de responsabilidade desde uma *"desmentida lacônica de que 'nada ha sucedido'"*[42].

2.1.4. O estágio atual da mobilização social

O cenário da baixa amplitude de demandas por justiça transicional começa a se alterar em 2001, com a aprovação da lei 10.559/02, prevendo a responsabilidade do Estado por todos os demais atos de exceção que não "morte ou desaparecimento". A partir desse momento, para além da atuação intensa e histórica do movimento de familiares mortos e desaparecidos e dos Grupos Tortura Nunca Mais, especialmente do Rio de Janeiro e de São Paulo, e o Movimento de Justiça e Direitos Humanos do Rio Grande do Sul (em especial nas perseguições no Cone Sul e operação Condor), emergem novas frentes de mobilização segundo pautas amplas da Justiça de Transição. Entre esses grupos, estão aqueles vocacionados para a militância pelo direito à reparação, como a Associação 64/68 do Estado do Ceará, a Associação dos Anistiados do Estado de Goiás, o Fórum dos Ex-Presos Políticos do Estado de São Paulo, a Associação Brasileira de Anistiados Políticos (Abap), a Associação Democrática Nacionalista de Militares (Adnam), a Coordenação Nacional de Anistiados Políticos (Conap) e dezenas de outras entidades vinculadas aos sindicatos de trabalhadores perseguidos políticos durante as grandes greves das décadas de 1980. Em momento mais recente, o que se constitui em novidade é a incorporação das pautas mais amplas nos marcos do conceito de "justiça de transição" – a defesa da responsabilização dos agentes torturadores, a defesa da instituição de uma Comissão da Verdade, a defesa da preservação do direito à memória e do direito à reparação integral –, inclusive por diferentes organizações, como os Grupos

---

41   ACUÑA, Carlos; SMULOVITZ, Catalina. Militares en la transición argentina: del gobierno a la subordinación constitucional. In: PÉROTIN-DUMON, Anne (org.). **Historizar el pasado vivo en América Latina**. Buenos Aires, p.83.

42   COHEN, Stanley. **Estado de Negación – Ensayo sobre atrocidades y sufrimientos**. Buenos Aires: Faculdade de Direito da Universidade de Buenos Aires/British Council Argentina, p.124.

"Tortura Nunca Mais" da Bahia, Paraná e Goiás e de novas organizações e grupos sociais, tais como os "Amigos de 68", os "Inquietos", o "Comitê Contra a Anistia dos Torturadores" ou a "Associação dos Torturados na Guerrilha do Araguaia". Um destaque especial deve ser concedido à perspectiva ampliada e sistematizada do trabalho do Núcleo de Memória Política do Fórum dos Ex-Presos Políticos de São Paulo, que vêm desenvolvendo muitas iniciativas não oficiais de preservação da memória e de busca da verdade (seminários, exposições, publicações, homenagens públicas, atividades culturais e reuniões de mobilização em torno da justiça de transição)[43].

É esse novo cenário que leva ao ressurgimento da pauta transicional na agenda política brasileira, apresentada agora como um assunto de interesse coletivo da democracia e não como um interesse visto apenas como privado daqueles lesados diretamente pelo aparelho da repressão. Com o reaquecimento dessa pauta, as limitações Jurídicas voltam a ser objeto de amplo questionamento social, como se demonstrará a seguir.

2.2. Razões de ordem jurídica: a cultura jurídica prevalecente e a decisão do Supremo Tribunal Federal sobre o alcance da lei de anistia

Atualmente, o principal obstáculo jurídico é a interpretação dada à lei de anistia pelo judiciário da ditadura, recentemente reiterada pelo Supremo Tribunal Federal democrático por meio do julgamento da Ação de Descumprimento de Preceito Fundamental 153 (ADPF 153), num fato que corrobora a tese da sucessão intergeracional de leituras não democráticas sobre o Estado de Direito no Brasil.

Como levantado anteriormente, o Poder Judiciário sucessivamente ampliou o espectro de aplicação da lei de anistia, primeiro quanto ao objeto, usando-se da tese de que a lei fora bilateral para anistiar membros do regime, depois no tempo, estendendo-a para fatos posteriores a 1979.

No caso da ADPF 153, a decisão do STF, em apertada síntese, reconheceu como legítima a interpretação dada à lei, fundamentando-se na ideia de que a anistia surgiu de um

---

43   Com a atuação desses novos grupos, somada à dos grupos históricos, a temática da justiça de transição passou a fazer parte da agenda de associações mais amplas de defesa de direitos humanos, como a Associação Nacional de Direitos Humanos - Pesquisa e Pós-Graduação (ANDHEP), a Associação Brasileira de Imprensa (ABI), a Associação Juízes pela Democracia (AJD), a Ordem dos Advogados do Brasil (OAB), a Confederação Nacional dos Bispos do Brasil (CNBB) e mesmo de movimentos com pautas absolutamente setorizadas, como o Movimento dos Trabalhadores Rurais sem Terra (MST). Além disso, o tema da verdade e da memória ganhou um capítulo próprio no Plano Nacional de Direitos Humanos do Estado brasileiro.

pacto bilateral e, ainda, constituiu-se em pilar da democratização e do Estado de Direito no Brasil. Dessa feita, a Suprema Corte (i) reconheceu no regime iniciado após o golpe de Estado de 1964 os elementos essenciais de um Estado de Direito e (ii) considerou legítimo o suposto pacto político contido na Lei de Anistia, que mesmo sendo medida política teria o condão de subtrair um conjunto de atividades delitivas da esfera de atuação do Poder Judiciário, cujo efeito prático é a negação do direito à proteção judicial aos cidadãos violados em seus direitos fundamentais pelo regime militar.

É nesse sentido que manifestou-se o ministro relator do caso na Corte, Eros Roberto Grau, ao afirmar que "*toda a gente que conhece a nossa história sabe que o acordo político existiu, resultando no texto da Lei n.º 6.683/1979*", aclamando a tese da pacificação nacional por meio do esquecimento e reiterando a semântica autoritária de equiparar resistência e terrorismo ao considerar as supostas "partes" em conflito como simétricas e dotadas de igual legitimidade. Ainda, seguiu: "*o que se deseja agora em uma tentativa, mais do que de reescrever, de reconstruir a história? Que a transição tivesse sido feita, um dia, posteriormente ao momento daquele acordo, com sangue e lágrimas? Com violência?*"[44].

Um conjunto de ministros entenderam que a lei positiva, mesmo que abominável por encobertar a tortura, teria sido útil à reconciliação nacional e, ainda, teria esgotado seus efeitos, sendo ato jurídico agora perfeito. Apenas dois ministros da Corte, Ricardo Lewandowski e Carlos Ayres Brito, votaram pela procedência da ação da Ordem dos Advogados, por entender que a anistia à tortura e a crimes de lesa-humanidade seria não apenas inconstitucional como também contrária ao Direito Internacional, e que a tese da anistia bilateral seria falha, haja vista que anistias aos "dois lados" num mesmo ato não anularia o fato de no ato o regime estar anistiando a si próprio.

Inobstante, o grande fato é que a decisão do STF torna a lei de 1979 formalmente válida no ordenamento jurídico brasileiro, estabelecendo uma continuidade direta e objetiva entre o sistema jurídico da ditadura e o da democracia, vedando de forma peremptória a investigação de ilícitos penais que tenham ocorrido e se esgotado entre 1961 e 1979. Se até a decisão da Corte podia-se tratar a lei de anistia como um obstáculo jurídico a se superar para a obtenção de responsabilização penal de determinados delitos, da decisão em diante tal possibilidade restou muito restrita, de modo que

---

44   GRAU, Eros Roberto. **ADPF 153**. Brasília: Supremo Tribunal Federal, voto do ministro relator, abril de 2010.

hoje a decisão da Suprema Corte é, sem dúvida, o maior obstáculo jurídico para o avanço da justiça de transição no país.

3. ALTERNATIVAS PARA A VERDADE E A JUSTIÇA NO BRASIL

Por todo o exposto, ao buscar conclusões sobre a justiça de transição no Brasil, partimos da convicção de que a reparação é o eixo estruturante das estratégias sociais para obtenção de avanços, e desde a qual se construíram importantes processos de elucidação histórica. É o processo de reparação que tem possibilitado a revelação da verdade histórica, o acesso aos documentos, o registro dos testemunhos dos perseguidos políticos e a realização dos debates públicos sobre o tema.

Não obstante, é flagrante que os dois grandes desafios por enfrentar na transição brasileira são a verdade e a justiça. Do ponto de vista ético, a revelação do passado e o processamento dos crimes mostram-se como uma sinalização ao futuro de não repetição, enquanto do ponto de vista estratégico, entende-se que a combinação entre anistias a um determinado conjunto de condutas, cumulada com julgamento seletivo para determinadas outras (os crimes de lesa-humanidade), permite um maior avanço democrático e dos direitos humanos, aplicando-se prescritivamente aquilo que Payne *et alli* identificaram empiricamente e descreveram como o modelo do "equilíbrio da justiça"[45].

No sentido de promover a verdade, a maior possibilidade atualmente concentra-se na instituição de uma Comissão da Verdade. Após recente debate público, em processo de conferência nacional com delegados de todo o país, a proposta de criação de uma Comissão da Verdade foi incluída no Plano Nacional de Direitos Humanos, e um grupo de trabalho, especialmente designado para essa feita pelo presidente da República, formulou o projeto encaminhado pelo governo ao Congresso Nacional. Se aprovado conforme enviado pelo governo, o projeto criará uma Comissão com as seguintes características:

---

45   Cf.: OLSEN, Tricia; PAYNE, Leigh; REITER, Andre G. **Transitional Justice in Balance**. Washington: United States Peace Institute, 2010.

Comissão da Verdade (PL 7.376/2010)	
Objetivos da Comissão	Examinar e esclarecer as graves violações de direitos humanos praticadas entre 1946 e 1988; Produzir relatório final.
Número de membros	07, designados pelo presidente da República
Duração do mandato dos membros	Para todo o processo, que termina com a publicação do relatório
Mandato da Comissão	Esclarecer os fatos e as circunstâncias dos casos de graves violações de direitos humanos ocorridas no Brasil entre 1946 e 1988; Promover o esclarecimento circunstanciado dos casos de torturas, mortes, desaparecimentos forçados, ocultação de cadáveres e sua autoria, ainda que ocorridos no exterior; Identificar e tornar públicos as estruturas, os locais, as instituições e as circunstâncias relacionados à prática de violações de direitos humanos, suas eventuais ramificações nos diversos aparelhos estatais e na sociedade; Encaminhar aos órgãos públicos competentes toda e qualquer informação obtida que possa auxiliar na localização e identificação de corpos e restos mortais de desaparecidos políticos; Colaborar com todas as instâncias do Poder Público para apuração de violação de direitos humanos; Recomendar a adoção de medidas e políticas públicas para prevenir violação de direitos humanos, assegurar sua não repetição e promover a efetiva reconciliação nacional; e Promover, com base nos informes obtidos, a reconstrução da história dos casos de grave violação de direitos humanos, bem como colaborar para que seja prestada assistência às vítimas de tais violações.
Poderes e faculdades da Comissão	Receber testemunhos, informações, dados e documentos que lhe forem encaminhados voluntariamente, assegurada a não identificação do detentor ou depoente, quando solicitado; Requisitar informações, dados e documentos de órgãos e entidades do Poder Público, ainda que classificados em qualquer grau de sigilo; Convocar, para entrevistas ou testemunhos, pessoas que guardem qualquer relação com os fatos e circunstância examinados; Determinar a realização de perícias e diligências para coleta ou recuperação de informações, documentos e dados; Promover audiências públicas; Requisitar proteção aos órgãos públicos para qualquer pessoa que se encontre em situação de ameaça em razão de sua colaboração com a Comissão Nacional da Verdade; Promover parcerias com órgãos e entidades, públicos ou privados, nacionais ou internacionais, para o intercâmbio de informações, dados e documentos; e Requisitar o auxílio de entidades e órgãos públicos.
Duração da Comissão	02 anos

As alternativas de justiça hoje concentram-se em duas possibilidades: (i) o cumprimento da sentença da Corte Interamericana de Direitos Humanos no Caso Gomes Lund e outros vs Brasil (conhecido como Caso Guerrilha do Araguaia) e o acionamento em geral de tribunais internacionais e, (ii) a utilização da Justiça nacional para aquilo que foge à decisão do STF.

No cenário internacional, a Corte Interamericana de Direitos Humanos é, certamente, o lócus a ser acionado como forma de "driblar" a lei de anistia de 1979, inobstante, importa pontuar que a CIDH não possui meios para promover punições efetivas, apenas recomendando ao Estado condenado que investigue, puna e repare a violação, coisa que poderá novamente esbarrar na Justiça brasileira, inserindo a decisão internacional no círculo vicioso da cultura de nosso Judiciário. De toda sorte, a condenação em cortes internacionais, como no caso *Gomes Lund vs Brasil* junto a CIDH, cumpre o papel de mobilizar a sociedade e, ainda, de pressionar o Judiciário para que corrija seus próprios erros, notoriamente no que diz respeito à concessão de anistia a violações graves contra os direitos humanos.

No plano nacional, resta a possibilidade de buscar justiça para além das bordas da decisão do STF. *A priori*, seguem abertas as seguintes possibilidades após a decisão da Corte: (i) a apuração de delitos cometidos após agosto de 1979, haja vista terem sido praticados torturas, mortes e desaparecimentos mesmo após essa data; (ii) o acionamento na esfera civil dos responsáveis por graves violações aos direitos humanos, especialmente em ações declaratórias; (iii) a implementação de ações similares aos "juízos da verdade", com o acionamento do Judiciário para o esclarecimento de fatos históricos obscuros; (iv) na interpelação ao STF relativa aos crimes de desaparecimento forçado sobremaneira em razão de jurisprudência anterior da própria Corte, que os consideraram crimes continuados.

O que há de se destacar é que, em todos os casos, o fundamental é a articulação social em torno da questão. É a pressão social que alimenta a agenda da justiça transicional, especialmente em contextos de transição por transformação, em que o regime segue com parcelas substanciais de poder. Qualquer das estratégias acima descritas, tanto no que toca à Comissão da Verdade quanto no que toca ao acionamento da Justiça nacional e internacional, dependem, sobremaneira, da capacidade dos movimentos pró-direitos humanos e pró-democracia de ativarem instituições de Estado, como o Ministério Público, ou mesmo de acionarem individualmente a Justiça, como forma de gerar novas decisões que, gradualmente, revertam o quadro de impunidade que se tenta impor.

Após a apresentação no seminário *Amnesty in the Age of Accountability*, versões preliminares deste texto foram publicadas sob o título "As razões da eficácia da lei de anistia no Brasil e as alternativas para a verdade e a justiça em relação às graves violações de direitos humanos ocorridas durante a ditadura militar (1964-1985)" na *Revista do Instituto de Hermenêutica Jurídica* (Belo Horizonte. V.08, n.08, 2010, pp.183-220) e na obra coletiva *Direito à Memória e à Verdade e Justiça de Transição*, organizada por Alessandro Martins Prado, Cláudia Karina Ladeia Batista e Isael José Santana (Curitiba: CRV, pp.189-220).

Referências

ABRÃO, Paulo *et alli*. As caravanas da anistia: um instrumento privilegiado da justiça de transição brasileira. *In*: SANTOS, Boaventura de Sousa; ABRÃO, Paulo; MACDOWELL, Cecília; TORELLY, Marcelo. **Repressão e Memória Política no contexto Ibero-americano: Estudos sobre o Brasil, Guatemala, Moçambique, Peru e Portugal**. Coimbra: Universidade de Coimbra; Brasília: Ministério da Justiça, 2010. p. 185-227.

ABRÃO, Paulo *et alli*. Justiça de Transição no Brasil: o papel da Comissão de Anistia do Ministério da Justiça. *In:* **Revista Anistia Política e Justiça de Transição**. Brasília: Ministério da Justiça, n.º 01, jan/jun, 2009, pp. 12-21.

ACUÑA, Carlos; SMULOVITZ, Catalina. Militares en la transición argentina: del gobierno a la subordinación constitucional. In: PÉROTIN-DUMON, Anne (org.). **Historizar el pasado vivo en América Latina**. Buenos Aires.

BAGGIO, Roberta. Justiça de Transição como Reconhecimento: limites e possibilidades do processo brasileiro. In: SANTOS, Boaventura; ABRÃO, Paulo; MACDOWELL, Cecília; TORELLY, Marcelo (Org.). **Repressão e Memória Política no Contexto Ibero-Americano**. Brasília/Coimbra: Ministério da Justiça/Centro de Estudos Sociais da Universidade de Coimbra, 2010.

BICUDO, Helio. Lei de Anistia e crimes conexos, **Folha de S. Paulo**, 6 de dezembro de 1995, p.03.

BOBBIO, Norberto. **A Era dos Direitos**. Rio de Janeiro: Elsevier/Campus, 2004.

BRASIL. **30 Anos da Luta pela Anistia no Brasil**. Catálogo, Brasília: Ministério da Justiça, 2009.

BRASIL. **Programa Nacional de Direitos Humanos (PNDH-III)**. Brasília: Secretaria Especial de Direitos Humanos da Presidência da República, 2009.

CIURLIZZA, Javier. Para um panorama global sobre a justiça de transição: Javier Ciurlizza responde Marcelo Torelly. *In:* **Revista Anistia Política e Justiça de Transição**. Brasília: Ministério da Justiça, n.º 01, jan/jun. 2009, pp. 22-29.

COHEN, Stanley. **Estado de Negación – Ensayo sobre atrocidades y sufrimientos**. Buenos Aires: Faculdade de Direito da Universidade de Buenos Aires/British Council Argentina.

DALLARI, Dalmo de Abreu, Crimes sem anistia, **Folha de S. Paulo**, 18 de dezembro de 1992, p.03.

DE GREIFF, Pablo. Justice and reparations. *In*: **The Handbook of Reparations**. New York e Oxford: Oxford University Press, 2006.

FÁVERO, Eugênia Augusta Gonzaga. Crimes da Ditadura: iniciativas do Ministério Público Federal em São Paulo. In: SOARES, Inês Virgínia Prado; KISHI, Sandra Akemi Shimada. **Memória e Verdade – A Justiça de Transição no Estado Democrático Brasileiro**. Belo Horizonte: Editora Fórum, 2009, pp. 213-234.

FILIPPINI, Leonardo; MAGARRELL, Lisa. Instituciones de la Justicia de Transición y contexto político. In: RETTBERG, Angelika (org). **Entre el perdón y el paredón**. Bogotá: Universidade de los Andes, 2005.

GENRO, Tarso. **Teoria da Democracia e Justiça de Transição**. Belo Horizonte: EdUFMG, 2009.

GONÇALVES, Danyelle Nilin. Os múltiplos sentidos da Anistia. *In*: **Revista Anistia Política e Justiça de Transição**. Brasília: Ministério da Justiça, n.º 01, jan/jun. 2009, pp. 272-295.

GRAU, Eros Roberto. **ADPF 153**. Brasília: Supremo Tribunal Federal, voto do ministro relator, abril de 2010.

GRECO, Heloisa Amélia. **Dimensões fundacionais da luta pela anistia**. Tese de doutorado em História. Universidade Federal de Minas Gerais. Belo Horizonte, 2003. 2 Volumes.

_____. Memória vs. Esquecimento, Instituinte vs. Instituído: a luta pela Anistia Ampla, Geral e Irrestrita. In: SILVA, Haike (org.). **A Luta pela Anistia**. São Paulo: Unesp/Arquivo Público/Imprensa Oficial, 2009.

GREEN, James. **Apesar de vocês**. São Paulo: Companhia das Letras, 2009.

HONNETH, Axel. **Luta por reconhecimento: a gramática moral dos conflitos sociais**. São Paulo: Ed. 34, 2003.

HUNTINGTON, Samuel. **The third wave**. Oklahoma: Oklahoma University Press, 1993.

JARDIM, Tarciso Dal Maso. **O Crime do Desaparecimento Forçado de Pessoas**. Brasília: Brasília Jurídica, 1999.

LAFER, Celso. **O Sistema Político Brasileiro**. São Paulo: Perspectiva, 1978.

LINZ, Juan; STEPAN, Alfred. **A Transição e Consolidação da Democracia – a experiência do sul da Europa e da América do Sul**. Tradução de Patrícia de Queiroz Carvalho Zimbra, São Paulo: Paz e Terra, 1999.

NEVES, Marcelo. **Entre Têmis e Leviatã**. São Paulo: Martins Fontes, 2006.

O'DONNELL, Guilhermo; SCHMITTER, Philippe. **Transitions from authoritarian rule – tentative conclusions about uncertan democracies**. Baltimore & Londres: John Hopkins, 1986.

OLSEN, Tricia; PAYNE, Leigh; REITER, Andre G. **Transitional Justice in Balance**. Washington: United States Peace Institute, 2010.

PEREIRA, Anthony. **Political (In)Justice – Authoritarianism and the Rule of Law in Brazil, Chile and Argentina**. Pittsburgh: Pittsburgh University Press, 2005.

PEREIRA, Anthony. **Repressão e Ditadura: o autoritarismo e o Estado de Direito no Brasil Chile e Argentina**. São Paulo: Paz e Terra, 2010.

RUCHT, Dieter. Sociedade como projeto – projetos na sociedade. Sobre o papel dos movimentos sociais. In: **Civitas – Revista de Ciências Sociais**. Porto Alegre: PUCRS, ano 2, n.º 01, junho de 2002.

SILVA FILHO, José Carlos Moreira; PISTORI, Edson. Memorial da Anistia Política do Brasil. In: **Revista Anistia Política e Justiça de Transição**. Brasília: Ministério da Justiça, n.º 01, jan/dez 2009, pp. 113-133.

SMULOVITZ, Catalina. **Represión y Política de Derechos Humanos en Argentina**. Recurso Digital: apresentação de PowerPoint. Centro de Derechos Humanos. Universidade do Chile, março de 2010.

TEITEL, Ruti. Ruti Teitel responde (entrevista à Marcelo D. Torelly). *In*: **Revista Anistia Política e Justiça de Transição**. Brasília: Ministério da Justiça, n.º 03, jan/jun. 2010.

TEITEL, Ruti. **Transitional Justice**. Oxford e Nova Iorque: Oxford University Press, 2000.

VIANA, Gilney; CIPRIANO, Perly. **Fome de Liberdade – a luta dos presos políticos pela Anistia**. São Paulo: Fundação Perseu Abramo, 2009.

WEICHERT, Marlon Alberto. Responsabilidade internacional do Estado brasileiro na promoção da justiça transicional. In: SOARES, Inês Virgínia Prado; KISHI, Sandra Akemi Shimada. **Memória e Verdade – A Justiça de Transição no Estado Democrático Brasileiro**. Belo Horizonte: Editora Fórum, 2009, pp. 153-168.

ZALAQUETT, José. La reconstrucción de la unidad nacional y el legado de violaciones de los derechos humanos. In: **Revista Perspectivas**, Facultad de Ciencias Físicas y Matemáticas, Universidad de Chile, Vol. 2, Número especial, 20p.

Anistia e Reconhecimento: o processo de (des)integração social da transição política brasileira

ROBERTA CAMINEIRO BAGGIO
Conselheira da Comissão de Anistia do Ministério da Justiça
Professora da Faculdade de Direito da Universidade Federal do
Rio Grande do Sul
Doutora em Direito pela Universidade Federal de Santa Catarina

MANIFESTANTES CERCADOS PELA POLÍCIA

FONTE: ARQUIVO NACIONAL

| 1. | INTRODUÇÃO |

O processo de transição política brasileiro tem sido marcado por diversas contradições que refletem uma disputa valorativa quanto ao conceito de anistia construído ao longo desses anos. Essa disputa envolve não só a forma como os fatos históricos da derrocada do regime ditatorial têm sido interpretados, como também divergências sobre os avanços transicionais conquistados até hoje.

Uma das grandes marcas históricas dessas disputas envolve a Lei de Anistia 6683/79 que recentemente foi objeto de interpretação pelo Supremo Tribunal Federal (STF), gerando um grande debate sobre seu alcance. De um lado, os defensores da tese de que sua interpretação conforme a Constituição abriria a possibilidade de responsabilização dos agentes estatais perpetradores de violações aos direitos humanos, já que não teriam sido atingidos pela proposta de anistia trazida pela referida Lei. De outro lado, a tese vencedora no STF, afirmando o caráter da Lei como ampla, geral e irrestrita, fruto de um grande acordo nacional construído à época, que não poderia ser revisto sob pena de abalo à consolidação das instituições democráticas no país.

Para além das divergências históricas, há também aquelas que marcam os diversos modos de olhar e avaliar os processos de avanços no âmbito da chamada justiça de transição. Desse modo, encontramos uma crítica contundente ao modelo reparatório instituído no Brasil, reduzindo-o a uma questão meramente pecuniária que gera dois efeitos principais: o menosprezo pelos avanços transicionais arduamente conquistados até aqui e o desrespeito em relação aos perseguidos políticos que passam a ser vistos, de um modo geral, principalmente pela mídia, como "caçadores de tesouros" às custas do dinheiro público. Por outro lado, há aqueles que não só enxergam o sistema reparatório brasileiro como uma vitória da luta pela anistia no Brasil, mas que também percebem a forma de reparação instituída como algo que vai muito além da questão meramente financeira, atingindo uma dimensão moral da qual não se pode abrir mão.

Ainda que esses exemplos, quando analisados de forma aprofundada, apresentem grandes diferenciações e vertentes, tornando nítido que essas posições não se resumem a um ou outro grupo existente na sociedade brasileira, tais disputas nos levam, não raras vezes, a um quadro estrutural de análises confuso, que impede, com frequência, a percepção de quais são as melhores estratégias de avanço na luta pela construção de um processo de transição no Brasil que seja o mais completo possível.

Com o intuito de superar os riscos de um maniqueísmo ideológico, que levaria a análise à defesa deste ou daquele argumento, propõe-se neste texto uma reflexão sobre o processo de transição brasileiro a partir das categorias utilizadas pela teoria do reconhecimento, já iniciada em outro momento[1], mas agora mais voltada à percepção de critérios que possibilitem a identificação das melhores estratégias de efetivação de uma justiça transicional.

O ponto central é a compreensão do critério da integração social como um dos fundamentos de uma sociedade democrática para então defender tal critério como o sustentáculo de avaliação sobre as propostas e concepções que circundam a ideia de anistia,

---

1   Uma primeira reflexão sobre o processo de transição política brasileiro e a teoria do reconhecimento teve como objetivo analisar as vantagens em se conceber a justiça de transição como uma luta por reconhecimento, desenvolvendo para tanto as conexões entre as formas de reconhecimento e suas violações por parte do regime ditatorial, assim como demonstrando os avanços surgidos no processo de transição a partir dessa concepção e os retrocessos existentes ainda a serem superados. O que se propõe no presente texto é a reflexão sobre as perspectivas de superação desses retrocessos, vistos aqui a partir das divergências e disputas ideológicas que giram em torno do conceito de anistia e transição política no Brasil. Ver: BAGGIO, Roberta Camineiro. Justiça de transição como reconhecimento: limites e possibilidades do processo brasileiro. In: SANTOS, Boaventura de Sousa; ABRÃO, Paulo; MACDOWELL, Cecília; TORELLY, Marcelo. (orgs.) **Repressão e memória política no contexto ibero-brasileiro**: estudos sobre Brasil, Guatemala, Peru e Portugal. Coimbra: Universidade de Coimbra; Brasília: Ministério da Justiça, 2010. p. 260-285.

bem como a de transição política no Brasil. Nesse ponto é de suma importância avaliar quais dessas concepções permitem avanços democráticos na ampliação dos processos de integração social.

2.	O PAPEL DA INTEGRAÇÃO SOCIAL NOS PROCESSOS DE TRANSIÇÃO POLÍTICA

A teoria do reconhecimento parte de uma concepção em que as relações intersubjetivas são determinantes para a constituição da vida em sociedade. Sob esse ponto de vista, a ideia de reconhecimento torna-se central como forma de possibilitar o avanço moral das relações, seja pelo sucesso de sua reciprocidade, o que possibilita a formação autônoma das identidades dos sujeitos e de ideais de autorrealização, de modo que haja o desenvolvimento de um processo de socialização moral; seja pela negação das formas de reconhecimento[2], que ao gerarem manifestações de desrespeito social podem impulsionar a reação dos sujeitos, expressa pelas lutas por reconhecimento, que representariam, de acordo com Honneth, "a gramática moral dos conflitos sociais"[3].

Tal concepção abandona a visão tradicional de que os conflitos em sociedade vinculam-se aos interesses de autoconservação dos sujeitos, forçando uma guinada teórica em direção à análise da integração moral da sociedade[4]. Nesse sentido, o processo de intera-

---

2   Neste artigo será adotada como teoria-base para o debate do reconhecimento a obra de Axel Honneth, que trabalha com três formas ou padrões de reconhecimento: pelo amor, pelo direito e pela comunidade de valores. Para cada uma dessas três formas correspondem manifestações de desrespeito ou modos de negação do reconhecimento: os maus tratos corporais, a inacessibilidade ao sistema de direitos e o desprezo pelos modos de vida dos sujeitos ou de grupos. Enquanto as formas de reconhecimento levam o sujeito no processo de formação de sua identidade a uma compreensão positiva de si mesmo, a negação do reconhecimento gera injustiças, que o autor denomina como patologias sociais, responsáveis pelos abalos morais das relações em sociedade, já que impedem o avanço dos processos de integração social. HONNETH, Axel. **Luta por reconhecimento**: a gramática moral dos conflitos sociais. São Paulo: Editora 34, 2003.

3   A expressão utilizada pelo autor refere-se à sua leitura sobre a formação dos conflitos sociais. Para Honneth, é o abalo moral das experiências de negação do reconhecimento que pode levar os sujeitos a organizar-se em processos de lutas por reconhecimento. HONNETH, Axel. **Luta por reconhecimento**: a gramática moral dos conflitos sociais. São Paulo: Editora 34, 2003.

4   De acordo com Honneth, a tradição da filosofia social moderna está muito vinculada à ideia de uma luta por autoconservação. Em especial, Honneth refere-se a dois teóricos-chave na construção dessa concepção: Maquiavel e Hobbes. Hegel, em seus estudos de juventude, dos quais Honneth busca sua base teórica para o debate contemporâneo acerca do reconhecimento, foi contrário a essa redução da filosofia social moderna da ação política à luta por autoconservação, abrindo caminho para uma nova concepção de teoria social. Miriam Mesquita Sampaio de Madureira destaca, na introdução da obra de Honneth "*Crítica del agravio moral*", que o autor encontra em Habermas o caminho para o desenvolvimento de uma teoria social com base na ideia de integração social. Assim, segundo a autora, Honneth, em sua tese doutoral, esmiúça "los instrumentos adecuados para el análisis de las formas de integración de sociedades capitalistas tardías, que no ofrecen ni Adorno ni Foucault, los encontrará en Habermas, en la medida en que su versión del redescubrimiento de lo social se centra en la dimensión de la interacción social". MADUREIRA, Miriam Mesquita Sampaio de. Introdução. In: HONNETH, Axel. **Crítica del agravio moral**: patologías de la sociedad contemporánea. Buenos Aires: Fondo de Cultura Económica; Universidad Autónoma Metropolitana, 2009. pp.09-47.

ção intersubjetivo é impulsionado pelas expectativas de reconhecimento recíproco, que, ao realizarem-se ou não, fornecem o grau das condições de integração das pessoas em sociedade. Os padrões de reconhecimento indicam princípios normativos orientadores de uma concepção plural de justiça, por isso, a ideia de se poder trabalhar com uma concepção de justiça a partir da teoria do reconhecimento[5]. As expectativas de reconhecimento resguardadas por esses princípios normativos de justiça pertenceriam, segundo Honneth, ao campo da ética política, uma vez que indicam como finalidade última o aumento dos processos de integração social representada por um "interesse emancipador que aspire a desmontar as assimetrias e exclusões sociais"[6].

A não realização das expectativas de reconhecimento promove o que Honneth denomina de patologias sociais, que, se inseridas no contexto maior da dimensão da integração social, representam muito mais do que violações aos princípios de justiça, pois implicam perturbações que afetam a sociedade como um todo, prejudicando toda a dinâmica de interação intersubjetiva[7]. Para Honneth "[...] a integração normativa das sociedades só se produz por meio da institucionalização dos princípios de reconhecimento, que regem, de maneira compreensível, as formas de reconhecimento mútuo mediante as que os membros se incluem no contexto da vida social"[8]. A ausência de um padrão institucional que permita a livre realização das expectativas de reconhecimento em sociedade pode ser, portanto, uma fonte direta de produção de patologias sociais. Os regimes de exceção se enquadram plenamente nessa perspectiva, como já dito outrora:

> Aqueles que foram perseguidos políticos passaram por todas as formas de recusa do reconhecimento. Quando torturados, perderam a possibilidade de confiança recíproca nos seus semelhantes. Quando tiveram suas liberdades violadas e seus direitos ameaçados, deixaram de estar em pé de igualdade no processo de convívio, integração e participação social. Quando foram rotulados como terroristas ou traidores da pátria assistiram a depreciação de suas convicções sobre o mundo e tiveram seus modos de vida

---

5   O debate do reconhecimento como concepção de justiça é desenvolvido com profundidade no diálogo estabelecido entre Axel Honneth e Nancy Fraser na obra FRASER, Nancy; HONNETH, Axel. **Redistribución o reconocimiento?** Madrid: Paidéia; Morata, 2006.

6   De acordo com Honneth "[...] en la elección de los principios básicos según los que queremos orientar nuestra ética política, no nos basamos sólo en intereses empíricamente dados, sino sólo en las expectativas relativamente estables que podemos como la expresión subjetiva de imperativos de integración social. Quizá no sea completamente erróneo hablar aquí de 'intereses cuasi trascendentales' de la raza humana; y es posible que esté incluso justificado hablar en este punto de un interés 'emancipador' que aspire a desmontar las asimetrías y exclusiones sociales". FRASER, Nancy; HONNETH, Axel. **Redistribución o reconocimiento?** Madrid: Paidéia; Morata, 2006. p. 137.

7   HONNETH, Axel. Pathologies of the social: the past and the present of social philosophy. In: HONNETH. **Disrespect:** the normative foundations of critical theory. Malden: Polity Press, 2007. pp. 3-48.

8   FRASER, Nancy; HONNETH, Axel. **Redistribución o reconocimiento?** Madrid: Paidéia; Morata, 2006. p. 137.

ou suas opções políticas depreciados e menosprezados como ações que pudessem contribuir historicamente para engrandecer ou melhorar seu país e a vida de todos aqueles que os rodeavam[9].

Em um contexto autoritário, as formas de negação do reconhecimento àqueles que se opõem a um regime de exceção passam a compor a estrutura institucional do Estado, limitando sobremodo as garantias de autorrealização e interação intersubjetiva não só de seus opositores, mas também de todo o conjunto da sociedade, já que banem de um convívio social de normalidade os perseguidos políticos, impedindo que seus modos de vida sejam compreendidos pelos demais membros da sociedade. Esses fatores dificultam a formação das livres convicções porque impõem a versão institucional do Estado como a única verdade possível na construção da dinâmica social. Essas são as características próprias da formação das patologias sociais porque afetam os injustiçados ou aqueles que sofreram diretamente as violações por parte do Estado, mas também causam prejuízos de ordem moral aos demais membros da sociedade.

As patologias sociais podem ser descritas como fontes de processos de reificação que, para Honneth, são concebidos como formas de amnésia do reconhecimento[10]. O reconhecimento é a forma natural das pessoas se relacionarem, demonstrando que estão tentando ser compreendidas por seus companheiros de interação. A reificação ou a amnésia do reconhecimento é a "[...] perda da capacidade de entender as manifestações ou condutas dos sujeitos como tentativas de estabelecer relações de interação"[11].

A implementação de uma transição política busca contornar as mazelas impostas pelos regimes autoritários, principalmente no tocante ao restabelecimento de um regime democrático e de um sistema de direitos capaz de efetivamente proteger os cidadãos. Para além da tarefa de construir um futuro democrático e igualitário, os pilares da chamada justiça de transição[12] têm como base formas de resgate da dignidade dos perseguidos políticos de modo que possam voltar a um convívio social de normalidade, que significa

---

9   BAGGIO, Roberta Camineiro. Justiça de transição como reconhecimento: limites e possibilidades do processo brasileiro. In: SANTOS, Boaventura de Sousa; ABRÃO, Paulo; MACDOWELL, Cecília; TORELLY, Marcelo. (orgs.) **Repressão e memória política no contexto ibero-brasileiro: estudos sobre Brasil, Guatemala, Peru e Portugal**. Coimbra: Universidade de Coimbra; Brasília: Ministério da Justiça, 2010. p. 260-285. p. 268.

10   HONNETH, Axel. **Reificación**: un estudio en la teoría del reconocimiento. Buenos Aires: Katz, 2007. p. 93.

11   HONNETH, Axel. **Reificación**: un estudio en la teoría del reconocimiento. Buenos Aires: Katz, 2007. p. 94.

12   Os pilares da justiça de transição são: o direito à memória e à verdade, o direito à reparação das vítimas, a responsabilização dos agentes perpetradores das violações aos direitos humanos e a readequação democrática das instituições que possibilitaram os abusos de poder.

não só a existência de garantias jurídicas e políticas de autorrealização, mas a recuperação dos processos de integração moral da sociedade, o que possibilita uma concepção de justiça de transição como reconhecimento[13]. Nesse sentido, André Du Toit destaca que

> com relação à complexa noção de justiça como *recognition*, a perda da confiança básica em si mesmo e a autoestima reconhecida socialmente, além do sentido geral de respeito moral a si mesmo, são especificamente importantes para os projetos de justiça transicional. Isso difere daquilo que Rawls chamaria de concepção especial de justiça, tão conhecida no contexto das democracias liberais consolidadas, na medida em que essas ideias não assumem a existência de democracias liberais estabelecidas ou de instituições estáveis de lei e ordem, mas que se aplicam mais especificamente a transições históricas de regimes autoritários, logo de violações massivas aos direitos humanos. Nessas circunstâncias de justiça transicional, existem necessidades morais e políticas especiais para restabelecer a dignidade cívica e humana das vítimas, sua confiança básica nelas mesmas e sua autoestima reconhecida socialmente[14].

A compreensão da justiça de transição como reconhecimento coloca em destaque a importância do restabelecimento dos processos de integração social, na medida em que é por meio desses que as expectativas de reconhecimento se realizam, possibilitando aos sujeitos outrora desrespeitados a (re)construção de uma imagem positiva de si mesmos. Entretanto, como alerta André du Toit, as práticas transicionais vistas a partir da ótica do reconhecimento não se autovalidam por si só, é necessário ter em mente que suas justificativas moral e política precisam ter como base os contextos de demandas éticas específicas a cada experiência de transição. Por isso, o autor avalia que o caso das audiências para as vítimas realizadas pela Comissão de Verdade e Reconciliação (CVR) da África do Sul, sustentadas por uma concepção vinculada à teoria do reconhecimento, expressa uma demanda moral própria daqueles que sofreram violações de direitos durante o regi-

---

13   "O estabelecimento de vínculos entre a ideia de justiça de transição e a teoria do reconhecimento tem como objetivo demonstrar que as medidas transicionais são tentativas de implementar novas possibilidades de integração em sociedades que passaram por períodos de conflito, usurpação de poder e suas consequentes violações aos direitos humanos, devendo preocupar-se, sobretudo, com a instituição de mecanismos de reconhecimento das vítimas dos abusos institucionais, ou seja, aqueles que foram violados em seus direitos e tiveram seus valores e crenças negados como legítimos". BAGGIO, Roberta Camineiro. Justiça de transição como reconhecimento: limites e possibilidades do processo brasileiro. In: SANTOS, Boaventura de Sousa; ABRÃO, Paulo; MACDOWELL, Cecília; TORELLY, Marcelo. (orgs.) **Repressão e memória política no contexto ibero-brasileiro: estudos sobre Brasil, Guatemala, Peru e Portugal**. Coimbra: Universidade de Coimbra; Brasília: Ministério da Justiça, 2010. p. 260-285. p. 269.

14   DU TOIT, André. The Moral Foundations of Truth Commission: Truth as Acknowledgement and Justice as Recognition as Principles of Transitional Justice in the Practice of the South African TRC. In: ROTBERG, Robert; THOMPSON, Denis (eds.). **Truth versus Justice**. New Jersey: Princeton University Press, 2000. p. 122-140.

me do Apartheid, possibilitando a superação das críticas à CVR baseadas na ideia de justiça como processamento e castigo penal[15]. Isso porque tais audiências buscaram restaurar de forma pública a dignidade cívica e humana das vítimas por meio do reconhecimento da verdade sobre tudo o que lhes aconteceu durante o período de exceção, permitindo às vítimas a recuperação da confiança básica em si mesmas e a autoestima sobre seus atos de resistência reconhecidos socialmente[16].

Ainda que André du Toit não estenda sua análise de uma concepção de justiça como reconhecimento a todos os aspectos próprios da ideia de justiça de transição, a avaliação sobre os limites contextuais e sobre as expectativas próprias de cada experiência transicional é de extrema relevância para o que se pretende sustentar neste artigo. O fato é que uma análise sobre os limites e os avanços de um processo transicional, sob um ponto de vista moral, necessita de um critério que identifique as possibilidades concretas do que Honneth denomina de "progresso moral da sociedade". Tal critério é representado pela noção de integração social. Ou seja, o aumento de formas de integração social, consideradas a partir das expectativas de reconhecimento, pode ser um importante termômetro para a avaliação das diversas medidas transicionais existentes em uma mesma conjuntura.

Assim, as proposições que buscam uma maior integração da sociedade e, principalmente, daqueles que sofreram as violações por parte do Estado estariam justificadas sob um ponto de vista moral, possibilitando uma ampliação dos debates e das divergências sobre o alcance de medidas transicionais para além de formas maniqueístas de argumentação. É preciso resgatar, sobretudo, no desenvolvimento da temática da justiça de transição, sua potencialidade moral de melhora das relações sociais, principalmente sob a ótica da luta social pela realização das expectativas de reconhecimento naturalmente geradas em uma transição política. Com base no caso brasileiro, é o que se pretende fazer nos próximos tópicos.

---

15   É importante ressaltar que André du Toit não acredita que as noções de reconhecimento possam ser aplicadas a todos os aspectos e dimensões abrangidas pela CVR da África do Sul. Segundo o autor, há uma conexão específica da temática do reconhecimento com as audiências para as vítimas. O que se busca neste artigo é a sustentação de uma concepção de justiça de transição como reconhecimento, tendo como justificativa para tanto o critério da integração social. Ou seja, todas aquelas iniciativas dentro do processo transicional que signifiquem um aumento das formas de integração social estariam justificadas sob um ponto de vista moral. DU TOIT, André. The Moral Foundations of Truth Commission: Truth as Acknowledgement and Justice as Recognition as Principles of Transitional Justice in the Practice of the South African TRC. In: ROTBERG, Robert; THOMPSON, Denis (eds.). **Truth versus Justice.** New Jersey: Princeton University Press, 2000. p. 122-140.

16   DU TOIT, André. The Moral Foundations of Truth Commission: Truth as Acknowledgement and Justice as Recognition as Principles of Transitional Justice in the Practice of the South African TRC. In: ROTBERG, Robert; THOMPSON, Denis (eds.). **Truth versus Justice**. New Jersey: Princeton University Press, 2000. p. 122-140.

Uma das grandes disputas no campo dos valores, no que tange à temática da transição política brasileira, encontra-se na interpretação histórica sobre os fatos originários do processo transicional no Brasil, marcado especialmente pela promulgação da Lei 6683/79, denominada Lei de Anistia. É fato que a anistia política brasileira não foi fruto de um processo de queda da ditadura civil-militar implementada no país. Por um lado, seu enfraquecimento diante das próprias divergências internas, somado ao desgaste da crise econômica em curso e da impossibilidade de sustentação das práticas políticas autoritárias, levou uma parcela dos militares a uma decisão pela abertura do regime[17]. Por outro, não há como ignorar que havia uma mobilização social que se intensificava cada vez mais, caracterizada por Abrão e Torelly pela notoriedade de eventos como a greve de fome realizada à época pelos presos políticos, a organização crescente dos Comitês Brasileiros pela Anistia e o grande apoio do movimento operário mobilizado em greves, inclusive em áreas de segurança nacional, que os aproximaram consideravelmente da luta pela anistia[18].

Nesse contexto complexo foi aprovada a Lei de Anistia 6683/79, que, ao contrário do que a mobilização social pretendia, não foi uma lei ampla, geral e irrestrita, uma vez que o projeto vencedor foi o defendido pelos congressistas apoiadores do regime e não pela oposição, que perdeu a votação por apenas cinco votos. A participação dos chamados senadores biônicos (indicados pelo regime sem qualquer submissão ao sufrágio eleitoral)

---

17   Aquino, Vieira, Agostino e Roedel atribuem o início da abertura política ao retorno ao poder do grupo de militares denominado de castelistas, com a eleição indireta de Ernesto Geisel. Os castelistas divergiam do grupo de militares chamado de "linha dura", por sua postura de intolerância aos militantes que resistiam contra o regime. Segundo os autores: "em face do esgotamento do modelo político existente, impunha-se adotar uma política de distensão para uma abertura lenta, gradual e segura. Contudo, era necessário ao grupo castelista, no poder, conter a oposição da linha dura – intransigente a qualquer concessão aos chamados subversivos, fossem eles partidários ou não da luta armada. O governo também deveria resistir à crescente pressão do MDB, de inúmeras entidades civis – ABI, OAB, CNBB – e do movimento popular, empenhados em restaurar a democracia e o Estado de Direito. [...] Dois problemas preocuparam o governo Geisel em seu primeiro ano de gestão: em decorrência da conjuntura internacional de alta do preço do petróleo, a inflação foi a mais de 30%. Além disso, aproveitando-se da permissão de liberdade para a propaganda política, o MDB acumulou expressiva vitória eleitoral nos principais centros urbanos do país". AQUINO, Rubim Santos Leão de; VIEIRA, Fernando Antônio da Costa; AGOSTINO, Carlos Gilberto Werneck; ROEDEL, Hiran. **Sociedade Brasileira**: uma história através dos movimentos sociais. Da crise do escravismo ao apogeu do neoliberalismo. Rio de Janeiro: Record, 2000. pp. 761-2. Para uma análise sobre as divergências entre os militares ver: FROTA, Sylvio. **Ideais Traídos**. A mais grave crise dos governos militares narrada por um de seus protagonistas. Rio de Janeiro: Jorge Zahar, 2006.

18   ABRÃO, Paulo; TORELLY, Marcelo D. Justiça de transição no Brasil: a dimensão da reparação. In: SANTOS, Boaventura de Sousa; ABRÃO, Paulo; MACDOWELL, Cecilia; TORELLY, Marcelo. (orgs.) **Repressão e memória política no contexto ibero-brasileiro**: estudos sobre Brasil, Guatemala, Peru e Portugal. Coimbra: Universidade de Coimbra; Brasília: Ministério da Justiça, 2010. pp. 26-59. p. 32.

> a Lei de Anistia 6.683/79, ao contrário do que a mobilização social pretendia, não foi uma lei ampla, geral e irrestrita, uma vez que o projeto vencedor foi o defendido pelos congressistas apoiadores do regime e não pela oposição

foi, inclusive, decisiva para a obtenção do resultado[19]. De todo modo, a Lei de Anistia abriu caminhos para a transição brasileira, que, mesmo diante de todas as dificuldades de um regime que ainda agonizava, impulsionou outras lutas importantes para a democratização do país, como a campanha pelas "Diretas já" que reivindicava a realização de eleições diretas para a escolha do presidente da República.

Inevitavelmente, o clima de intensa mobilização social e a disponibilidade de abertura do regime por parte de seus dirigentes levaram muitos setores da política brasileira a sustentarem esse primeiro momento transicional como um grande acordo político firmado pela nação, que deveria olhar para o futuro e esquecer os fatos ocorridos no passado. A construção de argumentos abstratos e descolados da gravidade dos atos de violações aos direitos, como a difusão da ideia de uma "natureza" pacífica e conciliatória do povo brasileiro, passou a engrossar o rol argumentativo de todos aqueles interessados em afastar um processo transicional de enfrentamento do passado.

Esse pensamento perdura até os dias de hoje com significativa frequência e sua manifestação mais recente pode ser encontrada no voto do ex-ministro do STF, Eros Roberto Grau, relator no julgamento da Arguição de Descumprimento Preceito Fundamental (ADPF) 153 sobre a Lei de Anistia[20]. Por sete votos a dois, ganhou a tese da extensão da referida lei aos

---

19   O projeto foi aprovado por 206 votos da Arena, partido do governo, contra 201 votos do MDB, partido da oposição, considerando, ainda, que em 1979, um terço dos senadores do Congresso Nacional era biônico. Essa nomenclatura é fruto do fato de que tais senadores foram produzidos "artificialmente" pela política do regime de exceção, uma vez que eram eleitos indiretamente. A eleição indireta desses senadores biônicos fez parte do chamado "Pacote de Abril" e foi instituída pelo Decreto-Lei Nº 1.543, de 14 de abril de 1977. Disponível em: http://www6.senado.gov.br/sicon/ExecutaPesquisaLegislacao.action. Acesso em: 1º de junho de 2010.

20   A ADPF tem como objetivo evitar ou reparar lesão a preceito fundamental constante da Constituição Federal, consequente de ato do Poder Público. Especificamente, a ADPF 153 foi proposta pelo Conselho Federal da OAB, no STF, no ano de 2008, questionando o § 1º do artigo 1º da Lei nº. 6.683/1979, no sentido de requerer que tal norma fosse interpretada conforme o texto constitucional, contestando a concessão de anistia aos agentes do Estado que cometeram crimes contra a humanidade. A principal argumentação é a de que "a interpretação, segundo a qual a norma questionada concedeu anistia a vários agentes públicos responsáveis, entre outras violências, pela prática de homicídio, desaparecimento forçado, tortura e abusos sexuais contra opositores políticos, viola frontalmente diversos preceitos da Constituição." Isso porque os agentes policiais e militares da repressão não cometeram crimes políticos, mas crimes comuns.

agentes estatais perpetradores de violações aos direitos humanos durante o regime ditatorial, sob o argumento principal de que havia um grande acordo político à época que precisaria ser respeitado[21]. No referido voto, o ministro relator não titubeia em afastar a possibilidade de interpretação da lei conforme a Constituição brasileira[22] sob tal alegação:

> Há quem se oponha ao fato de a migração da ditadura para a democracia política ter sido uma transição conciliada, suave, em razão de certos compromissos. Isso porque foram todos absolvidos, uns absolvendo-se a si mesmos. Ocorre que os subversivos a obtiveram, a anistia, à custa dessa amplitude. Era ceder e sobreviver ou não ceder e continuar a viver em angústia (em alguns casos, nem mesmo viver). Quando se deseja negar o acordo político que efetivamente existiu resultam fustigados os que se manifestaram politicamente em nome dos subversivos. [...] Para menosprezá-la, diz-se que o acordo que resultou na anistia foi encetado pela elite política. Mas quem haveria de compor esse acordo, em nome dos subversivos? O que se deseja agora, em uma tentativa, mais do que de reescrever, de reconstruir a História? Que a transição tivesse sido feita, um dia, posteriormente ao momento daquele acordo, com sangue e lágrimas, com violência? Todos desejavam que fosse sem violência, estávamos fartos de violência[23].

Não há dúvidas de que esse tipo de sustentação argumentativa predetermina e mantém estática uma concepção de anistia que afasta qualquer possibilidade de progresso moral das relações sociais por dois motivos básicos: (I) provoca um processo de reificação ou amnésia de reconhecimento e (II) impede o estabelecimento de relações solidárias.

(I) Se considerarmos que a Lei de Anistia 6683/79 foi promulgada no sentido de que fossem "perdoados" pelo Estado os crimes políticos cometidos pelos opositores ao regime, consagra-se uma ideia generalizada de que aqueles que lançaram mão do exercício de seu direito de resistência eram e são criminosos, colocados em posição de igualdade,

---

21   Para análise completa dos votos dos ministros do STF na ADPF nº. 153 e das críticas hermenêuticas ao desprezo ao Direito Internacional Humanitário contido nas manifestações do Supremo no caso em tela, consultar: SILVA FILHO, José Carlos Moreira da. O Julgamento da ADPF 153 pelo Supremo Tribunal Federal e a Inacabada Transição Democrática Brasileira. *In:* PIOVESAN, Flávia; SOARES, Inês Virginia Prado (coords.). **Direito ao desenvolvimento**. São Paulo: Fórum, 2010.

22   A utilização da técnica de interpretação conforme a Constituição, nesse caso, teria como base diversos preceitos constitucionais, como o inc. XLIII do art. 5º da CF/88, que afirma que "a lei considerará crimes inafiançáveis e insuscetíveis de graça ou anistia a prática da tortura, o tráfico ilícito de entorpecentes e drogas afins, o terrorismo e os definidos como crimes hediondos, por eles respondendo os mandantes, os executores e os que, podendo evitá-los, se omitem".

23   BRASIL. Supremo Tribunal Federal. Arguição de Descumprimento de Preceito Fundamental n. 153. Conselho Federal da OAB. Distribuída em 21/10/2008. Voto do relator. p. 43. Disponível em: http://redir.stf.jus.br/estfvisualizadorpub/jsp/consultarprocessoeletronico/ConsultarProcessoEletronico.jsf?seqobjetoincidente=2644116. Acesso em 28 de maio de 2010.

pela interpretação extensiva da Lei, com os agentes do Estado violadores dos direitos humanos. Ou seja, as expectativas de ser reconhecidos em suas ações e atitudes em relação a um regime ditatorial totalmente ilegítimo são completamente frustradas dentro desse cenário. O que ocorre é que a tese do "acordo político" reforça um horizonte valorativo, constituído ainda durante o regime ditatorial, responsável pela depreciação das opções políticas daqueles que decidiram se insurgir às arbitrariedades do Estado, e que permanece constituído mesmo durante o processo de transição, dificultando uma nova compreensão histórica sobre os atos ocorridos.

(II) A consequência mais imediata para a vida cotidiana dos perseguidos políticos é a enorme dificuldade de estabelecimento de relações solidárias com os demais parceiros de interação social, tanto em relação aos contemporâneos ao período do regime como também com as novas gerações. Isso porque foi institucionalizado na lei, reafirmada como legítima, um padrão de avaliação pejorativo no tocante às opções políticas escolhidas durante o regime ditatorial pelos grupos divergentes. Ou seja, é a terceira forma de reconhecimento que é aqui afetada, justamente aquela em que a construção da estima entre os parceiros de interação revela formas de solidariedade interativa, na medida em que se reconhece o valor e a importância recíproca pelos modos de vida distintos que existem na sociedade. Na medida em que um desses modos é construído no imaginário popular como ruim ou pejorativo, essas relações restam abaladas. Nesse aspecto, Honneth destaca os efeitos psicológicos dessa forma de negação do reconhecimento:

> [...] o sujeito, que se envergonha de si mesmo na experiência do rechaço de sua ação, sabe-se como alguém de valor social menor do que havia suposto previamente; considerando-se de uma perspectiva psicanalítica, isso significa que a violação de uma norma moral, refreando a ação, não atinge aqui negativamente o superego, mas sim os ideais de ego do sujeito[24].

Diante da construção argumentativa apresentada até agora e da análise de suas principais consequências sob a ótica da teoria do reconhecimento, é normal a verificação de que tenham surgido teses contestatórias do suposto acordo político ou acordo histórico existente, uma vez que as condições de igualdade de negociação não estavam dadas pelas obviedades contextuais da época, como a ausência de legitimidade na composição do Congresso Nacional e a condução do processo de abertura pelos próprios integrantes do regime ditatorial.

---

24   HONNETH, Axel. **Luta por reconhecimento**: a gramática moral dos conflitos sociais. São Paulo: Editora 34, 2003. p. 223.

O principal argumento construído não só para opor a versão histórica do "acordo político", mas para demonstrar suas máculas no processo de transição brasileiro, é que ela
consolida uma concepção de anistia como esquecimento e, nesses termos, ela seria um
impeditivo ao enfrentamento dos atos do passado, negando ao país o acesso ao direito à
memória, à verdade e à apuração das violações cometidas.

A defesa desse argumento é importante na disputa valorativa da verdade histórica sobre
os fatos ocorridos no início do processo de transição. Afinal, houve de fato uma intenção
de manter-se o controle da abertura política exatamente para que se garantisse a inco-
lumidade em relação aos atos de violações ocorridos. Ou seja, a contestação da tese
histórica do "acordo político" é absolutamente legítima[25].

O problema que se coloca é que desse argumento passam a ser construídas algumas análises que acabam por conceber a totalidade do processo transicional como
uma tentativa de imposição do esquecimento de forma a estagnar os avanços
históricos conquistados a partir das lutas pela anistia ao longo desses trinta anos.
A generalização da leitura de que todo o processo transicional brasileiro conquis-
tado até hoje é marcado pelo esquecimento pode trazer consequências desastrosas
para a implementação de estratégias concretas de aprofundamento da transição
política brasileira. Primeiro, porque comete o mesmo equívoco que a tese do "acordo político" quando predetermina que o sentido de anistia no Brasil é o esquecimento, como se não houvesse nenhuma forma de reação aos valores firmados em
tempos pretéritos, de ainda franco autoritarismo, no espaço de uma sociedade já
em processo de democratização. Depois, e até como resultado do primeiro argumento, porque não considera a continuidade da disputa valorativa pelo reconhecimento da legitimidade das ações dos perseguidos políticos, que permanece existindo na sociedade brasileira como uma verdadeira luta moral por reconhecimento[26].

---

25   A esse respeito, Abrão e Torelly destacam que: "no Brasil, ocorreu uma transição 'sob controle', na qual
os militares apenas aceitaram a 'transição lenta, gradual e segura' a partir de uma posição de retaguarda no regime,
delegando aos políticos que os defendiam a legitimação da transição em aliança com a elite burocrática e política
que emergiu do regime e orientou a conciliação com a maior parte da oposição legal. A partir daí procurou-se impor
burocraticamente um conceito de perdão por meio do qual os ofensores perdoariam os ofendidos, o que limitou a
adesão subjetiva à reconciliação, e quis transformar-se a anistia em um mero esquema de reparações materiais com o
intuito de impor o esquecimento, como se isso fosse possível". ABRÃO, Paulo; TORELLY, Marcelo D. **Justiça de transição
no Brasil:** a dimensão da reparação. In: SANTOS, Boaventura de Sousa; ABRÃO, Paulo; MACDOWELL, Cecília; TORELLY,
Marcelo. (orgs.) **Repressão e memória política no contexto ibero-brasileiro:** estudos sobre Brasil, Guatemala, Peru
e Portugal. Coimbra: Universidade de Coimbra; Brasília: Ministério da Justiça, 2010. pp. 26-59. p. 47.

26   Várias entidades da sociedade civil foram importantes para o impulsionamento das lutas pela anistia.
Destacam-se a Conferência Nacional dos Bispos do Brasil (CNBB), a Ordem dos Advogados do Brasil (OAB) e a Associação Brasileira de Imprensa (ABI). Outros movimentos sociais surgiram em torno da bandeira da anistia, como o

Nesse sentido, a crítica feita por Abrão e Torelly é imprescindível para a análise desse quadro:

> A ausência de estudos teóricos aprofundados sobre a justiça de transição no Brasil faz prevalecer análises primárias que apenas repercutem um senso comum baseado em dois diagnósticos: o primeiro, de que o processo do acerto de contas do Estado brasileiro com o passado priorizou apenas o dever de reparar e cujo parâmetro baseado em critérios remuneratórios de eminente natureza trabalhista seria impertinente e, o segundo, de que a ideia de "anistia" que, em sentido etimológico significa esquecimento, deturparia as medidas justransicionais do Estado brasileiro[27].

O que acaba ocorrendo, diante desse quadro, não diz respeito mais apenas à disputa valorativa sobre a verdade histórica da genealogia da transição política brasileira, mas sim à configuração de divergências – sobretudo teóricas – ocorridas muitas vezes dentro do horizonte de defesa da implementação de uma autêntica justiça de transição, que acaba afetando as já existentes estratégias de medidas transicionais surgidas ao longo do processo, bem como aquelas que ainda poderão advir no somatório dessa luta por justiça. Nesse sentido é que se propõe, a partir da utilização do critério da integração social, uma análise das consequências da manutenção da visão de que predomina no Brasil uma concepção de anistia como esquecimento.

Movimento Feminino pela Anistia (MFA) e os Comitês Brasileiros pela Anistia (CBAs). Aquino, Vieira, Agostino e Roedel destacam que "[...] as passeatas começaram a ocorrer, principalmente nas cidades de São Paulo e Rio de Janeiro. Documentos – como a Carta Aberta à População e a Carta aos Brasileiros – eram lidos em praças apinhadas de populares. A OAB, a ABI e a CNBB realizaram encontros nos quais se discutiu a restauração do Estado de Direito, a libertação dos presos políticos, a anistia, a suspensão da censura à imprensa. Nesse contexto de luta contra a ditadura em evidente desgaste político e crescente crise econômica, criou-se o Movimento Feminino pela Anistia (MFA), organizado por Terezinha Zerbini, em fevereiro de 1978, em São Paulo. Pouco depois fundaram-se Comitês Brasileiros pela Anistia (CBAs) nas principais capitais do país. A bandeira da anistia ampla, geral e irrestrita passou a mobilizar um número cada vez maior de brasileiras e de brasileiros. Sucederam-se conferências, debates, comícios e passeatas, muitas vezes reprimidos pelas autoridades. Multiplicaram-se denúncias de torturas, de assassinatos e desaparecimentos de presos políticos. Foi um tempo de luta, de esperanças renovadas, de sonhos vividos, de renascer da cidadania". AQUINO, Rubim Santos Leão de; VIEIRA, Fernando Antônio da Costa; AGOSTINO, Carlos Gilberto Werneck; ROEDEL, Hiran. **Sociedade Brasileira**: uma história através dos movimentos sociais. Da crise do escravismo ao apogeu do neoliberalismo. Rio de Janeiro: Record, 2000. pp. 761-2. Outros movimentos foram surgindo ao longo desses trinta anos, como os Grupos Tortura Nunca Mais e as demais organizações de familiares de mortos e desaparecidos políticos. Recentemente, o grupo de familiares dos desaparecidos políticos da Guerrilha do Araguaia apresentou importante denúncia contra o Estado brasileiro, aceita na Corte Interamericana de Direitos Humanos para que seja feita a devida apuração dos fatos e responsabilização dos agentes violadores dos direitos humanos.

27   Para os autores, "a anistia como esquecimento resta afirmada apenas no Poder Judiciário, que, por natureza, é o poder mais conservador da república, e nos setores da academia com dificuldades de dialogar com a realidade concreta, fixando-se a conceitos estanques e, claro, finalmente, naqueles setores mais reacionários, que simplesmente não aceitam a anistia enquanto conquista democrática e ideologicamente não admitem o dever de reparação aos perseguidos políticos ou a consideram indevida". ABRÃO, Paulo; TORELLY, Marcelo D. Justiça de transição no Brasil: a dimensão da reparação. In: SANTOS, Boaventura de Sousa; ABRÃO, Paulo; MACDOWELL, Cecília; TORELLY, Marcelo. (orgs.) **Repressão e memória política no contexto ibero-brasileiro:** estudos sobre Brasil, Guatemala, Peru e Portugal. Coimbra: Universidade de Coimbra; Brasília: Ministério da Justiça, 2010. pp. 26-59. p. 34.

4. A RELEVÂNCIA DA CONSIDERAÇÃO DO CRITÉRIO DA INTEGRAÇÃO SOCIAL NA ANÁLISE E DEFINIÇÃO DAS ESTRATÉGIAS DE IMPLEMENTAÇÃO DE MEDIDAS TRANSICIONAIS

Como já referido, o processo de transição no Brasil não se resume à aprovação da Lei 6683/79; outras iniciativas também passaram a integrar esse cenário, principalmente no que tange à estruturação de um sistema reparatório, contemplado inicialmente pelo texto constitucional de 1988 e complementado pela aprovação de legislações no Congresso Nacional: a Lei 9.140/95, alterada pelas Leis 10.536/02 e 10.875/04, que cria a Comissão Especial de Mortos e Desaparecidos Políticos, instituindo a reparação aos seus familiares; e a Lei 10.559/02, que cria a Comissão de Anistia, com previsão de reparação aos perseguidos políticos do regime ditatorial.

Para além de outras iniciativas no campo da justiça transicional que surgiram ao longo dessa trajetória histórica, o enfoque deste texto será no sistema reparatório, que, por concentrar grande parte das críticas ao processo de transição brasileiro, torna possível vislumbrar as principais consequências da utilização equivocada da tese da anistia como esquecimento[28]. As críticas ao sistema reparatório brasileiro giram em torno da seguinte ideia: é um sistema de reparação meramente pecuniário que utiliza a indenização para reforçar a tese do "acordo político" e impor o esquecimento como a regra da anistia brasileira.

Não há dúvidas de que as leis que tratam do sistema reparatório brasileiro são imperfeitas e cheias de contradições, demonstrando limites concretos a um processo isonômico de indenizações. Ocorre que, mesmo diante de todas essas imperfeições, está sendo possível a construção de estratégias de implementação de medidas transicionais que contrapõem essas críticas, atuando em um horizonte de aumento dos processos de integração social. Primeiramente, há que mencionar a chamada "virada hermenêutica" ocorrida no âmbito de interpretação e compreensão da Lei 10.559/02, constatada e defendida por Abrão e Torelly na seguinte passagem:

---

28   Outras dimensões da justiça de transição também foram contempladas ao longo dessa trajetória histórica. Abrão e Torelly destacam, no âmbito das reformas institucionais, a criação do Ministério da Defesa, submetendo os comandos militares ao poder civil, a criação do Ministério Público, com missão constitucional que envolve a proteção do regime democrático, da ordem jurídica e dos interesses sociais e individuais indisponíveis e a revogação da lei de imprensa criada na ditadura, dentre outras. No âmbito do direito à memória e à verdade, os autores destacam a criação do Centro de Referências das Lutas Políticas no Brasil, coordenado pelo Arquivo Nacional. ABRÃO, Paulo; TORELLY, Marcelo D. Justiça de transição no Brasil: a dimensão da reparação. In: SANTOS, Boaventura de Sousa; ABRÃO, Paulo; MACDOWELL, Cecília; TORELLY, Marcelo. (orgs.) **Repressão e memória política no contexto ibero-brasileiro**: estudos sobre Brasil, Guatemala, Peru e Portugal. Coimbra: Universidade de Coimbra; Brasília: Ministério da Justiça, 2010. pp. 26-59.

É essa correta percepção do que é a anistia – coerente com a luta histórica dos perseguidos políticos que a sustentaram – que levou a Comissão de Anistia a promover uma "virada hermenêutica" nas leituras usualmente dadas à Lei 10.559: *não se trata de simples reparação econômica, mas de gesto de reconhecimento das perseguições aos atingidos pelos atos de exceção.* Tanto é assim que, a partir de 2007, a Comissão de Anistia passou a formalmente "pedir desculpas oficias" pelos erros cometidos pelo Estado consubstanciado no ato declaratório de anistia política. Corrigiu-se, dentro das balizas legais existentes, o desvirtuamento interpretativo que dava ao texto legal uma leitura economicista, uma vez que a anistia não pode – para fazer sentido como ato de um Estado fundado nos valores em que se funda o Estado brasileiro – ser vista como a imposição da amnésia ou como ato de esquecimento, ou de suposto ilógico perdão do Estado a quem ele mesmo perseguiu e estigmatizou como subversivo ou criminoso[29].

A inserção oficial do pedido de perdão no rito dos julgamentos da Comissão de Anistia, que consolida uma forma de reparação moral e não pecuniária, é uma estratégia concreta de valorização do papel daqueles que exerceram com legitimidade seu direito de resistência contra o Estado autoritário, reconhecendo sua importância histórica e contrapondo frontalmente o processo de desvalorização desse grupo na sociedade brasileira. Nesse ato, há uma ressignificação semântica da concepção de anistia, caracterizando tal iniciativa como uma divergência real em relação à ideia de anistia como esquecimento. O que se tenta atingir com isso é a satisfação das expectativas de reconhecimento da importância histórica daqueles que resistiram ao regime autoritário, projetadas na formulação das legislações de reparação.

No mesmo sentido do pedido de perdão, é possível constatar a implementação da estratégia de valorização dos testemunhos dos perseguidos políticos como fontes reais na construção da verdade histórica sobre os fatos ocorridos no passado. Ou seja, cada testemunho oral ou escrito é ressaltado como a versão oficial dos perseguidos pelo Estado brasileiro, colocando-os como protagonistas desse processo de persecução do direito à memória e à verdade. Isso ocorre não só nos julgamentos individuais, mas também nas chamadas sessões temáticas, em que há um espaço de tempo para a apresentação das teses de perseguição por parte de grupos atingidos sistematicamente no regime de ex-

---

29   ABRÃO, Paulo; TORELLY, Marcelo D. Justiça de transição no Brasil: a dimensão da reparação. In: SANTOS, Boaventura de Sousa; ABRÃO, Paulo; MACDOWELL, Cecilia; TORELLY, Marcelo. (orgs.) **Repressão e memória política no contexto ibero-brasileiro**: estudos sobre Brasil, Guatemala, Peru e Portugal. Coimbra: Universidade de Coimbra; Brasília: Ministério da Justiça, 2010. pp. 26-59. p. 35.

ceção, como, por exemplo, os grupos de sindicalistas envolvidos em greves. Há, nesse sentido, a abertura de um caminho de reencontro com as lutas do passado que se renovam no cotidiano atual da sociedade brasileira, possibilitando novas formas de luta pela ampliação da concepção de anistia em nosso país.

Há, ainda, o projeto educativo em direitos humanos, desenvolvido no âmbito da Comissão de Anistia, que tem como uma de suas principais realizações as chamadas Caravanas da Anistia[30]. Tais Caravanas constituem-se, em resumo, em sessões de julgamentos realizadas em diversas localidades do país, abertas a todo o público, que permitem a muitos perseguidos participar de seus julgamentos, o que muitas vezes se tornaria inviável devido à impossibilidade de deslocamento até a capital federal do país, onde ocorrem as sessões ordinárias da Comissão de Anistia. As Caravanas revelam um alto grau de realização de medidas transicionais, pois estendem o debate de forma pública para a população local, envolvendo os participantes no comprometimento da manutenção de um regime democrático. A divulgação dos fatos ocorridos durante o regime ditatorial a partir da narrativa dos perseguidos políticos proporciona o estabelecimento de laços de solidariedade que podem ser decisivos para a construção de uma nova base valorativa para a compreensão dos atos dos perseguidos políticos durante o regime. As Caravanas proporcionam, muitas vezes, encontros geracionais, constituindo-se como "[...] uma grande estratégia de integração social, que contribui diretamente na propagação da importância da defesa dos direitos humanos e dos valores democráticos"[31].

Os exemplos citados de forma breve dizem respeito a apenas um conjunto de iniciativas vinculadas a uma das formas de reparação instituídas ao longo do período transicional, constituindo-se como modos concretos de reverter as consequências da tese histórica do "acordo político", já que permitem o estabelecimento de novas compreensões valorativas sobre os fatos ocorridos, enfrentando a depreciação dos atos de resistência consagrada pelo regime ditatorial. Denotam, portanto, possibili-

---

30   Para uma análise completa das Caravanas da Anistia como parte do projeto educativo em Direitos Humanos da Comissão de Anistia, ver: ABRÃO, Paulo; CARLET, Flávia; FRANTZ, Daniela; FERREIRA, Kelen Meregali Model; OLIVEIRA, Vanda Davi Fernandes de. Educação e Anistia Política: ideias e práticas emancipatórias para a construção da memória, da reparação e da verdade no Brasil. In: SANTOS, Boaventura de Sousa; ABRÃO, Paulo; MACDOWELL, Cecilia; TORELLY, Marcelo. (orgs.) **Repressão e memória política no contexto ibero-brasileiro**: estudos sobre Brasil, Guatemala, Peru e Portugal. Coimbra: Universidade de Coimbra; Brasília: Ministério da Justiça, 2010. pp. 58-87.

31   BAGGIO, Roberta Camineiro. Justiça de transição como reconhecimento: limites e possibilidades do processo brasileiro. In: SANTOS, Boaventura de Sousa; ABRÃO, Paulo; MACDOWELL, Cecilia; TORELLY, Marcelo. (orgs.) **Repressão e memória política no contexto ibero-brasileiro**: estudos sobre Brasil, Guatemala, Peru e Portugal. Coimbra: Universidade de Coimbra; Brasília: Ministério da Justiça, 2010. p. 260-285. p. 280.

dades reais de construção de espaços para novas estratégias de implementação de medidas transicionais no Brasil.

Ou seja, mesmo diante de um cenário conturbado de transição, cheio de imperfeições próprias dos diversos matizes ideológicos concorrentes nesse processo, é possível reverter muitas das adversidades em situações concretas de manutenção da disputa valorativa sobre a concepção de anistia que acaba se dando pelas oportunidades de aumento dos processos de integração social. Na medida em que os espaços se abrem para a revalorização ética das opções políticas adotadas pelos opositores ao regime de exceção e esse debate consegue atingir um espaço público de compreensão, as expectativas de reconhecimento ganham fôlego para serem concretizadas e, com elas, as chances reais de progresso moral das relações pela ampliação das formas de integração social. Essas práticas que se renovam cada vez mais na realidade fática, política e institucional, da luta por uma transição mais completa no Brasil, encontram, desse modo, fundamento moral nas possibilidades concretas de aumento da integração social por meio da implementação de mecanismos capazes de alcançar formas efetivas de reconhecimento.

O grande problema das perspectivas teóricas que insistem em projetar nos avanços transicionais conquistados até hoje a leitura da predominância de um processo de transição como esquecimento, pelo apego à análise do período inicial da transição política no Brasil, acabam, ainda que não tenham essa intenção, corroborando com o fortalecimento dos valores de depreciação da luta pela anistia no Brasil e, em especial, de desprezo pelas opções políticas assumidas pelos perseguidos políticos, que ao invés de ganharem sustentação para fortalecer a luta social por uma transição política mais completa, acabam tendo que suportar o reforço de uma perspectiva de desrespeito e não consideração ao papel histórico por eles desempenhado.

A visão de que o sistema reparatório no Brasil privilegia uma perspectiva meramente pecuniária, que serve como forma de imposição do esquecimento a todos aqueles que sofreram as violações por parte do Estado, não contribui para a melhora desse sistema e nem sequer se apresenta como uma estratégia de aumento da integração social, ao contrário, reforça, ainda que de forma contraditória e não intencional, o conjunto de valores depreciativos dos perseguidos políticos na sociedade brasileira, construído durante o regime ditatorial e sustentado pela tese da anistia como "acordo político". Alguns exemplos básicos podem demonstrar essa lamentável conexão.

A partir dessa mesma lógica, Abrão e Torelly destacam outro argumento, muito utilizado na imprensa, de que as indenizações no Brasil não passam de formas de "calar a boca" dos perseguidos políticos

O primeiro é o do uso recorrente, pelos meios de comunicação, da expressão bolsa-ditadura como forma de depreciar as indenizações recebidas pelos perseguidos políticos[32]. O principal argumento para a sustentação dessa expressão é justamente a ligação entre o modo depreciativo de olhar para os atos daqueles que resistiram ao regime ditatorial, próprio da tese do "acordo político", e a análise de que o sistema reparatório brasileiro se limita a uma perspectiva de indenização pecuniária, defendida por aqueles que projetam nas reparações a imposição do esquecimento. Assim, consolida-se a ideia de que opositores ao regime ditatorial brasileiro, criminosos em um passado não tão longínquo, são agora agraciados com indenizações por meio de um sistema reparatório forjado para beneficiá-los pecuniariamente sem que isso signifique o reconhecimento dos erros do Estado e da importância dos atos de resistência contra um regime ilegítimo.

O outro exemplo refere-se à conjuntura da sucessão presidencial de 2010. Um dos candidatos ao cargo, ex-perseguido político, apareceu em um vídeo difundido na internet[33], que, ao narrar sua trajetória política, alega como vantagem incontestável o fato de não ter pedido indenização ao Estado brasileiro pelos fatos que lhe ocorreram durante a ditadura, o que o tornaria uma pessoa mais honesta e coerente do que outros políticos supostamente favorecidos com o sistema reparatório brasileiro. Curiosamente, sua concorrente, também ex-perseguida política, pediu indenização ao poder público[34]. De acor-

---

32   A expressão bolsa-ditadura, para denominar pejorativamente as indenizações dadas pelo Estado brasileiro às vítimas da ditadura, foi cunhada por Elio Gaspari, tendo sido adotada por diversos outros meios de comunicação. Em um de seus artigos, Elio Gaspari debocha da indenização recebida pelo ex-presidente Lula por ter sido perseguido político e preso por suas atividades sindicais à época da ditadura brasileira: "Raúl Castro disse que 'Lula deveria ter nascido em Cuba'. Muita gente concorda com ele, mas ninguém deseja tanto o Nosso Guia. Não foram muitos os casos de pessoas que ameaçaram o regime do comandante e ficaram só 31 dias presos. Nenhum deles, nem mesmo quem gramou 31 anos, recebe uma Bolsa-Ditadura de US$ 2.500, dinheiro suficiente para pagar o salário de 83 médicos". Disponível em: http://www1.folha.uol.com.br/fsp/brasil/fc2001200808.htm. Acesso em 20 de janeiro de 2008.

33   Disponível em: http://www.youtube.com/watch?v=XEORM3qcZyo.

34   De acordo com o Jornal Folha de S. Paulo, o vídeo foi publicado no site oficial da campanha à presidência da república de José Serra, mas retirado do ar assim que o jornal procurou a assessoria do candidato para tratar do assunto, que alegou que o vídeo foi produzido por um "simpatizante". Disponível em: http://www1.folha.uol.com.br/fsp/poder/po0508201010.htm. Acesso em: 28.08.2010.

do com o jornal Folha de S. Paulo, que noticiou a existência do vídeo, a crítica literal é a da existência de "[...] políticos que se gabam de ter lutado contra a ditadura, mas pedem dinheiro, contraprestação por suas lutas"[35].

Essa fala demonstra o quanto o sistema reparatório é diminuído à mera questão pecuniária e como isso se torna motivo de menosprezo a ponto de tornar-se estratégia de conquista de votos. Novamente, a depreciação pela condição de perseguido político torna-se confirmada pela aceitação da indenização pecuniária, já que o candidato, mesmo que tenha participado da oposição ao regime ditatorial, projeta toda sua redenção no fato de não ter se rendido ao sistema de reparações, visto evidentemente como mero fornecimento de dinheiro ilegítimo.

A partir dessa mesma lógica, Abrão e Torelly destacam outro argumento, muito utilizado na imprensa, de que as indenizações no Brasil não passam de formas de "calar a boca" dos perseguidos políticos. Afinal, como já ressaltado, esses mesmos perseguidos fizeram parte do "acordo político" de 1979. Para os autores:

> pretender reduzir o valor moral da declaração de anistiado político à mera dimensão econômica é, atualmente, a estratégia mais comumente utilizada por aqueles setores irresignados com a própria existência de uma assunção de culpa do Estado pelos erros cometidos no passado, que pretendem com esse discurso justificar, valendo-se das assimetrias características do processo de reparação econômica brasileira, que a lei de anistia não teria promovido nada além de um "cala a boca" a determinados setores sociais. Em um processo com as peculiaridades do brasileiro, longo, delicado, vagarosos e truncado, não é realista a crítica de que o processo de reparação seria causador de "alienação" social, nos termos do "cala a boca", pois, como visto, a sociedade seguiu renovando-se e adotando novas medidas de aprimoramento democrático[36].

O ápice do processo de desvalorização da condição de anistiados políticos daqueles que foram perseguidos pelo Estado e hoje recebem indenizações pelo reconhecimento dos erros do passado foi a recente decisão tomada pelo Tribunal de Contas da União (TCU), órgão responsável pela fiscalização das contas públicas em âmbito federal, de fazer uma revisão em todos os processos já julgados pela Comissão de

---

35   Disponível em: http://www1.folha.uol.com.br/fsp/poder/po0508201010.htm. Acesso em: 28.08.2010.

36   ABRÃO, Paulo; TORELLY, Marcelo D. Justiça de transição no Brasil: a dimensão da reparação. In: SANTOS, Boaventura de Sousa; ABRÃO, Paulo; MACDOWELL, Cecília; TORELLY, Marcelo. (orgs.) **Repressão e memória política no contexto ibero-brasileiro**: estudos sobre Brasil, Guatemala, Peru e Portugal. Coimbra: Universidade de Coimbra; Brasília: Ministério da Justiça, 2010. pp. 26-59. p. 48.

Anistia que tenham deferido indenizações em prestações mensais, permanentes e continuadas, sob o entendimento de que essas indenizações teriam uma natureza jurídica de pensões e, portanto, estariam sob a competência do referido Tribunal para serem fiscalizadas.

O procurador do Ministério Público junto ao TCU, autor da representação que ensejou a decisão, alega como fundamento de seu pedido a disparidade das indenizações[37], resumindo todo o debate do sistema reparatório brasileiro a uma mera questão econômica de alto impacto aos cofres públicos, sem enfrentar qualquer debate sobre a dívida moral do Estado e da própria sociedade às pessoas que sofreram as consequências diretas do autoritarismo estatal. Ao contrário, fazendo uso do senso comum em torno da ilegitimidade das indenizações, utiliza a suposta defesa dos interesses da sociedade brasileira para distorcer o debate valorativo que fundamenta as medidas transicionais como a reparação. Em entrevista ao jornal O Globo, o procurador afirma que "[...] quem paga não foi quem oprimiu. É o contribuinte. Não é o Estado quem paga essas indenizações. É a sociedade. É ela que o Ministério Público defende. Essa decisão do TCU significa moralização do que está ocorrendo"[38], como se fosse possível construir novos valores democráticos em sociedade sem uma base de solidariedade e reconhecimento público de que as dívidas morais de um Estado autoritário também constituem-se como dívidas sociais, cujo enfrentamento e resolução são imprescindíveis ao fortalecimento de um Estado democrático.

Nesses termos, a mera crítica academicista aos critérios de indenização contemplados na lei, sem proposições de superação de seus limites e de busca de novas formas criativas de ressignificação da concepção de anistia no Brasil, é um desperdício pela perda da oportunidade de utilização de um espaço institucional já constituído para a construção de estratégias concretas de aumento da integração social. Ao contrário, acaba por reforçar a visão daqueles que defendem a ilegitimidade dos perseguidos políticos em pleitear do Estado brasileiro o reconhecimento de seus erros pelos atos de perseguição que violaram direitos, alterando significativamente o rumo de suas vidas.

---

37   Interessante observar que a existência de decisões divergentes em processos semelhantes é um problema vinculado a qualquer órgão, singular ou colegiado, administrativo ou judicial, de decisão: sempre haverá divergências, e a busca de uniformização das decisões constitui-se como uma questão complexa, ainda não superada por nenhuma instância, em nenhuma sociedade, a não ser pelo emprego de medidas com natureza explicitamente autoritárias.

38   Disponível em: http://oglobo.globo.com/pais/mat/2010/08/12/pagamentos-anistiados-vao-ser-revistos 91737 5821.asp. Acesso em: 12.08.2010.

A depreciação da reparação, concebida apenas como indenização e modo de esquecimento, é uma construção própria do contexto brasileiro, já que não há qualquer demérito no caráter indenizatório nos debates em geral sobre a reparação pecuniária em matéria de justiça de transição. Essa construção, contudo, se sustenta em bases equivocadas, já que não percebe a dimensão da reparação moral contida no próprio texto legal, que se constitui como uma forma de reconhecimento dos erros do passado e ignora as demais estratégias de contemplação de expectativas de reconhecimento que conduzem a uma possibilidade real de aumento do progresso moral da sociedade brasileira. Afinal, qualquer tentativa de recuperação da dignidade e da autoestima dos perseguidos políticos, por meio do reconhecimento dos erros do Estado, contribui para novas bases de acesso ao direito à memória e à construção de uma democracia que prima pela não violação aos direitos humanos.

O debate sobre as divergências em relação ao sistema reparatório demonstra que o processo de transição brasileiro tem uma potencialidade moral de melhora das relações sociais ainda pouco utilizada. Novas iniciativas em matéria transicional têm surgido como fruto das lutas sociais pela busca de complementação à justiça transicional no Brasil, como é o caso da criação de uma Comissão Nacional da Verdade, proposta no III Programa Nacional de Direitos Humanos[39].

Apesar de todas as resistências e reações adversas, principalmente por parte de alguns setores das Forças Armadas, constituiu-se uma comissão que elaborou um Projeto de Lei (PL), apresentado pelo próprio presidente da República ao Congresso Nacional, com o objetivo de que se institua a Comissão da Verdade no Brasil. Ou seja, a aprovação desse PL significará mais um importante avanço institucional de iniciativa do Poder Executivo com a chancela do Poder Legislativo. De acordo com o PL, a finalidade da Comissão é examinar e esclarecer as graves violações de direitos humanos praticadas no período estabelecido na Constituição Federal, em seu art. 8º do Ato das Disposições Constitucionais Transitórias, ou seja, entre 18 de setembro de 1946 e 05 de outubro de

---

39   O Programa foi anunciado pelo presidente da República em 21 de dezembro de 2009, depois de ter sido elaborado a partir de 137 conferências coordenadas pela Secretaria Especial dos Direitos Humanos, que envolveram 14 mil participantes. Um dos seus eixos, o sexto, é dedicado à temática do "Direto à Memória e à Verdade". Sua diretriz 23 designa um grupo de trabalho formado por "representantes da Casa Civil, do Ministério da Justiça, do Ministério da Defesa e da Secretaria Especial dos Direitos Humanos da Presidência da República, para elaborar, até abril de 2010, projeto de lei que institua Comissão Nacional da Verdade, composta de forma plural e suprapartidária, com mandato e prazo definidos, para examinar as violações de Direitos Humanos praticadas no contexto da repressão política". LIMA, Paula. Apresentação do PNDH 3. Secretaria Especial de Direitos Humanos. Presidência da República. Disponível em: http://pfdc.pgr.mpf.gov.br/eventos/encontronacional/xvencontro/docs_xv_evento_nacional/Apresentacao_PaulaLima_SEDH.pdf. Acesso em 14 de janeiro de 2010.

1988. Dentre os objetivos[40] e as competências[41] estabelecidos, o referido projeto guarda um enorme potencial de realização de expectativas de reconhecimento. Primeiro, pelas possibilidades de reconstrução dos fatos históricos, esclarecendo o *modos operandi* dos agentes do regime de exceção para com os perseguidos políticos, o que por si só abre caminhos para a recuperação da dignidade e da autoestima de todos aqueles que ainda oficialmente não tiveram a oportunidade de ver esclarecidos os fatos de violações perpetrados no passado.

Em segundo lugar, pelo alcance que a temática pode vir a ter na esfera pública, uma vez que as sessões da Comissão serão abertas ao público e também poderão ser convocadas audiências públicas para a promoção de debates mais amplos e acessíveis a toda a sociedade. E, ainda, pela oportunidade de se estabelecer parcerias com instituições de ensino superior para o desenvolvimento das atividades da Comissão, permitindo o envolvimento de gerações que não viveram o período do regime autoritário com o tema da justiça de transição. O esclarecimento sobre as violações aos direitos humanos ocorridas durante o regime de exceção ou a busca do direito à memória e à verdade unida a um alto potencial de publicização podem significar a formação de um novo horizonte valorativo acerca da importância das medidas transicionais para o fortalecimento do regime democrático, principalmente quanto à implementação de medidas de não repetição.

---

40   "Art. 3° São objetivos da Comissão Nacional da Verdade: I - esclarecer os fatos e as circunstâncias dos casos de graves violações de direitos humanos mencionados no *caput* do art. 1°; II - promover o esclarecimento circunstanciado dos casos de torturas, mortes, desaparecimentos forçados, ocultação de cadáveres e sua autoria, ainda que ocorridos no exterior; III - identificar e tornar públicos as estruturas, os locais, as instituições e as circunstâncias relacionados à prática de violações de direitos humanos mencionadas no *caput* do art. 1°, suas eventuais ramificações nos diversos aparelhos estatais e na sociedade; IV - encaminhar aos órgãos públicos competentes toda e qualquer informação obtida que possa auxiliar na localização e identificação de corpos e restos mortais de desaparecidos políticos, nos termos do art. 1° da Lei n° 9.140, de 4 de dezembro de 1995; V - colaborar com todas as instâncias do Poder Público para apuração de violação de direitos humanos, observadas as disposições das Leis n°s 6.683, de 28 de agosto de 1979, 9.140, de 1995, e 10.559, de 13 de novembro de 2002; VI - recomendar a adoção de medidas e políticas públicas para prevenir violação de direitos humanos, assegurar sua não repetição e promover a efetiva reconciliação nacional; e VII - promover, com base nos informes obtidos, a reconstrução da história dos casos de graves violações de direitos humanos, bem como colaborar para que seja prestada assistência às vítimas de tais violações".

41   Art. 4° Para execução dos objetivos previstos no art. 3°, a Comissão Nacional da Verdade poderá: I - receber testemunhos, informações, dados e documentos que lhe forem encaminhados voluntariamente, assegurada a não identificação do detentor ou depoente, quando solicitado; II - requisitar informações, dados e documentos de órgãos e entidades do Poder Público, ainda que classificados em qualquer grau de sigilo; III - convocar, para entrevistas ou testemunho, pessoas que possam guardar qualquer relação com os fatos e circunstâncias examinados; IV - determinar a realização de perícias e diligências para coleta ou recuperação de informações, documentos e dados; V - promover audiências públicas; VI - requisitar proteção aos órgãos públicos para qualquer pessoa que se encontre em situação de ameaça, em razão de sua colaboração com a Comissão Nacional da Verdade; VII - promover parcerias com órgãos e entidades, públicos ou privados, nacionais ou internacionais, para o intercâmbio de informações, dados e documentos; e VIII - requisitar o auxílio de entidades e órgãos públicos.

Não é possível saber qual será o resultado final desse processo legislativo e em que termos será estabelecida a competência final da referida Comissão Nacional da Verdade. O que se pode afirmar é que esse é ainda um espaço em franca construção e que, mesmo que a configuração da Comissão não saia como desejada, não se pode abrir mão de disputar tal espaço, tentando torná-lo um efetivo canal de busca por reconhecimento, apesar dos limites institucionais que possam existir, tal qual ocorreu com a Lei 10.5559/02, que instituiu o sistema reparatório para os perseguidos políticos brasileiros.

É exatamente disso que se trata a luta por reconhecimento, principalmente, no âmbito da comunidade de valores. Enquanto houver espaço para a reversão de determinadas realidades, é preciso tornar o mais público possível os valores éticos envolvidos nos debates sobre a justiça de transição para que a disputa valorativa junto à sociedade torne-se uma possibilidade concreta de progresso moral e, consequentemente, de melhora das relações sociais, o que, em matéria de justiça transicional no Brasil, significa a melhora das condições democráticas em sociedade.

5.	CONSIDERAÇÕES FINAIS

Considerando que o progresso moral de uma sociedade está interligado às lutas por reconhecimento e que o aumento das formas de integração social pode conduzir a um espaço efetivo de aumento dessas expectativas de reconhecimento, um processo de transição política é sempre uma possibilidade concreta de progresso moral para uma sociedade que passou por um período de exceção com abalo significativo de suas estruturas de integração social. Por isso, a retomada de medidas para o aumento dessa integração é ponto fulcral no debate sobre as estratégias a serem adotadas no alcance de uma justiça transicional.

No caso brasileiro, vive-se um momento crucial na disputa valorativa sobre as formas já implementadas de medidas transicionais e aquelas ainda em fase de implementação. Tal disputa passa principalmente pelo reconhecimento do valor ético empenhado nos atos de resistência contra o regime de exceção, de forma que os que foram perseguidos políticos possam recompor sua autoestima junto à sociedade no contexto de uma transição marcada inicialmente pelo controle das forças do regime de exceção e pela consolidação de um modo depreciativo de valorá-los. A tentativa de superação desse horizonte valorativo constitui-se no tecido social como uma luta por reconhecimento que busca a realização de expectativas em se reconhecer a importância dos atos de resistência na ordem democrática em construção.

Diante de uma realidade histórica complexa, as medidas transicionais no Brasil apresentam contradições significativas, próprias das diversas leituras que disputam esse cenário valorativo sobre os acontecimentos do passado. Considerando esse quadro, a melhor forma de conceber as estratégias capazes de superação de tais contradições passa pela análise do grau de integração social capaz de ser extraído das várias iniciativas que surgem no horizonte da chamada justiça transicional como formas concretas de realização das expectativas de reconhecimento e, consequentemente, de inversão dos modos depreciativos projetados em determinados grupos sociais partícipes da resistência contra o Estado autoritário, constituídos ao longo do regime de exceção e também presentes no processo de transição.

A crítica construída neste texto buscou demonstrar, principalmente a partir do sistema reparatório instituído como uma das mais centrais medidas transicionais do processo brasileiro, que determinadas leituras reducionistas do sistema de reparação, que acaba concebendo-o como mais um modo de esquecer o passado e, assim sendo, uma mera forma de pagamento de indenizações, não contribuem para combater a visão tradicional e predominante da tese do "acordo político", fonte primária de sustentação do modo depreciativo com que se percebe os perseguidos políticos na realidade histórico-social brasileira. Ao contrário, acaba por endossar suas premissas. A não observância dos avanços mais recentes instituídos no sistema reparatório brasileiro esconde o que há de mais relevante em termos de busca de uma justa transição: a reinserção nos espaços públicos institucionais, e também sociais, de estratégias de integração social capazes de devolver a dignidade e de construir uma nova condição de estima social para aqueles que foram perseguidos políticos, seja pelo reconhecimento oficial dos erros do Estado, seja por meio da publicização dos atos do passado em versões que privilegiam a ótica dos perseguidos políticos.

A tese do "acordo político" comporta em si uma visão depreciativa dos opositores ao regime de exceção que está vinculada a uma tentativa de esquecimento, o que a caracteriza como uma autêntica forma de patologia social por tornar-se um obstáculo ao fomento de processos de integração moral da sociedade. Porém, a mera projeção dessa tentativa de esquecimento nas análises transicionais do processo brasileiro pode significar um reforço à desintegração social que marca o regime de exceção e seus atuais defensores, pois parece olvidar que também pertence a esse processo de transição um conjunto de lutas sociais, encampadas muitas vezes no âmbito institucional, que têm conseguido avanços significativos na ressignificação da anistia no Brasil, enfocando o principal alvo de depreciação daqueles que se opõem a uma complementação de nossa justiça de transição: os perseguidos políticos. Perspectivas que acabem incidindo negativamente sobre a figura daqueles que resistiram ao Estado autoritário concentram o olhar no passado e não nas potencialidades do presente e nas vindouras, próprias de uma sociedade ainda em busca de uma identidade democrática, que continua lutando e disputando a realização de expectativas de reconhecimento que podem e já estão a ressignificar o rumo da história da justiça de transição no Brasil.

Memória e reconciliação nacional: o impasse da anistia na inacabada transição democrática brasileira

JOSÉ CARLOS MOREIRA DA SILVA FILHO
Conselheiro da Comissão de Anistia do Ministério da Justiça
Professor do Programa de Pós-Graduação em Ciências Criminais da
Pontifícia Universidade Católica do Rio Grande do Sul
Doutor em Direito pela Universidade Federal do Paraná

| 1. | JUSTIÇA DE TRANSIÇÃO |

Justiça de Transição é um termo de origem recente[1], mas que pretende indicar aspectos que passaram a ser cruciais a partir das grandes guerras mundiais deflagradas no século XX: o direito à verdade, à memória, à reparação e à justiça e o fortalecimento das instituições democráticas. O foco preferencial da justiça de transição recai sobre sociedades políticas que emergiram de um regime de força para um regime democrático.

---

1   A justiça de transição foi denominada da seguinte forma em documento produzido pelo Conselho de Segurança da ONU: "A noção de 'justiça de transição' discutida no presente relatório compreende o conjunto de processos e mecanismos associados às tentativas da sociedade de chegar a um acordo quanto ao grande legado de abusos cometidos no passado, a fim de assegurar que os responsáveis prestem contas de seus atos, que seja feita a justiça e se conquiste a reconciliação. Tais mecanismos podem ser judiciais e extrajudiciais, com diferentes níveis de envolvimento internacional (ou nenhum), bem como abarcar o juízo de processos individuais, reparações, busca da verdade, reforma institucional, investigação de antecedentes, a destruição de um cargo ou a combinação de todos esses procedimentos" (NAÇÕES UNIDAS – Conselho de Segurança. O Estado de Direito e a justiça de transição em sociedades em conflito ou pós-conflito. Relatório do Secretário Geral S/2004/616. In: **Revista Anistia Política e Justiça de Transição**, Brasília, n.1, p.320-351, jan.-jun. 2009. p.325). Sobre o tema da Justiça de Transição, conferir: ABRÃO, Paulo. (Org.); VIEIRA, José Ribas (Org.); LOPES, J. R. L. (Org.); TORELLY, M. D. (Org.). Dossiê: o que é justiça de transição? In: **Revista Anistia Política e Justiça de Transição**, Brasília, n.1, p.31-112, jan.-jun. 2009.

Sinteticamente, o *direito à verdade* e *à memória* refere-se à necessária apuração dos fatos ocorridos em períodos repressivos e autoritários, especialmente em ditaduras e totalitarismos, demarcando a necessidade de um amplo acesso aos documentos públicos. O apelo à memória indica, além disso, a necessidade de que o Estado empreenda políticas de memória para reforçar a ideia da não repetição. A *reparação* traz à tona o direito de indenização por parte daqueles que foram perseguidos e prejudicados pela ação repressiva do Estado, tanto no aspecto econômico como no moral, apontando para a necessidade do reconhecimento do papel político exercido pelos que sentiram a mão pesada do poder público[2]. A *justiça* refere-se ao direito da sociedade de que sejam investigados e apurados criminalmente os crimes de lesa-humanidade cometidos pelos agentes públicos e seus mandantes, demarcando, ademais, a sua responsabilização. Por fim, o *fortalecimento das instituições democráticas* traz a imperiosidade da reforma das instituições públicas que, durante o regime de exceção, permitiram e se amoldaram à prática sistemática de crimes contra a humanidade, especialmente as instituições relacionadas à Justiça e à Segurança Pública.

Nessa ótica, é imprescindível ao desenvolvimento de uma democracia que ela possa confrontar-se com o seu passado de barbárie e repressão política, demarcando claramente a diferença que guarda desse passado obscuro e sinalizando fortemente para uma nova direção, na qual o respeito aos direitos humanos e a manutenção das liberdades públicas sejam pilares inegociáveis e inexpugnáveis.

A ausência de uma adequada transição política contribui para que a democracia não se desenvolva, para que ela fique isolada em um discurso democrático ao qual corresponde, em verdade, uma prática autoritária. Em relação à ditadura civil-militar imposta no Brasil a partir de 1964, é por demais evidente que não houve ainda uma transição adequada. Ao contrário de outros países da América Latina que amargaram ditaduras no mesmo período, no Brasil não houve, até o presente, uma Comissão de Verdade e muito menos a apuração e a responsabilização penal dos agentes públicos e seus mandantes que cometeram crimes contra a humanidade. Isso se reflete na continuidade da extrema violência empregada pelas forças de segurança pública no país, e em especial da tortura como método de investigação criminal. Reflete-se

---

2   Sobre a reparação no contexto da anistia brasileira, e em especial sobre o processo de reconhecimento social que ela representa, ver: BAGGIO, Roberta. Justiça de Transição como reconhecimento: limites e possibilidades do processo brasileiro. In: SANTOS, Boaventura de Sousa; ABRAO, Paulo; MacDowell, Cecília; TORELLY, Marcelo D. (Orgs.). **Repressão e Memória Política no Contexto Ibero-Brasileiro** - Estudos sobre Brasil, Guatemala, Moçambique, Peru e Portugal. Coimbra: Universidade de Coimbra; Brasília: Ministério da Justiça, 2010. p.260-285.

também no caráter conservador do Poder Judiciário brasileiro, como pôde ser percebido, de modo exemplar, no julgamento da Ação de Descumprimento de Preceito Fundamental N° 153.

Nessa ação, a Ordem dos Advogados do Brasil pretendeu que o Supremo Tribunal Federal firmasse uma interpretação restritiva ao Art. 1°, §1° da Lei 6683/79, a Lei de Anistia promulgada durante o governo de João Baptista Figueiredo[3]. A interpretação prevalecente até hoje é a de que ao utilizar a expressão "crimes políticos ou conexos com estes" a lei anistiou não apenas os perseguidos políticos, mas também os agentes públicos que tenham cometido crimes de lesa-humanidade na perpetração dessas perseguições. O intuito da OAB era o de provocar o STF a dizer que a anistia não deve ser estendida para esses casos[4-5]. A ação foi interposta em outubro de 2008 e julgada nos dias 28 e 29 de abril de 2010, com o resultado de sete votos a dois pelo indeferimento da ação.

---

3   "Art. 1° É concedida anistia a todos quantos, no período compreendido entre 02 de setembro de 1961 e 15 de agosto de 1979, cometeram crimes políticos ou conexo com estes, crimes eleitorais, aos que tiveram seus direitos políticos suspensos e aos servidores da Administração Direta e Indireta, de fundações vinculadas ao poder público, aos servidores dos Poderes Legislativo e Judiciário, aos militares e aos dirigentes e representantes sindicais, punidos com fundamento em Atos Institucionais e Complementares.
        § 1° - Consideram-se conexos, para efeito deste artigo, os crimes de qualquer natureza relacionados com crimes políticos ou praticados por motivação política.
        § 2° - Excetuam-se dos benefícios da anistia os que foram condenados pela prática de crimes de terrorismo, assalto, sequestro e atentado pessoal" (Brasil. Lei n° 6683 de 28 de agosto de 1979. Disponível em: http://www.pge. sp.gov.br/centrodeestudos/bibliotecavirtual/dh/volume%20i/polei6683.htm. Acesso em 25 de julho de 2010).

4   No dia 31 de julho de 2008, a Comissão de Anistia organizou uma audiência pública no prédio sede do Ministério da Justiça em Brasília para discutir as possibilidades jurídicas de julgamento dos torturadores que atuavam em prol do governo ditatorial (ABRÃO, Paulo; TORELLY, M. D.; ALVARENGA, R. V.; BELLATO, S. A. Justiça de Transição no Brasil: o papel da Comissão de Anistia do Ministério da Justiça. *In*: **Revista Anistia Política e Justiça de Transição**. Brasília: Ministério da Justiça, n° 1, p.12-21, jan/jun, 2009). A reação da imprensa foi imediata e incessante. Até então esse parecia um assunto proibido. O então presidente do Conselho Federal da OAB, Cezar Britto, compareceu à audiência e meses depois surgiu a ADPF 153 no STF. Com isso não se está a negar o papel persistente, corajoso e decisivo dos familiares dos mortos e desaparecidos que desde sempre levantaram essa discussão, mas que não obtiveram maior espaço nos meios de comunicação e no espaço institucional.

5   É compreensível que a Comissão de Anistia tenha tomado a iniciativa de intensificar esse debate no seio do próprio governo e da sociedade brasileira. Como demarca a Lei 10.559/02, que institui a Comissão e regulamenta o Art. 8° do ADCT da Constituição Federal de 1988, para que se possa conceder a reparação econômica por danos causados por perseguição política é preciso que a perseguição seja minimamente apurada por diferentes meios de prova, acompanhados, em muitos casos, dos testemunhos presenciais dos próprios requerentes. Tem-se uma visão das perseguições políticas empreendidas pelo olhar daqueles que foram perseguidos. A Comissão de Anistia já identificou dezenas de milhares de casos de perseguição política, aí incluídos exílios, torturas, perdas de emprego, cassações, perda de direitos políticos, prisões, entre outras. Até o ano de 2009, do total de 64.151 requerimentos de anistia, 30.967 obtiveram o reconhecimento da condição de anistiado político. Tal experiência foi gerando um acúmulo de informações que catalisou a emergência da discussão sobre a punição dos torturadores. Para mais detalhes sobre o sentido amplo de reparação que vem sendo implementado pela Comissão de Anistia, ver: ABRAO, Paulo; TORELLY, Marcelo D. Justiça de Transição no Brasil: a dimensão da reparação. In: SANTOS, Boaventura de Sousa; ABRAO, Paulo; MACDOWELL, Cecilia; TORELLY, Marcelo D. (Orgs.). **Repressão e Memória Política no Contexto Ibero-Brasileiro** - Estudos sobre Brasil, Guatemala, Moçambique, Peru e Portugal. Coimbra: Universidade de Coimbra; Brasília: Ministério da Justiça, 2010. p.26-59.

O campo da justiça de transição está profundamente enlaçado à figura dos crimes contra a humanidade. Sua conceituação surge pela primeira vez no Acordo de Londres, de 8 de agosto de 1945, que institui o Tribunal Militar Internacional de Nuremberg e o torna competente para julgar crimes de guerra e crimes contra a humanidade. É muito importante a distinção entre esses dois tipos de crimes, pois será principalmente por esse caminho que se poderá demonstrar a tibieza dos argumentos que descrevem ditaduras como as que ocorreram no Cone Sul nos anos 60 e 70 como uma guerra entre dois lados.

Sinalizar a existência de crimes de guerra pode nos levar a admitir a existência de uma guerra justa. Desde tempos imemoriais é possível identificar guerras que, deflagradas em nome de algum objetivo considerado justo e sagrado, eram justificadas e legitimadas, como foi o caso tanto das Cruzadas quanto das guerras coloniais que ocorreram no território americano, nas quais os indígenas eram massacrados "para o seu próprio bem"[6]. Contudo, mesmo sem aceitar que uma guerra possa ser classificada como justa[7], pode-se reconhecer a importância da existência de um direito da guerra. Esse direito, explicitado de modo pleno nas Convenções de Genebra, parte do pressuposto de que as mortes e violências causadas no cenário de uma batalha entre dois exércitos inimigos não se traduzem em um crime de guerra. Tem-se aqui a pressuposição de um equilíbrio de armas entre os contendores.

Na medida em que o cenário da guerra sai do campo de batalha e se desloca para o cativeiro dos prisioneiros ali feitos, o equilíbrio que antes autorizava a violência contra o inimigo agora já não mais existe. Daí a necessidade de se estabelecer alguns limites que delineiam entre outras coisas a terminante vedação da tortura e o respeito aos direitos humanos mais básicos dos prisioneiros.

---

6   Sobre a questão da guerra justa no contexto da invasão europeia nas sociedades indígenas, ver: SILVA FILHO, José Carlos Moreira da. A repersonalização do Direito Civil em uma sociedade de indivíduos: o exemplo da questão indígena no Brasil. In: MORAIS, José Luis Bolzan de; STRECK, Lênio Luiz (orgs.) **Constituição, sistemas sociais e hermenêutica**: programa de pós-graduação em Direito da Unisinos: Mestrado e Doutorado: Anuário 2007. Porto Alegre: Livraria do Advogado, 2008. p.243-270.

7   É preciso fazer a distinção entre a "guerra justa" e o "direito de resistência". A primeira impele a identificar um conflito armado internacional no qual quem promove a guerra se vê justificado em sua ação por algum propósito considerado justo ou sagrado. Já o direito de resistência foca-se mais na imperiosidade de se defender de uma agressão externa e traz menos complicações na aceitação da sua legitimidade. É bem verdade que o contorno entre ambas as concepções pode se tornar tênue em muitos contextos, tornando-se palpável o risco de que o que era a princípio a defesa de uma agressão se transforme na promoção de uma agressão em nome de algum objetivo considerado superior.

Se na guerra não criminosa pressupõe-se um forte equilíbrio entre as partes - uma reciprocidade -, no crime contra a humanidade pressupõe-se um absoluto desequilíbrio – a ausência total de reciprocidade[8], a negação da vítima como pessoa[9], sua anulação completa seja pela tortura seja pela sua inclusão em um campo de concentração.

No campo não ocorre apenas a eliminação física dos internos. Antes que isso ocorra, eles são privados de sua identidade jurídica, perdendo a sua nacionalidade em muitos casos e ficando totalmente fora da lei e desprotegidos[10]. A existência ou não de culpa é totalmente irrelevante, visto que são inimigos objetivos, para os quais de nada valem os direitos humanos. Após a morte jurídica vem a morte moral. A própria escolha moral é eliminada, em uma passividade absoluta que imobiliza qualquer ação. No caso das torturas sistemáticas ocorridas durante as ditaduras do Cone Sul, a escolha

> É o Estado que tem se revelado o principal autor dos crimes contra a humanidade. E isso traz um agravante, pois é justamente o Estado quem deveria proteger os seus cidadãos da violação dos seus direitos fundamentais

moral era eliminada na medida da inevitabilidade da delação para muitos dos prisioneiros que foram torturados. Nesses casos, a pessoa trocava a interrupção da deterioração brutal de sua integridade física pela destruição da sua integridade moral.

O fato é que, como assinala Agamben, o campo passa a ser um novo padrão político que estrutura a civilização. Quando ele afirma que "tudo é campo", aponta para a possibilidade de que o campo possa se instalar em qualquer lugar e em relação a qual-

---

8   GARAPON, Antoine. **Crimes que não se podem punir nem perdoar** – para uma justiça internacional. Tradução de Pedro Henriques. Lisboa: Piaget, 2004. p.107.

9   Garapon afirma que o "crime contra a humanidade revela que pode haver coisa pior do que a morte. Já não se visa a submissão – finalidade da guerra –, mas sim a desumanização: o crime contra a humanidade representa tanto um crime real – o assassínio do outro – como a sua supressão simbólica, isto é, a perda total da consideração por outrem" (GARAPON, op.cit., p.109).

10   ARENDT, Hannah. **Origens do totalitarismo** - antissemitismo, imperialismo e totalitarismo. Tradução de Roberto Raposo. São Paulo: Companhia das letras, 1989. p.498. A esse respeito são célebres as palavras de Hannah Arendt: "O conceito de direitos humanos (...) desmoronou no mesmo instante em que aqueles que diziam acreditar nele se confrontaram pela primeira vez com seres que haviam realmente perdido todas as outras qualidades e relações específicas – exceto que ainda eram humanos. O mundo não viu nada de sagrado na abstrata nudez de ser unicamente humano" (ARENDT, op.cit., p.333).

quer pessoa[11]. Ou seja, até mesmo o fato de se possuir teoricamente alguns direitos não impede que a pessoa, uma vez inserida nesse espaço de exceção, seja tratada como se não tivesse "direito a ter direitos". Os casos mais emblemáticos de aparição dessa "vida nua" são os apátridas, os refugiados, os internos dos campos de concentração e os prisioneiros dos porões ditatoriais. Contudo, sua aparição se dissemina visivelmente, na contemporaneidade, para outros espaços, nos quais os direitos e os atributos de nacionalidade e cidadania já não valem nada e são impotentes para evitar a completa descartabilidade das pessoas que estão nesses lugares, como é o caso, por exemplo, das penitenciárias brasileiras e das próprias periferias, marcadas pela pobreza e exclusão étnica. Nunca é demais dizer que a tortura no Brasil continua ocorrendo em profusão[12], apenas com a mudança de foco do subversivo para o pobre[13].

O crime contra a humanidade foi inicialmente definido, no Acordo de Londres de 1945[14], em seu artigo 6º, como

> o assassínio, extermínio, sujeição à escravatura, deportação ou qualquer outro ato desumano cometido contra quaisquer populações civis, ou as perseguições por motivos políticos, raciais ou religiosos, quando esses atos ou perseguições forem cometidos na sequência de um crime contra a paz ou de um crime de guerra ou em ligação com esses crimes[15].

A partir daí o conceito de crime contra a humanidade obteve um franco desenvolvimento nos estatutos e nas decisões dos Tribunais Penais Internacionais, passando a figurar como uma categoria cada vez mais autônoma em relação à guerra. É possível, sucinta-

---

11   AGAMBEN, Giorgio. **Homo Sacer**: o poder soberano e a vida nua I. Tradução de Henrique Burigo. Belo Horizonte: UFMG, 2004. p.182-186. Já dizia Walter Benjamin em sua *Tese oitava*: "A tradição dos oprimidos nos ensina que o 'estado de exceção' em que vivemos é na verdade a regra geral" (BENJAMIN, Walter. Sobre o conceito da história. In: BENJAMIN, Walter. **Magia e técnica, arte e política** – ensaios sobre literatura e história da cultura – Obras escolhidas I. 7.ed. Tradução de Sérgio Paulo Rouanet. São Paulo: Brasiliense, 1994. [Obras Escolhidas; v.1]. p. 226).

12   O recente relatório de Philip Alston, relator especial de execuções extrajudiciais, sumárias ou arbitrárias das Nações Unidas, baseado em sua visita ao Brasil em novembro de 2007, denuncia as execuções praticadas pela polícia, as execuções de presos e o difícil acesso à Justiça no Brasil (ORGANIZAÇÃO DAS NAÇÕES UNIDAS. Promoção e proteção de todos os direitos humanos, civis, políticos, econômicos, sociais e culturais incluindo o direto ao desenvolvimento. Relatório do relator especial de execuções extrajudiciais, sumárias ou arbitrárias Dr. Philip Alston referente a sua visita ao Brasil nos dias 4 a 14 de novembro de 2007).

13   Sobre a criminalização da pobreza e a adoção do padrão do campo para o sistema penitenciário, ver: ZAFFARONI, Eugenio Raul. **O inimigo no Direito Penal**. Tradução de Sergio Lamarão. Rio de Janeiro: REVAN, 2007; e WACQUANT, Loïc. **Punir os pobres** – a nova gestão da miséria nos Estados Unidos. Tradução de André Telles. 3.ed. Rio de Janeiro: REVAN, 2007.

14   Os princípios de Nuremberg foram aprovados pela Assembleia Geral da ONU em 1950, vinculando, portanto, o Brasil na qualidade de membro das Nações Unidas.

15   GARAPON, op.cit., p.24-25.

mente, identificar a constância de três elementos que o caracterizam[16]: a) o caráter inumano e hediondo do ato criminoso[17]; b) a enunciação não taxativa da enumeração desses atos; e c) o fato de que sejam praticados em meio a uma política de perseguição geral e sistemática a uma parcela da população civil.

Desgraçadamente, esses três aspectos têm se reunido cada vez mais em ações praticadas pelos governos nacionais contra a sua própria população[18]. Tais crimes são chamados de crimes contra a humanidade porque visam a completa eliminação de parcela inerente à diversidade humana, expulsando esse grupo da comunidade política e atacando a base do que permite a própria existência da política: a pluralidade humana[19]. É o Estado que tem se revelado o principal autor dos crimes contra a humanidade. E isso traz um agravante, pois é justamente o Estado quem deveria proteger os seus cidadãos da violação dos seus direitos fundamentais.

Esse foi precisamente o caso ocorrido na ditadura civil-militar brasileira[20]: atos de tortura, desaparecimento forçado, violência sexual e assassinato, todos cometidos em meio à vigência de uma *política delinquente*[21], mal disfarçada por uma frágil carapaça legal.

A ditadura civil-militar brasileira iniciou-se em 1964 com um golpe de Estado. O pretexto para a tomada do poder era o receio de que as políticas de reforma social, implementadas pelo presidente deposto João Goulart, seriam apenas o início da transformação do Brasil em uma ditadura comunista. Naquela época, o mundo estava dividido em dois grandes polos, no que ficou conhecido como a Guerra Fria. De um lado os países capita-

---

16   INTERNATIONAL CENTER FOR TRANSITIONAL JUSTICE – ICTJ. Parecer técnico sobre a natureza dos crimes de lesa-humanidade, a imprescritibilidade de alguns delitos e a proibição de anistias. In: **Revista Anistia Política e Justiça de Transição**, Brasília, n.1, p.352-394, jan.-jun. 2009. p.356-357.

17   Caracterizado aqui pelo processo de desumanização ao qual se fez menção anteriormente.

18   Em seu livro, Garapon nos traz alguns importantes dados estatísticos que mostram isso. Na Primeira Guerra Mundial, os civis representavam 10% das vítimas e na Segunda Guerra Mundial passaram a 60%. Já nos conflitos deflagrados após 1945, a cifra atingiu quase que a total plenitude, 90% das vítimas eram civis. Ademais, de 1945 a 1970, de 97 conflitos registrados, 82 eram internos. No século XX, as guerras entre Estados fizeram 35 milhões de vítimas, e os conflitos internos, 150 milhões (GARAPON, op.cit., p.99).

19   Para Hannah Arendt, a "pluralidade é a condição da ação humana pelo fato de sermos todos os mesmos, isto é, humanos, sem que ninguém seja exatamente igual a qualquer pessoa que tenha existido, exista ou venha a existir" (ARENDT, Hannah. **A condição humana**. Tradução de Roberto Raposo. 10.ed. Rio de Janeiro: Forense Universitária, 2004. p. 16). Na mesma obra, a autora avalia as diretrizes que condicionam a humanidade do homem, utilizando as categorias de "labor" e "trabalho" como atribuições periféricas à condição de pessoa e, principalmente, à de "ação", focada nas relações sociais e políticas entre os seres humanos como própria condição indispensável para sua humanidade.

20   Assim denominada para que não se perca de vista que os militares não teriam tomado e mantido o poder sem o apoio de diferentes setores da sociedade civil (empresários, igreja, latifundiários, imprensa, Judiciário).

21   GARAPON, op.cit., p.121.

listas, liderados pelos Estados Unidos da América, de outro, o bloco socialista, capitaneado pela União das Repúblicas Socialistas Soviéticas. Para a América Latina, porém, essa guerra, se é que se pode chamá-la deste modo, já que se concretizou na perseguição dos Estados em relação aos seus próprios nacionais, nada teve de "fria", ela foi bem quente e sangrenta[22].

O Brasil, assim como os demais países latino-americanos, com exceção de Cuba, acabou orbitando em torno da galáxia estadunidense, cada vez mais temerosa de que a Revolução Cubana pudesse servir de exemplo para que outros países da América Latina passassem para o outro lado do conflito. Foi notável a intensa participação de Lincoln Gordon, embaixador estadunidense no Brasil, e da alta cúpula de Washington, na deflagração e apoio do golpe de Estado[23].

O Brasil, porém, estava longe da possibilidade de seguir os passos de Cuba. Os grupos políticos que eram favoráveis, de fato, à imposição de um regime socialista pelas armas no Brasil eram muito reduzidos e desaparelhados para que fosse justificado algum temor real de uma ditadura comunista[24]. João Goulart, ex-ministro do Trabalho do governo Vargas nos anos 50, não era socialista, o que ele fazia era extremamente coerente com a bandeira da sua filiação partidária, o Partido Trabalhista Brasileiro[25].

Logicamente, políticas sociais voltadas ao operariado, aos sindicatos urbanos e rurais, favoráveis a políticas de reforma agrária e a uma política educacional que, a par de retirar muitas pessoas da margem do analfabetismo, também contribuísse para formar lideranças e movimentos sociais, não eram bem vistas por muitos setores poderosos e influentes da sociedade brasileira, como alas conservadoras da Igreja Católica, latifundiários, grandes empresários, industriais e parcelas significativas do oficialato militar.

---

22   BRASIL. Secretaria Especial dos Direitos Humanos. Comissão Especial sobre Mortos e Desaparecidos Políticos. **Direito à verdade e à memória**. Brasília: Secretaria Especial dos Direitos Humanos, 2007. p.19.

23   GREEN, James N. **Apesar de vocês**: oposição à ditadura brasileira nos Estados Unidos, 1964-1985. Tradução de S. Duarte. São Paulo: Cia. das Letras, 2009. p.26 e 27; SKIDMORE, Thomas. **Brasil: de Castelo a Tancredo, 1964-1985.** Tradução de Mario Salviano Silva. 8.ed. Rio de Janeiro: Paz e Terra, 1988. p.20-21.

24   Em seu livro, Jacob Gorender relata o processo de divisão do Partido Comunista do Brasil (PCB), depois denominado Partido Comunista Brasileiro. Em 1962, a dissidência interna origina o Partido Comunista do Brasil (PCdoB), muito mais próximo do enfoque stalinista. O PCdoB já nasce sob o signo de combate às reformas de base empreendidas pelo governo de João Goulart. "Tarefa imediata devia ser a instauração do novo regime – anti-imperialista, antilatifundiário e antimonopolista. O que não se daria pelo inviável caminho pacífico, porém pela violência revolucionária" (GORENDER, Jacob. **Combate nas trevas** – a esquerda brasileira: das ilusões perdidas à luta armada. 2.ed. São Paulo: Ática, 1987. p.34).

25   GRENN, op.cit., p.26.

Esses últimos, inclusive, já vinham assimilando decisivamente o que ficou conhecido como Doutrina de Segurança Nacional, que veio reforçar e revestir de novo colorido o pensamento anticomunista já latente na sociedade e na política brasileiras. Segundo tal ideário, ensinado e propagado na Escola Superior de Guerra sob os auspícios do National War College dos EUA, era preciso combater com veemência o "inimigo interno" para extirpar o que entendiam ser o mal do comunismo. Os adversários internos, que deveriam ser eliminados e neutralizados rapidamente e de modo eficaz, independente dos meios empregados para tanto, eram principalmente os sindicatos trabalhistas de esquerda, as organizações de trabalhadores rurais, os intelectuais, professores, estudantes e as alas progressistas do clero[26].

Entraram, assim, em uma mesma vala, tanto os que defendiam de fato uma revolução socialista quanto os que compartilhavam o apreço e a ação política por causas sociais voltadas a uma melhor distribuição da riqueza. Na paranoia anticomunista então instalada definitivamente no Brasil com o golpe de 1964, qualquer um que se opusesse à política e às ideias do governo ditatorial era um subversivo em potencial, a ser combatido com os meios mais duros e violentos se necessário, como prisões clandestinas, torturas, assassinatos, desaparecimentos forçados, cassações de mandatos, suspensões de direitos políticos, demissões em massa com elaboração de listas sujas que impediam a conquista de um novo emprego formal, censura e monitoramentos secretos e ostensivos.

O sistema de desumanização montado pelo regime ditatorial no Brasil tinha um alvo bem delimitado da população civil, que eram todos aqueles que coubessem no rótulo de "subversivo". Esse sistema envolvia não apenas as forças policiais, mas praticamente todo o espectro institucional do Estado, com destaque para o Poder Judiciário, que chancelava (chancela?) a legalidade de um sistema ilegítimo e desumano, projetando-se para as escolas, a imprensa, a igreja, o setor produtivo, enfim, alastrando-se por toda a sociedade[27].

A partir do conceito aqui delineado de crime contra a humanidade e voltando ao contexto presente da transição política no Brasil, aparenta no mínimo imoral dizer,

---

26   SKIDMORE, op.cit., p.22.

27   Garapon é preciso sobre esse ponto: "A violência inédita empregue pelo crime contra a humanidade consiste em utilizar os meios da guerra total contra uma parte da sua própria população, não só com o envolvimento militar – armamento maciço com tecnologia de ponta –, mas também mobilizando todos os recursos de uma sociedade, desde a administração, os transportes e a investigação científica até a imprensa e a Justiça" (GARAPON, op.cit., p.119).

como o fizeram alguns juízes da Suprema Corte no julgamento da ADPF 153, que havia proporcionalidade entre os "lados". Que havia uma "disputa pelo poder". Que é "a mesma situação histórica e, portanto, terá de receber um tratamento igual". Ou de que "há crimes de ambos os lados"[28]. Devemos antes de tudo perguntar: é crime resistir, ainda que seja pelas armas, a um Estado ilegítimo, arbitrário, censor e que elimina do cenário jurídico as garantias mais básicas da pessoa humana? Aqui o crime só deveria existir aos olhos da ditadura, pois para todos os que repudiam a prática dos crimes contra a humanidade tal ato merece outro nome: *direito de resistência*, fadado, todavia, dada a flagrante desproporção, a submergir na sua destruição, negação e perversão.

Os crimes contra a humanidade são, portanto, crimes internacionais, não dizem respeito apenas aos interesses internos da sociedade política na qual ocorreram. Mesmo que o Estado não possua leis hábeis à apuração das responsabilidades de quem cometeu esse tipo de delito, tal não o exime de sua responsabilidade internacional[29]. A lupa pela qual os crimes contra a humanidade devem ser vistos não é a lupa do Direito Nacional ou do Direito Penal, ambos voltados aos crimes comuns, mas sim a do Direito Internacional Humanitário. Tais crimes, pois, pela sua própria natureza, são imprescritíveis. A sua imprescritibilidade decorre das normas, princípios e costumes do Direito Internacional, aos quais um Estado se vincula quando ratifica tratados e convenções, assumindo obrigações nesse plano.

Em nenhum dos documentos internacionais que tratam dos crimes contra a humanidade se faz qualquer referência a um limite de tempo para a apuração e responsabilização de tais crimes, exatamente pelo seu caráter e pela sua gravidade[30]. A compreensão firmada na jurisprudência e nos documentos internacionais, seja da ONU ou da OEA, é de que a Convenção de 1968 apenas reconheceu algo que já existia como norma assentada no Direito Internacional pelo menos desde Nuremberg. Foi esse, por exemplo, o entendi-

---

28   Tais expressões foram utilizadas pelo Ministro Cezar Peluso. Até a conclusão deste artigo, o voto do Ministro Cezar Peluso não havia sido publicado, mas está disponível através de vídeo no sítio eletrônico do *You Tube*. Disponível em: http://www.youtube.com/watch?v=bK2Hpfnk2Qg. Acesso em 28 de junho de 2010.

29   É o que demarca o Princípio II dos Princípios de Nuremberg, aprovados na ONU em 1950.

30   Como bem indica o parecer do ICTJ, esse entendimento foi adotado pela Assembleia Geral das Nações Unidas antes mesmo da aprovação da Convenção sobre a Imprescritibilidade dos Crimes de Guerra e dos Crimes Contra a Humanidade, em 1968 (a qual, por motivos óbvios, na época o Brasil não ratificou), e está registrado na Resolução 2338 (XXII) de 1967 (INTERNATIONAL CENTER FOR TRANSITIONAL JUSTICE – ICTJ. Parecer técnico sobre a natureza dos crimes de lesa-humanidade, a imprescritibilidade de alguns delitos e a proibição de anistias. In: **Revista Anistia Política e Justiça de Transição**, Brasília, n.1, p.352-394, jan.-jun. 2009., p.375-377).

mento firmado pela Suprema Corte Argentina para declarar a inconstitucionalidade das Leis do Ponto Final e da Obediência Devida[31].

Como se não bastasse isso, é conclusão difícil de ser rebatida a de que não se pode sequer cogitar prescrição para os crimes de desaparecimento forçado, visto que configuram *crimes permanentes*, pois continuam a acontecer enquanto não é revelado o paradeiro do desaparecido. Alguns ministros do STF, porém, como Cezar Peluso, Celso de Mello e, principalmente, Marco Aurélio, entenderam que o debate em torno da interpretação da Lei de Anistia brasileira seria meramente acadêmico, pois, mesmo que se desse ganho de causa à autora, isso não teria efeito prático algum, já que todos os crimes estariam prescritos, inclusive os de desaparecimento forçado.

O ministro Marco Aurélio, aliás, relembrou no voto da ADPF 153 o seu raciocínio na Extradição 974, relativa a Manuel Cordero Piacentini, agente da ditadura uruguaia que atuou intensamente na Operação Condor[32] e foi o responsável por inúmeras mortes e desaparecimentos. Naquela ocasião, Marco Aurélio acabou sendo voto vencido quando negava totalmente a extradição de Manuel Cordero. A sua justificativa era de que se os crimes de Cordero tivessem ocorrido no Brasil, eles estariam abrangidos pela anistia, logo, ao caso deveria ser aplicada uma espécie de "simetria". Veja-se, pois, que para o ministro, que semanas antes do julgamento da ADPF 153 concedeu entrevista em cadeia nacional na qual afirmou que a ditadura foi um "mal necessário", e que "foi melhor não esperar para ver" o que iria acontecer[33], a anistia brasileira, além de ser imune à noção de crimes contra a humanidade e ao influxo do Direito Internacional, possui uma impressionante extensão extraterritorial.

---

31   ICTJ, op.cit., p.381-382. O então presidente argentino Raul Alfonsín havia promulgado em 1986 e 1987, respectivamente, as Leis do Ponto Final e da Obediência Devida, segundo as quais os processos de apuração dos crimes de lesa-humanidade cometidos durante a ditadura foram interrompidos e os militares escusados dos seus crimes por estarem agindo em obediência às ordens dos seus superiores. Em 2005, a Corte Suprema da Argentina considerou ambas as leis inconstitucionais, permitindo que centenas de agentes da ditadura fossem a julgamento a partir de então.

32   Principalmente nos anos 70, os governos ditatoriais latino-americanos possuíam uma verdadeira rede de informações e operações conjuntas destinadas a prender e eliminar qualquer um que fosse suspeito de ser integrante da resistência aos regimes de exceção. A conhecida Operação Condor, idealizada pelo Coronel Manuel Contreras, chefe da Dina (a polícia política de Pinochet), estendeu seus tentáculos por todo o continente, prendendo, matando e sequestrando pessoas à revelia das fronteiras e dos sistemas jurídicos.

33   A entrevista foi dada ao repórter Kennedy Alencar no programa "É notícia" da Rede TV! E foi ao ar no dia 22 de fevereiro de 2010. O seu vídeo está disponível em: http://mais.uol.com.br/view/e0qbgxid79uv/ditadura-foi-um--mal-necessario-diz-Ministro-do-stf-04029C3768D8C14326?types=A. Acesso em 28 de junho de 2010.

No cenário da inacabada transição democrática brasileira, tem sido comum o apelo à ideia de reconciliação para impedir que políticas de memória e, em especial, julgamentos por cometimento de crimes contra a humanidade possam ocorrer[34]. Nesses casos, a ideia de reconciliação se alia a uma política de esquecimento. Esse é o campo propício para a Anistia tradicional, mormente atrelada ao imperativo do olvido.

O tema da reconciliação invoca toda uma tradição filosófica e teológica em torno de noções relacionadas ao perdão, ao dom e ao arrependimento[35]. E uma coisa é certa: ao contrário do que parece indicar o sentido tradicional da anistia, sem a realização do necessário exercício de memória a reconciliação não pode acontecer. O esquecimento é antes um obstáculo do que uma premissa para a reconciliação. O esquecimento necessário à paz social virá como uma consequência do luto, mas sem esse, sem o reconhecimento das violências e perdas que ocorreram, a reconciliação soará muito mais como algo cínico e indiferente, incapaz de eliminar as consequências da memória mal resolvida.

---

34   Foi o que se viu com o lançamento do III Programa Nacional de Direitos Humanos, em janeiro de 2010. Entre outros pontos, o Programa previa a criação de uma Comissão da Verdade e de outras medidas com o objetivo declarado de "promover a apuração e o esclarecimento público das violações de Direitos Humanos praticadas no contexto da repressão política ocorrida no Brasil no período fixado pelo art. 8º do ADCT da Constituição a fim de efetivar o direito à memória e à verdade histórica e promover a reconciliação nacional" (Brasil. Decreto Nº 7.037 de 21 de Dezembro de 2009. Disponível em: http://www.jusbrasil.com.br/legislacao/820749/decreto-7037-09). A reação logo se fez sentir diante da ameaça dos comandantes das três Forças e também do Ministro da Defesa Nelson Jobim de colocarem os seus cargos à disposição. Outros setores da sociedade, os mesmos que apoiaram o golpe em 1964, também atacaram esse e outros pontos do Programa. Diante da pressão, o presidente Lula decidiu determinar a alteração dos pontos polêmicos do programa, e, entre outras mudanças, eliminar a expressão "praticadas no contexto da repressão política ocorrida no Brasil". Ressalte-se que o ministro Nelson Jobim defendia à época que o nome da Comissão de Verdade fosse "Comissão de Verdade e Reconciliação", mas, ao mesmo tempo, repudiava qualquer possibilidade de julgamento dos agentes públicos que praticaram crimes contra a humanidade durante a ditadura, defendendo, ainda, que fossem também apurados os eventuais crimes cometidos pela resistência armada (CANTANHÊDE, Eliane. Jobim vai cobrar de Lula a revisão do programa. **Folha de S. Paulo**, São Paulo, 09 jan. 2010. Disponível em: http://www1.folha.uol.com.br/fsp/brasil/fc0901201004.htm. Acesso em 25 de julho de 2010).

35   Em Ricoeur, Derrida e Arendt, três grandes autores que se aprofundaram na temática do perdão, é visível a articulação com categorias oriundas da tradição teológica judaico-cristã. Ver: RICOEUR, Paul. **A memória, a história, o esquecimento**. Tradução de Alain François [et al.]. Campinas: UNICAMP, 2007. p.463-512; ARENDT, Hannah. **A condição humana**. Tradução de Roberto Raposo. 10.ed. Rio de Janeiro: Forense Universitária, 2004. p.248-259; DERRIDA, Jacques. **On cosmopolitanism and forgiveness**. London; New York: Routledge, 2001; DERRIDA, Jacques. O perdão, a verdade, a reconciliação: qual gênero? In: NASCIMENTO, Evandro (Org.). **Jacques Derrida**: pensar a desconstrução. São Paulo: Estação Liberdade, 2005. p.45-92. Em estudo importante para a temática, Luci Buff bem evidencia esse entrelaçamento teológico presente nas obras dos autores acima referidos. Ver: BUFF, Luci. **Horizontes do perdão** – reflexões a partir de Paul Ricoeur e Jacques Derrida. São Paulo: Pontifícia Universidade Católica do Rio Grande do Sul - EDUC, 2009.

3.1. Perdão e arrependimento

Ao tratar da esfera da ação, campo da política por excelência, Hannah Arendt dá um forte destaque a duas ações complementárias e estruturantes do espaço público: a faculdade de perdoar e a faculdade de prometer. A primeira é a solução principal para o problema da irreversibilidade das ações humanas; a segunda, para o da imprevisibilidade. Enquanto o perdão opera um certo "desligamento do passado", a promessa acena com uma "ligação do futuro"[36].

Afirma Arendt que sem a faculdade de perdoar não poderíamos nunca nos recuperar dos nossos atos, estaríamos sempre enredados em um círculo vicioso de vingança e violência. Por outro lado, sem a faculdade de prometer, estaríamos totalmente à deriva em relação ao futuro. As promessas são "ilhas de segurança" que nos permitem constituir uma mínima cartografia para o reconhecimento da nossa identidade. Enquanto as promessas são o reflexo claro da mortalidade humana, na medida em que revelam a condição possível e frágil para a humanidade tecer e cumprir os seus projetos de futuro, o perdão revela a natalidade, o milagre da criação, a possibilidade de sermos sempre outros em relação a nós mesmos, a singularidade de cada indivíduo em sua trajetória única e irrepetível.

O perdão e a promessa são profundamente políticos, na medida em que só podem ser exercidos em referência ao contexto da pluralidade humana[37]. A origem do perdão, contudo, ao contrário da promessa, parece vir de paragem diversa da que conduz o espaço público, entendido como o palco da igualdade entre as pessoas. O perdão nos remete a uma "economia da dádiva"[38], que se pauta pela ideia de *superabundância*, pelo excesso, pela generosidade. Muito embora o perdão tenha parentesco com a pena ao tentar pôr fim a algo que sem ele não terminaria nunca[39], ele se diferencia da pena, na medida em que essa procura pautar-se por algum juízo de proporcionalidade entre o bem juridicamente protegido e a punição imposta.

---

36   Em seu livro, François Ost utiliza ambas as expressões para nomear dois capítulos específicos, um voltado para o perdão e outro para a promessa. Ver: OST, François. **O tempo do Direito**. Tradução de Pedro Henriques. Lisboa: 2001. p.139-196; p.197-317.

37   Para Arendt, como se sabe, quem introduziu o tema do perdão nos negócios humanos foi Jesus Cristo (ARENDT, op.cit., pág.250-251).

38   BUFF, op.cit., p.61.

39   ARENDT, op.cit., p.253.

A incomparabilidade do perdão e o seu excesso é, sem dúvida, o que mais o aproxima do teológico, mas que também, ao mesmo tempo, inaugura no plano mundano uma referência transcendente, que não pode ser medida por uma equivalência. É uma dimensão de alteridade, na qual o novo emerge a despeito das tentativas de reconhecê-lo e mapeá-lo. É uma via de transmissão ao plano político e plural daquilo que nunca poderá ser totalmente representado.

Foi Derrida quem sinalizou para a grande importância, no tema do perdão, de que seja preservada uma pureza conceitual, um conceito puro de perdão:

> Não se deve manter que um ato de perdão digno desse nome, se é que ele existe, deve perdoar o imperdoável, e sem condições? Mesmo se essa radical pureza possa parecer excessiva, hiperbólica, louca? Porque se eu digo, como penso, que o perdão é louco, e que ele deve manter uma loucura do impossível, não é certamente para excluí-lo ou desqualificá-lo[40].

Derrida afirma que quando o perdão está a serviço de alguma finalidade, por mais nobre que ela seja, como a reconciliação nacional, o estabelecimento da normalidade e a busca da paz social, seja por meio de um trabalho de luto, terapia ou "ecologia da memória", e também quando o perdão exige condições como a reparação, a justiça, o arrependimento e a revelação da verdade, então o perdão não é puro. Em qualquer esfera política ou jurídica, é inevitável a impureza do perdão quando ele surge[41]. O perdão, por excelência, diz Derrida, é heterogêneo ao político e ao jurídico. E é exatamente por isso que ele pode surpreender ambos, demarcando uma interrupção, uma ruptura, um salto.

Ao estabelecer o perdão puro em sua impossibilidade e loucura, porém, Derrida não quer afastá-lo de uma vez por todas da ordem mundana, nem renegar a realização de qualquer política de memória, julgamentos ou a pertinência de conceitos jurídicos como o dos crimes contra a humanidade. A referência ao perdão puro é necessária para manter sempre na ativa a imprescindível instância crítica nos planos político e jurídico, pois por trás de uma cena de perdão, de um pedido de desculpas, de uma reparação, de uma anistia ou de um apelo à reconciliação está sempre à espreita algum interesse

---

40   Tradução nossa. No original: "Must one not maintain that an act of forgiveness worthy of its name, if there ever is such a thing, must forgive the unforgivable, and without condition? (...) Even if this radical purity can seem excessive, hyperbolic, mad? Because if I say, as I think, that forgiveness is mad, and that it must remain a madness of the impossible, this is certainly not to exclude or disqualify it" (DERRIDA, **On cosmopolitanism and forgiveness**, p.39).

41   DERRIDA, op.cit., p.31-32.

não declarado, seja ele o de facilitar outros objetivos estratégicos, o de escapar da prisão ou o de não se indispor com setores poderosos da sociedade. Pelas fendas impuras do perdão é que o esquecimento pode se alojar, pois o perdão puro exige algo como uma memória integral[42].

A institucionalização do perdão, ademais, afasta a relação que é essencial para definir o perdão em sua pureza, aquela que se dá entre o algoz e a vítima. Esse plano é alheio ao Direito e à política, é indevassável aos seus mecanismos e instituições. É o face a face do perdão, que permanece sempre um mistério para a compreensão[43] e uma exclusividade da vítima em sua solidão absoluta, no qual talvez durma um excesso sem sentido e sem condições. Essa dimensão permanece alheia à esfera pública, mas pode lhe servir de referência.

Quando o perdão alcança a esfera institucional, há sempre um forte risco de que ele, e nisso podemos incluir os mecanismos transicionais de um modo geral, seja apenas uma cortina de fumaça para conveniências políticas, alheias à preocupação com a preservação e o respeito aos direitos humanos. A cena do Direito Internacional bem explicita esse risco ao mostrar que os tribunais internacionais e a legislação internacional humanitária podem recair com maior, menor ou quase nenhuma expressão sobre os governantes e seus agentes a depender do maior ou menor poder do Estado envolvido[44].

Tais dificuldades revelam simplesmente que o campo mundano, palco da política e do Direito, é um campo de luta, no qual a ação responsável e crítica deve se mirar para buscar o seu espaço. Não existe uma fórmula mágica ou abstrata para confrontar o passado de violência e a sua repercussão no presente. As transições políticas e sociais devem sempre ser analisadas em sua concretude, pois é ali que se encontram as medidas dos

---

42   NASCIMENTO, Evandro. O perdão, o adeus e a herança em Derrida – atos de memória. In: NASCIMENTO, Evandro (Org.). **Jacques Derrida**: pensar a desconstrução. São Paulo: Estação Liberdade, 2005. p.24.

43   Derrida comenta o depoimento, prestado diante da Comissão de Verdade e Reconciliação da África do Sul, de uma mulher cujo marido havia sido assassinado em meio à política delinquente do Apartheid. Alguém lhe pergunta se ela está disposta a perdoar os assassinos do seu marido, e ela responde: "Nenhum governo pode perdoar. [Silêncio] Nenhuma comissão pode perdoar. [Silêncio] Somente eu posso perdoar. [Silêncio] E não estou disposta a perdoar". Diante desse fato, comenta Derrida que a "ordem do perdão transcende todo Direito e todo poder político, toda comissão e todo governo. Ela não se deixa traduzir, transportar, transpor na língua do Direito e do poder. É da competência da pura singularidade da vítima, unicamente de sua solidão infinita" (DERRIDA, **O perdão, a verdade, a reconciliação**, p.75).

44   Para Derrida, o perdão puro, além de incondicional, deve ser também sem poder ou soberania. Mostrando como a presença do poder pode macular a pureza do perdão, Derrida acena para a diferença de ênfase no combate aos crimes contra a humanidade cometidos em Kosovo e os cometidos na Chechênia e também não deixa de lembrar a grande reticência dos Estados Unidos em se submeterem às cortes internacionais e à legislação internacional, especialmente quando são os seus interesses estratégicos que estão em jogo (DERRIDA, op.cit., pág.58).

mecanismos transicionais a serem aplicados e das decisões necessárias e responsáveis. E mesmo assim, como ressalta Derrida, "nunca se está certo de se ter feito a escolha justa; nunca se sabe"[45].

O perdão incondicional e o perdão condicional, afirma Derrida, são irredutíveis em relação um ao outro, mas são também indissociáveis. Sem o horizonte do perdão incondicional, o perdão condicional fica sem sentido, mas, por outro lado, é por meio de inúmeras condições ditadas concretamente que o perdão pode se tornar efetivo, histórico, real. "É entre esses dois polos, irreconciliável mas indissociável, que as decisões e as responsabilidades devem ser tomadas" afirma Derrida.

Quando se transpõe o discurso do perdão para o plano da Política e do Direito, não se pode, portanto, pretender a concretização de um perdão literal apresentado em sua completa extensão. O perdão é da ordem do particular e do irrepresentável. Mas isso não impede que ele se irradie para o campo do coletivo, da esfera do assassínio, extermínio, sujeição à escravatura jurídico-normativa e das políticas públicas. É para isso que Ricoeur acena quando trata do *perdão difícil* e percebe, por exemplo, que o ato de perdoar alguém pelo cometimento de um crime contra a humanidade não deve ser visto como um substituto para o perdão que eventualmente as suas vítimas poderiam conceder, mas sim como um correlato do *respeito*, devido no plano da fratria, do reconhecimento que estrutura a convivência entre todos que perfazem a pluralidade social[46].

A proximidade entre o perdão e o respeito já estava consignada na obra de Hannah Arendt. Ela afirma que se fosse apenas o amor que permitisse o perdão, não poderíamos relacioná-lo ao plano da política, pois o amor é extramundano, particularíssimo e essencialmente antipolítico. O que permite inserir o perdão na esfera dos negócios humanos é o respeito, algo que nos remete à fratria aristotélica, a uma amizade sem proximidade e sem intimidade. É "uma consideração pela pessoa, nutrida à distância que o espaço do mundo coloca entre nós"[47].

Ricoeur avança nessa intuição básica de Hannah Arendt ao se concentrar mais no agente do ato que se trata de perdoar do que no ato em si. O foco recai mais sobre o desliga-

---

45   Tradução nossa. No original: "one is never sure of making the just choice; one never knows" (DERRIDA, op.cit., p.56).

46   RICOEUR, op.cit., p.496.

47   ARENDT, op.cit., p.255.

mento do agente em relação ao seu ato do que sobre a necessidade de se deixar à margem ou esquecer o ato que ele cometeu[48].

Essa preocupação de Ricoeur com o agente não é gratuita, faz parte da própria estrutura da sua obra filosófica. Em *si mesmo como um outro*, Ricoeur indica dois sentidos diferentes para o "si": o que aponta para o *mesmo* (o *same* do inglês, o *gleich* do alemão, ou o *idem* do latim) e o que indica a *ipseidade* (o *self* do inglês, o *Selbst* do alemão, o *ipse* do latim). Assim, de um lado, tem-se a *identidade-idem*, que traz à tona a figura do *mesmo* ou da *mesmidade*, de outro lado, tem-se a *identidade-ipse*, que aponta para a figura do *ipse* ou da *ipseidade*. Enquanto, no primeiro caso, com relação à *pessoa*, prevalece a pergunta "o quê?", no segundo, abre-se o espaço apropriado para a questão "quem?". Ambas as espécies de identidade configuram-se como modos de permanência no tempo.

A *mesmidade* indica o retorno do *mesmo* ao longo do tempo, ou seja, a sua estabilidade e durabilidade. Para representar essa forma de identidade, Ricoeur utiliza o termo *caráter* e o define como "o conjunto das marcas distintivas que permitam reidentificar um indivíduo humano como o mesmo"[49]. O *caráter* vai sendo adquirido com o hábito, transformando toda a inovação (*ipse*) que surja ao longo do tempo em algo que possa ser reconduzido ao *mesmo*.

Podemos dizer que o caráter se aproxima da promessa, pois o que está em evidência é aquilo que pode permanecer, a estabilidade inerente à noção de identidade. Contudo, na medida em que esse enfoque vai prevalecendo, a promessa tende a cristalizar-se e o caráter a se fechar em si mesmo. Para contrabalançar essa identidade autorreferente, entra em cena a ipseidade, isto é, a demarcação do caráter novidadeiro, criativo, imprevisível e existencial do sujeito.

Nesse plano, o *si* é identificado muito mais com a *palavra dada* do que com o *caráter*. A identidade aqui não se confunde com algo que possa ser simplesmente reificado ou percebido em geral, mas atrela-se de maneira incontornável ao "quem", traduz muito mais a ideia de *existência* do que de *substância*. A permanência no tempo desse tipo de identidade revela sempre a necessidade de uma manutenção de

---

48   RICOEUR, op.cit., p.497.

49   RICOEUR, Paul. **O si mesmo como um outro**. Campinas: Papirus, 1991. p.144.

si mesmo, de uma consciência que, ao mesmo tempo em que é determinada pela palavra que a formou e pela palavra que formula, possui consciência dessa situação. Mesmidade e ipseidade estabelecem, portanto, uma dialética vital para a caracterização e a existência do sujeito em seu agir. É graças à ipseidade, portanto, que o agente pode se desligar do seu ato.

Finalmente, tudo se decide na possibilidade de separar o agente de sua ação. Esse desligamento marcaria a inscrição, no campo da disparidade horizontal, entre a potência e o ato, e da disparidade vertical, entre o muito alto do perdão e o abismo da culpabilidade. O culpado, que se tornou capaz de recomeçar, tal seria a figura desse desligamento que comanda todos os outros. (...) Separar o culpado de seu ato, ou, em outras palavras, perdoar o culpado sem deixar de condenar sua ação seria perdoar um sujeito outro que não aquele que cometeu o ato[50].

O perdão como referente último ou como fruto do amor é incondicional, ele é filho da superabundância, da generosidade. Já o perdão entendido como respeito ou *consideração* exige a condição de que se possa desligar o agente do seu ato. Para que tal seja possível, contudo, é indispensável que haja o arrependimento.

A projeção mais conhecida da figura do perdão para a esfera jurídica é a da Anistia

Não se trata de auscultar os sentimentos do genocida ou do torturador para saber se ele sinceramente se arrepende dos seus atos abomináveis, mas sim de exigir da sua parte o devido reconhecimento do caráter hediondo dos seus atos, saindo da perversidade do negacionismo e demarcando em letras garrafais no espaço público a monstruosidade, a violência e o injustificável do sofrimento que causou. Trata-se, antes de tudo, de uma valorização do sofrimento da vítima, de um ato de contrição que introduz o algoz no luto das suas vítimas. Sem o arrependimento, o agente não se desvincula do seu ato, continua, por assim dizer, a mesma pessoa.

> Sob o signo do perdão, o culpado seria considerado como capaz de outra coisa além de seus delitos e faltas. Ele seria devolvido à sua capacidade de agir, e a ação, à de continuar. É essa capacidade que seria saudada nos mínimos atos de consideração nos quais reconhecemos o *incógnito* do perdão encenado na cena pública.

---

50   RICOEUR, **A memória, a história, o esquecimento**, p.500.

Finalmente, é dessa capacidade restaurada que a promessa que projeta a ação para o futuro se apoderaria. A fórmula dessa fala libertadora, abandonada à nudez de sua enunciação, seria: tu vales mais que teus atos[51].

Desligar o agente do seu ato, porém, não significa apagar esse último. Esse desligamento implica a constituição de uma dívida sem a culpa que a ela se atrelava. A dívida permanece como a memória de uma tragédia, como reconhecimento e herança que deve pautar as promessas futuras[52].

3.2. Anistia sem amnésia

A projeção mais conhecida da figura do perdão para a esfera jurídica é a da anistia. A sua caracterização tem sido, contudo, dissociada tanto da memória quanto do arrependimento, trocando o reconhecimento pelo esquecimento. Isso é palpável quando nos debruçamos sobre o processo transicional brasileiro em relação à sua última ditadura.

Desde que foi editada, a Lei de Anistia de 1979 tem servido para impedir o reconhecimento, a memória e a possibilidade do arrependimento público, estimulando, portanto, a repetição da violência pela atuação das forças de segurança pública, o negacionismo dos crimes contra a humanidade cometidos e a impunidade como cultura institucional. É preciso, não obstante, repudiar a anistia como exercício de esquecimento de crimes contra a humanidade.

Theodor Adorno demarcou incisivamente a imperiosidade da não repetição:

> Hitler há impuesto a los hombres en estado de no-libertad un nuevo imperativo categórico: orientar su pensamiento y su acción de tal modo que Auschwitz no se repita, que no ocurra nada parecido[53].

O surgimento dos crimes contra a humanidade delineia uma ética negativa, isto é, não se sabe exatamente como se deve agir, mas sim como não se pode agir. A referência de humanidade deixa de ser o virtual ser humano que reúne em si todos os atributos inerentes à dignidade da pessoa humana e passa a ser o concreto refugo humano, dos

---

51   RICOEUR, op.cit., p.501.

52   RICOEUR, op.cit., p.509.

53   ADORNO, Theodor W. **Dialectica negativa**. Tradução de Alfredo Brotons Muñoz. Madrid: Akal, 2005. p.334.

campos de concentração e dos espaços atingidos pelo alastramento do seu padrão político. A memória torna-se a principal arma contra a repetição[54].

Isso não significa, contudo, que se possa afirmar que a anistia deve ser varrida do mundo quando se defrontar com crimes contra a humanidade. Na África do Sul, estabeleceu-se na década de 90 um novo sentido para a anistia: a anistia sem esquecimento[55].

No contexto da transição da África do Sul para um regime pós-apartheid, partiu-se do pressuposto de que impor julgamentos penais aos criminosos de lesa-humanidade que apoiaram a política delinquente do Apartheid poderia impulsionar uma verdadeira guerra civil, tal seria o nível de ressentimento da maior parte da população negra contra os seus antigos opressores. A saída encontrada foi suspender a ordem jurídica normal, que desembocaria nos julgamentos, para colocar em ação um projeto de reconciliação que se estruturasse em dois grandes pilares: a verdade e a voz das vítimas[56].

A Comissão se dirigia ao povo e por ele era permeada. Para que a verdade dos crimes do Apartheid fosse revelada pelos seus agentes e para que se pudesse fortalecer o espírito de reconciliação, optou-se pela concessão da anistia. Independente de ponderações críticas que possam ser feitas sobre a aceitação dessa saída restaurativa sul-africana, é indubitável que ela sinaliza para uma possibilidade de se permitir a anistia para crimes de lesa-humanidade, com a condição de que a anistia seja dissociada do exercício de esquecimento.

É no mínimo uma trapalhada histórica querer equiparar a anistia sul-africana com a anistia brasileira, mas é exatamente o que o ministro Cezar Peluso faz em seu voto na ADPF 153:

---

54   Sobre a explicitação do *dever de memória*, apoiado principalmente na obra de Paul Ricoeur e relacionado ao contexto da transição política brasileira pós-ditadura, ver: SILVA FILHO, José Carlos Moreira da. Dever de memória e a construção da história viva: a atuação da Comissão de Anistia do Brasil na concretização do Direito à Memória e à Verdade. In: SANTOS, Boaventura de Sousa; ABRAO, Paulo; MACDOWELL, Cecília; TORELLY, Marcelo D. (Orgs.). **Repressão e Memória Política no Contexto Ibero-Brasileiro** - Estudos sobre Brasil, Guatemala, Moçambique, Peru e Portugal. Coimbra: Universidade de Coimbra; Brasília: Ministério da Justiça, 2010. p.185-227.

55   Tal aspecto é demarcado na obra de François Ost, que pensa "na Comissão *Verdade e Reconciliação* criada na África do Sul por ocasião da abolição do regime de Apartheid: nesses casos, pretendem-se estabelecer os fatos e atos que tiveram lugar ao longo do período anterior, não para punir os culpados, mas pelo direito à verdade. Assim, ninguém ignora aquilo que se passou e quem tomou parte nisso; o passado não é manipulado e o silêncio não é imposto à história. Acontece apenas que, por razões superiores, o perdão é concedido aos responsáveis, pelo menos em certas condições. (...) Como no processo de Orestes, a opção tomada a favor de um futuro reconciliado não se paga com o preço da amnésia; pelo contrário, é por ter sido feito um gesto forte de memória que o perdão e, logo, a libertação dos espíritos podem intervir sem temer o regresso permanente do recalcado" (grifos do autor) (OST, op.cit., p.187).

56   TELES, Edson Luís de Almeida. **Brasil e África do Sul**: os paradoxos da democracia – memória política em democracias com herança autoritária. 2007. 153f. [Tese de Doutorado] – Curso de Pós-Graduação em Filosofia da Faculdade de Filosofia, Letras e Ciências Humanas da Universidade de São Paulo – USP. São Paulo. 2007. p.102-103.

Não se trata aqui de um caso de autoanistia, censurada pelos tribunais internacionais. Seria de autoanistia se tivesse provindo de um Ato Institucional ou de um ato normativo equivalente, ela não proveio, ela proveio de um acordo, como tantos outros celebrados no mundo, e dos quais, só para relembrar o caso que me parece mais exemplar, o da África do Sul, que também concedeu uma anistia ainda mais ampla que a nossa[57].

Veja-se que na manifestação do ministro vem a clara tentação de querer equiparar na moldura conceitual do "acordo" casos tão distintos como são o da África do Sul e o do Brasil. Se a partir dos mecanismos restaurativos praticados no contexto sul-africano é possível cogitar-se a não realização de julgamentos penais para apurar crimes contra a humanidade, no caso brasileiro não estão presentes razões que sejam semelhantes para que se possa abrir mão de tais julgamentos. Os agentes públicos que cometeram crimes contra a humanidade e seus mandantes no contexto da ditadura civil-militar brasileira não só não se arrependeram publicamente dos seus atos como até hoje impedem o acesso a documentos públicos que registram episódios não devidamente esclarecidos, insistindo no negacionismo (da política sistemática de torturas, por exemplo[58]) e projetando-o para parcelas desavisadas da sociedade brasileira[59]. Que espécie de perdão pode ser cogitado nesse contexto? Crê-se que apenas aquele perdão registrado pelo ministro Ayres Britto, um dos dois juízes que opinaram pelo deferimento da ação, em uma das passagens mais inspiradas do seu voto, ocorrida justamente quando leu trecho de um poema de sua autoria, intitulado *A propósito de Hitler*:

A humanidade não é o homem para se dar a virtude do perdão

A humanidade tem o dever de odiar os seus ofensores

Porque o perdão coletivo é falta de memória e de vergonha

Convite masoquístico à reincidência[60]

---

57   Disponível em: http://www.youtube.com/watch?v=bK2Hpfnk2Qg. Acesso em 28 de junho de 2010.

58   Um exemplo paradigmático de tal atitude está na entrevista concedida pelo general Maynard Marques Santa Rosa ao jornal Folha de S. Paulo, publicada em 17 de maio de 2010. Quando perguntado sobre a tortura durante a ditadura militar no Brasil, respondeu: "nunca foi institucionalizada, é um subproduto do conflito. A tortura começou com os chamados subversivos. Inúmeros foram justiçados e torturados por eles próprios porque queriam mudar de opinião. A tortura nunca foi oficial" (FERRAZ, Lucas; CANTANHÊDE, Eliane. Entrevista Maynard Marques Santa Rosa. **Folha de São Paulo**, S. Paulo, 17 maio 2010).

59   Tal contexto revela a inutilidade das advertências feitas por Cezar Peluso, Carmem Lúcia, Eros Grau e Celso de Mello no sentido de que a anistia aos torturadores não impedirá o esclarecimento da verdade histórica e política. É duvidoso que sem a possibilidade de uma investigação criminal os agentes públicos que cometeram crimes de lesa--humanidade venham a se revelar diante de uma eventual Comissão da Verdade.

60   Até a conclusão deste artigo, o voto do ministro Carlos Ayres Britto não havia sido publicado, mas está disponível em vídeo no sítio eletrônico do *You Tube*. Disponível em: http://www.youtube.com/watch?v=5ranNPsDDAk. Acesso em 28 de junho de 2010.

Quando foi promulgada a Lei de Anistia, em 1979, o Brasil ainda era refém da ditadura civil-militar, que, iniciada em 1964 com um golpe de estado, estendeu-se até o ano de 1985. As prisões políticas, torturas, assassinatos, desaparecimentos, censura e outras arbitrariedades continuavam a acontecer.

Em 01 de abril de 1977, o ditador Ernesto Geisel simplesmente impõe uma Emenda Constitucional por meio do AI-5[61], pela qual o Congresso é fechado. O pretexto que utilizou para isso foi a oposição do MDB[62] a um projeto de reforma judiciária patrocinado pelo governo. O MDB alegava que não fazia o menor sentido a reforma sem a revogação do AI-5 e da Lei de Segurança Nacional. Assim, fazendo uso do AI-5, Geisel baixou o que ficou conhecido como o "pacote de Abril"[63].

O pacote consistiu em uma série de reformas constitucionais no campo eleitoral com o indisfarçado objetivo de tornar a Arena, partido de suporte da ditadura militar, imbatível nas próximas eleições, a saber: passa a ser exigida apenas a maioria simples; todos os governadores e um terço dos senadores seriam escolhidos indiretamente, nas eleições de 1978, por colégios eleitorais estaduais que incluíam os vereadores, o que bastava para assegurar com folga a vitória da Arena nesses colegiados; os deputados federais teriam o seu número demarcado com base na população e não no total dos eleitores registrados, o que na prática aumentava o número de parlamentares relacionados às regiões do país nas quais o apoio à ditadura era maior.

Em 1977, o Congresso foi fechado, tendo as regras da sua composição manipuladas com base no Ato Institucional Nº 5 para que nunca fosse possível a aprovação de um projeto de lei que contrariasse os interesses do governo ditatorial. O resultado disso foi que o projeto da Lei de Anistia enviado pelo governo Figueiredo ao Congresso Nacional fosse

---

61   O Ato Institucional Nº 5, de 13 de dezembro de 1968, ficou conhecido como "o golpe dentro do golpe", visto que retirou todas as amarras legais que impediam as prisões arbitrárias, as cassações, a censura e a eliminação dos opositores do regime ditatorial. Uma das medidas mais radicais foi a suspensão da garantia do *habeas corpus* nos casos de crimes políticos ou contra a segurança nacional. Foi precisamente após a edição desse Ato Institucional que, diante da vedação de qualquer meio legal de oposição ao regime ditatorial, muitos movimentos de oposição à ditadura decidiram enveredar pela luta armada (BRASIL. Secretaria Especial dos Direitos Humanos. **Direito à verdade e à memória**, p.26-27).

62   O Movimento Democrático Brasileiro (MDB) era o partido de oposição consentida, sempre retaliado e descaracterizado, contudo, por sucessivas cassações e suspensões de mandato. O partido do governo era a Aliança da Renovação Nacional (Arena).

63   GRECO, Heloísa Amélia. **Dimensões fundacionais da luta pela Anistia**. 2009. 456f. [Tese de Doutorado] – Curso de Pós-Graduação das Faculdades de Filosofia e Ciências Humanas da Universidade Federal de Minas Gerais. Belo Horizonte. 2009. p.370-374.

aprovado sem que nenhuma das objeções feitas pela oposição fossem admitidas em qualquer etapa do processo, portanto, sem nenhum acordo digno desse nome.

A anistia no Brasil foi alcançada graças a uma especial conjunção de fatores, dentre os quais se destacam visivelmente as lutas populares pela anistia[64], o cenário econômico fortemente desfavorável ao governo[65] e os próprios interesses do governo ditatorial[66]. Muito embora a anistia em 1979 tenha permitido o início da redemocratização do país, o retorno dos exilados, a libertação de muitos presos políticos e a criação de novos partidos políticos, ela também contribuiu para lançar um espesso véu de esquecimento sobre os crimes contra a humanidade cometidos pelos ditadores e seus sequazes, o que se deu especialmente com o estabelecimento da autoanistia e da exclusão da anistia daqueles que foram condenados pela participação na resistência armada.

Mais de 30 anos depois da edição da Lei de Anistia, no julgamento da ADPF 153 no Supremo Tribunal Federal, o então presidente da Corte, ministro Cezar Peluso, tentou esquivar-se de maneira pouco convincente da jurisprudência da Corte Interamericana de Direitos Humanos, segundo a qual a autoanistia para crimes contra a humanidade é inadmissível. Aliás, nisso ele não ficou sozinho. O ministro Celso de Mello, apesar de ter sido o único magistrado que fez referência aos casos de Barrios Alto, do Peru, e de Aureliano Almonacid, do Chile[67], exatamente os casos que consagraram a tese da vedação da

---

64   No ano de 1975, é desencadeada a campanha pela anistia, com o lançamento do Manifesto da Mulher Brasileira pelo Movimento Feminino pela Anistia. Esse movimento começa forte em São Paulo, conduzido por D. Terezinha Zerbini e, de São Paulo, espalha-se por todo o país, dando origem aos Comitês Brasileiros de Anistia (para um minucioso e aprofundado estudo sobre o papel desses movimentos na luta pela anistia, ver: GRECO, op.cit.). Decisiva também foi a mobilização dos próprios presos políticos, que, mediante greves de fome e forte interação com setores artísticos e intelectuais, foram protagonistas deste processo (GRECO, op.cit., p.186-227).

65   Durante o Governo Geisel (1974-1979), a alta do petróleo, a inflação galopante e o renascimento dos movimentos sindicais foram suficientes para causar uma forte crise econômica (SKIDMORE, op.cit., p.349-354).

66   Todo o processo de distensão política, iniciado no Governo Geisel e terminado no Governo Figueiredo, fazia parte de um plano engendrado pelo cérebro da Doutrina de Segurança Nacional: Golbery do Couto e Silva. A anistia, inclusive, fazia parte desse planejamento, assim como a abertura ao pluripartidarismo. A intenção era manter intactos os princípios e diretivas da Doutrina em um ambiente político razoavelmente "democrático". O pluripartidarismo, ademais, poderia servir para desarticular o MDB, partido que havia ameaçado a hegemonia da Arena nas eleições de 1974 (SKIDMORE, op.cit., p.427).

67   O caso Barrios Altos diz respeito a uma chacina ocorrida em Lima, no Peru, em 1991, durante o governo ditatorial de Fujimori. O grupo de extermínio Colina, composto por membros do exército peruano, assassinou 15 pessoas e feriu mais 4. A anistia para os criminosos veio em 1995. A sentença da CIDH veio no ano de 2001 e desqualificou a anistia concedida por considerá-la uma autoanistia. A sentença do caso está disponível em: http://www.corteidh.or.cr/docs/casos/articulos/Seriec_75_esp.pdf. Acesso em 28 de junho de 2010. Já o caso Almonacid Arellano, ocorrido no Chile em 1973, refere-se ao caso do assassinato do senhor Almonacid Arellano pelos agentes da repressão chilena. Com a anistia de 1978, os agentes que cometeram esse crime não foram julgados. A Corte considerou, em sentença de 2006, a inadmissibilidade de que a lei de anistia chilena alcançasse tais agentes, configurando o entendimento contrário à autoanistia. A sentença do caso está disponível em: http://www.corteidh.or.cr/docs/casos/articulos/seriec_154_esp.doc. Acesso em 28 de junho de 2010.

autoanistia na jurisprudência da Corte Interamericana, afastou abruptamente a sua incidência do caso brasileiro, com o incompreensível argumento de que se a anistia foi bilateral, logo ela não foi uma autoanistia.

Ora, ainda que a anistia tenha favorecido os perseguidos políticos (não todos como se viu), o fato de ela ter se voltado, segundo interpretação até hoje chancelada pelo Poder Judiciário brasileiro, para os próprios agentes públicos e seus respectivos mandantes, em um processo de discussão e votação totalmente imposto por esses mesmos agentes e mandantes, em nada abranda a óbvia constatação de que se trata de uma autoanistia.

4. CONSIDERAÇÕES FINAIS

É difícil prever quais serão os rumos da transição democrática brasileira sem que se faça o claro reconhecimento público dos crimes contra a humanidade ocorridos no Brasil. Em outro trabalho procuramos mostrar como a não aplicação dos mecanismos transicionais necessários ao contexto brasileiro está intimamente atrelada ao alto índice de violação dos direitos humanos por parte das forças de segurança pública do país[68].

Atualmente, podemos perceber uma divisão no interior do governo federal brasileiro quanto ao tema. Enquanto há setores que se negam a fornecer qualquer informação ou documento que comprove os abusos praticados durante a ditadura ou dê notícias do paradeiro dos desaparecidos políticos, como é o caso principalmente das Forças Armadas brasileiras, há outros setores que têm se empenhado na concretização de políticas de memória, especialmente a Secretaria Especial de Direitos Humanos (SEDH) e a Comissão de Anistia do Ministério da Justiça.

Em sua missão de julgar os pedidos de reparação econômica e moral dos perseguidos políticos, a Comissão de Anistia vem empreendendo as Caravanas da Anistia, passando por todos os Estados brasileiros e realizando julgamentos em lugares públicos e espaços educativos, como universidades, colégios, prefeituras, assembleias, entre outros. A Co-

---

68   Ver: SILVA FILHO, José Carlos Moreira da. Dever de memória e a construção da história viva: a atuação da Comissão de Anistia do Brasil na concretização do Direito à Memória e à Verdade. In: SANTOS, Boaventura de Sousa; ABRAO, Paulo; MACDOWELL, Cecília; TORELLY, Marcelo D. (Orgs.). **Repressão e Memória Política no Contexto Ibero--Brasileiro** - Estudos sobre Brasil, Guatemala, Moçambique, Peru e Portugal. Coimbra: Universidade de Coimbra; Brasília: Ministério da Justiça, 2010. p.185-227.

missão também tem se envolvido em outros projetos de memória, como a construção do Memorial da Anistia Política em Belo Horizonte (MG), a promoção de eventos acadêmicos e publicações, dentre as quais se destaca a Revista de Anistia Política e Justiça de Transição. É na Comissão de Anistia que se busca praticar no Brasil a ideia de anistia sem amnésia. Nos processos de reparação, o olhar e a voz das vítimas assumem o protagonismo, e a memória passa a ser a diretriz primordial das atividades da Comissão. É claro que nesse caso, a anistia está voltada para os perseguidos políticos e não para os agentes públicos que os perseguiram.

Em 2007, foi publicado o livro "*Direito à Verdade e à Memória*", que contém os resultados do trabalho da Comissão de Mortos e Desaparecidos Políticos, instituída em 1995 no seio da SEDH e que, pela primeira vez, assume no interior do discurso oficial o terrorismo de Estado. A SEDH, ademais, vem concretizando outras importantes publicações e ações em prol da memória política do país. Uma das mais conhecidas foi justamente a implementação da Diretriz sobre o Direito à Memória e à Verdade no III Programa Nacional de Direitos Humanos. O que se viu por ocasião do lançamento desse Programa, amplamente discutido em fóruns municipais, estaduais e nacionais, foi uma forte reação oriunda dos mesmos setores sociais que apoiaram a realização do golpe no Brasil, a saber, latifundiários, setores conservadores da igreja, empresários, militares e a grande mídia. O governo viu-se premido por essa reação e preferiu não dar prioridade ao tema do resgate da memória política no país, concedendo na mudança do texto do Programa original e em vários outros pontos simbólicos de capitulação diante de uma vontade autoritária e ainda com muita influência no país.

Finalmente, o julgamento da ADPF 153 no STF é a grande prova do quanto ainda estamos longe no Brasil de uma verdadeira ruptura com o passado autoritário. A ditadura no Brasil teve uma característica muito particular. Ela se preocupou em maquiar seus desmandos e suas práticas ditatoriais com um manto ou simulacro de legalidade. Esse fato causou a sensação, entre muitos dos juristas brasileiros, de que a Constituição de 1988 foi o fruto de um processo "natural" e de continuidade com a "legalidade" aqui instituída à base de Atos Institucionais.

O capítulo da anistia no Brasil ainda não está, todavia, encerrado. Nos dias 20 e 21 maio de 2010, foi realizada a audiência de julgamento do Caso n.º 11.552 – Julia Gomes Lund e outros vs Brasil – no âmbito da Corte Interamericana de Direitos Humanos. Esse ficou conhecido como o caso Araguaia, visto que pede a condenação do

Estado brasileiro pela não abertura dos arquivos e pela não revelação do paradeiro dos desaparecidos políticos da Guerrilha do Araguaia[69].

A ação foi provocada pela insistente e heroica militância dos familiares dos mortos e desaparecidos na guerrilha, tendo sido encampada pela Comissão Interamericana de Direitos Humanos e finalmente aceita pela Corte. Com relação especificamente ao tema da anistia, uma provável condenação do Brasil no âmbito da OEA criará um verdadeiro descompasso entre a posição manifestada pelo Supremo Tribunal Federal e as determinações que serão estabelecidas na sentença condenatória, visto que a anistia, ainda mais quando é autoanistia, não pode, segundo jurisprudência já consolidada na Corte, servir de empecilho para o devido processamento de crimes contra a humanidade.

No caso brasileiro, por tudo o que se apontou, e em especial pela recusa na apuração dos fatos e na responsabilização dos agentes ditatoriais que cometeram crimes de lesa-humanidade, ainda é muito remota a possibilidade da reconciliação nacional. Sem políticas maciças de memória e sem uma mobilização política capaz de deflagrá-las, o Brasil estará ainda distante do seu necessário processo de transição democrática.

---

69   No início dos anos 70, um grupo de 75 militantes do Partido Comunista do Brasil, o PCdoB, decidiu, em face do austero regime de exceção em vigor no Brasil, se instalar no norte do país, em plena selva amazônica, na região conhecida como "bico do papagaio" (confluência dos estados do Pará, Maranhão e Tocantins), próxima ao Rio Araguaia, para a partir dali oferecer resistência armada à ditadura militar. No início, se instalaram incógnitos na região e eram conhecidos pelos seus habitantes pelo nome de "paulistas" ou "povo da mata", estabelecendo uma relação harmoniosa com a população local, oferecendo, inclusive, serviços de saúde, fundando escolas e demais providências que o Estado brasileiro jamais havia tomado até então, sendo essa região, à época, verdadeiramente abandonada pelas instituições públicas. Uma vez que o exército descobriu a existência do foco guerrilheiro, iniciou suas investidas na região. Em uma sequência de operações secretas que se desenrolaram por cerca de dois anos (de 1972 a 1974), o exército brasileiro envolveu o maior contingente até hoje mobilizado entre as suas fileiras após a Segunda Guerra Mundial. Foram de 3 mil a 10 mil homens, com aviões, helicópteros, carros de combate, embarcações de guerra, paraquedistas, e demais equipamentos para combater 75 guerrilheiros. Como o exército não conhecia a região, foi preciso uma infiltração na população local com vistas a se conseguir mapear as bases guerrilheiras. Nesse sentido, foi fundamental a atuação do major Curió, como ficou conhecido, ora obtendo informações mediante disfarce de empreendedor e comerciante, ora atuando diretamente na repressão física, morte e interrogatório tanto dos guerrilheiros quanto dos habitantes da região que pudessem dar alguma informação útil. As ordens dadas pelo presidente Emílio Garrastazu Médici era de não deixar sobreviventes. Os corpos dos guerrilheiros e guerrilheiras até hoje não foram encontrados e as Forças Armadas se negam a abrir os seus arquivos. Os oficiais que atuaram na época e que ainda vivem também se negam a dar as informações. Além dos guerrilheiros, muitos lavradores e lavradoras humildes foram torturados e tiveram suas casas e seus parcos bens destruídos. Alguns foram escravizados para servirem de guia aos militares dentro da selva, outros resolveram colaborar em busca de vantagens. A Guerrilha do Araguaia é uma verdadeira ferida aberta na história do Brasil, visto que, de todas as histórias da ditadura militar, é a que está envolta em maior segredo e mistério, e que tem voltado à cena pública nos últimos anos, o que se deve às ações judiciais movidas pelas associações de parentes e amigos das vítimas, pela atuação de órgãos do governo como, a Secretaria Especial de Direitos Humanos da Presidência da República, a Comissão Especial de Mortos e Desaparecidos Políticos e a Comissão de Anistia, além de algumas importantes publicações. As informações até agora obtidas sobre a Guerrilha do Araguaia são fruto de pesquisas desenvolvidas com base em documentos não oficiais (até hoje não admitidos pelas Forças Armadas) e no Relatório Arroyo (relato de Ângelo Arroyo, um dos pouquíssimos sobreviventes do grupo guerrilheiro). Há os livros de Hugo Studart, *A lei da selva*, e o de Taís Morais e Eumano Silva, *Operação Araguaia*. A primeira grande publicação oficial do Estado que admite a ocorrência da Guerrilha e traz informações sobre o episódio é o livro *Direito à Memória e à Verdade*, que traz o resultado dos trabalhos da Comissão Especial sobre Mortos e Desaparecidos Políticos, vinculada à Secretaria Especial dos Direitos Humanos da Presidência da República. Há, por fim, os depoimentos que foram recentemente colhidos pela Comissão de Anistia, que se deslocou diretamente para a região com alguns dos seus membros.

Este artigo é fruto de projeto de pesquisa desenvolvido pelo Grupo de Pesquisa Direito à Memória e à Verdade e Justiça de Transição, com sede no Programa de Pós-Graduação em Ciências Criminais da Pontifícia Universidade Católica do Rio Grande do Sul (PUCRS). O projeto de pesquisa, do qual resultou este artigo, obtém auxílio financeiro do Conselho Nacional de Desenvolvimento Científico e Tecnológico (CNPq) e conta com bolsa de iniciação científica da Federação de Amparo à Pesquisa do Estado do Rio Grande do Sul (Fapergs).

Algumas passagens deste artigo repisam reflexões já apresentadas em: SILVA FILHO, José Carlos Moreira. O julgamento da ADPF 153 pelo Supremo Tribunal Federal e a inacabada transição democrática brasileira. In: PIOVESAN, Flávia; SOARES, Inês Prado. **Direito ao desenvolvimento**. São Paulo: Fórum, 2010.

A interpretação judicial da Lei de Anistia brasileira e o Direito Internacional

DEISY VENTURA

Professora do Instituto de Relações Internacionais da Universidade de São Paulo
Doutora em Direito Internacional pela Universidade de Paris I, Panteón/Sorbonne (França)

FONTE: ARQUIVO NACIONAL E SECRETARIA
DE DIREITOS HUMANOS DA PRESIDÊNCIA
DA REPÚBLICA

*Em primeiro lugar, instrumentos normativos internacionais só adquirem força vinculante após o processo constitucional de internalização, e o Brasil não subscreveu a Convenção sobre a Imprescritibilidade dos Crimes de Guerra e dos Crimes contra a Humanidade de 1968, nem qualquer outro documento que contivesse cláusula similar; em segundo lugar, o costume internacional não pode ser fonte de Direito Penal sem violação de uma função básica do princípio da legalidade; e, em terceiro lugar, **conjurando o fantasma da condenação pela Corte Interamericana**, a exemplo do precedente Arellano x Chile, a autoridade de seus arestos foi por nós reconhecida plenamente em 2002 (Dec. nº 4.463, de 8/11/2002), porém apenas para fatos posteriores a 10 de dezembro de 1998.*

Brasil, Supremo Tribunal Federal, Arguição de Descumprimento de Preceito Fundamental Nº 153 (grifo meu)[1].

– It is an honest ghost, that let me tell you.

Shakespeare, Hamlet, Cena V

1.	INTRODUÇÃO

Distintamente de outros Estados da América do Sul, é recente, no Brasil, o embate *judicial* sobre a possibilidade de processar e julgar os agentes públicos que praticaram violações graves e sistemáticas dos Direitos Humanos durante regimes de exceção. Nos últimos anos, diversas demandas buscaram a responsabilização, civil ou criminal, de alguns dos protagonistas da política de repressão patrocinada pela ditadura militar brasileira (1964-1985). Entre elas, duas são as principais, e encontram-se justapostas:

o Caso Gomes Lund e outros contra o Brasil[2], conhecido como o Caso Guerrilha do Araguaia, que ora tramita na Corte Interamericana de Direitos Humanos (CIDH), com deslinde previsto para as próximas semanas, que será tratado ao final deste painel por representantes do Centro pela Justiça e o Direito Internacional (Cejil), peticionário da ação; e a Arguição de Descumprimento de Preceito Fundamental (ADPF) Nº 153,

---

1   Acórdão de 29/4/10, pub. 06/8/10, DJe 145. A epígrafe corresponde à citação, feita pelo ministro relator Eros Grau (§42, p. 37, e repetida pelo ministro Celso de Mello, à p. 194), de Nilo Batista, "Nota Introdutória", In: U. Neumann, L.J. Swensson Junior, A. Martins e D. Dimoulis, **Justiça de Transição no Brasil**, São Paulo: Saraiva, 2010, p. 8-9.

2   Demanda da Comissão Interamericana de Direitos Humanos perante a CIDH contra a República Federativa do Brasil, Caso 11.552, Julia Gomes Lund e outros, propositura em 26/3/2009.

proposta pelo Conselho Federal da Ordem dos Advogados do Brasil (OAB), junto ao Supremo Tribunal Federal (STF), em sede de controle abstrato de constitucionalidade, objeto principal de minha breve preleção[3].

Começo por esclarecer que a OAB *não* requereu ao STF nem uma "revisão", nem a declaração de "nulidade" da chamada Lei de Anistia (Lei nº 6.683, de 28/08/1979)[4]. Aliás, o Direito Internacional, em princípio, nada tem a opor às leis nacionais que anistiam crimes políticos. Por meio da ADPF 153, proposta em outubro de 2008, o que pede a OAB é "uma interpretação conforme à Constituição, de modo a declarar, à luz dos seus preceitos fundamentais, que a anistia concedida pela citada lei aos crimes políticos ou conexos *não se estende aos crimes comuns praticados pelos agentes da repressão* contra opositores políticos durante o regime militar". O alvo da demanda é, portanto, o 1º do artigo §1º da referida Lei:

> "Art. 1º - É concedida anistia a todos quantos, no período compreendido entre 2 de setembro de 1961 e 15 de agosto de 1979, cometeram crimes políticos ou conexo (sic) com esses, crimes eleitorais, aos que tiveram seus direitos políticos suspensos e aos servidores da Administração Direta e Indireta, de fundações vinculadas ao poder público, aos servidores dos Poderes Legislativo e Judiciário, aos militares e aos dirigentes e representantes sindicais, punidos com fundamento em Atos Institucionais e Complementares.
>
> §1º - Consideram-se conexos, para efeito deste artigo, os crimes de qualquer natureza relacionados com crimes políticos ou praticados por motivação política".

Alega a OAB, entre outros argumentos, que o dispositivo em pauta não foi objeto de recepção pela Constituição Federal de 1988, cujo artigo 5º XLIII reputa o crime de tortura como insusceptível de anistia ou graça; e que a Corte Interamericana de Direitos Humanos já decidiu, em ao menos cinco casos, pela nulidade da "autoanistia criminal de-

---

3   A decisão do STF vincula o julgamento de outras ações propostas no âmbito da jurisdição brasileira, entre elas: o Caso Família Teles ou Caso Ustra (Poder Judiciário do Estado de São Paulo (PJ/SP), Ação Declaratória Cível (ADC) Nº 583.00.2005.202853-5, Janaína Teles et al. c. Carlos Alberto Brilhante Ustra, propositura em 2005), sobre o qual já doutrinou Flavia Püschel ("The communicative function of civil liability: evidence from a case of impunity", Coleção de Artigos Direito GV, Working Paper Nº 20, São Paulo, junho de 2008); o Caso Merlino (PJ/SP, ADC, Ângela Mendes de Almeida e Regina Merino Dias de Almeida c. Carlos Alberto Brilhante Ustra, prop. em 2008); além das representações e ações do Ministério Público Federal (lista disponível em <www.prr3.mpf.gov.br>).

4   A confusão que foi semeada, junto à opinião pública brasileira, a respeito do pedido da OAB está diretamente relacionada à tese dita "dos dois lados", preconizada por alguns dos ministros da Suprema Corte, em especial por seu ex-presidente Gilmar Mendes. De acordo com essa tese, amplamente sustentada pelos meios de comunicação e pela classe política, a Lei de Anistia somente poderia ser questionada em bloco, o que implicaria rever também a anistia concedida a militantes de esquerda. Trata-se de uma tardia e curiosa tradução jurídica da Guerra Fria.

cretada por governantes". Em abril do corrente ano, *o plenário do STF, por 7 votos a 2, indeferiu o pleito*, mantendo a interpretação da Lei de Anistia que obstaculiza o julgamento dos "torturadores". A OAB apresentou embargos declaratórios à decisão, sobre os quais a egrégia corte ainda não se manifestou.

A emergência tardia – e, até então, malfadada – desse contencioso é reflexo de uma volátil acepção brasileira do compromisso internacional de julgar grandes violadores de Direitos Humanos, e de sua indiferença ao princípio *de aut dedere aut iudicare*, patente em numerosos episódios de nossa história. Recorde-se a concessão de asilo político ao general Alfredo Stroessner, cruel ditador do Paraguai entre 1954 e 1989, residente no Brasil de 1989 até 2006, quando de seu falecimento em total impunidade. Ou a recentíssima hesitação da Corte Suprema brasileira diante do pedido de extradição, formulado por Argentina e Uruguai, do major do exército uruguaio Manuel Cordero Piacentini. Note-se que, no Caso Cordero[5], estava em questão a possibilidade de julgar e punir um dos protagonistas da única iniciativa supranacional bem sucedida no Cone Sul: a Operação Condor, que assegurou a repressão política cooperativa entre a Argentina, a Bolívia, o próprio Brasil, o Chile, o Paraguai e o Uruguai nos anos ditos de chumbo. Embora, ao final do processo, o STF tenha deferido parcialmente a extradição, a medida foi inicialmente refutada pelo voto do relator, ministro Marco Aurélio, nos seguintes termos (grifo meu):

> Em última análise, o Supremo está a enfrentar, nesse caso, na via indireta, é certo, a problemática alusiva a tema que, há pouco, esteve em voga – o alcance da anistia. *Se deferida essa extradição, assentar-se-á a viabilidade de persecução criminal, de responsabilidade administrativa e civil, no tocante a fatos cobertos pela anistia* e, então, esvaziada na essência será essa última, não mais implicando a suplantação de quadra indesejada. *Feridas das mais sérias, considerando repercussões de toda ordem, poderão vir a ser abertas.* Isso não interessa ao coletivo. Isso não interessa à sociedade, presentes valores maiores. Isso resultará em retrocesso dos mais nefastos. (...) Grassará o conflito sem limites[6].

---

5   STF, Extradição 974-0, República Argentina, acórdão de 06/8/09, pub. 04/12/09, DJe N. 228.

6   Ibid., ps. 11-2. O, ministro Marco Aurélio retomará esse voto durante o julgamento da ADPF 153, apontando a contradição entre o deferimento da extradição de Cordero e o indeferimento da nova interpretação da Lei de Anistia brasileira: "Pena que essa extradição tenha sido julgada em 2009 e não após esse crivo. (...) Presidente, o que houve?", p. 154-5. V., mais adiante, a nota 81 do presente texto sobre a discussão em plenário do vínculo entre a ADPF 153 e o Caso Cordero. V. igualmente Tarciso Dal Maso e Deisy Ventura, "STF: Lobos em pele de Cordero?", Carta Capital, 03/10/2008; e Deisy Ventura, "Terrorismo de Estado", Folha de S. Paulo, 19/11/09.

A tendência à omissão no julgamento de autores de crimes contra a humanidade *contradiz*, todavia, tanto a nova ordem constitucional brasileira, humanista e democrática, quanto *o teor das obrigações internacionais paulatinamente assumidas pelo Brasil*, graças às numerosas convenções relativas aos Direitos Humanos firmadas e incorporadas à ordem jurídica pátria. Assim, o processo de definição da posição do Estado brasileiro sobre o eventual "julgamento dos torturadores" refletiu uma profunda fissura uterina: confrontaram-se, em dois grandes blocos, as principais pastas do Poder Executivo. À origem da ADPF 153, encontra-se uma audiência pública, convocada pelo Ministério da Justiça e pela Secretaria Nacional de Direitos Humanos, em julho de 2008, com o apoio da OAB e de relevantes setores dos movimentos sociais. No polo oposto, e reativo, perfilaram-se a Casa Civil, as pastas das Relações Exteriores e da Defesa. É bem verdade que o governo brasileiro, embora, de regra, situado "à esquerda" nas clivagens político-partidárias, baseia-se sobre uma larga coalizão, capaz de dar guarida até a colaboradores, abertos ou velados, do regime militar. Surpreendente, porém, é o ex-presidente da República, Luiz Inácio Lula da Silva, ele mesmo vítima da repressão política, ter arbitrado o dissenso governamental em favor dos segundos e, a seguir, exercido notória pressão para que o STF indeferisse a ADPF 153[7].

Considerando a presença, neste colóquio, de especialistas de variadas disciplinas, que dissecarão o tema em apreço sob diferentes prismas, prefiro dedicar-me simplesmente a demonstrar que, entre os seus muitos efeitos nefastos, *o indeferimento da ADPF 153 contribui para o aprofundamento da mescla entre a ignorância e o desprezo pelo Direito Internacional público que ainda caracterizam a cultura jurídica brasileira.* Após um breve panorama das decisões recentes da Suprema Corte que dizem respeito a questões internacionais (II), tratarei do Direito convencional ausente no acórdão (III), da equivocada percepção jurisprudencial sobre o costume internacional como fonte de Direito Penal no Brasil (IV) e do alcance da jurisprudência da CIDH sobre o caso concreto (V), para tecer, ao final, algumas observações conclusivas (VI).

---

7   Ao longo de seus dois mandatos, o presidente Lula nomeou seis dos onze ministros que integram a Corte. Autorizo-me a pensar, com Michel Foucault, que, no caso em espécie, "o governo se interessa apenas pelos seus interesses" (Naissance de la biopolitique – Cours au Collège de France 1978-1979, Paris: Gallimard, 2004, p. 47). Logo, não é coincidência que o STF tenha enfrentado a espinhosa questão em plena campanha para as eleições presidenciais de 2010: de uma parte, freou, por força do indeferimento da Ação, as incômodas demandas em curso na jurisdição nacional; de outra parte, procurou evitar uma também incômoda condenação do Brasil pelo juiz interamericano no Caso Araguaia, tanto ao oferecer-lhe uma nova interpretação da história e do direito brasileiros, como ao constrangê-lo, antecipando uma decisão sobre tema do qual se ocupa igualmente a CIDH.

2.	DO ESTATALISMO AO PROVINCIANISMO JURÍDICO: UM SOBRE-VOO DA JURISPRUDÊNCIA RECENTE DO STF SOBRE QUESTÕES INTERNACIONAIS

A abertura dos mercados, tônica das economias latino-americanas nos anos 1990, cuidou de estabelecer uma clivagem entre, de um lado, as normas internacionais de natureza econômica, particularmente as comerciais, que merecem um grau satisfatório de efetividade no Brasil, baseado antes no pragmatismo mercantilista do que na boa doutrina; e, de outro, as demais regras de fonte internacional, em particular as normas protetivas dos direitos humanos, que ainda parecem ser, para muitos, "um apêndice um pouco suspeito do Direito Internacional"[8]. Quando se trata do STF, a gravidade do fenômeno amplifica-se, na medida em que tal instituição acumula as funções de corte constitucional e órgão recursal máximo da organização judiciária brasileira. Já se fala de uma Supremocracia brasileira, em alusão a um duplo fenômeno: de uma parte, a partir de 2005, com o advento da súmula vinculante, o Supremo tornou-se capaz de "governar jurisdicionalmente (rule) o Poder Judiciário no Brasil", enquadrando juízes e tribunais resistentes a suas decisões; de outra banda, houve uma expansão da autoridade da Corte, em detrimento dos demais Poderes da República[9]. Contudo, enquanto a classe política e os meios jurídicos abordam sem fadiga o poder crescente do STF no plano interno, pouco se avalia a dimensão internacional de seu labor jurisdicional.

Ao mesmo tempo em que o Poder Executivo ambiciona um papel de destaque no cenário internacional, erigindo a política externa brasileira, com histórico ineditismo, à condição de tema de primeiro plano no debate político nacional, a cúpula do Poder Judiciário é desafiada por numerosas demandas que transcendem a ordem interna. Para compreender essa evolução, é indispensável referir ao menos quatro decisões recentes do STF.

No Caso Al Bashir[10], o Tribunal Penal Internacional formulou ao Estado brasileiro o pedido de detenção e entrega do chefe de Estado da República do Sudão, com base no artigo 5° do Estatuto de Roma[11]. A presidência do STF denegou, em princípio, o

---

8   Pierre-Marie Dupuy e Yann Kerbrat, **Droit international public**. 10 ed. Paris: Dalloz, 2010, p. 239. Para esses autores, bem ao contrário, "o Direito Internacional dos Direitos Humanos constitui um domínio literalmente essencial da ordem jurídica internacional atual, no coração da qual ele aparece cada vez mais manifestamente assentado, quaisquer que sejam, por outro lado, as vicissitudes de sua efetiva implementação" (ibid., p. 241).

9   Oscar Vilhena Vieira, "Supremocracia", **Revista Direito GV SP**, 4 (2), p. 441-464, jul-dez 2008.

10   STF, Petição 4.625-1 República do Sudão, Decisão de 17/07/09, pub. Em 04/8/09 DJe N. 145.

11   Firmado em 17/07/1998, e incorporado ao Direito brasileiro pelo Decreto 4.388, de 25/9/2002.

pedido, preferindo encaminhá-lo à Procuradoria Geral da República, alertando-a quanto às "controvérsias jurídicas em torno da compatibilidade de determinadas cláusulas do Estatuto de Roma em face à Constituição do Brasil", assim como da "alta relevância jurídico-constitucional de diversas questões suscitadas pela aplicação doméstica do Estatuto de Roma"[12]. Dito de outro modo, a presidência do STF incitou o Ministério Público Federal a arguir a inconstitucionalidade do tratado fundador do Tribunal Penal Internacional[13].

No polêmico Caso Battisti[14], em 18/11/2009, a Corte anulou o ato administrativo do então ministro da Justiça, Tarso Genro, que concedeu refúgio ao italiano Cesare Battisti, ocasionando inquietante retrocesso em relação ao *status* do Direito Internacional dos refugiados na ordem brasileira. Não contente, passou à estapafúrdia (e, diga-se de passagem, *extra petita*) discussão sobre a questão de saber se o presidente da

---

12   Ementa da Decisão do Caso Al Bashir (op. cit. nota 11 supra) *in fine*. Encontrava-se em exercício da Presidência, no momento da decisão, o ministro Celso de Mello, baluarte da teoria dualista (sobre as relações entre as ordens internacional e interna) na Corte Suprema brasileira. Não esqueçamos que, em 1997, no Caso Porto de Belém (STF, Carta Rogatória 8.279, República Argentina, decisão de 04/5/1998, pub. em 14/5/1998), também numa decisão da Presidência, o Ministro Celso de Mello, por um lado, reafirmou o entendimento jurisprudencial da Corte, qual seja o da equivalência hierárquica entre normas de fonte internacional e normas internas, e, por conseguinte, a prevalência dos princípios *lex posteriori derogat priori* e *lex specialis derogat generalis* como regras de solução de conflito de normas no Brasil. Por outro lado, como nunca antes no labor pretoriano, o ministro Mello detalhou o item de incorporação da norma internacional ao Direito brasileiro. O objeto da lide era a aplicação do Protocolo de Medidas Cautelares do Mercosul, de 16/12/1994, aprovado pelo Congresso Nacional (Decreto Legislativo N. 192/1995) e cujo instrumento de ratificação já havia sido depositado pelo governo brasileiro, em 18/3/1997. Mello negou, porém, sua vigência, eis que o Protocolo não havia sido promulgado, mediante Decreto, pelo presidente da República. Alheio ao fato de que o Protocolo em tela era **Direito derivado** do Tratado de Assunção, este sim Direito originário do Mercosul, e, já à época, plenamente vigente no Brasil, o plenário do STF confirmou, por unanimidade, o entendimento de Mello, rechaçando o Agravo Regimental interposto pela Argentina (Dec. de 17/6/1998, pub. 10/8/2000) – o que me levou a chamar os seus magistrados de "nostálgicos de uma aduana de normas" (tomando emprestada a expressão de Denys Simon sobre os dualistas e o direito comunitário europeu, v. Deisy Ventura, **Les asymétries entre le Mercosur et l'Union européenne**, Paris: L'Harmattan, 2003, p. 119 e ss). A partir de 2008, a jurisprudência da Corte conhece uma ligeira evolução, porém restrita aos tratados internacionais de Direitos Humanos, como veremos a seguir.

13   Para o ministro Celso de Mello, o STF precisa discutir: "o reconhecimento, ou não, da competência originária do Supremo Tribunal Federal sobre a matéria em causa; a possibilidade de entrega da pessoa reclamada, ao Tribunal Penal Internacional, pelo Governo do Brasil, considerado o modelo constitucional entre nós vigente (CF, art. 5°, XLVII, b), nos casos em que admissível, pelo Estatuto de Roma, a imposição da pena de prisão perpétua (Art. 77, n. 1, b); a imprescritibilidade de todos os crimes previstos no Estatuto de Roma (Art. 29); a impossibilidade de invocação, por chefe de Estado, de sua imunidade de jurisdição em face do Tribunal Penal Internacional (Estatuto de Roma, Art. 27); a questão pertinente às relações entre o Estatuto de Roma (que descreve os denominados *core* crimes), complementado pelo Anexo referente aos Elements of Crimes, adotado em 09/09/2002, e o postulado constitucional da reserva de lei formal em matéria de definição (que há de ser prévia) de tipos penais, bem como das respectivas sanções, notadamente em face da indeterminação das penas por parte do Estatuto de Roma, eis que não foram por ele cominadas de modo específico e correspondente a cada tipo penal; o reconhecimento, ou não, da recepção, em sua integralidade, do Estatuto de Roma pela ordem constitucional brasileira, considerado o teor do §4° do art. 5° da Constituição", Decisão do Caso Al Bashir (ref. Nota 11 supra), p. 13.

14   STF, Extradição 1.085 República Italiana, acórdão de 16/12/09, pub. 15/4/10 DJe N. 67. Ver, por ex., voto do Ministro Gilmar Mendes na ADPF 153, que cita o Caso Battisti, para destacar a "dificuldade teórica e prática de se definir o que seja crime político e de distingui-lo de crimes comuns conexos ou cometidos com motivação política" (p. 234).

República seria obrigado a cumprir a decisão do STF, isto é, se o chefe do Executivo teria ou não a última palavra em matéria de extradição[15]. Daí resultou uma sentença obscura quanto ao caráter discricionário do ato de extradição, que o plenário do STF foi obrigado a retificar posteriormente. A ementa final do acórdão deságua em curiosa fórmula: o presidente da República deve cumprir o tratado de extradição entre Brasil e Itália[16].

No chamado caso dos pneus[17], o STF, por meio de opaca fundamentação, manteve acavalados julgamentos de primeira instância da jurisdição brasileira, um laudo arbitral do sistema de solução de controvérsias do Mercado Comum do Sul (Mercosul)[18] e uma decisão do sistema de solução de controvérsias da Organização Mundial do Comércio (OMC)[19], todos sobre a licitude da restrição da importação de pneus usados, empreendida pelo Brasil, na última década, por razões sanitárias e ambientais[20]. Em acórdão ainda não publicado[21], o STF considera, em geral, que os valores constitucionais de preservação do meio ambiente e da saúde prevalecem em relação às normas comerciais, mas surpreen-

---

15   Já a Corte Suprema argentina, ao deslindar o também polêmico Caso Apablaza, reafirma que a decisão final sobre a extradição corresponde ao Poder Executivo e reitera a obrigação internacional de *non réfoulement* em relação ao refugiado (Corte Suprema de Justicia de la Nación, R.O. A 1579 XLI, Apablaza Guerra, acórdão de 14/9/10, §11).

16   Reza a ementa retificada, *in fine*: "Entrega do extraditando ao Estado requerente. Submissão absoluta ou discricionariedade do presidente da República quanto à eficácia do acórdão do Supremo Tribunal Federal. Não reconhecimento. Obrigação apenas de agir nos termos do Tratado celebrado com o Estado requerente. Resultado proclamado à vista de quatro votos que declaravam obrigatória a entrega do extraditando e de um voto que se limitava a exigir observância do Tratado. Quatro votos vencidos que davam pelo caráter discricionário do ato do Presidente da República. Decretada a extradição pelo Supremo Tribunal Federal, deve o presidente da República observar os termos do Tratado celebrado com o Estado requerente quanto à entrega do extraditando".

17   STF, ADPF 101 Presidência da República, acórdão de 26/6/09, não publicado.

18   Laudo do Tribunal Arbitral Ad Hoc do Mercosul constituído para entender da controvérsia apresentada pela República Oriental do Uruguai à República Federativa do Brasil sobre a proibição da importação de pneus remoldados (*remolded*) procedentes do Uruguai, conhecido como Laudo VI, de 09/1/2002. Disponível em <www.mercosur.int>.

19   OMC, DS332 Brazil — Measures Affecting Imports of Retreaded Tyres, dossiê disponível em <www.wto.org/english/tratop_e/dispu_e/cases_e/ds332_e.htm>.

20   A respeito, não há mais lúcida doutrina do que a de Marcelo Neves: "A posição do governo brasileiro, que rejeitou a importação de pneus usados da União Europeia com base em argumentos ecológicos e referentes ao direito à saúde, mas, simultaneamente, admitiu a importação do mesmo produto quando proveniente do Uruguai e do Paraguai, *parece inconsistente tanto do ponto de vista interno quanto internacional: não era satisfatória para a OMC nem para o Mercosul, muito menos para uma perspectiva consistente do Direito Constitucional estatal concernente à proteção do meio ambiente*. Até o julgamento da ADPF 101/2006 [caso dos pneus], a prática inconsistente e oportunista revelou que o caminho percorrido pelo governo brasileiro, no caso da importação dos pneus usados, afastou-se de um modelo aberto às exigências do transconstitucionalismo entre ordens jurídicas, antes se aproximando de *uma mistura de 'pragmatismo' simplório na política externa e provincianismo jurídico-constitucional*", Transconstitucionalismo, São Paulo: Martins Fontes, 2009, p. 248.

21   Chama a atenção, a propósito, que a ministra relatora Cármem Lúcia tenha indeferido os embargos de declaração interpostos por uma *amica curiae* na ação (que sustenta, com razão, a obscuridade da sentença da Corte) sob o argumento de que "o acórdão objeto dos embargos opostos ainda não foi juntado aos autos, motivo pelo qual o recurso é extemporâneo", Despacho de 17/8/2009.

dentemente mantém a permissão da importação de pneus usados oriundos do Mercosul, assim como aquela feita por importadores já beneficiados por decisões transitadas em julgado na jurisdição brasileira[22].

Enfim, no caso da prisão do depositário infiel[23], relativo à compatibilidade entre a ordem brasileira e o Pacto de São José da Costa Rica[24], a Corte firma o entendimento jurisprudencial de que *os tratados de Direitos Humanos, desde que aprovados conforme o procedimento especial previsto pelo artigo 5º, §3º da Constituição Federal, desfrutam de hierarquia constitucional; os que não forem ungidos por esse procedimento encontram-se em posição supralegal, mas infraconstitucional.*

Na impossibilidade de tratar detidamente de cada um desses densos casos, é preciso ao menos esclarecer, com base no último, o *status* do Direito Internacional dos Direitos Humanos no Brasil. A Constituição de 1988 foi silente a respeito da posição hierárquica dos tratados internacionais na ordem brasileira. Dezesseis anos após o seu advento, com o escopo de suprir tal omissão, dispôs a Emenda Constitucional N. 45, de 08/12/2004: "os tratados e convenções internacionais sobre Direitos Humanos que forem aprovados, em cada Casa do Congresso Nacional, em dois turnos, por três quintos dos votos dos respectivos membros, serão equivalentes às emendas à Constituição" (artigo 5º §3º). Ora, dita emenda, pior do que o soneto, veio turbar ainda mais o debate, não tanto pela exigência de quorum qualificado, que é obtido, em geral, quando da incorporação desse tipo de regra, mas, sobretudo, pela ausência

---

22   Segundo um boletim da Corte, "entendeu-se, em síntese, que, apesar da complexidade dos interesses e dos direitos envolvidos, a ponderação dos princípios constitucionais revelaria que as decisões que autorizaram a importação de pneus usados ou remoldados teriam afrontado os preceitos constitucionais da saúde e do meio ambiente ecologicamente equilibrado e, especificamente, os princípios que se expressam nos artigos 170, I e VI, e seu parágrafo único, 196 e 225, todos da CF (Art. 196. A saúde é direito de todos e dever do Estado, garantido mediante políticas sociais e econômicas que visem a redução do risco de doença e de outros agravos e ao acesso universal e igualitário às ações e serviços para sua promoção, proteção e recuperação. Art. 225. Todos têm direito ao meio ambiente ecologicamente equilibrado, bem de uso comum do povo e essencial à sadia qualidade de vida, impondo-se ao Poder Público e à coletividade o dever de defendê-lo e preservá-lo para as presentes e futuras gerações), **Informativo do STF N. 552**, de 22-26/6/09, disponível em <www.stf.jus.br>.

23   Depois de alguns anos de discussão, no dia 3 de dezembro de 2008, o plenário do STF julgou três processos concernentes à prisão do depositário infiel: o *Habeas Corpus* 87.585/TO, acórdão de 03/12/2008, pub. 26/6/09 DJe N. 118; Recurso Extraordinário 349.703/RS, acórdão de 03/12/2008, pub. 05/6/09 DJe N. 104; e Recurso Extraordinário 466.343-1, acórdão de 03/12/2008, pub. 05/6/09 DJe N. 104.

24   Convenção Americana de Direitos Humanos, adotada em 22/11/1969 no âmbito da Organização dos Estados Americanos, incorporada no Brasil pelo Decreto N. 678, de 6/11/1992. O artigo litigioso do Pacto é o 7.7: "Ninguém deve ser detido por dívida. Esse princípio não limita os mandados de autoridade judiciária competente expedidos em virtude de inadimplemento de obrigação alimentar", em cotejo com o art. 5° LXVII da Constituição brasileira: "não haverá prisão civil por dívida, salvo a do responsável pelo inadimplemento voluntário e inescusável de obrigação alimentícia e a do depositário infiel".

pregressa do procedimento de votação em dois turnos. Logo, a EC 45 praticamente clivou tais tratados entre os anteriores e os posteriores a 2004. Enfim, grosso modo, subsistem, no debate brasileiro, quatro entendimentos sobre o *status* do Direito Internacional dos Direitos Humanos: a) o da hierarquia supraconstitucional; b) o da hierarquia constitucional, majoritário na doutrina humanista; c) o da hierarquia infraconstitucional, mas supralegal, tese preponderante no STF; e d) o da paridade entre tratado e lei federal, tese hoje dominante no STF apenas em relação aos tratados internacionais em geral[25].

Que traços comuns poderíamos reter entre tão diferentes casos? Ao menos três. Em primeiro lugar, todos desembocam em decisões que *atravancam a prestação jurisdicional do Estado no plano interno e comprometem a imagem do Brasil no plano externo*, seja pela simples obscuridade formal das sentenças, seja por sua incapacidade de encontrar, no mérito, soluções jurídicas à altura das demandas[26]. Em segundo lugar, o STF, confirmando a já mencionada ideia da Supremocracia, procura abocanhar competências do Poder Executivo em matéria internacional. Paradoxalmente, o faz – e aí emerge o terceiro traço comum entre os casos citados – demonstrando assombrosa imperícia no que diz respeito ao Direito Internacional. O enfoque da Corte, ao enfrentar processos que envolvem diversas ordens jurídicas e jurisdições internacionais, regionais e/ou locais, é eminentemente *estatalista*, baseado no Direito Interno. Quando muito, os ministros aplicam a norma internacional se e quando ela está em concordância com ou é equivalente ao direito interno; neste caso, é o último, e não o Direito Internacional, que o juiz está "preparado, técnica mas também psicologicamente, para aplicar e fazer respeitar"[27]. Logo, de modo geral, *o STF aplica pouco e mal o Direito Internacional*; ignora o grande debate contemporâneo sobre a internacionalização do Direito e o transconstitucionalismo; raramente ultrapassa os manuais mais batidos,

---

25   Flavia Piovesan, **Tratados Internacionais de Proteção dos Direitos Humanos: Jurisprudência do STF**. Disponível em <http://www.dhnet.org.br>. Para Piovesan, partidária da segunda corrente, a hierarquia constitucional dos tratados de Direitos Humanos deduz-se do artigo 5° §2° da Constituição Federal, independentemente da desafortunada emenda: "§ 2° - Os direitos e garantias expressos nesta Constituição não excluem outros decorrentes do regime e dos princípios por ela adotados, ou dos tratados internacionais em que a República Federativa do Brasil seja parte".

26   Assim, Battisti continua preso em Brasília e resta imprevisível o que o presidente da República fará a respeito; a decisão sobre os pneumáticos lança o Brasil em violação do ordenamento da OMC, ao mesmo tempo em que importações de pneus usados continuam ocorrendo, embora reconhecida, em tese, a prevalência do direito constitucional ambiental e sanitário; o Caso Al Bashir ameaça gratuitamente a vigência do Estatuto de Roma e as obrigações do Brasil junto ao Tribunal Penal Internacional; e escassos tratados de direitos humanos desfrutam de hierarquia constitucional no Brasil.

27   Pierre-Marie Dupuy, "The Unity of Application of International Law at the Global Level and the Responsibility of Judges", **European Journal of Legal Studies**, V.1, N.2, dezembro de 2007. Disponível em <www.ejls.eu/index.php?id=2>.

não raro desatualizados, da doutrina internacionalista; praticamente despreza a jurisprudência internacional e vale-se escassamente do Direito Comparado, quase sempre incorrendo, quando o faz, em grandes incompreensões dos sistemas jurídicos alheios. Assim, posta em perspectiva com essas decisões recentes do STF, a ADPF 153 dá continuidade a uma postura que pode ser definida como provincianismo jurídico[28]. Retomarei, mais adiante, esta expressão.

3.	UM POSITIVISMO À LA CARTE: O DIREITO QUE NÃO HÁ NO ACÓRDÃO DA ADPF 153

Tomemos a única referência ao Direito Internacional que figura na ementa do acórdão em apreço:

> "A Lei n. 6.683/79 [Lei de Anistia] precede a Convenção das Nações Unidas contra a Tortura e Outros Tratamentos ou Penas Cruéis, Desumanos ou Degradantes – adotada pela Assembleia Geral em 10/12/1984, vigorando desde 26/6/1987 – e a Lei N. 9.455, de 07/4/1997, que define o crime de tortura; e o preceito veiculado pelo artigo 5º XLIII da Constituição – que declara insuscetíveis de graça e anistia a prática da tortura, entre outros crimes – não alcança, por impossibilidade lógica, anistia anteriormente à sua vigência consumadas"[29].

Ora, não haveria outro Direito Internacional positivo (expresso em convenções internacionais), relativo aos Direitos Humanos, vigente (incorporado formalmente na ordem jurídica interna), à época, no Brasil? Evidente que sim. Segundo o Ministério das Relações Exteriores, eram os seguintes os atos multilaterais em vigor no Brasil, *no âmbito dos Direitos Humanos*, entre 1964 e 1985[30]:

---

28   Além de Marcelo Neves (nota 21 supra), lembremos Bruce Ackerman em relação aos Estados Unidos: "If anything, American practice and theory have moved in the direction of emphatic provincialism. (...) We should resist the temptation of a provincial particularism", "The Rise of World Constitutionalism", Occasional Papers. **Yale Law School Legal Scholarship Repository**. Paper 4, 1996.

29   No mesmo sentido, o voto do ministro Celso de Mello: "essa anterioridade temporal impede que a Lei de Anistia, editada em 1979, venha a sofrer desconstituição (ou inibição eficacial) por parte desses instrumentos normativos, todos eles promulgados – insista-se – após a vigência daquele benéfico diploma legislativo", p. 185.

30   BRASIL, Ministério das Relações Exteriores, Divisão de Atos Internacionais. Disponível em <www2.mre.gov.br/dai>.

Título	Data da Assinatura	Promulgação	
		Decreto Nº	Data
Convenção sobre a Escravatura	25/09/1926	66	14/07/1965
Convenção sobre o Instituto Indigenista Interamericano	24/02/1940	36098	19/08/1954
Acordo Relativo à Concessão de Título de Viagem para Refugiados sob Jurisdição do Comitê Intergovernamental de Refugiados	15/10/1946	38018	07/10/1955
Convenção Interamericana sobre a Concessão dos Direitos Civis à Mulher	02/05/1948	31643	23/10/1952
Convenção Interamericana sobre a Concessão dos Direitos Políticos à Mulher	02/05/1948	28011	19/04/1950
Convenção para a Prevenção e a Repressão do Crime de Genocídio	09/12/1948	30822	06/05/1952
Declaração Universal dos Direitos Humanos	10/12/1948		
Convenção para Melhoria da Sorte de Feridos e Enfermos dos Exércitos em Campanha (I)	12/08/1949	42121	21/08/1957
Convenção para Melhoria da Sorte dos Feridos, Enfermos e Náufragos das Forças Armadas no Mar (II)	12/08/1949	42121	21/08/1957
Convenção Relativa ao Tratamento dos Prisioneiros de Guerra (III)	12/08/1949	42121	21/08/1957
Convenção Relativa à Proteção dos Civis em Tempo de Guerra (IV)	12/08/1949	42121	21/08/1957
Convenção Relativa ao Estatuto dos Refugiados	02/07/1951	50215	28/01/1961
Convenção sobre os Direitos Políticos da Mulher	31/03/1953	52476	12/09/1963
Convenção Relativa à Escravatura de 1926, em. pelo Protocolo aberto à assinatura na ONU	07/12/1953	58563	01/06/1966
Convenção Suplementar sobre a Abolição da Escravatura, do Tráfico de Escravos e das Instituições e Práticas Análogas à Escravatura	07/09/1956	58563	01/06/1966
Convenção Internacional sobre a Eliminação de Todas as Formas de Discriminação Racial	07/03/1966	65810	08/12/1969
Protocolo sobre o Estatuto dos Refugiados	31/01/1967	70946	07/08/1972

Entre as normas internacionais de vigência incontroversa no país, destacam-se, pois, a Declaração Universal dos Direitos do Homem e a Convenção para a Prevenção e a Repressão do Crime de Genocídio, pilares do Direito Internacional dos Direitos Humanos; e as Convenções de Genebra, que constituem a pedra angular do Direito Internacional humanitário[31]. Não há dúvidas sobre o grau de adesão do Brasil, um dos 51 Estados fundadores da Organização das Nações Unidas[32], ao movimento internacionalista que

---

[31]   Sobre a relação entre o Direito Internacional Humanitário e os Direitos Humanos, v., p.ex., Robert Kolb, "Aperçu de l'histoire de la Déclaration universelle des droits de l'homme et des Conventions de Genève", **Revue internationale de la Croix-Rouge** Nº 831, 1998, p. 437-447.

[32]   O Decreto N. 19.841, de 22/10/1945, "promulga [no Brasil] a Carta das Nações Unidas, da qual faz parte integrante o anexo Estatuto da Corte Internacional de Justiça".

sucedeu a Segunda Guerra Mundial[33], gerador não somente do sistema institucional onusiano, mas do cerne convencional do processo de universalização dos direitos humanos, em curso até nossos dias. No entanto, *este Direito Internacional convencional não foi empregado, em momento algum, no julgamento da ADPF 153*. Não se cogita a aplicação de tais Convenções sequer em seu mais qualificado voto, o do dissidente ministro Ricardo Lewandowski, que assim rechaça o debate sobre os crimes de lesa-humanidade (grifo meu):

> "Não adentro – por desnecessária, a meu ver, para o presente debate – na tormentosa discussão acerca da ampla punibilidade dos chamados crimes de lesa-humanidade, a exemplo da tortura e do genocídio, definidos em distintos instrumentos internacionais (*dentre outros, nos seguintes documentos internacionais: Convenção de Haia, Estatuto do Tribunal de Nüremberg*, Estatuto de Roma, que criou o Tribunal Penal Internacional, *ratificados pelo Brasil, respectivamente, em 02 de janeiro de 1914, em 21 de setembro de 1945* e 24 de setembro de 2002)[34], que seriam imprescritíveis e insuscetíveis de graça ou anistia, e cuja persecução penal independeria de tipificação prévia, sujeitando-se, ademais, não apenas à jurisdição penal nacional, mas, também, à jurisdição penal internacional e, mesmo, à jurisdição penal nacional universal"[35].

Do muito que se poderia dizer acerca das descartadas normas, resta-me eleger dois comentários simples. O primeiro é breve, mas taxativo: a Convenção para a Prevenção e a Repressão do Crime de Genocídio já traz, em 1948 (e para o ordenamento positivo brasileiro, por força de sua incorporação, no ano de 1952), a noção de *crime internacional*[36]. Em segundo lugar, no que diz respeito ao alcance das Convenções de Genebra, nunca é demais precisar que, em virtude de seus três primeiros artigos, comuns às quatro Convenções, as Partes comprometem-se a respeitá-las "em todas as circunstâncias" (art. 1). Dito de modo singelo, as Convenções de 1949, muito além

---

33   Recorde-se que a primeira participação do Brasil em forças de paz das Nações Unidas ocorreu em janeiro de 1957, com o envio de 600 soldados ao Egito, no chamado "Batalhão de Suez".

34   Ou seja, o Ministro reconhece a vigência no Brasil de dois outros instrumentos não mencionados na informação oficial do Itamaraty, que, no seu modo de ver, definem os crimes de lesa-humanidade.

35   P. 115. Mais adiante, Lewandowski apenas menciona esse conteúdo normativo, sem desenvolvê-lo: "ainda que se admita, apenas para argumentar, que o País estivesse em uma situação de beligerância interna (...), **mesmo assim os agentes estatais estariam obrigados a respeitar os compromissos internacionais concernentes ao direito humanitário, assumidos pelo Brasil desde o início do século passado**", p. 118. No segundo voto dissidente, o Ministro Ayres Britto apenas refere, sem disso retirar consequência alguma, que a tortura, no caso em apreço, "é um crime de lesa-humanidade" (p. 142).

36   Na tradução oficial brasileira, conforme o art. 1° da Convenção, o genocídio "é um crime do direito dos povos, que desde já [as Partes Contratantes] se comprometem a prevenir e a punir"; na versão em francês, "crime du droit des gens"; em inglês, "crime under international law".

de um direito da *guerra entre Estados*, "cobrem essencialmente as *regras que se aplicam às pessoas em poder de uma Parte adversa*"[37]. Prescreve o seu artigo 3º [grifo meu]:

> "No caso de *conflito armado que não apresente um caráter internacional e que ocorra no território de uma das Altas Partes Contratantes*, cada uma das Partes no conflito será obrigada, pelo menos, a aplicar as seguintes disposições:
>
> 1) As pessoas que não tomem parte diretamente nas hostilidades, incluindo os membros das Forças Armadas que tenham deposto as armas e as pessoas que tenham sido postas fora de combate por doença, ferimentos, detenção ou por qualquer outra causa, serão, em todas as circunstâncias, tratadas com humanidade, sem nenhuma distinção de caráter desfavorável baseada na raça, cor, religião ou crença, sexo, nascimento ou fortuna, ou qualquer outro critério análogo.
>
> Para este efeito, *são e manter-se-ão proibidas, em qualquer ocasião e lugar, relativamente às pessoas acima mencionadas*:
>
> a) As ofensas contra a vida e a integridade física, especialmente o *homicídio sob todas as formas, mutilações, tratamentos cruéis, torturas e suplícios*;
>
> b) A tomada de reféns;
>
> c) *As ofensas à dignidade das pessoas, especialmente os tratamentos humilhantes e degradantes*;
>
> d) As condenações proferidas e as *execuções efetuadas sem prévio julgamento* realizado por um tribunal regularmente constituído, que ofereça todas as garantias judiciais reconhecidas como indispensáveis pelos povos civilizados"[38].

Via de consequência, não repousa dúvida sobre a inconformidade a direito das condutas acima arroladas quando empreendidas por um Estado-Parte às Convenções.

Ora, é juridicamente incontroverso que o art. 3° das Convenções de Genebra poderia ser invocado durante o regime militar brasileiro. Conforme a posição oficial do Estado, havia um conflito armado em curso no território nacional. Em guisa de exemplo, tome-se o Ato

---

37   Knut Dörmann, "Il faut faire un effort constant pour faire respecter le DIH". Entrevista concedida à Frédéric Koller. **Le Monde**, 11/8/2009.

38   Note-se que, por sua ratificação praticamente universal, as Convenções de Genebra costumam ser citadas como prova de que a interdição da tortura é uma norma costumeira internacional. V., p.ex., Tribunal Penal Internacional para a ex-Iugoslávia, Prosecutor c. Furundzija, IT-95-17/1-T, acórdão de 10/12/1998, §138.

Institucional Nº 14, de 05/9/1969, que modifica a Constituição Federal, com o escopo de adotar a pena de morte no Brasil (grifo meu):

> "CONSIDERANDO que atos de *guerra psicológica adversa e de guerra revolucioná-ria ou subversiva, que atualmente perturbam a vida do País* e o mantém em clima de intranquilidade e agitação, devem merecer mais severa repressão;
>
> CONSIDERANDO que a tradição jurídica brasileira, embora contrária à pena capital, ou à prisão perpétua, admite a sua aplicação na hipótese de guerra externa, de acordo com o Direito Positivo pátrio, consagrado pela Constituição do Brasil, que ainda não dispõe, entretanto, sobre a sua incidência em delitos decorrentes da *guerra psicológica adversa ou da guerra revolucionária ou subversiva*;
>
> Art. 1º - O § 11 do art. 150 da Constituição do Brasil passa a vigorar com a seguinte redação:
>
> § 11 - Não haverá pena de morte, de prisão perpétua, de banimento ou confisco, salvo nos casos de guerra externa psicológica adversa ou revolucionária ou subver-siva nos termos que a lei determinar. (...)[39]".

Tampouco falta a configuração da materialidade das infrações previstas pelas Con-venções: durante a ditadura militar, opositores ao regime[40], adeptos da luta armada ou não, foram alvo de uma política pública de repressão ou de uma "política de he-gemonia ideológica"[41], tendente à sua aniquilação moral e/ou sua eliminação física, amplamente documentada na historiografia brasileira. Além da planificação da tor-tura, tal política deu guarida, igualmente, a crimes sexuais, execuções sumárias e ocultação de cadáveres.

Um grave problema de enfoque na identificação do Direito aplicável à demanda pre-cisa, então, ser denunciado. Reconhecer apenas as obrigações internacionais "positiva-das" em tratados incorporados ao Direito Interno constitui uma tendência jurispru-

---

39   A exemplo dos demais Atos Institucionais do regime militar, este é dotado de um dispositivo de exclusão de controle jurisdicional: "Excluem-se de qualquer apreciação judicial todos os atos praticados de acordo com este Ato Institucional e Atos Complementares dele decorrentes, bem como seus respectivos efeitos" (art. 3°).

40   De fato ou supostos, pois abundam relatos de episódios de perseguição política de homônimos, parentes e amigos de militantes – em síntese, da população civil.

41   Para recuperar a expressão utilizada no Caso Barbie (França, Corte de Cassação, Câmara Criminal, AP 25/11/1986, Recurso 86-92714): constituem crimes imprescritíveis contra a humanidade "os atos desumanos e as per-seguições que, em nome de um Estado que pratica uma política de hegemonia ideológica, foram cometidos de modo sistemático, não somente contra as pessoas em razão de seu pertencimento a uma coletividade racial e religiosa, mas também contra os adversários dessa política, qualquer que seja a forma de sua oposição", p.3.

dencial que poderia ser criticada por si só[42]. Mas não é o que farei neste momento. Contento-me em sublinhar que, ao refutar a aplicação da Convenção sobre a Tortura por ter vigência superveniente à da Lei de Anistia, o STF aparenta ser positivista. Nada mais do que aparência: tributário de sua própria lógica, o puro positivismo não permitiria escolher, entre as convenções internacionais, apenas aquelas que não estão em vigor, e somente para refutá-las, ignorando em absoluto as que são perfeitamente vigentes, mas não servem a dado escopo. Inova o STF, nesse caso, ao praticar uma espécie de positivismo *à la carte*, e não sem profundas consequências. Independentemente do teor do veredicto, *tivesse a Corte enfrentado a questão de saber se as graves violações de Direitos Humanos praticadas por agentes públicos durante o regime militar configuram ou não crimes internacionais ou crimes contra a humanidade, o debate no STF teria ocorrido em diapasão doutrinário, legal e jurisprudencial radicalmente diverso.* Caberia a uma Corte Suprema atenta à evolução do Direito da segunda metade do século passado travar esse debate. O STF preferiu, porém, ao longo das 266 páginas desse florão estatalista, desfilar revisões aventureiras da história, além da regurgitação de questões desprovidas de transcendência, se comparadas ao que o mundo jurídico construiu nos últimos 70 anos.

Encaremos, pois, esse debate. Mireille Delmas-Marty bem sintetiza a percepção da doutrina e da jurisprudência internacionais sobre a peculiaridade dos crimes contra a humanidade:

> "o ser humano, mesmo profundamente inserido num grupo, não deveria jamais perder a sua individualidade e ser reduzido a não mais do que um elemento intercambiável de um grupo e rejeitado como tal. (...) Essa despersonalização da vítima põe realmente em causa a humanidade como alteridade[43].

Nesse diapasão, não persistem dúvidas sobre o fato de que os crimes comuns praticados por agentes públicos, durante a ditadura de 1964 a 1985, foram crimes graves, que tenderam a desumanizar e despersonalizar as vítimas, "consideradas como sub-ho-

---

42   Aproveito para sublinhar, acerca do bolorento debate entre as teorias monista e dualista, que "tanto uma como a outra repousam, definitivamente, para além de suas radicais divergências, sobre uma concepção igualmente dogmática da ordem jurídica, caracterizada pela unidade de origem das normas que ela contém. Uma ordem é, então, indiferente a qualquer outra, cujas normas são, assim, reduzidas à posição de simples fatos sem pertinência jurídica. De modo que só pode haver uma alternativa: ou submeter-se (monismo, no qual o internacional prima sobre o interno) ou ignorar-se (dualismo). Tal intransigência faz grandes debates mas também as más querelas, e cada tese comporta sua parte de ilusões e de artifícios", Pierre-Marie Dupuy e Yann Kerbrat, op. cit., p. 450.

43   Mireille Delmas-Marty, "Conclusions", in: Idem (org.). **Crime contre l'humanité**. Paris: PUF, 2009, p. 122.

mens, a ponto de seus algozes reputarem-se autorizados às maiores atrocidades, inclusive sua eliminação física"[44]. Não se duvida, de outra banda, de que foram atos cometidos na execução de uma política de Estado, eis que até um ato isolado, sob aparência de um crime comum, pode tornar-se um crime contra a humanidade, por sua vinculação a um "programa criminoso"[45]. *Todos os elementos de qualquer conceito de crime contra a humanidade aqui se fazem presentes*[46], ademais ornados por diversas circunstâncias já reconhecidas como agravantes, em numerosos casos, pelas jurisdições internacionais penais[47].

Não obstante, o voto do relator da ADPF 153, sufragado majoritariamente pelo plenário da Corte, não somente rechaça o tratamento dos delitos em questão como crimes contra a humanidade, como também estabelece a *inexistência de obrigação internacional do Brasil em relação ao processamento e julgamento dos crimes em questão, além da impossibilidade de fazê-lo por força do princípio constitucional da prescrição*. Sem desenvolvimentos que ultrapassem a epígrafe de minha presente alocução[48], considera o relator, em suma, que:

---

44   Michel Massé, "Le crime contre l'humanité dans le droit", in Truche (org.), **Juger les crimes contre l'humanité: 20 ans après le procès Barbie**, Lyon: ENS, 2009, p. 68.

45   Yann Jurovics, **Réflexions sur La spécificité du crime contre l'humanité**, Paris: LGDJ, 2002.

46   Embora "alguns dos elementos que compõem o conceito de crime de lesa-humanidade tenham sofrido diversas alterações nos Estatutos dos tribunais penais internacionais, mantiveram-se inalterados três elementos: i) o caráter e a natureza de atos inumanos que envolvam os atos integrantes da categoria; ii) a enunciação não taxativa da enumeração dos atos, para atender fundamentalmente ao caráter e à natureza da inumanidade; e iii) que esses atos inumanos são dirigidos contra a população civil", p. 4. Juan Méndez e Gilma Tatiana Rincón Covelli, Parecer técnico sobre a natureza dos crimes de lesa-humanidade, a imprescritibilidade de alguns delitos e a proibição de anistias - solicitado pelo Ministério Público Federal, Procuradoria da República em São Paulo. Nova Iorque, International Center for Transitional Justice, setembro de 2008. Hoje, "à luz tanto dos Princípios de Nuremberg de 1950, como do Estatuto de Roma e da jurisprudência dos tribunais penais internacionais e mistos, se está diante de um crime de lesa-humanidade quando: i) é cometido um ato inumano em sua natureza e caráter, o qual produz um grande sofrimento da vítima ou que causa danos à sua integridade física e/ou saúde física ou mental; ii) quando esse ato é cometido como parte de um ataque sistemático ou generalizado; iii) quando esse ataque corresponde a uma política que não necessariamente deve haver sido adotada de maneira formal; e iv) quando o ataque é dirigido contra a população civil", ibid., p.7.

47   Entre elas, as funções exercidas pelos acusados, isto é, seu lugar na hierarquia ou seu papel no conflito; a persistência dos crimes no tempo; a participação com conhecimento de causa, deliberada ou entusiasta nos crimes; a premeditação e o móvel; o caráter sexual, violento e humilhante dos atos cometidos e a vulnerabilidade das vítimas; o estatuto das vítimas, sua juventude e seu número, assim como as consequências desses crimes para as vítimas; e o fato de serem civis. Estou a referir-me a algumas das circunstâncias agravantes identificadas pelo Tribunal Penal Internacional para a ex-Iugoslávia no Caso Blaskic, acórdão de 29 de julho de 2004, na síntese de Isabelle Fouchard, **Crime International – Entre internationalisation du droit pénal et pénalisation du droit international**. Tese. IHEID. Universidade de Genebra, 2008, p. 378.

48   V. nota 2 supra; citação que, sem prejuízo de meu profundo respeito pelos autores, nada mais é do que um trecho da apresentação de uma coletânea, em que o apresentador resume um dos artigos que dela faz parte e doravante ilustra um dos mais importantes acórdãos da história judicial brasileira.

a) o Brasil não subscreveu a Convenção sobre Imprescritibilidade dos Crimes de Guerra e dos Crimes contra a Humanidade de 1968, tampouco cláusula similar em outra Convenção;

b) o costume internacional não pode, por força do princípio da legalidade, ser fonte de Direito Penal; e

c) a obrigação de julgar explicitamente assumida pelo Brasil no âmbito interamericano só seria invocável em juízo, no âmbito da CIDH, no que atine a "fatos posteriores a 10 de dezembro de 1998"[49].

Antes de tratar dos problemas do costume internacional e da jurisprudência interamericana, comento que me causa certa graça supor que o princípio da imprescritibilidade dos crimes contra a humanidade estaria condicionado a assinatura, ratificação e incorporação de uma convenção internacional por uma junta militar, em pleno ano de 1968, a mesma que, no ano seguinte, o de 1969, como já mencionei, emendou arbitrariamente a Constituição para instituir as penas de morte, prisão perpétua, banimento e confisco. Tal postulado implicaria ter expectativas, em relação àquela ordem ditatorial, como se Direito ela fosse, problema que prefiro deixar aos constitucionalistas aqui presentes[50].

4.	O VELHO PARADOXO PENAL[51]: COSTUME INTERNACIONAL E CRIME CONTRA A HUMANIDADE

No julgamento da ADPF 153, coube ao ministro Celso de Mello a tarefa de detalhar, em seu voto, alguns dos argumentos que tradicionalmente foram opostos

---

49   Cf. reserva expressa feita pelo Brasil no Decreto de Reconhecimento da Competência Obrigatória da CIDH, de 08/11/02.

50   Registro apenas, aventurando-me em disciplina alheia, que a solução da ADPF 153, sob o ângulo do Direito Constitucional, parece-me destituída de ambiguidades: é óbvio que a Constituição Federal de 1988 não recepcionou a Lei de Anistia. Segundo o Relator, a emenda convocatória da Assembleia Nacional Constituinte (Emenda Constitucional N. 26, de 1985) seria parte integrante da nova ordem constitucional de 1988. Dita convocatória, por razões conjunturais evidentes (sobretudo a influência, na auge da transição, dos partidos que apoiaram o governo militar, a ponto de lograr a ascensão ao poder do presidente José Sarney, grande liderança colaboracionista) reitera o conteúdo da Lei de Anistia. O estratagema do relator é, então, atribuir ao conteúdo normativo da Lei de Anistia um *status* constitucional, além de situá-lo no tempo da democracia. Supõe, por conseguinte, que a nova ordem constitucional material surgiu condicionada. Ainda que essa intrigante tese pudesse ser acolhida, não somente persistiria o problema da interpretação conforme, agora por colisão entre normas de um mesmo *status*, como, sobretudo, o da incompatibilidade da pretensa condição imposta pela EC N. 26 com o Direito Internacional dos Direitos Humanos.

51   A expressão é de Mireille Delmas-Marty, "Le paradoxe penal", in Delmas-Marty e Lucas de Leyssac, **Libertés et droits fondamentaux**, Paris: Seuil, 1996.

O princípio da legalidade deve, portanto, garantir que os indivíduos tenham conhecimento, de modo claro e previsível, do conteúdo pretensamente legítimo da norma penal, acudindo a um Direito Humano essencial: o de saber que a norma penal existe e conhecer o que ela prescreve

pelos penalistas, ao longo da segunda metade do século XX, ao princípio da imprescritibilidade dos crimes contra a humanidade[52]. Com efeito, situadas na encruzilhada entre o Direito Internacional dos Direitos Humanos e o Direito Penal, as normas relativas a esses crimes dependem de uma dialética entre essas duas disciplinas; trata-se de diálogos entre instituições e jurisprudências muito diferentes, de interferências e deslocamentos entre espaços nacionais e internacionais com hierarquias imbricadas, formando "um sistema realmente singular"[53]. No seio desse diálogo, surge o clássico paradoxo penal, em que o Direito Penal é, por vezes, o escudo que protege os direitos humanos, em outras, a espada que os

fere[54]. Certamente, o *princípio da legalidade*[55] constitui um bom exemplo do antagonismo, ou ao menos da parcial contradição, entre as concepções de penalistas e internacionalistas sobre um objeto de estudo que, embora contra a vontade, compartilham[56].

---

52   Claro está que nem todos os penalistas defendem a prescrição desses crimes. No Brasil, ver, p.ex., Luiz Flávio Gomes, convicto defensor da imprescritibilidade: **Crimes contra a humanidade: conceito e imprescritibilidade.** 06/8/2009. Disponível em <http://www.lfg.com.br>.

53   Emanuela Fronza, "La réception des crimes contre l'humanité en droit interne", in Delmas-Marty et al. Crime contre l'humanité. Paris: PUF, 2009, p. 44-80. Para a autora, há "um movimento circular que se desenha, evoluindo, de uma parte, do Direito Internacional em direção ao Direito Nacional, por meio da diversidade de formas de recepção da norma convencional e das regras costumeiras e, de outra parte, do Direito Internacional e do Direito Interno rumo a um Direito Penal comum que se constrói passo a passo, por meio da atividade dos juízes internacionais e nacionais que estabelecem a comunicação entre as normas internas e internacionais", p. 46.

54   Sébastien Van Drooghenbroeck, "Droit pénal et droits de l'homme – Le point de vue de la CEDH", in Cartuyvels et al., **Les droits de l'homme, bouclier ou epée du droit penal?** Bruxelas: Facultés universitaires Saint-Louis, 2007.

55   Para uma análise profunda da aplicação desse princípio no Direito Penal Internacional, v. Kai Ambos, Princípios e imputación en el Derecho penal internacional, Barcelona: Atelier, 2008. Alerto apenas para o fato de que a definição do princípio varia na doutrina: em alguns casos, compreende apenas o *nullum crimen sine lege* e o *nulla poena sine lege*; em outros, compreende claramente a noção do Direito escrito, o valor da segurança jurídica, a interdição da analogia e a não retroatividade, cf. Noora Arajärvi, "Le rôle du juge pénal international dans la formation du droit international coutumier", **European Journal of Legal Studies**, V.1, N.2, dezembro de 2007, p. 26. Disponível em <www.ejls.eu/index.php?id=2>.

56   Fouchard, op. cit., p. 400.

Consoante o ministro Mello, em concordância com o ministro relator Eros Grau, o costume internacional não poderia ser fonte de Direito Penal, pois consagram o princípio da legalidade, além da Constituição Federal brasileira, também a Carta Americana dos Direitos Humanos[57] (art. 9) e o Pacto Internacional sobre os Direitos Civis e Políticos[58] (art. 15). Em virtude da reserva legal, somente lei interna (e não convenção internacional, muito menos aquela sequer subscrita pelo Brasil[59]) poderia qualificar-se, constitucionalmente, como a única fonte formal direta, legitimadora da regulação normativa concernente à prescritibilidade ou à imprescritibilidade da pretensão estatal de punir, ressalvadas, por óbvio, cláusulas constitucionais em sentido diverso. E acrescenta:

> "no âmbito do Direito Penal incriminador, o que vale é o princípio da reserva legal, ou seja, só o Parlamento, exclusivamente, pode aprovar crimes e penas. Dentre as garantias que emanam do princípio da legalidade, acham-se a reserva legal (só o Parlamento pode legislar sobre o Direito Penal incriminador) e a anterioridade (*lex populi* e *lex praevia*, respectivamente). Lei não aprovada pelo Parlamento não é válida"[60].

O princípio da legalidade deve, portanto, garantir que os indivíduos tenham conhecimento, de modo claro e previsível, do conteúdo pretensamente legítimo da norma penal, acudindo a um Direito Humano essencial: o de saber que a norma penal existe e conhecer o que ela prescreve. Ora, aos olhos dos penalistas, o costume internacional não ofereceria tais garantias[61]. Tomemos, então, primeiramente, a questão da *previsibilidade* do Direito Consuetudinário. O costume internacional possui dois elementos, tão necessários quanto complexos: de um lado, o elemento subjetivo, que é a *opinio juris;* de outro, o elemento objetivo, que é a prática dos Estados. Muita tinta foi derramada pela doutrina internacionalista a respeito de cada um deles. Totalmente alheio ao debate contemporâ-

---

57   Ref. à nota 25 supra.

58   Firmado no âmbito das Nações Unidas em 19/12/1966, vigente no Brasil por força do Decreto N. 592, de 06/7/1992.

59   Referindo a Convenção de 1968 sobre a imprescritibilidade dos crimes contra a humanidade, Celso de Mello considera que convenção internacional nunca subscrita e à qual o Brasil nunca aderiu é "verdadeira res inter alios acta em face do Estado brasileiro", p. 190. Já no Caso Al Bashir, de um tratado perfeitamente subscrito e incorporado à ordem brasileira (o Estatuto de Roma, que contém o mesmo preceito), o ministro questiona sua compatibilidade com a Constituição Federal.

60   Citando Luiz Flávio Gomes e Valerio de Oliveira Mazzuoli, p. 191-2.

61   Lembremos que foi intenso o debate sobre o costume internacional durante a elaboração do Estatuto de Roma, particularmente no momento de definir o Direito aplicável pelo TPI (art. 21). Para Alain Pellet, sob o manto do princípio da legalidade, está o enrijecimento do Direito Internacional Penal, e em vão: omitir o costume no art. 21 cala falaciosamente a evidência de que recorrer a ele é indispensável, e o magistrado internacional o fará, de qualquer modo, sob o abrigo da alínea b do mesmo dispositivo ("princípios e regras do direito internacional)", v. "Applicable Law", in Cassese et al. (Eds.), **The Rome Statute of International Criminal Court**, Oxford: 2002, V. I, p. 1057.

neo, *o STF não consegue discernir a peculiaridade do costume internacional, que está longe de ser simplesmente "o que os Estados fazem", e bem mais próximo de refletir a "percepção do Direito por parte daqueles que agem", o que permite defini-lo como o "consenso social internacional"*[62].

Admitamos, portanto, que o costume pode ser uma fonte de Direito ainda mais previsível do que outras. De uma parte, é preciso diferenciar o problema da existência do costume da questão da eficácia da regra costumeira[63]. De outra parte, nem a ordem nacional, nem os tratados internacionais estão imunes a deliberações ao sabor de açodamentos conjunturais. Ademais, desmerecer a previsibilidade do costume sob o argumento de que o indivíduo deve conhecer o processo de formação do costume internacional equivaleria a supor que todo cidadão conhece o processo legislativo interno, assim como o processo de elaboração dos tratados internacionais e de sua incorporação às ordens nacionais. Para haver crime, seria necessária, pois, à luz de tal concepção da reserva legal, uma sorte de cidadania processualista. Há aqui, pois, uma *nítida confusão entre o processo de formação da norma e o seu conteúdo normativo*[64].

Em relação ao conteúdo normativo, para que o princípio *nullum crimen nulla poena sine praevia lege* seja escrupulosamente observado, não é, em absoluto, necessário que a norma internacional que prevê ou organiza a repressão do crime defina até o último

---

62   Marcelo Kohen. Commentaire (sur "Le rôle de la pratique dans le droit coutumier")", in: R. Huesa Vinaixa et K. Wellens (dir.), **L'influence des sources sur l'unité et la fragmentation du droit international**, Bruxelles, Bruylant, 2006, pp. 103-107. Para o autor, a partir do momento em que alguém expressa sua concepção ou sua convicção do Direito, já está agindo.

63   Ainda segundo Kohen, mesmo os maiores violadores do Direito Internacional sentem, naturalmente, a necessidade de justificar sua ação em termos jurídicos, por mais injustificáveis que possam ser (ibid, p. 105). Logo, a atitude do violador contumaz, por si só, não permitiria modificar a regra costumeira, eis que um simples comportamento não questiona a existência da regra – e não existirão duas regras conforme o ator que age. Não há que confundir, portanto, a perenidade da regra com seus problemas de eficácia, em particular a impunidade diante de graves violações da ordem internacional. Kohen ressalta, ainda, a diferença entre o *persistent objector* e o *persistent violator*, ou seja, entre, de uma parte, quem contesta a regra e, de outra, quem a reconhece e tenta manipulá-la – como sói ser o caso nas práticas unilaterais constantes que pretendem encarnar uma interpretação correta da regra costumeira, colidindo, entretanto, com sua interpretação preponderante (p. 106-7).

64   As dificuldades em relação ao costume internacional não são, porém, exclusividade das jurisdições nacionais. Para Dupuy e Kerbrat, "manifestamente em razão da insuficiente formação em Direito Internacional Público de alguns novos juízes do Tribunal Penal Internacional para a ex-Iugoslávia, oriundos do Direito Penal Interno, constata-se o mau jeito, para dizer o mínimo, demonstrado por alguns deles ao aplicar o costume internacional. Ora, o costume fornece-lhes o essencial do Direito aplicável; no entanto, está claro que esses juízes permanecem pouco familiares a essa fonte, geralmente distante dos direitos penais internos; e se mantêm tão reticentes à sua aplicação, a ponto de confundir, em particular, a questão do estabelecimento de uma regra costumeira sobejamente consolidada, com a de sua interpretação (especialmente no caso do art. 3, comum às quatro Convenções de Genebra de Direito Humanitário)", op. cit., p. 596.

detalhe a *figura criminis* e a pena a aplicar. Basta constatar, para este fim, que o autor do ato em questão era submetido, quando do *tempus commissi delicti*, a normas jurídicas claras e acessíveis – sejam elas internas ou internacionais – estabelecendo *ante factum* tal definição[65]. Perguntemo-nos, então, se os agentes públicos que praticaram graves violações de Direitos Humanos durante o regime militar brasileiro tinham alguma dúvida sobre o caráter criminoso dos atos que estavam praticando. A resposta salta aos olhos:

> "O autor de um ato desumano, *a fortiori* quando cometido em grande escala, segundo um plano concertado ou por agentes públicos abusando de sua posição oficial, desde que ele seja responsável por seus atos, *quaisquer que sejam sua nacionalidade, sua cultura, seus costumes etc., não pode pretender ignorar que, em se tratando do caso, ele comete um 'crime'* (nacional ou internacional) que implica, qualquer que seja o país em que for julgado, as penas mais pesadas que existirem. (...) A morte com agravantes é quase universalmente sancionada pelos Direitos Penais nacionais como um crime grave, logo merecendo as mais pesadas penas"[66].

Não é um acaso, portanto, que o costume ("consenso social internacional") encontre-se à origem dos crimes internacionais que já foram positivados por convenções internacionais, ou ao menos tenha contribuído para a sua tipificação, o que levou o juiz Antonio Cassese, no polo oposto à Corte brasileira, a afirmar que só o costume pode fundar um crime internacional[67].

Passemos ao pretenso óbice da *prescrição criminal*, que leva a Corte Suprema a negar a imprescritibilidade dos crimes contra a humanidade como regra oponível ao Brasil no caso em apreço. Ressalto que, *até pouco tempo atrás, para o STF, todos os tratados internacionais eram da mesma natureza e equiparados à lei interna, portanto inferiores à Constituição. Do mesmo modo, atualmente, todos os crimes, para a Suprema Corte brasileira, são da mesma natureza. A evolução jurisprudencial quanto à hierarquia do Direito Internacional dos Direitos Humanos não se comunicou com a interpretação dos princípios constitucionais penais.* É como se a gravidade do crime cometido pelo *homo medius* tivesse alguma medida de comparação com a daqueles cometidos por indivíduos que têm à sua disposição a "potência material do Estado"[68]. Pior ainda: a impunidade das graves

---

65   Fouchard, op. cit., p. 357.

66   Ibid., p. 381.

67   **International Criminal Law**, Oxford: 2003, p. 23.

68   Nguyen Quoc Dinh, Patrick Daillier e Alain Pellet, **Droit International Public**, 8. ed., Paris, LGDJ, 2004, p. 786.

violações de direitos humanos cometidas por agentes públicos durante o regime militar estaria assegurada pela própria ordem constitucional. É bem verdade que o Brasil de hoje reconhece formalmente a imprescritibilidade dos crimes contra a humanidade, como Direito convencional, por força da incorporação do Estatuto de Roma. Mas tal imprescritibilidade seria dotada de um gatilho: só seriam imprescritíveis os crimes contra a humanidade cometidos a partir da vigência do referido tratado. Essa tese estapafúrdia nos obriga a recordar por que os crimes contra a humanidade são imprescritíveis.

Os crimes ungidos pelo *caráter de atentado à humanidade* constituem uma "combinação de atos que códigos de todas as nações punem, mas que comportam assassinatos e destruições enormes que, apesar de tudo, ficariam impunes no Direito Interno"[69]. Ressalto, entre seus elementos ontológicos, a evidência de que são eles internacionais não apenas pela universalidade, em tese, dos valores que protegem, mas, sobretudo, porque, na prática, *sua prevenção e punição não podem depender das vicissitudes nacionais*: os regimes que dão guarida a violadores de Direitos Humanos tendem a instalar, quando de sua ascensão ao poder, simulacros de Direito – o que, no caso brasileiro, chamamos de "Direito da ditadura" ou "entulho autoritário", de árdua remoção quando do restabelecimento da democracia[70]. Com efeito, a humanidade é que se instala no estatuto de vítima, uma "vítima absolutamente única, que escapa ao Direito comum, diante da qual devem apagar-se os direitos do homem incapazes de apreendê-la, (...) mas as consequências dessa inovação são tão dolorosas politicamente que ela se torna uma noção conjuntural"[71]. Por conseguinte, a grande dificuldade de falar em crime contra a humanidade, ao longo da história, decorre precisamente do fato de que ele pode corresponder ao tratamento desumano, por um Estado, de sua própria população, sobre seu próprio território, competência que outrora correspondia ao estrito domínio reservado dos Estados[72]. O Acordo de Londres[73], que instituiu o Tribunal de Nuremberg, reverteu, já em 1945, o princípio da imunidade no que atine à responsabilidade individual dos violadores, ao possibilitar o

---

69   Pierre Mertens, **L'imprescriptibilité des crimes de guerre et contre l'humanité**, Bruxelas: ULB, 1974, p. 221.

70   O Direito Internacional dos Direitos Humanos oferece justamente a resposta jurídica, desprovida de vínculo de nacionalidade, para o indivíduo ou grupo de indivíduos que não pode contar com o Direito do seu Estado, eis que não há Estado de Direito. A jurisdição internacional ou a jurisdição penal universal, por força da subsidiariedade, só devem agir quando não há mais Estado, ou quando o Direito ainda não veio ao Estado, ou veio mas não trouxe consigo a remoção deste entulho.

71   Paul Martens, "L'humanité comme sujet de droits", in: Th. Berns (ed.) **Le droit saisi par le collectif**, Bruxelas: Bruylant, 2004, p. 226.

72   Fouchard, op. cit., p. 361.

73   Acordo referente à perseguição e à punição dos grandes criminosos de guerra das potências europeias do Eixo e Estatuto do Tribunal Internacional Militar, Londres, 08/8/1945.

julgamento de agentes públicos que atuaram odiosamente em nome do Estado e por meio de seu aparelho[74]. A partir daquele momento (grifo meu),

> "o Direito Internacional nunca mais seria o mesmo em face da responsabilidade internacional penal dos indivíduos. (...) Assim, existe hoje, no Direito Internacional, *um corpo de normas que visa a punição dos autores de crimes contra a humanidade*. Resta saber quem deve punir tais crimes. A resposta, contida neste corpo de normas, é simples: *todos os Estados da comunidade internacional têm um direito-dever de punir aqueles que cometeram crimes contra a humanidade*"[75] .

Além do atributo ontológico, considere-se que, à regra convencional incorporada no Brasil, precedeu a regra costumeira. Como é típico do costume, a afirmação da imprescritibilidade dos crimes de guerra e contra a humanidade resultou de um longo processo histórico, acelerado logo após a Segunda Guerra Mundial. Naquela época, o Brasil aprovou, nas sessões da Assembleia Geral da ONU, o conjunto de resoluções que reiteram o já mencionado acervo de Nuremberg[76] – aliás, grande parte delas aprovadas por unanimidade. Destaco, em particular, a Resolução N. 95, de 11/12/1946, que "confirma os princípios de Direito Internacional reconhecidos pelo Estatuto de Nuremberg". Não se conte com a passividade do Brasil nesse processo: em 1950, ele chegou a fazer parte de um Comitê de 17 Estados encarregado de "preparar um ou mais anteprojetos de convenção e de formular proposições concernentes à criação e ao estatuto de uma corte criminal internacional"[77]. Desnecessário recordar que, segundo o Tribunal Internacional de Justiça, as Resoluções da Assembleia Geral da ONU, embora não tenham força obrigatória, podem ter um valor normativo, ao fornecer elementos de prova importantes para estabelecer a existência de uma regra ou a emergência de uma *opinio juris*. Assim, resoluções sucessivas podem ilustrar a evolução progressiva da *opinio juris* necessária ao estabelecimento de uma nova regra[78].

---

74   Vale lembrar a fórmula francesa no Caso Barbie: "O princípio da imprescritibilidade, resultante do estatuto do Tribunal militar internacional de Nuremberg, somado ao acordo de Londres de 8/8/1945 e à Resolução das Nações Unidas de 13/2/1946, **impede que uma regra de Direito Interno permita a uma pessoa declarada culpada de um crime contra a humanidade subtrair-se à ação da Justiça em razão do tempo transcorrido**, seja a partir dos atos criminosos ou a partir de uma precedente condenação, pois, como é o caso, nenhuma pena foi cumprida", Corte de Cassação, Câmara Criminal, AP 3/6/1988, Recurso 87-84240, ementa, § 1°.

75   André de Carvalho Ramos, "O Caso Pinochet: passado, presente e futuro da persecução criminal internacional", **Revista Brasileira de Ciências Criminais**, São Paulo - SP, v. 7, p. 106-114, 1999.

76   Para uma avaliação recente do legado de Nuremberg, v. número especial da GJIL, V.10 (2006-7), disponível em <http://www.gonzagajil.org/content/category/4/64/26/>.

77   Assembleia Geral da ONU, 5° Sessão, Resolução 489, Jurisdição criminal internacional, 12/12/1950.

78   **Legality of the Threat or Use of Nuclear Weapons, Advisory Opinion**, ICJ Reports 1996, p. 254-5.

5. DO ALCANCE DA JURISPRUDÊNCIA DA CORTE INTERAMERICANA DE DIREITOS HUMANOS (CIDH) NO DIREITO BRASILEIRO

Tratemos agora do "fantasma"[82] da condenação do Brasil pela Corte Interamericana. Esclareço, de pronto, que o acórdão da ADPF 153 não faz referência direta ao Caso Araguaia, embora uma parte essencial do pedido daquela demanda seja o seguinte:

"8. A Comissão Interamericana solicita à Corte que ordene ao Estado:

a) Adotar todas as medidas que sejam necessárias, a fim de garantir que a Lei N. 6.683/79 (Lei de Anistia) não continue representando um obstáculo para a persecução penal de graves violações de direitos humanos que constituam crimes contra a humanidade"[83].

Nem o Direito convencional interamericano e ainda menos a jurisprudência da CIDH foram mobilizados no julgamento da ADPF 153. Nesse particular, o Brasil, pretendente a protagonista do regionalismo progressista, deve enrubescer diante de seus vizinhos. Lembremos a Corte Suprema argentina, que reiteradamente definiu as decisões da Corte Interamericana como paradigma interpretativo para os tribunais do país; e renova tal entendimento em sua principal decisão, a de 2005[84], corolário de trinta anos de luta contra a impunidade, levada a cabo pelo movimento dos direitos humanos[85]. Em sua luminosa sentença, a Corte Argentina afirma (grifo meu):

"...quienes resultaron beneficiarios de tales leyes no pueden invocar ni la prohibición de retroactividad de la ley penal más grave ni la cosa juzgada. Pues, de acuerdo con lo establecido por la Corte Interamericana en los casos citados, tales

---

82   Quisera que a eventualidade de tal condenação assombrasse, de fato, o Brasil. A percepção espectral da CIDH em parte da doutrina brasileira não me parece um acaso: "a geração seguinte pode tomar para si migalhas de simbolização, a fim de tentar simbolizar plenamente aquilo que simbolizou-se, de modo imperfeito, na geração precedente. Pode-se dizer que a simbolização parcial ricocheteia sobre as seguintes. É o que se chama um fantasma", Serge Tisseron, "La transmission troublée par les revenants et les fantômes", Cahiers critiques de pratiques de réseaux, Bruxelas: De Boeck, N. 38 (1/2007). Que não sejam as violações que nos assombram, e sim a condenação, parece ser um sintoma do pouco que o Direito brasileiro tem contribuído para a divisão do "tempo político" em um "antes e um depois" das ditaduras (a expressão é de Ruti Teitel, "Transitional Rule of Law", In: Czarnota et al., Rethinking **the Rule of Law after Comunism**, New York: CEU, 2005, p. 293).

83   P. 3 da Petição, referência à nota 3 supra.

84   CSJN República Argentina, Recurso de hecho deducido por la defensa de Julio Héctor Simón en la causa Simón, Julio Héctor y otros s/ privación ilegítima de la libertad, etc. Causa N° 17.768C. Buenos Aires, 14 de junho de 2005.

85   María José Guembe, "Reabertura dos processos pelos crimes da ditadura militar argentina", **Revista Internacional de Direitos Humanos: SUR**, V. 2, N. 3, 2005, p. 132.

principios no pueden convertirse en el impedimento para la anulación de las leyes mencionadas ni para la prosecución de las causas que fenecieron en razón de ellas, ni la de toda otra que hubiera debido iniciarse y no lo haya sido nunca. En otras palabras, *la sujeción del Estado argentino a la jurisdicción interamericana impide que el principio de 'irretroactividad' de la ley penal sea invocado para incumplir los deberes asumidos en materia de persecución de violaciones graves a los derechos humanos"*[86].

Cabe interrogar a razão pela qual o Brasil, ao contrário de outros países[87], refuta o "paradigma interpretativo"da CIDH. Provavelmente porque, "se a jurisprudência interamericana segue relativamente modesta no plano quantitativo, nos aspectos qualitativos ela se mostra muito rica, original e, sob certos aspectos, audaciosa"[88]. Da síntese de Kathia Martin-Chenut, emerge claramente um "regime jurídico à parte" para as graves violações de Direitos Humanos no edifício da CIDH:

"...em seu caso Barrios Altos c/Peru, quando ela considera inadmissíveis os dispositivos de anistia, de prescrição ou as medidas excludentes da responsabilidade dos autores de graves violações de Direitos Humanos, a Corte precisa que as últimas visam a tortura; as execuções sumárias, extralegais ou arbitrárias; e as desaparições forçadas. Nos acórdãos consecutivos Goiburú e outros c/Paraguai, Almonacid Arellano e outros c/Chile ou ainda La Cantuta c/Peru, a Corte tece o vínculo entre as graves violações de Direitos Humanos e os crimes contra a humanidade. Essas violações estão de fato na base dos crimes contra a humanidade, e esses traduzem, por sua vez, a confluência entre o Direito Internacional Penal e o Direito Internacional dos Direitos Humanos"[89].

Logo, para entender o problema do alcance da jurisprudência interamericana no Direito brasileiro, deixando de lado a questão da difícil permeabilidade da cultura internacionalista na autarquia intelectual do Judiciário brasileiro, questiono: a já mencionada reserva feita pelo Brasil, quando de sua submissão à jurisdição da CIDH, teria sentido em relação

---

86   CSJN, ref. nota 85 supra, §31, p. 27.

87   Para constatar os avanços das jurisdições latino-americanas nesta matéria, ver o excelente **Digesto de jurisprudencia latinoamericana sobre crímenes de derecho internacional** (Washington: Fundación para el Debido Proceso Legal, 2009, part. a apresentação de Naomi Roht-Arriaza, disponível em <www.dplf.org>.

88   Kathia Martin-Chenut, "Introduction", In: Idem e Elisabeth Lambert Abdelgawad, **Réparer les violations graves et massives des droits de l'homme: la Cour Interaméricaine, pionnière et modèle?** Paris: Société de législation comparée, 2010, p. 26.

89   Ibid., p. 20. Para o inteiro teor dos acórdãos da CIDH, ver <www.corteidh.or.cr>.

ao acervo jurisprudencial da Corte? Um marco temporal, quando figura numa reserva, pode atingir fatos e atos específicos; mas alcançaria a condição de paradigma interpretativo? Ora, parece-me insustentável fatiar a submissão de um Estado a uma jurisdição, ao menos no que diz respeito aos princípios fundamentais que ela edificou. Em qualquer caso, de modo bem mais singelo, admitamos – eis que até o STF já o reconheceu, embora não no seio da ADPF 153 – que estamos diante de crimes continuados.

Na impossibilidade de abordar a espinhosa questão dos efeitos, sobre a ordem jurídica brasileira, da futura decisão da CIDH acerca do Caso Araguaia, posto que, por ora, ela ainda não foi tomada; e em meio à vastidão de elementos que poderiam ser aproveitados da jurisprudência da CIDH em relação ao julgamento da ADPF 153, opto por tratar de apenas um, e o faço brevemente, considerando, sobretudo, que é a própria Corte quem dirá, dentro de poucos dias, da compatibilidade da Lei de Anistia brasileira com seu acervo jurídico. Só poderia ser *a vedação da autoanistia, consagrada pela CIDH*. Sobre isso, sentenciou, em seu voto na ADPF 153, o ministro Celso de Mello:

> "... se fez inequivocamente bilateral (e recíproca) a concessão da anistia, com a finalidade de favorecer aqueles que, em situação de conflitante polaridade e independentemente de sua posição no arco ideológico, protagonizaram o processo político ao longo do regime militar, viabilizando-se, desse modo, por efeito da bilateralidade do benefício concedido pela Lei n. 6.683/79, a construção do necessário consenso, sem o qual não teria sido possível a colimação dos altos objetivos perseguidos pelo Estado e, sobretudo, pela sociedade civil naquele particular e delicado momento da vida histórica nacional"[90].

Mais adiante, o ministro diferencia as "anistias em branco ou autoanistias", que teriam sido usadas pelas ditaduras latino-americanas, daquelas de "mão dupla" ou de "dupla via", que constituiriam a originalidade brasileira. Esse argumento permitiria crer que a jurisprudência interamericana não se aplica ao caso brasileiro, não fosse a evidência matemática de que anistiar a outrem não anula a anistia outorgada a si mesmo. Quem pode anistiar? Só o Estado. O indivíduo pode perdoar e ser perdoado, daí decorrendo efeitos morais ou religiosos ou afetivos interpares. Mas o perdão jurídico, a "complacência soberana"[91], é a estatal. O Estado anistiou seus agentes. Isto é autoanistia. Que o órgão do Estado que praticou a violação seja o Poder Legislativo, ao aprovar a Lei da

---

90   P. 174.

91   Expressão empregada pelo ministro Celso de Mello, p. 169 de seu voto.

Anistia, não retira sua antijuridicidade. Nas palavras de um dos expoentes do Direito Internacional Penal, Kai Ambos, o cumprimento de um pressuposto formal "não subtrai o legislador da observância dos limites materiais contemplados no Direito Internacional"[92]. Sabemos que até emendas constitucionais aprovadas pelo Legislativo podem ser julgadas inconstitucionais. No que a anistia beneficiou a atores outros (não sendo os estatais, ou os que agiram com o beneplácito do Estado, ou como partículas de uma política criminosa estatal), ela é lícita. De resto, é ilícita.

Completando a famosa tese dos "dois lados", sobressai, igualmente, no diapasão do mais singelo senso comum, a imensa questão jurídica da natureza dos crimes políticos. Todos os envolvidos no "conflito armado", e também os "torturadores", teriam agido politicamente. Citando, uma vez mais, Nilo Batista, diz o ministro Celso de Mello:

> "Swensson Junior[93] tem a coragem de formular a pergunta politicamente incorreta, mas juridicamente indispensável: os agentes do subsistema penal DOPS-DOI/CODI atuaram 'por razões pessoais' (sadismo, desafetos etc.) ou por 'razões políticas – por exemplo, para salvaguardar o país dos comunistas? Sim, porque se a resposta correta for a segunda, estaríamos sem dúvida diante de crimes conexos expressamente anistiados (muitos sustentariam, com base em critério tradicional, estarmos diante de autênticos crimes políticos, igualmente anistiados)"[94].

Sequer recorro à abundante doutrina para desfazer essa inocente dicotomia entre motivos pessoais e políticos. Indubitavelmente, a história da tortura durante a ditadura militar brasileira anota episódios de acerto de contas entre desafetos e, por óbvio, casos de sadismo e distúrbios psicológicos de toda sorte, que os devidos processos judiciais permitiriam vir à lume, julgar e, se for o caso, punir[95]. Porém, uma vez mais, o problema de enfoque se impõe. A aferição de motivações pessoais isoladas em nada

---

92   Impunidad y Derecho Penal Internacional, Buenos Aires: Fundación Konrad Adenauer, 1999, p.131.

93   O autor refere-se ao artigo, na já mencionada coletânea, da lavra de Lauro Joppert Swensson Junior, "Punição para os crimes da ditadura militar: contornos do debate", op. cit. (referencia na nota 2 supra). Registre-se que o artigo de Swensson Junior oferece elementos que excedem largamente o trecho resumido e escolhido para a citação. Curiosamente, em suas conclusões, afirma: "tudo isso para que esse debate, tão necessário para a história brasileira, não se resuma em <u>discursos ideológicos ineptos, que escondem conflitos e tensões</u>" (grifo meu). A meu juízo, essa é uma boa definição para o texto do acórdão da ADPF 153.

94   P. 193.

95   O documentário **Cidadão Boilesen** (Brasil, Chaim Litewski, Imovision: 2009), por ex., fornece elementos de prova da participação de empresários nas sessões de tortura realizadas por agentes públicos, seja como financiadores, seja como *voyeurs*, em particular do dinamarquês Henning Albert Boilesen (1916-1971), presidente do grupo Ultra, que chegou a criar um novo instrumento de tortura, a Pianola Boilesen, uma espécie de teclado que permitia melhor graduar a intensidade dos choques elétricos ministrados às vítimas.

alteram o fato de que existia um programa criminoso, planificado e coletivo, posto em marcha graças ao aparelho de Estado. Estendendo ligeiramente o olhar em direção às jurisdições já desafiadas por questões similares, muitas respostas à pergunta pretensamente indispensável podem ser encontradas. Por exemplo, no paradigmático Caso Barbie (grifo meu):

> "No caso, o móvel político falha na medida em que, no que concerne a Sra. Lesevre, os tratamentos abomináveis que ela sofreu e sua deportação ao campo de Ravensbruck não atendiam nem a motivos políticos nem a uma vontade de eliminação, mas à *preocupação das autoridades alemãs de obter informações militares e neutralizar um adversário*"[96].

Ou quem sabe, bem mais perto e mais recentemente, na jurisprudência argentina sobre delitos políticos: "... esta classe de infrações lesionam exclusivamente o regime interno dos governos e encontram sua inspiração em móveis altruístas"[97].

Se a fatigante e sistemática tentativa de igualar resistentes e violadores prospera facilmente no plano ideológico, graças ao assoalho cultural autoritário e particularmente anticomunista que se herdou de outras épocas, no plano jurídico tal intento não prospera. De modo que a pergunta ornamental do voto revela-se, quando se amplia o horizonte de resposta, politicamente indispensável, mas juridicamente incorreta.

6. CONSIDERAÇÕES FINAIS: POR UM TRIBUNAL DIGNO DO SUPERLATIVO QUE O PROCEDE

Concluo este modesto percurso retomando a expressão "provincianismo jurídico". Quando examina as relações entre jurisdições internas e internacionais, e particularmente o problema da unidade da aplicação do Direito Internacional, Pierre-Marie Dupuy pondera que é antes de mais nada *na cabeça dos próprios juízes que a questão se resolve.*

> "Se eles estiverem convencidos da necessidade de aplicação harmonizada das regras de Direito Internacional, a unidade deste estará assegurada. Se, ao contrário, eles desconhecerem, por cultura ou por incompetência, essa unidade fundamental, ela correrá o risco de simplesmente desaparecer"[98].

---

96   República Francesa, Corte de Cassação, Câmara Criminal, AP 25/11/1986, Recurso 86-92714, p.2.

97   CSNJ, R.O. A 1579 XLI, Apablaza Guerra, 14/9/2010, §16.

98   Pierre-Marie Dupuy, op. cit., p. 1-2.

Na contramão, aferrado à ordem interna e positivada, preconiza o ministro relator da ADPF 153:

> "No Estado Democrático de Direito, o Poder Judiciário não está autorizado a alterar, a dar outra redação, diversa da nele contemplada, a texto normativo. Pode, a partir dele, produzir distintas normas. Mas nem mesmo o Supremo Tribunal Federal está autorizado a rescrever (sic) leis de anistia. (...) Dado que esse acordo resultou em um texto de lei, quem poderia revê-lo seria exclusivamente o Poder Legislativo. Ao STF não incumbe alterar textos normativos concessivos de anistias. A ele não incumbe legislar ao apreciar ADPFs, senão apurar, em casos tais, a compatibilidade entre os textos normativos pré-constitucionais e a Constituição.

Há quem sustente que o Brasil tem uma concepção particular de lei, diferente, por exemplo, do Chile, da Argentina e do Uruguai, cujas leis acompanharam a mudança do tempo e da sociedade. Esse acompanhamento das mudanças do tempo e da sociedade, se implicar necessária revisão da lei de anistia, deverá contudo ser feito pela lei, vale dizer, pelo Poder Legislativo. Insisto em que ao STF não incumbe legislar sobre a matéria"[99] [100].

Não surpreende que o Direito Comparado seja citado somente para abortar a comparação. Mas é sintomático que o STF refira os Estados da região no momento em que declina de sua função. De fato, é preciso explicar-se. As novas gerações terão grande dificuldade de entender a diferença de estatura entre o juiz brasileiro e, por exemplo, o juiz uruguaio, que, quando confrontado ao Caso Sabalsagaray[101], às vésperas do referendo popular sobre a revogação de uma lei de anistia, assim percebeu a sua missão:

> "Superando o papel que lhe destinava o velho paradigma paleoliberal, a jurisdição se configura como um limite da democracia política. Na democracia constitucional, o substancial, essa esfera do não decidível – que implica determinar que coisas é lícito decidir ou não decidir – nada mais é do que aquilo que nas constituições democráticas se convencionou subtrair da decisão da maioria. E o limite da decisão da maioria reside, essencialmente, em duas coisas: a tutela dos direitos fundamen-

---

99   P. 38-39. No mesmo sentido, o ministro Celso de Mello ressalta o "contexto inteiramente distinto" daquele vigente na Argentina, no Chile e no Uruguai (p. 185).

100   Ameaça, em seu voto, o ministro Gilmar Mendes: "Nos dias recentes, estamos a acompanhar, no plano internacional, a grave crise que está a envolver o Judiciário espanhol, com o Juiz Baltazar [sic] Garzón, suspenso cautelarmente de suas funções na Espanha por investigar crimes anistiados. E, de alguma forma, é esse o debate que se coloca: se, ao investigar os crimes anteriores do regime franquista, não teria ele rompido com os seus deveres de juiz, isto é, não teria prevaricado", p. 235.

101   Suprema Corte de Justicia, Sabalsagaray Curutchet, Blanca Stela. Denuncia. Excepción de Inconstitucionalidad. Ficha 97-397/2004. Acórdão de 19/10/2009.

tais (os primeiros, entre todos, são o direito à vida e à liberdade pessoal, e não há vontade da maioria, nem interesse geral, nem bem comum ou público que justifiquem seu sacrifício) e a sujeição dos poderes públicos à lei"[102].

Assim, a Corte uruguaia julgou inconstitucionais e inaplicáveis ao caso concreto diversos dispositivos da chamada Lei da Caducidade (Lei N. 15.848, de 1986), ressaltando que:

> "... a ilegitimidade de uma lei de anistia ditada em benefício de funcionários militares e policiais que cometeram delitos dessa natureza, gozando de impunidade durante regimes de fato, foi declarada por órgãos jurisdicionais, tanto da comunidade internacional como dos Estados que passaram por processos similares ao vivido pelo Uruguai na mesma época. Tais pronunciamentos, pela semelhança com a questão analisada, e pela relevância que tiveram, não poderiam ser ignorados no exame de constitucionalidade da Lei N. 15.848 e foram levados em conta pela Corporação para exarar a presente sentença"[103].

Por fim, cumpre referir outras dimensões do ensimesmamento judicial. A expressão "crimes contra a humanidade" porta, como nenhuma outra, o peso da escrita coletiva, na qual se misturam os testemunhos, a criação literária, o discurso jurídico e a imaginação política[104]. Talvez empobrecidos, e com isso depauperando também o Brasil, em todas essas frentes, os magistrados do STF acabaram por reproduzir, em contexto muito diverso, o "mal menor" que representou o litigioso artigo da Lei de Anistia. Perenizou-se uma equação *conjuntural* do Poder Legislativo brasileiro, aliás, reconhecida em muitos trechos do acórdão: a anistia possível, em 1979, foi aquela[105]. Mas isso não significa que ela seja lícita. Sacrificar os direitos de muitos, e inclusive princípios universais, para proteger os privilégios de alguns poucos faz parte desse provincianismo. Do ponto de vista da cultura jurídica de um país cujas políticas de segurança pública, em diversas regiões,

---

102   A Corte uruguaia adjunta o exemplo da pena de morte: "Nenhuma maioria alcançada no Parlamento ou a ratificação pelo Corpo Eleitoral – nem se lograsse unanimidade – poderia impedir que a Suprema Corte de Justiça declarasse inconstitucional uma lei que consagre a pena de morte em nosso país, que está proibida por disposição do art. 21 da Carta", op. cit., p. 35.

103   Ibid., p. 53.

104   Denys Salas, "Les mots du droit pour un crime sans nom – les origines du crime contre l'humanité", in Truche (org.), **Juger les crimes contre l'humanité**, op. cit., p. 27.

105   Para François Saint-Bonnet, o estado de necessidade se faz automaticamente acompanhar do sentimento de que determinada ação é indispensável: "entre a percepção da situação e a resolução de agir, o entendimento não opera nenhuma mediação, a *disputatio* não tem nenhum lugar. O administrador que age na urgência, ou o órgão que declara o estado de exceção, não faz uma escolha, fruto de uma deliberação, mas é movido pelo sentimento brusco de que não há alternativa. A seguir, quando do exame do juiz, a ratificação por um órgão de controle ou do assentimento da população, a apreciação do ato de necessidade consiste a partilhar, de modo quase mimético, o sentimento de que não se podia agir de outro modo", **L'État d'exception**, Paris: PUF, 2001, p. 382.

ainda toleram, velada ou abertamente, a tortura e a execução sumária, é preciso estar alerta para a instalação dos Estados *Janus*, cuja face liberal não exclui uma outra face autoritária, embora procurem justificar juridicamente o injustificável[106]. O problema é que, quando se conquista o regular funcionamento das instituições da democracia formal, um lamentável veredito pode, bruscamente, provar que "as estruturas institucionais são, enfim, menos importantes que as estruturas mentais"[107].

Após a apresentação deste trabalho no seminário Amensty in the Age of Accountabilty, a versão do texto foi ampliada e originalmente publicada na Revista de Direito do Estado (Rio de Janeiro, n.º 17/18, 2010).

106   Delmas-Marty, **Libertés et sureté dans un monde dangereux**, Paris: Seuil, 2010.

107   Pierre-Marie Dupuy, op. cit., p. 27.

A dívida histórica e o Caso Guerrilha do Araguaia na Corte Interamericana de Direitos Humanos impulsionando o direito à verdade e à justiça no Brasil

VIVIANA KRSTICEVIC

Diretora do Centro para a Justiça e o Direito Internacional (CEJIL),
Washington (Estados Unidos)
Mestra em Direito pela Universidade de Stanford (Estados Unidos)
e em Estudos Latino Americanos pela Universidade de Harvard
(Estados Unidos)

BEATRIZ AFFONSO

Diretora para o Brasil do Centro para a Justiça e o Direito Internacional
(CEJIL)
Mestra em Ciência Política pela Universidade de São Paulo

FONTE: ARQUIVO NACIONAL E SECRETARIA
DE DIREITOS HUMANOS DA PRESIDÊNCIA DA
REPÚBLICA

1. INTRODUÇÃO

O presente artigo tem por objetivo apresentar uma análise da dívida histórica no país, no que diz respeito à supressão dos direitos à verdade e à justiça, a partir da experiência na representação dos 70 desaparecidos políticos na região do Araguaia promovida pelo Centro Pela Justiça e o Direito Internacional[1], pelo Grupo Tortura Nunca Mais do Rio de Janeiro[2] e pela Comissão de Familiares de Mortos e Desaparecidos Políticos de São Paulo[3]

---

1   O Cejil foi fundado em 1991 por um grupo de destacados defensores de direitos humanos com o fim de assegurar às vítimas de violações dos direitos humanos maior e melhor acesso ao Sistema. Trata-se de é uma organização de defesa e promoção dos direitos humanos nas Américas com o objetivo principal de garantir a plena implementação das normas internacionais de direitos humanos nos Estados da Organização dos Estados Americanos (OEA), por meio do uso efetivo do Sistema Interamericano de Proteção aos Direitos Humanos.

2   O Grupo Tortura Nunca Mais/RJ (GTNM/RJ) foi fundado em 1985 por iniciativa de ex-presos políticos que viveram situações de tortura durante o regime militar e por familiares de mortos e desaparecidos políticos. O GTNM/RJ tem assumido um claro compromisso na luta pelos direitos humanos, pelo esclarecimento das circunstâncias de morte e desaparecimento de militantes políticos, pelo resgate da memória histórica, pelo afastamento imediato de cargos públicos das pessoas envolvidas com a tortura, pela formação de uma consciência ética, convicto de que essas são condições indispensáveis na luta hoje contra a impunidade e pela justiça.

3   A Comissão de Familiares de Mortos e Desaparecidos Políticos (CFMDP-SP) foi formada na década de 80 a partir das experiências de organização política de grupos de familiares que denunciavam mortes, desaparecimentos forçados, torturas e condições carcerárias dos presos políticos durante o regime militar. Em janeiro de 1993, criou o Instituto de Estudos sobre a Violência do Estado (Ieve), cujo objetivo é promover a continuidade das investigações sobre as circunstâncias das mortes e localização dos restos mortais das vítimas da ditadura militar, identificar seus responsáveis e incentivar medidas judiciais para a reparação integral das vítimas da repressão política.

no Caso Guerrilha do Araguaia[4] vs. Brasil denunciado ao Sistema Interamericano de Proteção aos Direitos Humanos da OEA. A apresentação dará destaque à dinâmica impulsionada, tanto na comunidade política, quanto nos órgãos públicos e na sociedade brasileira a partir dos eventos que ocorrem no longo processamento do trâmite internacional do caso.

2.	A DITATURA MILITAR NO BRASIL E A DOUTRINA DE SEGURANÇA NACIONAL

O Golpe de Estado no Brasil perpetrado em 31 de março de 1964 pelo Exército apresentou-se publicamente como necessário para defender a nação contra o comunismo. Com suas particularidades em relação aos outros países da América Latina que sofreram ditaduras e conflitos armados no mesmo contexto, seu período de duração, por exemplo, se estendeu por longos 21 anos (entre 1964 a 1985). De forma peculiar em um primeiro momento, o golpe militar prometia de forma hipócrita a democracia, e logo nos primeiros anos foi recrudescendo, criando um marco legal fundamentado em diversas normativas de exceção assegurando o exercício do poder por meio da força.

A crescente redução das garantias de liberdade promoveu gradativamente as cassações de membros dos Poderes Legislativo e Executivo, a deposição de governantes legalmente eleitos, o recesso e posterior fechamento do Congresso Nacional e, aos poucos, os militares deixaram transparecer a que veio o golpe[5].

No que diz respeito aos direitos civis e políticos, os brasileiros deixaram de eleger seus governantes, os partidos políticos foram extintos, as organizações estudantis postas na ilegalidade e, em razão do rigoroso controle realizado sobre a atividade da imprensa, a população teve cerceadas suas vias institucionais de informação por meio da formalização da censura.

Os militares passaram a legislar por meios excepcionais, utilizando instrumentos normativos que dispensavam a aprovação do Poder Legislativo. Os mais conhecidos instrumen-

---

4   CIDH. Caso 11.552, **Julia Gomes Lund e outros Vs. Brasil** (*"Guerrilha do Araguaia"*). Denúncia recebida pela Comissão em 07 de agosto de 1995. Relatório nº 33/01 (de admissibilidade) disponível em: http://www.cidh.org/annualrep/2000eng/ChapterIII/Admissible/Brazil11.552.htm. Demanda apresentada perante a Corte Interamericana em 26 de março de 2009, disponível em: http://www.cidh.org/demandas/11.552%20Guerrilha%20do%20Araguaia%20Brasil%2026mar09%20PORT.pdf.

5   SKIDMORE, Thomas. **Brasil: de Castelo a Tancredo**. Rio de Janeiro: Paz e Terra, 1988 (2ª edição).

tos deste período são os Atos Institucionais. O Estado de Direito se diluía no arcabouço legal criado para legitimar a "guerra" direcionada contra os cidadãos brasileiros. O desrespeito às garantias legais e constitucionais de defesa passou a ser um padrão. Em janeiro de 1967, foi promulgada uma nova Constituição Federal, que referendava as mudanças instituídas pela legislação que ampliou os poderes conferidos ao Poder Executivo, focados na segurança nacional. O novo texto centralizava o poder no Executivo, cerceava direitos como a restrição ao *habeas corpus* para crimes políticos, ampliava a competência da Justiça Militar e abria espaço para normas que regularam, por exemplo, o banimento de brasileiros e a censura prévia aos meios de informação.

No mesmo ano, o regime militar editou sua primeira Lei de Segurança Nacional. Esse decreto introduziu tipos penais extremamente amplos, permitindo exagerada discricionariedade ao acusador. Classificou a greve e a simples atividade oposicionista como crime. Transferiu toda a competência à Justiça Militar, inclusive para réus civis.

Regulamentando a suposta legalidade para "legitimar" a persecução aos que promoviam a resistência à ditadura militar, os quais, ao serem detidos pelo sistema, passavam a ser submetidos a um processo de apuração do "delito" cometido, que não guardava a mínima preocupação em aparentar legalidade.

É na edição do Ato Institucional nº 5, conhecido como AI-5, em dezembro de 1968, que se reconhece a fase mais dura de todo o governo de exceção[6]. Com sua publicação, a ação repressiva não se deteve ante nenhuma das instituições democráticas, atingindo a qualquer indivíduo considerado "inimigo da nação", com prisões arbitrárias, torturas e expulsões do país, viabilizadas pela utilização execrável do instituto do crime de banimento de cidadãos brasileiros natos. A execução dos militantes políticos também passou a ser prática corriqueira efetivada pelos agentes públicos que compunham o aparato de repressão[7].

Nem mesmo o Poder Judiciário ficou ileso à ação dos governantes militares. Ministros do Supremo Tribunal Federal eram compulsoriamente aposentados quando ofereciam resistência a curvar-se às pretensões inconstitucionais dos militares. Dessa forma, o Poder Judiciário e o Ministério Público passaram também a cooperar como instrumentos esten-

---

6   FAUSTO, Boris. **História concisa do Brasil**; São Paulo: Editora da Universidade de São Paulo, imprensa oficial do Estado, 2008 (2ª edição, 1ª reimpr.), p. 26.

7   Comissão dos Familiares de Mortos e Desaparecidos Políticos, Instituto de Estudo da Violência do Estado e Grupo Tortura Nunca Mais – RJ e PE. **Dossiê dos mortos e desaparecidos políticos a partir de 1964**. São Paulo: Imprensa Oficial do Estado, 1996.

didos da repressão política[8]. Já a nova lei de segurança nacional, editada em setembro de 1969, foi considerada um dos principais instrumentos de incriminação de militantes e cidadãos durante o regime. Também incorporou a vigência da legalidade da aplicação da pena de prisão perpétua e da pena de morte.

O período mais violento de toda a história republicana brasileira começa com a criação, em 1969, no estado de São Paulo, da Operação Bandeirantes (Oban). O objetivo era promover a integração geral dos organismos de repressão, Exército, Marinha, Aeronáutica, polícias federal e estaduais, visando aperfeiçoar as ações repressivas por meio de uma coordenação centralizada. Os resultados foram considerados positivos no combate aos opositores do sistema ditatorial e levaram à ampliação do sistema da Oban para muitos estados do território nacional, chamados Destacamentos de Operações e Informações- -Centros de Operações de Defesa Interna, conhecidos como DOI-CODI. Sob a responsabilidade de seus agentes e em suas instalações é que ocorreram as torturas, as execuções sumárias e as mortes, na grande maioria, de jovens que resistiam à ditadura militar[9].

Segundo denúncias de vítimas e respectivos familiares, "cerca de 50 mil pessoas foram presas somente nos primeiros meses de ditadura; houve milhares de presos por motivos políticos; cerca de 20 mil presos foram submetidos a torturas físicas; uma quantia desconhecida de mortos em manifestações públicas; cerca de 400 mortos e desaparecidos políticos; 7.367 indiciados e 10.034 atingidos na fase de inquérito em 707 processos judiciais por crimes contra a segurança nacional; 2.828 sentenciados a prisão pela Justiça Militar, quatro condenações à pena de morte; 130 banidos; 4.862 cassados; 6.592 militares atingidos; 10.000 exilados; e centenas de camponeses assassinados"[10].

Os órgãos de repressão optaram, desde 1973, pelo ocultamento das prisões seguidas de mortes, para evitar o desgaste que as versões [inacreditáveis] de 'atropelamento', 'suicídio' e 'tentativa de fuga' estavam enfrentando, em um cenário de maior liberdade de imprensa. Em consequência, os militantes políticos perseguidos não foram mais detidos e se intensifica o fenômeno do 'desaparecimento', que já ocorria no período anterior,

---

8   BICUDO, Hélio. **Meu depoimento sobre o esquadrão da morte**. São Paulo: Editora Paz e Terra, 1976 (1ª edição), p. 149.

9   GASPARI, Elio; **A ditadura escancarada**. São Paulo: Companhia das Letras, 2002 (1ª edição), p. 65.

10   TELES, Janaina. **Os herdeiros da memória: A luta dos familiares de mortos e desaparecidos políticos no Brasil**. Dissertação de Mestrado em História Social. Faculdade de Filosofia, Letras e Ciências Humanas, Universidade de São Paulo, São Paulo, 2005, p. 10 (Introdução).

mas em escala relativamente menor[11]. É nesse período que se concretizam o maior número de desaparecimentos forçados de opositores políticos. Entre os anos 1972 e 1975, as Forças Armadas brasileiras realizaram campanhas militares para erradicar os focos de resistência de militantes do Partido Comunista do Brasil na região do rio Araguaia. Em meados de 1974, setenta pessoas, entre militantes e camponeses que se encontravam na região, haviam desaparecido. As denúncias de violações, torturas, mortes e desaparecimentos ultrapassaram os hemisférios, causando constrangimento aos governantes, no entanto, não conseguiram garantir que tais violações cessassem.

É a crise econômica iniciada em 1974, que a ditadura militar não consegue enfrentar[12], a que resulta na perda de apoio de aliados nos setores médios. Começam os problemas nas eleições. É iniciado o processo de entrega do poder aos civis, em meio a uma série de atentados provocados por setores radicais das Forças Armadas que discordavam dessa orientação.

É nesse ambiente de inconformismo dos setores radicais que assume o poder o general João Figueiredo (1979), com o propósito revelado de conduzir ao final o processo de passagem do poder aos civis, denominado pelos militares como "abertura lenta, gradual e segura"[13]. Um eufemismo para a restrita disposição de entregar o poder. Estrategicamente, ganhava tempo para apagar as evidências dos crimes cometidos por seus agentes e garantir, por meio da "Lei de Anistia"[14], que esses não viessem a ser investigados.

3.	A ATUALIDADE DA IMPUNIDADE NOS CRIMES COMETIDOS POR AGENTES PÚBLICOS COMO RESULTADO DA HERANÇA DA DITADURA MILITAR

A consolidação e o aperfeiçoamento da democracia na América Latina, em geral, e no Brasil em particular, têm se confrontado com uma série de obstáculos herdados do legado da ditadura militar (1964-1985), entre os quais se destaca a impunidade de práticas que violam direitos humanos perpetradas diretamente por agentes públicos que contam

---

11   BANDEIRA, Marina. **Brasil Nunca Mais: um relato para a história**. Petrópolis: Vozes, 1985, p. 64.

12   GASPARI, Elio. **A ditadura encurralada**; São Paulo: Companhia das Letras, 2004 (1ª edição), p. 32-45.

13   GASPARI, Elio. **A ditadura envergonhada**; São Paulo: Companhia das Letras, 2002 (1ª edição), p. 37.

14   Lei nº 6.683, "Lei de Anistia", promulgada em 28 de agosto de 1979. Disponível em: http://www.planalto.gov.br/ccivil_03/Leis/L6683.htm.

com a omissão ou anuência do Poder Judiciário e do Ministério Público[15]. Tal impunidade é resultado da persistência, na vigência do regime democrático, da cultura autoritária no passado instaurada[16].

Violências perpetradas por agentes públicos, como a tortura e a execução sumária, são conhecidamente práticas das instituições públicas desde a Primeira República, no entanto, foram oficialmente institucionalizadas no período da Ditadura Militar. Quando o inimigo de guerra deixou de ser externo, passando a ser a população brasileira[17].Para enfrentar esse novo "inimigo", que na verdade eram os resistentes à ditadura militar, foi estruturado um novo aparato repressivo, com destaque para a criação das polícias militares nos estados federados como extensão das Forças Armadas. Esse aparato repressivo, ao deter os militantes políticos os submetia a interrogatórios em sessões de tortura que visavam não só a obtenção de supostas informações, como também a humilhação, por meio de prática sistemática de estupros, violação anal, afogamentos e aplicação de choques com instrumentos de tortura específicos[18], que de tão brutais, muitas vezes resultava na morte de cidadãos que estavam sob a custódia do Estado. As execuções sumárias eram sempre apresentadas para a sociedade maquiadas, construindo ocorrências com características forjadas de confronto entre militantes e policiais, que também podiam ser caracterizadas por acidentes, como atropelamentos, afogamentos e suicídios.

Para exemplificar pontualmente a atualidade perversa dessa herança, especificamente no que diz respeito à impunidade dos crimes cometidos por agentes públicos contra cidadãos, se destacam a tortura e a violência policial, que continuam recorrentes no cotidiano da sociedade brasileira.

---

15   AFFONSO, Beatriz. **O Controle Externo da Polícia: a implementação da Lei Federal 9.229-96 no Estado de São Paulo**. Dissertação de Mestrado do Departamento de Ciência Política da Faculdade de Filosofia, Letras e Ciências Humanas, Universidade de São Paulo, São Paulo, 2004, p. 8 (introdução).

16   PINHEIRO, Paulo S.; Adorno, Sérgio & Cardia, Nanci. **Continuidade Autoritária e Construção da Democracia**. Projeto integrado de pesquisa. Relatório Parcial. São Paulo: Mimeo, NEV-USP, 1994.

17   Secretaria Especial de Direitos Humanos da Presidência da República. **Direito à verdade e à memória: Comissão especial sobre Mortos e Desaparecidos Políticos**. Brasília: Imprensa oficial, 2007 (1ª edição), p. 22.

18   A cadeira do dragão era um tipo de cadeira elétrica, com assento, apoio de braços e espaldar de metal, na qual um indivíduo era colocado, amarrado, molhado e recebia choques que eram sentidos por todo o corpo. O pau de arara é outro instrumento de tortura, no qual uma barra de ferro é atravessada entre os punhos amarrados e a dobra do joelho da vítima, que fica pendurada, e é colocada entre duas mesas, para aplicação de choques.

3.1. Tortura

Apesar de tipificada por lei federal desde 1997, o crime de tortura continua gerando um número muito pequeno de denúncias pelo Ministério Público. Os promotores de Justiça e juízes preferem usar as noções tradicionais e inadequadas de "abuso de autoridade" e "lesão corporal", permitindo que agentes públicos que torturam permaneçam exercendo suas funções, encarregados da tutela cotidiana de jovens e adultos que estão sob a responsabilidade do Estado.

> Os casos de resistência seguida de morte representam 87% desse universo e não são investigados. Não há averiguação da legitimidade da ação e do uso excessivo da força letal

Pessoalmente verificada em visita ao Brasil do relator especial da ONU, Nigel Rodley, em 2001, e mais recentemente apresentada nos dados do relatório final da Comissão Parlamentar de Inquérito do Sistema Carcerário[19], a prática da tortura segue "sistemática e endêmica"[20]. Realizada por meio da força, é instrumento de investigação criminal, que intimida pela coerção, buscando conferir a imposição de autoridade dos agentes públicos nas delegacias de polícias, nos centros de detenção e nos centros de internação de crianças e adolescentes do país.

Evidencia-se também como herança da ditadura militar a impunidade, que é assegurada aos agentes públicos envolvidos nos casos de tortura denunciados à Justiça. Pesquisa acadêmica[21] recentemente publicada estudou a aplicabilidade de tortura em 51 casos que chegaram a ser processados pela Justiça criminal no estado de São Paulo. Concluiu que dos agentes do Estado acusados de praticar o crime de tortura, 70% foram absolvidos, 18%, condenados e os 11% que restaram foram condenados por outros tipos de crimes, como lesão corporal.

---

19   Comissão Parlamentar de Inquérito do Sistema Carcerário, Câmara dos Deputados, Congresso Nacional, Brasil. Relatório final publicado em 2009 e disponível em: http://bd.camara.gov.br/bd/bitstream/handle/bdcamara/2701/cpi_sistema_carcerario.pdf?sequence=1.

20   Nigel Rodley, relator especial da ONU, em visita ao Brasil realizada de 20 de agosto a 12 de setembro de 2000. Relatório nº E/CN.4/2001/66/Add.2 apresentado em abril de 2001 à Comissão de Direitos Humanos da ONU, disponível em: http://www.unhchr.ch/Huridocda/Huridoca.nsf/0/b573b69cf6c3da28c1256a2b00498ded/$FILE/g0112323.pdf.

21   JESUS, Maria Gorete M. **O crime de tortura e a justiça criminal: um estudo dos processos de tortura na cidade de São Paulo**. Dissertação de Mestrado do Departamento de Sociologia da Faculdade de Filosofia, Letras e Ciências Humanas, Universidade de São Paulo, São Paulo, 2009.

3.2. Execuções sumárias e resistência seguida de morte

O segundo exemplo considerado importante por explicitar as semelhanças do passado e presente é a impunidade nos casos de execuções sumárias promovidas pelas polícias e o respectivo *modus operandi* que garante, até os dias de hoje, que não existam investigações e tampouco responsáveis punidos.

Desde a transição para a democracia, não são raros os casos em que, em nome do controle do crime e da violência, as polícias, com destaque para a militar, usam desnecessariamente a força de forma excessiva e arbitrária. Pessoas que praticam crimes ou mesmos suspeitos da prática de crimes são alvos destas ações letais, particularmente os pobres, jovens e afrodescendentes[22].

A Justiça militar continua com prerrogativas para processar e julgar crimes comuns cometidos por policiais militares, no cumprimento ou não de seu trabalho. Somente os homicídios dolosos foram transferidos para a Justiça comum, com a aprovação da Lei Federal 9.299/96. No entanto, os inquéritos policiais militares continuam a ser elaborados pelos pares dos investigados, subsidiando parte considerável das provas. A polícia civil, que tem a prerrogativa de polícia judiciária, não tem se esmerado nas investigações de ocorrências que envolvem a morte de civis por policiais, determinando que a impunidade e a vigência do arbítrio, somadas à inexistência de fiscalização do monopólio legitimo do uso da força[23], promovam a ruptura com os princípios democráticos do Estado de Direito.

Por exemplo, em São Paulo, nos anos de 2001 a 2009, o número oficial de civis mortos pelas polícias, civil e militar, é equivalente a 6.028. Os casos de resistência seguida de morte representam 87% desse universo e não são investigados. Não há averiguação da legitimidade da ação e do uso excessivo da força letal.

Já no estado do Rio de Janeiro, no mesmo período, foram contabilizadas uma assustadora média de 89,6 vítimas fatais em supostos confrontos com as polícias por mês. No en-

---

22   PINHEIRO, Paulo. S. & ALMEIDA, Guilherme A. **Violência Urbana**. São Paulo, Publifolha, 2003, p. 16.

23   Para "Monopólio Legitimo da Violência Física", ver WEBER, M. **El Estado Racional como asociación de dominio institucional con el monopolio del poder legítimo**. In: **Economia y Sociedad**. México, Fondo de Cultura, vol. 2. 1944.

tanto, é no *modus operandi* da chamada "resistência seguida de morte"[24] que se percebe a maior semelhança entre os procedimentos que garantem a impunidade nos casos de execuções sumárias efetivadas na atualidade e aquelas levadas a cabo pela ditadura militar. A morte do suspeito é considerada resultado de um confronto. Outro estudo acadêmico[25] pesquisou a impunidade dos policiais militares envolvidos em 297 casos de homicídios dolosos contra civis no estado de São Paulo, todos acompanhados pela Ouvidoria de Polícia de São Paulo. Verificou-se que 80% dos casos foram arquivados sem a investigação adequada ou a elucidação dos fatos, a pedido do Ministério Público homologado pelo Poder Judiciário.

Se hoje o Estado brasileiro reconhece na democracia a brutalidade e a magnitude da repressão da ditadura militar que assolou o país, e tem avançado nas indenizações aos familiares de mortos, torturados, perseguidos e desaparecidos políticos, existe uma dívida pendente no acesso à verdade, à justiça e à reparação desde uma perspectiva integral, que transcende o tempo e se consolida perversamente em práticas violatórias e inabalável impunidade garantida aos agentes do Estado.

São muitos os casos do passado e do presente, que buscam nos organismos internacionais a garantia dos compromissos que seu respectivo país assumiu ao ratificar os tratados e convenções, uma vez que os mecanismos internos não têm resultado nessa proteção e se esgotaram os recursos internos.

O processamento do Caso Guerrilha do Araguaia vs. Brasil no Sistema Interamericano busca finalmente alcançar direitos inalienáveis dos familiares dos mortos e desaparecidos da ditadura militar e da sociedade brasileira, por meio da publicização da verdade histórica transcorrida no período do terror, da localização, identificação e entrega dos restos mortais dos desaparecidos políticos e da punição dos agentes

---

24   Formalmente, a "resistência seguida de morte" é a ocorrência com morte de civil registrada como resultado de um confronto. Supostamente, em meio ao intercurso de uma ação policial, um suspeito é flagrado no momento que estaria praticando um crime, o qual resiste à voz de prisão e, segundo os policiais, atira contra a polícia, caracterizando o confronto armado, o que empresta a hipotética legitimidade à ação policial, reagindo contra o suspeito. Nesse caso, a principal ocorrência registrada não é a morte, e sim o crime que o chamado suspeito supostamente estaria praticando ao ser morto. Seu contexto, as provas técnicas e perícias, a comprovação do envolvimento do suspeito no crime que resultou no confronto e as condições em que ocorreu esse homicídio não são objeto de investigação. Seja porque o crime não foi concretizado ou porque o suspeito não poderá responder judicialmente por ele, uma vez que está morto, a ocorrência é prontamente arquivada, sem ser encaminhada ao tribunal do júri, sendo desqualificado o homicídio doloso.

25   AFFONSO, Beatriz. **O Controle Externo da Polícia: a implementação da Lei Federal 9.229-96 no Estado de São Paulo**. Dissertação de Mestrado do Departamento de Ciência Política da Faculdade de Filosofia, Letras e Ciências Humanas, Universidade de São Paulo, São Paulo, 2004, p. 83.

públicos e privados envolvidos nas graves violações cometidas contra civis sob a diretriz do governo militar. Depois de lutas legais e sociais infrutíferas no âmbito nacional, ficaram convencidos que somente uma decisão internacional impulsionará mudanças estruturais que permitirão a transposição de obstáculos à responsabilização dos envolvidos nos crimes da ditadura, e refletirá pedagogicamente no fortalecimento dos princípios democráticos.

4.	O SISTEMA INTERAMERICANO DE PROTEÇÃO DOS DIREITOS HUMANOS, ÚLTIMO RECURSO PARA AS VÍTIMAS DAS DITADURAS, DAS GUERRAS CIVIS E DOS CONFLITOS INTERNOS DA AMÉRICA LATINA

O Sistema Interamericano de Proteção dos Direitos Humanos é o mecanismo regional estabelecido pela Organização dos Estados Americanos (OEA) para promover e defender os direitos humanos. Esse sistema é formado por dois órgãos de tutela de direitos: a Comissão Interamericana (CIDH) e a Corte Interamericana de Direitos Humanos. A Comissão Interamericana foi dotada de competências para a promoção e a proteção dos direitos humanos pela OEA e por uma série de tratados interamericanos de direitos humanos[26].

Entre suas tarefas mais relevantes constam a realização de visitas de avaliação da situação dos direitos humanos nos países da região; a realização de estudos especiais sobre temas que afetam o gozo de direitos fundamentais ou sobre a situação desses direitos; a adoção de posições públicas sobre temas relacionados ao seu mandato por meio de diversos meios; e o processamento de denúncias individuais de violação de diversos direitos humanos.

A Corte Interamericana foi estabelecida pela Convenção Americana sobre Direitos Humanos, que entrou em vigor em 1978. Esse tratado permite o estabelecimento de responsabilidade estatal por violações a uma ampla gama de direitos civis e políticos por meio do processamento de casos que são apresentados ao Tribunal após o trâmi-

---

26   A Comissão Interamericana foi criada em 1958 e recebeu, ainda, em seu regulamento, competência para conhecer violações a direitos humanos reconhecidos nos seguintes: Declaração Americana dos Direitos e Deveres do Homem, Convenção Americana sobre Direitos Humanos (**Pacto San José da Costa Rica**), Protocolo Adicional à Convenção Americana sobre Direitos Humanos em Matéria de Direitos Econômicos, Sociais e Culturais (**Protocolo de San Salvador**), Protocolo à Convenção Americana sobre Direitos Humanos Referente à Abolição da Pena de Morte, Convenção Interamericana para Prevenir e Punir a Tortura, Convenção Interamericana sobre o Desaparecimento Forçado de Pessoas e Convenção Interamericana para Prevenir, Punir e Erradicar a Violência contra a Mulher (**Convenção de Belém do Pará**).

te na CIDH. Para que as vítimas possam acessar esse órgão, é necessário que os Estados tenham ratificado a Convenção, e também aceitado a jurisdição da Corte. Assim mesmo, a Corte possui competência consultiva, que lhe permite, a pedido de um seleto grupo de órgãos, organismos ou do conjunto de Estados membros da OEA, emitir opiniões consultivas[27].

Os casos individuais processados perante a CIDH e a Corte estabelecem a responsabilidade do Estado pela violação aos direitos humanos de pessoas específicas[28]. Com efeito, os órgãos de proteção realizam uma avaliação do conjunto dos poderes do Estado, suas ações, omissões, políticas, padrões de ação e também de processos de caráter urgente. Nos processos contenciosos, o Estado é representado por funcionários da mais alta investidura, geralmente do Ministério das Relações Exteriores, e as vítimas são representadas geralmente por organizações não governamentais de direitos humanos e/ou advogados/as especializados/as na matéria. A CIDH soma-se às partes do litígio perante a Corte Interamericana. Como resultado desses processos contenciosos, a Comissão e - nos casos em que tem jurisdição - a Corte emitem decisões de caráter vinculante[29].

As decisões podem determinar medidas interlocutórias de caráter cautelar, assim como decisões finais nas quais se estabelecem os fatos provados (geralmente acompanhados de um contexto histórico), o Direito aplicável e, se determinada a existência de violações aos direitos humanos, as reparações devidas. Essas reparações incluem o restabelecimento da situação anterior à violação reconhecida pelo tribunal ou, se não for possível (por exemplo, no caso de morte da vítima), a indenização pecuniária pelo dano causado e outras medidas de satisfação e não repetição para contribuir para que a violação reconhecida pelo Tribunal não volte a ocorrer. Na prática, ela se traduz em ordens que determinam a mudança de leis ou políticas públicas, a realização de publicações, vídeos, atos de reconhecimento público de responsabilidade do Estado por altas autoridades e a criação de instituições, entre outras.

---

27   Conforme Cejil, Manual de Defensores de Direitos Humanos, disponível em: http://cejil.org/sites/default/files/guia_para_defensores_y_defensoras_de_derechos_humanos.pdf.

28   Isso diferencia o Sistema Interamericano de sistemas destinados ao estabelecimento de responsabilidade penal individual.

29   Para mais informações sobre o caráter das decisões no sistema interamericano ver Viviana Krsticevic, **Reflexões sobre a Execução das Decisões do Sistema Interamericano de Proteção dos Direitos Humanos**, *in* Centro pela Justiça e o Direito Internacional. **Implementação das Decisões do Sistema Interamericano de Direitos Humanos: Jurisprudência, instrumentos normativos e experiências nacionais**. Rio de Janeiro: CEJIL, 2009.

Durante as últimas décadas, a Comissão e a Corte Interamericanas têm contribuído para o restabelecimento do direito das vítimas e das sociedades devastadas por graves e sistemáticas violações aos direitos humanos ocorridas durante as infelizmente notórias ditaduras da América Latina e os conflitos internos na região.

O Sistema Interamericano fortaleceu uma leitura da história que reconhece e evidencia o ocorrido com as vítimas. É importante notar que a construção dessa narrativa não ocorre de forma isolada, pois a Comissão e a Corte Interamericana propõem uma releitura da história. Por meio da analise dos fatos, os órgãos do Sistema Interamericano geralmente contextualizam os casos e determinam padrões, antecedentes e explicações das falhas que permitiram que se incorresse em responsabilidade estatal. O processo de estabelecimento dessa narrativa também ocorre com perícias, provas documentais e testemunhais etc, de cuja produção e debate participam as vítimas, seus familiares ou as comunidades, organizações não governamentais e o próprio Estado.

Nesse sentido, o Sistema Interamericano promoveu uma análise do Direito que leva em consideração o desenvolvimento do Direito Internacional dos Direitos Humanos, mas também a realidade, desenvolvimento e necessidades próprias do continente americano. Prova disso é a evolução da figura do desaparecimento forçado e suas consequências legais já nos primeiros casos decididos pela Corte no final dos anos 80[30]; e o desenvolvimento e conceituação do direito à verdade pela Comissão Interamericana nos anos 90[31], entre outros.

Destaca-se também a jurisprudência sobre reparações no Sistema Interamericano, que se distingue significativamente da Corte Europeia ao não se restringir somente a um olhar estreito da reparação individual, como indenização econômica, mas também em virtude de medidas de reparação, satisfação e não repetição dos fatos, estabelecidas frente às violações garantidas pela proteção regional.

---

30   Corte IDH. **Caso Velásquez Rodríguez Vs. Honduras.** Sentença de 29 de julho de 1988, Série C Nº 4. **Caso Fairén Garbi y Solís Corrales Vs. Honduras.** Sentença de 15 de março de 1989. Série C Nº 6. E **Caso Godínez Cruz Vs. Honduras.** Sentença de 20 de janeiro de 1989. Série C Nº 5. Todos disponíveis em: http://www.corteidh.or.cr/pais. cfm?id_Pais=16.

31   Segundo caso das anistias do Chile: Caso 10.488. **Ignacio Ellacuría, S.J.; Segundo Montes, S.J.; Armando López, S.J.; Ignacio Martín Baró, S.J.; Joaquín López Y López, S.J.; Juan Ramón Moreno, S.J.; Julia Elba Ramos; e Celina Mariceth Ramos Vs. El Salvador.** Relatório nº 136/99 (de mérito). Disponível em: http://www.cidh. org/annualrep/99eng/merits/elsalvador10.488.htm. E caso 11.481. **Monseñor Oscar Arnulfo Romero y Galdámez Vs. El Salvador.** Relatório nº 37/00 (de mérito). Disponível em: http://www.cidh.org/annualrep/99span/de%20fondo/ elsalvador11481.htm.

Assim, desde meados dos anos 90, a Corte Interamericana passou a solicitar a investigação e a punição dos perpetradores de graves violações aos direitos humanos, reformas legislativas, atos de reconhecimento público de responsabilidade e publicação de partes significativas da sentença em jornais etc.

Portanto, o papel do Sistema Interamericano não apenas se centrou na reparação individual dos danos causados às vítimas, mas também em um papel determinante na promoção de algumas políticas públicas, reformas legislativas e institucionais e mudanças culturais, políticas e sociais, que são fundamentais para o fortalecimento da democracia como sistema político.

5.	O CASO A GUERRILHA DO ARAGUAIA VS. BRASIL NO SISTEMA INTERAMERICANO

5.1. A formação do projeto do PCdoB na região sul do estado do Pará

Na década de 70, o regime militar brasileiro iniciou uma ampla política de incentivo à ocupação da região norte do país, especialmente com a proposta da construção da rodovia Transamazônica. Concedeu subsídios a grandes grupos econômicos e pecuaristas do sul e sudeste do Brasil para explorar a região[32], mas ao mesmo tempo fomentou a migração de trabalhadores sem terra à Amazônia[33]. Muitas famílias pobres chegaram à região sob a promessa de receber um pedaço de terra.

Com a extinção dos partidos políticos e a perseguição de seus membros, muitos militantes passaram a atuar clandestinamente contra a ditadura militar. Por sua vez, muitos estudantes, jovens militantes, operários, camponeses e intelectuais foram perseguidos e tiveram que deixar seus estudos, trabalhos e suas cidades de origem para procurar um local seguro.

A partir do ano de 1966, membros do Partido Comunista do Brasil começaram a buscar locais em regiões afastadas no país[34] para organizar um grupo de resistência rural à

---

32   **Relatório da Sociedade Paraense de Defesa dos Direitos Humanos** (SSDH). Belém, 2005, p. 1.

33   Por exemplo, o Programa de Integração Nacional (PIN) teve como propósito ocupar uma parte da Amazônia, ao longo da rodovia Transamazônica, buscando integrar "os homens sem terra do Nordeste com as terras sem homens da Amazônia". Presidência da República, **Reforma Agrária: Compromisso de Todos**. Brasília, 1997, seção 3.3: **Os Projetos de Colonização**, disponível em: https://www.planalto.gov.br/publi_04/COLECAO/REFAGR3.HTM. Acesso em 17 de julho de 2009.

34   Visavam as cidades que concentravam uma população rural pobre sem os necessários equipamentos públicos para seu desenvolvimento, onde os militantes poderiam se manter na clandestinidade sem risco de serem reconhecidos pela população local.

ditadura militar[35] e escolheram a região conhecida como Bico do Papagaio, situada à esquerda do rio Araguaia, no sul do estado do Pará, como o local mais adequado para estabelecer o projeto.

Entre os anos de 1966 a 1972, foram se incorporando ao grupo inicial formado na região militantes do partido, homens e mulheres, na maioria oriundos do movimento estudantil que se encontravam na clandestinidade, com identidades falsas e sem condições de viver em segurança nas grandes capitais.

Esse grupo se denominou Guerrilha do Araguaia[36]. Instalados na região, vivendo como os camponeses: plantando, colhendo, caçando, cuidando de pequenos comércios que se restringiam à venda de produtos para sobrevivência mínima, como comida, remédio e bebida, também realizavam trabalho de assistência social à população local. Ofereciam orientações de saúde familiar, faziam partos, atendimentos odontológicos e compartilhavam conhecimento para melhorar os resultados do trabalho com a terra. Aos poucos, foram aceitos e reconhecidos como iguais.

Estima-se que, em abril de 1972, aproximadamente 90 pessoas formavam o grupo[37], entre militantes do Partido Comunista do Brasil e camponeses da região[38].

5.2. As operações militares de combate à guerrilha rural

Entre os anos 1972 e 1975, as Forças Armadas brasileiras realizaram nove operações no sul do estado do Pará, levadas a cabo com o objetivo de erradicar os militantes do Partido Comunista do Brasil e os camponeses que a eles se somaram no movimento de resistência à ditadura, conhecido por Guerrilha do Araguaia.

---

35   MONTEIRO, Adalberto. **Guerrilha do Araguaia: Uma epopeia pela liberdade**. São Paulo: Editora Anita Garibaldi, 2005 (4ª edição), p. 53 a 55.

36   Mantendo uma relação totalmente cordial e livre com os camponeses da região, essa guerrilha não apresentava nenhuma semelhança com o fenômeno de guerrilhas que se compreende na atualidade. Esse grupo nunca promoveu qualquer ação violenta contra a população local, não efetuou sequestros e nunca manteve pessoas sob cárcere privado, por exemplo.

37   Mais da metade dos integrantes era proveniente da classe média, enquanto o restante pertencia à classe pobre composta de agricultores, camponeses e operários. O grupo era predominantemente de estudantes que foram obrigados a largar os cursos antes de finalizá-los e de recém-formados que, por estarem sendo perseguidos, decidiram entrar na clandestinidade. A idade média dos militantes estava abaixo dos 30 anos, sendo que 15 deles tinham menos de 25 anos, 38 estavam com idades entre 25 e 30 anos e apenas 9 militantes estavam com mais de 35 anos.

38   Comissão dos Familiares de Mortos e Desaparecidos Políticos, Instituto de Estudo da Violência do Estado e Grupo Tortura Nunca Mais – RJ e PE. **Dossiê dos mortos e desaparecidos políticos a partir de 1964**. São Paulo: Imprensa Oficial do Estado, 1996. GASPARI, Elio; **A ditadura escancarada**. São Paulo: Companhia das Letras, 2002 (1ª edição), p. 65.

Todas as campanhas militares foram estabelecidas estrategicamente em consonância com o aparato de guerra. Estiveram envolvidos aproximadamente 4.000 agentes do Exército, Aeronáutica e Marinha. Durante as campanhas, ocorreram inumeráveis detenções arbitrárias, torturas, execuções e desaparecimentos forçados, perpetrados contra os militantes do PCdoB e os agricultores que viviam no local.

A ditadura militar realizou as campanhas de forma totalmente confidencial, tratando-as como segredo de Estado. A sociedade na época e os familiares não tiveram acesso à informação do que ocorria na região do Araguaia. Apenas em 1972 sai uma notícia no jornal do PCdoB, "A Classe Operária", dando informações sobre a Guerrilha do Araguaia, fazendo menção à resistência aos ataques da ditadura. No entanto, o governo militar, por meio da censura, conseguiu abafar a notícia.

5.3. Crimes contra a humanidade que atingiram a população local

A maioria das operações promoveu intimidação e agressão aos camponeses moradores da região. Toda a população, envolvida ou não com os militantes, que vivia no entorno de onde se encontravam os destacamentos da guerrilha, sofreu ações violentas, massivas e ilegais perpetradas pelos militares. A primeira operação que envolveu um número considerável de agentes militares prendeu todos os homens maiores de idade das comunidades da região[39], aproximadamente 400 camponeses, submetendo-os a torturas, maus tratos e tratamentos cruéis e degradantes. Ficaram por meses coletivamente detidos, sofrendo[40] castigos coletivos intimidatórios e humilhantes que antecediam os interrogatórios individuais. Todos eram suspeitos de colaborar com os militantes do PCdoB e, eram tratados como inimigos rendidos.

O Estado brasileiro reconheceu que "a tortura foi sistemática. Em Xambioá, cavaram-se buracos próximos ao acampamento e os homens foram pendurados de cabeça para bai-

39   JIMENEZ, José V. **Bacaba: memórias de um guerreiro de selva da guerrilha do Araguaia**. Campo Grande: Editora do Autor, 2007 (1ª edição), p 41.

40   O Ministério Público Federal ajuizou, em 09 de agosto de 2001, a ação civil pública de nº 2001.39.01.000810-5 (nova numeração: 815-32.2001.4.01.3901) perante a Secção Judiciária de Marabá-PA, Tribunal Regional Federal da 1ª Região. Juiz titular da Vara Única de Marabá: Carlos Henrique Borlido Haddad. No âmbito dos Inquéritos Civis Públicos nºˢ 1/2001, Pará; 3/2001, São Paulo; e 5/2001, Distrito Federal; tomou o depoimento de camponeses e de homens moradores da região que na época prestaram serviço militar obrigatório e depois se desligaram do Exército. As informações presentes nos depoimentos esclarecem que integrantes das Forças Armadas participaram das diversas operações acima detalhadas e estenderam a toda a população local de lavradores, a tortura e o tratamento cruel, arbitrário e degradante. Consulta processual disponível em: http://processual-pa.trf1.gov.br/Processos/ProcessosSecaoOra/ConsProcSecaoPes.php?SECAO=MB.

xo, amarrados com cordas em estacas afiadas à beira dos buracos[41]. Levavam empurrões, socos e choques elétricos. Vários morreram em consequência de maus tratos sofridos e alguns enlouqueceram"[42].

Nas operações intermediárias, os militares optaram por incluir relações contratuais com a população local: oferecendo pagamento em dinheiro por militante do PcdoB entregue, vivo ou morto. No segundo caso, a prova era apresentada por meio da entrega de um pedaço do corpo do guerrilheiro identificável (cabeça ou/e mãos). Os homens camponeses foram obrigados, convocados ou contratados para guiar o exército na mata em busca dos militantes. Mateiros conhecidos como "bate-pau"[43], que ajudavam no deslocamento na mata e a encontrar locais de armazenamento de suprimentos dos militantes. Muitos estão envolvidos na captura, delação, execução e exumação dos militantes, seguindo determinação do Exército.

5.4. Prisões ilegais, execuções sumárias e desaparecimentos forçados

Os depoimentos de camponeses e ex-soldados da época, prestados ao Ministério Público Federal[44], denunciaram que, até outubro de 1974, os últimos militantes do PCdoB foram vistos por moradores da região sendo detidos nas bases militares antes de desaparecerem.

Informaram que eles se encontravam com fome, sem munições, nem medicamentos, doentes e fragilizados. Foram capturados e entregues para o Exército e polícia quando procuravam por alimentação nas casas dos camponeses conhecidos. Apresentavam sinais de que estavam se escondendo, vagando pela mata, totalmente abatidos. Noticias extra-oficiais de militares envolvidos nos crimes desafiam a Justiça, contando que mais da metade dos 70 desaparecidos estiveram sob a custódia do Estado, detidos nas bases militares por períodos que variam de dias a meses antes de serem executados[45]. Em meados

---

41   MORAIS, Taís. **Sem vestígios: revelações de um agente secreto da ditadura militar brasileira**. São Paulo: Geração Editorial, 2008 (1ª edição), p 63.

42   Secretaria Especial de Direitos Humanos da Presidência da República. **Direito à verdade e à memória: Comissão especial sobre Mortos e Desaparecidos Políticos**. Brasília: Imprensa oficial, 2007 (1ª edição), p. 199.

43   MONTEIRO, Adalberto. **Guerrilha do Araguaia: Uma epopeia pela liberdade (30 anos 1972-2002)**. Tocantins: Anita Garibaldi, 2002, p. 12.

44   Inquéritos Civis Públicos nºs 1/2001, 3/2001 e 5/2001, conforme nota 47.

45   Jornal *O Estado de S. Paulo*. **Curió revela que Exército executou 41 no Araguaia**. 21 de junho de 2009. Disponível em: http://www.estadao.com.br/noticias/nacional,curio-revela-que-exercito-executou-41-no-araguaia,390738,0.htm.

de 1974, setenta pessoas entre militantes e camponeses haviam desaparecido. Segundo declarações à imprensa de Pedro Corrêa Cabral, oficial da Aeronáutica[46], capitão na época das operações no Araguaia, em janeiro de 1975 teria sido realizada uma "operação limpeza", na qual o mesmo teria pilotado helicóptero transportando "corpos desenterrados em Bacaba para serem incinerados no topo da serra das andorinhas"[47].

5.5. Denúncia do caso à Comissão Interamericana de Direitos Humanos

Os dez anos de falta de informação sobre o paradeiro de seus familiares, apesar de todo o tipo de solicitação, e busca de informação realizada pelos familiares dos desaparecidos, especialmente aqueles que conheciam ou compartilhavam as atividades políticas de seus parentes, determinou que 22 pais e mães de 25 dos desaparecidos políticos na Guerrilha do Araguaia interpusessem, em 1982, uma ação civil ordinária perante a Justiça Federal brasileira[48]. A ação cobrava informações sobre o paradeiro e as circunstâncias de seus desaparecimentos, assim como a localização dos mesmos e, no caso de que não estivessem mais vivos, a determinação da identificação e entrega dos restos mortais aos respectivos parentes. Entre a petição inicial, em fevereiro de 1982, e o Acórdão do Superior Tribunal de Justiça, em junho de 2007- quando transitou em julgado a sentença, a União interpôs quatro Recursos Ordinários e seis Recursos Extraordinários, protelando ao máximo a decisão e, consequentemente, protelando a confirmação da sentença.[49]

Em 1995, passados 13 anos do início da ação, diante da demora injustificada no andamento do processo e pela falta de diligência, os familiares dos desaparecidos políticos da Guerrilha do Araguaia - representados pelo Centro pela Justiça e o Direito Internacional, pelo Grupo Tortura Nunca Mais do Rio de Janeiro e pela Comissão de Familiares de Mortos e Desaparecidos de São Paulo - enviaram denúncia internacional contra o Estado

---

46   GAMA, Rinaldo **O fim da guerra no fim do mundo.** *Um coronel da Aeronáutica revela como foram terríveis e sangrentos os últimos dias da guerrilha do Araguaia.* Revista Veja, Xambioá, 13 de outubro de 1993. Disponível em: http://veja.abril.com.br/idade/em_dia_2001/reportagens/araguaia.html. Acesso em: 15 julho 2009.

47   Secretaria Especial de Direitos Humanos da Presidência da República. **Direito à verdade e à memória: Comissão especial sobre Mortos e Desaparecidos Políticos**; op. cit., p. 199.

48   Processo nº 475-06.1982.4.01.3400 (número antigo: 82.00.24682-5), Julia Gomes Lund e outros vs. União Federal, autuado em 19 de fevereiro de 1982. Tribunal Regional Federal da 1ª Região, Seção Judiciária do Distrito Federal, Juíza Titular da 1ª Vara Cível Federal: Solange Salgado da Silva Ramos e Vasconcelos. Consulta processual disponível em: http://processual-df.trf1.gov.br/Processos/ProcessosSecaoOra/ConsProcSecaopro.php?SECAO=DF&tf=1&proc=8200246825&data=241117.

49   Ver nota anterior.

> A maioria dos familiares não tinha consciência do envolvimento de seus parentes nas ações políticas. Os próprios militantes trataram de despistá-los

brasileiro perante a Comissão Interamericana de Direitos Humanos (CIDH) da Organização dos Estados Americanos (OEA).

O trâmite do caso na Comissão Interamericana também levou 13 anos, entre a denúncia inicial e o envio da Demanda da CIDH à Corte Interamericana de Direitos Humanos, em março de 2009. A Lei de Anistia no Brasil, apesar de ter sido elaborada para anistiar os civis que praticaram a resistência à ditadura, na prática também beneficiou os agentes da repressão. Esse talvez tenha sido um fator que acarretou a demora no órgão internacional, tendo em vista que aparentemente a situação brasileira era diferente das anistias vivenciadas pelos demais países da região. Somado a isso, o Estado brasileiro, desde o inicio da sua defesa, por diversos anos, não admitiu nos fatos a existência de violação da Convenção Americana sobre Direitos Humanos e questionou os requisitos que permitem a admissibilidade do caso, vinculados ao esgotamento dos recursos internos e a argumentação peremptória da negativa de responsabilidade no caso.

Entre as principais ocorrências no processo se destacam: (i) a tentativa de solução amistosa entre as partes impulsionada pela Comissão em 1996. O Estado se recusou a negociar quando os peticionários condicionaram o acordo à consideração integral das necessidades dos familiares e da sociedade como um todo pelo direito à verdade histórica; (ii) a realização de audiências na CIDH com a presença dos representantes e familiares das vítimas em 1997 e 2001, quando finalmente o caso foi admitido[50]; (iii) o encaminhamento, cinco anos depois, das alegações finais dos representantes das vítimas, solicitando que a CIDH analisasse o mérito do caso e emitisse seu Relatório Final; (iv) a realização, perante a CIDH, de uma audiência temática em outubro de 2008. A audiência foi solicitada pois os representantes entenderam que era necessário esclarecer as consequências da Lei de Anistia no Brasil e sensibilizar o governo e os administradores de justiça a respeito da jurisprudência internacional pacífica do direito à verdade e do direito à justiça.

---

50   CIDH. Caso 11.552, **Julia Gomes Lund e outros Vs. Brasil** *("Guerrilha do Araguaia")*. Relatório n° 33/01 (de admissibilidade), de 06 de Março de 2001, disponível em: http://www.cidh.org/annualrep/2000eng/ChapterIII/Admissible/Brazil11.552.htm.

No mesmo período de audiências, a CIDH aprovou o Relatório Final do Caso Gomes Lund (Guerrilha do Araguaia) vs. Brasil, determinando a responsabilidade internacional do Estado brasileiro pela detenção arbitrária, tortura e desaparecimento forçado das vítimas. Considerou que a interpretação prevalecente da Lei 6.683/79 (Lei de Anistia) no Brasil, ao ser aplicada também aos agentes da repressão envolvidos nos crimes da ditadura, viola a Convenção Americana sobre Direitos Humanos porque tem impedido a investigação dos fatos e o eventual julgamento dos responsáveis. Ao final do documento, a CIDH teceu recomendações ao Estado, o qual dispunha de dois meses para cumpri-las[51]. Após prorrogar o prazo em março de 2009, a CIDH analisou as informações apresentadas pelo Estado e, diante da falta de implementação satisfatória das recomendações, decidiu enviar o caso para ser processado na Corte Interamericana de Direitos Humanos.

Na Corte Interamericana, o processo seguiu as etapas regulamentares[52]. Nos dias 20 e 21 de maio de 2010, foi realizada a audiência pública sobre o caso na sede da Corte com a participação de peritos e testemunhas das partes. Muitos familiares se deslocaram por conta própria para subsidiar os representantes das vítimas e assistir a audiência em São José da Costa Rica. Assim, aguarda-se para os próximos meses a sentença da Corte Interamericana.

5.6. Das violações dos direitos:

5.6.1. À localização, identificação e entrega dos despojos dos desaparecidos aos seus familiares

O governo militar, por muitos anos negou ter realizado operações militares na região sul do estado do Pará. Omitindo ter executado ações de repressão, com aparato de força utilizado desproporcionalmente contra camponeses indefesos e militantes políticos. Ocultou também as prisões tanto dos lavradores da região quanto dos militantes políticos, entre os quais aproximadamente 45, ou seja, mais da metade foi vista pela última vez rendida, sob a tutela dos militares, antes de desaparecer.

51   CIDH. Caso 11.552, **Julia Gomes Lund e outros Vs. Brasil** *("Guerrilha do Araguaia")*. Demanda apresentada perante a Corte Interamericana em 26 de março de 2009, disponível em: http://www.cidh.org/demandas/11.552%20 Guerrilha%20do%20Araguaia%20Brasil%2026mar09%20PORT.pdf.

52   Escrito de Petições, Argumentos e Provas dos Peticionários recebidos pela Corte em 18 de julho de 2009. Contestação do Estado brasileiro, recebida em 19 de novembro de 2009. Alegações Finais da Comissão Interamericana, recebidas em 21 de junho de 2010. Alegações Finais do Estado brasileiro, recebidas em 21 de junho de 2010. Alegações Finais dos Peticionários, recebidas em 22 de junho de 2010. A tramitação do caso estará disponível no site da Corte Interamericana após a publicação da sentença: http://www.corteidh.or.cr/index.cfm.

A maioria dos familiares não tinha consciência do envolvimento de seus parentes nas ações políticas. Os próprios militantes trataram de despistá-los. A ausência de informação era uma forma de garantir a proteção das famílias. E as famílias que conheciam o envolvimento de seus parentes em atividades políticas tampouco sabiam que eles estavam no Araguaia e tinham a esperança de que estivessem presos ou exilados fora do país. Em 1977, militantes políticos, membros da sociedade civil e familiares de desaparecidos políticos começaram a articular os Comitês Brasileiros de Anistia (CBAs)[53]. Sua mobilização estava centrada na "anistia ampla, geral e irrestrita" e as reuniões aglutinavam os familiares dos presos e desaparecidos políticos[54]. Muitos familiares nutriram esperanças com a aprovação da Lei de Anistia, em agosto de 1979, de que seus parentes retornariam do exterior[55].

As primeiras informações que indicavam que militantes políticos haviam desaparecido na região do Araguaia circulou a partir dos CBAs e do Relatório Arroyo[56], o qual foi divulgado informalmente a partir de 1976. Sem nenhum apoio ou informação do Estado, coube aos familiares iniciar sozinhos as buscas na região. Entre 1980 e 2004, foram sete as caravanas e missões que os familiares protagonizaram, algumas sem nenhum apoio de qualquer órgão público e as demais em parceria com a Comissão Especial de Mortos e Desaparecidos Políticos e o Ministério Público Federal[57]. Ao longo dessas caravanas, foram encontrados locais em que os guerrilheiros foram enterrados. Foram exumadas 13 ossadas, entre

---

53   Os CBAS eram formados nos diferentes estados da Federação. Fortalecidos por membros da igreja, artistas, advogados e por membros do Poder Legislativo do partido de oposição à ditadura, o MDB.

54   Nesse contexto, foi elaborada uma lista de desaparecidos políticos.

55   Alguns militantes que participaram da guerrilha do Araguaia conseguiram fugir, foram presos e ficaram detidos irregularmente. Sem qualquer registro de suas prisões viveram por anos o medo cotidiano de serem executados. Ao serem libertados, procuraram ou foram procurados por familiares de seus companheiros de militância no Araguaia.

56   Monteiro, Adalberto (org.). **Guerrilha do Araguaia: uma epopeia pela liberdade**. São Paulo, Brasil: Editora Anita Garibaldi, 1982 (1ª ed.). Parcela importante das lideranças do PCdoB que se encontrava na guerrilha do Araguaia escapou do cerco militar, após vivenciar boa parte das campanhas, reuniu os fatos lá vivenciados e escreveu o Relatório sobre a luta no Araguaia, conhecido como Relatório Arroyo. Na época, era o único documento que registrou informação de parte das ocorrências no Araguaia, incluindo a sorte de apenas parte dos desaparecidos políticos.

57   A primeira caravana à região do Araguaia foi realizada em 1980, em plena vigência da ditadura militar. Realizada por iniciativa exclusiva dos familiares dos desaparecidos, contou com o apoio de ONGs e da igreja. Nova caravana foi realizada em abril de 1991, em decorrência de informação anônima que apontava locais onde estariam enterrados alguns militantes. A partir de informações recolhidas pelos familiares no ano de 1993, esses retornaram à região para realizar nova busca, mas não obtiveram novos resultados. Em 1996, o jornal O Globo publicou uma série de reportagens sobre a guerrilha, com informações e fotos inéditas, inclusive a indicação de cemitérios clandestinos. Os familiares solicitaram à CEMDP a urgente investigação dos fatos apresentados pela imprensa. Sempre em acordo e contando com a participação ativa dos familiares das vítimas desaparecidas, a CEMDP realizou missões ao Araguaia. Passados cinco anos, em 2001, sem qualquer nova iniciativa de localização no Araguaia, o Ministério Público Federal, que havia instaurado três inquéritos civis públicos para apurar os fatos, recebeu dos familiares a solicitação formal de realizar novas missões na região do Araguaia. A EAAF se somou à equipe e apesar de nenhum resto mortal ter sido encontrado nos sítios escavados, foram colhidos depoimentos de muitos moradores e ex-praças que foram recrutados pelo Exército na época das campanhas para serviço militar obrigatório, que não seguiram carreira e, ao serem intimados, prestaram depoimentos contribuindo com novas informações.

possíveis militantes e camponeses desaparecidos e restos mortais da população local. A primeira missão que encontrou despojos foi em 1991, quando foram realizadas escavações no cemitério de Xambioá e encontradas três ossadas com indícios de pertencer aos militares, uma das quais, apesar de estar com as mãos e pés amarrados, foi desconsiderada pela equipe de peritos da Unicamp, tendo sido enterrada novamente dentro de um saco plástico. No entanto, a identificação das ossadas ficou inconclusa nos anos que se seguiram. Em 1996, uma fotografia chegou anonimamente à redação do jornal O Globo e confirmou a identidade da ossada desconsiderada na caravana de 1991. Reconhecida pela irmã, a militante Maria Lúcia Petit da Silva aparece na fotografia morta e envolta em um paraquedas, exatamente como seus despojos haviam sido encontrados.

A missão de 1996 foi a primeira, de quatro missões, que contou com a atuação da Equipe Argentina de Antropologia Forense (EAAF)[58]. Ao final de cada missão a EAAF elaborou relatórios[59] indicando diversas recomendações imprescindíveis para a realização de buscas e localizações exitosas[60]. As recomendações seguem, no entanto, sem serem atendidas pelo Estado brasileiro.

Como resultado do trabalho especializado da EAAF, em 1996, a ossada desconsiderada na missão anterior foi reinumada, mas foi somente em 2009 que Bergson Gurjão Faria foi identificado por exame de DNA e entregue a sua família. Nessa mesma missão, foram exumadas mais duas ossadas na Reserva Indígena Sororó, mas as condições em que se encontram não permitiram sua identificação até o momento.

No mesmo ano que o caso foi denunciado à CIDH, 1995, o governo brasileiro criou a Comissão de Mortos e Desaparecidos Políticos (CEMDP)[61], com a prerrogativa de proceder ao reconhecimento de pessoas desaparecidas e envidar esforços para localizar, identificar

---

58   A EAAF é internacionalmente reconhecida pelo trabalho de buscas, exumações e identificações de desaparecidos políticos pela alta qualificação e especialização técnica que requer esse contexto dos profissionais que a compõem.

59   EAAF. **Informe Técnico de la Visita Realizada a la Región de Araguaia**, 8 a 11 de maio de 1996. *Informe Técnico de la Visita Realizada a la Visita Realizada a la Región de Araguaia*, 30 de junho a 25 de julho de 1996. **Informe Técnico de la Visita Realizada a la Región de Araguaia**, 13 a 20 de julho de 2001. **Informe Técnico de la Visita Realizada a la Región de Araguaia**, 4 a 13 de março de 2004. Relatórios elaborados pela Equipe Argentina de Antropologia Forense (EAAF).

60   Por exemplo: "recomenda-se que eventuais futuras investigações sejam encaradas com a suficiente profundidade temporal e com os recursos humanos e logísticos necessários" e "durante esse período mínimo, dever-se-ia buscar testemunhas na região, analisar a informação colhida, avaliar a situação e, somente depois, decidir se há informação suficiente para realizar escavações".

61   Por meio da Lei nº 9.140, de 04 de dezembro de 1995. Disponível em: http://www.planalto.gov.br/ccivil_03/Leis/L9140compilada.htm.

e entregar aos respectivos familiares os restos mortais dos desaparecidos políticos. Também determinava que a CEMDP julgasse os pedidos de indenizações dos familiares das vítimas, o que resultou em reparações de 100 a 150 mil reais para as famílias das vítimas.

No ano de 2003, como resposta à sentença favorável[62] aos familiares da Ação Ordinária de Prestação de Fato, o ex-presidente Lula instituiu por decreto uma Comissão Interministerial com foco específico na Guerrilha do Araguaia. Tal ato desqualificou a CEMDP, que naquele momento já gozava da confiança dos familiares. A Comissão Interministerial não tinha participação de nenhum representante dos familiares. O relatório final dessa Comissão Interministerial explicita que as Forças Armadas brasileiras se recusaram a contribuir com a documentação solicitada, alegando que "todos os documentos atinentes à repressão feita pelo regime militar à guerrilha foram destruídos sob o respaldo das legislações vigentes"[63].

A CEMDP decidiu realizar uma nova missão, efetivada em março de 2004, com o objetivo de também tentar dar uma satisfação à decisão judicial. No entanto, não realizou a preparação indicada pelos peritos nos relatórios das missões anteriores[64] e tampouco conseguiu novos resultados.

No ano de 2006, a CEMDP começou a efetivar um banco de dados de DNA, por meio da coleta de sangue dos familiares, com o objetivo de caracterizar o perfil genético de familiares de mortos e desaparecidos para facilitar a identificação dos restos mortais já encontrados e a serem localizados.

Coincidentemente, um mês após o caso ser recebido pela Corte Interamericana, em março de 2009, o Ministério da Defesa criou o *Grupo de Trabalho Tocantins*[65], com a atribuição de coordenar e executar todas as atividades necessárias para a localização, coleta e

---

62   Sentença de 30 de junho de 2003 da 1ª Vara Federal, em sede da Ação n.º 82.00.24682-5, "julgo[u] procedente o pedido para determinar: [...] 2. [ao] ré[u] que, no prazo de 120 (cento e vinte) dias, informe a este juízo onde estão sepultados os restos mortais dos familiares dos autores, mortos na Guerrilha do Araguaia, bem como que proceda ao traslado das ossadas, o sepultamento destas em local a ser indicado pelos [familiares que interpuseram a ação], fornecendo-lhes, ainda, as informações necessárias à lavratura dos certidões de óbito".

63   Relatório da Comissão Interministerial criada pelo Decreto nº 4.850/2003, de 8 de março de 2007, p. 4.

64   "Tal como se manifestara nos relatórios anteriores produzidos pela EAAF com base nas investigações realizadas durante anos anteriores, é recomendável aprofundar a investigação histórica do caso, procurando mais testemunhas de tais enterros para analisar a informação recuperada, estabelecendo níveis de confiabilidade sobre os depoimentos e, a partir disso, avaliar a conveniência da realização de novas escavações". Relatório elaborado pela Equipe Argentina de Antropologia Forense (EAAF), 4 a 13 de março de 2004.

65   Por meio da Portaria 567/MD de 29 de abril de 2009, publicada no **Diário Oficial da União** em 30 de abril de 2009.

identificação dos "corpos dos guerrilheiros e militares mortos no episódio conhecido como Guerrilha do Araguaia"[66], e regulamentou sua composição e coordenação, ambas caracterizadas pela preponderância militar[67], sem incluir qualquer representante do Poder Judiciário ou Ministério Público com autoridade jurisdicional.

Os familiares se sentiram ultrajados, e seus representantes no Sistema Interamericano, preocupados, por reconhecerem a violação do princípio da tutela judicial no que se refere ao devido processo legal, imparcialidade e independência, essenciais a qualquer investigação judicial[68] e especialmente necessária a esta.

O Ministro da Defesa, Nelson Jobim, autor da Portaria 567/MD, realizou reunião com alguns familiares dos desaparecidos políticos, em 3 de junho de 2009, quando apresentou a eles a constituição do Grupo Tocantins, sua metodologia e cronograma, ambos de caráter eminentemente militar. Esclareceu também que os familiares poderiam participar dos trabalhos de localização apenas na condição de observadores. Os familiares finalizaram a reunião e expressaram formalmente seu repúdio à iniciativa ministerial[69].

Os representantes das vítimas solicitaram, no dia 6 de junho de 2009, à Corte Interamericana, medidas provisórias com o objetivo de suspender a execução da Portaria 567/MD, argumentando o temor da destruição de provas essenciais para eventual investigação e sanção penal dos responsáveis pelas violações aos direitos das vítimas desaparecidas. A Corte Interamericana enviou ao Estado brasileiro a solicitação dos representantes das vítimas para que este pudesse se pronunciar.

Logo em seguida, o Ministério da Defesa editou novas portarias, nomeando um civil para coordenar o Grupo Tocantins, que segue como funcionário do Ministério da Defesa, e deu continuidade à participação de muitos integrantes do Exército nos trabalhos. Nomeou também "observadores independentes", entre os quais estão presentes pessoas que contam com a total suspeita da maioria dos familiares.

---

66   Portaria 567/MD, **Diário Oficial da União** de 30 de abril de 2009, art. 1, conforme nota anterior.

67   "O Grupo de Trabalho será composto por representantes dos seguintes órgãos e entidades: I - Comando do Exército, que coordenará os trabalhos; II - Governo do Estado do Pará; III - Governo do Distrito Federal; IV - Outros órgãos e entidades, *a critério do Ministro de Estado da Defesa.*" (grifo nosso)

68   Ver petições de 24/06/2009, Escrito de petições, argumentos e provas das representantes das vítimas e de seus familiares, p. 117-118, Petição de 07/05/2010, p. 3-9.

69   Documento elaborado pelos familiares que estiveram presentes na reunião e protocolado junto ao Ministério da Defesa e à Presidência da República, além de ter sido entregue, em mãos, ao presidente da República, excelentíssimo senhor Luis Inácio Lula da Silva.

O Estado brasileiro apresentou, em suas observações à solicitação de explicação da Corte Interamericana, a indicação de que estaria em curso a criação do Comitê Interinstitucional de Supervisão das Atividades do Grupo de Trabalho[70], instituído com a suposta finalidade de fiscalizar o trabalho do Grupo Tocantins. Dois dias depois, a Corte Interamericana, na Resolução de 17 de julho de 2009[71], decidiu não acolher o pedido de medidas provisórias, considerando o que fora informado pelo Estado brasileiro: "a supervisão da coleta de informações tem sido e continuará a ser feita pelo Poder Judiciário", no âmbito da execução da sentença prolatada pela 1ª Vara Federal.

Os representantes das vítimas e seus familiares continuaram céticos a respeito da criação do Comitê, uma vez que este também é presidido pelo próprio ministro de Defesa, não inclui autoridades judiciárias para garantir *in loco* a integralidade das provas; e por fim também restringe a ampla participação dos familiares dos desaparecidos[72] entre seus membros.

Os representantes das vítimas esclarecerem nas Alegações Finais à Corte que a ação, cuja execução está em curso, é de natureza civil, e que a juíza encarregada está distante do local onde são realizadas as escavações, não podendo, portanto, exercer o controle judicial adequado e necessário para garantir a independência e imparcialidade dos procedimentos e a integralidade das provas colhidas. Constatada essa fragilidade, os representantes das vítimas e de seus familiares solicitaram a participação do Ministério Público Federal de Marabá, Pará, nas atividades desenvolvidas pelo Grupo de Trabalho Tocantins.

O Grupo de Trabalho Tocantins, ao longo dos últimos 15 meses, realizou sete expedições[73] à região onde ocorreu a Guerrilha do Araguaia sem obter qualquer resultado relacionado à localização dos desaparecidos. Na audiência do caso na Corte Interamericana, em maio de 2010, o Estado brasileiro afirmou que os gastos com as atividades do grupo Tocantins

---

70   Decreto Presidencial assinado em 17 de julho de 2009 e publicado no Diário Oficial da União em 20 de julho do mesmo ano.

71   Conforme decisão da Corte: "a supervisão da coleta de informações tem sido e continuará a ser feita pelo Poder Judiciário", no âmbito da execução da sentença prolatada pela 1ª Vara Federal". Corte IDH, Resolução de 15 de julho de 2009, Solicitação de Medidas Provisórias a Respeito da República Federativa do Brasil. **Caso Gomes Lund e outros Vs. República Federativa do Brasil** *("Guerrilha do Araguaia")*, op. cit.

72   A única familiar que participa do Comitê Interinstitucional de Supervisão o faz como membro da Comissão Especial sobre Mortos e Desaparecidos Políticos, sem contar com o mandato de representação outorgado pela maioria dos familiares, que nos termos apresentados não compartilham a opinião de que o Comitê exercerá fiscalização necessária.

73   Os relatórios apresentados à Corte Interamericana informam os trabalhos e resultados das cinco primeiras expedições realizadas no ano de 2009. Em um total de 43 dias na região e envolvimento de mais de 5 dezenas de pessoas por expedição, aproximadamente, caracterizada pela desproporcionalidade entre civis e militares, aproximadamente 3 militares para cada civil.

haviam chegado a R$ 2.412.000. No entanto, uma familiar de um militante desaparecido no Araguaia iniciou, de forma independente e com recursos e esforços próprios, buscas pelos restos mortais de seu ente querido na região. No dia 13 de março de 2010, ela localizou, por meio de informações obtidas com moradores da região, restos mortais em uma cova em meio ao pasto de uma fazenda.

Portanto, o que se verifica é que o Estado brasileiro, ao longo desses anos, tem apresentado uma postura de enfrentamentos aos familiares que até então foram o melhor apoio com quem a CEMDP sempre contou.

5.6.2. À verdade – violações e obstáculos

Como já foi descrito, os militares esconderam da sociedade as campanhas que realizaram no Araguaia. A única, porém restrita, divulgação sobre a realidade do que estava ocorrendo na região era proporcionada pelo partido (PCdoB)[74]. Em 24 de setembro de 1972[75], uma reportagem do jornal *O Estado de S. Paulo* furou o cerco do sigilo, enviando um jornalista que verificou que lá existiria um grupo de resistência rural, o qual estava sendo literalmente caçado por um aparato militar como nem a inimigos de guerra é permitido, segundo os parâmetros humanitários[76].

Os arquivos militares com as informações sobre os fatos que ocorreram no Araguaia nunca foram abertos para a sociedade e a única informação das Forças Armadas compartilhadas com os familiares são as possíveis datas que os desaparecidos teriam sido mortos. Apesar dos familiares terem tomado todas as medidas judiciais, políticas e até investigativas, até o presente momento, mesmo tendo a ação judicial (de 1982) recebido uma sentença favorável, não tiverem acesso às informações que solicitaram a respeito de seus questionamentos: "onde estão? Como e quando (desapareceram ou foram mortos)? E quem (são os responsáveis)?".

Após a solicitação de familiares de desaparecidos políticos, o Ministério Público Federal ajuizou uma Ação Civil Pública com a finalidade de cessar a influência ameaçadora e

---

74   Em janeiro de 1975, o jornal **A Classe Operária** publicou que a guerrilha havia empreendido uma nova campanha.

75   MORAIS, Taís. & SILVA, Eumano. **Operação Araguaia: Os Arquivos Secretos da Guerrilha**. São Paulo, Geração Editorial, 2005 (2ª ed), 285.

76   GASPARI, Elio; **A ditadura escancarada**; São Paulo: Companhia das Letras, 2002 (1ª edição) P-156.

ilícita das Forças Armadas sobre os moradores sobreviventes da época dos fatos na região e de obter da União Federal todos os documentos que contivessem informações sobre as ações militares na região. Essa ação ainda não obteve resultado final.

No entanto, em cumprimento à Ação Ordinária de Prestação de Fato[77], a Advocacia Geral da União (AGU) entregou um grande número de documentos. Esses documentos, apesar de não contribuírem em nada no esclarecimento das vítimas desaparecidas, comprovam a existência de documentos que não haviam sido entregues anteriormente e que supostamente teriam sido destruídos. A resposta das Forças Armadas atesta formalmente que todos os documentos sobre a Guerrilha do Araguaia teriam sido destruídos sob o respaldo das legislações vigentes durante a ditadura militar. O Comando do Exército "indica a inexistência, nos arquivos militares, de documentos relativos às operações realizadas no Araguaia. Todos os documentos foram destruídos com base na legislação vigente"[78].

Apesar de as Forças Armadas negarem a existência dos documentos, alegando que todos foram destruídos, vários documentos, fotos e relatórios[79] foram aos poucos sendo descobertas em locais sob a sua tutela. Recentemente, foram descobertos documentos oficiais que se encontravam na Aeronáutica, a qual formalmente explicou que não possuía documentos[80] relacionados à ditadura para a Comissão Interministerial.

Por outro lado, nos últimos 15 anos, os Poderes Legislativo e Executivo Federal vêm adotando medidas legislativas cujo objetivo não é garantir o direito à informação, mas regulamentar a classificação de documentos oficiais e, principalmente, instituir sua confidencialidade[81]. Modificando-as de forma negativa, ou cada vez mais restritivas, ampliando períodos e requisitos do sigilo dos documentos relacionados à Segurança Nacional.

---

77   Processo nº 475-06.1982.4.01.3400 (número antigo: 82.00.24682-5), Julia Gomes Lund e outros vs. União Federal, autuado em 19 de fevereiro de 1982. Tribunal Regional Federal da 1ª Região, Seção Judiciária do Distrito Federal, Juíza Titular da 1ª Vara Cível Federal: Solange Salgado da Silva Ramos e Vasconcelos. Consulta processual disponível em: http://processual-df.trf1.gov.br/Processos/ProcessosSecaoOra/ConsProcSecaopro.php?SECAO=DF&tf=1&proc=820 0246825&data=241117.

78   Relatório do Ministério da defesa nos autos do processo nº 82.00.24682-5, fls. 7196.

79   Em 1993, por solicitação do Presidente da Comissão de Representação do Congresso Nacional, foi solicitado, ao Ministro da Justiça, informações aos comandantes das Forças Armadas sobre os mortos e desaparecidos. O relatório enviado pela Marinha fazia referência a datas das mortes dos desaparecidos sem citar a fonte das informações.

80   Jornal O Estado de S. Paulo. *Aeronáutica entrega parte de documentos sobre a ditadura*. **O Estado de S. Paulo,** 28 de fevereiro de 2010. Disponível em: http://www.estadao.com.br/noticias/nacional,aeronautica-entrega--parte-de-documentos-sobre-ditadura,517312,0.htm.

81   Por exemplo, a Lei 11.111/2005 e os Decretos 2134/97, 4553/2002 e 5584/2005.

As informações dos militares divulgadas extraoficialmente ao longo dos anos, vieram a público por meio de entrevistas de militares envolvidos nos fatos ou pelo envio anônimo de documentos e fotos para jornais e a CEMDP.

Nos últimos anos, a elaboração de livros sob o episódio do Araguaia tomou proporções comerciais, uma vez que há a demanda por essas informações na sociedade e pelos familiares, e o Estado brasileiro é incapaz de garantir que as Forças Armadas entreguem tais informações ao governo civil. É dizer, "velhos hábitos" do contexto de exceção nos tempos democráticos. Restando aos familiares como única opção para obter novas informações comprar os livros. Se, por um lado, trazem informações, por outro, sem a comprovação dos documentos oficias, trazem muitas versões diferentes. Situações como essas causam imensa frustração e angústia aos familiares das vítimas do presente caso, que recebem informações contraditórias sobre o paradeiro de seus entes queridos e assistem a impunidade dos agentes militares que assumem publicamente os crimes e nada acontece, ninguém é investigado.

Uma nota dissonante e significativa tem sido o importante esforço realizado pela Comissão de Anistia – ainda que não seja acompanhado de setores-chaves para esclarecer os fatos –, a qual tem adaptado as limitações que as prerrogativas impostas pela lei impõem e trabalhado significativamente para dar publicidade aos fatos relacionados às perseguições políticas - com o objetivo principal de resgatar e divulgar publicamente os fatos, por meio dos processos e das caravanas, honrando as vitimas ao apresentar as desculpas públicas em nome do Estado e revivendo a memória na promoção de seminários e colóquios públicos. Nesse mesmo espírito é chave reconhecer os importantes esforços da Comissão Especial de Mortos e Desaparecidos Políticos na publicação das informações recolhidas nos processos indenizatórios, dando caráter oficial à reconstrução, ainda que com muitas lacunas e ausência de informações, da história em conformidade com a realidade reconhecida pelos familiares. Os resultados em ambas comissões são considerados menos auspiciosos pelos familiares dos desaparecidos do que o desejado, como, por exemplo, no acesso aos documentos militares.

5.6.3. À justiça – violações e obstáculos

O processo de concepção, elaboração e aprovação da Lei de Anistia foi extremamente enganoso, porque aparentemente teria respeitado as formalidades dos trâmites regulares do Poder Legislativo, mas, na prática, a formação do Congresso Federal, naquele momento, era totalmente viciada pela intervenção direta do Poder Executivo. Só existiam dois partidos políticos, os demais haviam sido extintos. A Arena era o partido dos militares e contava com absoluta maioria numérica[82], o que incluía os "senadores biônicos"[83], enquanto o Movimento Democrático Brasileiro MDB), partido de oposição aos militares, representava a minoria dos parlamentares[84]. Essa conjuntura de forças não permitia a aprovação de qualquer projeto que não fosse do interesse ou gozasse da aquiescência, do governo militar.

Com o enfraquecimento político, o governo militar aceitou realizar a anistia. Em junho de 1979, os militares enviaram ao Congresso Federal seu texto do projeto de lei. Os CBAs estiveram presentes nas reuniões sempre com o cartaz: "Não queremos liberdade pela metade – ANISTIA AMPLA, GERAL E IRRESTRITA!". Em conjunto com o MDB, os CBAs, elaboraram um projeto substitutivo[85] que determinava a obrigação do reconhecimento público das graves violações de direitos humanos cometidas pela repressão contra os opositores do regime militar e incluía a responsabilização pelas torturas, execuções sumárias e desaparecimentos forçados[86]. A fiscalização permanente dos militares não permitiu qualquer possibilidade procedimental de questionamentos ou mudanças, por menores que fossem, no texto da lei. O trâmite foi inteiramente homologatório, legitimando o processo que os militares estavam dispostos a efetivar. Não havia qualquer possibilidade numérica de contraposição pelos votos[87]. Em 22 de agosto, conforme a ordem emitida pelo Palácio do Planalto, ocorreu a votação de todo o Congresso Nacional, culminando com a aprovação do projeto da Arena na íntegra. O recado dos militares era explícito, se houvesse mudança haveria veto integral do projeto pelo presidente da República[88]. O projeto foi sancionado em 28 de agosto de 1979.

A lei previa a concessão de anistia a todos aqueles que tivessem cometido crimes "políticos ou conexos a estes", os quais tiveram seus direitos políticos suspensos, e aos servi-

---

82   Eram 231 deputados e 41 senadores, mais os 22 senadores biônicos, totalizando 294 parlamentares da Arena.

83   Medida do conhecido "Pacote de Abril", promulgada pela ditadura em 1977, o qual determinou que um terço dos Senadores fossem eleitos indiretamente pelas Assembleias Legislativas dos Estados da Federação, nas quais o governo sempre tinha maioria.

84   Eram 189 deputados e 26 senadores, totalizando 215 parlamentares do MDB.

85   Emenda substitutiva nº 7 ao projeto original da Lei 6.683/79 ("Lei de Anistia").

86   Nesse sentido, o Artigo 1º do projeto determinava a rejeição explícita da "reciprocidade" da anistia (civis e militares), que se entendia estar garantida indiretamente aos militares no Projeto do governo; no Artigo 15, determinava a instauração de inquérito para apurar as circunstâncias dos desaparecimentos políticos, mediante representação dos familiares, e o Artigo 16 concedia a figura de "morte presumida" aos desaparecidos políticos para contemplar parcialmente as necessidades burocráticas dos familiares dos desaparecidos políticos.

87   Foram 13 votos contra 8.

88   GRECO, Heloísa: **Dimensões Fundacionais da Luta pela Anistia**. Tese de Doutoramento apresentada à Faculdade de Filosofia e Ciências Humanas da Universidade Federal de Minas Gerais, Belo Horizonte, 2003, p.253.

dores da administração pública vinculados aos poderes públicos e militares, punidos com fundamento nos Atos Institucionais e Complementares.

O sentimento de frustração e impotência da sociedade civil organizada no final desse processo se contrapôs à esperança presente no seu início.

Ainda que os termos técnicos jurídicos não tenham explicitado a anistia aos agentes públicos e privados que cometeram crimes contra seus opositores políticos em nome do governo militar, ficou no cenário imaginário popular da sociedade brasileira que essa Lei de Anistia teria "anistiado irrestritamente os torturadores e parcialmente os opositores do regime"[89]. No senso comum, se estabeleceu a explicação de que a Lei de Anistia era o resultado de um "acordo" político. No qual todos (militares, as lideranças dos partidos políticos e a sociedade civil) teriam participado e coadunado. A sociedade civil não participava de forma direta do processo legislativo, o que na prática significava que não era "peça do jogo". Como teria feito parte do suposto "acordo"?

Seu projeto substitutivo explicitava que não havia disposição para negociar a extensão do perdão aos militares, nem mesmo em contrapartida aos resultados limitadíssimos aos seus interesses que a Lei de Anistia possibilitou. Não detinha instrumentos reais de negociação, não havia igualdade de forças ou mecanismos de constrangimento proporcionais, fatores inerentes à concepção de qualquer "acordo". Tampouco havia possibilidade de enfrentar os militares e a classe política partidária, a quem o "possível" já era suficiente para adiantar a processo de regularização dos partidos. As alternativas eram: aceitar ou aceitar.

Como resultado histórico, cultural e jurídico, a interpretação prevalecente da Lei nº 6.683 estendeu a anistia aos agentes públicos e privados, militares e civis, envolvidos com a prática de graves violações aos direitos humanos contra os opositores políticos[90], por meio da interpretação do conceito de "crimes conexos aos crimes políticos".

Passados 25 anos da redemocratização no país, as poucas iniciativas de investigação dos crimes da ditadura militar apresentadas têm sido recorrentemente arquivadas com

---

89   GRECO, Heloísa. **Dimensões Fundacionais da Luta pela Anistia**. Belo Horizonte, Departamento de História da FAFICH/MG, 2º Semestre, 2003, pág. 255. CONGRESSO NACIONAL COMISSÃO MISTA SOBRE ANISTIA. *Anistia*, v. II, "Ata da 163ª sessão conjunta, realizada em 22 de agosto de 1979 (aprovação da matéria)".

90   Declaração de Belisário dos Santos Júnior ante a Corte Interamericana em audiência realizada em 20 e 21 de maio de 2010. Perícia do Dr. Hélio Bicudo, encaminhada à Corte pelas representantes em 20 de abril de 2010.

base em institutos legais como a Lei de Anistia[91], a prescrição da pretensão punitiva[92] e a falta de informações sobre a autoria. Com caráter secundário, mas não menos importante, destaca-se a ausência no Brasil de tipo penal para o desaparecimento forçado de pessoas. O que determina a utilização de outros tipos penais - como sequestro, ocultação de cadáver e homicídio – os quais não incorporam a natureza permanente/continuada e pluriofensiva do delito de desaparecimento forçado. Portanto, podem, consequentemente, como resultado da sua aplicação, produzir dispositivos legais de extinção da pretensão punitiva como a prescrição, ou mesmo, a declinação para a competência da jurisdição militar[93].

Felizmente, em julho de 2008, de forma inesperada, o então ministro da Justiça, Tarso Genro, realizou audiência pública nas dependências do Ministério para apresentar sua posição a respeito da Lei de Anistia, explicitando entender que o texto da lei não anistiou os agentes públicos e privados que cometeram crimes contra a humanidade na ditadura militar, assim como considera a tortura crime imprescritível. Essa audiência contou com a presença de organizações da sociedade civil, juristas renomados, ex-presos políticos e familiares de desaparecidos políticos.

Recentemente, a Ordem dos Advogados do Brasil (OAB) e o Prof. Fábio Comparato ajuizaram no Supremo Tribunal Federal (STF) a Arguição de Descumprimento de Preceito Fundamental (ADPF) nº 153. Postulou-se a reinterpretação do texto da Lei de Anistia, estritamente no que se refere aos "crimes políticos e crimes conexos aos crimes políticos", entendendo que essa redação restringiu o estabelecimento da justa e acertada anistia apenas e tão

---

91   Algumas iniciativas de investigação foram arquivadas com base na causa extintiva de punibilidade denominada anistia: o Inquérito Policial nº 704/92, que buscava apurar a morte do jornalista Vladimir Herzog, trancado por decisão do Tribunal de Justiça de São Paulo no *Habeas Corpus* nº 131.798-3/8; e o Inquérito Policial Militar, conforme Representação recebida e autuada com o nº 1.061-7/DF no âmbito do Superior Tribunal Militar, para apurar fatos ocorridos na cidade do Rio de Janeiro no Pavilhão do "Riocentro". Disponíveis em: http://www.prr3.mpf.gov.br/content/view/144/216.

92   Outras iniciativas ainda foram arquivadas com base na alegação da prescrição, também causa extintiva da punibilidade: o Procedimento Administrativo Investigatório nº 1.30.011.002822/2008-7, autuado no âmbito da Procuradoria Regional da República da 3ª Região para apurar o sequestro de Horácio Domingo Campiglia e Monica Susana Pinus de Binstock ("Operação Condor – RJ"); e o Procedimento Administrativo Investigatório nº 1.34.001.003312/2008/97, autuado no âmbito da Procuradoria Regional da República da 3ª Região para a apuração da morte de Luiz José da Cunha. Há ainda o Inquérito Policial nº 2009.61.81.013046-8, instaurado para a apuração da morte de Flávio Carvalho Molin, que tramita perante a 7ª Vara Criminal Federal de São Paulo, cujo arquivamento foi requerido com base na prescrição; como havia, dentre os autores do delito, um senador da República, o juiz determinou a remessa ao Supremo Tribunal Federal para deliberar a respeito. Disponíveis em: http://www.prr3.mpf.gov.br/content/view/144/216.

93   No âmbito da Justiça Militar, foi arquivado o Inquérito Policial Militar instaurado para apurar fatos ocorridos no Pavilhão do "Riocentro", conforme nota nº101. Houve ainda a Representação 0271/2008 do Conselho Federal da Ordem dos Advogados do Brasil para que fosse investigada a destruição criminosa de documentos oficiais pelas Forças Armadas, sendo que essa investigação ainda está em seus trâmites administrativos no âmbito da jurisdição militar sem conclusão (visto que a destruição de documentos está prevista no Código Penal Militar).

somente aos cidadãos e cidadãs que promoveram a resistência à Ditadura Militar no Brasil. Essa foi uma inigualável oportunidade para a mais alta Corte do país rever uma imposição formulada no tempo do regime militar, utilizada para resguardar ditadores e torturadores.

No entanto, em 29 de abril de 2010, a maioria dos ministros do STF decidiu, de forma históricamente equivocada, confirmar a interpretação jurídica, utilizada até então em favor dos agentes da ditadura, julgando improcedente a ADPF 153. Essa decisão acarretou limitações profundas do direito à justiça das vítimas e familiares de torturas, execuções e desaparecimentos forçados, impedindo que os autores materiais ou intelectuais dos crimes cometidos em nome da repressão sejam investigados, processados e seus responsáveis, sancionados. Assim, legitimou a impunidade dos crimes do passado e ampliou a insegurança sobre o futuro.

> O fim da impunidade transformará a percepção da sociedade a respeito dos deveres, obrigações e limites do Estado, seja no regime democrático, seja nos Estados de Exceção, que desejamos nunca mais enfrentar

A inexistência de qualquer investigação ou processo criminal para averiguar responsabilidades nos desaparecimentos forçados, prisões arbitrárias e práticas de tortura, ocorridos na região do Araguaia, no período de 1972 a 1975, culminam com a total impunidade que está inserida em um contexto recorrente do não processamento e punição das graves violações dos direitos humanos cometidas durante a ditadura militar brasileira.

Diferentemente do processo vivenciado na última década por muitos países da América Latina, como será detalhado à frente, o Brasil, na contramão do processo histórico, resiste a sedimentar princípios democráticos, evitar enfrentar "fantasmas" do passado e tenta "honrar" um acordo que não realizou, promovido em plena ditadura, em detrimento de todas as garantias inerentes às responsabilidades internacionais que foram assumidas pelo Estado brasileiro já na vigência de um Estado Democrático.

5.6.4. Expectativa sobre suas possibilidades

Hoje, após mais de 35 anos sem que qualquer informação oficial tenha sido revelada a respeito do paradeiro dos desaparecidos, assim como sobre as circunstâncias em que ocorreram seus desaparecimentos, somadas ainda à ausência de qualquer iniciativa de investigação judicial criminal pelo Estado, os representantes das vítimas solicitaram à Corte Interamericana que determine a responsabilidade do Estado brasileiro pelo desaparecimento forçado das vítimas, o que inclui a violação dos direitos à liberdade pessoal, à integridade pessoal, à vida, ao reconhecimento da personalidade jurídica das vítimas e às garantias e proteção judiciais[94]. Assim mesmo, o Estado deve ser condenado com base na falta de um processo judicial pela responsabilização no desaparecimento forçado e tortura das vítimas e pela falta de devida diligência nas iniciativas de investigação[95]. Igualmente, deve ser determinada a responsabilidade decorrente da falta de garantia ao direito de acesso à informação, diante da denegação das informações requeridas pelos familiares[96] e pela violação ao direito à verdade em relação aos familiares das vítimas e à sociedade brasileira[97] ao ocultar os fatos históricos.

A expectativa é que a sentença da Corte possa impulsionar o Estado brasileiro a efetivar os pleitos dos familiares que preferencialmente se concentram na localização, identificação e entrega de seus entes desaparecidos para a realização de funeral digno. Tais ações devem ser realizadas pelo Estado em total diálogo com os familiares, considerando suas prioridades e sentimentos. Espera-se também que lhes seja informado e comprovado, preferencialmente por meio dos documentos militares, as circunstâncias dos desaparecimentos e seus respectivos responsáveis. Assim, fatos e responsáveis devem ser investigados e processados na Justiça criminal.

No que diz respeito à sociedade brasileira, a sentença poderá possibilitar o conhecimento público dos documentos militares e a promoção de investigação e o processamento criminal dos agentes comprovadamente envolvidos nos crimes. A responsabilização, por sua vez, ajudará a determinar a verdade inconteste sobre os fatos, pela via judicial e respeitando as garantias de defesa e o devido processo legal. Consequentemente, se espera o fortalecimento da consciência crítica da sociedade para que não mais sejam tolerados os resquícios das práticas autoritárias.

---

94   Contemplados nos artigos 3, 4, 5, 7, 8 e 25 da Convenção Americana, em conexão com o dever geral de respeito e garantia dos direitos humanos consagrado no artigo 1.1 do mesmo instrumento e nos artigos 1, 2, 6 e 8 da Convenção Interamericana para Prevenir e Punir a Tortura.

95   Direitos consagrados nos artigos 8 e 25 da Convenção Americana, e nos artigos 1, 6 e 8 da Convenção Interamericana para Prevenir e Punir a Tortura em relação às vítimas e seus familiares.

96   Consagrados nos artigos 8, 13 e 25 da Convenção Americana, em conexão com os deveres gerais de respeito e garantia, consagrados no artigo 1.1 e 2 deste instrumento, em detrimento das vítimas e de seus familiares.

97   Consagrado nos artigos 1.1, 8, 13 e 25 da Convenção Americana.

A mensagem que se afirma com o fim da impunidade pelos crimes praticados na ditadura irá fortalecer as mudanças institucionais nas instituições de segurança e justiça, incitando o controle e a punição de eventuais ocorrências criminosas e violatórias de agentes públicos. O fim da impunidade transformará a percepção da sociedade a respeito dos deveres, obrigações e limites do Estado, seja no regime democrático, seja nos Estados de Exceção, que desejamos nunca mais enfrentar.

6.	DESTAQUES DA EXPERIÊNCIA REGIONAL

Uma das áreas na qual o Sistema Interamericano tem realizado contribuições significativas é o estabelecimento da verdade, justiça e reparação em relação às violações aos direitos humanos cometidas no contexto das ditaduras, guerras civis ou conflitos internos que marcaram a história da América Latina nas últimas décadas.

Em alguns países, o papel do Sistema Interamericano tem sido mais destacado do que em outros em função de numerosas variáveis que não serão abordadas neste documento. A seguir, apresentaremos experiências de destaque na região que permitem compartilhar a relação do Sistema Interamericano com alguns processos de busca de justiça, verdade e reparação na região.

Na Argentina, por exemplo, a visita *in loco* realizada pela CIDH ao final dos anos 70 serviu para dar visibilidade a um dos aspectos mais brutais da repressão em âmbito internacional, que por sua vez contribuiu para que cessasse a prática do desaparecimento forçado de milhares de pessoas pela ditadura militar. Durante os anos 90, a CIDH, em um processo de solução amistosa no caso *Carmen Aguiar de Lapacó Vs. Argentina*[98], foi fundamental para o reconhecimento no país vizinho do direito à verdade. Adicionalmente, a jurisprudência desenvolvida pela Corte Interamericana na década seguinte foi chave para a fundamentar a decisão que torna sem efeitos as leis de extinção de responsabilidade dos perpetradores de graves violações por parte da Corte Suprema Argentina[99].

---

98   CIDH. Caso 12.059. **Carmen Aguiar de Lapacó Vs. Argentina**. Denúncia recebida pela Comissão Interamericana em 07 de outubro de 1998. Relatório nº 70/99 (de admissibilidade), disponível em: http://www.cidh.org/annualrep/99span/admisible/argentina12.059.htm. Relatório nº 21/00 (de solução amistosa), disponível em: http://www.cidh.org/annualrep/99span/solución%20amistosa/argentina12059.htm.

99   Simón, Julio Héctor e outro s/ privação ilegítima de liberdade, etc. Sentença de 14 de junho de 2005. Corte Suprema de Justiça da Nação.

Na Guatemala, durante os anos 90, a Comissão e a Corte decidiram casos que demonstraram o envolvimento direto das forças de segurança do Estado em desaparecimentos forçados, execuções extrajudiciais e torturas. Isso contribuiu para evidenciar o modo de funcionamento da repressão e o papel omissivo ou complacente da administração da justiça, que por sua vez propiciava a perpetuação da impunidade. Ao final do ano de 2009, a Guatemala avançou significativamente na persecução penal de uma série de casos decididos pela Corte Interamericana, em virtude do procedimento interno de execução de sentenças. Isso ficou evidente no caso Bámaca[100], no qual a investigação penal foi reaberta na jurisdição comum, utilizando como base a jurisprudência da Corte Interamericana sobre como a Justiça militar (que havia decidido a favor de vários acusados) não é um foro com as características de um sistema judicial, razão pela qual não é possível invocar a garantia do *non bis in idem* frente a um caso com resolução na Justiça militar.

No Peru, a Comissão e a Corte Interamericanas cumpriram um papel fundamental ao evidenciar alguns dos abusos cometidos pelo regime de Fujimori. Isso ocorreu, por exemplo, por meio de casos como o do jovem Ernesto Castillo Paez[101], desaparecido pela polícia no contexto de uma incursão antiterrorista; como a tortura e persecução ilegítima da professora universitária María Elena Loayza[102]; como a remoção da nacionalidade e o cerceamento da liberdade de expressão de Baruch Ivcher, um dos proprietários de um canal de televisão que decidiu não se submeter às exigências do governo[103]; como a persecução ilegítima do general Robles, que denunciara publicamente a formação do grupo de extermínio Colina - que participara da execução de um grupo de pessoas em Barrios Altos[104] - e o desaparecimento de nove estudantes e um professor na Universidade da Cantuta[105], como o caso de Raquel Martín de Mejía[106], sobre a violação sexual como

100   Corte IDH. **Caso Bámaca Velásquez Vs. Guatemala**. Sentença de 25 de novembro de 2000, Série C Nº 70. Disponível em: http://www.corteidh.or.cr/docs/casos/articulos/Seriec_70_esp.pdf.

101   Corte IDH. **Caso Castillo Páez Vs. Perú**. Sentença de 3 de novembro de 1997. Série C Nº 34. Disponível em: http://www.corteidh.or.cr/docs/casos/articulos/seriec_34_esp.pdf.

102   Corte IDH. **Caso Loayza Tamayo Vs. Perú**. Sentença de 17 de setembro de 1997. Série C Nº 33. Disponível em: http://www.corteidh.or.cr/docs/casos/articulos/seriec_33_esp.pdf.

103   Corte IDH. **Caso Ivcher Bronstein Vs. Perú**. Sentença de 6 de fevereiro de 2001. Série C Nº 74. Disponível em: http://www.corteidh.or.cr/docs/casos/articulos/Seriec_74_esp.pdf.

104   Corte IDH. **Caso Barrios Altos Vs. Perú**. Mérito. Sentença de 14 de março de 2001. Série C Nº 75. Disponível em: http://www.corteidh.or.cr/docs/casos/articulos/Seriec_75_esp.pdf.

105   Corte IDH. **Caso La Cantuta Vs. Perú**. Mérito, Reparações e Custas. Sentença de 29 de novembro de 2006. Série C Nº 162. Disponível em: http://www.corteidh.or.cr/docs/casos/articulos/seriec_162_esp.pdf.

106   CIDH. Caso 10.970. **Raquel Martín de Mejía VS. Perú**. Relatório nº 5/96, 1º de março de 1996. Disponível em: http://www.cidh.oas.org/annualrep/95span/cap.III.peru10.970.htm.

método de tortura, entre outros casos. Adicionalmente, a sentença da Corte em Barrios Altos permitiu tornar sem efeitos as leis de anistia adotada durante o governo de Fujimori para alcançar os funcionários vinculados a crimes contra a humanidade e graves violações aos direitos humanos[107]. Em seguida, a sentença da Corte Interamericana no caso *La Cantuta*[108] fortaleceu a persecução penal no caso de Fujimori ao incluir referências ao papel de Fujimori no grupo de extermínio Colina, assim como a extradição do ex-presidente que se encontrava detido no Chile durante os meses anteriores ao fracasso.

A jurisprudência da Corte Interamericana sobre a incompatibilidade de anistias e outros obstáculos jurídicos ou fáticos que impeçam a persecução penal e o estabelecimento da verdade sobre graves violações aos direitos humanos (como a prescrição, a falta de tipificação, o *non bis in idem* etc.) continuou a se desenvolver em outros casos que se estendem por todo o continente.

Alguns dos casos mais relevantes nesse sentido são: o caso *Goiburú* vs. Paraguai[109], que trata da repressão no contexto da operação Condor; o caso *Almonacid Arellano* vs. Chile[110], que aborda a lei de anistia no Chile; o caso Myrna Mack vs. Guatemala, que trata da obstrução judicial das investigações e do sigilo oficial[111]; entre outros.

Na Colômbia, por exemplo, uma série de decisões da Comissão e da Corte Interamericanas apresentou importantes parâmetros ao Judiciário e a outros atores estatais envolvidos no processo de desmobilização do paramilitarismo. Por exemplo, elementos estabelecidos na sentença da Corte no caso *Barrios Altos* vs. Peru[112] foram considerados para a elaboração da Lei de Justiça e Paz na Colômbia[113]. Assim mesmo, sentenças posteriores do Tribunal Interamericano revisaram aspectos dessa lei, estabelecendo parâmetros para sua

107   Corte IDH. **Caso Barrios Altos Vs. Perú**. Interpretação da Sentença de Mérito. Sentença de 3 de setembro de 2001. Série C Nº 83. Disponível em: http://www.corteidh.or.cr/docs/casos/articulos/Seriec_83_esp.pdf.

108   Corte IDH. **Caso La Cantuta Vs. Perú.** Sentença de 29 de novembro de 2006. Série C Nº 162. Disponível em: http://www.corteidh.or.cr/docs/casos/articulos/seriec_162_esp.pdf.

109   Corte IDH. **Caso Goiburú y otros Vs. Paraguay**. Sentença de 22 de setembro de 2006. Série C Nº 153. Disponível em: http://www.corteidh.or.cr/docs/casos/articulos/seriec_153_esp.pdf.

110   Corte IDH. **Caso Almonacid Arellano y otros Vs. Chile**. Sentença de 26 de setembro de 2006. Série C Nº. 154. Disponível em: http://www.corteidh.or.cr/docs/casos/articulos/seriec_154_esp.pdf.

111   Corte IDH. **Caso Myrna Mack Chang Vs. Guatemala**. Mérito, Reparações e Custas. Sentença de 25 de novembro de 2003. Série C Nº 101. Disponível em: http://www.corteidh.or.cr/docs/casos/articulos/seriec_101_esp.pdf.

112   Corte IDH. **Caso Barrios Altos Vs. Perú**. Sentença de 14 de março de 2001. Série C Nº 75. Disponível em: http://www.corteidh.or.cr/docs/casos/articulos/Seriec_75_esp.pdf.

113   Marco normativo para o processo de desmobilização dos grupos paramilitares.

aplicação de modo a resguardar os direitos das vítimas nos processos[114]. Destaca-se, também, a sentença da Corte no caso do Massacre de Mapiripán vs. Colômbia, a qual foi decisiva para impulsionar a investigação penal que permitiu a primeira sentença por paramilitarismo contra um militar de alto escalão (general Uscátigui)[115]. Finalmente, a decisão da Comissão Interamericana no caso sobre o grupo de militância política denominado Corrente de Renovação Socialista (CRS) foi definitiva para permitir a reabertura de um processo que contava com uma absolvição na Justiça militar e atualmente avança na Justiça ordinária[116].

Em El Salvador, depois de décadas ignorando as decisões da Comissão Interamericana, em 2010, o presidente Funes reconheceu a responsabilidade estatal pela morte do monsenhor Romero e pediu perdão ao povo salvadorenho por sua execução[117]. Na Guatemala, o presidente Berger reconheceu a responsabilidade estatal e pediu perdão no cumprimento da sentença da Corte Interamericana no caso Myrna Mack Chang[118]. Isso ocorreu em um ato público inédito no Palácio Presidencial diante da família, dos altos comandantes das Forças Armadas, de oficiais do Exército, das comunidades, de organizações da sociedade civil e de outros. Em 2010, em um ato presidencial de natureza semelhante foi realizado o reconhecimento de responsabilidade pelo desaparecimento forçado de Heliodoro Portugal e o pedido formal de perdão[119]. O mesmo também foi feito no caso da criança-soldado Gerardo Vargas Areco vs. Paraguai[120].

Mais ainda, o impacto do Sistema Interamericano nesse âmbito se multiplica no contexto de democracias constitucionais em que o Direito Internacional dos Direitos Humanos

---

114   Assim, por exemplo, Corte IDH. **Caso de la Masacre de la Rochela Vs. Colômbia.** Mérito, Reparações e Custas. Sentença de 11 de maio de 2007. Série C Nº. 163; e **Caso de la Masacre de Mapiripán Vs. Colômbia.** Mérito, reparações e Custas. Sentença de 15 de setembro de 2005. Série C Nº. 134 etc. Disponíveis em: http://www.corteidh. or.cr/pais.cfm?id_Pais=9.

115   Corte IDH. **Caso de la Masacre de Mapiripán Vs. Colombia.** Sentença de 15 de setembro de 2005. Série C Nº. 134. Disponível em: http://www.corteidh.or.cr/docs/casos/articulos/seriec_134_esp.pdf.

116   CIDH. Caso 11.710. **Carlos Manuel Prada González y Evelio Antonio Bolaño Castro Vs. Colômbia.** Relatório nº 63/01 (de mérito). Disponível em: http://www.cidh.org/annualrep/2000sp/CapituloIII/Fondo/Colombia11.710.htm.

117   CIDH. Caso 11.481. **Monseñor Oscar Arnulfo Romero y Galdámez Vs. El Salvador.** Relatório nº 37/00 (de mérito). Disponível em: http://www.cidh.org/annualrep/99span/de%20fondo/elsalvador11481.htm.

118   Corte IDH. **Caso Myrna Mack Chang Vs. Guatemala.** Sentença de 25 de novembro de 2003. Série C Nº. 101. Disponível em: http://www.corteidh.or.cr/docs/casos/articulos/seriec_101_esp.pdf.

119   Corte IDH. **Caso Heliodoro Portugal Vs. Panamá.** Sentença de 12 de agosto de 2008. Série C Nº 186. Disponível em: http://www.corteidh.or.cr/docs/casos/articulos/seriec_186_esp.pdf.

120   Corte IDH. **Caso Vargas Areco Vs. Paraguai.** Mérito, Reparações e Custas. Sentença de 26 de setembro de 2006. Série C Nº. 155. Disponível em http://www.corteidh.or.cr/docs/casos/articulos/seriec_155_esp.pdf.

tem adquirido cada vez mais relevância para a definição dos direitos fundamentais protegidos pelas Constituições[121].

Em vários Estados da região, os Poderes Judiciários e Legislativos, organizações da sociedade civil, universidades e alguns setores dos Poderes Executivos têm reclamado a garantia de direitos com o alcance estabelecido pela Comissão e pela Corte Interamericanas. Desse modo, em vários países, a doutrina e a jurisprudência do Sistema Interamericano têm se convertido em uma ferramenta de capacitação e respaldo dos setores sociais comprometidos com a garantia de direitos em temas fundamentais para a chamada dívida histórica.

Desse modo, alguns desenvolvimentos doutrinários e jurisprudenciais têm sido fundamentais, como o conceito e alcance do direito à verdade; os efeitos daqueles aspectos das leis de anistia que limitam a investigação e o castigo de graves violações aos direitos humanos; o alcance do direito à reparação das vítimas; os limites da competência da Justiça militar; o alcance da garantia do *non bis in idem* frente à coisa julgada fraudulenta ou o foro militar, a inaplicabilidade da prescrição perante crimes contra a humanidade etc[122].

| 7. | CONCLUSÃO |

Ao longo dos 21 anos de ditadura militar, o regime enraizou a cultura da impunidade nas instituições públicas que detêm a prerrogativa de investigar e punir o envolvimento de agentes públicos. Nesse longo período, tal diretriz política ultrapassou os cargos de decisão, permeando a estrutura das citadas instituições em todo o seu corpo de funcionários públicos que coadunavam, por convicção ou constrangimento, com os meios e ações, legais e ilegais, utilizados para garantir a permanência dos militares no poder. As ações criminosas cometidas pelos seus agentes em nome da repressão, como a tortura, a execução e os desaparecimentos forçados, nunca foram investigados e, tampouco, seus responsáveis punidos. Os documentos foram ocultados da sociedade e por muitos anos foi negada a existência de desaparecidos políticos..

---

121   Numerosas reformas constitucionais da América Latina dos últimos 20 anos deram hierarquia constitucional ou supraconstitucional aos tratados de direitos humanos.

122   Ver Corte Constitucional da Colômbia. Sentença C-004/03 de 20 de janeiro de 2003; Sentença T-558/03 de 10 de julho de 2003; Sentença T-786/03 de 11 de setembro de 2003; Corte Suprema de Justiça do Peru, Seção Penal Especial Expediente 028-01.F1. Caso **El Descatamento Colina**. Resolução de 9 de maio de 2005; Corte Suprema de Justiça da Nação. Simón, Julio Héctor e outro s/ privação ilegítima de liberdade, etc. Sentença de 14 de junho de 2005.

Essa longa vivência autoritária deixou marcas estruturais, seja nas instituições dos poderes públicos, seja na própria sociedade. Esta última parece ter incorporado por meio do medo e da violência sofrida durante os anos de repressão a ideia de que não há limites ou mecanismos eficientes que balizem ou possam deter o poder do Estado. Admitindo com alguma naturalidade e envergonhado questionamento a continuidade de tal lógica no Estado Democrático de Direito.

Apesar de inegáveis avanços alcançados desde a transição para a democracia, principalmente em relação à garantia das liberdades civis e políticas, o componente novo nesse fenômeno são as vítimas. As violações são perpetradas contra a população pobre, estigmatizada pelo seu "potencial" envolvimento em crimes.

O que se percebe objetivamente é que tais vícios permeiam as instituições públicas, diretamente relacionadas à consolidação do Estado de Direito. Presentes e vivos, desafiam o tempo e a vivência democrática na sociedade, como se a ditadura terminara ontem e não há 25 cinco anos. O processo eletivo de representantes na política e as mudanças dos funcionários públicos das instituições que destacamos, ainda que lentamente, já foram concretizadas. O que estranhamente na prática não se verificou foi uma mudança contundente na lógica da impunidade. Mesmo a modernização nas instituições de segurança e Justiça, somadas aos poucos mecanismos de controle externo de suas atividades[123], não foram suficientes para uma mudança estrutural na violência policial ou no protagonismo da Justiça militar no processamento de crimes comuns, ou, ainda, na cotidianidade da tortura nas instituições fechadas. Tampouco, garantiram o enfrentamento dessas violações pelo Poder Judiciário, que segue sem responsabilizar os agentes que delas fazem uso.

O estudo de Sikkink[124] que comparou países que sofreram ditaduras e a qualidade de seus parâmetros democráticos após as transições, como respeito aos direitos humanos, verificou que "o Brasil experimentou um maior declínio em suas práticas em direitos humanos do que qualquer outro país em transição na região. O caso do Brasil sugere que a transição para a democracia, por si só, não garante uma melhoria nas práticas dos direitos humanos básicos".

---

123   Tipificação da Lei de Tortura 1997, transferência dos homicídios dolosos cometidos por policiais militares para a Justiça Comum em 1996, criação das ouvidorias de polícia, criação do Conselho Nacional de Justiça para fiscalização administrativa da atuação dos Tribunais de Justiça e ratificação de importantes tratados internacionais de proteção aos direitos humanos.

124   SIKKINK, K. & WALLING, C. B. **The Impact of Human Rights Trials in Latin America**. Journal of Peace Research, International Peace Research Institute. Oslo: julho de 2007 (volume 44, número 4).

A justiça que teima em não se realizar e que em nome de um suposto "acordo" perpetua a impunidade. Acordo esse que é honrado por aqueles que se recusam a fortalecer a democracia, em nome de quais interesses não sabemos.

É nesse contexto que o caso Araguaia converteu-se no marco emblemático por ser o único caso do Brasil relacionado às graves violações da ditadura militar que até o presente momento[125] foi processado nos órgãos do Sistema Interamericano e em breve receberá uma sentença internacional. Conforme expressado por Laura Petit, irmã de três desaparecidos, na audiência pública: "vir à Corte exatamente porque nós gostaríamos que não se passassem mais 30 anos para podermos ter direito à verdade e direito à justiça. E eu espero viver até lá". Ou, ainda, como estava estampado nas camisetas dos familiares: "A luta que se perde é aquela que se abandona".

Nesse sentido, os representantes das vítimas acreditam que a sentença, a ser proferida pela Corte Interamericana de Direitos Humanos, quando implementada pelo Estado brasileiro, terá a capacidade de impulsionar mudanças significativas e estruturais nos órgãos públicos e na sociedade. Garantindo os direitos à verdade, à justiça e à localização e entrega dos desaparecidos políticos para todos os familiares, ajudará a sociedade brasileira na construção de uma democracia mais sólida e, finalmente, na certeza do "Nunca Mais".

As práticas de dominação pelo uso da força e do medo que se estabeleceram tão profundamente nas estruturas cognitivas, sociais e políticas, passados 46 anos de seu início, ainda nos dias de hoje, se impõem presentes. A percepção da sociedade a respeito da contínua convivência com as violações, a inoperância da Justiça e a impunidade dos agentes, aparentemente sugerem ser consequência de uma tolerância ao "poder simbólico"[126] instituído pela ditadura e, hoje, subjetivamente reconhecido nas instituições públicas, o qual não é confrontado com real significado de poder legítimo do Estado. Tendo em vista quão está consolidado esse poder simbólico, tais mudanças pressupõem a elaboração de uma nova dinâmica que promova um contraponto de

---

125   O Cejil, em parceria com o GTNM-SP, a fidDH e o Centro Santo Dias da Arquidiocese de SP, enviaram em julho de 2009 nova denúncia do Caso Wladmir Herzog, jornalista preso pela repressão, cujo assassinato foi apresentado para família e sociedade como suicídio. O Cejil, em parceria com o GTNM - Pernambuco, a fidDH e o Centro Santo Dias da Arquidiocese de SP, enviaram em julho de 2009 nova denúncia do caso Luis Cunha, militante assassinado pela ditadura, cujo corpo foi enterrado com nome falso, o que determinou que fosse por anos considerado como desaparecido. Até o momento, a Comissão Interamericana não notificou o Estado brasileiro das duas denúncias.

126   Ver BOURDIEU, Pierre. **O poder simbólico**. Rio de Janeiro: Bertrand Brasil, 2010 (13ª ed.). Tradução de Fernando Tomaz.

dimensão pública, o qual tenha a capacidade de ser reconhecido socialmente, intervindo diretamente nos órgãos dos poderes, identificado como um marco pela comunidade política, para finalmente refletir nas estruturas de poder e propiciar mudanças igualmente históricas.

Uma vez verificada a postura restritiva do Estado brasileiro em passar a limpo a dívida histórica no país, ainda que "convidado a fazê-lo" ao longo dos últimos 13 anos pelo processamento do Caso Araguaia na Comissão Interamericana, os obstáculos políticos ainda existem e se colocam demonstrando força nas escolhas dos governos. No entanto, não existe risco ao regime democrático, mas, nesse contexto, a necessidade de dar cumprimento à sentença da Corte, em respeito aos compromissos internacionais assumidos pelo Estado brasileiro de boa fé, poderá pesar na correlação de forças, permitindo a construção dessa nova dinâmica para a transposição de tais obstáculos, como o fizeram outros países da América Latina.

Referências

Livros e artigos

AFFONSO, B. S. A. **O Controle Externo da Polícia: a implementação da Lei Federal 9.229-96 no Estado de São Paulo**. São Paulo. Dissertação de Mestrado do Departamento de Ciência Política da Faculdade de Filosofia, Letras e Ciências Humanas, Universidade de São Paulo, 2004.

ALVES, M. H. M. **Estado e oposição no Brasil (1964-1984)**. Petrópolis, Vozes, 1984/1989, 5ª ed.

BANDEIRA, Marina. **Brasil Nunca Mais: um relato para a história**. Petrópolis, Vozes, 1985.

BICUDO, H. **Meu depoimento sobre o esquadrão da morte**. São Paulo. Paz e Terra, 1976, 1ª ed.

BOURDIEU, P. **O poder simbólico**. Rio de Janeiro, Bertrand Brasil, 2010 (13ª ed.). Tradução de Fernando Tomaz.

CARVALHO, L. M. **Mulheres que foram à luta armada**. São Paulo, Globo, 1998.

CARVALHO, L. M. **O coronel rompe o silêncio**. Rio de Janeiro, Objetiva, 2004.

CEJIL. **Debida diligencia en la investigación de graves violaciones a derechos humanos**. Buenos Aires, Argentina: CEJIL, 2010. Disponível em: http://cejil.org/sites/default/files/debida_diligencia_en_la_investigacion_de_graves_viol_a_dh_0.pdf.

CEJIL. **Gaceta Nº 21 – Nuevas perspectivas para el litigio en casos de torturas: aspectos psicológicos**. Buenos Aires, Argentina: CEJIL, 2004. Disponível em: http://cejil.org/sites/default/files/Gaceta_21_sp.pdf.

CEJIL. **Gaceta Nº 24 – La tortura en democracia**. Buenos Aires, Argentina: CEJIL, 2005. Disponível em: http://cejil.org/sites/default/files/Gaceta_24_sp.pdf.

CEJIL. **Gazeta Nº 28 – A dívida pendente com a justiça e a verdade no contexto das graves violações de direitos humanos e dos crimes contra a humanidade nas Américas**. Rio de Janeiro, Brasil: CEJIL, 2008. Disponível em: http://cejil.org/sites/default/files/Gazeta_28_port.pdf.

CEJIL. **Gaceta Nº 32 – La desaparición forzada de personas en el Sistema Interamericano de Protección de los Derechos Humanos**. Buenos Aires, Argentina: CEJIL, 2009. Disponível em: http://cejil.org/sites/default/files/Gaceta_32_sp.pdf.

CEJIL. **Implementación de las decisiones del Sistema Interamericano de Derechos Humanos. Aportes para los procesos legislativos**. Buenos Aires, Argentina: CEJIL, 2009. Disponível em: http://cejil.org/sites/default/files/implementacion_aportes_para_los_procesos _legislativos_1.pdf.

CEJIL. **Implementação das decisões do Sistema Interamericano de Direitos Humanos. Jurisprudência, instrumentos normativos e experiências nacionais**. Rio de Janeiro, Brasil: 2009. Disponível em: http://cejil.org/sites/default/files/implementacao_das_decisoes_do_sidh_port_0.pdf.

CEJIL. **Instrumentos Internacionais para a Prevenção e Sanção da Tortura**. Buenos Aires, Argentina: CEJIL, 2006. Disponível em: http://cejil.org/sites/default/files/instrumentos_internacionais_para_a_prevencao_e_sancao_da_tortura.pdf.

CEJIL. **Los Derechos Humanos en el Sistema Interamericano. Compilación de Instrumentos**. Buenos Aires, Argentina: CEJIL, 2009. Disponível em: http://cejil.org/sites/default/files/Los_derechos_humanos_en_el_sistema_interamericano_2009.pdf.

CEJIL & IIDH. **Atención integral a víctimas de tortura en procesos de litigio - Impacto en el Sistema Interamericano**. San José, Costa Rica: IIDH, 2009. Disponível em: http://cejil.org/sites/default/files/atencion_integral_victimas_tortura_en_procesos_de_litigio.pdf.

Centro de Documentação e Memória. **Roteiro histórico de "A classe operária"**. Fundação Maurício Grabois, 22 de setembro de 2010, disponível em: http://grabois.org.br/portal/cdm/revista.int.php?id_sessao=33&id_publicacao=24&id_indice=2147.

ESTADO DE S. PAULO, O. **Aeronáutica entrega parte de documentos sobre a ditadura**. O Estado de S. Paulo, 28 de fevereiro de 2010. Disponível em: http://www.estadao.com.br/noticias/nacional,aeronautica-entrega-parte-de-documentos-sobre-ditadura,517312,0.htm.

ESTADO DE S. PAULO, O. **Curió revela que Exército executou 41 no Araguaia**. Jornal O Estado de S. Paulo, 21 de junho de 2009. Disponível em: http://www.estadao.com.br/noticias/nacional,curio-revela-que-exercito-executou-41-no-araguaia,390738,0.htm.

FAUSTO, B. **História concisa do Brasil**. São Paulo, Editora da Universidade de São Paulo, Imprensa Oficial do Estado, 2008, 2ª ed., 1ª reimpr.

FIONA, J. **Public Prosecutors and Discretion: A Comparative Study**. Oxford, Clarendon Press, 1995.

GAMA, Rinaldo. **O fim da guerra no fim do mundo. Um coronel da Aeronáutica revela como foram terríveis e sangrentos os últimos dias da guerrilha do Araguaia**. Revista Veja, Xambioá, 13 de outubro de 1993. Disponível em: http://veja.abril.com.br/idade/em_dia_2001/reportagens/araguaia.html.

GASPARI, E. **A Ditadura Encurralada**; São Paulo: Companhia das Letras, 2004, 1ª ed.

GASPARI, E. **A Ditadura Envergonhada**; São Paulo: Companhia das Letras, 2002, 1ª ed.

GASPARI, E. **A Ditadura Escancarada**. São Paulo: Companhia das Letras, 2002.

GRECO, H. A. **Dimensões Fundacionais da Luta pela Anistia**. Belo Horizonte, Departamento de História da FAFICH/MG, 2º Semestre, 2003.

JESUS, Maria Gorete M. **O crime de tortura e a justiça criminal: um estudo dos processos de tortura na cidade de São Paulo**. Dissertação de Mestrado do Departamento de Sociologia da Faculdade de Filosofia, Letras e Ciências Humanas, Universidade de São Paulo, São Paulo, 2009.

JIMÉNEZ, J. V. **Bacaba: Memórias de um Guerreiro de Selva da Guerrilha do Araguaia**. Campo Grande, Editora do Autor, 2007.

IEVE - Instituto de estudos sobre a violência do Estado [Organização Criméia Schmidt et al...]. **Dossiê ditadura: mortos e desaparecidos políticos no Brasil** *(1964-1985)*. Comissão de Familiares de Mortos e Desaparecidos Políticos. São Paulo: Imprensa oficial, 2009, 2ª ed. revista, ampliada e atualizada.

MÉNDEZ, J.; O'DONNELL, G. e PINHEIRO, P. S. **Democracia, Violência e Injustiça**. São Paulo, Paz e Terra, 2000.

MESQUITA NETO P. & FIGUEIREDO, I. **Os Sistemas de Controle Interno das Polícias no Estado de São Paulo**, *Brasil*. Paper preparado para o **Programa das Nações Unidas para o Desenvolvimento e o Lawyers Committee for Human Rights**. Mimeo, 2003.

MIRANDA, N. e TIBÚRCIO C. **Dos filhos deste solo: mortos e desaparecidos políticos durante a ditadura militar, a responsabilidade do Estado**. São Paulo, 2008, 2ª ed. revistada e ampliada.

MONTEIRO, A. **Guerrilha do Araguaia: Uma Epopeia pela Liberdade (30 anos 1972-2002)**. Tocantins, Anita Garibaldi, 2002.

MORAIS, T. **Sem vestígios: Revelações de um Agente Secreto da Ditadura Militar Brasileira**. São Paulo, Geração Editorial, 2008, 1ª ed.

MORAIS, T. e SILVA, E. **Operação Araguaia: Os Arquivos Secretos da Guerrilha**. São Paulo, Geração Editorial, 2005, 2ª ed.

MOURA e SOUZA, A. M. **Movimento Comunista Brasileiro; Guerrilha do Araguaia – Revanchismo. A Grande Verdade**. Brasília, Edição do Autor, 2002.

Presidência da República, **Reforma Agrária: Compromisso de Todos**. Brasília, 1997, seção 3.3: **Os Projetos de Colonização**, disponível em: https://www.planalto.gov.br/publi_04/COLECAO/REFAGR3.HTM.

PINHEIRO, P. S. e ALMEIDA, G. A. **Violência Urbana**. São Paulo, Publifolha, 2003.

SÁ, G. **Araguaia: Relato de um Guerrilheiro: Depoimento Inédito sobre sua Participação na Guerrilha do Araguaia**. São Paulo, Editora Anita Garibaldi, 1990, 2ª ed.

SECRETARIA ESPECIAL DE DIREITOS HUMANOS. **Direito à verdade e à memória: Comissão especial sobre Mortos e Desaparecidos Políticos**. Brasília, Imprensa oficial, 2007.

SIKKINK, K. & WALLING, C. B. **The Impact of Human Rights Trials in Latin America. Journal of Peace Research**, International Peace Research Institute. Oslo: julho de 2007 (volume 44, número 4).

SKIDMORE, T. **Brasil: de Castelo a Tancredo**. Rio de Janeiro, Paz e Terra, 1988, 2ª ed.

STUDART, H. **A Lei da Selva**. São Paulo, Geração Editorial, 2006.

TELES, J. (organizadora). **Mortos e desaparecidos políticos: reparação ou impunidade?** São Paulo, Humanitas FFLCH/USP, 2001, 2ª ed.

TELES, J. **Os Herdeiros da Memória: A Luta dos Familiares de Mortos e Desaparecidos Políticos no Brasil**. Dissertação de Mestrado em História Social. Faculdade de Filosofia, Letras e Ciências Humanas, Universidade de São Paulo, São Paulo, 2005.

VÁRIOS. **Guerrilha do Araguaia**. São Paulo, Editora Anita Garibaldi, 2005, 4ª ed.

WEBER, M. **A Política como Vocação**. In: **Ciência e Política: Duas Vocações**. São Paulo, Cultrix, 1967.

WEBER, M. **El Estado Racional como asociación de dominio institucional con el monopolio del poder legítimo**. In: **Economia y Sociedad**. México, Fondo de Cultura, vol. 2. 1944.

PARTE III
A anistia em perspectiva comparada

A Lei Espanhola de Anistia de 1977 em Perspectiva Comparada: de uma lei pela democracia a uma lei pela impunidade

PALOMA AGUILAR

Professora da Universidade Nacional de Ensino à Distância e
Membro Doutora do Instituto Juan March (Espanha)
Doutora em Ciência Política pela Universidade Nacional de Ensino a
Distância (Espanha)

FONTE: ARQUIVO NACIONAL E SECRETARIA
DE DIREITOS HUMANOS DA PRESIDÊNCIA DA
REPÚBLICA

anistia

397

A LEI ESPANHOLA DE ANISTIA DE 1977 EM PERSPECTIVA COMPARADA: DE UMA LEI PELA DEMOCRACIA [...]

A Anistia na Era da Responsabilização

1.	INTRODUÇÃO

Muito tem-se escrito nos últimos anos sobre a política de memória e processos da justiça retrospectiva na literatura de democratização. Sem a intenção de ser exaustiva, apresentarei brevemente alguns dos argumentos que tentaram entender por que as medidas de justiça transicional têm sido buscadas ou evitadas em períodos de mudança política. O dilema de como acertar as contas com o passado, sem comprometer as transições para a democracia, foi provavelmente primeiro abordado por O'Donnell e Schmitter ([1986] 1988) e, posteriormente, por Huntington (1991). O primeiro salientou que, para sofrer processos de democratização, era necessário considerar o papel repressivo desempenhado pelas Forças Armadas, a extensão e a forma que essa repressão tomou, bem como o tempo decorrido desde as piores violações dos direitos humanos. Esses autores também frisaram a existência do seguinte paradoxo: os casos em que enterrar o passado aparentam ser mais fáceis – normalmente por meio de uma ampla anistia – tendem a ser aqueles em que enterrar o passado tem menos importância. De qualquer forma, eles concluíram que "o consenso entre os líderes sobre enterrar o passado", por mais útil que seja, "pode revelar-se eticamente inaceitável para a maioria da população" (O'Donnell e Schmitter [1986] 1988: 53).

Huntington menciona o problema de como tratar os oficiais autoritários que violaram flagrantemente os direitos humanos, e ele chegou à seguinte conclusão: na maioria das transições que ocorreram até então, [j]ustiça era uma função do poder político. Funcionários de fortes regimes autoritários, que voluntariamente se encerraram, não foram julgados; funcionários de regimes autoritários fracos, que colapsaram, eram punidos se fossem julgados rapidamente" (Huntington, 1991: 209, 228).

A capacidade dos líderes autoritários de evitar esses processos de purificação foi também realçada por Haggard e Kaufman (1997), que sustentaram que as transições que ocorrem em períodos de economia favorável permitem que tais líderes negociem os termos da impunidade para si próprios antes de abandonar o poder (como no Chile). No entanto, em processos de mudanças políticas que ocorrem em épocas de crise, é mais fácil explorar a fraqueza das elites autoritárias, sujeitando suas ações à justiça (como na Argentina).

Recentemente, Nalepa (2010) tentou resolver os problemas de "compromissos críveis" que surgem durante os processos de democratização. De forma a oferecer uma explicação como o motivo pelo qual as medidas de justiça transicional são adotadas ou evitadas, ela se concentra em eventos na Europa Oriental e argumenta que os líderes autoritários não vão se sentar para negociar a realização de eleições livres em troca de medidas de anistia para eles, a menos que se garanta que a oposição manterá seu compromisso de respeitar um acordo desse tipo, uma vez no poder. Os três casos que ela analisa em profundidade (Polônia, Hungria e Tchecoslováquia) permitem que ela afirme que a oposição só vai confirmar seu compromisso quando acreditar que, sob a ditadura, seus membros estiveram fortemente integrados pelo regime comunista e que, com o surgimento de leis de depuração, poderiam ser prejudicados muitos de seus membros que, durante a ditadura, tenham colaboraram com o regime como informantes secretos[1].

O caso da transição espanhola, um dos primeiros chamados de "terceira onda de democratização", tem uma série de características específicas que o distinguem dos casos analisados pelos autores supracitados. Em primeiro lugar, muitas das piores violações dos

---

1   Em suas próprias palavras, "a oposição dissidente pode abster-se do TJ com medo de que os esqueletos em seu próprio armário sejam revelados". E ela continua, dizendo que "os inoportunos esqueletos são arquivos identificando antigos dissidentes que colaboraram como informantes da polícia secreta" (Nalepa, 2010: 342; 348). A lógica que explica por que as medidas de lustração foram adotadas desde o início na Checoslováquia e por que isso não aconteceu na Polônia e na Hungria, como segue: "se um partido de oposição não estivesse muito infiltrado, ele se beneficiaria da lustração que afeta desproporcionalmente os partidos sucessores para o regime comunista. No entanto, se o partido da oposição subestimou o grau em que tinha sido infiltrado, a lustração poderia danificar o próprio partido da oposição" (Nalepa, 2010: 349).

direitos humanos cometidas durante a ditadura não foram executadas pelas Forças Armadas, assim, o grupo facilmente identificável para ser julgado por esses crimes, em países governados por militares, não existe no caso espanhol. Em segundo lugar, em contraste com a hipótese de Haggard e Kaufman (1997), o fato de que a transição espanhola aconteceu durante um período de grave crise econômica não prejudicou o poder de negociação das elites, que passou do franquismo para a democracia, nem permitiu que as ações daqueles que violaram os direitos passassem por revisão judicial. Em terceiro lugar, o franquismo não conseguiu se infiltrar nos grupos de oposição e tinha poucos e distantes informantes. No entanto, ao contrário do que aconteceu em vários países do leste europeu, os reformistas franquistas concordaram em negociar com a oposição[2] e, antes da primeira eleição democrática geral, não executaram qualquer tentativa para impor as condições de impunidade, porque eles realmente se sentiam tão seguros que nunca lhes ocorreu que qualquer um poderia armar algo contra eles, como, aliás, acabou acontecendo. As tentativas de golpe nos primeiros anos da transição atestam o poder residual da ditadura, devendo ser enfatizado que tais tentativas aconteceram sem que se tenha feito qualquer esforço para se considerar a possibilidade de investigar as violações dos direitos humanos durante a ditadura, muito menos a possibilidade de levar os principais agentes perpetradores a julgamento.

Finalmente, a pior das violações dos direitos humanos na Espanha aconteceu durante a Guerra Civil, que aconteceu mais de 30 anos antes do processo de democratização. De acordo com Elster: "quando o regime pré-democrático tem curta duração, as memórias de infração e sofrimento tendem a ser vivas e (outras coisas tendem a ser iguais) as emoções, consequentemente, fortes. Se o regime tem longa duração, a intensidade da emoção e da procura por vingança dependerá (igualmente para outros acontecimentos) de quando as piores atrocidades ocorreram" (Elster, 2004: 75). Além disso, por todo o conflito espanhol, os dois lados cometeram todos os tipos de atrocidades, daí a necessidade de perdão mútuo e recíproco que predominou na sociedade espanhola, muito mais intenso do que qualquer procura por justiça relacionada aos excessos da ditadura, totalmente ausente em toda a transição (Aguilar, 2001; García Arán, 2009: 191). A memória traumática da Guerra Civil, que continua assombrando os espanhóis, explica o porquê da ausência de medidas judiciais contra os violadores dos direitos humanos, que não só foi "acordada" entre as elites políticas, mas também amplamente apoiada por uma sociedade cujo principal objetivo foi o de evitar a repetição de um conflito fratricida.

---

2   De acordo com Nalepa (2010: 369), "os comunistas não iniciam negociações quando há infiltração abaixo de um nível crítico".

anistia

399

A LEI ESPANHOLA DE ANISTIA DE 1977 EM PERSPECTIVA COMPARADA: DE UMA LEI PELA DEMOCRACIA [...]

A Anistia na Era da Responsabilização

Depois de apresentar esse relato, breve e pouco abrangente, de alguns dos principais argumentos encontrados na literatura sobre democratização relacionados a como enfrentar os dilemas da justiça transicional, e depois de expor a que extensão o caso espanhol se encaixa em alguns desses argumentos, vou primeiro mostrar o processo político que conduziu à aprovação final da lei de anistia de 1977. Em segundo lugar, vou considerar as políticas da memória e de justiça realizadas ou evitadas na Espanha, comparando-as com as da Argentina e Chile. Por último, o caso "Garzón" será brevemente apresentado, porque ele provavelmente exemplifica, melhor do que qualquer outro caso, os limites que, ainda hoje, a lei de anistia apresenta, relacionados a qualquer eventual revisão judicial do passado espanhol.

2.	O PROCESSO POLÍTICO QUE CONDUZIU À APROVAÇÃO DA LEI

Como mencionado, a presença da memória traumática da Guerra Civil e do desejo obsessivo de evitar sua repetição incentivou os principais atores políticos e a maioria dos cidadãos espanhóis a olhar para o futuro, deixando de lado os aspectos mais delicados do passado (Aguilar, 2002, 2008a). Acreditava-se firmemente que só dessa forma seria possível garantir uma transição pacífica rumo à democracia. É verdade que, dada a correlação existente das forças políticas, claramente favoráveis para os reformistas franquistas, teria sido extremamente difícil julgar os responsáveis pelas violações dos direitos humanos, mesmo que a lei de anistia não tivesse sido aprovada. Ainda é igualmente verdade que nem os atores políticos, nem as organizações sociais com o apoio social significativo consideraram a possibilidade de promover medidas punitivas contra tais crimes (Aguilar, 2001). A esse respeito, os esforços de políticos e as exigências de certas associações não foram além da reparação material (pagamento de indenização e de pensão) para as vítimas do franquismo e seus familiares[3].

A mudança política na Espanha foi caracterizada por um processo em que as regras mais importantes do novo cenário democrático foram aprovadas por consenso entre os reformistas franquistas e as principais forças políticas da oposição democrática, características que se conectam com o modelo de "libertação" de Przeworski (1991). Além disso, houve um acordo tácito em relação a certas "regras restritas" (Holmes, [1988] 1993), que tornou o belicoso e ditatorial passado em um assunto proibido em debate político, e uma parte da legislação, a lei de anistia de 1977, que teria protegido esse passado contra

---

3   Para uma lista mais detalhada das numerosas medidas de reparação, ainda que incompleta, na Espanha a partir de 1975 a 2008, consulte Aguilar (2008).

eventuais processos judiciais. Tudo isso, juntamente com as medidas de reparação material para o benefício dos subjulgados, é o que ficou conhecido como a "política de reconciliação nacional".

Um dos principais acordos-base da democracia espanhola se baseia em uma premissa de "nunca mais", que, diferentemente do que encontramos em outros países, refere-se não à ditadura, nem aos seus crimes, mas à Guerra Civil. Essa diferença é crucial, uma vez que o acordo principal entre os cidadãos não se foca na rejeição da ditadura, mas diz respeito a um conflito político em que ambos os lados cometeram crimes atrozes, o que explica a razão da obsessão em certificar-se de que isso nunca iria acontecer novamente.

Antes da morte de Franco, a demanda mais insistente e repetida dos grupos de oposição foi a anistia[4]. Assim que o ditador faleceu (20 de novembro), a pressão dessas demandas se intensificou e as medidas parciais de graça começaram a ser aprovadas, tal como o perdão de 25 de novembro de 1975, concedido na ocasião da coroação do Rei Juan Carlos I[5]. Em julho de 1976, o primeiro governo da monarquia aprovou a Decreto-Lei de Anistia, que incluiu os crimes envolvendo atos com motivações políticas, mas com a seguinte ressalva: "contanto que eles tenham colocado em perigo ou infringido a vida ou a integridade física dos indivíduos[6]. Essa cláusula foi interpretada de uma forma muito restritiva pelos juízes extremamente conservadores, o que explica por que as já numerosas manifestações pró-anistia continuaram, especialmente no País Basco, que teve a maior proporção de presos políticos. Sob crescente pressão social, e com o objetivo de

---

4   O Brasil também teve muitas organizações pró-anistia, a maioria delas compreendendo vítimas da ditadura (Cano e Salvão Ferreira, 2006: 105-6). Ao contrário da lei de anistia espanhola, a lei brasileira equivalente foi aprovada pelo regime militar. Tal como na Espanha, a lei permitiu a libertação dos presos políticos (apesar de que na Espanha a grande maioria já havia sido libertada antes da lei de anistia) e permitiu que muitos exilados retornassem ao país. No entanto, a anistia brasileira foi mais restritiva, na medida em que não liberou os acusados de crimes políticos envolvendo crimes de sangue, nem permitiu que os funcionários públicos que tinham sido demitidos de seus cargos por motivos políticos recuperassem seus direitos.

5   De acordo com um levantamento realizado pelo Centro de Pesquisas Sociológicas (CIS nº 1093, janeiro de 1976), quase um terço da população considera que esse perdão foi insuficiente, 62% consideraram que uma anistia geral deveria ser aprovada para crimes de intentos políticos, excluindo os crimes violentos e o terrorismo, e 54% achavam que isso iria ajudar a "acalmar as coisas e promover uma reconciliação nacional". O CIS é uma instituição pública, cujas perguntas, na época, constituíam uma reflexão bastante precisa das principais preocupações do governo, e atingir a "reconciliação nacional" estava naturalmente entre elas.

6   De acordo com o CIS (nº 1105, de agosto de 1976), 51% da população acharam essa anistia satisfatória, enquanto 40% consideraram que essa medida contribuiria para "uma verdadeira reconciliação nacional". A anistia de 1976 beneficiou 287 presos políticos, mas essa medida revelou-se insuficiente para determinados setores da sociedade, particularmente para os nacionalistas bascos, por que ela manteve vários prisioneiros da ETA na prisão, o que explica a continuidade das mobilizações de massa exigindo uma ampla anistia. Uma análise da violência política durante a transição espanhola, uma questão que geralmente é esquecida ou diminuída em estudos de investigação sobre esse período, pode ser encontrada no Sánchez-Cuenca e Aguilar (2009). Esse artigo também analisa a evolução das manifestações pró-anistia após a morte de Franco. Aguilar (1997) realizou um estudo sobre a demanda pela anistia durante a transição espanhola.

garantir a participação nacionalista basca na primeira eleição democrática (15 de junho de 1977), o governo Suarez concordou em aumentar o âmbito da legislação de anistia ao aprovar dois decretos em março de 1977, que permitiram a libertação da maioria dos presos políticos, embora alguns ativistas, a maioria deles membros do ETA, permaneceram na prisão[7] (Sánchez-Cuenca e Aguilar, 2009: 437). Finalmente, em 20 de maio de 1977, o governo aprovou a extradição da maioria dos prisioneiros bascos que permaneceram na prisão, acusados de crimes terroristas. Nenhuma dessas medidas mencionou a possibilidade de perdoar os crimes da ditadura[8].

A partir de então, embora o número de manifestantes tenha diminuído e os protestos tenham sido praticamente confinados ao País Basco, as mobilizações em favor da anistia total continuaram. Em setembro de 1977, apenas um mês antes da lei de anistia ter sido aprovada, 33% dos espanhóis consideraram que o âmbito da anistia devia ser ampliado, e 31% apoiaram a ideia de que ele deveria abranger "todos os crimes políticos, sem distinção", o que incluía crimes violentos e terrorismo (CIS nº 1139). Isso é o que viria a ser alcançado.

A anistia de 15 de outubro de 1977 foi a primeira lei aprovada pelo Parlamento democrático recém-inaugurado, resultado da eleição realizada apenas quatro meses antes, em 15 de junho. Essa peça fundamental da legislação, que afeta os crimes políticos e outros delitos, bem como a objeção de consciência, também conduziu à libertação dos poucos presos políticos que restaram (a maioria dos quais, com exceção dos objetores de consciência, tinha sido condenada por crimes relacionados ao terrorismo), à recuperação dos direitos ativos (reintegração ao trabalho, exceto no caso dos militares) e dos direitos passivos (pensões) do condenado, bem como à exclusão dos seus registros criminais. O aspecto mais inovador dessa lei é que ela abrangeu os crimes envolvendo derramamento de sangue até 15 de dezembro de 1976 (data da aprovação, por referendo, da Lei de Reforma Política) e dessa data até 15 de junho de 1977 (data da primeira eleição democrática geral), desde que uma conexão pudesse ser estabelecida entre o crime e a intenção de "restaurar as liberdades públicas" ou exigir autonomia. O último detalhe mencionado possibilitou que presos, membros da organização terrorista ETA, recorressem da presente lei, um assunto de especial interesse para a classe política[9]. Embora as pessoas que foram presas, como consequência

---

7   Nos termos do Decreto Real de março de 1977, 1.940 prisioneiros seriam libertados.

8   Em fevereiro de 1977 (CIS nº 1190), 35% dos espanhóis consideraram urgente a aprovação de "uma anistia total".

9   No início de novembro de 1977, 118 prisioneiros foram libertados. O último basco preso condenado por crimes políticos, Fran Aldonado, acabou por ser anistiado em 6 de dezembro de 1977 e sairia da prisão após três dias (Unzueta, 1996: 187). Paradoxalmente, a anistia de 1977 não impediu o ETA de matar (na verdade, 1979-1980 provaria ser o período mais mortífero da organização terrorista), e estabelecer a impunidade da ditadura também não impediu tentativa de golpes de Estado.

da Guerra Civil (1936-1939), já tinham se beneficiado de vários perdões anteriores (o último e mais extenso foi concedido em 1969), a Lei de Anistia de 1977 deu-lhes o direito de receber uma pensão (uma vez que, devido ao tempo de permanência na prisão, era altamente improvável que eles conseguissem recuperar seus trabalhos) e assegurou que os seus antecedentes criminais, finalmente, seriam excluídos.

Os primeiros projetos de lei foram apresentados pelos partidos da oposição e nenhum deles aconselhou impunidade para as autoridades franquistas. No entanto, quando o partido de centro-direita (UCD) no poder apresentou seu próprio projeto, dois artigos visaram essa impunidade e, ao longo da discussão parlamentar do texto, a UCD conseguiu incluí-los em troca da libertação de presos políticos envolvendo crimes de sangue, como os cometidos pelo ETA.

A lei foi finalmente aprovada pela maioria dos membros do Congresso (296 votos a favor, 18 abstenções, 2 votos contra e 1 voto nulo). Apenas a Alianza Popular (AP), partido de direita composto em grande parte por pessoas que tiveram cargos importantes durante a ditadura, absteve-se, uma vez que se opunha a anistiar perpetradores de graves crimes, e o radical Basco MP votou contra a lei porque suas restrições temporais significavam que muitos dos presos do ETA, que continuaram atacando a democracia após as primeiras eleições democráticas, permaneceriam na prisão.

Apesar da natureza "ponto final" que também caracterizou essa lei, ela não deve ser confundida com outras leis de anistia, nas quais os líderes da ditadura negociam uma transição pacífica de poder e garantem a realização de eleições diretas em troca de sua impunidade. O que *deveria* se ter em mente é que o fato de os herdeiros da ditadura, alguns deles longe de serem uma presença negligenciável em instituições-chave (como o Exército, a Polícia e o Judiciário), aceitaram, embora com muitas reservas, a libertação de terroristas condenados por crimes violentos – alguns deles bem recentes –, fornecendo, de forma impensável, a possibilidade de processar ex-funcionários que atuaram durante a ditadura por violações dos direitos humanos. A transição espanhola em geral, e a lei de anistia, em especial, dificilmente podem ser entendidas sem se levar em conta a violência política do período e, acima de tudo, a existência do terrorismo do ETA, uma vez que entre suas principais vítimas estavam, muito particularmente, o Exército e a Polícia. A existência de crimes cometidos por setores radicais da oposição e o clima de violência em que a transição se desenrolou explicam por que a estabilização do processo de democratização tem precedência sobre qualquer outro objetivo, que, por sua vez, foi reforçada pela lembrança traumática predominante da violência política da década de 1930, cuja repetição precisava ser evitada a qualquer custo.

A LEI ESPANHOLA DE ANISTIA DE 1977 EM PERSPECTIVA COMPARADA: DE UMA LEI PELA DEMOCRACIA [...]

A Anistia na Era da Responsabilização

Como García Arán demonstrou, a anistia mútua e recíproca concedida pelos herdeiros da ditadura e da oposição democrática não era simétrica, "nem em termos jurídicos, nem em termos políticos"

Holmes defendeu a conveniência da adoção de "regras restritas" para as questões particularmente divisionistas e controversas, especialmente em épocas tão delicadas e incertas, como transições para a democracia, e ele cita leis de anistia como "exemplos clássicos de democratizar-estabilizar as regras restritas". Segundo esse autor, "ao virar a página do livro sobre o passado, mantendo a retribuição por crimes anteriores fora da agenda política, os organizadores de uma nova democracia podem garantir a complacência de elites estrategicamente localizadas – cooperação que pode ser indispensável para uma transição bem-sucedida da ditadura para autonomia". No entanto, ele também reconhece o caráter provisório de tais "regras restritas"; um órgão legislativo, como o Congresso, pode decidir adotá-las, "mas não pode efetivamente barrar o público ou a imprensa". Ele também aponta que as regras restritas "raramente são neutras; elas apoiam implicitamente uma política e minam as alternativas (...). Para evitar sobrecarga, todos os indivíduos e grupos devem suprimir alguns problemas controversos (...). Mas evitar problemas, mesmo que seja algo atraente, será sempre unilateral e potencialmente perigoso" (Holmes, [1988] 1993: 27, 43, 56, 59).

Isso é precisamente o que aconteceu no caso da Espanha: os herdeiros ideológicos da ditadura acabaram se beneficiando muito mais com o acordo de não remexer no passado do que aqueles que tinham sofrido represálias nas mãos do antigo regime. É verdade que ambos os lados cometeram atrocidades intoleráveis durante a guerra (embora alguns já tivessem sido julgados por esses crimes durante o período posterior, enquanto outros não). No entanto, na maioria das ditaduras, vítimas e carrascos eram claramente diferenciados. Porém, o véu que tinha sido elaborado no passado principalmente na esfera política beneficiou principalmente aqueles que tinham ocupado um cargo público sob o franquismo, e também aqueles que tinham colaborado ativamente com as atividades repressivas da ditadura.

Como García Arán demonstrou (2009: 189), a anistia mútua e recíproca concedida pelos herdeiros da ditadura e da oposição democrática não era simétrica, "nem em termos jurídicos, nem em termos políticos". Por um lado, "a maioria dos crimes pelos quais os democratas foram anistiados deixou de ser crime, e muitos deles vieram a constituir um exercício direto dos direitos políticos (...). Por outro lado, as ações das autoridades, dos funcionários públicos e dos agentes da lei realizadas contra o exercício dos direitos fundamentais (...) continuaram constituindo crimes de acordo com as novas leis (...). Portanto, a anistia foi mais generosa com os funcionários do franquismo: eles poderiam ter sido perseguidos, mas não foram".

O fato de a lei de anistia ter deixado sem resolução questões importantes é demonstrado por toda a legislação complementar que se seguiu. Devemos considerar, em primeiro lugar, o Decreto-Lei Real de 06 de março de 1978, que concedeu pensões para os recrutas militares e membros das Forças da Lei e da Ordem da Segunda República (1931-1936), ou aos seus herdeiros; em segundo lugar, o Decreto Real de maio de 1978, que regulamentou a aplicação de anistia por parte dos funcionários do Governo Regional da Catalunha; em terceiro lugar, um Decreto-Lei Real, aprovado em dezembro de 1978, relativo à extensão da anistia aos oficiais de justiça expulsos; em quarto lugar, a aprovação, em setembro de 1979, de uma lei prevendo pensão, assistência médica e assistência social para as viúvas e outros familiares daqueles que morreram durante a guerra, posteriormente, como resultado de ferimentos de guerra ou, finalmente, "como consequência de atividades ou opiniões políticas e sindicais", desde que a morte "não tenha sido uma consequência de execução de sentença, nem derivada de ação violenta por parte do falecido"[10]; em quinto lugar, a Lei de 08 de junho de 1984, que reconhece os anos passados na prisão como contribuições à segurança social devido aos casos previstos na lei de anistia[11]; em sexto lugar, a Lei de 22 de outubro de 1984[12], que representa um avanço qualitativo porque se refere à terminologia utilizada, uma vez que além de prever pensões e assistência, também reconhece os "serviços prestados" por aqueles que se uniram ao Exército ou às forças policiais durante a guerra, isto é, aqueles que não eram profissionais antes mesmo de começar. O preâmbulo da lei diz: "A aprovação da Constituição de 1978 permitiu-nos superar com êxito as motivações emocionais que impediram que o problema fosse totalmente resolvido no ano anterior, em outubro de 1977, ou seja, com a lei de anistia é necessário adaptar as leis aos preceitos da nossa lei fundamental".

---

10   A Lei de Reparação de 2007 aumentou o número dessas pensões.

11   "Com esses regulamentos o novo Estado democrático visa eliminar os últimos obstáculos para integrar, como os cidadãos com plenos direitos, aqueles que foram caracterizados pela luta por liberdade e pelo estabelecimento de uma convivência pacífica na Espanha". Também é mencionado que essa lei satisfaz as demandas levantadas por partidos políticos e associações de ex-prisioneiros, desde o estabelecimento do regime democrático.

12   Essa lei foi desenvolvida pelo Decreto Real de 19 de junho de 1985.

A LEI ESPANHOLA DE ANISTIA DE 1977 EM PERSPECTIVA COMPARADA: DE UMA LEI PELA DEMOCRACIA [...]

A Anistia na Era da Responsabilização

É muito revelador que esse preâmbulo reconheça os obstáculos para fazer justiça a certos grupos que existiram durante a transição.

Quanto à sétima e última parte da legislação complementar, deve-se salientar que não foi antes de dezembro de 1986, mês em que os militares condenados recupe-raram seus direitos ativos, que uma das lacunas mais importantes da Lei de Anistia foi preenchida, o que impediu os antigos membros da União Democrática Militar (UMD, Unión Militar Democrática)[13] de se afiliarem novamente ao Exército. De fato, o preâmbulo da lei de 1986 reconhece que a anistia de 1977 "ofereceu trata-mento desigual àqueles que, abrangidos pelo seu âmbito de aplicação, mantiveram serviços profissionais ou *status* de funcionário público. Essa desigualdade de tra-tamento se manifesta na falta de disposição para a completa reabilitação dos an-tigos profissionais, pois não lhes foi concedida a oportunidade de se juntar às Forças, Corpos ou Instituições das quais foram demitidos. O princípio da não dis-criminação, firmemente estabelecido no artigo 14 da Constituição, junto com a declaração de que os espanhóis são iguais perante a lei, exige que tais desigualda-des sejam corrigidas oferecendo a todos os interessados um tratamento justo e igualitário". Significativa é a quantidade de tempo que teve de passar – nove anos desde a lei de anistia e oito desde a aprovação da Constituição – antes que os le-gisladores se atrevessem a aprovar essa medida de reparação, o que demonstra o grau de capacidade dos militares, à época, para se opor às políticas que pudessem afetar a sua organização interna[14].

| 3. | O CASO ESPANHOL EM PERSPECTIVA COMPARADA |

Segundo Jon Elster (1998: 7), em todo o processo de democratização, as novas elites políticas "tiveram que decidir se líderes, colaboradores ou agentes do antigo regime de-viam ser levados ao tribunal ou serem penalizados de outra forma, e se e como as vítimas dos regimes devem ser reabilitadas e indenizadas". Medidas de reparação são geralmente consideradas mais inócuas do que aquelas que visam proporcionar justiça, razão pela

---

13   A UMD foi uma organização clandestina, criada em 1974, para ajudar a difundir as ideias democráticas entre as Forças Armadas franquistas das quais ela havia surgido. Alguns dos oficiais que pertenciam a essa organização foram julgados, presos e demitidos do Exército. Este, por sua vez, recusou enfaticamente a reintegração deles, uma forma de reparação que a lei de anistia de 1977 disponibilizou a todos os outros espanhóis que haviam sido demitidos de seus empregos por razões políticas.

14   Havia outros grupos que foram temporariamente excluídos da anistia e que muitas vezes são esquecidos, constituído por aqueles que tinham sido condenados por aquilo que ainda era considerado crime na época da aprova-ção da lei: a homossexualidade, o adultério, a coabitação ou a utilização de contraceptivos.

qual elas têm sido utilizadas com maior frequência. Além disso, na ânsia por satisfazer os violadores de direitos humanos do regime anterior, de modo a garantir que eles não conspirassem contra o regime democrático incipiente, os novos governos democráticos tendem a recorrer a medidas de perdão, em especial as anistias. No entanto, um recente estudo sistemático, que usa a informação detalhada relativa a vários países, chegou à conclusão de que os julgamentos sobre violações dos direitos humanos que ocorreram na América Latina não representaram, ao contrário das previsões de vários autores, uma ameaça para os regimes democráticos, nem agravaram os conflitos internos nessas sociedades (Sikkink e Walling, 2007).

Nos parágrafos seguintes, a experiência espanhola será comparada à argentina e chilena. Isso é essencial para uma melhor compreensão dos mecanismos que estão por trás das limitações que encontramos no caso da Espanha.

No que diz respeito às medidas jurídicas e de isenção, os oficiais das Forças Armadas da Argentina, antes de entregar o poder ao governo civil, aprovaram uma anistia para eles mesmos, em abril de 1983. Essa "Lei de Pacificação Nacional", que abrangeu tanto os atos de "subversão" quanto os excessos da "repressão", seria revogada pelo novo governo democrático em dezembro do mesmo ano. O presidente Alfonsín tomou medidas para processar, simultaneamente, vários ex-governantes militares e os sete líderes mais importantes da guerrilha[15]. A Argentina tornou-se assim "o primeiro (e único) a democratizar o regime na América Latina para colocar todos os nove ex-líderes da junta militar do país em julgamento pelo assassinato e desaparecimento de dezenas de cidadãos do país durante a ditadura de 1976-1983" (Hite, 2006: 202)[16]. Após um julgamento que foi televisionado, cinco dos réus foram condenados e quatro absolvidos. Mas o processo judicial contra as violações de direitos humanos continuou, criando certa dose de ansiedade entre os militares, na medida em que o

---

15   Isso foi o mesmo que "condenar o 'terrorismo do Estado' e o 'terrorismo contra o Estado' em igual medida: essa abordagem foi denominada teoria dos dois demônios" (Lefranc, 2004: 34). Um gesto similar inspira a lei de anistia espanhola de 1977, na medida em que ela simultaneamente perdoa os crimes daqueles que se opunham à ditadura (incluindo os terroristas de extrema esquerda) e os crimes cometidos pelas autoridades franquistas. Em ambos os casos, a existência de culpa coletiva que deu origem à necessidade de perdão recíproco é tida como certa.

16   Inicialmente, foram feitos esforços para garantir que os líderes militares fossem julgados pelo próprio Exército. No entanto, quando, "em setembro de 1984, o Conselho Supremo das Forças Armadas determinou que as ordens emitidas no suposto 'exercício da luta contra a subversão' não eram 'objetivamente legítimas', a jurisdição civil teve que se encarregar do caso" (Tappatá de Valdez, 2005: 93). Alfonsín fez um acordo secreto com os líderes militares no qual eles foram assegurados de que os julgamentos passariam dos nove membros da junta mencionada. Ele também garantiu que todos eles, eventualmente, seriam perdoados. No entanto, alguns juízes e organizações de direitos humanos pressionaram para que o processo contra os abusadores dos direitos humanos (ou simplesmente contra os criminosos) avançasse.

grupo de rebeldes do Exército argentino, conhecido como "caras pintadas" (carapin-tadas), organizou uma série de revoltas. As Leis do Ponto Final (Punto Final) e Obe-diência Devida (Obediencia Debida), que datam de dezembro de 1986 e junho de 1987, respectivamente, foram promulgadas em uma tentativa de pôr fim a essas revoltas e, assim, estabilizar a democracia[17]. Posteriormente, em outubro de 1989 e janeiro de 1991, Carlos Menem seria responsável pela aprovação de uma série de indulgências para aqueles que tinham sido processados antes que essas leis entras-sem em vigor.

Crimes envolvendo a apropriação de menores nascidos de presas grávidas e mulheres "desaparecidas" nunca foram cobertos pelas duas leis referidas ou pelos perdões de Me-nem, o que explica o motivo pelo qual o sistema de Justiça argentino continuou, duran-te a década de 1990, a levar em consideração vários oficiais de alta patente da ditadura: "Em um caso paradigmático em 1998, os generais Videla, Massera, Nicolaides e Bignone, juntamente com cinco funcionários de baixo escalão, foram presos após serem conside-rados culpados em 194 acusações de rapto e adoção de crianças em sete centros clan-destinos. Essas foram as primeiras sentenças de prisão desde o mandato de Alfonsín" (Barahona de Brito, 2001: 137). Ao longo desse período, "grupos de direitos humanos, jornalistas e juízes focados em crimes excluíram da Lei de Obediência Devida, em parti-cular aqueles envolvendo sequestros de filhos de desaparecidos, para pressionar por no-vas condenações" (Hite, 2006: 204).

Em 1999, "Juízos da Verdade" começaram a ocorrer "em diferentes Câmaras Federais em todo o país, porque é onde os casos criminais relativos a acontecimentos que ocor-reram durante a ditadura militar foram realizados (...). Seu objetivo não é determinar a responsabilidade criminal dos envolvidos e, portanto, eles não permitem a possibilida-de de condenação" (Tappatá de Valdez, 2005: 97). Esses julgamentos constituem uma medida inovadora e original, que busca efetivamente colocar em prática o "direito à verdade e o direito ao luto", direitos que são cada vez mais reconhecidos na esfera do Direito Internacional. O governo argentino, graças à pressão exercida por organizações de direitos humanos, reconheceu esses direitos e, em 1996, inclusive, criou uma comis-são de verdade para essa finalidade.

---

17   Com essas medidas, o Governo tentou evitar as consequências negativas que os processos judiciais em andamento (cerca de 6.000 no início de dezembro de 1986) poderiam acarretar para a democracia recentemente esta-belecida (Barahona de Brito, 2001: 122). O Judiciário, afastando-se mais uma vez dos ditames da política, mostrou sua desaprovação a essa legislação, acelerando os processos antes das leis entrarem em vigor.

No ano de 2000, quatro membros das juntas militares, já perdoados, e dezenas de oficiais de baixa patente foram condenados e presos por rapto de crianças e adoção ilegal (Hite, 2006). Independência judicial na Argentina foi enfatizada em várias ocasiões e até mesmo selou os pactos secretos entre Alfonsín e os militares em perigo (Acuña, 2006: 236 e Foll). Em 2001, a primeira decisão judicial sobre a inconstitucionalidade das leis do "Ponto Final" e "Obediência Devida" levou à reabertura de um processo de privação ilegal de liberdade, torturas e assassinatos, e a declaração parlamentar de inconstitucionalidade de 2003 permitiu a retomada de grandes julgamentos (*megacausas*).

Embora possa ser verdade que "as regras restritas" podem desempenhar um papel fundamental nos processos de mudança política e permanecerão em vigor por muitos anos, elas estão longe de serem irrevogáveis e estão sempre sujeitas a flutuações do contexto político. Néstor Kirchner, desde o início do seu mandato, mostrou-se extremamente disposto a melhorar a reparação das vítimas e a limitar a impunidade dos agressores, exatamente como faria Bachelet no Chile, alguns anos mais tarde; ele fez reuniões com organizações de direitos humanos e com associações de parentes das vítimas. Em março de 2006, por ocasião do 30º aniversário do golpe militar, o então presidente argentino ordenou que as autoridades militares abrissem seus arquivos a fim de facilitar uma investigação aprofundada sobre a extensão da repressão. Ele também "revogou o decreto que impedia a extradição de militares" que tinham sido acusados de abusos dos direitos humanos (Tappatá de Valdez, 2005: 109). Finalmente, ele estimulou juízes da Suprema Corte a declararem a inconstitucionalidade dos perdões aprovados por Carlos Menem, com base no fato de estarem relacionados com crimes imprescritíveis e de terem beneficiado, principalmente, mas não exclusivamente, uma grande parte dos principais membros das juntas militares[18]. Uma vez que a Suprema Corte finalmente revogou a legislação supracitada, em junho de 2005, o processo ganhou novo impulso judicial[19].

No Chile, a Lei de Anistia de 1978 (que, como na Argentina, mas em contraste com a Espanha, estava passando pela ditadura) foi rigorosamente cumprida até a detenção de Pinochet em Londres. Este evento fortuito forçou os chilenos a rever alguns acordos em

---

18   Outros réus acusados de violações dos direitos humanos e conspirações militares também se beneficiaram, como os ex-guerrilheiros que tinham usado a violência na luta contra a ditadura (Barahona de Brito, 2001: 137; Tappatá de Valdez, 2005: 94). O aspecto mais controverso do pedido de Néstor Kirchner é que ele não pediu que os juízes revogassem os perdões concedidos a estes últimos.

19   Em setembro de 2006, houve 100 processos criminais em andamento em todo o país e cerca de 900 denúncias criminais arquivadas nos tribunais.

que o processo de mudança política tinha se baseado. A ressurreição posterior do passado não foi, portanto, o resultado de uma lembrança "intencional", mas sim, "desta vez, como nunca antes na transição, uma memória [imposta]" (Lechner e Güell, de 1999: 194). A partir de então, os juízes começaram a reinterpretar essa lei e alguns até consideram que os casos de desaparecidos constituíam, em conformidade com a legislação internacional, "crimes imprescritíveis", o que lhes permitiu reabrir processos anteriores a 1978. A lei da anistia do Chile permanece em vigor até hoje, mas, apesar de sua remoção do estatuto ter sido objeto de debate parlamentar, o Congresso ainda tem que chegar a uma decisão definitiva sobre o assunto. De fato, em agosto de 1990, o Tribunal Constitucional ratificou a constitucionalidade dessa lei. Apesar das declarações da ex-presidente Bachelet (uma forte defensora da aplicação do Direito Internacional, particularmente dos que figuram na Convenção Americana de Direitos Humanos, em que um dos corpos de supervisão, a Comissão Interamericana de Direitos Humanos, criticou a aplicação da referida lei, no Chile[20]) indicando que a anistia poderia ser revogada, ela deixou o cargo sem ter realizado essa medida.

Durante seus primeiros 15 anos em vigor, o Decreto-Lei de anistia de 1978 foi aplicado, salvo exceções, sem qualquer investigação ser conduzida. No entanto, a própria lei prevê que "o juiz deve proceder a um inquérito antes de conceder anistia", a fim de estabelecer o tipo de participação dos indivíduos no julgamento, fazer distinção entre os criminosos, cúmplices e obstrutores da Justiça. Apesar disso, a Suprema Corte decidiu interpretar a lei de maneira diferente, concedendo anistia sem a realização de quaisquer inquéritos, enquanto que o juiz Carlos Cerda optou por realizar todas as investigações necessárias antes da concessão da anistia. Na década de 1990, "os argumentos do juiz Cerda prevaleceram: a anistia só poderia ser aplicada se os requisitos estabelecidos no Decreto-Lei 2.191 fossem cumpridos, ou seja, se uma investigação fosse realizada e se, por essa última, fosse confirmado que havia ocorrido um homicídio e que a participação dos responsáveis pudesse ser estabelecida" (Lira, 2006: 86). Isso é o que veio a ser conhecido como "doutrina Aylwin". Há uma diferença notável entre a anistia chilena e a sua homóloga espanhola. No Chile, os juízes ajudaram a esclarecer os fatos sem violar a lei. Além disso, em muitos casos, eles decidiram investigar crimes considerados imprescritíveis. Finalmente, a anistia chilena abrange apenas o período anterior a 1978, enquanto a anistia espanhola abrange todo o período da ditadura de Franco.

---

20   **El País**, 16/10/2006, p. 100.

O fato de na Espanha, ao contrário dos outros dois países analisados, os militares não terem precisado aprovar uma "autoanistia" antes da mudança de regime é provavelmente devido a dois fatores. Primeiro, o contexto em que a transição espanhola ocorreu não foi tão sensível à conjuntura internacional de oposição à impunidade que acabaria por vir a prevalecer, o que explicaria por que aqueles que ocuparam posições de poder sob a ditadura se sentiam menos apreensivos. Em segundo lugar, contudo, pode-se também destacar o quão confiantes estavam as elites franquistas em sua capacidade de manter o processo de mudança sob controle. Finalmente, convém enfatizar que o poder da ditadura franquista, ao contrário das ditaduras do Cone Sul, não estava com os militares e, consequentemente, tinham sido eles os principais responsáveis pela repressão, particularmente a partir da década de 1950.

Uma questão muito diferente é a anistia para os presos políticos da ditadura, que também foi aprovada em todos os três casos, ainda que implementada em épocas muito diferentes. No Chile, ela levou mais de quatro anos para garantir a libertação de cerca de 400 presos políticos, ao passo que na Espanha, como vimos, as medidas de anistia começaram a serem aprovadas imediatamente após a morte de Franco, e a anistia de 1977 foi a primeira lei aprovada pelo novo Parlamento democrático. Algo muito semelhante ocorreu na Argentina, onde a libertação dos presos políticos foi a primeira medida adotada pelo presidente Alfonsín. Tanto no Chile quanto na Espanha, os militares se opuseram fortemente à libertação dos presos condenados por crimes de violência.

No Chile, os principais julgamentos e prisões por violações dos direitos humanos tiveram início em 1995[21]. Apesar do fato de que o governo de Eduardo Frei, sob pressão da direita e dos militares, tentou colocar limites em matéria de justiça – embora continuando a apoiar a busca de desaparecidos –, uma reforma na Suprema Corte e a nomeação de novos juízes significou que esse órgão jurisdicional, entre 1997 e 1998, começou a mudar suas decisões, afirmando que "a lei internacional era superior à lei de anistia e que o desaparecimento é um crime vigente até que o corpo seja encontrado, o que significa que isso não pode ser submetido à anistia até que seja resolvido" (Barahona de Brito, 2001: 148). Como já foi mencionado, a detenção de Pinochet também agiu como um catalisador e, desde então, "os tribunais chilenos têm processado mais de 300 policiais militares por violações dos direitos humanos" (Hite, 2006: 205).

---

21   O julgamento mais importante que ocorreu antes desta data foi o relacionado ao "caso Letelier", que resultou na prisão de Manuel Contreras e Pedro Espinosa.

A LEI ESPANHOLA DE ANISTIA DE 1977 EM PERSPECTIVA COMPARADA: DE UMA LEI PELA DEMOCRACIA [...]

A Anistia na Era da Responsabilização

Na Espanha, nenhum dos casos envolvendo violações de direitos humanos, registrados durante a Guerra Civil ou o período da ditadura, foi revisto. Deve-se ressaltar que o tipo de repressão exercida pelas autoridades franquistas era menos clandestina e muito mais protegida pela legislação do regime que os outros dois casos analisados, embora durante e imediatamente após a guerra tenha havido execuções extrajudiciais e desaparecimentos, e ao longo de todo o regime, torturas e julgamentos sem o devido processo. A repressão no Cone Sul era essencialmente "clandestina e ilegal, mesmo de acordo com as leis da ditadura" (Barahona de Brito, 2001: 119). De fato, surpreendentemente, embora a pena de morte tenha sido restabelecida durante a ditadura argentina, ela nunca foi cumprida. E sob a ditadura de Pinochet, a pena de morte foi aplicada somente em quatro casos, todos eles totalmente alheios a questões políticas. Na Espanha, ao mesmo tempo, embora não se saiba exatamente quantas sentenças de morte foram executadas pela ditadura durante o período pós-guerra, acredita-se que os casos sejam em torno de 50.000[22]. Entre 1947 e 1975, havia 41 execuções civis determinadas pelo tribunal por garrote e, entre 1958 e 1975, 13 execuções (quatro por garrote e o restante pelo pelotão de fuzilamento) impostas pelos tribunais marciais[23].

No sétimo mandato da democracia espanhola (2000-2004), com o principal partido conservador (PP) no poder, vários grupos parlamentares solicitaram a nulidade das sentenças passadas pelos tribunais militares franquistas[24]. Em 2003, o grupo socialista apresentou uma iniciativa nesse sentido[25] e, um ano mais tarde, com o PSOE agora no poder, decidiu que as tarefas executadas pela Comissão Interministerial deveriam incluir "um estudo jurídico sobre a anulação de julgamentos injustos entregues nos julgamentos sumários realizados sob a legislação franquista". O relatório que foi finalmente apresentado pela Comissão exprimiu forte oposição a essa medida. Por conseguinte, o direito à reparação de 2007[26], aprovada durante o primeiro mandato de José Luis Rodríguez Zapatero (2004-

---

22   Na Espanha, a pena de morte foi abolida para crimes comuns em 1978 e para todos os tipos de crimes em 1995 (apesar de que no artigo 15 da Constituição, que traz a abolição, ainda se lê "exceto as realizadas por militares em tempos de guerra").

23   **Comentario Sociológico.** Estructura Social de España, issue 12-13, October 1975-March 1976, p. 1014.

24   "A compensação pode também assumir formas mais simbólicas, notavelmente a anulação do veredicto aprovado em regimes adversários" (Elster, 2004: 129). Isso é o que tem sido feito na Alemanha, um caso que poderia constituir um precedente interessante para muitos outros países, muito particularmente para a Espanha. Consulte a "Lei de Anular Sentenças Nacional-Socialistas Injustas na Administração da Justiça Penal" (25 de agosto de 1998, reformada pela Lei de 23 de julho de 2002).

25   BOCG, 8 de setembro de 2003, VII Legislatura, Serie D, núm. 580 (Diário Oficial do Parlamento, 8 de setembro de 2003, 7º Termo, Série D, questão 580).

26   Apesar de todas as suas limitações, essa é provavelmente a lei aprovada mais importante para as vítimas do franquismo desde o período da democratização e, sem dúvida, a mais controversa de todas. Para obter mais informações sobre essa lei e sobre as tensões políticas que surgiram durante esse período, consulte Aguilar (2008b).

2008), não prevê a nulidade de julgamentos sumários, mas, em vez disso, apenas declara ilegítimos certos tribunais e julgamentos – ao contrário de ilegal – e oferece a possibilidade de obter uma "declaração de reparação e reconhecimento pessoal" para aqueles que sofreram determinadas decisões judiciais sob a proteção de leis emitidas em razão de ideologia ou crença religiosa. Embora a Anistia Internacional (2007) tenha criticado essa lei por não garantir aos acusados o recurso para garantir a anulação ou revogação de penas[27], as consequências jurídicas da declaração continuam sendo vistas. Na verdade, a segunda disposição adicional da referida lei afirma que as disposições nela contidas "são compatíveis com a perseguição das ações e com o acesso aos procedimentos judiciais ordinários e extraordinários previstos na legislação nacional ou nos tratados e convenções internacionais assinados pela Espanha", o que implica uma adesão tácita aos ditames da legislação internacional[28].

A possibilidade de julgamentos sumários realizados por tribunais militares franquistas serem declarados nulos provocou algumas controvérsias com maus precedentes em círculos políticos, sociais e legais. A posição do governo, apoiada por várias decisões da Suprema Corte[29] e pela opinião do Tribunal Constitucional[30] (que invoca o princípio da "segurança jurídica" e enfatiza a ausência de "fatos novos" como a principal razão para contestar a revisão dos julgamentos franquistas), tem sido contestada por outros que se manifestaram a favor de ir além dos argumentos utilizados até então. Conde Pumpido, promotor de Justiça do Estado, no final da legislatura parlamentar de 2004-2008, mostrou sua disponibilidade para promover a revisão das decisões ideológicas franquistas, incluindo as cortes marciais. É importante lembrar que quase ninguém na Espanha está solicitando o julgamento de quem emitiu dezenas de milhares de sentenças de morte em julgamentos injustos, sem o devido processo legal, nem daqueles que

---

27   Equipo Nizkor (Equipe de Nizkor) também criticou a medida. Em sua opinião, o caso espanhol não é incomum, à medida que "nenhuma democracia teve origem a partir de uma ditadura sem romper com ela em termos legais", e a equipe cita os casos da Itália e da Alemanha. Essa organização afirma que a ONU declarou ilegítimo o franquismo em 1946 e que, portanto, todas as suas ações devem, mais cedo ou mais tarde, serem declaradas nulas. Ela também se queixa de que todos os julgamentos sumários realizados sob a ditadura ainda não estão listados em um mesmo inventário oficial (**El País**, 07/05/2006, p. 24).

28   No entanto, como será visto no epílogo deste artigo, a única iniciativa a esse respeito provocou uma reação ofensiva da extrema-direita e uma atitude extremamente obstrutiva por parte do Poder Judiciário.

29   A Divisão Militar do Supremo Tribunal Federal recusou, por diversas vezes, exceto em um caso excepcional (um indivíduo que foi julgado duas vezes pelo mesmo crime), rever as sentenças proferidas por tribunais franquistas. Ela recusou o recurso de revisão judicial em pelo menos 42 ocasiões (Gil, 2008). Marc Carrillo discordou das ações do Supremo Tribunal e alegou que "antes de negar o recurso, deve-se esgotar o procedimento probatório se houver uma centelha de prova, e não rejeitar o recurso, alegando que as provas apresentadas são insuficientes" (citado por Gil, 2008).

30   "Nosso Tribunal Constitucional já confirmou a impossibilidade de aplicar a Constituição nas decisões antes de sua entrada em vigor que tenha deixado de ter efeitos" (Gil, 2008).

posteriormente causaram a morte de presos ou, mais tarde, durante a transição, de manifestantes e grevistas. Em vez disso, o objetivo relativamente modesto é o de analisar e, eventualmente, revogar ou anular as sentenças marcadas com conotações políticas ou ideológicas, a fim de demonstrar que eram injustas, o que contribuiria para a reparação moral das vítimas. Antes da aprovação da lei de reparação, Joan Queralt, professor de Direito Penal, argumentou a favor de anular essas sentenças em oposição a apenas revogá-las, em conformidade com o precedente alemão[31]. José Antonio Martín Pallín, ex-juiz do Tribunal Constitucional, sustentou que essa lei irá permitir que os recursos individuais fossem apresentados e que as sentenças consideradas ilegítimas pudessem ser anuladas *de facto*[32]. Finalmente, Carlos Jiménez Villarejo, ex-procurador-Geral do Gabinete Anticorrupção, pediu ao Judiciário para ser corajoso quando da aplicação da lei, e até mesmo dar início aos procedimentos judiciais com vista à revogação de sentenças franquistas[33].

Independentemente daquilo que eventualmente acontece na esfera jurídica como um resultado da aplicação da lei de reparação, o fato é que o legislador espanhol decidiu não proceder a reformas legislativas semelhantes às aplicadas em países como a Alemanha. Da mesma forma, e também em contraste com outros casos, só um juiz deu prioridade à legislação internacional a fim de superar as restrições da lei de anistia (ver epílogo). Praticamente, não houve nenhum esforço para fazer a mesma coisa como no Chile, ou seja, para investigar certos casos o tempo que for necessário para mostrar a verdade, mesmo que se saiba de antemão que a anistia deverá ser concedida aos culpados. A única tentativa (sem sucesso) de fazer isso aconteceu com o "caso Ruano"[34]. O julgamento sobre a sua morte demonstra que se o processo judicial tivesse sido iniciado mais cedo (e, claro, nesse caso particular, se a prova crucial não tivesse sido deliberadamente sonegada), teria sido possível esclarecer alguns crimes políticos, sem que houvesse qualquer condenação que seja, uma vez que a lei de anistia teria evitado isso. José Manuel Gómez Benítez, advogado da família Ruano, manteve que "não teria havido qualquer objeção à anistia concedida se os réus tivessem admitido terem cometido o crime e agido por motivos políticos, como estipulado pelos pré-requisitos para a aplicação da Lei de 1977"[35].

---

31   "Desmemoria histórica", **El País**, 05/01/2007, p. 26.

32   **Público**, 20/10/2007, p. 11.

33   **Siglo XXI**, 18/10/2007.

34   Para mais informações sobre o "caso Ruano" e suas implicações legais, consulte Gil (2009: 85-96).

35   Incluso em Gil (2008).

Conforme Gil astutamente aponta, com base na estratégia implantada por Benítez Gómez, "a anistia não impede investigação e verificação dos fatos e da motivação política (...), pelo contrário, a verificação pelo tribunal dessas circunstâncias é uma condição para a sua aplicação. Essa interpretação deixaria nossa Lei de Anistia mais em consonância com um mecanismo de busca da verdade". No entanto, como o autor mesmo afirma, salvo a exceção da família Ruano, as demais pessoas afetadas não iniciaram qualquer processo. "As próprias vítimas achavam que a anistia não abrangeu casos não julgados e que não havia a necessidade de os alegados autores provarem ou reconhecerem qualquer coisa" (Gil, 2008). Em face desse caso, não se pode deixar de ser atingido novamente pela falta de iniciativa de juízes, advogados e promotores na Espanha, dado que, ao contrário do que ocorreu em outros países, muito poucos tinham conhecimento para aconselhar as famílias das vítimas sobre os meandros da lei para garantir, senão a justiça, então, pelo menos, a verdade e, portanto, a reparação moral.

No Chile e na Argentina, como a maioria da repressão tomou forma extralegal, não há muitos julgamentos que possam ser revistos e/ou invalidados, como no caso espanhol. Na Argentina, os presos políticos julgados por tribunais militares foram liberados, mas as suas sentenças não foram anuladas. As reformas legais *foram* realizadas; por exemplo, as funções desses tribunais foram cortadas, as emendas do Código Penal introduzidas pelas ditaduras foram revogadas e as funções das Forças Armadas foram revistas. Houve também debates sobre se os juízes que tinham jurado obediência às juntas deviam ou não serem autorizados a permanecer no cargo, mas, no final, muito poucos deles foram demitidos. Nem "medidas especiais foram tomadas para purgar as Forças Armadas e Forças de Segurança, tais como remover aqueles que tinham participado da repressão ilegal, com diferentes graus de responsabilidade" (Tappatá de Valdez, 2005: 102).

Elster chama a atenção para os constrangimentos econômicos e humanos que devem ser combatidos durante processos de transição em que a possibilidade da realização de remoção é considerada. Com a ajuda de numerosos exemplos, o autor sustenta que a vontade de expurgo tem sido submetida a considerações de ordem prática nos países em que precisavam contar com a experiência das elites anteriores (administrativas, econômicas e até militares e policiais) para lidar com uma situação econômica delicada ou para evitar o colapso da administração (Elster, 2004: 188 e ss.). No caso espanhol, parece claro que a libertação das instituições, para a qual, aliás, mal havia demanda, teria sido seriamente limitada pela obrigação de combater a crise econômica de meados dos anos setenta e, sobretudo, pela inevitável confiança nas forças policias do governo e nos serviços de inteligência para continuar lutando contra um terrorismo cada vez mais sangrento.

No que se refere às reformas institucionais que, muitas vezes, servem para democratizar profundamente novos regimes sem a necessidade de trazer alguém a julgamento, é importante ressaltar que os legados da ditadura no Chile foram muito mais significativos e muito mais um obstáculo para o processo democrático do que em qualquer um dos outros dois casos. Os famosos "*amarres*" vão desde a Constituição de 1980 (não nos esqueçamos de que na Espanha uma nova Constituição foi aprovada, em primeiro lugar pelo Parlamento e, em seguida, em um referendo, apenas três anos após a morte de Franco[36]) à presença de Pinochet como comandante em poder do Exército e, a partir de março de 1998, como senador vitalício, enquanto outros exemplos de como uma legislação tão "restrita" incluiu um conjunto de leis que impôs restrições severas à liberdade de expressão. Várias das medidas aprovadas pela ditadura chilena antes de entregar o poder visaram não só garantir a impunidade dos repressores, mas também conceder controle de certas instituições fundamentais para a direita e para os militares. Levaram-se muitos anos para introduzir reformas destinadas a democratizar o seu funcionamento, e uma série de outras medidas importantes ainda precisa ser aprovada na hora de colocá-la no papel. Apesar das muitas alterações da Constituição, a continuidade legal tem sido muito importante no Chile: "a pena de morte continua em vigor para os crimes relacionados com a segurança nacional, os tribunais militares têm jurisdição sobre determinados delitos cometidos por civis e as sentenças do regime militar continuam válidas" (Acuña, 2006: 225). Haggard e Kaufman (1997) já haviam observado que, no caso do Chile, e em outros casos semelhantes, a saída das elites autoritárias teve muito mais espaço de manobra do que no caso da Argentina, fortemente condicionado pela crise econômica e pela derrota na Guerra das Malvinas, o que permitiu que o regime Pinochet impusesse condições favoráveis à sua sobrevivência e que limitasse a revisão de suas ações.

Na Espanha, a continuidade no sistema legal[37], nas Forças Armadas[38] e na polícia herdada da ditadura foi decisivo. As reformas de maior alcance institucional nesses domínios não

---

36   O processo de desmantelamento do regime franquista está resumido na Tabela 12.

37   É importante ressaltar que todos os juízes pertencentes ao Tribunal de Ordem Pública (**Tribunal de Orden Público**), com exceção de seu presidente, que tinha sido assassinado pelo ETA, fizeram parte da Alta Corte Nacional (**Audiencia Nacional**) (Francisco Gor, citado por Gil, 2008), a mesma instituição à qual Baltasar Garzón pertence. E o Tribunal de Ordem Pública foi criado sob o franquismo (em 1963), precisamente para julgar crimes políticos. Milhares de pessoas foram acusadas e condenadas até seu desmantelamento em 1977. Conforme Magalhães, Guarnieri e Kaminis (2006: 147-8) assinalaram, "a natureza de pacto e consensual do processo de transição proibia qualquer tipo de julgamento de ex-funcionários do regime autoritário (...); havia um alto grau de continuidade do autoritário para o regime democrático [nesse segundo período, os autores estão tratando simultaneamente de Espanha, Grécia, Portugal e Itália] na organização e nos funcionários".

38   O caso espanhol, diferente de Argentina, Grécia e Portugal, é caracterizado pela completa falta de expurgo das Forças Armadas (Consulte Agüero, 1995: 22-3).

anistia

417

A LEI ESPANHOLA DE ANISTIA DE 1977 EM PERSPECTIVA COMPARADA: DE UMA LEI PELA DEMOCRACIA [...]

A Anistia na Era da Responsabilização

> Em qualquer caso, os atores políticos tomam suas decisões de acordo com aquilo que eles percebem, justa ou injustamente, a qualquer momento

começaram até o PSOE ter chegado ao poder (Aguilar, 2008a), embora eles nunca tenham levado à libertação os funcionários, a continuidade em todos os três casos, sendo a tendência geral para que as transferências e aposentadorias fossem exceções normais. Na Argentina, diferente dos outros dois casos, "o expurgo da Suprema Corte e a modificação da jurisdição militar" foram fatores determinantes para explicar por que os juízes se recusaram a interromper um processo judicial após as leis do Ponto Final e da Obediência cia Devida e após os perdões de Menem (Barahona de Brito, 2001: 137). Como já foi enfatizado, a capacidade de negociação da saída das elites ditatoriais é decisiva para explicar a sobrevivência dos enclaves autoritários nos quais a resistência às reformas pode ser organizada e garantias de impunidade, obtidas, embora essa margem de manobra seja normalmente reduzida, uma vez que a democracia está consolidada. Além disso, os políticos tendem a subestimar a força e a influência que outros poderes, como o Poder Judiciário, ou outros atores, como organizações sociais, podem exercer para se opor a medidas que eles aprovam. Em outras palavras, eles superestimam a própria capacidade de oferecer garantias de impunidade, ou de justiça limitada, para os dirigentes do regime anterior.

Embora Elster não vá tão longe para expor uma teoria geral da justiça transicional[39], ele observa, como já mencionado, que o afastamento temporal das piores atrocidades ajudam a atenuar a pressão em favor de medidas de justiça. Por exemplo, o fato de que os piores crimes da ditadura chilena e argentina eram mais recentes tornaram tais crimes mais difíceis de serem abordados, mas também mais difíceis de serem ignorados. No Chile e, particularmente, na Argentina, apesar de algumas das políticas relacionadas ao passado terem tido um começo fulgurante, as circunstâncias do processo de reparação oficial tornaram-se um impasse[40]. No entanto, determinados setores da sociedade se

---

39 Segundo suas próprias palavras: "Não tenho a pretensão de apresentar uma 'teoria da justiça de transição' (...). Eu encontrei o contexto-dependência do fenômeno a ser um obstáculo insuperável para as generalizações" (Elster, 2004: 77).

40 Em ambos os casos, a justiça e a verdade das políticas empreendidas provocaram reações militares perturbadoras, que conseguiram alterar, pelo menos em parte, a agenda política. Quatro levantes militares tomaram o lugar (um em 1987, dois em 1988 e o último em 1990) na Argentina. Na Espanha, no entanto, a tentativa de golpe em 1981 não foi causada porque os militares anteciparam a possibilidade de seus atos abrangidos pelo controle de revisão judicial. Por um lado, a Anistia de 1977 tornou isso impossível, e por outro lado, o Exército não tinha desempenhado o mesmo papel na repressão política como nos outros dois casos. Finalmente, como já foi salientado, não houve demandas sociais ao longo dessas linhas.

reuniram em resposta a esse impasse, ao continuarem se mobilizando contra a impuni-dade[41], uma atitude de luta que também foi compartilhada por alguns juízes. Nos últimos anos, esses impulsos, social e político, trouxeram avanços notáveis para os dois países nos domínios da justiça, da verdade e da memória.

Além disso, o fato de que a repressão no Cone Sul foi essencialmente clandestina explica por que essas exigências têm sido levantadas com insistência muito maior do que na Espanha, onde os julgamentos, que resultaram em dezenas de milhares de execuções durante os primeiros anos da ditadura, foram de natureza oficial. No entanto, continua sendo surpreendente que, apesar do tempo decorrido, um inventário oficial desses julga-mentos ainda não tenha sido elaborado, o que explica por que seu número exato ainda não é conhecido. Uma Comissão de Verdade poderia ter auxiliado a esclarecer esses fatos. Não é uma questão em que o Estado deva reescrever os livros de história, como é às vezes erroneamente reivindicado, mas de o Estado utilizar-se de seus recursos materiais e hu-manos para investigar as principais violações dos direitos humanos que ocorreram no país. Além disso, ainda há muito por conhecer sobre as execuções extrajudiciais perpe-tradas pelo lado vencedor na guerra e durante a primeira fase do franquismo, uma vez que, embora não realizadas de forma sistemática, nem com o mesmo significado que nos outros dois países analisados, elas realmente aconteceram.

Parece óbvio que há uma série de dados que, devido à sua extensão (grande quantidade e abrangência nacional), ou por causa da dificuldade em acessar determinadas informações (especialmente nos primeiros dias da democracia), levaria décadas para serem compilados pelos historiadores. Daí a enorme utilidade prática das Comissões de Verdade: em um curto período de tempo, podem fornecer acesso à informações que são extremamente difíceis, mas essenciais para compilação, a fim de se produzir um relato coerente e de confiança – isto, é claro, sendo a tarefa dos historiadores – de um passado marcado pela violência. Finalmente, vale ressaltar o valor simbólico e moral desses mecanismos institucionais: eles não apenas dão voz às vítimas que voluntariamente desejam apresentar seu testemunho, tendo por si só, normalmente, um efeito restaurador, mas também asseguram que os piores episódios de abusos dos direitos humanos recebam uma publicidade ampla, permitindo que os métodos utilizados durante o regime possam ser documentados. Todos esses aspectos são reforçados pelo prestígio e credibilidade que geralmente essas comissões e seus membros desfrutam.

---

41   O decreto de perdão aprovado por Menem foi amplamente rejeitado pelos cidadãos. A partir daí foram as organizações de direitos humanos, lideradas pelo Centro de Estudos Jurídicos e Sociais, quem mantiveram o assunto em discussão e persistiram na demanda por justiça. Grupos internacionais como a Comissão Internamericana de Direi-tos Humanos (IACHR) também desenvolveram um importante papel (Tappatá de Valdez, 2005: 94; 97).

Argentina e Chile foram mais longe do que a Espanha em termos de publicidade, escla- recendo a verdade (cada país tendo criado duas comissões para esse fim). Ambos conse- guiram julgar e prender alguns dos perpetradores das piores violações dos direitos huma- nos e, quando confrontados com as restrições impostas pela legislação vigente (lei de anistia no Chile e Lei do Ponto Final na Argentina), foram capazes de ignorá-los mais eficazmente do que na Espanha, graças à pressão exercida pela sociedade e a atitude de certos juízes, que não hesitaram em recorrer à lei internacional ou alertar as vítimas so- bre a complexidade da legislação em vigor, e a uma forte vontade política. Por último, a reparação simbólica conferida às vítimas, em ambos os países, foi muito mais convincen- te e visível do que na Espanha.

É óbvio que a lei de anistia espanhola esteve estreitamente ligada à memória da Guerra Civil. Como tem sido repetidamente destacado, a ideia de reconciliação nacional, depois considerada a base sobre a qual o novo regime democrático teve que ser construído, estava intimamente ligada aos termos "esquecer", "enterrar", "apagar" e "superar". Ao mesmo tempo, uma das obsessões da esquerda foi demonstrar sua disposição conciliató- ria e que não restou nenhum sentimento de mal-estar, nem desejo de vingança. Final- mente, os direitos civis e militares ainda mantinham um poder que, embora sua extensão acabaria eventualmente se revelando ser mais limitada do que se acreditava na época, estava longe de ser insignificante. Em qualquer caso, os atores políticos tomam suas decisões de acordo com aquilo que eles percebem, justa ou injustamente, a qualquer momento. Como as coisas estavam, uma revisão política – que dirá judicial – das ações repressivas da ditadura mal eram concebidas. No entanto, a falta de reação política por parte das elites parlamentares, uma vez que a democracia estava descansando conforta- velmente em outras fundações, que o poder militar estava subordinado ao poder civil e que a falta de apoio político obtido pelos partidos de extrema-direita era evidente, de- veria ser vista sob um ponto de vista muito diferente (Aguilar, 2008a).

Assim, também é verdade que, na Espanha, apesar do fato de a anistia não ter sido utili- zada em conjunto com julgamentos ou comissões de verdade – combinações que, de acordo com pesquisa realizada por Olsen, Payne e Reiter (2010), aumenta a probabilidade de melhorar o respeito pelos direitos humanos e do funcionamento da democracia –, não existe uma democracia consolidada, que funcione razoavelmente bem, e as estatísticas relativas ao respeito aos direitos humanos não são piores do que nos outros dois países analisados. Contudo, a falta de iniciativas públicas para esclarecer a verdade e para en- contrar os restos de milhares de desaparecidos, cujo paradeiro ainda é desconhecido, permitiu o direito a consolidar uma cultura de impunidade sobre o passado, para a qual

A LEI ESPANHOLA DE ANISTIA DE 1977 EM PERSPECTIVA COMPARADA: DE UMA LEI PELA DEMOCRACIA [...]

A Anistia na Era da Responsabilização

não há sentimentos de culpa alguma, e permitiu que valores fundamentalmente conservadores permanecessem predominantes no Judiciário, o que explica a recusa em invalidar os julgamentos injustos do franquismo e em realizar os inquéritos judiciais de busca da verdade, independentemente da obrigação de conceder anistia, uma vez que esse processo chegasse ao fim.

4.	EPÍLOGO: O "CASO GARZÓN"[42]

Por muitos anos, a lei de anistia espanhola passou despercebida. A grande maioria dos cidadãos não está ciente de que ela contém dois artigos que a tornam equivalente a uma lei "ponto do final" e, como vimos, diferente do que aconteceu em outros países, os juízes nunca tinha feito qualquer tentativa para desafiar ou ignorar essa lei. Além disso, dada a ausência de uma substancial demanda social em favor de agir contra a ditadura[43], as únicas ocasiões em que essa lei veio à tona, ela ficou confinada à esfera política, uma vez que praticamente todas as medidas de reparação destinadas às vítimas da Guerra Civil e do franquismo, aprovadas durante a era democrática, resultavam das disposições contidas na lei da anistia de 1977.

Nos últimos anos, entretanto, essa lei tem assumido grande importância. A criação, em 2000, da Associação para a Recuperação da Memória Histórica, responsável por muitos dos processos de exumação que ocorreram durante a última década, na Espanha, logo deu origem às primeiras queixas formais sobre as restrições impostas pela lei de anistia sobre a possibilidade de rever o passado e reparar as vítimas. Alguns argumentam que a lei é pré-constitucional, uma vez que a Constituição espanhola data de dezembro de 1978, e que, portanto, ela deve ser submetida à revisão. Embora, como já afirmado, essa lei foi aprovada pelo primeiro Parlamento democraticamente eleito, e há quem considere que os dois artigos que estabelecem firmemente a impunidade dos crimes franquistas foram introduzidos como resultado da pressão e influência consideráveis que os herdeiros da ditadura foram capazes de exercer naquele tempo.

Mas o que finalmente colocou esta lei no centro das atenções foi a iniciativa da sentença emitida pelo juiz Baltasar Garzón em 16 de outubro de 2008. Até então, uma situação

---

42   Agradeço à Chinchón por seus comentários nesta seção.

43   Entretanto, de acordo com a única pesquisa em que os participantes foram questionados sobre esse assunto, quase 50% da população concordou com a seguinte afirmação: "as autoridades que violaram os direitos humanos sob o governo franquista devem ser levadas a julgamento" (CIS, nº 2.760, abril de 2008).

paradoxal em curso significou que, enquanto os juízes espanhóis desempenhassem um papel fundamental ao processar os indivíduos que cometeram crimes considerados imprescritíveis pelo Direito Internacional, na Espanha, não havia sequer um debate sobre a imprescritibilidade de certos crimes ou sobre a obrigação, de acordo com as Nações Unidas e vários tratados internacionais ratificados pelo nosso país, de oferecer uma reparação a todas as vítimas de violência durante a Guerra Civil e a ditadura.

A recente proliferação de associações determinadas a realizar a exumação das diversas valas comuns – muitas das quais datam dos primeiros meses da guerra – tem sido extraordinária. Foram essas associações que, em dezembro de 2006, apresentaram várias denúncias formais à Alta Corte Nacional (esses foram apenas os primeiros, e muitas outras virão)[44] sobre as detenções "ilegais" e "desaparecimentos forçados" – ambos considerados crimes contra a humanidade – que ocorreram como resultado do golpe de Estado de 18 de junho de 1936, liderado pelo general Francisco Franco contra o governo legítimo da Segunda República. O juiz Garzón se declarou competente para investigar essas denúncias. Apesar de ele ter, depois, se declarado incompetente, uma vez que ficou provado que os autores dos principais crimes supracitados já não estavam vivos, e por isso ele transferiu as queixas para os tribunais regionais, a Alta Corte Nacional também decidiu que Garzón não tinha jurisdição sobre o assunto. Meses mais tarde, duas ações penais privadas foram apresentadas contra o juiz Garzón, nas quais foi alegado que as decisões que ele tomou para se declarar competente inicialmente poderiam ser classificadas como uma "perversão do curso da justiça". É particularmente significativo o fato de os querelantes serem organizações ligadas à extrema-direita; uma delas é a *Falange Española de las JONS* (o partido fascista inspirado e cooptado por Francisco Franco). A ação ainda está em andamento, embora em 14 de maio de 2010, seguindo a ordem formal para o início do julgamento (que deverá ser realizada após o recesso de verão), Garzón foi temporariamente suspenso de suas funções em razão de ter alegado que havia evidências suficientes para afirmar que ele tinha "pervertido o curso da justiça" (prevaricar) por ter tentado iniciar investigações sobre os crimes do franquismo, sabendo muito bem que, entre outras coisas, a lei de anistia não permite tal coisa. Essa decisão provocou uma enorme polêmica no país e no estrangeiro. Poucos dias depois, o Conselho Geral do Poder Judiciário deu-lhe permissão para sair do país e assumir um cargo como consultor externo para o procurador-chefe do Tribunal Penal Internacional em Haia.

---

44   Para uma explicação mais detalhada sobre os procedimentos a partir da perspective legal, consulte Chinchón (2008; 2009).

anistia

421

A LEI ESPANHOLA DE ANISTIA DE 1977 EM PERSPECTIVA COMPARADA: DE UMA LEI PELA DEMOCRACIA [...]

A Anistia na Era da Responsabilização

Aqueles que acreditam que o juiz Garzón não era culpado por mudar o curso da justiça, em termos gerais, argumentam que há uma série de acordos internacionais assinados pela Espanha que obrigam, ou pelo menos permitem, o país a investigar crimes considerados imprescritíveis, e que a Lei de Anistia não deveria ser aplicada a crimes contra a humanidade (Chinchón e Vicente, 2010). Além disso, para que a lei seja aplicada, os fatos devem ser investigados e os criminosos identificados de antemão; somente depois de tais ações terem sido realizadas é que a lei pode ser aplicada (Garcés, 2010). Além disso, a maioria dos especialistas aponta que uma coisa é discordar das opiniões do juiz Garzón ou considerá-las erradas, e outra coisa completamente diferente é sustentar que a posição que ele assumiu pode ser considerada uma tentativa de mudar o curso da justiça.

Como já afirmado por um especialista em Direito Criminal, que é contrário à iniciativa do juiz Garzón, na medida em que considera que as obrigações internacionais não se aplicam ao caso, "a anistia não impede investigação e verificação dos fatos (...), pelo contrário, a verificação pelo Tribunal de Justiça, nessas circunstâncias, é uma condição para sua aplicação. Essa interpretação deixaria nossa lei de anistia mais em consonância com um mecanismo de busca da verdade e não como um mecanismo de completo esquecimento" (Gil, 2009: 86). Como vimos no caso chileno, isso é precisamente o que foi feito por muitos juízes e que ficou conhecido como "doutrina Aylwin", ao passo que, na Espanha, esses esforços somente foram feitos – e com muitas limitações, como mencionado anteriormente – em conexão com a investigação do "caso Ruano".

Há pelo menos dois aspectos marcantes no caso espanhol. Primeiro, o fato de que a iniciativa Garzón foi tardia. Isso explica tanto a escassez de demandas sociais nesse domínio[45] (em nítido contraste com outros casos do Cone Sul, na Espanha, as associações de direitos humanos não desempenharam nenhum papel importante de mobilização – além da luta pela anistia – nem apresentaram qualquer desafio crítico para os diferentes governos) e a falta de vontade dos juízes para assumir tais iniciativas (novamente, em nítido contraste com outros casos no Cone Sul). O impulso dado pela lei de reparação, que entrou em vigor no final de 2007, é, mais provavelmente, o que mais claramente explica por que as associações acima mencionadas apresentaram, durante sua passagem pelo Parlamento, suas queixas à Alta Corte Nacional e por que Garzón estava disposto a assumir o controle delas. Em segundo lugar, é altamente indicativo, do viés claramente conservador e ideológico do

---

45   De acordo com Gil (2009: 101): "O exemplo do caso Ruano teria permitido (...) que todas as vítimas do franquismo colocassem seus algozes e torturadores no banco dos réus e os obrigasse a reconhecer os fatos e os motivos políticos como um pré-requisito para a aplicação da anistia. Infelizmente, isso só foi feito no caso Ruano. A acusação sequer foi iniciada nos demais casos".

quadro do Judiciário no poder, que o único juiz que teve a intenção de proceder uma revisão judicial do passado na Espanha foi temporariamente suspenso e poderá, em breve, ser afastado do cargo por até 20 anos, quando o fato de que os crimes que deveriam ser julgados caíram sob a égide da lei de anistia é, no mínimo, um tema de importante controvérsia jurídica. Uma decisão tão séria e excepcional como perda do mandato público deve, pelo menos, ter de acordo especialistas, principalmente se estamos falando em mudar o curso da justiça, mas esse consenso ainda está muito longe nesse caso.

Referências

Acuña, Carlos H. (2006): "Transitional Justice in Argentina and Chile", in Jon Elster, ed., **Retribution and Reparation in the Transition to Democracy**, New York, Cambridge University Press, pp.206-238.

Agüero, Felipe (1995): **Militares, civiles y democracia**, Madrid, Alianza Editorial.

Aguilar, Paloma (1997): "La amnesia y la memoria. Las movilizaciones por la amnistía en la transición a la democracia", in Manuel Pérez Ledesma y Rafael Cruz (eds): **Cultura y acción colectiva en la España contemporánea**, Madrid, Alianza Editorial.

Aguilar, Paloma (2001): "Justice, Politics and Memory in the Spanish Transition", in Alexandra Barahona de Brito, Carmen González Enríquez y Paloma Aguilar (eds): **The Politics of Memory. Transitional Justice in Democratizing Societies**, Oxford, Oxford University Press.

Aguilar, Paloma (2002): **Memory and Amnesia. The Role of the Spanish Civil War in the Transition to Democracy**, Oxford, Berghahn Books.

Aguilar, Paloma (2008a): **Políticas de la memoria y memorias de la política**, Madrid, Alianza Editorial.

Aguilar, Paloma (2008b): "Transitional or Post-transitional Justice? Recent Developments in the Spanish Case", **South European Society & Politics**, 13, 4, pp. 417-433.

Barahona de Brito, Alexandra (2001): "Truth, Justice, Memory, and Democratization in the Southern Cone", in Alexandra Barahona de Brito, Paloma Aguilar y Carmen González

A LEI ESPANHOLA DE ANISTIA DE 1977 EM PERSPECTIVA COMPARADA: DE UMA LEI PELA DEMOCRACIA [...]

A Anistia na Era da Responsabilização

Enríquez (eds): **The Politics of Memory. Transtional Justice in Democratizing Socie-ties**, Oxford, Oxford University Press.

Cano, Ignacio y Patrícia Salvão Ferreira (2006): "The Reparations Program in Brazil", in Pablo de Greiff (ed.): **The Handbook of Reparations**, Oxford, Oxford University Press, pp. 102-153.

Chinchón, Javier (2008): "Examen del Auto del Juzgado de Instrucción Nº 5 de la Audiencia Nacional por el que se acepta la competencia para investigar los crímenes contra la humanidad cometidos en la Guerra Civil y el franquismo", **La Ley: Revista Jurídica Española de Doctrina, Jurisprudencia y Bibliografía**, Vol. 5, pp. 1388-1397.

Chinchón, Javier (2009): "La actuación de la Audiencia Nacional en la investigación y juicio de los crímenes contra la humanidad cometidos en la Guerra Civil y el franquismo: Del Auto de 16 de octubre a la decisión del Pleno de la Sala de lo Penal de 2 de diciembre de 2008", **La Ley: Revista Jurídica Española de Doctrina, Jurisprudencia y Bibliografía**, Vol. 1, pp. 1415-1424.

Chinchón, Javier y Lydia Vicente (2010): "La investigación de los crímenes cometidos en la guerra civil y el franquismo como delito de prevaricación. Análisis crítico del auto del Tribunal Supremo de 3 de febrero de 2010 desde la perspectiva del Derecho Internacional", **Revista Electrónica de Estudios Internacionales**, 19, pp. 1-43.

Elster, Jon (1998): "Coming to Terms with the Past. A Framework for the Study of Justice in the Transition to Democracy", **Archives Européennes de Sociologie**, XXXIX, Nº 1, pp.7-48.

Elster, Jon (2004): **Closing the books. Transitional Justice in Historical Perspective**, New York, Cambridge University Press.

García Arán, Mercedes (2009): "Repercusiones penales de la Ley de Amnistía de 1977", in Mª Jesús Espuny y Olga Paz Torres (coords): **30 años de la Ley de Amnistía (1977-2007)**, Madrid, Dykinson S.L.

Gil, Alicia (2008): "Justicia Transicional en España".

Gil, Alicia (2009): **La justicia de transición en España. De la amnistía a la memoria histórica**, Barcelona, Atelier.

Hite, Katherine (2006): "The Politics of Memory, The Languages of Human Rights", in Eric Hershberg, Fred Rosen, Fred Rosen (eds): **Latin America After Neoliberalism: Turning the Tide in the 21st Century**, New York, The New Press, pp.193-212.

Haggard, Stephen y Robert R. Kaufman (1997): "The Political Economy of Democratic Transitions", **Comparative Politics**, 29, 3, pp. 263-283.

Holmes, Stephen ([1988] 1993): "Gag Rules or the Politics of Omission", in Jon Elster y Rune Slagstad (eds.): **Constitutionalism and Democracy**, New York, Maison des Sciences Press.

Huntington, Samuel P. (1991): **The Third Wave. Democratization in the Late Twentieth Century**, London, University of Oklahoma Press.

Lechner, Norbert y Pedro Güell (1999): "Construcción social de las memorias en la transición chilena", in Amparo Menéndez-Carrión y Alfredo Joignant (eds): **La caja de Pandora. El retrono de la transición chilena**, Santiago de Chile, Planeta/Ariel.

Lefranc, Sandrine (2004): **Políticas del perdón**, Madrid, Presses Universitaires de France/ Cátedra.

Lira, Elizableth (2006): "The Reparations Policy for Human Rights Violations in Chile", in Pablo de Greiff (ed.): **The Handbook of Reparations**, Oxford, Oxford University Press, pp. 55-101.

Pedro C. Magalhães, Carlo Guarnieri and Yorgos Kaminis (2006): "Democratic Consolidation, Judicial Reform, and the Judialization of Politics in Southern Europe", in Richard Gunther, P. Nikiforos Diamandouros, and Dimitri A. Sotiropoulos (eds): **Democracy and the State in the New Southern Europe**, Cambridge, Cambridge Univesity Press.

Nalepa, Monika (2010): "Captured Commitments: An Analytic Narrative of Transitions with Transitional Justice", **World Politics**, Vol. 62, N°. 2, pp. 341-80.

O'Donnell, Guillermo; Philippe Schmitter y Laurence Whitehead (eds.) ([1986] 1988): **Transiciones desde un gobierno autoritario. Conclusiones tentativas sobre las democracias inciertas**, Vol. 4, Buenos Aires, Paidós.

anistia

425

A LEI ESPANHOLA DE ANISTIA DE 1977 EM PERSPECTIVA COMPARADA: DE UMA LEI PELA DEMOCRACIA [...]

A Anistia na Era da Responsabilização

Olsen, Tricia D., Leigh A. Payne, and Andrew G. Reiter (2010): "The Justice Balance: When Transitional Justice Improves Human Rights and Democracy" (in press).

Przeworski, Adam (1991): **Democracy and the Market. Political Economic Reforms in Eastern Europe and Latin America**, New York, Cambridge University Press.

Sánchez-Cuenca, Ignacio y Paloma Aguilar (2009): "Terrorist Violence and Popular.

Mobilization: The Case of the Spanish Transition to Democracy", **Politics & Society**, Vol. 37 Nº 3, pp. 428-453.

Sikkink, Kathryn y Carrie Booth Walling (2007): "The Impact of Human Rights in Latin America", **Journal of Peace Research**, Vol. 44, Nº 4, pp. 427-45.

Tappatá de Valdez, Patricia (2005): "El pasado, un tema central del presente. La búsqueda de verdad y justicia como construcción de una lógica democrática", in Gilda Pacheco Oreamuno, Lorena Acevedo Narea y Guido Galli (eds): **Verdad, justicia y reparación. Desafíos para la democracia y la convivencia social**, San José, IDEA/IIDH.

Unzueta, Patxo (1996): "Euskadi: amnistía y vuelta a empezar", in **Memoria de la transición**, Madrid, El País.

Impunidade *versus* responsabilidade no Uruguai: o papel da *Ley de Caducidad*

ELIN SKAAR

Pesquisadora Sênior, Chr. Michelsen Institute (Noruega)
Doutora em Ciência Política pela Universidade da Califórnia em
Los Angeles (Estados Unidos)

FONTE: ARQUIVO NACIONAL E SECRETARIA DE DIREITOS HUMANOS DA PRESIDÊNCIA DA REPÚBLICA

| 1. | INTRODUÇÃO[1] |

O Uruguai é o único país da América Latina – talvez no mundo – que tem, atualmente, dois ex-presidentes na prisão, ou presos, aguardando julgamento por violações dos direitos humanos[2]. O Uruguai é também o único país no mundo que se recusou democraticamente não uma, mas duas vezes, a revogar uma lei de anistia feita para proteger os militares do processo penal devido às violações que ocorreram durante a ditadura civil-militar (1973-1985). Os uruguaios aprovaram a chamada *Ley de Caducidad* em um plebiscito com uma pequena maioria de votos, em abril de 1989. Duas décadas depois, em 29 de outubro de 2009, os uruguaios foram, em massa, às urnas, mais uma vez, para votar sobre se deviam ou não alterar a Constituição para permitir a revogação da lei de anistia e, assim, alinhar o Uruguai à evolução nas demais regiões. Para a surpresa de muitos, uma

---

1   Este texto é baseado em um capítulo de um livro em preparo para publicação.

2   Apesar de uma situação muito rara, não é única. Até um certo ponto, a Argentina tinha mais que dois ex--presidentes líderes da junta aprisionados. Apesar de cumprir apenas um curto período antes de receberem o perdão presidencial dado por Menem em 1990. A tendência de prender ex-líderes civis e militares que sofreram violações grosseiras de direitos humanos, na América Latina, está brilhantemente documentada e analisada em um volume editado por Lutz e Reiger 2009.

maioria mínima da população do Uruguai votou em manter a lei de anistia como ela é, em uma votação obrigatória com comparecimento de 90% de eleitores. Assim, os julgamentos por violações passadas dos direitos humanos tendem a permanecer em baixa escala. Mas eles já começaram. Sob o governo anterior de Tabaré Vásquez (2005-10), pelo menos 45 casos foram isentos da lei de anistia, permitindo, assim, a acusação de certos crimes decorrentes do período da ditadura. Além dos dois ex-presidentes, um número crescente de oficiais militares e policiais tem sido formalmente acusado de ter participado nas atrocidades cometidas em 1970 e 1980. Em outubro de 2009, no mínimo, oito ex--soldados e oficiais policiais foram condenados nos tribunais uruguaios.

Esse é o mais inesperado acontecimento, tendo em vista o fato de que, até muito recentemente, a história de uma ação judicial, nos casos de direitos humanos no Uruguai, era curta; salvo alguns meses de alta atividade judicial após a transição para a democracia, em 1985, em que os juízes eram virtualmente afastados pelas duas décadas seguintes. Este trabalho demonstra como uma mudança política da lei de anistia mencionada colocou efetivamente os tribunais uruguaios nas mãos do Poder Executivo – desde a transição para um regime democrático. Isso mostra que, quando o Poder Executivo controla os tribunais e toma uma posição de não acusar, a probabilidade de julgamentos é mínima – como foi o caso durante os três primeiros mandatos presidenciais depois da transição para um regime democrático. Somente nas duas últimas presidências, o Poder Executivo empregou uma posição mais branda sobre abrir a questão dos direitos humanos para limitar as medidas de justiça retroativa. Rastreando relações executivo-judiciais ao longo do tempo chega-se à conclusão de que, talvez mais claro do que em qualquer outro país latino-americano, o caso do Uruguai demonstra a estreita ligação entre políticas oficiais de direitos humanos e ações judiciais nessa matéria.

Este estudo está organizado em três partes principais. A primeira parte mostra como a combinação da lei de anistia e Executivos não dispostos a direcionarem ações punitivas contra os militares explica por que não houve progressos em matéria de justiça retroativa durante os primeiros três mandatos presidenciais, de Juan María Sanguinetti (1985-1990 e 1995-2000), e Luis Alberto Lacalle (1990-1995). A segunda parte ilustra como a ação judicial, no campo de direitos humanos, continuou sendo detida, mesmo após a "verdadeira" questão ter sido colocada na agenda política pelo presidente Jorge Batlle (2000-05). O foco aqui recai sobre os obstáculos institucionais e não institucionais de ação judicial independente. A terceira parte analisa como e por que alguns juízes conseguiram progredir no julgamento de oficiais de nível alto e médio devido às últimas violações de direitos humanos durante o governo de Tabaré Vásquez (2005-10)[3] – a despeito da *Ley de Caducidad*. Finalmente, algumas reflexões preliminares sobre as perspectivas para futuros casos nos termos da continuação da existência da lei de anistia são oferecidas nas conclusões.

| 2. | A REPRESSÃO E A *LEY DE CADUCIDAD* |

A repressão no Uruguai está intrinsecamente ligada ao período da ditadura na Argentina e à grande rede *Operación Cóndor* em funcionamento no Cone Sul nas décadas de 1970 e 1980[4]. Dezenas de milhares de uruguaios foram detidos, presos e torturados durante a ditadura militar (1973-1985)[5]. A prática do "desaparecimento" dos opositores políticos nunca foi empregada com o mesmo fervor como na Argentina ou no Chile, mas quase 200 pessoas tiveram o mesmo destino. Entre eles, estavam treze crianças desaparecidas na Argentina no início da ditadura. A maioria dos uruguaios que desapareceu fora das fronteiras o fez como parte da *Operación Cóndor*. Cerca de trinta pessoas que desapareceram dentro do Uruguai provavelmente morreram como resultado de tortura excessiva, e não como resultado da sistemática 'limpeza' dos adversários, embora isso permaneça motivo de debate entre os estudiosos e ativistas[6]. No entanto, o desaparecido era uma questão chave de disputa entre as forças militares e civis no momento da transição.

Para facilitar a transição para o regime democrático no Uruguai – um exemplo clássico de uma transição chamada pactuada –, o novo regime democrático foi obrigado a negociar o seu caminho para a existência[7]. Sempre que o equilíbrio de poder entre o regime militar anterior e o regime civil em curso pende a favor do regime anterior, o novo governo, de-

---

3   As eleições presidenciais ocorreram em Outubro/Novembro de 2009. José 'Pepe' Mujica, da Frente Ampla (da mesma Frente representada por Tabaré Vásquez), venceu as eleições, com 52,4% contra 43,5% de Lacalle, e assumiu a presidência em março de 2010 (Area of Politics and International Relations Data Bank 2009).

4   Durante as décadas de 1970 e 1980, os regimes militares na Argentina, Chile e Uruguai, assim também como no Brasil, Peru, Paraguai e Bolívia, viram-se aliados na guerra contra o comunismo; eles organizaram uma rede regional chamada Operação Condor, que executou ações conjuntas de repressão, troca de informações secretas e de prisioneiros, e crimes acobertados.

5   Garro opera com estimativa de 200.000 prisioneiros e torturados. Essa figuração é contestada. Garro confirma que entre 1973 e 1985, o Uruguai adquiriu distinção duvidosa de ter o maior número mundial de prisões políticas *per capita* (Garro 1973,11 fn24). De acordo com estimativas da Anistia Internacional em 1976, ao redor de 60 mil pessoas foram detidas no Uruguai, representando que um em cada cinquenta uruguaios passou por algum tipo de aprisionamento depois do golpe. Setenta e oito prisioneiros morreram na prisão, muitos deles como resultado de tortura.

6   Gabriela Fried Amilivia, professora assistente do Departamento de Sociologia da Universidade Estadual da Califórnia, Los Angeles, comunicação pessoal, Montevidéu, 30 de janeiro de 2010.

7   Para uma discussão sobre os vários tipos de transição para um regime democrático, vide, por exemplo, (Hunter, 1998; Karl, 1991).

mocraticamente eleito, geralmente tem que fazer concessões no que diz respeito à questão dos direitos humanos[8]. Típico de tais situações, o novo governo uruguaio foi cauteloso sobre a implementação de medidas de justiça transicional que achava poder provocar o regime militar anterior a uma ação nova e enérgica[9]. Após a exigência pública, o novo governo decidiu fixar as duas comissões parlamentares para investigar uma seleção de atrocidades, mas nunca foram feitos relatórios oficiais. Alguns anos mais tarde, o Serpaj (ONG) estabeleceu uma pequena comissão de verdade, mas o relatório publicado teve circulação limitada[10]. No momento da transição, a justiça retributiva foi excluída da questão. No entanto, as vítimas e suas famílias começaram a levar os casos ao tribunal em grandes números. Isso obrigou os partidos políticos a se posicionarem sobre a questão.

Depois de vários longos debates e várias propostas políticas para lidar com a questão da justiça e/ou da impunidade, o Partido Colorado apresentou uma proposta ao Parlamento, em agosto de 1986, defendendo uma anistia para os militares e oficiais policiais, direta ou indiretamente envolvidos na guerra contra a subversão entre 01 de janeiro de 1972 e 01 de março de 1985. A anistia ocorreu para cobrir autores, coautores, cúmplices e aqueles encobrindo os crimes. A proposta colorada também recomendou o encerramento de todos os casos atualmente nos tribunais[11]. Sanguinetti assumiu para si a proposta, alegando que não havia nenhuma evidência ligando as Forças Armadas às violações dos direitos humanos, e quaisquer "excessos" que tenham acontecido eram justificáveis devido à guerra contra a subversão interna. O projeto foi rejeitado, no final de setembro 1986, pela oposição no Senado, por 16 votos dos 29. Sanguinetti e seus seguidores tinham sido derrotados na primeira rodada política. Em outubro, 19 generais alertaram que a falta de legislação envolveu "sérios riscos" para o sistema democrático[12].

---

8   Para uma discussão geral e abrangente sobre anistias e quando elas foram politicamente usadas, vide (Mallinder, 2008).

9   Em meu estudo anterior de 30 países passando por transição e enfrentando o legado de violações dos direitos humanos, cheguei à conclusão de que o governo, na melhor das hipóteses, criaria uma comissão de verdade, mas mais frequentemente do que isso, ele não faria nada. O mau desempenho em matéria de direitos humanos foi a regra e não a exceção durante o precoce período de transição (Skaar, 1999). Vide também (Correa Sutil, 1997; Kritz, 1995; McAdams, 1997). Para uma visão geral dos vários mecanismos de justiça institucional e não institucional disponíveis para atender (sistemático e/ou generalizado) as violações dos direitos humanos, vide (Elster, 2004; Gloppen, 2002; (Teitel, 2000).

10   Para uma discussão das duas comissões de verdade parlamentares, bem como da comissão de verdade criada pela ONG Serpaj, vide (De Brito, 1997; Michelini, 2000; Serpaj, 1989).

11   Para uma análise detalhada dos debates que antecederam a aprovação da lei de anistia, consulte (Mallinder, 2009). De acordo com Mallinder, havia também outra lei de anistia, diferente na sua natureza e finalidade, promulgada em 1985, que "beneficiou os que sofreram diretamente os abusos militares de várias maneiras, incluindo a retirada de cargos governamentais, sendo forçados ao exílio, detidos e torturados e, em muitos casos, presos por longos períodos." (Mallinder, 2009: 1).

12   (Roniger e Sznajder 1999, 82).

Os partidos políticos foram novamente obrigados a lidar com o problema. O Partido Blanco favoreceu uma anistia parcial. O Partido Colorado, liderado por Sanguinetti, manteve sua demanda por uma anistia mais ampla, como descrito na sua proposta de agosto de 1986. A coalizão de esquerda do Frente Ampla queria a punição dos militares e rejeitou qualquer compromisso. Finalmente, os militares deixaram claro que eles se recusariam a obedecer a qualquer intimação judicial.

Após uma nova rodada de negociações, Sanguinetti, com a aprovação parlamentar, finalmente instituiu a *Ley de Caducidad* de la Pretensión Punitiva del Estado (a partir de agora *Ley de Caducidad*) em 22 de dezembro de 1986[13]. A essência dessa lei foi livrar as forças militares e policiais de um processo legal por violação dos direitos humanos cometidas antes de 1 de março de 1985. O primeiro artigo da Lei afirmou que:

> reconhece-se, como consequência da lógica dos acontecimentos decorrentes dos acordos entre os partidos políticos e as Forças Armadas, assinado em agosto de 1984, e de modo a completar a transição para a ordem constitucional plena, o Estado renuncia ao exercício de ações penais no que diz respeito aos crimes cometidos até 01 de março de 1985 pelos militares e oficiais da polícia, se por razões políticas ou no cumprimento de suas funções e em obedecer a ordens de seus superiores, durante o período do acontecimento[14].

Os juízes que tinham começado a trabalhar nos casos de desaparecimento foram obrigados por lei a soltá-los - um claro exemplo de interferência do Executivo no processo judicial. Os paralelos entre a *Ley de Caducidad* uruguaia e *Ley de Punto Final* e a *Ley de Obediencia Debida* argentinas são impressionantes. Todas as três leis tinham um objetivo: proporcionar aos militares a impunidade. E nos três casos, as leis foram introduzidas na sequência da ação judicial, quando os juízes decidiram investigar casos de abusos dos direitos humanos na procura das vítimas e seus representantes.

O Executivo argumenta fortemente que isso provocaria os militares em ação, dada a fragilidade do Direito democrático após a transição. Não estamos dispostos a arriscar a oposição militar (e, na pior das hipóteses, um golpe de Estado); o presidente Alfonsín, na

---

13   Para o texto completo da Lei 15.848, em espanhol, veja Governo do Uruguai. Tradução inglesa "Cancelamento da Lei da Pretensão punitiva do Estado", ou mais comumente, "Lei Expirada".

14   Artigo 1 da Lei 15.848, traduzida e citada em (De Brito, 1997, p. 126).

Argentina, e o presidente Sanguinetti, do Uruguai, ambos decidiram implementar leis de anistia para evitar provocações desnecessárias[15].

Embora o a lei uruguaia, *Ley de Caducidad*, fosse uma lei de anistia virtual, embora não tenha sido chamada assim, tinha uma cláusula importante que abriu a possibilidade de novas investigações sobre o destino de 164 desaparecidos comprovados e o destino dos filhos dos *desaparecidos*: o famoso artigo 4.

Artigo 4:

> Além do que dizem os artigos anteriores, e sem que lhes digam respeito, o juiz encarregado do caso vai enviar ao Executivo os depoimentos das denúncias que foram apresentadas até a promulgação da lei em questão em relação às pessoas que - aparentemente - foram detidas durante operações militares ou policiais e também em relação às pessoas desaparecidas e as crianças que - aparentemente - foram sequestradas em circunstâncias similares. *O Executivo vai imediatamente ordenar a investigação desses eventos, a fim de esclarecê-las.* No prazo de 120 dias a contar da comunicação judicial da denúncia, o Executivo irá informar quem fez a denúncia sobre o resultado do inquérito e dar-lhes acesso às informações recolhidas[16] (grifo nosso).

À primeira vista, o artigo 4º da *Ley de Caducidad* parece abrir-se para continuar a busca da verdade, mas se opõe a uma ação judicial. No entanto, ao ler o texto com mais cuidado, fica claro que esse é outro movimento político cuidadosamente concebido em termos de transferência de responsabilidade da investigação sobre os desaparecidos dos tribunais para o Executivo. Logicamente que se o executivo não tem vontade ou interesse em investigar essas questões, os casos vão parar no gabinete presidencial.

Mesmo quando os juízes estão dispostos a investigar os casos de desaparecimentos, a responsabilidade da investigação legal e política está com o Poder Executivo. O artigo 4 estava sendo utilizado como pretexto para a não ação no campo dos direitos humanos durante muitos anos.

---

15   Note, porém, que Alfonsín já havia revogado a lei de anistia de 1983 na Argentina e buscado julgamentos limitados.

16   Agradeço ao Roberto Gargarella, da Universidade de Buenos Aires, por traduzir o texto para o inglês. Para o original em espanhol, consulte (Governo do Uruguai, 1986).

A *Ley de Caducidad de Sanguinetti* causou muita agitação. A comunidade de direitos humanos ficou estarrecida com a lei e suas consequências negativas para o exercício da justiça legal.

Um movimento chamado *Comisión Nacional Pro-Referéndum* (Comissão Nacional de Pró-Referendo, CNP), formado em resposta à *Ley de Caducidad*, lançou uma campanha pública para abolir a lei por intermédio de um referendo popular. De acordo com a Constituição de 1967 no Uruguai, um referendo sobre as decisões judiciais pode ser realizado com o requerimento de 25% do eleitorado. Após mobilizações massivas, a Comissão reuniu as 600 mil assinaturas necessárias para uma consulta popular. Metade das assinaturas foi recolhida nos primeiros três meses de entusiasta mobilização; em seguida, a iniciativa foi lançada, em janeiro de 1987, pelas Madres y Familiares de Uruguayos Detenidos Desaparecidos (Comitê das mães e familiares de pessoas desaparecidas). Até o final do ano, e muitos meses depois de campanha porta a porta, a Comissão apresentou um total de 634.792 assinaturas à Justiça Eleitoral - bem acima do número necessário para sancionar o referendo[17].

Depois de muitas idas e vindas, e acusações de tentativas por parte da Justiça Eleitoral de descartar milhares de votos em um esforço para impedir o referendo, a consulta foi finalmente realizada em 16 de abril de 1989. Havia duas facções principais: os defensores da bandeira amarela (*el voto amarillo*), que favoreciam a ratificação da lei, e os defensores da bandeira verde (*el voto verde*), que queriam acabar com a lei. Ambos os grupos mantiveram sua posição por diversas razões, e parcialmente contraditórias. De forma inesperada, o *voto amarillo* recebeu 55,9% do total dos votos nacionais contra 41,3% do *voto do verde*. Em Montevidéu, o índice era exatamente o oposto: 53 por cento dos montevideanos votaram a favor da anulação da *Lei de Caducidad*[18].

Apesar da intensa mobilização antianistia entre os cidadãos da capital (que representam quase metade da população do país), a *Ley de Caducidad* foi aprovada pela maioria dos uruguaios, com uma taxa de comparecimento às urnas de 85%.

---

17   Para uma descrição detalhada do referendo e de todos os debates em torno dele, incluindo todos os argumentos lançados pelas bandeiras amarela e verde, respectivamente, consulte (De Brito, 1997; Roniger e Sznajder, 1999). Consulte também (Americas Watch, 1989).

18   Citado em (De Brito, 1997).

Esse é, a meu conhecimento, o único caso na história do mundo em que as pessoas de um país democrático ratificaram uma lei concedendo impunidade militar por meio de um referendo. Dado que os defensores dos direitos humanos iniciaram o referendo, a sua derrota foi um golpe devastador. Tem havido muita especulação do porquê do triunfo do voto a favor da anistia. Alguns estudiosos, especialmente os de esquerda, afirmam que os uruguaios votaram a favor por medo de retaliação militar. Segundo esse argumento, as pessoas votaram contra a sua preferência política real e os resultados do referendo, portanto, não refletiram a verdadeira vontade popular. O discurso do presidente Sanguinetti e dos militares fornece algum suporte para a tese de medo. Por exemplo, Sanguinetti afirmou que "esta assinatura [petição do referendo] é rancorosa e vingativa. Enviamos um aviso para todos os cidadãos, a todos aqueles que de boa fé podem se sentir tentados a fazê-lo, que o que estarão fazendo é simplesmente levar o país de volta a um período já superado"[19]. Os militares também lançaram uma campanha agressiva contra o referendo, e o presidente nunca penalizou repetidas violações do artigo 77 da Constituição, relativas ao exercício do sufrágio universal. Quando questionado sobre como os militares reagiriam se a lei de anistia fosse derrotada, o general Medina respondeu com ameaças vagas ("o tempo dirá"... "difícil saber"). Pouco antes do referendo, Medina advertiu que o voto "desencadearia momentos muito amargos e infelizes" e um "forte confronto"[20]. Os sinais enviados pelas autoridades políticas e pelos militares não foram sutis.

Outros estudiosos não estão convencidos pela tese do "medo". A votação no referendo foi secreta e o nome de ninguém pode ser perseguido pelas forças militares ou de segurança. A votação, eles argumentam, reflete o desejo da maioria dos uruguaios de deixar o passado para trás e olhar para o futuro[21].

A versão que descreve com melhor precisão a verdade ainda permanece sob especulação. Uma vez que nenhum trabalho acadêmico sistemático tem sido feito sobre as motivações política, cultural e/ou psicológica por trás do resultado do referendo de 1989, nada de conclusivo pode ser dito sobre as verdadeiras razões pelas quais a lei foi aprovada pelo povo.

---

19   (De Brito, 1997, pp. 148-49).

20   (De Brito, 1997, p. 149).

21   Comunicação pessoal com, entre outros, a advogada do Supremo Tribunal Lilia Ferro Clérico, com o jornalista do Brecha, Raul Zibechi, e em seguida com a candidata a PhD pela UCLA e estudiosa uruguaia Gabriela Fried, todos em Montevidéu, em março de 2000.

Em consonância com a tradição uruguaia de politizar qualquer assunto em qualquer oportunidade, a questão da acusação legal contra os militares tinha sido transformada em uma questão política. Mais importante, o povo deu democraticamente à política de Sanguinetti a impunidade de um selo oficial de aprovação. Isso teve profundas consequências para aqueles que haviam apoiado a ideia de um referendo e perderam a votação. A Frente Ampla e parte do Blancos sentiram-se culpados por terem, em essência, escolhido um caminho que levou à sanção da lei popular, tornando-a politicamente muito difícil de ser desfeita ou anulada. O referendo foi, assim, uma decepção definitiva para a comunidade de direitos humanos e os seus seguidores.

Além disso, apresentou um sério obstáculo legal à acusação. Importante: o Supremo Tribunal tinha encontrado a anistia constitucional em 1988[22], sinalizando que o Poder Judiciário uruguaio ficou dividido sobre a questão das violações dos direitos humanos. Anteriormente à aprovação da *Ley de Caducidad*, juízes civis tinham mostrado uma impressionante vontade de lutar pelos casos de direitos humanos, apesar da oposição dos tribunais militares e do Poder Executivo. A *Ley de Caducidad* mudou isso. Essa lei não só obrigou os juízes a abandonarem as várias centenas de casos que estavam sob investigação e ação penal, mas também excluir qualquer processo legal futuro contra os militares; o artigo 4 também afirmou que qualquer investigação sobre a questão dos desaparecidos era obrigação do Poder Executivo, não dos juízes. Os críticos afirmaram que isso não impediria, tecnicamente, que dos juízes fizessem justiça. Mas, na prática, o referendo de 1989 lacrou a maioria das atividades nacionais de direitos humanos.

Tendo sido fechadas as vias recursais internas, o Ielsur (*Instituto de Estudios Sociales y Legales Del Uruguay*), com apoio da *Americas Watch*, começou a levar casos à Comissão Interamericana de Direitos Humanos (CIDH) e ao Comitê de Direitos Humanos da ONU poucos meses após o referendo, argumentando que a *Ley de Caducidad* estava violando a Convenção Americana sobre os Direitos Humanos, que o Uruguai tinha ratificado em 1985[23].

A CIDH, em uma decisão histórica, em 1992, concluiu que a *Ley de Caducidad* estava em contradição com os dois tratados internacionais de direitos humanos, recomen-

---

22   Suprema Corte de Justiça, sentença nº 184. sobre denúncia de inconstitucionalidade, Lei nº 15.848, artigos 1, 2, 3 e 4 (02/05/1988). Esta era a decisão 3-2. Juíza Jacinta Balbela era um dos juízes dissidentes.

23   Hugo Leonardo de los Santos Mendoza et al v Uruguay, Casos 10.029, 10.036, 10.145, 10.305, 10.372, 10.373, 10.374 e 10.375, Relatório nº 29/92, OEA/Ser./L/V/II.83 (1992). Citado em (Mallinder, 2009).

dando, então, que o Estado uruguaio pagasse uma indenização às vítimas, mas não solicitou que governo uruguaio revogasse a lei. A decisão da CIDH foi histórica porque foi a primeira vez que um órgão intergovernamental abordou diretamente a questão da compatibilidade de uma medida de anistia com as obrigações do Estado no âmbito de um tratado de direitos humanos. No entanto, a decisão teve pouco impacto no Uruguai[24].

A CIDH, em uma decisão histórica, em 1992, concluiu que a *Ley de Caducidad* estava em contradição com dois tratados internacionais de direitos humanos

Em conclusão, o referendo tem sido frequentemente citado como a principal razão para os seguintes quinze anos de virtual silêncio sobre a questão humana que seguiu seu caminho. Roniger e Sznajder, no final do milênio, afirmaram que "os resultados do referendo foram amplamente interpretados como sinalizando o fim do debate e do encerramento definitivo do assunto"[25]. De Brito foi tão longe quanto os dois autores ao afirmar que "assim terminou a tentativa do Uruguai de chegar a um acordo com o legado de repressão do Estado... Nas palavras de Sanguinetti, a anistia foi o preço a ser pago em troca da democracia"[26]. Com o benefício da retrospectiva, a conclusão negativa de Brito estava para ser desmentida anos seguintes. O referendo de 1989 não foi o fim da história, embora certamente tenha marcado o início de muitos anos de silêncio.

Consta que, "na sequência do referendo de 1989, demandas de direitos humanos têm quase desaparecido das plataformas políticas da maioria dos partidos e de suas facções internas (lemas)"[27]. Somente o partido de Michelini, *Nuevo Espacio* (Novo Setor de Coalisão), e pequenos setores da esquerda continuaram tentando descobrir o que tinha acontecido com os desaparecidos. Desgostoso e desencorajado pelo referendo popular em 1989, o nível de atividade entre os grupos de direitos humanos também caiu consi-

---

24   (Mallinder, 2009).

25   (Roniger e Sznajder 1999, 54.)

26   (De Brito, 1997, p. 151). Para conferir as palavras de Sanguinetti, vide 'Sanguinetti: Amnistía y Caducidad Son el Precio Político de la Democracia', **El Día**, 9 de março 1987.

27   (Roniger e Sznajder, 1999). Note que isso pode não ser tão diferente da trajetória política em outros Estados pós-conflito, onde não há muita vontade política de enfrentar os abusos do passado. Agradeço Louise Mallinder por este comentário. Contato pessoal feito em janeiro 2010.

deravelmente. Nenhum caso novo de abuso dos direitos humanos decorrente do período da ditadura foi levado ao tribunal nacional no período entre o referendo até 1996. Consequentemente, os juízes se mantiveram passivos[28].

| 4. | O PODER JUDICIÁRIO TENTA CONTORNAR A *LEY DE CADUCIDAD* |

Os acontecimentos tomaram um novo rumo logo após Sanguinetti ter sido eleito presidente pela segunda vez, em 1995[29]. Inspirado por confissões públicas inesperadas do time de altos oficiais militares na Argentina, que reconheceram a participação na tortura, assassinato e desaparecimento de milhares de pessoas, o capitão aposentado da Marinha uruguaia Néstor Jorge Tróccoli entregou-se em maio de 1996. Essa primeira admissão pública de culpa por um oficial militar uruguaio incentivou a comunidade de direitos humanos a agir e encorajou o senador do partido social democrático Rafael Michelini, em um esforço conjunto com os direitos humanos e organizações do movimento social, a organizar uma Marcha do Silêncio (*marcha por la verdad*), em 20 de maio de 1996. A marcha, com de 30 mil a 50 mil pessoas, foi realizada para homenagear o vigésimo aniversário da morte de quatro políticos assassinados em 1976, e tornou-se um evento anual[30].

Em seguida, Rafael Michelini peticionou ao governo para estabelecer uma comissão da verdade para investigar os quatro assassinatos. Quando o governo Sanguinetti rejeitou a petição, Michelini procurou os tribunais. Isso marcou o início de uma busca pela verdade (e, mais tarde, pela justiça), por meio do sistema judicial. Em março de 1997, Michelini apresentou ao tribunal um caso sobre mais de 150 pessoas desaparecidas durante a ditadura. Acreditava-se que morreram sob custódia militar e sob tortura e depois foram transferidas e enterradas em posição vertical, o que levou o caso a ser chamado de *Operación Zanahoria* ("Operação Cenoura")". Um juiz de primeira instância no Tribunal Penal de Montevidéu, Alberto Reyes, decidiu assumir o caso. A necessidade de estabelecer os fatos do caso antes que ele pudesse determinar se a *Ley de Caducidad* era aplicável ou

---

28   Embora os juízes do Uruguai, em teoria, possam abrir um processo, na prática eles só atuam em casos que são levados ao tribunal.

29   Sanguinetti foi eleito para um mandato de cinco anos nas eleições presidenciais de novembro de 1994. O Partido Colorado recebeu 31,4% dos votos, seguido pelo Partido Nacional (ou Blancos), com 30,2% e o Encontro Progressista de Tabaré Vásquez, com 30,0%. Nuevo Espacio de Rafael Michelini (Novo Setor de Coalisão) recebeu 5,0%. Banco de dados político das Américas, da Universidade de Georgetown(http://pdba.georgetown.edu/Elecdata/Uru/uruguay.html.

30   Os quatro eram: Zelmar Michelini, um senador colorado que depois foi fundador da Frente Ampla; Héctor Gutiérrez Ruiz, porta-voz da Câmara dos Deputados; Rosário Barredo e William Whitelaw, membros do grupo guerrilheiro do Movimento de Liberação Nacional, também conhecido como Tupamaros.

não, Reyes, em abril de 1997, ordenou a investigação sobre o destino de mais de 150 "detidos desaparecidos".

O objetivo do estudo foi determinar a existência do cemitério clandestino, exumar os corpos e devolvê-los às suas famílias, e não instigar a ação punitiva contra os agressores. Em sua decisão judicial, Reyes mencionou que o Uruguai tinha recentemente ratificado a Convenção Interamericana sobre Desaparecimento Forçado de Pessoas.

Em junho de 1997, o tribunal de apelação anulou a decisão de investigação de Reyes. O tribunal decidiu que não era relevante discutir se a Lei Nº 15.840 oferecia ou não uma anistia. Além disso, o tribunal de apelação descartou a intenção de Reyes de clarificar as indefinições temporais que surgiram da denúncia, afirmando que era responsabilidade do Poder Executivo ordenar tais investigações[31].

Cumprindo com as regras do Tribunal de Apelação de Montevidéu, em agosto de 1997, Reyes encaminhou o caso ao presidente Sanguinetti. O governo informou Reyes que os atos de desaparecimento denunciados pelo senador Michelini foram abrangidos pelo artigo 1º da *Ley de Caducidad*, uma vez que a imunidade foi concedida para crimes cometidos por oficiais do Estado por motivos políticos durante o período mencionado[32]. Consequentemente, o governo ordenou que o caso fosse fechado e os dados, arquivados. Mas a rejeição não parou por aí: Reyes também perdeu seu cargo de juiz. Foi transferido para um tribunal civil (*juzgado letrado en lo civil*). Isso foi claramente interpretado como uma sanção explícita[33].

Operación Zanahoria foi o primeiro caso em que o aparelho judicial no Uruguai, em conformidade com o artigo 4º, apresentou provas ao Executivo para que este pudesse determinar se um determinado crime foi ou não coberto pelo artigo 1º da *Ley de Caducidad*. A resposta do Poder Executivo foi um duro golpe para os ativistas dos direitos humanos. Mas o caso teve implicações ainda mais amplas. Em primeiro lugar, a relutância do tribunal de apelação em confirmar a decisão de Reyes de investigar o assunto sugere que não

---

31   (Ferro Clérico 1998, 18). A sentença do Tribunal de Apelações penal de 2ª Instância foi publicada completa na publicação La Republica em 14/06/1997.

32   Parece provável que o Executivo, entretanto, tivesse estabelecido os fatos de que os militares cometeram os crimes em questão e que os acontecimentos aconteceram antes de 01 de março de 1985, quando a *Ley de Caducidad* foi aprovada (Ferro Clérico, 1998, 19).

33   Dr. Felipe Michelini, membro do Parlamento Europeu e professor de Direitos Humanos na Universidad de la República, contato pessoal em 12 de julho de 2001.

houve vontade particular entre os três juízes desse tribunal de modo abordar a questão dos desaparecidos. Na sua declaração, o tribunal de apelação postulou que lidar com o desaparecimento de pessoas era uma questão política, e não um caso judicial.

Em segundo lugar, a próxima fase do recurso mostra como o Executivo utilizou ativamente a *Ley de Caducidad* para prevenir a investigação judicial de alegados criminosos, mostrando ser a independência do Poder Judiciário uma farsa. Por último, a remoção de Reyes de sua posição francamente sugere que os juízes do Uruguai, que tentaram fazer alguma coisa fora do politicamente aceitável em casos de direitos humanos, se arriscaram a receber sanções severas.

Havia um aspecto redentor do caso derrotado de Reyes: vários juristas conhecidos no Uruguai, como Adolfo Gelsi Bidart e Horacio Cassinelli Muñoz, expressaram publicamente preocupação e descontentamento com o Poder Executivo sobre o início e o fim do círculo aparentemente fechado, definindo procedimentos para os casos relativos de desaparecidos. Até o então presidente da Corte Suprema, Milton Cairoli, sustentou que o Judiciário devia ser autorizado a investigar esses assuntos. No entanto, a Corte Suprema se absteve de tomar qualquer ação explícita sobre a questão[34]. Como consequência, Reyes foi o primeiro a ser exonerado.

Quatro anos se passaram antes que outro juiz se aventurasse em questões semelhantes, com resultados semelhantes. Entretanto, as demandas pela verdade e pela justiça foram aumentando no Uruguai à medida que o movimento de direitos humanos se cansou de respostas negativas do governo e da inação judicial. Seguida à resposta negativa de Sanguinetti a Michelini e ao juiz Reyes no caso *Operación Zanahoria*, Sanguinetti rejeitou mais sete pedidos por "verdade" e "justiça" de vários segmentos da sociedade uruguaia, assim como os pedidos internacionais para obter informações sobre pessoas alegadas violadoras dos direitos humanos - incluindo o pedido do juiz Baltasar Garzón, na Espanha, para obter informações sobre o desaparecimento de cidadãos espanhóis durante a guerra suja na Argentina[35].

Isso, na prática, significou a prorrogação dos efeitos da lei de impunidade uruguaia aos militares argentinos. Em suma, tanto o juiz quanto o Executivo consideraram que o arti-

---

34   (Ferro Clérico, 1998, 19 nº 27).

35   Para uma análise mais detalhada dos três casos, vide (Skaar, em breve, capítulo 5).

go 1 da *Ley de Caducidad* cobre todos os crimes relacionados aos desaparecidos, independentemente de quem os cometeu e onde isso ocorreu. Três emblemáticos casos de "verdade" aconteceram em anos posteriores ao resultado negativo do caso *Operación Zanahoria*: o caso Gelman, o caso de Simón Riquelo e o caso de Elena Quinteros. Sanguinetti recusou petições judiciais que ordenavam investigação em cada um desses casos[36].

O caso de Elena Quinteros merece menção especial, pois inicialmente foi aceito por uma juíza de primeira instância, Estela Jubette, e fez todo o caminho até a Corte Suprema. O caso passou por muitas reviravoltas legais e desvios na Argentina, bem como nos tribunais uruguaios. Notavelmente, mesmo antes de o processo ter início no tribunal, Quinteros tinha apelado em 1987 diretamente ao presidente Sanguinetti para ajudá-la a encontrar sua filha. O presidente respondeu que um inquérito foi impossibilitado devido à *Ley de Caducidad*. No final do milênio, o Supremo Tribunal enviou, aparentemente, novas provas do caso ao presidente Sanguinetti, que, de acordo com o artigo 4º da *Ley de Caducidad*, foi obrigado a iniciar uma investigação para o caso. O Poder Executivo respondeu novamente de forma negativa, alegando que o crime foi coberto pela *Ley de Caducidad*.

Para encurtar uma longa história: esses três casos sugerem que Sanguinetti fez o que pôde para parar qualquer iniciativa que tentasse resolver o problema dos desaparecidos, mostrando a verdade em torno dos crimes. Resultado: sem verdade e sem julgamentos.

5.	MUDANÇAS POLÍTICAS E RESPOSTAS JURÍDICAS

Houve uma mudança positiva perceptível no discurso oficial dos direitos humanos quando Jorge Batlle assumiu a presidência, em março de 2000[37]. Embora Batlle tenha continuado com a política de Sanguinetti, de manter a questão na esfera política e fora das mãos dos juízes, ele foi o primeiro Executivo na história pós-golpe do Uruguai a levar a sério o artigo 4º da *Ley de Caducidad*. Primeiro, tomou medidas para resolver o já antigo caso Gelman, ordenando testes de DNA da criança que se

---

36   Para uma análise mais detalhada dos três casos, vide (Skaar, em breve, capítulo 5).

37   Nas eleições do primeiro turno, em 31 de outubro de 1999, o Partido Colorado, de Jorge Batlle, recebeu apenas 32,8% dos votos, enquanto o partido Encontro Progressista, de Tabaré Vásquez, recebeu 40,1% (o Partido Nacional, de Luis Alberto Lacalle, tinha 22,3% e o partido Nuevo Espacio, de Rafael Michelini, tinha 4,6%). Em 28 de novembro de 1999, nas eleições de segundo turno, Batlle ficou com 54,1% contra 45,9% de Vásquez (Banco de Dados da Área de Política e Relações Internacionais, Faculdade de Ciências Sociais, Universidade de la República, http://www.fcs.edu.uy/pri/en/electoral.html).

acreditava ser a neta desaparecida do poeta argentino Juan Gelman[38]. Em segundo lugar, Battle estabeleceu a Comisión para la Paz, para aumentar a paz e reconciliação nacional entre os uruguaios.

A Comisión para la Paz teve dois objetivos principais: esclarecer o motivo de todos os uruguaios desaparecidos, se eles tinham ou não desaparecido dentro ou fora das fronteiras do Uruguai, e encontrar o paradeiro das quatro crianças desaparecidas que ainda não haviam voltado para suas legítimas famílias. A comissão de paz não tinha poderes punitivos, mas foi puramente um órgão de investigação. No seu relatório final, divulgado em abril de 2003, a Comisión para la Paz afirmou que os 26 uruguaios que tinha desaparecido dentro do país durante o período da ditadura tinham morrido como resultado de tortura e que 182 uruguaios tinham sido detidos na Argentina durante a ditadura militar, o que representou um aumento sobre o número de desaparecidos documentados no relatório da comissão de verdade emitido pela Serpaj no ano anterior. Também forneceu evidência substancial para a existência e funcionamento da Operación Cóndor[39]. Curiosamente, a Comisión não se pronunciou sobre a *Ley de Caducidad*.

Apesar das grandes esperanças de perseguição, nenhum julgamento foi realizado imediatamente após a divulgação do relatório, em 2003. A realização mais importante da Comissão de Paz foi, sem dúvida, colocar os desaparecidos na agenda política com a reabertura do debate público sobre o direito à verdade. No entanto, isso foi lentamente pavimentando o caminho para a justiça. Notadamente, o caso de Elena Quinteros, acima mencionado, desdobrou e avançou pelo sistema judicial neste clima de mudança política. Partindo de um caso na busca por informações sobre o destino de uma pessoa detida-desaparecida, o caso estava para se tornar o primeiro caso em tribunal de Justiça para violações passadas dos direitos humanos no Uruguai e, portanto, merece uma breve discussão.

A juíza Jubettee, em seu mandato em maio de 2000, havia criticado fortemente o ex-presidente Sanguinetti por sua inação na matéria, referindo-se à negligência de ambas as leis, nacionais e internacionais, que obrigam o Executivo a agir.

---

38   Battle também abordou o caso de Simón Riquelo, mas aqui os testes de DNA foram negativos. No entanto, o caso de Simón Riquelo encontrou depois sua solução na Argentina, em ligação com a reabertura de um caso anteriormente fechado, relacionados com a Operación Cóndor. Para mais detalhes, consulte (Amnesty International, EUA, 2007).

39   Para mais detalhes dos resultados da Comissão e recomendações ao governo sobre as questões de reparação das vítimas, vide (Government of Uruguay, 2003).

Ao exigir investigação sobre o desaparecimento de Elena Quinteros, a juíza invocou a Constituição uruguaia (artigos 7º, 29º e 72º) e se referiu às obrigações do Uruguai sob a lei internacional (Convenção Americana sobre Direitos Humanos e o Pacto Internacional sobre Direitos Civis e Políticos). O Poder Executivo, então, ordenou uma apelação. Surpreendentemente, o Tribunal de Apelações de Montevidéu confirmou a sentença de Jubette, em maio de 2000, concordando com Jubette que o artigo 4º da *Ley da Caducidad* e os diversos tratados internacionais de direitos humanos assinados pelo Estado uruguaio obrigavam o Executivo a investigar o assunto[40]. O presidente Batlle pressionou para que ela largasse o caso, uma vez que ela assumiu o mandato em maio de 2000, e quando ela se recusou a cumprir o pedido, o presidente pressionou a Corte Suprema para tê-la sancionada. Notavelmente, a Suprema Corte se recusou a afastá-la de sua posição, mas deixou claro que não estava feliz com sua decisão. Esse foi um avanço pequeno, mas significativo em termos de trazer de volta os juízes como atores na busca da verdade e da justiça no Uruguai. Um juiz de primeira instância invocando legislação internacional de direitos humanos teve, pela primeira vez no Uruguai, apoio do tribunal de apelação - e foi tolerado pela mais alta corte do país.

Iniciou-se uma nova fase. Como uma surpresa para todos, em abril de 2002, a juíza de primeira instância, María del Rosario Berro, acusou formalmente o ex-ministro das Relações Exteriores, Juan Carlos Blanco, pelo rapto ilegal e desaparecimento de Elena Quinteros.

Essa foi a primeira vez que um promotor pediu a acusação em um caso de violação dos direitos humanos decorrentes do período da ditadura. Para contornar a *Ley de Caducidad*, a juíza argumentou que Blanco era um civil e, portanto, não coberto pela lei de anistia, uma vez que tal lei protege apenas militares e policiais. Além disso, o juiz considerou que o desaparecimento é um crime permanente e pode ser investigado. Blanco foi preso em 2002, a primeira vez que alguém foi detido no Uruguai por ter cometido violações durante o regime militar[41]. Essa situação perturbou explicitamente o governo, que respondeu à prisão em abril de 2003 ao tentar estender a *Ley de Caducidad* de 1986 para abranger não apenas policiais e militares, mas também civis. Isso fez com que a Anistia Internacional expressasse "sérias preocupações de que o governo estava interferindo no Judiciário"[42].

---

40   Documento oficial legal do Tribunal de Apelação de Montevidéu, Caso Nº 98, 31 de maio de 2000.

41   (Amnesty International USA 2003).

42   (Amnesty International USA 2004).

Apesar dos esforços oficiais de Batlle para estabelecer a verdade sobre os desapareci-dos terem marcado uma mudança positiva da política de negação de Sanguinetti - esquecimento e proteção aberta aos interesses militares - a impunidade militar conti-nuou sob o governo de Batlle[43]. Já que Batlle não favoreceu uma solução jurídica para o problema dos desaparecidos, e desde que a *Ley de Caducidad* requeria o apoio ativo do Poder Executivo para iniciar as investigações, o resultado final foi de verdade, mas sem julgamentos. Em suma, os juízes foram obrigados por lei a tocar o "segundo violi-no" em casos de direitos humanos, como a *Ley de Caducidad* afirma que a responsabi-lidade por investigações sobre os restantes dos desaparecimentos cabe ao Executivo (artigo 4) e que nenhuma punição dos militares pode acontecer (artigo 1). Nos raros casos em que juízes tentaram desafiar essas limitações institucionais, se depararam com a pressão do Executivo para desistirem dos casos, ou da promotoria, que recorreu aos casos e, em seguida, teve sua transferência para a órbita do Executivo.

A pergunta é por que os juízes do Uruguai não conseguiram juntar os dois argumentos legais centrais adotados pelos juízes nos vizinhos Chile e Argentina a fim de se valer de vários tipos de leis de anistia em vigor. Em suma, esses argumentos eram de que o desaparecimento forçado é (a) um crime internacional que não pode ser isento das leis de anistia domésticas e (b) um crime permanente, que não deve estar sujeito a prazos de prescrição.

No Uruguai, nenhum juiz tinha oficialmente interpretado o desaparecimento forçado como um crime permanente e usado isso como um argumento para a não aplicação da Lei de Caducidad. Apenas a juíza Jubette teve a coragem de invocar a lei internacional, no processo judicial sobre o desaparecimento de Elena Quinteros, mas, como observado, ela o fez a fim de alcançar a verdade para a família da vítima, não para levar os crimi-nosos à Justiça. Assim, ela também se recusou a invocar a interpretação legal do termo "desaparecido" como um crime permanente.

A pergunta interessante é por que os tribunais e juízes no Uruguai responderam como eles fizeram com as demandas (reconhecidamente limitadas) do público para com a justiça? Por que os juízes não agiram de forma mais independentemente em face da negligência do Executivo para agir de acordo com o artigo 4º da *Ley de Caducidad*? Um dos argumentos que eu quero expor na próxima seção é que o principal motivo pelo

---

43   Para uma discussão das motivações potenciais de Batlle, para implementação da verdade na agenda polí-tica, ver (Skaar, a ser publicado, capítulo 5).

qual os juízes não eram mais proativos na busca pela justiça retributiva foi precisamente a falta de independência. Parte da explicação para isso está na configuração institucional do Sistema de Justiça uruguaio.

6.	OBSTÁCULOS INSTITUCIONAIS PARA O EXERCÍCIO DA INDEPENDÊNCIA JUDICIAL

Paradoxalmente, de acordo com pesquisas recentes, o Uruguai tem um elevado grau de respeito pelos direitos humanos e uma lei em andamento. Alguns acadêmicos consideram que os tribunais uruguaios são "muito mais independentes, na prática, do que quase todos os seus pares na América Latina"[44]. Com efeito, os tribunais uruguaios foram classificados entre os mais independentes da região, juntamente com os da Costa Rica e do Chile[45]. Ainda que haja baixas pontuações do Uruguai no que tange à independência judicial formal, de acordo com as garantias constitucionais de independência judicial[46].

Por exemplo, a falta de independência financeira tem sido frequentemente citada como um obstáculo ao trabalho de juízes independentes[47].

Não há garantias constitucionais para o tamanho do orçamento, fazendo com que o Judiciário dependa do Executivo e do Legislativo para o financiamento. E o orçamento é pequeno se comparado a muitos outros países da América Latina. Além disso, o sistema de nomeação de juízes no Uruguai pode ter comprometido a independência dos juízes. Os sistemas planejaram favorecer a independência judicial, incluindo vitaliciedade de juízes da Suprema Corte, a nomeação de órgãos judiciais independentes e assim por diante.

Juízes do Uruguai no mais alto tribunal são nomeados pelo Parlamento (Assembleia Geral) por dois terços dos votos por prazo de dez anos, o prazo mais curto para os juízes da Suprema Corte em toda a América Latina[48]. O prazo pode ser renovado após cinco anos

---

44   (Brinks, 2005; Staats, Bowler e Hiskey, 2005, tabela 3).

45   (Brinks, 2005; Staats, Bowler e Hiskey, 2005, tabela 3).

46   (Skaa, em breve, capítulo 5). Note, contudo, que os critérios para medir a independência judicial são obviamente importantes. Ríos-Figueroa (2006, p. 67) dá ao Uruguai pontuações de baixa a média em diferentes indicadores de autonomia e independência.

47   Juíza do Supremo Tribunal, Jacinta Balbela, Juíza Estela Jubette, e o ex-juiz do Supremo Tribunal Jorge Marabotto, entrevistas, Montevidéu, março-abril 2001.

48   O sistema de nomeação não foi alterado após a transição. Durante o regime civil-militar, juízes do Supremo Tribunal foram nomeados pelos militares.

afastado do cargo. Isso pode sugerir que os juízes da Suprema Corte desfrutariam de um bom grau de independência estrutural do Executivo, mas que não haveria incentivos para agradar aqueles no Parlamento para garantir reeleição.

Antes de Vásquez subir ao poder, houve uma longa tradição de os Colorados e os Blancos dividirem as novas funções de juízes entre eles. Uma vez que nenhum desses dois partidos políticos dominantes teve uma maioria de dois terços no Parlamento depois de 1942, cada partido tinha poder de veto sobre os candidatos a juízes do partido adversário. Contudo, até as eleições de 1994, os Blancos e os Colorados controlavam em conjunto, pelo menos, dois terços dos votos no Parlamento. A solução escolhida pelos partidos foi, portanto, a alternância na nomeação de juízes para as vagas que surgiram. Devido ao tamanho pequeno da Suprema Corte, com apenas cinco membros e o mandato curto de dez anos, um dos dois partidos políticos, em média, designaria um novo juiz do Supremo Tribunal a cada dois anos.

De acordo com a leitura favorável do sistema feita por Daniel Brinks, esse acordo não escrito de alternância resultou em ambas as partes nomeando primeiramente "candidatos qualificados e independentes, que podem produzir a continuidade jurídica, um fórum neutro, e uma instituição mais estável e independente", com o resultado de que "o Supremo Tribunal acredita fortemente estar livre de interferência político-partidária nos desfechos dos casos"[49].

Uma interpretação menos positiva seria a de que uma vez que nem Blancos nem Colorados favoreceram oficialmente a ação penal, é provável que os juízes do Supremo Tribunal, politicamente nomeados, também tenham feito o mesmo.

Também é provável que os Blancos e Colorados, como regra geral, nomeassem juízes não polêmicos e conversadores em vez de juízes liberais, que estariam mais propensos a contestar as políticas do governo em geral. Logo, como o sistema de nomeação estava tão ligado às políticas de consenso no Legislativo, o Supremo Tribunal não estava muito propenso a desafiar o Executivo no que tangia às importantes questões controversas e, portanto, não tinha tanto *de jure* quanto real independência.

---

49   (Brinks 2008, 197).

Além da falta de independência estrutural constitucional e real ao mais alto nível do Judiciário, a configuração institucional comprometeu ainda mais a independência dos juízes dos tribunais de primeira instância, resultando em uma falta generalizada de autonomia interna em todo o sistema. O Judiciário uruguaio é fortemente hierarquizado e tem sido caracterizado como um "sistema judicial conservador, que é cauteloso, resistente à mudança e muito ortodoxo em suas interpretações das leis"[50]. O Supremo Tribunal é responsável pela contratação, demissão e disciplina dos juízes de primeira instância. Os juízes de primeira instância devem, portanto, agradar tanto a seus superiores ao nível do tribunal de apelação quanto os do Supremo Tribunal Federal. Juízes não alinhados com seus superiores correm o risco de sofrerem sanções sob a forma de transferências ou não promoções (Reyes, que assumiu o caso *Operación Zanahoria*, serve como exemplo). Apesar de, invariavelmente, os próprios juízes afirmarem que são independentes, foi uma crença comum entre os advogados e juristas, durante a presidência Batlle, que esse não era realmente o caso. De acordo com Javier Miranda, "o Poder Judiciário [no Uruguai] nunca foi relevado... um poder com falta de peso político"[51]. Eduardo Pirotto chamou o Poder Judiciário de "Cinderela do país", mal vestido e mal financiado, marginalizado e tratado com pouco respeito[52]. De fato, mesmo alguns juízes liberais concordam que houve falta de independência judicial no Uruguai[53].

Após a transição, houve algumas tentativas débeis de reforma do sistema judicial uruguaio de modo a tornar os juízes mais independentes e mais eficientes. Isso incluiu uma proposta para estabelecer um conselho de magistratura separado para assumir algumas das responsabilidades administrativas dos juízes e reformular o Código Processual Penal.

Entretanto, os esforços de reforma rapidamente estagnaram e as instituições judiciárias uruguaias permaneceram por muitos anos sem a reforma. Além da total falta de independência jurídica (formal), há muitos potenciais gargalos institucionais nos procedimentos de casos criminais que podem dificultar ainda mais o julgamento dos militares.

---

50   Brinks, 2008, p. 199.

51   Javier Miranda, advogado de direitos humanos, Madres y Familiares de Uruguayos Detenidos Desaparecidos, conselheiro informal da Comisión para la Paz, Montevidéu, entrevista, 05 de abril de 2001.

52   Eduardo Pirotto, Madres y Familiares de Uruguayos Detenidos Desaparecidos, trabalho em coordenação com Comisión para la Paz, Montevidéu, entrevista, 02-03 de abril de 2001.

53   Juíza do Supremo Tribunal, Jacinta Balbela, e Juíza Estela Jubette, entrevistas, Montevidéu, abril de 2001.

De acordo com o Código de Processo Penal do Uruguai, a função do Ministério Público é dividida entre o juiz e o promotor, forçando os dois a trabalhar em estreita colaboração[54]. O juiz é responsável tanto pela investigação quanto pela decisão final do caso, o que é considerado "a marca registrada do modelo inquisitorial"[55]. Já examinamos o domínio do Executivo no que diz respeito aos juízes. Os promotores também não estão livres de influência política.

Primeiro, os promotores fazem parte do Poder Executivo (nomeados pelo Executivo com o conselho e consentimento do Senado) e beneficiam-se do mesmo tipo de proteção de posse que os juízes. Daqui, segue se o governo quer ou não a investigação desses casos de abuso dos direitos humanos (como foi o caso no âmbito dos três governos pós-transição, anterior e durante o mandato de Batlle); pouca coisa aconteceu. No topo do sistema encontra-se o procurador geral, um político nomeado livremente pelo Executivo com a confirmação do Senado. O resultado desse sistema, de acordo com Brinks, é "um corpo de procuradoria com a segurança do emprego, mas com o incentivo considerável para responder à liderança indicada politicamente por eles"[56].

Em segundo lugar, mesmo que o promotor investigasse o caso e houvesse ordens dos militares para prestar depoimento, o militar pode se recusar. Segundo a lei uruguaia, todos os cidadãos (não só os militares) são protegidos contra o testemunho forçado. Enquanto os militares se recusavam a depor, a ausência de provas tornava praticamente impossível a resolução dos casos em que os militares tinham a prova final. Registram-se progressos no âmbito do governo de Batlle quando a Comisión para la Paz conseguiu que o militar falasse com garantias de confidencialidade. Mas, embora a comissão estivesse na posse de 90% da informação necessária para resolver os desaparecimentos, os 10% restantes permaneceram nas mãos dos militares[57].

Isso significava que não havia ainda elementos suficientes para iniciar um processo de julgamento, em muitos dos casos.

---

54   Código del Proceso Penal de 1980 estabeleceu por decreto no Decreto Lei nº 15.032. Esse código, que data do período da ditadura, foi substituído pelo Codigo del Proceso Penal, Lei nº 16.893 de 1997, mas essa lei não foi implementada. Para obter mais informações sobre o código de processo penal uruguaio e sobre a divisão do trabalho em casos criminais, consulte (Brinks, 2008, pp.180–84).

55   (Brinks, 2008, p. 182).

56   (Brinks, 2008, p. 194).

57   (Serpaj, 2000, 85).

Em terceiro lugar, foi amplamente assumido que a *Ley de Caducidad* excluíu a perseguição (independentemente da prova), pois garantiu a impunidade dos militares por crimes cometidos durante o período do regime militar-civil. Contudo, os juízes e advogados uruguaios que estavam alinhados com juízes e advogados progressistas nos países vizinhos alegaram que, tecnicamente, era possível processar os militares por violações de direitos humanos se a "detenção-desaparecimento" fosse definida como um crime continuado[58]. Outras violações dos direitos humanos, como tortura ou assassinato, continuariam estando sujeitas a prazos de prescrição.

Juízes corajosos e independentes poderiam realmente ter decidido que a *Ley de Caducidad* não abrangeria a detenção-desaparecimento, porque é um crime continuado ou permanente, e eles poderiam ter invocado o Direito Internacional para instigar a acusação. Em teoria, mesmo se o Ministério Público recorresse de uma decisão judicial em primeira instância, um tribunal de apelação independente poderia mantê-la se houvesse provas suficientes. E se um processo penal fosse levado adiante, o Supremo Tribunal poderia apenas confirmar a decisão de julgar se houvesse provas suficientes e se a lei internacional fosse aplicada. Contudo, um grave problema arruinaria esse cenário: mesmo se os juízes invocassem o Direito Internacional e tivessem êxito na condenação dos militares culpados por violações dos direitos humanos, seria em uma base caso a caso, sem aplicabilidade geral. Ao contrário dos EUA ou do sistema britânico de Direito comum, uma decisão em um sistema de Direito Civil como o do Uruguai não estabelece automaticamente precedência para dar continuidade aos casos. Isso significa que os juízes de primeira instância não precisam chamar a atenção de um acórdão do Tribunal Supremo em um caso particular[59]. Em suma, houve várias limitações institucionais para a ação judicial em casos de desaparecidos.

> Os juízes uruguaios eram muito mais lentos para responder a essas mudanças regionais e internacionais do que os chilenos e argentinos.

---

58   Essa visão é mantida, entre outros informantes, pelo advogado de direitos humanos Javier Miranda, pelo advogado trabalhista Pablo Chargoñia, pela juíza Estela Jubette e pela ex-juíza da Suprema Corte Jacinta Balbela. Entrevistas realizadas em Montevidéu, 2000.

59   Isso, naturalmente, pode oscilar em ambos os sentidos: os juízes de primeira instância não estão vinculados por confiança, ou desprotegidos, aos julgamentos do Supremo Tribunal.

7. FATORES NÃO INSTITUCIONAIS QUE CONDICIONAM O COMPORTA-MENTO JUDICIAL

Como o comportamento judicial é condicionado por fatores institucionais, mas não determinado por eles por si só, é útil olhar para outros fatores que podem influenciar a forma como os juízes percebem a si próprios e ao seu papel na sociedade, especialmente no que diz respeito aos direitos humanos.

O desenvolvimento jurídico discutido nesse trabalho ocorreu em um contexto de rápida mudança regional e internacional dos direitos humanos e da jurisprudência. Isso levanta a questão de até que ponto os juízes uruguaios foram influenciados pelas decisões da Corte Interamericana de Direitos Humanos, pelos processos judiciais nos países vizinhos, Chile e Argentina e pela disputa legal na Europa no que tange aos oficiais militares latino-americanos? A resposta simples é: não muito. Os juízes uruguaios eram muito mais lentos para responder a essas mudanças regionais e internacionais do que os chilenos e argentinos.

Há várias explicações plausíveis. A primeira está intimamente ligada ao quadro institucional supracitado. Os advogados dos direitos humanos no Uruguai, de acordo com Brinks, lamentaram que as características do Sistema Judiciário (processo de nomeação, os incentivos de carreira, e assim por diante) "tornaram difícil a predominância sobre as reclamações que se apoiam em conceitos inovadores, tais como a aplicabilidade da lei internacional de direitos humanos ou novas interpretações das leis existentes. Esses são, de fato, um sério obstáculo à repressão das violações dos direitos humanos do regime anterior, que não só são difíceis de serem enquadrados no Código Penal ordinário, mas que também estão mais protegidos por uma lei de anistia"[60].

Em segundo lugar, havia menos desaparecidos no Uruguai do que em outros lugares. Apenas cerca de 200 casos foram oficialmente registrados, a grande maioria dos quais se tratava de desaparecidos na Argentina; isso em comparação com quase 9.000 desaparecimentos documentados na Argentina pelo Conadep (12.000 por estimativa do governo) e quase 3.000 no Chile. Em virtude do padrão de repressão, poucos uruguaios foram processados em tribunais estrangeiros, por isso, os juízes uruguaios não eram obrigados a responder ao juiz Garzón na Espanha ou a pedidos de informação ou de cooperação de

---

60   (Brinks, 2008, p. 199).

outros juízes europeus, como os seus homólogos da Argentina ou do Chile tiveram de fazer (o caso de Elena Quinteros é uma notável exceção).

Em terceiro lugar, como resultado do caso supracitado e porque a sociedade civil uruguaia tem relativamente poucas conexões internacionais, o Uruguai atraiu quase toda a imprensa internacional sobre questões de direitos humanos. Por sua vez, isso significou que os juízes uruguaios foram, inicialmente, muito menos expostos à opinião pública e à pressão internacional. Além disso, eles não tiveram que "competir" com os juízes dos países europeus em termos de processar seu próprio povo.

O quarto e muito importante fator relacionado a isso é que os juízes do Uruguai não foram expostos à legislação internacional de direitos humanos da mesma maneira direta que os juízes argentinos e chilenos foram durante o período analisado. Na Argentina, todos os tratados e pactos internacionais de direitos humanos (incluindo a Convenção Interamericana sobre Direitos Humanos) tornaram-se parte da Constituição argentina após a reforma constitucional de 1994. No Chile, os juízes foram obrigados a lidar com Pinochet depois que ele foi devolvido de Londres para o Chile, e eles também tiveram que enfrentar os juízes europeus, nesse caso e em muitos outros casos envolvendo cidadãos chilenos. No Uruguai, em contraste, não existia uma tradição de aplicação da lei de direitos humanos internacional, apesar da ratificação de decretos e convenções. A natureza conservadora dos juízes e da tradição do Direito Civil, combinadas, impediu decisões progressistas, como a de Jubette, de terem um efeito vinculativo para futuras decisões. Indiscutivelmente, portanto, levaria mais tempo para novas interpretações da lei ruírem. Isso ficou evidente nos anos seguintes, quando várias peças de Direito Internacional dos Direitos Humanos foram adotadas pelo governo uruguaio, um ponto que será abordado a seguir.

Tecnicamente, o Direito Internacional tem a mesma posição que o Direto Nacional no Uruguai, mas na prática os juízes tendem a invocar apenas o Direito Nacional. Isso teve mais a ver com a tradição do que com qualquer outra coisa. Ao contrário do Chile e Argentina, onde aconteceram grandes mudanças na estrutura e composição do Supremo Tribunal, devido às reformas judiciais, o Sistema Judiciário uruguaio permaneceu praticamente inalterado após a transição para a democracia, com exceção de mudanças generalizadas[61]. Isso, obviamente, não foi suficiente para provocar mudanças perceptíveis

---

61   PIT-CNT 04/2000, tradução nossa.

na cultura judiciária, embora os juízes mais jovens (como Jubette) têm-se mostrado dispostos a desafiar o sistema. Era comum que os juízes mais novos tendessem a ser mais liberais do que seus superiores, e mais abertos ao uso do Direito Internacional na avaliação dos casos, devido à diferente formação e exposição.

Uma vez que os juízes mais jovens são dependentes de seus superiores e são moldados à medida que avançam pelo sistema, segue-se que as mudanças estruturais que afetam o alto escalão do Judiciário podem trazer mudanças mais rápidas na cultura e na prática judicial do que pode ser obtido por meio da mudança generalizada.

Em uma observação mais positiva, havia alguns indícios de que as mudanças foram aos poucos tomando lugar dentro do Sistema Judiciário durante a presidência de Batlle.

Em fevereiro de 2001, o então presidente da Suprema Corte, Cairoli, supostamente, informou à imprensa que a detenção-desaparecimento podia ser considerada um crime permanente. No entanto, ele não foi tão longe para dizer que a *Ley de Caducidad* não era aplicável, o que seria a conclusão lógica dessa linha de raciocínio. Se o Supremo Tribunal estava, de fato, em processo de mudar a sua posição sobre o assunto, isso poderia ter tido efeitos importantes posteriormente. Mas a posição oficial do Supremo Tribunal foi o de apoiar o silêncio da *Ley de Caducidad*.

Dada a evidente falta de interesse do Poder Executivo em resolver legalmente o problema dos desaparecidos, combinada com a aparente falta de ativismo judicial e com a interpretação inovadora da lei, as chances de testemunhar desfile de militares sendo levados ao tribunal parecia meio difícil na metade da primeira década do novo milênio. Embora o número de julgamentos de ex-militares tenha crescido exponencialmente nos países vizinhos, Chile e Argentina, na virada do século, os uruguaios consideraram altamente improvável que uma evolução semelhante acontecesse no Uruguai. O principal sindicato, PIT-CNT, reclamou que Batlle havia colocado a questão dos desaparecidos "na órbita puramente política", portanto, "roubando-a de seu caráter jurídico, a fim de não punir os culpados e evitar que os ventos da justiça na Espanha, México, Chile e Argentina agitasses os torturadores uruguaios"[62]. Essa previsão foi desmentida quando Vázquez assumiu o poder em 2005.

---

62   PIT-CNT 04/2000, tradução nossa.

Tabaré Vásquez, da Frente Ampla, companheiro de chapa de Batlle nas eleições de 2000 e membro da Comisión para la Paz, venceu as eleições de 2004 com pouco mais da metade dos votos. Mesmo como presidente eleito, antes que tomasse posse, em março de 2005, deixou claro que pretendia abordar a questão da justiça retributiva[63].

O progresso em seu governo acabou sendo nada menos que impressionante. Durante os primeiros quatro anos do seu mandato, conseguiu muito mais nesse domínio do que seus quatro predecessores juntos, apesar do fato de que a *Ley de Caducidad* permaneceu em vigor durante esse período. Até o final de 2007, a administração Vásquez tinha excluído 47 casos da impunidade garantida por lei[64]. Como isso foi possível?

Uma das razões pelo qual Vásquez poderia abordar as violações do passado com tal vigor foi que o seu governo, em 2005, reinterpretou o âmbito de aplicação da *Ley de Caducidad* como "limitada à violação dos direitos humanos cometidas durante o governo militar após o golpe de junho de 1973"[65]. Essa interpretação abriu a possibilidade de uma ação judicial contra cerca de 600 membros ativos e antigos das Forças Armadas ligados aos crimes cometidos antes do golpe. O governo Vásquez também excluiu da *Ley de Caducidad*" casos que ocorreram na Argentina, supostamente com a cooperação das Forças Armadas uruguaias e argentinas"[66]. Além de tornar juridicamente possível olhar para o papel da cúpula militar na repressão, as ações do governo permitiram que acusações criminais fossem levantadas contra uma série de outros militares reformados de baixo escalão do Exército e ex-policiais. Isso demonstra claramente que onde existe vontade do Executivo, o progresso da justiça retributiva pode ser feito, mesmo se a legislação nacional, no início, impedir a acusação. Como muitos desses casos estão, a partir de 2010, numa fase inicial nos tribunais penais, apenas um punhado dos casos mais emblemáticos serão discutidos aqui para dar um sabor dos mais recentes desenvolvimentos em matéria de justiça retributiva no Uruguai.

---

63   Nas eleições presidenciais de 31 de outubro de 2004, Tabaré Vásquez (Encuentro Progresista–Frente Amplio–Nueva Mayoría) recebeu 51,7%, seguido por Jorge Larrañaga (Partido Nacional), com 35,1%, Guillermo Stirling (Partido Colorado), com 10,6%, e Pablo Mieres (Partido Independente), com 1,9% (Banco de Dados da Área de Política e Relações Internacionais, Faculdade de Ciências Sociais, Universidad de la República, http://www.fcs.edu.uy/pri/en/electoral.html).

64   (Anistia Internacional, EUA, 2008).

65   (Anistia Internacional, EUA, 2006).

66   (Anistia Internacional, EUA, 2006).

As realizações mais espetaculares da justiça retributiva têm sido a prisão e os julgamentos de dois ex-presidentes e um ex-ministro. A partir de novembro de 2006, o 11º Juiz Penal de Montevidéu ordenou a detenção e julgamento do ex-presidente Juan María Bordaberry (1972-1976) e do ex-ministro das Relações Exteriores Juan Carlos Blanco, acusados de crimes contra a humanidade[67]. As famílias dos legisladores Zelmar Michelini (representado por Hebe Martínez Burle) e Héctor Gutiérrez Ruiz são os querelantes no processo contra Bordaberry. Bordaberry e Blanco foram acusados juntos pelos assassinatos de Michelini, Ruiz e de dois membros do grupo guerrilheiro Tupamaro, Rosario Barredo e William Whitelaw, na Argentina, em 1976. Recorreram da decisão[68].

Em setembro de 2007, o tribunal de apelação confirmou o julgamento e a detenção de Bordaberry como coautor de dez homicídios[69] e ele foi condenado a três anos de prisão em janeiro de 2010.

Um ano depois, Bordaberry foi preso os tribunais novamente se voltaram para a antiga liderança. O juiz uruguaio Luis Charles, em dezembro de 2007, deteu e acusou o general Gregorio Alvarez, ex-presidente de facto e líder da ditadura militar no Uruguai (1981-1985), como coautor dos desaparecimentos forçados de mais de 30 pessoas. Em 22 de outubro de 2009, o juiz Charles considerou Alvarez, com 83 anos, culpado pela morte de 37 pessoas que desapareceram durante a ditadura, assim como várias outras violações dos direitos humanos enquanto comandante do exército. Ele foi condenado a 25 anos de prisão. Durante a mesma sessão, o ex-capitão da Marinha Juan Carlos Larcebau foi condenado a 20 anos de prisão por 29 casos de homicídio qualificado[70]. Essa foi a segunda vez na história latino-americana que um ex-ditador havia sido julgado, condenado e sentenciado à prisão. O veredicto contra Fujimori, do Peru, acontecera em abril do mesmo ano.

---

67   Depois de alcançar o posto após as eleições presidenciais de final de 1971, Bordaberry dissolveu a Assembleia Geral em 1973 e governou por decreto como o primeiro ditador até que os desentendimentos com os militares levaram à sua expulsão antes do prazo original do mandato ter expirado. Blanco já tinha sido acusado em 2002 com a detenção ilegal de Elena Quinteros pela juíza María del Rosario Berro no Julgamento Penal, após a mãe de Elena Quintero ter levado o caso ao tribunal, em novembro de 2000 (SERPAJ, 2003). Essa foi a primeira vez que alguém havia sido detido por violações dos direitos humanos cometidas durante o regime militar no Uruguai (Anistia Internacional, 2003). Os processos judiciais contra Blanco, neste caso a partir de 2002, continuaram até 2009.

68   (Anistia Internacional, EUA, 2007).

69   (Anistia Internacional, EUA, 2008).

70   "Former Uruguay Leader Detained", **Al Jazeera.net**, 18/10/2007; "Uruguayan Dictator Guilty of Murder", **Al Jazeera.net**, 23/10/2009.

Além dos casos mais espetaculares supracitados, a partir de 2005, uma série de casos, menos politizados e menos divulgados escorria pelos tribunais uruguaios. O pré-requisito para todos os casos foi o de que o Executivo teve de ordenar uma exceção à *Ley de Caducidad* antes que as investigações começassem. Em consonância com a decisão de Vázquez sobre os casos fora do âmbito de aplicação da lei de anistia, muitos dos crimes sob investigação aconteceram fora do Uruguai, como parte do esquema regional *Operación Cóndor*. Por exemplo, em setembro de 2006, um juiz penal, em Montevidéu, sentenciou seis militares e dois ex-policiais culpados de crime organizado e sequestro de membros uruguaios do grupo de oposição, Partido pela Vitória do Povo (Partido por la Victoria del Pueblo, PVPP), na Argentina, em 1976, como parte da Operación Condor[71]. Em junho do ano seguinte, Vásquez excluiu 17 casos, previamente abrangidos pela lei de anistia, dos quais pelo menos cinco transferências de detidos da Argentina para o Uruguai, entre fevereiro e agosto de 1978.

Em setembro, ele também excluiu o sequestro de dois uruguaios no Paraguai em 1977. A decisão abriu caminho para investigações judiciais sobre esses casos[72]. Como nos anos anteriores, os países vizinhos continuaram exigindo a extradição de cidadãos uruguaios para ir a julgamento nos casos decorrentes da participação do Uruguai na *Operación Cóndor*.

Comparado com seus antecessores, Vásquez era muito mais receptivo a essas solicitações. Ele também estava pronto para pedir a própria extradição, como no caso do ex-coronel (e cidadão uruguaio) Juan Manuel Cordero, cujo envolvimento em violações dos direitos humanos durante o governo militar incluía o assassinato de Zelmar Michelini e Héctor Gutiérrez Ruiz. Cordero foi procurado pelos governos uruguaio e argentino por causa da participação em atividades da *Operación Cóndor* e fugiu para o Brasil, onde procurou refúgio para se safar da perseguição. Ele foi extraditado do Brasil para a Argentina em janeiro de 2010.

Juntamente com as investigações criminais sobre violações dos direitos humanos no passado, o relatório da Comisión para la Paz pavimentou o caminho para o progresso em termos de saber o paradeiro das pessoas desaparecidas e fornecer as reparações às famílias das vítimas. Em novembro de 2005, os primeiros restos dos comunistas que haviam sido sequestrados, torturados e assassinados pela ditadura militar foram encontrados.

---

71   (Anistia Internacional, EUA, 2007).

72   (Anistia Internacional, EUA , 2008).

Dois anos depois, em julho de 2007, as escavações no complexo militar Tablada foram iniciadas (pela equipe de Antropologia da Faculdade de Humanidades da Universidad de la República), em um esforço para localizar os restos mortais de mais detentos. Em setembro do mesmo ano, começaram novas exumações nas instalações militares em busca de restos de Elena Quinteros[73]. Por recomendação da comissão de paz, a tortura foi codificada na Lei nº 18.026, de 04 de outubro de 2006. Além disso, a prestação de indenizações aos parentes das vítimas de violações dos direitos humanos durante o governo militar foi codificada em duas leis: Lei nº 18.033, de 03 de outubro de 2006, e nº Lei 18.596, de 13 de outubro de 2009. A sua aplicação ainda estava sendo debatida no início de 2010. Uma comissão de reparações foi criada em novembro de 2009 e implementada até o final de janeiro de 2010[74].

9.	EXPLICANDO O ATRASO NO APARECIMENTO DA JUSTIÇA DE PÓS-TRANSIÇÃO

Há pelo menos duas maneiras de interpretar esse novo cenário. Uma delas é que os julgamentos ocorreram exclusivamente por causa das políticas de pró-acusação do governo Vásquez, e que os juízes responderam favoravelmente a essas políticas, uma vez que os juízes dependentes fazem o que se espera que eles façam.

Uma interpretação mais sutil é que o início da justiça de pós-transição (aqui, os julgamentos) aconteceu por causa de uma combinação de fatores. Esses fatores incluem: (a) um Executivo pressionando os julgamentos, sinalizando assim que é politicamente aceitável abordar a questão da responsabilidade militar por violações dos direitos humanos, embora uma parte significativa da população se oponha à repressão, como refletido no referendo de 2009; (b) mais demanda oral por justiça do setor de direitos humanos, refletidos em um maior número de casos que estão sendo levados a tribunal; (c) um Sistema Judiciário mais receptivo às queixas individuais; e (d) um poder militar subserviente ao poder civil. A questão é: os juízes estão só brincando juntos com as preferências políticas executivas, como fizeram no passado? Ou eles estão desempenham um papel autônomo no avanço da busca pela justiça?

---

73   (Anistia Internacional, EUA, 2008).

74   Agradeço a Gabriela Fried por essa informação (comunicação pessoal em 28 de janeiro de 2010).

O compromisso pessoal de Vásquez ajudou indiscutivelmente no rápido progresso da justiça retributiva desde 2005. No entanto, é importante notar que ele também foi requerido pelo Parlamento da Frente Ampla antes da sua candidatura e de fazer campanha, de acordo com uma longa tradição da esquerda para abordar questões de direitos humanos.

Portanto, o revigoramento do movimento de direitos humanos foi, sem dúvida, também um fator para levar mais casos ao tribunal. Dado o fato de que isso coincidiu com uma mudança profunda na política oficial de direitos humanos, é difícil decifrar o que motivou o ativismo judicial em casos de direitos humanos. Além da inspiração fornecida pelo Executivo, não há razão para acreditar que as mudanças também tenham ocorrido no próprio Judiciário, sobretudo no Supremo Tribunal. Já durante a presidência de Batlle, a alta corte passou por duas ocasiões cuidadosamente sinalizadas de que não estava totalmente satisfeita com o *status quo*. Por exemplo, quando o presidente Batlle tentou pressionar o Supremo Tribunal para conseguir que a juíza Jubette fosse afastada após sua decisão de 2000, no caso de Elena Quinteros, o Tribunal recusou-se a afastá-la de seu cargo.

Devido à configuração institucional específica do Supremo Tribunal de Justiça do Uruguai, todos os juízes foram substituídos desde o fim da ditadura. Lembre-se que o tribunal de cinco membros, em média, recebe um novo membro a cada biênio, por causa do curto prazo de dez anos para juízes. Lembre-se também que os Blancos e os Colorados perderam a maioria de dois terços nas eleições de 1994 e não conseguiram chegar a um acordo com a Frente Ampla sobre nomeações alternativas[75]. Com Vásquez no poder em 2005, a Frente controlava pouco mais da metade dos lugares nos dois setores do Parlamento.

Isso sugere que a Frente teve voto limitado para dizer quem conseguiria lugar no Supremo Tribunal para as vagas abertas após 2005. Uma vez que eles precisam tanto dos parlamentares Blancos quanto dos Colorado para se juntarem ao juiz que eles propuseram, a fim de obter a maioria de dois terços, a Frente não pode escolher a dedo seus candidatos preferidos. Brinks afirma que os juízes novos continuam sendo conservadores, uma vez que a falta de consenso político entre as três forças dos partidos majoritários no Parlamento forçou a que fosse designado o juiz mais antigo do tribunal de apelação quando há uma vaga aberta na Suprema Corte[76].

---

75   (Brinks, 2008, 197).

76   (Brinks, 2008, 197).

No entanto, houve algumas decisões judiciais importantes no que tange aos direitos humanos nos últimos anos, o que sinaliza a mudança em um consenso legal. Mesmo se for verdade que os juízes do tribunal de apelação seniores e, portanto, presumivelmente conservadores foram nomeados, esperaríamos, no mínimo, que os dois juízes mais novos da Suprema Corte fossem eleitos em um clima político mais favorável aos julgamentos dos direitos humanos. Em 2000, o Uruguai ratificou o Estatuto de Roma, estabelecendo Tribunal Penal Internacional e, em 2003, uma proposta foi enviada ao Parlamento para integrar o Estatuto de Roma ao Direito Interno uruguaio. Isso sinalizou a política para acabar com a deficiência na codificação legal uruguaia em relação à questão da tortura. Em 31 de outubro de 2006, o Uruguai se tornou o primeiro país da América Latina a incorporar plenamente o Estatuto de Roma à legislação nacional; a legislação previa a complementaridade e a cooperação com o Tribunal Penal Internacional[77]. Esse progresso é muito importante, uma vez que a tortura foi um dos crimes mais difundidos durante a ditadura. Além disso, a Frente Ampla, guiada pelo Parlamento, em resposta a uma iniciativa da sociedade civil lançada em setembro de 2007, propôs a anulação da *Ley de Caducidad* e pediu um referendo em 2009, sinalizando que era hora de reavaliar politicamente a questão da imunidade.

Não é improvável que a Suprema Corte tenha seguido esses sinais políticos. Embora seja difícil de provar, dada a ausência de entrevistas e dados pessoais sobre os novos juízes do Supremo Tribunal, não é exagero supor que pode ter havido uma mudança cultural (assim como geracional) nos escalões da hierarquia judiciária, o que poderia ter tido um efeito reverso positivo no sistema.

Para (muito) provisoriamente concluir: mesmo na ausência da reforma judiciária, as mudanças têm ocorrido lentamente no Poder Judiciário do Uruguai. Isso se dá principalmente por causa da sucessão de gerações, mas o ritmo da mudança foi acelerado pelos limites de mandato para ministros do Supremo Tribunal de Justiça. É talvez irônico que esse sistema de nomeação pareça reforçar, em vez de combater, a política das forças no poder, pelo menos no contexto dos direitos humanos: o efeito é duplamente negativo, quando a execução é contra a repressão, e positivo, quando o Executivo favorece isso.

---

77   Lei nº 18.026, "Cooperación con la Corte Penal Internacional en Materia de Lucha Contra el Genocidio, los Crímenes de Guerra y de Lesa Humanidad", disponível no site do Parlamento uruguaio, sob o título "Leyes promulgadas por legislatura: Legislatura 2005-2010 (XLVIa)", nº 18013 (http://www.parlamento.gub.uy/palacio3/abms2/db-textoleyes/LeyesXLegislatura.asp?Legislatura=46). Para o progresso da proposta por meio do sistema político interno, consulte CICC (2006).

O mais espetacular, mas talvez não totalmente inesperado, desenvolvimento legal no campo de direitos humanos aconteceu em outubro de 2009, quando o Supremo Tribunal, julgando o caso Sabalsagaray, declarou unanimamente inconstitucional a *Ley de Caducidad*[78]. O caso diz respeito a uma jovem comunista e ativista social que se opôs ao governo militar, Nibia Sabalsagaray, e morreu em um quartel militar fora de Montevidéu, em 1974, supostamente dos efeitos da tortura. A irmã da vítima, Blanca Sabalsagaray, recorreu em 2004 ao governo para corrigir, mas o presidente Tabaré Vásquez decidiu no ano seguinte que a lei previa a imunidade. Três anos depois, a promotora criminal Mirtha Guianze entrou com um novo desafio constitucional, argumentando que a lei de anistia era inconstitucional e não poderia ser aplicada ao caso Sabalsagaray. Na sua decisão de outubro de 2009 em favor do Ministério Público, o Supremo Tribunal declarou que (a) a *Ley de Caducidad* violava a independência dos três poderes do governo e não podia ser interpretada como uma lei de anistia porque não fora aprovada de acordo com os procedimentos constitucionais, que exigem o voto especial da maioria no Parlamento; e (b) a lei violava as obrigações internacionais de proteger os direitos dos cidadãos. A promotora Guianze elogiou a decisão unânime por mostrar que o Uruguai tem agora um "Supremo Tribunal de Justiça totalmente independente" e disse que isso refletiu "uma posição muito sólida e vigorosa do Tribunal de Justiça"[79].

Mesmo que inovadoras, de acordo com a tradição do Direito Civil, a decisão do Supremo Tribunal no caso Sabalsagaray só se aplica a esse caso particular. No entanto, existe um consenso generalizado na comunidade jurídica no Uruguai (e fora) que vai estabelecer um precedente para futuras decisões em casos semelhantes. A decisão é considerada "um golpe crítico para a lei de anistia", e na opinião do advogado da família, Juan Errandonea, ele "toca o sino da morte para o estatuto de limitações"[80].

---

78 "Sabalsagaray Curutchet, Blanca Stela. Denuncia, Excepción de Inconstitucionalidad Arts. 1, 3 e 4 da Lei nº 15.848", Ficha 97-397/2004, Sentença nº 355, Montevidéu, 19 de outubro de 2009. Anterior à decisão, em fevereiro de 2008, o Parlamento do Uruguai (no qual o governo Vásquez tinha uma maioria clara em ambas as câmaras) já tinha sinalizado ser favorável, declarando inconstitucional a *Ley de Caducidad*. "Uruguayan Court Throws Out Special Amnesty for Crimes under Dictatorship", **MercoPress**, 20 de outubro de 2009.

79 Raul O. Garces, "Uruguay Supreme Court Rules Out Dirty War Amnesty", **Associated Press**, 19 de outubro de 2009.

80 "Supreme Court Strikes Blow Against Uruguayan Amnesty Law", dpa International, **Earth Times** on-line, 20 de outubro de 2009.

O Supremo Tribunal emitiu sua decisão apenas dois dias antes de a população uruguaia ir às urnas para votar sobre o destino da *Ley de Caducidad*, e a decisão é o mais importante tendo em vista o resultado negativo do referendo.

Como vimos, o principal obstáculo jurídico e político de repressão aos militares nos tribunais uruguaios durante o período pós-ditadura foi a *Ley de Caducidad*. Embora a lei tenha sido criticada repetida e extensivamente ao longo dos anos por estar fora de sintonia com o Direito Internacional e por violar as obrigações internacionais do Uruguai, não houve esforços políticos reais para revogá-la, até fevereiro de 2008, quando as duas câmaras do Parlamento do Uruguai (nas quais o governo Vásquez era maioria) disseram declarar inconstitucional a lei de 1986. Uma campanha pública para um segundo referendo teve início em 2006, pressionada por setores da sociedade civil que queriam revogar a lei[81]. O esforço teve o apoio de elementos da Frente Ampla, mas não da liderança superior. Vásquez, por sua vez, tinha inicialmente se recusado a anular a lei; a Frente Ampla foi, em geral, contra o referendo. Eles particularmente não queriam realizá-lo ao mesmo tempo em que aconteceriam as eleições presidenciais, marcadas para outubro de 2009.

No entanto, foi realizado um referendo em ligação com as eleições gerais, em 20 de outubro de 2009, para decidir abolir ou não a *Ley de Caducidad*[82]. Embora as pesquisas de opinião pública mostrassem que o apoio à anulação da lei tinha caído 6 pontos percentuais, passando de 48% em maio de 2008 para 42% em setembro de 2009, foram criadas grandes esperanças sobre o resultado do referendo[83].

O candidato à presidência da Frente Ampla, José "Pepe" Mujica, foi considerado muito mais popular que seus rivais, Juan Bordaberry, filho do ex-ditador uruguaio Juan María Bordaberry, e Luis Alberto Lacalle, que foi presidente de 1995 a 2000. Mujica, ex-líder guerrilheiro Tupamaro, havia prometido seguir o caminho de seu antecessor, Vásquez, sobre a questão dos direitos humanos. Mas ele parecia propenso a ir mais longe: Vásquez, embora disposto a reinterpretar a lei, esteve inicialmente disposto a anulá-la, enquanto Mujica se opôs explicitamente à lei de anistia.

---

81   (Mallinder, 2009, 68).

82   Essa foi a sexta eleição geral no Uruguai desde o retorno à democracia, em novembro de 1984. O Partido Colorado venceu em 1984, 1994 e 1999, o Partido Nacional (Blancos) em 1989 e a Frente Amplia em 2004. O sistema eleitoral uruguaio, com base nas leis que datam de 1924 e 1925, é considerado um dos mais transparentes e à prova de fraude na América Latina, uma vez que concede mais garantias para os partidos políticos e os eleitores. "Uruguay Votes for President and a New Parliament on Sunday". 24 de outubro de 2009.

83   Para os argumentos dos que apoiaram o referendo, vide (Rico, 14 de outubro de 2009) Rico (2009).

Além disso, muitas pessoas acreditavam que a decisão do Supremo Tribunal, no caso Sabalsagaray, apenas alguns dias antes, mudaria os votos a favor de derrubar a lei de anistia[84]. Tudo isso deu espaço para a esperança realista.

Mujica realmente venceu as eleições com 52,4%, contra os 43,5% de Luis Alberto Lacalle. Foi uma grande surpresa que o resultado do referendo não foi como se esperava: pouco menos de 53% votaram contra a revogação da lei de anistia, enquanto 47% votaram a favor[85]. Sem o simples voto da maioria, necessário para derrubar a lei, a lei de anistia continua em vigor. Se os eleitores decidissem anular a lei, a defesa do estatuto de limitações também teria desaparecido, expondo muitas outras figuras da ditadura militar à acusação. Isso teria permitido a reabertura de dezenas de casos que até agora têm sido excluídos do inquérito da lei de anistia. Como acontece, outros caminhos devem ser encontrados para se progredir na penalização dos autores de violações dos direitos humanos passadas no Uruguai.

| 11. | CONCLUSÕES |

A análise do registro da justiça de transição turbulenta do Uruguai mostrou que quase nenhum progresso foi feito na busca da justiça retributiva durante o período de 1985-2000, nas três primeiras presidências, depois da transição para um regime democrático; isso ocorreu principalmente por que o Executivo manipulava ou controlava o processo judicial por meio da *Ley de Caducidad* e porque os juízes não eram independentes ou não tinham coragem suficiente para protestar. Além disso, a população votou por manter a lei de anistia, o que pode indicar que os uruguaios não acham que houve algum ganho político revisando-a.

A primeira mudança na justiça pós-transição ocorreu sob a presidência de Jorge Batlle (2000-5), devido ao empenho pessoal e político de Batlle em descobrir o paradeiro dos desaparecidos. Mas o progresso durante a sua presidência se limitou a descobrir a verdade por meio do trabalho da Comisión para la Paz e dos três casos em que a verdade foi descoberta: Gelman, Simón Riquelo e Elena Quinteros. A impunidade às violações de direitos humanos permaneceu.

---

84   Raul O. Garces, "Uruguay Supreme Court Rules Out Dirty War Amnesty", **Associated Press**, 19 de outubro de 2009.

85   O voto é obrigatório no Uruguai, e o comparecimento às urnas foi estimado em 90%. Os resultados do referendo por departamento podem ser encontrados no site Electoral Geography 2.0 (http://www.electoralgeography.com), sob "Uruguay: Amnesty Law Referendum 2009". Total de votos para a eleição presidencial de 2009 provenientes do Banco de Dados da Área de Política e Relações Internacionais, Faculdade de Ciências Sociais, Universidad de la República. (http://www.fcs.edu.uy/pri/en/electoral.html).

Os juízes começaram a contestar a *Ley de Caducidad* durante esse período, mas encontraram resistência ou sanções, ou seus processos foram transferidos para os tribunais militares. Atribuo o fracasso dos juízes no que tange à reivindicação de seus cargos corretos e ao acarretamento da justiça de pós-transição parcialmente a um sistema institucional que incentivou deferência ao Executivo e ao Parlamento. Além disso, a ausência de mudanças estruturais no aparelho judicial permitiu que o Judiciário mantivesse sua atitude conservadora para com assuntos de direitos humanos, o que resultou em uma reação individual muito lenta e cuidadosa para com a evolução jurídica internacional nessa área.

O avanço real na justiça de pós-transição só se deu quando Vázquez assumiu a presidência, em 2005. A pergunta é se o desempenho judiciário recente em casos de direitos humanos é simplesmente uma demonstração de deferência judicial com as políticas proferidas pelo Executivo, como no passado, ou se a tendência crescente de juízes para julgar ex-violadores dos direitos humanos é resultado de uma ação judicial independente. Uma vez que o recente ativismo dos tribunais uruguaios, sob Vásquez, coincide com um esforço público pelo Executivo visando processos, é difícil decifrar a causa e o efeito, sem uma análise aprofundada e entrevistas com pessoas nomeadas para o Judiciário. Isso será outro projeto.

A conclusão preliminar seria ter havido uma interação positiva entre a política executiva oficial, o impulso para a revitalização de justiça da sociedade civil e a receptividade do aparelho de Justiça. No entanto, o referendo de 2009 sugere que o apoio popular para esquecer o passado ainda divide ao meio a população uruguaia. Uma questão interessante para pesquisas futuras seria analisar por que a população ainda está aparentemente fora de sincronia com a visão política dominante. No primeiro referendo, as pessoas foram mobilizadas para se livrarem da *Ley de Caducidad* em um clima político hostil para tal ação. No segundo referendo, ao contrário, os políticos sinalizaram que queriam anular a lei, mas ainda assim a maioria das pessoas votou por retê-la. Embora o resultado da eleição de 2009 tenha produzido um voto para defender a anistia por uma margem similar à do referendo de duas décadas anteriores, não se pode inferir que as mesmas pessoas votaram da mesma forma duas vezes, ou que votaram sim ou não pelos mesmos motivos em 1989 e 2009.

Com a *Ley de Caducidad* ainda em vigor, a iniciativa de continuar os processos legais dos militares supostamente responsáveis por violações, no passado, dos direitos humanos vai descansar sobre os ombros dos mais importantes juízes, como Alberto Reyes e Estela Jubette, e promotores corajosos como Mirtha Guianze. No entanto, enquanto os juízes decidirem tomar uma rota mais inovadora do que os seus homólogos, que anteriormente tenderam a se reunir com o ceticismo e até mesmo sanções, podem agora esperar o apoio da Suprema Corte. Essa é uma melhoria adquirida ao longo dos anos. Além disso, com o atual governo de Mujica, um ex-líder Tupamaro que sofreu prisão e tortura durante o longo período de ditadura, poderemos, talvez, esperar o apoio executivo de uma busca contínua pela justiça.

Referências

Americas Watch. 1989. **Challenging Impunity: The Ley de Caducidad and the Referendum Campaign in Uruguay**.

Amnesty International USA. 2003. "2003 Annual Report for Uruguay". http://www.amnestyusa.org/annualreport.php?id=94B2984CFD9EC58280256D240037944C&tc=URY (3 December 2009).

_____. 2004. "2004 Annual Report for Uruguay". http://www.amnestyusa.org/annualreport.php?id=6FBD14BC6BF0C5DD80256E9E005A966C&tc=URY (3 December 2009).

_____. 2006. "2006 Annual Report for Uruguay". http://www.amnestyusa.org/annualreport.php?id=ar&yr=2006&tc=URY (3 December 2009).

_____. 2007. "2007 Annual Report for Uruguay". http://www.amnestyusa.org/annualreport.php?id=ar&yr=2007&tc=URY (3 December 2009).

_____. 2007. "The case of Simón Riquelo - A 25-year-struggle for truth and justice". http://www.amnestyusa.org/document.php?id=4C97CD8867A932F680256A95005CD405&lang=e (8 December 2009).

_____. 2008. "2008 Annual Report for Uruguay". http://www.amnestyusa.org/annualreport.php?id=ar&yr=2008&tc=URY (3 December 2009).

Area of Politics and International Relations Data Bank. 2009. "Uruguayan Presidential elections 2009 (Run-off Election November 2009 - Final results)". http://www.fcs.edu.uy/pri/en/electoral.html (26 January 2010).

Brinks, Daniel. 2005. Judicial Reform and Independence in Brazil and Argentina: The Beginning of a New Millennium? **Texas International Law Journal** 40 (3): 595-622.

Brinks, Daniel M. 2008. **The Judicial Response to Police Killings in Latin America: Inequality and the Rule of Law**. New York: Cambridge University Press.

Correa Sutil, Jorge. 1997. "'No Victorious Army Has Ever Been Prosecuted . . .': The Unsettled Story of Transitional Justice in Chile". In **Transitional Justice and the Rule of Law in New Democracies**, ed. A. James McAdams. Notre Dame, IN: University of Notre Dame Press. 123-54.

De Brito, Alexandra Barahona. 1997. **Human rights and democratization in Latin America. Uruguay and Chile**. Edited by Laurence Whitehead of *Oxford studies in democratization*. New York: Oxford University Press.

Elster, Jon. 2004. **Closing The Books: Transitional Justice In Historical Perspective**. Cambridge: Cambridge University Press.

Ferro Clérico, Lilia E., and Diego Escuder. 1998. "Conjugando el pasado: El debate actual en Uruguay sobre los detenidos desaparecidos durante la dictadura". In **Latin American Studies Association**. Chicago, Illinois. 1-31.

Garro, Alejandro M. 1993. Nine Years of Transition to Democracy in Argentina: Partial Failure or Qualified Success? **Colombia Journal of Transnational Law** 31 (1): 1-102.

Gloppen, Siri 2002. **Reconciliation and democratisation: Outlining the research field**. Bergen: Chr. Michelsen Institute, R 2002: 5.

Government of Uruguay. 1986. "**Ley de caducidad**, Ley 15.848". (31 May 2001).

Government of Uruguay, Office of the President. 2003. "Informe Final de la Comisión Para la Paz". 26.02. Uruguay Centro de Medios Independientes.

Hunter, Wendy. 1998. Negotiating civil-military relations in post-authoritarian Argentina and Chile. **International Studies Quarterly** Vol. 42 (N° 2,): pp. 295-317.

Karl, Terry Lynn, and Philippe C. Schmitter. 1991. Modes of transition in Latin America, Southern and Eastern Europe. *International Social Science Journal* (Nº 128): 269-289.

Kritz, Neil, ed. 1995. **Transitional Justice. How Emerging Democracies Reckon With Former Regimes**. Vol. I-III. Washington D.C.: United States Institute of Peace Press.

Lutz, Ellen, and Caitlin Reiger, eds. 2009. **Prosecuting Heads of State**. New York: Cambridge University Press.

Mallinder, Louise. 2008. **Amnesty, Human Rights and Political Transitions: Bridging the Peace and Justice Divide**. Oxford and Portland, Oregon: Hart Publishing.

_____. 2009. *T*he **Ongoing Quest For Truth And Justice: Enacting And Annulling Argentina's Amnesty Laws**. Belfast: Working Paper Nº 5 From Beyond Legalism: Amnesties, Transition And Conflict Transformation. Institute Of Criminology And Criminal Justice Queen's University Belfast.

_____. 2009. **Uruguay's Evolving Experience of Amnesty and Civil Society's Response**. Belfast: Working Paper Nº 4 From Beyond Legalism: Amnesties, Transition And Conflict Transformation. Institute Of Criminology And Criminal Justice Queen's University Belfast.

McAdams, James A., ed. 1997. **Transitional Justice and the Rule of Law in New Democracies**. Notre Dame, IN: University of Notre Dame Press.

Michelini, Felipe. 2000. "Las Comisiones de la Verdad en el Cono Sur: una perspectiva desde el año 2000". In **Homenaje a Emilio Mignone**, ed. CELS. Buenos Aires: Instituto Interamericano de Derechos Humanos - CELS.

PIT-CNT. 2000. **Resoluciones de la Mesa Representativa del PIT/CNT del 24/07/00**. Montevideo.

Rico, Alvaro. 2009, 14 October. "Represion y exterminio de uruguayos en la dictadura: Razones para la anulación de la ley de caducidad". http://www.tel.org.ar/spip/spip.php?article21 (26 January 2010).

Ríos-Figueroa, Julio. 2006. "Judicial Independence: Definition, Measurement, and Its Effects on Corruption. An Analysis of Latin America". PhD thesis New York University.

Roniger, Luis, and Mario Sznajder. 1999. **The Legacy of Human Rights Violations in the Southern Cone. Argentina, Chile, and Uruguay**. New York: Oxford University Press.

SERPAJ. 1989. **Nunca Más Uruguay: Informe Sobre las Violaciones a Los Derechos Humanos 1972-1985**. Montevideo: SERPAJ.

_____. 2000. **Derechos humanos en el Uruguay**. Montevideo: SERPAJ.

Skaar, Elin. 1999. Truth commissions, trials - or nothing? Policy options in democratic transitions. **Third World Quarterly** 20 (6): 1109-1128.

_____. 2003. Un análisis de las reformas judiciales de Argentina, Chile y Uruguay (Judicial reform in Argentina, Chile and Uruguay). **América Latina Hoy** 34: 147-186.

_____. Forthcoming. **Judicial Independence and Human Rights in Latin-America: Violations, Politics and Prosecution**. New York: Palgrave Macmillan.

Staats, Joseph L., Shaun B Bowler, and Jonathan T. Hiskey. 2005. Measuring Judicial Performance in Latin America. **Latin American Politics & Society** 47 (4): 77-106.

Teitel, Ruti. 2000. **Transitional Justice**. New York: Oxford University Press.

Perspectivas transnacionais sobre anistias

LOUISE MALLINDER

Instituto de Justiça Transicional da Universidade
de Ulster (Reino Unido)
Doutora em Direito pela Universidade Queen's de Belfast
(Reino Unido)

FONTE: ARQUIVO NACIONAL E SECRETARIA
DE DIREITOS HUMANOS DA PRESIDÊNCIA DA
REPÚBLICA

1.	INTRODUÇÃO

Embora as leis de anistia tenham sido muito utilizadas pelos Estados para tratar de diversas crises políticas durante a década de 1970, o número de anistias implementadas em todo o mundo, a cada ano, aumentou rapidamente[1]. Em particular, as leis de anistia foram rotineiramente usadas nas Américas, no final das décadas de 1970 e 1980, quer pelos governantes militares, na esperança de evitar discutir suas políticas repressivas, ou por políticos recém-eleitos que procuravam fortalecer as frágeis instituições democráticas. A lei de anistia promulgada no Brasil em 1979[2], que marcou a abertura do movimento no país em direção à transição política, foi coerente com essas tendências regionais. No entanto, nos últimos anos, outros países nas Américas, apesar de suas leis de anistia pré-existentes, têm, cada vez mais, procurado proporcionar verdade e justiça para os crimes do passado e, globalmente, o Direito Penal Internacional tem se tornado uma

---

1   Para uma discussão sobre as tendências de longo prazo na lei da anistia, ver Louise Mallinder, **Amnesty, Human Rights and Political Transitions: Bridging the Peace and Justice Divide** (Studies in International Law, Hart Publishing, Oxford 2008) 19.

2   Lei que concede anistia e dá outras providências 1979 Nº 6.683.

característica dominante das transições políticas[3]. Apesar desses desenvolvimentos, no Brasil há inexistência de condenações por abusos dos direitos humanos, e uma comissão da verdade proposta ainda precisa começar a operar. Como resultado, o Brasil está estendendo a lei de anistia para os autores de detenções arbitrárias, tortura e assassinato, o que parece cada vez mais discrepante ou um anacronismo no que tem sido rotulado como a 'cascata de justiça'.

Quando o primeiro artigo pioneiro sobre a "cascata de justiça" foi escrito por Lutz e Sikkink, em 2001, alegou que a partir da década de 1980, a América Latina sofreu uma rápida mudança em direção ao reconhecimento e à legitimidade das normas de direitos humanos e um aumento na ação internacional e regional para o cumprimento efetivo dessas normas[4]. Os autores destacam ainda a criação do Tribunal Penal Internacional (TPI) em 1998 e a crescente aceitação, por parte dos juízes nacionais, do princípio da jurisdição universal para graves violações dos direitos humanos, como a evidência crescente de uma "cascata de justiça" ou "norma de responsabilidade global". Em relação às leis da anistia, essa teoria sugere que, como a "cascata de justiça" se propaga ao redor do mundo, menos leis de anistia serão promulgadas e as leis de anistia existentes estarão desgastadas ou anuladas.

Nos nove anos desde que o artigo de Lutz e Sikkink foi publicado, as leis de anistia introduzidas nas Américas durante as décadas de 1970 e 1980 sofreram algumas mudanças notáveis. Mais notavelmente, na Argentina e no Peru, as leis de anistia para violações graves dos direitos humanos foram anuladas e os processos que tinham sido fechados foram reabertos[5]. Essas evoluções foram comemoradas por ativistas de direitos humanos e estudiosos como indicação de que o Direito Consuetudinário Internacional está evoluindo para proibir anistias para graves violações dos direitos humanos, e que mesmo anistias pré-existentes estão vulneráveis de serem revistas. A evolução jurídica internacional também motivou tribunais nacionais em alguns países, especialmente no Uruguai e no Chile, a reinterpretarem as leis de anistia de modo cada vez mais rigoroso[6]. Além

---

3   Kieran McEvoy. **'Beyond Legalism: Towards a Thicker Understanding of Transitional Justice'** (2008) 34(4) J L & Soc 411 412-3.

4   Ellen L. Lutz and Kathryn Sikkink. **'The Justice Cascade: The Evolution and Impact of Foreign Human Rights Trials in Latin America'** (2001) 2(1) Chi J Int'l L 1 4.

5   Ver, por exemplo, Louise Mallinder, 'The Ongoing Quest for Truth and Justice: Enacting and Annulling Argentina's Amnesty Laws' (maio de 2009) **Beyond Legalism Working Paper** Nº 5; Lisa Laplante. **'Outlawing Amnesty: The Return of Criminal Justice in Transitional Justice Schemes'** (2009) 49(4) Va J Int'l L 915.

6   Ver, por exemplo, Louise Mallinder, 'Uruguay's Evolving Experience of Amnesty and Civil Society's Response' (março de 2009) **Beyond Legalism Working** Paper Nº 4.

disso, poucas leis de anistia foram promulgadas na América Latina desde a década de 1980, e, até mesmo em resposta ao conflito em curso na Colômbia, o governo não evitou a concessão de uma anistia ampla e incondicional para os autores de violações dos direitos humanos. Em vez disso, em uma série de leis de 2002, o governo Uribe buscou incentivar os paramilitares de direita a se renderem e a se desarmarem, oferecendo uma série de medidas de clemência que estavam condicionadas a que os combatentes confessassem individualmente seus crimes[7].

Apesar desse progresso considerável na luta contra a impunidade em todas as Américas, a maioria das leis de anistia da região permanecem em vigor e os esforços para anulá-las têm encontrado resistência em vários países, incluindo Uruguai, Brasil, Chile e El Salvador. Além disso, nos últimos meses, o governo de Honduras sancionou uma lei de anistia para evitar um processo penal a ser movido contra os protagonistas do golpe de Estado que teve lugar em 28 de junho de 2009[8]. Como esse estudo irá explorar, a resistência continuada das leis de anistia em toda a região lança dúvidas, na medida em que o Brasil é atípico em tendências regionais sobre as leis de anistia. Este estudo continuará a analisar se as tendências nas Américas diferem de outras regiões do mundo.

Este estudo irá basear-se nos dados compilados pela autora no Banco de Dados da Lei de Anistia para situar a lei de anistia brasileira dentro das tendências regionais e globais sobre anistias. Começaremos discutindo a importância e os desafios da pesquisa comparativa sobre as leis de anistia e fornecendo uma visão geral dos inúmeros estudos relevantes realizados até a presente data. Em seguida, serão apresentados um levantamento estatístico e uma pesquisa transnacional das anistias sancionadas durante os últimos trinta anos, com atenção especial para o período desde o acordo do Estatuto de Roma, em 1998[9], que é muitas vezes apontado como um divisor de águas para o desenvolvimento da norma de responsabilidade global. Interrogar a existência dessa norma poderia acarretar a investigação de uma série de aspectos das leis de anistia,

---

7   Inter-American Commission on Human Rights, **Report on Demobilization in Colombia** Inter-American Commission on Human Rights (Washington D.C., 13 de dezembro de 2004) OEA/Ser.L/V/II.120; Inter-American Commission on Human Rights, **Report on the Implementation of the Justice and Peace Law: Initial Stages in the Demobilization of the AUC and First Judicial Proceedings** Inter-American Commission on Human Rights (Washington D.C., 2 de outubro de 2007) OEA/Ser.L/V/II.

8   Decreto de amnistía a quienes participaron en el golpe de Estado de Honduras. Nº 2-2010, **Diario Oficial La Gaceta** (2 de fevereiro de 2010). O artigo 1º dessa lei diz que a anistia não se estende a crimes contra a humanidade ou de violações dos direitos humanos.

9   Estatuto de Roma do Tribunal Penal Internacional (adotado em 17 de julho 1998, entrou em vigor em 1º de julho de 2002) 2187 UNTS 90.

como a relação das anistias para julgamentos e outras formas de justiça de transição, e se as leis de anistia são posteriormente revogadas, anuladas ou reinterpretadas pela legislação ou decisões judiciais. Entretanto, uma análise tão ampla está além do escopo deste trabalho, que se foca em taxas de introdução das leis de anistia, os contextos que dão origem às anistias e os escopos resultantes da legislação de anistia. Em especial, este estudo irá explorar se as anistias contemporâneas são mais prováveis de excluir ou incluir os crimes sob o Direito Internacional em seu escopo, que é um tema central para o entendimento da "cascata de justiça". Após delinear essas tendências, o documento irá considerar como eles se relacionam com as teorias sobre o desenvolvimento das normas de justiça.

| 2. | ESTUDO COMPARATIVO DAS LEIS DE ANISTIA |

As leis de anistia têm desempenhado um papel central na resolução das crises políticas e conflitos violentos por milênios. Contudo, elas raramente são submetidas a estudo comparativo extensivo. Em vez disso, a literatura tem se concentrado, predominantemente, em aprofundar os estudos de processos especiais de anistia[10], ou, desde a década de 1990, no relacionamento entre as leis de anistia e os direitos dos Estados de investigar e processar sob o Direito Internacional[11]. Esses estudos fornecem informações importantes sobre como determinadas formas de anistia operam nos países em particular e nos parâmetros do quadro jurídico internacional em questões de anistia. Contudo, deixam lacunas consideráveis no nosso conhecimento das leis de anistia em contextos de transição.

Por exemplo, como é comum na literatura da justiça de transição em geral, a maioria dos estudos abrangentes no país sobre as leis de anistia realçaram um pequeno número de países, particularmente Argentina e África do Sul. Como resultado, esses casos de alto nível configuram grande parte do debate de acadêmicos e profissionais sobre a natureza das anistias aceitáveis e sobre o impacto das anistias em vítimas e sociedades. No entanto, incidindo sobre um conjunto tão pequeno de casos, fornece uma amostra tendencio-

---

10   Ver por exemplo Antje du Bois-Pedain, **Transitional Amnesty in South Africa** (Cambridge University Press, Cambridge 2007); Jeremy Sarkin, **Carrots and Sticks: The TRC and the South African Amnesty Process** (Intersentia, Antwerp 2004); Norbert Frei, **Adenauer's Germany and the Nazi Past: The Politics of Amnesty and Integration** (Columbia University Press, New York 2002); Helena Cobban, **Amnesty After Atrocity? Healing Nations After Genocide and War Crimes** (Paradigm Publishers, Boulder, CO 2007).

11   Ver, por exemplo, Ben Chigara, **Amnesty in International Law: The Legality under International Law of National Amnesty Laws** (Longman, Harlow, UK 2002); Andreas O'Shea, **Amnesty for Crime in International Law and Practice** (Kluwer Law International, Hague 2002); Faustin Z. Ntoubandi, **Amnesty for Crimes Against Humanity Under International Law** (Brill, Leiden 2007); Charles P. Trumbull. 'Giving Amnesties a Second Chance' (2007) 25 Berkeley J Int'l L 283.

sa com a aplicabilidade global limitada[12]. Por exemplo, as anistias na Argentina e na África do Sul foram sancionadas na sequência de eleições democráticas, o que cria dinâmicas políticas e legitimidade diferentes daquelas anistias proclamadas em meio ao conflito. Além disso, embora os regimes anteriores tenham desgastado gravemente o Estado de Direito em ambos os países, processos legais formais foram familiares para grande parte da população, ao passo que, em outros contextos transicionais, formas de justiça tradicionais ou com base na comunidade podem ter maior ressonância para muitos povos afetados. Além disso, tanto a Argentina como a África do Sul experimentaram formas características de violações de direitos humanos na política generalizada de desaparecimentos forçados e de repressão no regime do Apartheid. Tais experiências diferem dos crimes a serem abordados em muitos outros contextos transicionais. O foco sobre casos individuais de alto nível nas Américas e na África Subsaariana também significou que a literatura vem negligenciando o papel das anistias em outras regiões, notavelmente Ásia e o Oriente Médio. Essa lacuna é particularmente significativa porque, como será discutido abaixo, ambas as regiões têm, atualmente, taxas mais elevadas de leis de anistia do que as Américas.

As lacunas criadas pela relativa ausência de grande número de estudos comparativos de leis de anistia também são problemáticas, porquanto o conhecimento das tendências na introdução das leis de anistia é crucial para a compreensão de como a prática do Estado e, portanto, o Direito Consuetudinário Internacional estão se desenvolvendo nessa questão. Nos últimos anos, juristas internacionais e estudiosos têm feito cada vez mais proclamações sobre o estatuto das leis de anistia nos termos do Direito Internacional Consuetudinário, mas poucos têm baseado suas afirmações em extensos estudos comparativos sobre as práticas do Estado[13]. De fato, ao se apoiarem em pequeno número de casos, muitas dessas análises têm negligenciado a contínua preponderância e resistência das anistias em todo o mundo.

Dos poucos estudos comparativos das leis da anistia realizados até esta data, o primeiro foi publicado como um relatório das Nações Unidas preparado por Louis Joinet em 1985. Esse relatório influente procurou estabelecer as práticas seguidas pelos Estados

---

12   Oskar N. T. Thoms, James Ron and Roland Paris, 'The Effects of Transitional Justice Mechanisms: A Summary of Empirical Research Findings and Implications for Analysts and Practitioners' Centre for International Policy Studies, University of Ottawa (Ottawa, abril de 2008) **CIPS Working Paper 27**.

13   Para uma discussão mais detalhada desse argumento, ver Louise Mallinder, 'Indemnity, Amnesty, Pardon and Prosecution Guidelines in South Africa' (fevereiro de 2009) **Beyond Legalism Working Paper** Nº 2; Mark Freeman, **Necessary Evils: Amnesties and the Search for Justice** (Cambridge University Press, Cambridge 2010).

ao lidar com anistias" e "comparar essas experiências tendo em vista deduzir uma série de regras ou constantes que possam servir como um quadro para autoridades propondo dar início a uma lei de anistia, bem como servir os juristas responsáveis pela elaboração da legislação". Essa análise técnica da natureza das leis da anistia focou em fatores como, por exemplo, o motivo e a forma pelos quais as anistias são sancionadas, os crimes e as categorias de pessoas abrangidos e os efeitos jurídicos das anistias[14]. É interessante notar que, embora Lutz e Sikkink datem as origens da 'cascata de justiça' no início da década de 1980, quando a Subcomissão das Nações Unidas para a Prevenção da Discriminação e Proteção das Minorias encomendou o relatório Joinet em 1983, esse relatório declarou que havia tomado consciência da importância que a promulgação de leis de anistia 'poderia ter para a salvaguarda e promoção dos direitos humanos e liberdades fundamentais'[15]. Embora o relatório Joinet considerasse que as leis de anistia foram adotadas para responder a numerosos contextos políticos a percepção da ONU das leis de anistia como um meio para promover os direitos humanos pode ter sido influenciada pelas campanhas para a anistia de presos políticos no Uruguai e no Brasil, levadas a cabo por ativistas de direitos humanos daqueles países e por suas diásporas durante as décadas de 1970 e 1980[16].

Nos anos seguintes ao relatório Joinet, as leis de anistia se tornaram bastante controversas, o que contribuiu para que a ONU mudasse publicamente sua posição sobre anistias na assinatura do Acordo Lomé, em 1999, que visava pôr fim ao conflito em Serra Leoa[17]. Apesar dessa crescente controvérsia, nenhum outro grande estudo sobre anistias foi realizado até meados da década de 2000; nesse ponto, poucos estudos foram iniciados por acadêmicos e profissionais de solução de conflitos. No entanto, esses estudos só forneceram uma visão parcial do quadro sobre como as leis de anistia estavam sendo utilizadas ao redor do mundo. Por exemplo, os estudos comparativos

---

14   Louis Joinet, **Study on Amnesty Laws and their role in the safeguard and protection of human rights** Sub-Commission on the Prevention of Discrimination and Protection of Minorities (UN Report, United Nations Economic and Social Council, 21 de junho de 1985) E/CN.4/Sub.2/1985/16 1.

15   UN Sub-Commission on Prevention of Discrimination and Protection of Minorities, **Resolution 1983/34 The administration of justice and the human rights of detainees**. UN Doc E/CN.4/Sub.2/RES/1983/34 (6 de setembro de 1983).

16   Ver, por exemplo, Vania Markarian, **Left in Transformation: Uruguayan Exiles and the Latin American Human Rights Networks**, *1967-1984* (Routledge, 2005);Paulo Ribeiro Martins, **Liberdade para os Brasileiros: Anistia Ontem e Hoje** (Editora Civilização Brasileira, Rio de Janeiro 1978).

17   Por ocasião da assinatura do presente acordo de paz, o representante especial do secretário-geral da ONU acrescentou uma declaração manuscrita a sua cópia do acordo firmado que 'a ONU tem o entendimento de que as disposições do acordo de anistia não se aplicam aos crimes internacionais de genocídio, crimes contra a humanidade, crimes de guerra e outras violações graves do Direito Humanitário Internacional'. Ver William A. Schabas, '**Amnesty, the Sierra Leone Truth and Reconciliation Commission and the Special Court for Sierra Leone**' (2004) 11 U C Davis J Int'l L & Pol'y 145.

dos acordos de paz realizados por Bell[18] e por Vinjamuri e Boesenecker[19] destacaram a prática do Estado em relação às anistias somente dentro de acordos de paz. Além disso, o Projeto de Base de Dados da Justiça Transicional conduzido por cientistas políticos da Universidade de Wisconsin, que compila dados sobre uma série de mecanismos de transição adotados globalmente entre 1970 e 2009, visa analisar quantitativamente o impacto dos mecanismos de justiça transicional, mas não diferencia substancialmente entre diferentes formas de leis de anistia[20]. Além desses estudos comparativos que incorporam algumas formas de leis de anistia em sua análise, pesquisadores e ativistas de direitos humanos também criaram conjuntos de dados sobre as decisões judiciais dos direitos humanos nas Américas, que fornecem dados sobre a forma como evoluem as anistias e sua longevidade[21]. Como todos esses conjuntos de dados relativos às anistias foram criados por estudiosos de diferentes disciplinas, conversas diferentes se desenvolveram no âmbito da literatura sobre as anistias. Essas conversas destacam tendências diferentes e muitas vezes chegam a conclusões diferentes.

Como será explorado a seguir, a pesquisa do autor pode ser distinguida de outros estudos comparativos sobre anistias de várias maneiras. Em primeiro lugar, em vez da análise quantitativa dos dados codificados, o Banco de Dados da Lei de Anistia busca compilar os dados qualitativos para fornecer perfis descritivos de processos individuais de anistia. Esses dados podem então ser utilizados para mapear as tendências e divergências nas práticas estatais sobre anistias. Em segundo lugar, em vez de focar exclusivamente sobre os acordos de paz ou de mecanismos introduzidos em uma transição em curso, inclui também dados sobre anistias introduzidas durante a repressão e os conflitos em curso. Isso permite incluir exemplos históricos, como a lei de anistia do Brasil, que foi decretada antes da transferência de poder dos militares para os políticos eleitos, assim como exemplos contemporâneos de anistias decretadas durante o conflito, como a Lei de Anistia de 2000, em Uganda. Finalmente, ao invés de se concentrar primordialmente em uma região

---

18   Ver Christine Bell, **On the Law of Peace: Peace Agreements and the Lex Pacificatoria** (Oxford University Press, Oxford 2008). Ver também o Peace Agreement Database preparado por Bell e O'Rourke disponível em www.peaceagreements.ulster.ac.uk (acesso em 08 de julho de 2010).

19   Leslie Vinjamuri and Aaron Boesenecker, 'Accountability and Peace Agreements: Mapping Trends from 1980 to 2006' **Centre for Humanitarian Dialogue** (Genebra, setembro 2007) 1.

20   Tricia D. Olsen, Leigh A. Payne and Andrew G. Reiter, **Transitional Justice in Balance: Comparing Processes, Weighing Efficacy** (United States Institute of Peace Press 2010).

21   Ver, por exemplo, CELS Juicios, 'Crímenes del terrorismo de Estado - Weblogs de las causas' disponível on-line em http://www.cels.org.ar/wpblogs/ (acesso 30 de julho de 2010); Observatorio de Derechos Humanos UDP's banco de dados sobre julgamentos de direitos humanos no Chile, para informações, ver http://www.icso.cl/publicaciones-y-actividades (acesso 30 de julho de 2010).

do mundo, como as Américas, o Banco de Dados da Lei da Anistia compila dados sobre anistias introduzidas globalmente. As fontes dos dados são descritas a seguir.

3.	DESAFIOS NA COLETA DE DADOS SOBRE LEIS DE ANISTIA

Compilar um banco de dados transnacional em matéria de leis de anistia implica vários desafios significativos na coleta de dados. Primeiramente, como já foi notado por outros mecanismos de justiça de transição[22], existe uma falta de clareza conceitual sobre a natureza das leis de anistia. Essa situação ocorre por vários motivos. Em primeiro lugar, dentro de sistemas jurídicos, o termo "anistia" pode ser definido de forma diferente e diferentes organismos podem ser autorizados a conceder anistias[23]. Em segundo lugar, como leis de anistia têm, tradicionalmente, caído no domínio da soberania do Estado, nenhuma definição internacionalmente aceita de leis de anistia progrediu. Como resultado dessas condições, o alcance e os efeitos das leis de anistia em todo o mundo podem ser muito diferentes, variando de leis para fornecer um meio de reparação às pessoas que foram arbitrariamente detidas por um Estado repressivo a leis de autoanistia promulgadas por governantes ditatoriais ou criminosos de guerra ansiosos por evitar sanções penais. De fato, Mark Freeman sugeriu que 'a diferença entre determinadas anistias é tão vasta... que é quase absurdo compará-las'[24].

Pesquisas transnacionais são ainda mais complicadas, pois embora o Direito Penal Internacional procure diferenciar entre leis de anistia e outras formas de clemência, tais como perdões e uso de imunidade, essas distinções podem se quebrar em nível nacional. Por exemplo, a Constituição Americana autoriza o presidente 'a conceder adiamentos e perdões de ofensas contra os Estados Unidos, exceto em casos de *impeachment*'[25], mas não faz referência explícita a leis de anistia. No entanto, na prática, essa disposição constitucional tem sido interpretada pela Suprema Corte dos EUA para incluir o poder de conceder anistia[26], e a Corte proclamou que o presidente pode exercer esse poder para os ofensores que foram condenados e para as pessoas que ainda precisam ser investigadas

---

22   Ver, por exemplo, Geoff Dancy and Kim, Hunjoon, Wiebelhaus-Brahm, Eric, 'The Turn to Truth: Trends in Truth Commission Experimentation' (2010) 9(1) J Hum Rts 45.

23   Ver, por exemplo, René Lévy, 'Pardons and Amnesties as Policy Instruments in Contemporary France' (2007) 36 Crime & Just 551.

24   Freeman (n 13) 13.

25   Constituição dos EUA, art. II, § 2.I.

26   United States v. Klein, 80 U.S. 128, 147 (1871).